中国土木工程学会轨道交通分会勘察与测量专业委员会五周年特辑

精准发力 助推城市轨道交通勘测创新发展

马海志 主编

中国铁道出版社

2018年·北 京

内容简介

本书为中国土木工程学会轨道交通分会勘察与测量专业委员会五周年特辑。全书收录了来自13家勘察与测量单位的48篇优秀论文。全书分为勘察技术篇、测量技术篇、测试技术篇、岩土技术篇等4篇。内容涵盖了轨道交通勘察与测量的多个方面的关键技术，对北京、上海、沈阳、石家庄等全国多个城市地铁工程勘测工程的技术进行了针对性的总结，为轨道交通工程勘测提供了丰富的参考价值。

本书可作为轨道交通工程技术人员和管理人员学习研究用书，也可作为大中专院校相关专业师生参考用书。

图书在版编目(CIP)数据

精准发力：助推城市轨道交通勘测创新发展：中国土木工程学会轨道交通分会勘察与测量专业委员会五周年特辑/马海志主编—北京：中国铁道出版社，2018.1

ISBN 978-7-113-23815-5

Ⅰ.①精… Ⅱ.①马… Ⅲ.①城市铁路－轨道交通－勘测－中国－文集 Ⅳ.①U239.5－53

中国版本图书馆CIP数据核字(2017)第226829号

书　　名：精准发力　助推城市轨道交通勘测创新发展
作　　者：马海志　主编

策　　划：阚济存
责任编辑：阚济存　刘红梅　陈美玲　**编辑部电话**：51873133　**电子信箱**：td51873133@163.com
封面设计：王镜夷
责任校对：王　杰
责任印制：郭向伟

出版发行：中国铁道出版社(100054，北京市西城区右安门西街8号)
网　　址：http://www.tdpress.com
印　　刷：虎彩印艺股份有限公司
版　　次：2018年1月第1版　2018年1月第1次印刷
开　　本：880 mm×1230 mm　1/16　印张：21.5　字数：650千
书　　号：ISBN 978-7-113-23815-5
定　　价：149.00元

中国土木工程学会轨道交通分会
勘察与测量专业委员会委员名单

主任委员单位

马海志　北京城建勘测设计研究院有限责任公司董事长、党委书记/教授级高工
黄伏莲　北京城建勘测设计研究院有限责任公司副院长/教授级高工

副主任委员单位(排名不分先后)

顾国荣　上海岩土工程勘察设计研究院有限公司技术总监/勘察大师
周宏磊　北京市勘察设计研究院有限公司副总经理、总工程师/勘察大师
燕建龙　西北综合勘察设计研究院院长/教授级高工
朱世友　中铁隧道勘测设计院有限公司院长/教授级高工
郑胜昔　天津市勘察院常务副院长/教授级高工
许少辉　广州地铁设计研究院有限公司党委书记、副院长/高级工程师
张世荣　南宁轨道交通集团有限责任公司总工程师/高级工程师

委员单位(排名不分先后)

康　佐　西安市地下铁道有限责任公司技术处总工程师
段永强　无锡地铁集团有限公司经理
何运晏　北京市地质工程勘察院副院长/高级工程师
王笃礼　中航勘察设计研究院有限公司党委书记、总工程师/研究员级高工
唐祥达　中船勘察设计研究院有限公司副院长/研究员
王永国　中铁第五勘察设计院集团有限公司副总工程师/教授级高工
周传斌　中铁大桥勘测设计院集团有限公司副总经理/教授级高工
刘文连　中国有色金属工业昆明勘察设计研究院总工程师/教授级高工
徐杨青　中煤国际工程集团武汉设计研究院副总工程师/教授级高工
王建军　中交公路规划设计院有限公司勘察公司总经理/高级工程师
项培林　上海市城市建设设计研究总院(集团)有限公司总工程师/高级工程师
石长礼　上海市隧道工程轨道交通设计研究院分院院长、总工/教授级高工
李明生　天津市市政工程设计研究院副总工程师/教授级高工
郑侬侬　天津市地质工程勘察院院长/教授级高工
刘　伟　广州市城市规划勘测设计研究院所长
钟金宁　南京市测绘勘察研究院有限公司轨道交通测绘科技公司总经理/研究员
刘　成　铁道第三勘察设计院集团有限公司航遥测绘分院副分院长/教授级高工
石飞荣　陕西省公路勘察设计院院长/教授级高工
王世彪　广东有色工程勘察设计院院长/高级工程师

武　威　建设综合勘察研究设计院有限公司副院长/研究员
郑建国　机械工业勘察设计研究院副院长/教授级高工
蒋　鹏　深圳市勘察研究院有限公司副总经理、副总经理/教授级高工
雷　斌　深圳市工勘岩土工程有限公司常务副总经理/高级工程师
马春华　河北中核岩土工程有限责任公司副总经理/高级工程师
吴铭炳　福建省建筑设计研究院总工程师/教授级高工
蒋建良　浙江省工程勘察院总工程师/教授级高工
张敏静　西安中交公路岩土工程有限公司总工程师/教授级高工
谢征海　重庆市勘测院总工程师/教授级高工
陈　鸿　深圳市市政设计研究院有限公司勘察院长/高级工程师
顾凤祥　江苏苏州地质工程勘察院总工程师
张道政　江苏中设工程咨询集团有限公司副总工程师
施木俊　武汉市勘察设计有限公司董事长
史晓忠　无锡市政设计研究院有限公司勘察工程所所长
王永峰　杭州市勘测设计研究院院长助理
饶　猛　浙江华东建设工程有限公司副经理
马贵生　长江岩土工程总公司(武汉)副总工程师
王双龙　深圳市建设综合勘察设计院有限公司常务副总/教授级高工
宋仕兵　青岛地矿岩土工程有限公司总经理助理
刘文峰　江西飞尚科技有限公司总经理
王　静　徐州中国矿大岩土工程新技术发展有限公司副总经理
连长江　广东省重工建筑设计院有限公司岩土分院院长
郑全明　山东正元建设工程有限责任公司技术处总工程师
周诚华　南昌轨道交通集团有限公司建设分公司总经理
杜道龙　中铁第六勘察设计院集团有限公司副院长/教授级高工
吕三和　青岛市勘察测绘研究院副院长/研究员
李丞鹏　北京中天路通工程勘测有限公司总经理

新入会单位(排名不分先后)

方新涛　天津市地下铁道集团有限公司副总工程师
徐　红　乌鲁木齐城市轨道集团有限公司总工程师
谭志文　石家庄市轨道交通有限责任公司总工程师/高级工程师
曹成度　中铁第四勘察设计院集团有限公司工勘院总工
王　鹏　济南市勘察测绘研究院副院长
郭密文　航天建筑设计研究院有限公司总工程师
周连成　青岛海洋地质工程勘察院院长
娄本军　黑龙江省水文地质工程地质勘察院院长/教授级高级工程师
刘俊岩　济南大学土木建筑学院教授
谢长岭　浙江华展工程研究设计院有限公司
郭希印　北京同创天成工程勘测有限公司总经理

编审委员会

序

中国土木工程学会轨道交通分会勘察与测量专业委员会成立于2012年，是国内重要的专业性学术组织。成立五年来，在主任委员马海志同志的带领下，在全体委员单位的共同努力下，通过创办会刊、出版论文集、组织学术年会等方式构建交流平台，搭建沟通桥梁，开展了丰富多彩的学术活动，为整个行业的发展和技术进步做出了重要贡献。

目前，世界上有51个国家和地区的165个城市拥有城市轨道交通运营线路，中国运营的线路里程占全世界近四分之一。未来10年内，全球轨道交通约3/4的投资集中在中国。中国城市轨道交通走过了60年的发展历程，积累了丰富的建设经验，集聚了众多的优秀人才，工程建设、装备制造、运营管理技术水平不断提升，地铁建设从机械化、自动化、信息化逐渐进入智慧化时代。

近五年来，我国城市轨道交通客流量由2012年的87亿人次增加到2016年底的160.9亿人次，日均客流量由2 448.2万人增加至4 408万人，翻了近一倍；这五年，我国拥有地铁运营线路的城市由17座增加到27座，运营线路里程从1 740 km增长到3 169 km，到2020年将达到6 000 km。城市轨道交通行业的快速发展离不开勘测技术的有力支撑。

勘测技术的发展对城市轨道交通行业的健康、平安、和谐发展起到了巨大的推动作用。勘测为工程建设提供地质、管线、周边建构筑环境等基础资料，是工程建设的基础；基础扎实，工程顺利。2009年济南市重新启动轨道交通线网规划，就曾委托北京城建勘测设计研究院对济南市的基础地质和泉水进行研究，分析泉水对轨道交通建设的影响，最终规划的线网避开了泉水保护敏感区，做到了既修建了地铁，又保护了泉水，还避开了风险，目前同时在建三条线路，开创了我国在轨道交通线网规划阶段即开展勘测工作和基础研究的先河，破解了济南市城市轨道交通建设的难题。

勘测是工程建设的重要技术保障，质量方面确保隧道精密贯通、限界合适、放样准确，安全上确保重大安全风险可控。这些年，随着勘测技术的不断进步，勘测专业在城市轨道交通工程建设中扮演着越来越重要的角色。勘测人用专业的技术素养和精湛的专业技艺，为工程规划设计提供精确的基础数据，为工程建设提供可靠的质量安全保障，为后期运营提供强大的技术支撑。勘测人用智慧和付出保驾地铁建设，护航城市发展，为中国城市轨道交通工程的持续健康发展做出了卓越贡献。

值此轨道交通大发展之际，中国土木工程学会轨道交通分会勘察与测量专业委员会组织编写《精准发力　助推城市轨道交通勘测创新发展》，是对行业技术的总结和交流，是对勘测技术的积累和创新，是对勘测人才的培养和历练。我期望勘测专业发扬工匠精神，在精准上下功夫。“精”就是测绘数据精度要高，“准”就是地质勘探资料要真实准确。我也期望，勘测技术人员能够将大数据、云计算、人工智能等先进技术融入勘测专业，不断创新，做到智慧地铁勘测先行。唯有如此，我们的轨道交通事业才能安全、健康的发展，勘测工作才能真正为轨道交通建设和运营保驾护航。

愿大家抓住机遇共同努力，不断奋斗，勤奋创新，持续发展，共同迎接我国城市轨道交通事业发展的美好明天。

施仲衡

2017 年 9 月于北京

目　录

勘察技术篇

测量技术篇

测试技术篇

岩土技术篇

勘察技术篇

石家庄市轨道交通工程抗浮设防水位分析计算研究

周玉凤，　龚选波，　朱国祥

（北京城建勘测设计研究院有限责任公司，北京　100101）

摘　要：本文综合利用统计回归分析法、动态曲线比拟法、频率分析法、水量均衡法、数值模拟法等方法，预测了石家庄轨道交通1号线、3号线一期工程沿线地下水位的变化趋势和今后百年的最高水位，根据工程结构埋深、土层分布条件对石家庄轨道交通1号线、3号线一期工程抗浮水位进行研究确定，形成了一套适合石家庄地区的抗浮水位研究方法体系及技术体系，为今后石家庄地区抗浮水位研究工作奠定了方法基础和技术基础。

关键词：轨道交通；地下水动态数值模拟；抗浮水位

石家庄市地质环境较特殊，渗透性较大的粗颗粒地层分布较广，地下水受地表径流补给的条件较好，同时受其他人为因素的影响，石家庄市未来地下水位上升的可能性较大。地铁工程埋深大，荷载小，抗浮水位的合理与否不仅直接关系到地铁建设投资和造价，同时也关系到地铁百年运营的安全，故确定科学合理安全的抗浮设防水位显得尤为必要。

1　工程地质条件

石家庄地区地势西高东低，西部为山地、中东部为平原。石家庄地铁1、3号线一期工程主要位于滹沱河冲洪积扇中部(图1)，地势开阔，地面高程一般在60～90 m之间。

第四系在石家庄地区广泛发育，厚度由山区的几厘米至10余米到平原的几百米不等，以坡积、冲积、洪积、湖积为主。拟建地铁1号线和3号线一期工程位于侵蚀堆积平原区，涉及的地层以第四系的砂土和碎石类土为主，其间夹有粉土和黏性土(图2)。

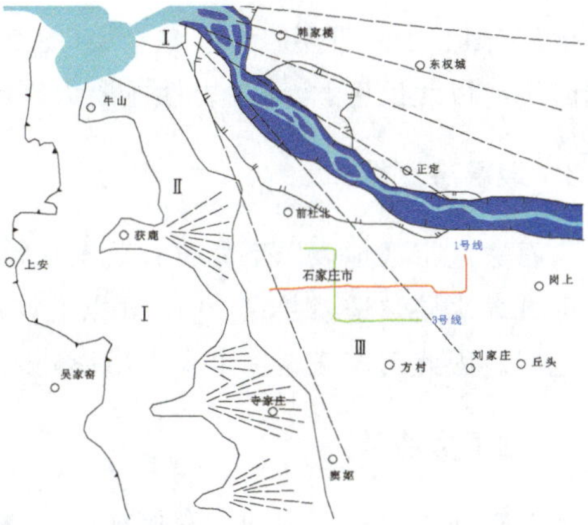

图1　石家庄区域地貌图

2　水文地质条件

2.1　地表水系

石家庄市由北向南主要河流有磁河、滹沱河、洨河、槐河等自西向东、东南流经石家庄市；主要水利工程有岗南、黄壁庄、八一、横山岭、张河湾等大中型水库5座。此外，水利工程还主要有石津渠、引岗渠、南水北调中线引水渠等共7条渠。

2.2　地下水分类

石家庄地区第四系松散岩层孔隙水分为浅层孔隙水和深层孔隙水。浅层孔隙水主要含水层是上更新—全新统的砂卵石层(图2中Ⅰ)；该含水层区内均有分布，埋藏深度5～90 m；深层孔隙水 $Q_{2\text{-}4}$ 含水层组以下为下更新统(Q_1)孔隙承压含水层组，此含水层组主要由 Q_1^2-Q_1^3

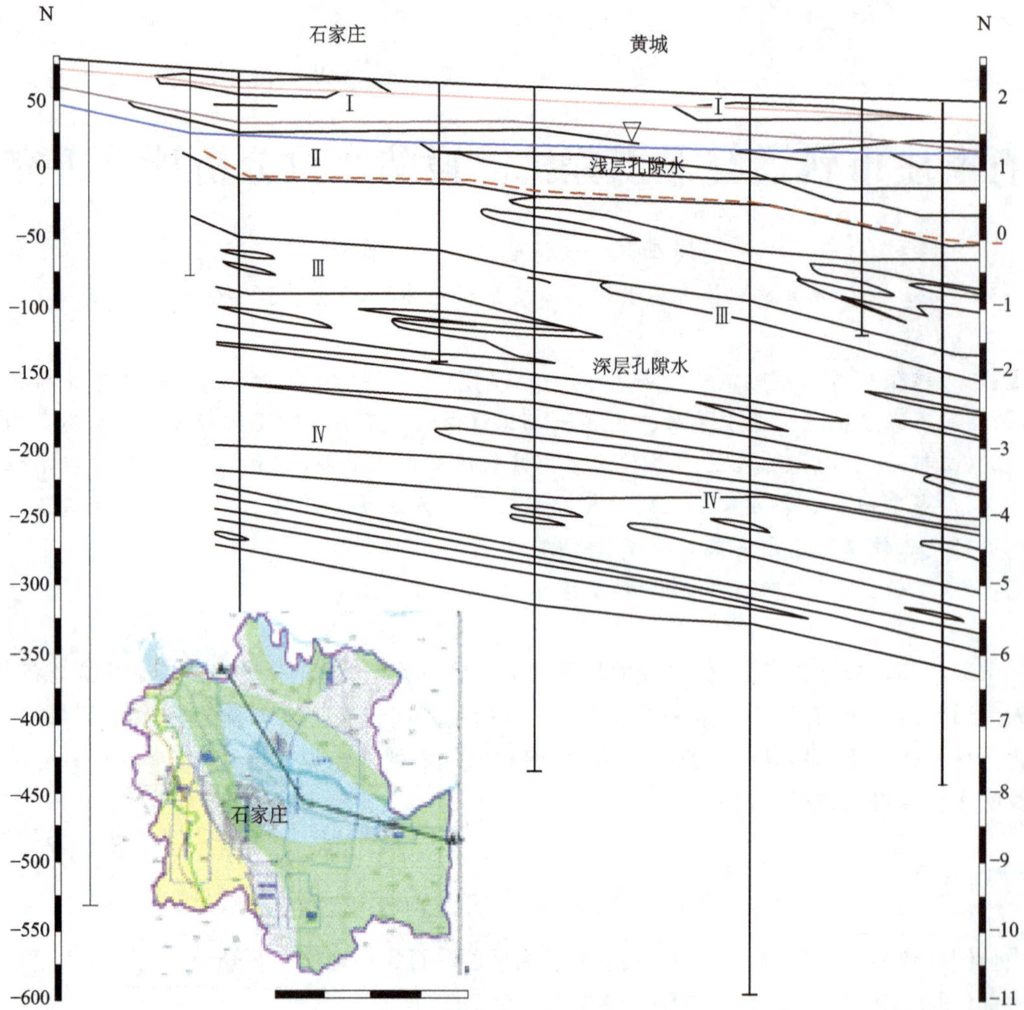

图 2　石家庄典型地层剖面图

含水层(图 2 中的Ⅲ层)和 Q_1^1 含水层(图 2 中的Ⅳ层)组成。此含水层组主要分布于滹沱河大桥—谈固以东和滹沱河以北地区,含水层岩性主要为砂卵石、砂砾石、中粗砂和中细砂层。

2.3　地层渗透性

石家庄市区地表以下分布有黄土状粉质黏土,其渗透系数一般在 $10^{-6}\sim10^{-3}$ m/d 之间。研究区大部分区域含水层渗透系数在 40 m/d 以上,特别是滹坨河河道两侧含水层渗透系数在100 m/d以上,属强透水性地层。因此石家庄地区未来当出现外来水源补给或开采量急剧减少时,地下水位将会快速回升。

2.4　地下水动态

根据地下水位年内动态变化规律,可将石家庄地下水年内动态划分为降水入渗——农业开采型和径流补给——集中开采型两种类型;由于地下水开采量较大,多年来地下水呈现出以快速下降为主的特点(图 3)。受水库放水和限采影响,地下水位开始缓慢回升。

2.5　地下水动力特征

1965 年因地下水大量开采,在华北制药厂附近形成降落漏斗,1972 年漏斗中心向东转移,移到印染厂附近。

2.6 近期地下水位分布特点

拟建地铁1号线、3号线一期所在场地2011年底地下水位埋深在25～45 m，其中西部地下水位埋深相对较浅，东部地下水位埋深较深，部分地段地下水位埋深甚至超过45 m。

地下水的重要补给来源，2003年底黄壁庄水库副坝防渗加固工程完成后，副坝渗漏量下降到3 646.69×10^4 m^3/a，对研究区地下水的补给仍有重要意义。

石家庄平原区由于地下水降落漏斗形成改变了地下水的天然径流状态，在东部出现了地下水的反向径流。研究区地下水位埋藏较深，地下水通过蒸发排泄已不复存在，区内地下水的排泄方式主要是人工开采，包括城市工业、生活的集中开采和市区外围的农业开采，此外研究区东部还存在侧向径流排泄。由于石家庄地区地下水一直处于超采状态，形成了地下水降落漏斗，漏斗东部出现了地下水的反向补给，因此地下水向研究区外的侧向排泄量减少。

3 影响地下水位变化的因素分析

石家庄地区影响地下水位升降的因素主要有大气降水、地下水开采、黄壁庄水库放水、灌溉回归水入渗等。

3.1 大气降水影响

石家庄地区大气降水是地下水的主要补给来源之一，统计分析表明，降雨量与地下水位升幅有较好的相关性(见图4)，相关系数达0.95。当集中降雨量为100 mm时，地下水位上升约0.1 m；当集中降雨量达到500 mm时，地下水位升幅达1.7 m。

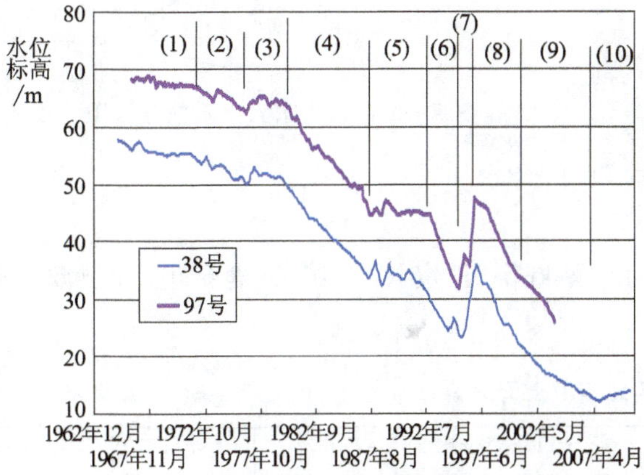

图3 石家庄市区地下水位动态变化规律

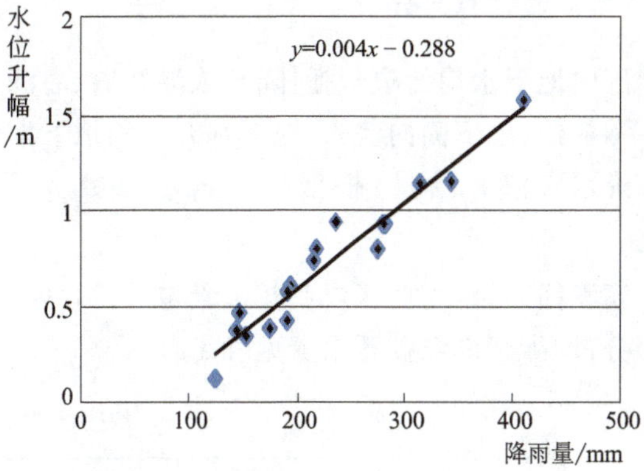

图4 大气降水与地下水位升幅统计关系

3.2 地下水开采影响

由于石家庄地区地下水位动态受多种因素影响，统计分析表明，地下水累计开采量与漏斗中心附近地下水位埋深有很好的相关性(见图5)，相关系数达0.99。由此说明，在外来补给减弱的情况下，石家庄地区即使开采量每年递减，但由于累计开采量的增加，地下水位仍然逐年下降，但下降幅度逐年减少。

3.3 黄壁庄水库放水影响

石家庄市区地下水位变化受黄壁庄水库放水影响较大(见图6)，图中1977—1979年，受黄壁庄水库放水影响，地下水位明显上升；1988—1991年受黄壁庄水库放水影响，地下水位下降的趋势得到控制；1995—1996年，受黄壁庄水库放水影响，地下水位出现大幅度回升。

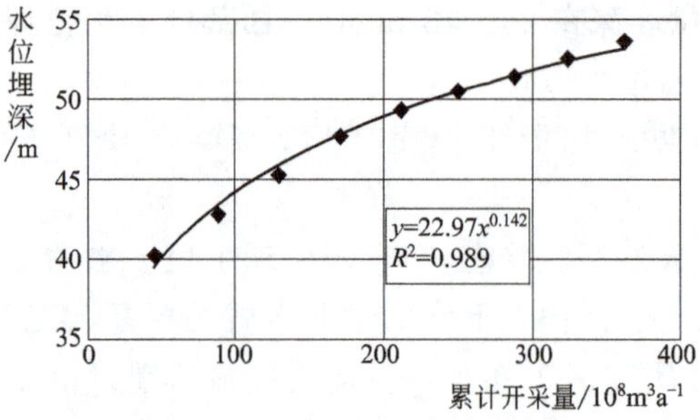

图 5 地下水累计开采量与地下水位埋深关系

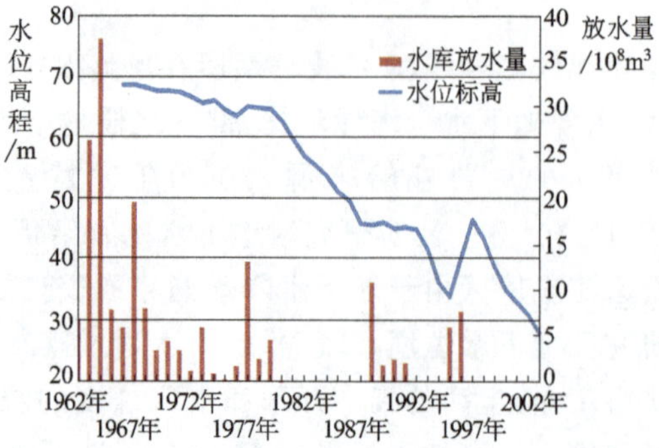

图 6 黄壁庄水库放水和地下水动态变化的关系

3.4 灌溉回归水入渗影响

灌溉回归水入渗也是地下水的补给来源之一，石家庄市周边每年春灌和秋灌季节有大量农田得到灌溉，灌溉水除部分通过大气蒸发和农作物吸收外，大部分渗入到地下。

4 地下水流数值模拟

根据地铁设计，地铁埋深都在 30 m 以内。所以本次研究的含水层为底板埋深 20～200 m 的 Q_{2-4} 沙砾卵石含水岩组，即浅层孔隙水。

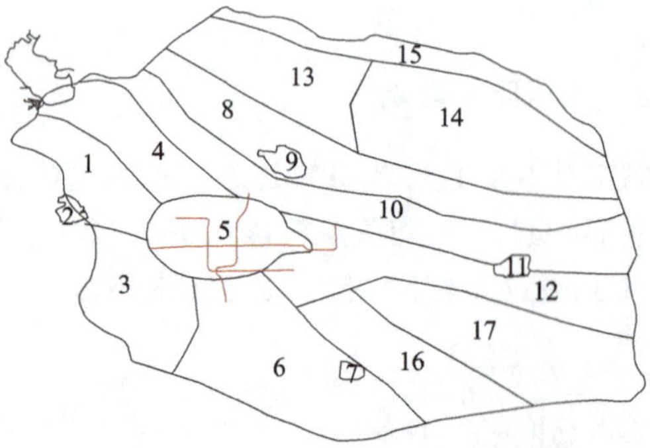

图 7 工作区降水入渗系数分区图

4.1 水均衡计算与分析

区内地下水均衡项包括：降水入渗补给、灌溉入渗补给、河渠渗漏补给、地下侧向流入、地下水开采和地下水侧向流出。

降水入渗补给量：根据降水入渗系数分区（图 7）进行计算。

灌溉回归量：均衡区农业开采量包含行政区内（石家庄市、藁城市、正定县、栾城县、鹿泉市）和行政区外两部分，均衡区内农业开采量见表 1。

表 1 均衡区 2004—2011 年逐年农业开采量 10^4 m^3/a

年份	2004	2005	2006	2007	2008	2009	2010	2011	年均
农业开采量	79 593	79 846	72 574	66 719	62 266	59 298	59 387	62 597	67 785

渠道渗漏量：2004—2011 年年均渠道渗漏量计算成果见表 2。

表 2 2004—2011 年渠道渗漏补给量表

渠道	总引水量 /10^4 m^3a^{-1}	单位长度渠道损失系数 /km^{-1}	渠道渗漏补给系数	渠道长度/km	渠道渗漏补给量 /[10^4m^3·$(8a)^{-1}$]
石津渠	34 204	0.002 53	0.45	69.22	2 695.53

侧向流入（出）量：根据地下水流场及含水厚度、渗透性的变化，将均衡区流入边界划分为 8 条计算断面进行计算，其中黄壁庄水库副坝南侧山前概化为 3 条；黄壁庄水库副坝、主坝概化为 2 条；黄壁庄水库主坝北侧山前概化为 2 条；均衡区北边界磁河概化为 1 条。均衡区流出边界划分为 4 条。侧向流入、流出量计算成果见表 3。

表 3　衡区侧向流入、流出量表

断面性质	位置	断面编号	断面长度/m	渗透系数/(m·d⁻¹)	含水层厚度/m	垂直断面的水力坡度	侧向量/(10^4 m³·a⁻¹)
流入	北部磁河侧向	1	27 846	90	40	0.000 51	1 866.07
	山前北侧向	2	13 857	120	12	0.001 88	1 369.25
		3	4 079	80	5	0.001 81	107.79
	主坝	4					275.04
	副坝	5					5 053.16
	山前南侧向	6	5 890	60	5	0.001 92	123.83
		7	28 671	80	10	0.005 61	4 700.03
	南部	8	17 390	50	13	0.000 60	247.55
	合计						13 742.72
流出	南部	9	27 524	60	80	0.000 94	4 541.75
	东南部	10	4 713	120	94	0.000 86	1 676.40
	东部	11	10 375	60	90	0.000 66	1 354.99
	东北部	12	14 215	100	88	0.000 49	2 256.14
	合计						9 829.28

地下水开采量：根据计算结果，均衡区 2004—2011 年年均农业开采量为 67 785×10^4 m³/a，生活开采量为 15 180×10^4 m³/a，工业开采量为 15 901×10^4 m³/a。

地下水储变量：地下水储变量根据 2004—2011 年地下水位变差及变幅带给水度分区求取。

水均衡分析：均衡区 2004—2011 年地下水水均衡各计算数据见表 4。

表 4　2004—2011 年均衡区地下水均衡计算成果表

均衡项		均衡量/[10^4 m³·(8 a)⁻¹]
地下水补给量	降水入渗补给量	29 517.02
	渠道渗漏补给量	2 695.53
	井灌回归量	12 540.23
	水库坝下渗漏补给量	5 328.20
	山前侧向流入量	4 434.48
	其他侧向流入量	2 113.62
	合计	56 629.08
地下水排泄量	开采量	98 866.24
	侧向排泄量	9 829.29
	合计	10 8695.53
补排差		−52 066.45
地下水储变量		−51 866.41
均衡计算误差		200.04

4.2　水文地质概念模型的建立

由于研究区地下水系统边界条件难以控制，本次模拟实际区域圈定根据水文条件比较清楚且比较好控制为原则，预测采取局部加密的方法。模型的面积为 2 884.27 km²（包括石家庄都市区、鹿泉市、正定县、藁城市、栾城县）。

根据前述讨论可知，$Q_{3\text{-}4}$ 和 Q_2 含水层组二者为具有密切水力联系的统一含水系统，因此，将其概化为一层。

地下水径流的水力坡度(除降落漏斗附近)比较平缓,在西部为 2.5‰～4.1‰,在东部为 0.4‰～1.0‰。又考虑到含水层厚度比较大,将地下水流作为二维平面流处理。水流各要素随时间发生变化,为非稳定流。

西部边界为山区与平原分界线,作为弱透水边界;黄壁庄水库副坝虽然已实施防渗工程,但仍有大量水流渗漏补给区内,也作为流入边界;北部以磁河为界,为侧向流入边界;东部以于家庄、十里铺、张家庄一线为界,南部以栾城、元氏县南部县界为界,均为流出边界(图 8)。

4.3　模型初始值的确定

选择 2004 年 6 月的地下水流场作为建模的初始流场。降水入渗系数:根据包气带的岩性和厚度,地形地貌条件把模型区的降水入渗系数分为 17 个分区,参考前人工作报告,给出初值,待模拟时确定。

河渠渗漏补给强度:在模拟时段,滹沱河放水很少,暂不考虑滹沱河入渗补给;石津渠的单位长度渠道损失系数设定为 0.002 53 km^{-1},渠道渗漏补给系数设定为 0.45。

农田灌溉水入渗补给地下水的回归系数取 0.185。以上各值按不同时段换算成面状补给强度。作为初值输入模型,经模拟识别确定。

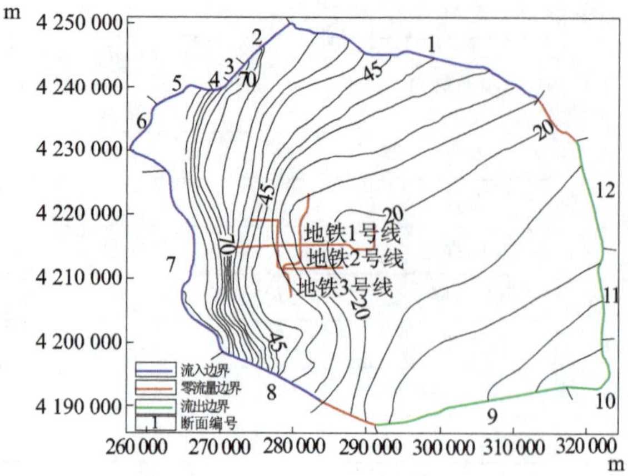

图 8　模型边界条件概化示意图(2011 年 12 月)

垂向排泄强度:根据有关部门统计资料,市区部分分为水源地、自备井两部分。市辖各县按照县城和郊区把工业、生活、农业分配到各区。按照不同时段换算成排泄强度,输入模型。

边界条件的处理:西部边界、东部边界、南部边界的流量边界,其初值是根据地下水流场特征分析计算相应给出。

水文地质参数初值:根据工作区内前人的工作报告,结合区内地质、水文地质条件,对模拟区进行水文地质参数分区,并给出各分区的渗透系数和给水度初值,待模拟时确定。

4.4　模型的识别与检验

本次模型的识别验证时间段为 2004 年 6 月至 2011 年 12 月,流场拟合效果图如图 9 所示,钻孔地下水动态典型拟合图如图 10 所示。

模型识别表明:流场拟合较好,说明水文地质条件的概化是合理的,数学模型是正确的,水文地质参数、垂向补、排强度及边界的侧向径流量等,通过调整,认为是符合实际的,能够反映地下水动力条件,可用于预测。

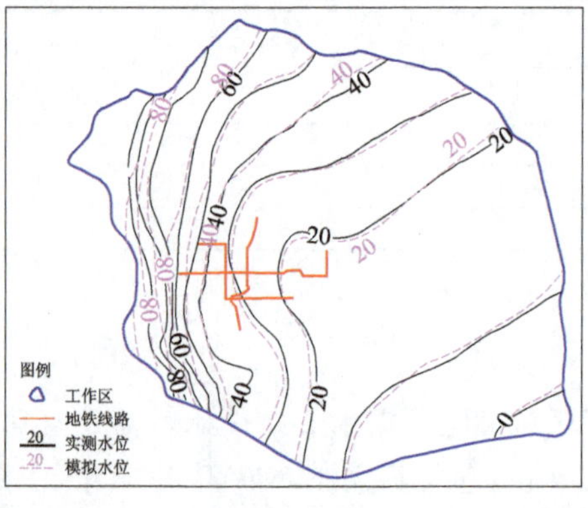

图 9　地下水流场拟合图(2011 年 12 月)

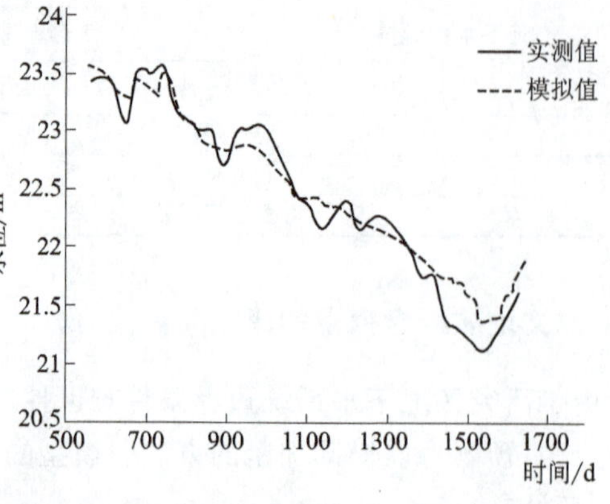

图 10　石 38 孔水位拟合图(2004—2011 年)

5 石家庄地铁 1 号线、3 号线各站点最高水位预测

通过前面的论述可知，石家庄地区水位变化主要受自然和人类活动影响。人类活动会对石家庄地下水产生升高效应的主要为利用南水北调江水进行地下水库调蓄。自然条件对石家庄地下水产生升高效应的主要为降水，考虑到地铁工程为百年工程，则百年一遇($P=1\%$)的降水会对地铁产生最不利的影响。因此根据对工程最不利的原则，将人类活动和百年一遇($P=1\%$)的降水叠加预测各站点最高水位。

5.1 地下水库调蓄对地下水水位的影响分析

图 11 地下水库调蓄 20 年后地下水位埋深

调蓄 20 年后，市区降落漏斗消失，城区水位恢复至埋深 15～30 m 左右，接近石家庄市地下调蓄规划的目标。此时，地下水流场如图 11 所示，该流场可以作为进一步预测(叠加百年一遇降水的影响)的初始流场。

从以上分析来看，对地下水位变化最不可控的因素就是地下水库调蓄。而地下水库调蓄量的多少则直接与用水量的多少直接相关。根据石家庄市规划，未来用水量呈增加趋势，到 2020 年基本完全消化掉南水北调来水。为此本次模拟采用对工程最不利最不可能的开采量和调蓄量来模拟地下水库调蓄对地下水位的影响，即保持现状开采水平不变。从分析来看，地下水库调蓄至地下水位埋深 15 m 的概率是极小的。

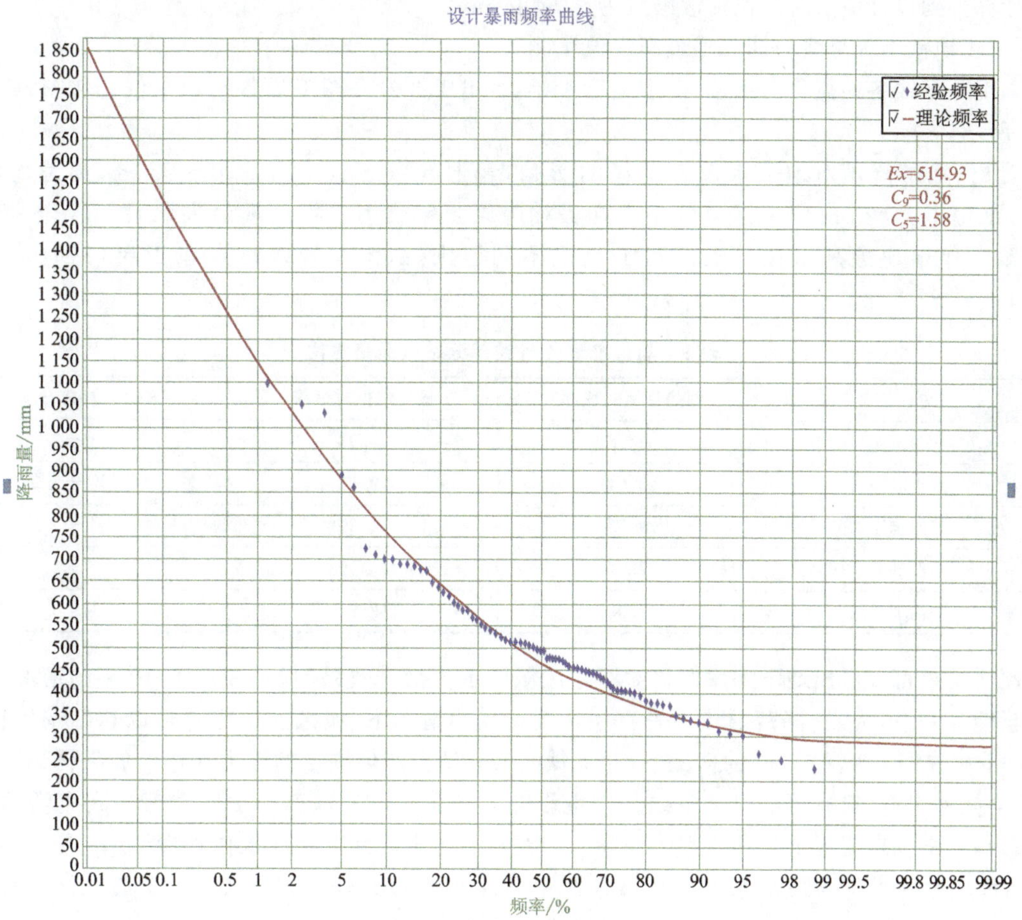

图 12 $P=1\%$的年降雨量

5.2　各车站最高水位预测

根据前述分析，影响地铁安全运行的自然因素主要为极端降雨所产生的地下水水位急剧上升。因此，作为百年工程的地铁为预测最高水位，就必须充分考虑人类活动和自然因素对地铁最不利的情况。即，在图 12 地下水埋深分布的基础上，叠加百年一遇($P=1\%$)的降雨所产生的水位增幅，以此作为未来可能达到的最高水位。

(1)百年一遇($P=1\%$)降雨设计：根据石家庄市 1919—2011 年降水量资料，采用水文频率分析法求取石家庄市百年一遇的降水量。最后根据统计参数，给定设计频率求设计值。最后得出石家庄百年一遇($P=1\%$)的降雨量为 1 140.87 mm(图 12)。得到百年一遇的设计值后，选择典型年对设计暴雨量按月分配雨量，选择典型年的原则为：在已有的实测系列中选取与设计值相等或接近的年份即可作为相应的代表年。如果有两个以上的年份实测值与设计值都比较接近，必须按照"年内分配最不利"的原则进一步选择确定。按照此原则，选择 1963 年为典型年。

泄洪期滹沱河河道渗漏量的设计：当石家庄遇到百年一遇的降雨时，势必会引起山前水库库容不能满足调蓄的目标。根据水利局提供资料，石家庄"96・8"洪水期间，黄壁庄水库共向河道泄洪 22.39 亿 m^3，本年降雨量为 1 097.1 mm。设计百年一遇降雨量为 1 140.87 mm，采用比对方法设计百年一遇降雨时的河道泄洪量为 23.28 亿 m^3。入渗系数采用 1988 年黄壁庄水库泄洪实测值 0.41。

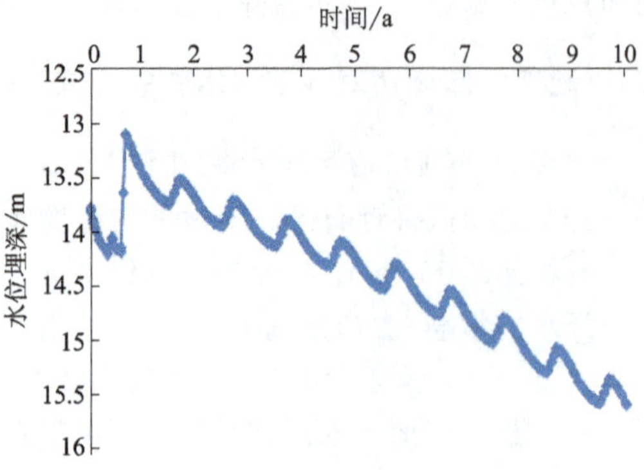

图 13　3 号线西三教站地下水水位变化曲线

根据计算得到设计泄洪时滹沱河渗漏量为 9.54 亿 m^3。

(2)石家庄地铁 1、3 号线一期工程最高水位预测

为预测 1、3 号线各站点最高水位，模型运行十年，得出 1、3 号一期工程各站点水位变化图，典型变化曲线如图 13 所示。

可以看出，极端降雨对地下水位有明显的影响，普遍导致水位上升 1.0～2.0m，离滹坨河较近的个别车站，水位上升在 5m 以上。多数站点在极端降雨当年或第二年出现最高水位。极个别站点在极端降雨的第三年出现最高水位。根据对工程最不利原则，1、2、3 号线站点在 $P=1\%$ 时最高水位见表 5。

表 5　轨道交通 1 号线部分站点最高水位　　m

编号	站点名称	调控目标时埋深	最高水位时埋深	网格部分误差
1	西王站	16.58	15.98	±0.2
5	烈士陵园站	13.04	12.08	±0.2
10	省博物馆站	15.73	14.69	±0.2
15	白佛站	17.37	16.10	±0.2
20	洨河大道站	17.98	12.20	±0.2

根据预测结果可以看出地下水库调蓄对石家庄城区水位抬升效果明显，在调蓄 10 年的情况下，城区水位能恢复至埋深 20 m 左右，降落漏斗消失。在继续调控的情况下，城区水位完全可以达到调控目标，即平均埋深 15 m 左右。在埋深 15 m 的情况下，对地铁的换乘站会产生一定的浮力作用。如果再遇到极端降雨情况，水位会陡然上升，极有可能对整条线路产生影响。最高水位的预测必须同时考虑人类活动和自然因素的双重影响。根据对工程最不利原则为准则。当在地下水库调蓄至平均水位埋深 15 m 且遇到百年一遇($P=1\%$)时，此时的水位为最高水位。在该情况下各站点水位普遍上升 1.0～3.0 m。最浅水位埋深为 8.51 m，最深水位埋深 17.09 m。多数埋深在 11.0～13.0 m 之间。

6　石家庄地铁 1、3 号线一期工程各站点抗浮水位预测

6.1　抗浮水位计算模型

根据石家庄市轨道交通 1、3 号线一期工程结构埋深、土层分布条件和未来地下水位可能上升到的最高值，确定适合于石家庄市轨道交通 1、3 号线一期抗浮设防水位计算的模型有 8 类。各模型的特征参见表 6。

表 6　石家庄市轨道交通抗浮设防水位部分计算模型

模型	模型图	模型特点	压力计算公式
模型一	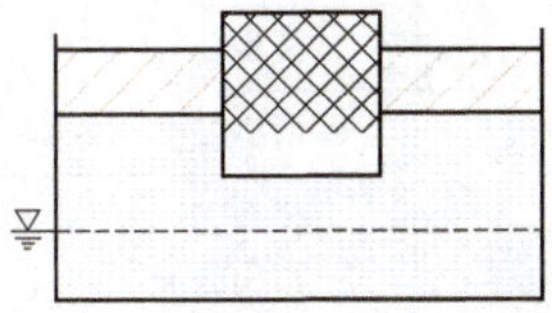	预测未来最高水位位于地铁结构底板以下，结构底板位于砂土层中	0
模型四	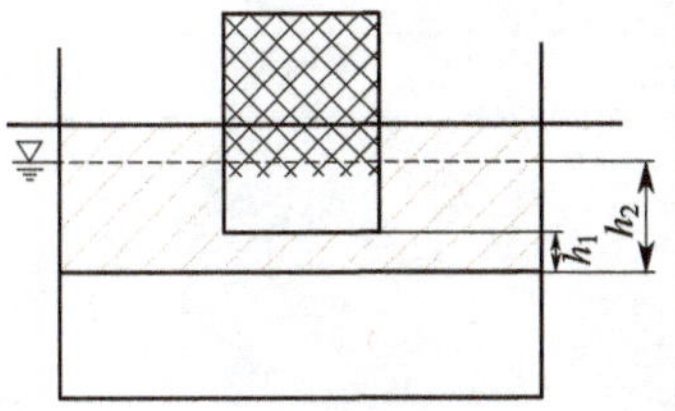	预测未来最高水位位于地铁结构底板以上，结构底板位于黏性土层中，黏性土渗透系数小于 10^{-3}(cm/s)，预测最高水位距黏性土底面为 h_2，结构底板距黏性土底面为 h_1，且 $h_1\times r_1<h_2\times r_m$	$P=h_2\times r_m-h_1\times r_1$
模型八	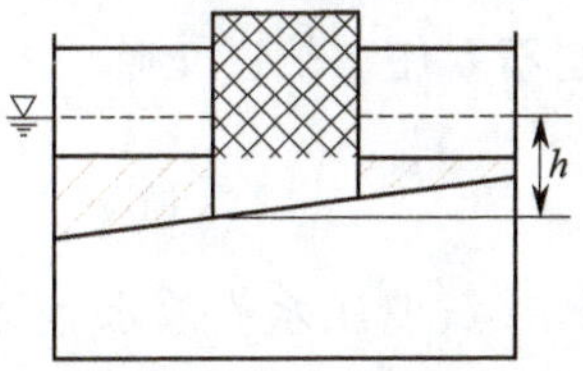	结构底板部分位于黏性土层、部分位于砂土层中，预测未来最高水位位于地铁结构底板以上	$P=h\times r_m$

6.2　各车站抗浮水位的确定

根据设计提供的资料和各车站所在场地的地层分布特点，将设防水位研究涉及的 37 个车站的结构底板与地层的组合关系进行分析，典型关系参如图 14 及图 15 所示。

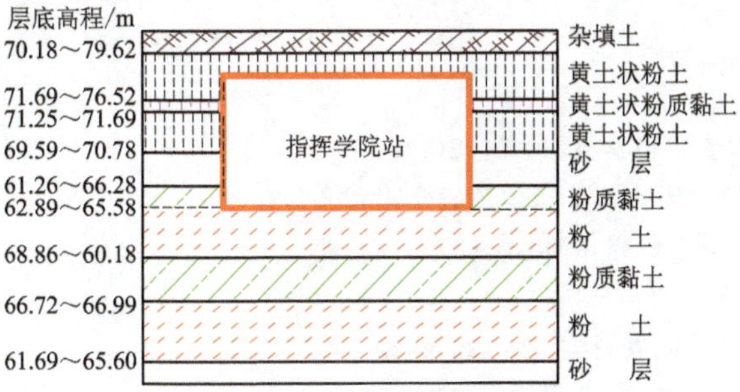

图 14　地铁 1 号线西王站

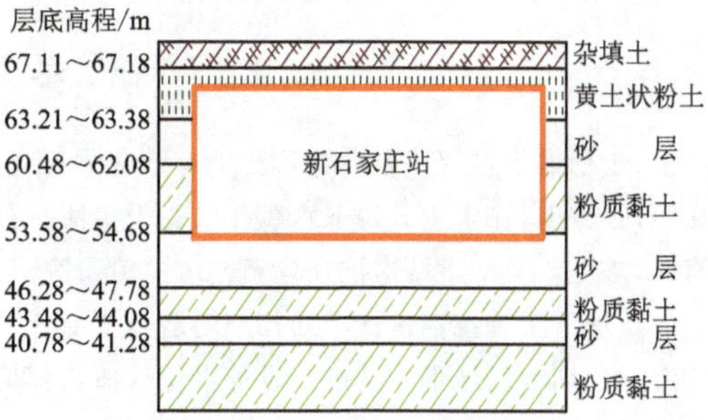

图 15　地铁 3 号线新石家庄站

6.3　各车站抗浮水压力值建议

在确定各车站的抗浮设防水位时，利用前面预测得到的各车站所在场地未来可能遭遇的最高地下水位、各车站结构底板埋深和场地地层分布特点，确定适合于各车站的抗浮设防水位计算模型，根据各车站各自适用的计算模型，确定相应的抗浮设防水位。计算结果表明，本次涉及的车站中有 9 个车站的基底水压力

为 0，其余车站的基底水压力在 3.6～129.4 kPa之间，其中 3 号线的中山广场站和柏林庄站基底水压力较大，详见表 7。

表 7 部分车站抗浮设防水位一览表

序号	车站名称	地面标高/m	预测场地内未来最高水位埋深/m	预测场地内未来最高水位标高/m	车站基底标高/m	适用的设防水位取值模型	抗浮设防水压力建议值/kPa
1	西王站	82.54	15.98	66.56	65.21	模型五	0.00
5	烈士陵园站	73.31	12.08	61.23	57.13	模型二	41.00
10	省博物馆站	70.71	14.69	56.02	48.15	模型二	78.70
15	白佛站	66.06	16.10	49.96	50.19	模型一	0.00
20	洨河大道站	65.55	12.20	53.35	49.40	模型二	39.50
25	小灰楼站	72.67	11.52	61.15	55.89	模型二	52.60
30	石家庄站	71.93	13.23	58.70	53.38	模型二	53.20
35	南王站	65.28	14.51	50.77	49.14	模型四	0.00
37	三教堂站	64.90	16.58	48.32	43.90	模型五	0.00

7 结　　论

本报告在分析石家庄市轨道交通所在场地水文地质条件及影响地下水位变化的各种因素的基础上，通过地下水渗流数值分析，结合轨道交通沿线地层分布及初步设计条件，确定石家庄市轨道交通 1、3 号线一期各车站的抗浮设防水位建议值，得到以下几点结论：

(1)石家庄市轨道交通沿线目前地下水位埋藏较深，一般大于 25 m。

(2)石家庄地区影响地下水位升降的因素主要有地下水开采、大气降水、黄壁庄水库放水、灌溉回归水入渗等。

(3)石家庄市轨道交通 1、3 号线一期各车站未来地下水位有可能上升到地面下埋深约 10.96～16.58 m 左右。

(4)根据石家庄市地铁结构底板埋深、地层分布特点和未来地下水位可能达到的最高值，得到石家庄市轨道交通 1 号和 3 号线一期各车站基底水压力建议值，其中有 9 个车站的基底水压力为 0，其余车站的基底水压力在 3.6～129.4 kPa 之间。

参 考 文 献

[1] 汤连生，王思敬．湿吸力及非饱和土的有效应力原理探讨[J]．岩土工程学报，2000，22(1).

[2] 张在明，孙保卫，徐宏生．地下水赋存状态于渗流特征对基础抗浮的影响[J]．土木工程学报，2001，34(1).

[3] 张第轩，陈龙珠．地下结构抗浮计算方法试验研究[J]．四川建筑科学研究，2008，34(3).

[4] 袁正如．地下工程抗浮设计中的几个问题[J]．地下空间与工程学报，2007，3(3).

[5] 张欣海．深圳地区地下建筑抗浮设计水位取值与浮力折减分析[J]．勘察科学技术，2004，2.

[6] 刘国亮，杨志武，孙国春．浅析天津市区地下水抗浮设防水位确定方法[J]．地下水，2009，31(2).

[7] 中华人民共和国住房和城乡建设部，中华人民共和国国家质量监督检验检疫总局．GB 50007—2011　建筑地基基础设计规范[S]．北京：中国建筑工业出版社，2011.

[8] 中华人民共和国住房和城乡建设部，中华人民共和国国家质量监督检验检疫总局．GB 50021—2001　岩土工程勘察规范[S]．北京：中国建筑工业出版社，2002.

轨道交通采空区勘察及处理方法对比分析

程海陆， 张继伟， 张　勇

（北京城建勘测设计研究院有限责任公司，北京　100010）

摘　要：轨道交通采空区勘察比较少见，国内外目前采空区的主要以地质调查、地球物理勘探、工程钻探验证为主，辅以变形监测等。在通过介绍几种常用勘探方法的同时，比较分析了乌鲁木齐和徐州遇到的两处采空区的勘探及处理方法，对目前国内轨道交通采空区勘探有一定的指导意义，为后续的轨道交通的采空区勘察能够找到一种经济实用的方法提供一定的借鉴。

关键词：采空区；勘察手段；地质调查；超高密度电法；瞬变电磁；地微动；处理方法

轨道交通勘察极少遇采空区，随着近几年轨道交通在矿产丰富的城市规划建设，穿越采空区情况时有发生。

地下采空区，根据开采现状可分为老采空区、现采空区及未来采空区三类。根据开采规模和采空区面积划分为大面积采空区及小窑采空区。根据煤层开采形式划分为长壁式开采、短壁式开采、条带式开采、房柱式开采等采空区。根据采深及采深、采厚比分为浅层采空区、中深层采空区和深层采空区。根据煤层倾角分为水平（缓倾斜）采空区、倾斜采空区和急倾斜采空区。

例如乌鲁木齐市轨道交通 1 号线工程南湖北路站—王家梁站区间经过的六道湾村煤矿属于大面积中深层（大于 50 m 小于 200 m）急倾斜（倾角大于 55°）的老采空区；徐州市轨道交通 2 号线一期工程（姚庄站西—文博园站）区间经过的煤矿则属于中深层小窑倾斜的老采空区。

采空区围岩变形破坏往往波及地表，使之产生沉降，形成地表移动盆地，甚至出现崩陷和裂缝，危及建构筑物安全，这种变形对轨道交通的线路走向选择及其地基处理有着重要的影响。目前轨道交通对下伏采空区的勘察手段主要包括工程地质测绘、工程物探、钻探等。

1　采空区常用勘察手段与方法

1.1　地质调查

地质调查是采空区勘察的重要手段之一，轨道交通一般调查场地内及周边矿区的开采起始时间、开采方式、规模、开采矿层、产状、采深采厚比、回采率、顶板管理方式、煤（岩）柱留设情况和盘区划分、采空区充填情况、地下水赋存、有害气体等情况，尤其搜集矿区井上、井下对照图，采掘工程平面图，矿层底板等值线图等与开采有关的图件。同时注意已有建（构）筑物的类型、基础形式、变形破坏情况及其原因等。

对于国有大矿采空区，采矿资料一般比较齐全，能够比较清晰调查清楚采空区的分布范围；但是对于小煤窑采空区，资料往往不全甚至无资料。

乌鲁木齐市轨道交通 1 号线工程南湖北路站—王家梁站区间经六道湾村煤矿属于较大煤矿，地质调查资料比较清晰，而徐州市轨道交通 2 号线一期工程（姚庄站西—文博园站）经过的棠张矿属于小型煤矿，而且年代久远，具体开采情况则不清晰。

1.2 超高密度电法

1.2.1 方法原理

超高密度电法是一种阵列勘探方法。野外测量时只需将全部电极(几十至上百根)置于测点上,然后利用程控电极转换开关和微机工程电测仪便可实现数据的决速和自动采集,当将测量结果送入计算机后,还可对数据进行处理并得出关于地电断面分布的各种图示结果,工作示意图见图1。

1.2.2 仪器设备

图2为澳大利亚的ZZ Resistivity Imaging研发中心生产的FlashRES64超高密度电法正反演系统。

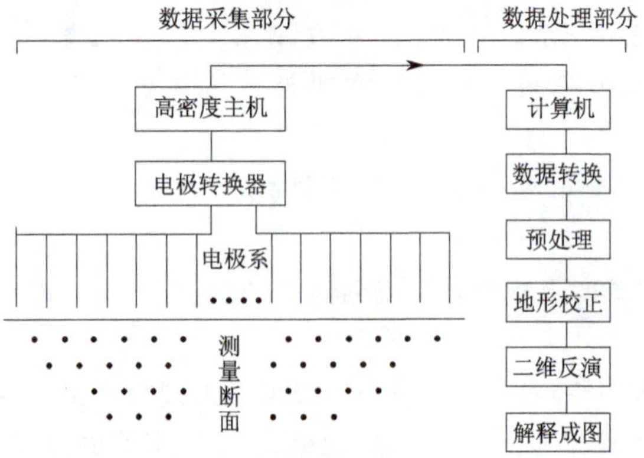

图1 高密度电法工作图

图2 FlashRES64超高密度电法正反演采集系统

FlashRES64多通道超高密度地面/井—地/井—井直流电法勘探系统主要由仪器主机箱、便携式计算机、电缆、电极、数据采集控制软件、数据处理和反演成像系统等6大部分组成。

FlashRES64采集系统打破常规采集方式,可用任何排列组合,采用多通道、多电极、全波形的数据采集方式,61道数据同时采集,其数据采集的效率是同类仪器的40倍以上。该系统可以使用井—井、井—地布极方式,弥补了地表电法勘探对深部地质异常体勘察精度低的不足,使电极更加接近目标体,完全满足勘察的要求。借助于系统自带的反演软件,得到更有效的信息,这在工程物探中是非常需要的。系统自带2.5维反演软件能够将野外采集的数据直接反演为真电阻率图。

1.2.3 工作方法

FlashRES64超高密度电法仪不仅可以做地表高密度电法勘探(电极排列见图3),也可以做井间、井地结合勘探,因此其应用范围比普通电法大大增强。

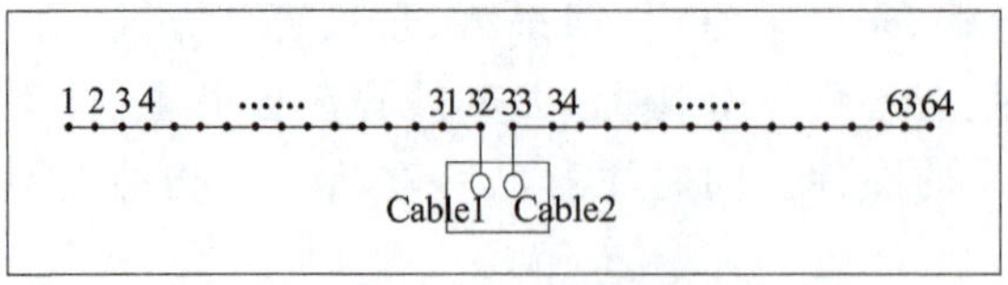

图3 超高密度电法地—地布极方式

1.2.4 超高密度电法的应用

超高密度电法能够得到比普通高密度电法更多、更准确的电阻率信息。在徐州市轨道交通2号线一期工程(姚庄站西—文博园站)进行了应用。图4为剖面电阻率异常图,图中显示两个低阻异常。

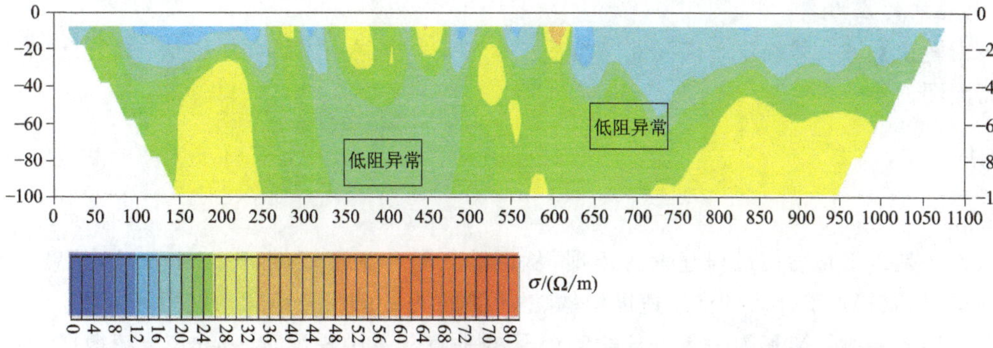

图 4　姚庄站西—文博园站区间超高密度电法其中 1 条测线电阻率剖面图

1.3　瞬变电磁法成果

1.3.1　方法原理

瞬变电磁法是向地下发送一次脉冲磁场的间歇期间，观测由地下地质体受激引起的涡流产生的随时间变化的感应二次场，二次场的大小与地下地质体的电性有关，低阻地质体感应二次场衰减速度较慢，二次场电压较大；高阻地质体感应二次场衰减速度较快，二次场电压较小。根据二次场衰减曲线的特征，就可以判断地下地质体的电性、性质、规模和产状等，由于瞬变电磁仪接收的信号是二次涡流场的电动势，对二次电位进行归一化处理后，根据归一化二次电位值的变化，间接解决如陷落柱、采空区、断层等地质问题。该方法具有分辨能力强、工作效率高、受地形影响小、能穿透高阻覆盖层等优势，迅速发展成为高效、快捷的物探方法。

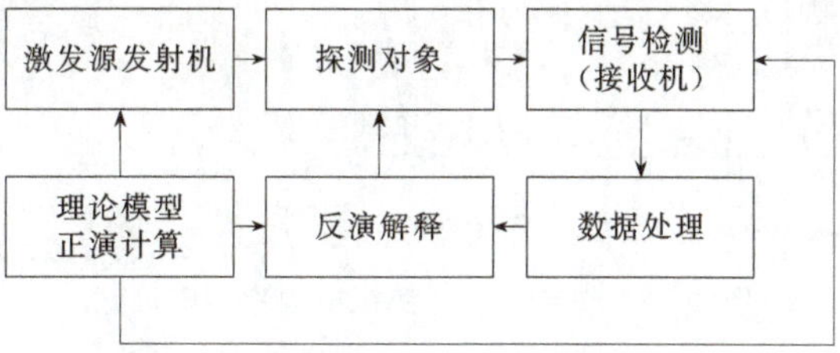

图 5　瞬变电磁法工作图

1.3.2　仪器设备

加拿大 Geonics 公司研发中心生产的 TEM57-MK2，最大勘探深度 500 m，如图 6 所示。

1.3.3　工作方法

瞬变电磁工作方法示意如图 7 所示。

图 6　TEM57-MK2 瞬变电磁采集系统

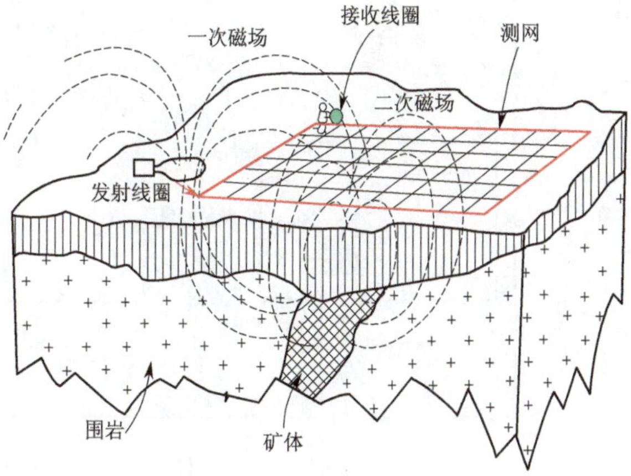

图 7　瞬变电磁工作方法示意

1.3.4　瞬变电磁法的应用

乌鲁木齐市轨道交通 1 号线工程南湖北路站—王家梁站区间采用了瞬变电磁法，图 8 为 27-30 线 TEM 测深电阻率断面图。

1.4　地微动法

1.4.1　方法原理

微动勘探方法是以平稳随机过程理论为依据，从微动信号中提取面波（Rayleigh 波）的频散曲线，通过对频散曲线的反演，获得地下介质的横波速度结构、达到勘探目的的一种地球物理探测方法。

微动勘探可用图 9 所示流程图表示。从微动信号的垂直分量中提取 Rayleigh 波频散曲线的方法通常采用空间自相关（SPAC）法。

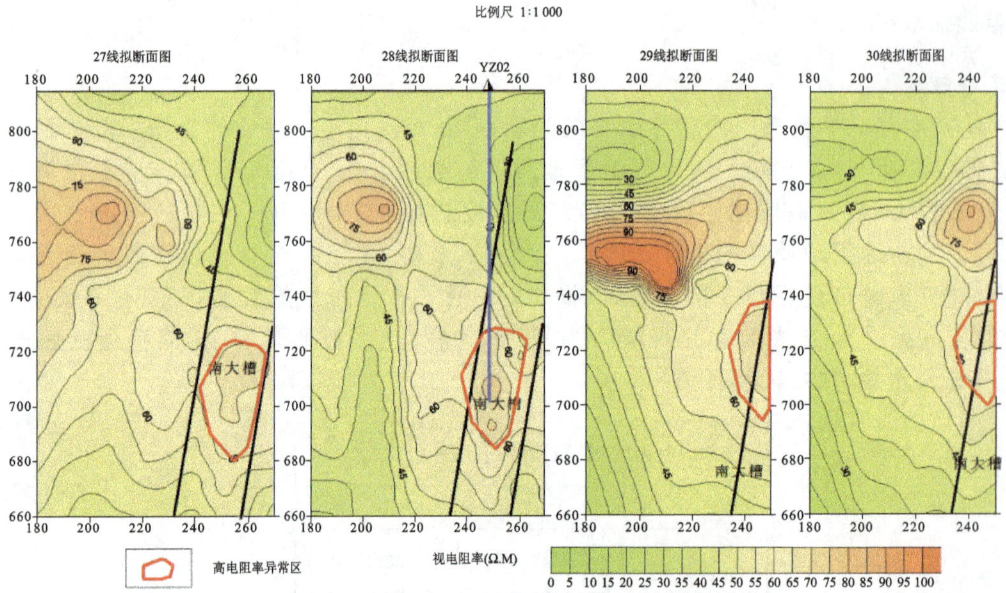

图 8　27-30 线 TEM 测深电阻率拟断面图

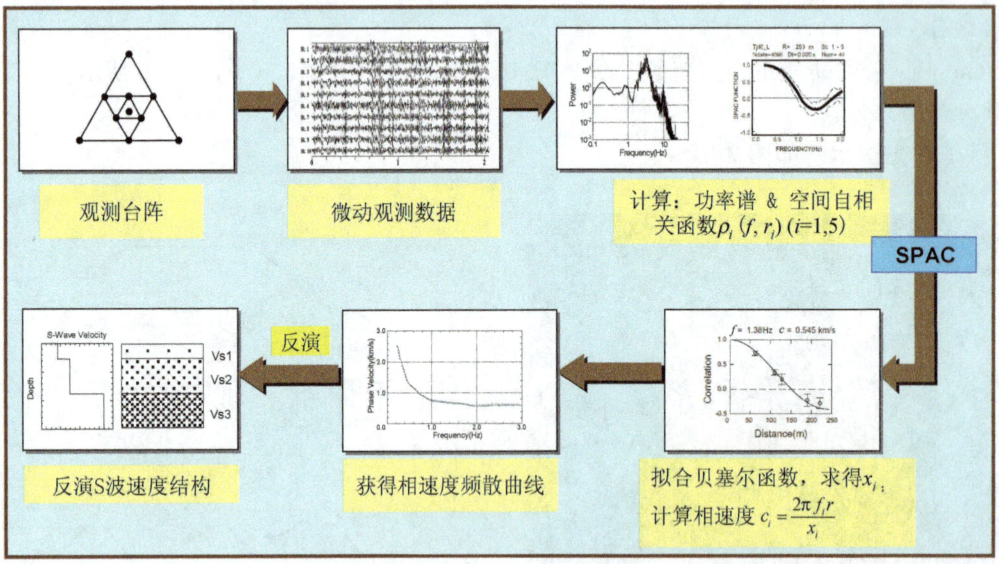

图 9　SPAC 法反演 S 波速度结构流程图

1.4.2 仪器设备

图 10 所示为微动探测仪的外形图。

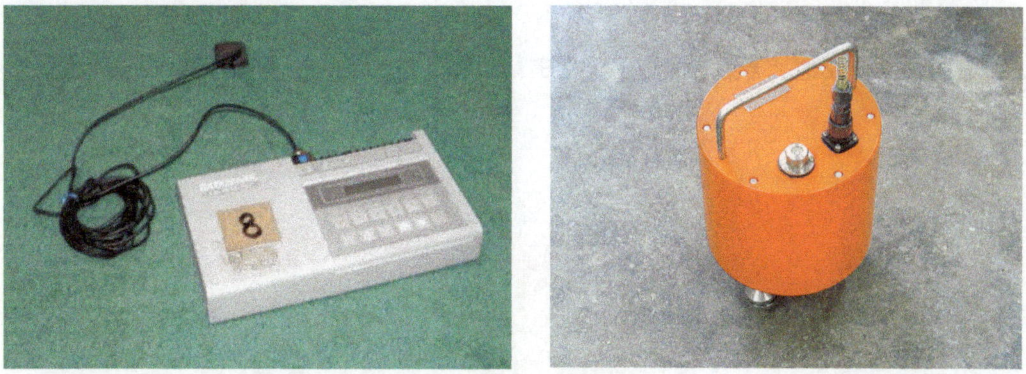

图 10 微动探测仪器

1.4.3 工作方法

微动观测采用各点独立观测方式进行，如图 11 所示。时间校正由记录仪内置 GPS 自动完成。

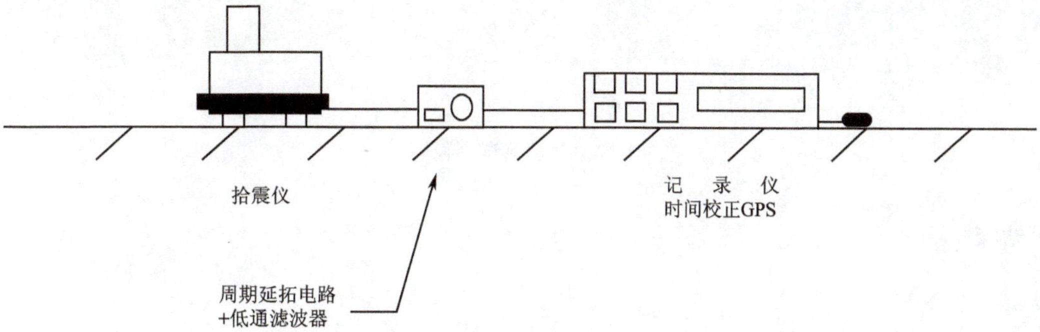

图 11 独立式微动观测方式示意图

SPAC 法观测台阵为圆形，即把测点布置在圆心以及半径为 r 的圆周上。最简单的圆形台阵是在圆周上等间隔布置 3 个测点（正三角形台阵）。为提高工作效率，可以采用图 12 所示多个圆形台阵同时观测的组合观测方式。

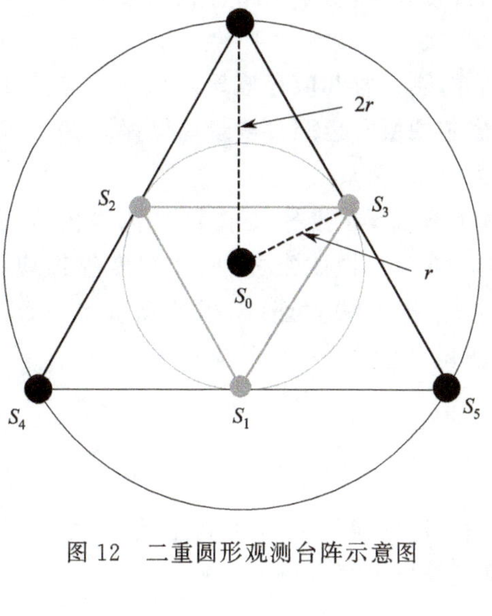

图 12 二重圆形观测台阵示意图

1.4.4　地微动法的应用

因避免了反演过程中设置初始模型、反演结果选取等人为因素的影响，微动剖面结果能更客观、直观地反映地层岩性及构造变化。

微动法在徐州市轨道交通 2 号线一期工程（姚庄站西—文博园站）进行了应用。获得物探结果如图 13 所示。

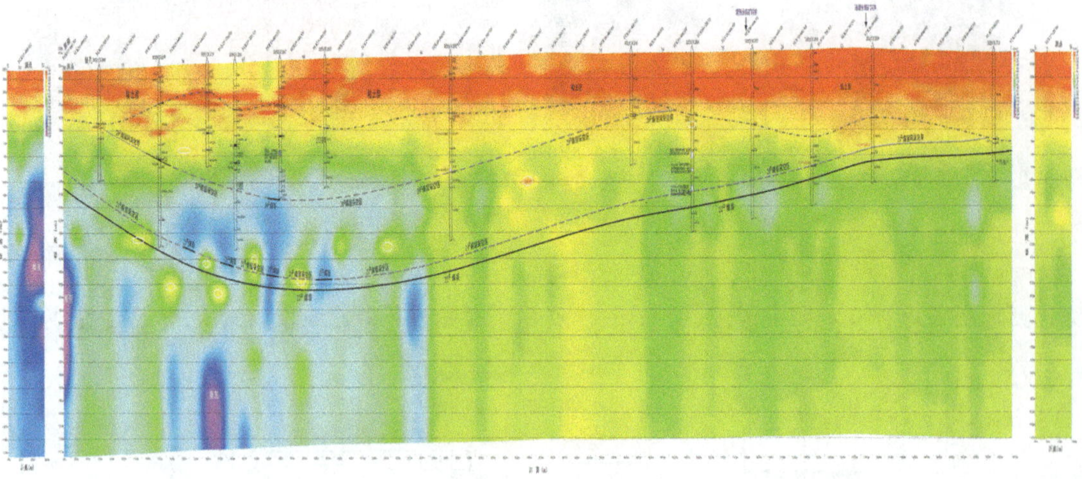

图 13　微动测试剖面图

1.5　地质钻探

1.5.1　钻探工作布置

(1)布置区域：地质钻探作为采空区的唯一手段比较少用，常常作为辅助验证，因此布置钻孔时应根据前期调查及物探成果进行，除利用轨道初、详勘钻孔外，主要在异常区，调查不清晰区域以及采空对隧道底影响范围布置钻孔。

(2)描述内容：钻孔勘探地质描述除应满足常规工程地质描述的要求外，应重点描述泥浆渗漏、钻进速度、掉钻情况、地下水动水位及岩芯采取率等反映采空区覆岩破坏特征的相关要素。准确记录采空区顶、底板的深度，并应描述采空内垮落物性质、成分、粒径、充水情况等。

(3)特殊事项：当钻穿采空区顶板时应停钻，采用钻杆或动力触探试探，再根据采空垮落特征，选择适宜地钻进方法和钻具。

(4)岩芯拍照：除做试验的岩芯外，剩余岩芯应存放岩芯箱内，并按钻进回次先后顺序排列，注明深度和名称，且每一回次用岩芯牌隔开。岩芯拍摄彩色照片或录像保存。

1.5.2　钻探成果与物探成果的相互印证

通过物探工作、钻探工作的相互印证，在勘察工作控制范围内查明采空塌陷区残留空体的分布范围及规模以及原采空塌陷区处理后的主要物质组成、密实程度等物理力学性质。现场调查及收集的存在采空区的位置，要通过物探方法、钻探方法验证，结果达到基本一致。

图 14 为徐州轨道交通钻探验证孔岩芯照片采空异常区。

2　采空区常用处理方法

采空区处理是世界级难题，一般可选用换填夯实回填、注浆加固、强夯、干（浆）砌支撑法、巷道加固法、跨越法或者几种相结合的办法。常见处理主要有以下几种：

图 14　钻探岩芯照片采空异常区

2.1　注浆加固法

注浆加固可分为两种形式，一种是直接注浆加固采空区，在地面钻孔至采空区，待压水泥浆将采空区所有空洞和覆岩裂隙全部充填加固，整个采空区恢复为密实状态，彻底消除破碎岩体的移动变形。另外一种是注浆加固上覆岩层结构，增强覆岩结构的长期稳定性，也是从地面打钻孔，然后压力灌浆，使浆液渗入岩层裂隙并胶结而使破碎岩体形成一强度高、刚度大，类似于“大板结构”的完整岩体，达到类似于跨越的目的和避免地表塌陷的发生。

2.2　干(浆)砌支撑法

可用于采空区顶板尚未完全塌陷、需回填空间较大、埋深浅、通风良好、具有人工作业条件，且材料运输方便的煤矿采空区。

2.3　开挖换填法

开挖回填法可用于挖方规模较小、易开挖且周边无任何建筑物的采空区。对于埋深很小的采空区，可从地表开挖至采空区，然后分层回填夯实。

2.4　设计高架桥跨越采空区。

当采空区分布面积过大，无法充填注浆法时，可考虑采用高架桥跨越采空区，当用高架桥桩时应分析评价采空区成桩可能性，并应分析采空区沉陷对桩基稳定性和承载力的影响。

徐州市轨道交通 2 号线一期工程(姚庄站西—文博园站)主要采取了绕避法，如图 15 所示。

乌鲁木齐市轨道交通 1 号线工程南湖北路站—王家梁站区间主要采取了地下高架桥跨越法辅助注浆加固。也是国内首次地下轨道工程穿越采空区，如图 16 所示。

3　采空区对轨道交通的影响

3.1　轨道交通的特点分析

轨道交通作为城市重要交通工具之一有以下特点：

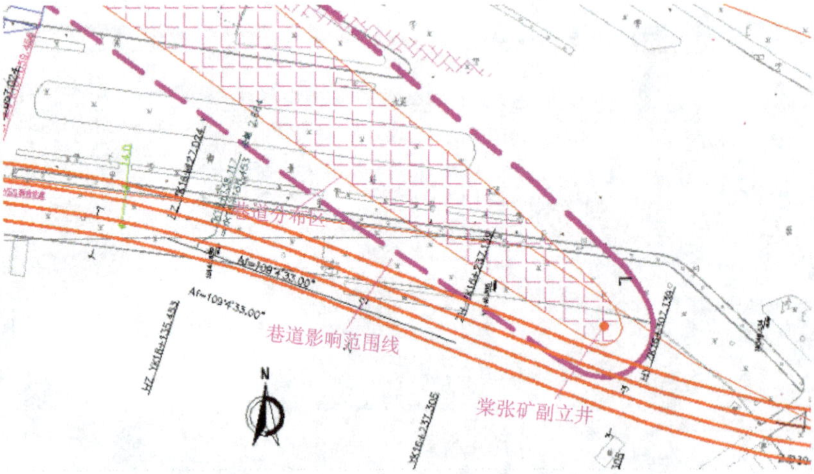

图 15　线路绕避矿井

图 16　南湖北路站—王家梁站区间地下高架桥

(1) 轨道交通运量大、速度快、准点，一般在地下或高架桥运行，尤其在上下班高峰期客流量较大。

(2)轨道交通是城市公共交通的主干线，客流运送的大动脉，是城市的生命线工程，将直接关系到城市居民的出行、工作、购物和生活。

(3)轨道交通开挖方式较多，一般有明挖法、暗挖法、盾构法、高架法、冻结法等。

(4)轨道交通明挖法一般采用矩形框架结构，暗挖法一般采用单跨拱形，盾构法一般采用钢筋混凝土管片单层装配式衬砌。

(5)轨道交通工法较多，采用地下线时，一般埋深在 15～25 m 之间，个别埋深较大，涉及近地表地层受人类活动影响比较明显。

3.2　采空区对轨道交通的影响

采空的危害比较大，对上部建构筑物的地基稳定性有致命影响，情况严重时会发生垮塌，除垮塌造成结构破坏、人员车辆损失外，采空区突然垮塌的高速气流和冲击波也会造成的人员伤亡和设备破坏。采空区上部变形会造成轨道变形，列车脱轨等严重事故发生。

采空区对结构影响较大，施工过程中的机械振动，运营后的列车震动，都可能使采空区“活化”，引起松散垮落带再次垮落或未完全垮落密实的再次压密从而再次诱发地面塌陷和不连续变形；水位高于车站或隧道底板，需要抽降水，地下水对采空区残余空洞、残余煤柱、巷道的作用，也可能引起采空区“活化”引发采空地面塌陷。

另外，采空区地裂变形对轨道交通建设因处理采空区塌陷也会增加建设难度和费用。

4 结　论

(1)目前轨道交通对下伏采空区的勘察手段主要以地质测绘、工程物探辅以地质钻探验证的手段和方法。物探方法除以上介绍的几种外，目前常用的还有地质雷达法、电磁波层析成像(CT)法、地震层析成像(CT)法等，可根据现场环境条件、地质条件、采空规模选择出适用于轨道交通采空区勘探的方法，进行不断总结。

(2)对于大型采空区，采矿资料一般比较齐全，通过调查能够查明采空区的分布范围，物探和钻探工作仅作为辅助验证手段；对于小煤窑采空区，资料不全甚至没有资料，对后续采空区的勘察会造成极大困难，是今后研究的重点方向。

(3)轨道交通规划呈线性分布，前期应充分做好地质调研，能尽量绕避采空区则尽量绕避。

(4)采空区的处理对于大型采空区由于采空面积大，处理难度、处理造价较高。而对于小型采空区由于对资料掌握有限在选择采取的处理方法时比较困难。

(5)采空区变形是一个长期的过程，在轨道交通运营过程中还需要不断进行监测、检测。

参考文献

[1]　中国煤炭建设协会．GB 51044—2014　煤矿采空区岩土工程勘察规范[S]．北京：中国计划出版社，2014.

[2]　徐州中国矿大岩土工程新技术发展有限公司．徐州市轨道交通2号线一期工程(姚庄站西—文博园站)采空区专项研究报告[R]．徐州：2016.5.

[3]　李耀华．瞬变电磁与电阻率测深在沙午铁路采空区勘查中的应用[J]．物探与化探学，2011.4.

[4]　北京城建勘测设计研究院有限责任公司．乌鲁木齐市轨道交通1号线工程勘察01合同段采空区专项勘察岩土工程勘察报告[R]．北京：2013.9.

[5]　北京城建勘测设计研究院有限责任公司．徐州市轨道交通2号线一期04合同段初步勘察阶段岩土工程勘察报告[R]．北京：2015.8.

[6]　王涛．采空区现状和处理方法概述[C]．建筑科技及管理学术交流会论文集，2013.6.

[7]　刘国兴．电法勘探原理与方法[M]．北京：地质出版社，2005.

[8]　张胜，韩许恒，李秉强，等．高密度电法在采空区勘测中的应用[J]．灾害学，2005.4.

[9]　甄大勇．铁路工程煤窑采空域勘探方法的组合选择及应用[D]．成都：成都理工大学，2013.

地质雷达在轨道交通工程回填土密实情况检测中的应用

徐永亮， 谢 峰， 黄溯航， 庞 炜，马 伟

（北京城建勘测设计研究院有限责任公司，北京 100101）

摘 要：本文选择北京某城市轨道交通指挥中心作为试验场地，采用地质雷达探测和原位测试相结合的方式对回填土密实情况进行检测，评价了场区回填土密实情况。形成如下结论：(1)原位测试结果同地质雷达检测结果吻合，采用地质雷达对回填土密实性的检测切实可行；(2)场区普遍存在回填不密实的情况，出现3处土层严重疏松异常、1处土层中等疏松异常；(3)回填土层密实度整体空间差异性较大，场区埋深1～3.5 m范围内的回填土严重疏松，为上层滞水提供储水条件和渗流途径，存在地面沉降和出现地下空洞的安全隐患。

关键词：地质雷达；原位测试；回填土；密实性

近年来，各大城市加大了城市轨道交通工程的规划建设，大部分指挥中心、车站及附属工程在施工过程中会采用开挖形式，开挖后，再对场地进行回填。如果场地填土回填的不密实，一方面，会产生地面沉降，破坏地下管线；另一方面，填土长期受到上层滞水浸泡和冲刷，细颗粒不断被带走，未来可能会形成地下空洞，造成地面坍塌，对人员、车辆以及地下管线都构成安全隐患。目前，国内城市轨道交通较为发达的一线城市已经开始针对回填土密实情况及可能出现的安全隐患开展研究工作，其中，回填土密实情况的检测是研究的难点和热点。本次研究选择北京某城市轨道交通指挥中心场地作为试验场地，采用地质雷达探测和原位测试相结合的方式对回填土密实情况进行检测，评价场区回填土密实情况，分析评价结果，进而消除由此带来的安全隐患，为其他场区此类探测与研究提供借鉴。

1 地质雷达探测

1.1 原 理

地质雷达(Ground Penetrating Radar 简称 GPR)方法是一种用于确定地下介质分布的广谱(1 MHz～2.5 GHz)电磁波技术，是近年来一种新兴的地下探测与混凝土建筑物无损检测的新技术，其特点是天线屏蔽干扰小，探测范围广，分辨率高，具有实时数据治理和信号增强的功能，可进行连续透视扫描，现场实时显示二维彩色图像。地质雷达工作示意图如图1所示。

地质雷达通过雷达天线对隐蔽目标体进行全断面扫描的方式获得断面的扫描图像，具体工作原理是：当雷达系统利用天线向地下发射宽频带高频电磁波，电磁波信号在介质内部传播遇到介电差异较大的介质界面时，就会发生反射、透射和折射。两种介质的介电常数差异越大，反射的电磁波能量也越大；反射回的电磁波被与发射天线同步移动的接收天线接收后，由雷达主机精确记录下反射回的电磁波的运动特征，再通过信号技术治理，形成全断面的扫描图，工程技术人员通过对雷达图像的判读，判断出地下目标物的实际结构情况。由于本项目探测的疏松、空洞部位与周围地层有较大电性差异，故采用地质雷达方法具备较好的地球物理前提。地质雷达工作原理如图2所示。

地质雷达主要利用宽带高频时域电磁脉冲波的反射探测目的体。

由公式：

$$t=\sqrt{4z^2+x^2/v}$$

根据测得的雷达波走时，自动求出反射物的深度 z 和范围。

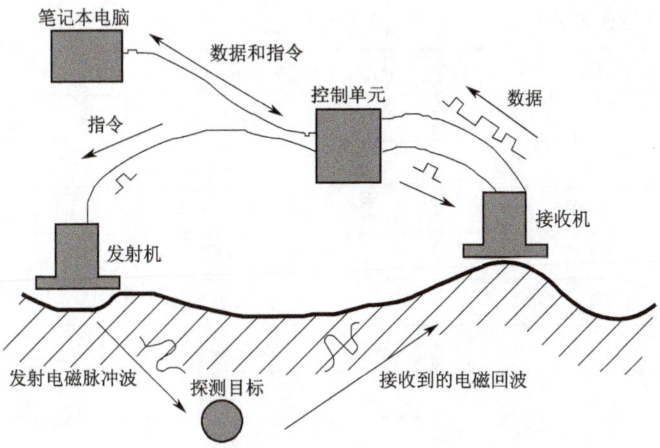

图 1　地质雷达工作示意图

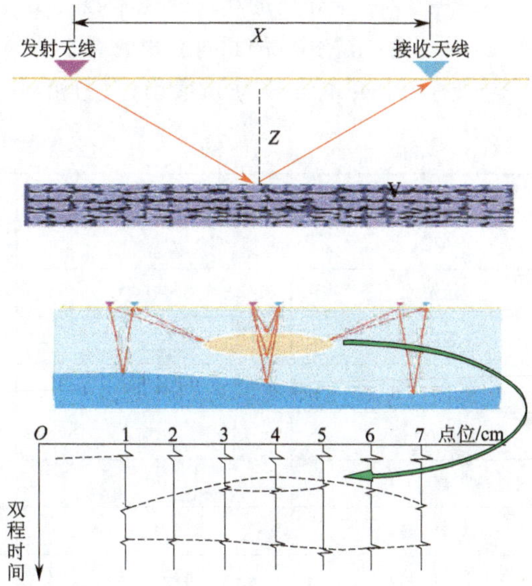

图 2　地质雷达工作原理图

电磁波的传播取决于介质的电性，介质的电性主要有电导率 μ 和介电常数 ϵ，前者主要影响电磁波的穿透（探测）深度，在电导率适中的情况下，后者决定电磁波在该物体中的传播速度，因此，所谓电性介面也就是电磁波传播的速度面。不同的地质体（物体）具有不同的电性，因此，在不同电性的地质体的分界面上，都会产生回波。基本目标体探测原理示意如图 3 所示。

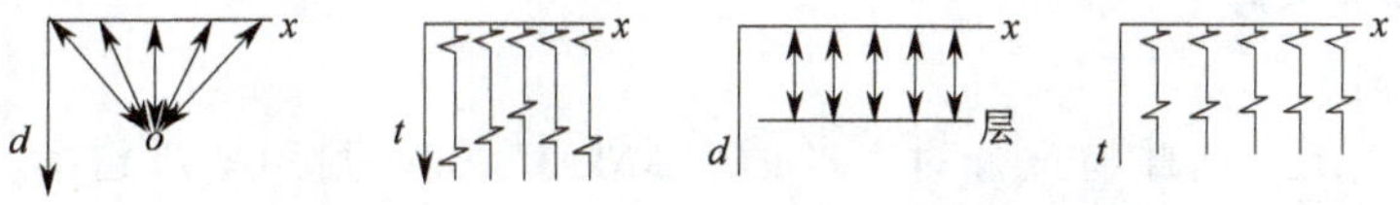

(a) 孤立体　　(b) 层面体

图 3　基本目标体探测原理示意图

地质雷达基本参数如下：

（1）电磁脉冲波旅行时间

$$t=\sqrt{4z^2+x^2}/v\approx 2z/v$$

式中　z——勘查目标体的埋深；

x——发射、接收天线的距离（式中因 $z\gg x$，故 x 可忽略）；

v——电磁波在介质中的传播速度。

（2）电磁波在介质中的传播速度

$$v=c\sqrt{\varepsilon_r\mu_r}\approx c/\sqrt{\varepsilon_r}$$

式中　c——电磁波在真空中的传播速度（0.299 79 m/ns）；

ε_r——介质的相对介电常数；

μ_r——介质的相对磁导率（一般 $\mu_r\approx 1$）。

（3）电磁波的反射系数

电磁波在介质传播过程中，当遇到相对介电常数明显变化的地质现象时，电磁波将产生反射及透射现象，其反射和透射能量的分配主要与异常变化界面的电磁波反射系数有关：

$$r=\frac{(\sqrt{\varepsilon_2\mu_2}-\sqrt{\varepsilon_1\mu_1})^2}{(\sqrt{\varepsilon_2\mu_2}+\sqrt{\varepsilon_1\mu_1})^2}\approx\frac{(\sqrt{\varepsilon_2}-\sqrt{\varepsilon_1})^2}{(\sqrt{\varepsilon_2}+\sqrt{\varepsilon_1})^2}$$

式中　r——界面电磁波反射系数；

ε_1——第一层介质的相对介电常数；

ε_2——第二层介质的相对介电常数。

空气的相对介电常数为 1，最小；水的相对介电常数为 81，最大。常见介质的电性特征见表 1。

表 1　常见介质的电性特征

介质	电导率/($S \cdot m^{-1}$)	相对介电常数	速度/($m \cdot ns^{-1}$)
空气	0	1	0.3
新鲜水	5×10^{-4}	81	0.033
混凝土	$10^{-2}\sim10^{-1}$	6.4	0.12
花岗岩(干)	10^{-8}	5	0.15
花岗岩(湿)	10^{-3}	7	0.1
灰岩(干)	10^{-9}	7	0.11
灰岩(湿)	2.5×10^{-2}	8	0.106
砂岩(湿)	4×10^{-2}	6	0.120
页岩(湿)	0.1	7	0.09
淤泥	$10^{-3}\sim10^{-1}$	5～30	0.07

(4)地质雷达记录时间和勘查深度的关系

$$z=\frac{1}{2}vt=\frac{1}{2}\cdot\frac{c}{\sqrt{\varepsilon_r}}\cdot t$$

式中　z——勘查目标体的深度；

t——雷达记录时间。

本工程采用瑞典 MALA 地球物理公司生产的 RAMAC X3M 系列地质雷达。根据探测目的，选用 100MHz 屏蔽天线，雷达主机和天线如图 4、图 5 所示。

RAMAC X3M 型地质雷达主要技术指标见表 2。

表 2　RAMAC X3M 型地质雷达的主要技术指标

脉冲重复频率	10～200 kHz	数据位数	16
叠加次数	1～32 768 自动叠加	样点数/值	128～8 192
信号稳定性	<100 ps	通信协议	IEEE 1284(ECP)
通信速度	>700 bit/s	数据传输率	40～400 kB/s
采集方式	距离/时间/手动	供电	12V DC 电池
工作时间	大于 10 h	充电器	快速，220 V 输入
充电时间	3～5 h(80%～100%)	测量轮	标准 RAMAC/GPR 触发
软件	兼容 GroundVision	天线	100 MHz 屏蔽天线
尺寸	310×180×30(mm)	重量	1.7 kg
工作温度	−20 ℃～+50 ℃	环境标准	IP67

1.2　雷达测线布置

本次地质雷达探测沿建筑周边布置雷达测线，共布置 14 条测线如图 4 所示，测线总长度 425.3 m。数据采集以连续测量方式为主，利用测量轮定位。

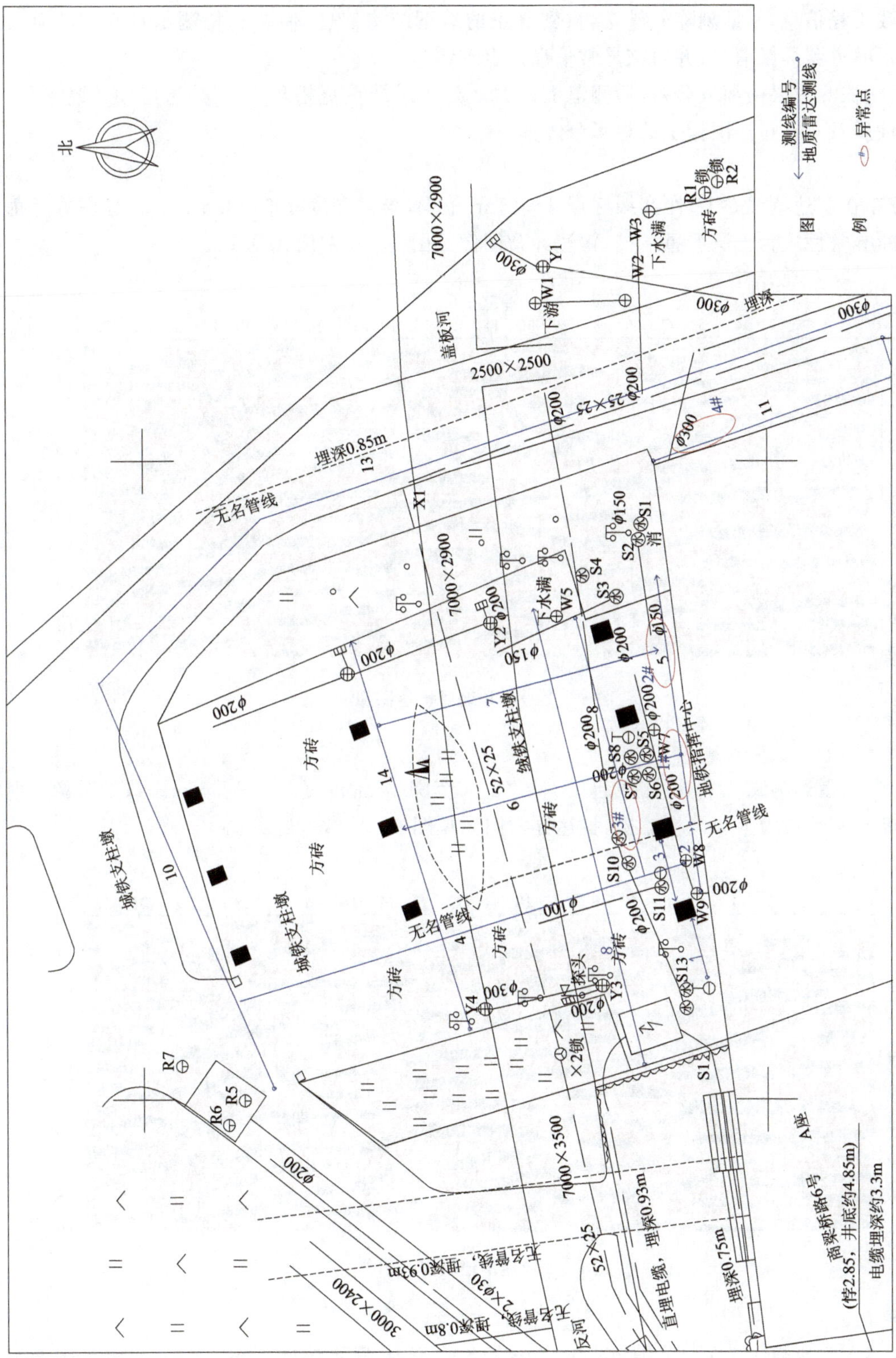

图4 地质雷达测线布置平面图

1.3　探测结果

经过对地质雷达检测资料进行数据治理可以得到信噪比高的资料，但是要得到检测结果，还需要结合地质资料、市政工程信息，尽量剔除假异常，得到真正的地下结构信息，使雷达检测信息和道路真实情况相对应，获取真正的道路异常信息，并对该异常信息作合理解释。

经过对雷达探测成果的细致分析，检测范围内共 3 处土层严重疏松异常、1 处土层中等疏松异常，每处异常的范围、性质及其在雷达图像上的显示分述如下。

1.3.1　1 号异常

该异常分布在雷达测线 5 上，距测线起点 6～13 m 范围，异常深度 0.5～3.5 m。该处图像反射波同相轴不连续，判断异常性质为土层严重疏松，雷达异常图像见图 5。异常位置见图 4。

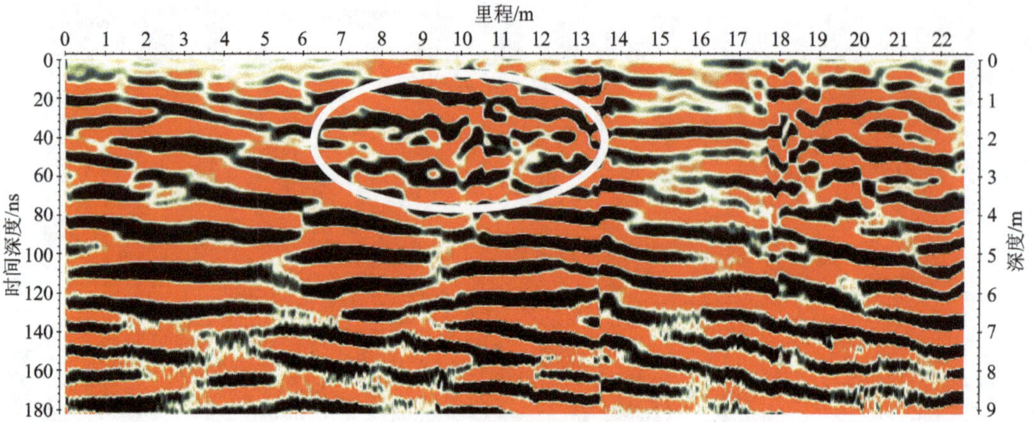

图 5　1 号异常地质雷达图像

1.3.2　2 号异常

该异常分布在雷达测线 5 上，距测线起点 19～22 m 范围，异常深度 0.5～3.5 m。该处图像反射波同相轴不连续，判断异常性质为土层严重疏松，雷达异常图像见图 6。异常位置见图 4。

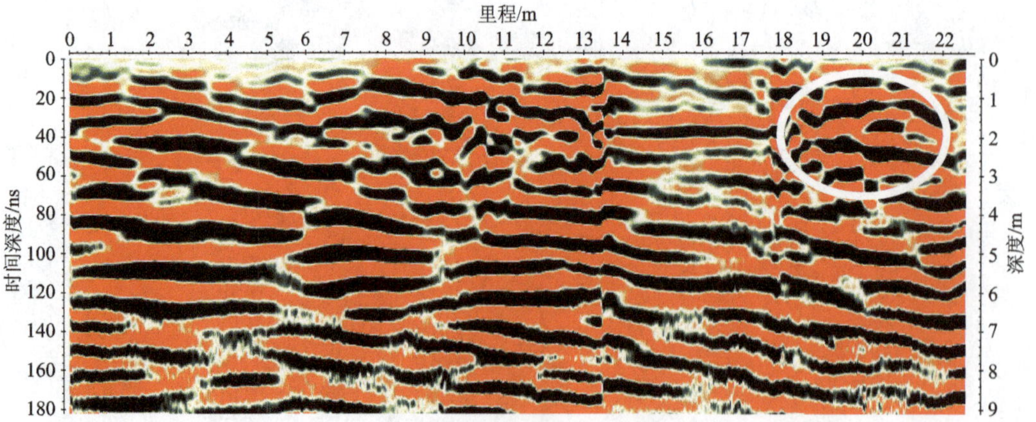

图 6　2 号异常地质雷达图像

1.3.3　3 号异常

该异常分布在雷达测线 8 上，距测线起点 1.0～8.0 m 位置，异常深度 1.0～5.0 m。该处图像同相轴较不连续，波形较为杂乱，判断异常性质为中等疏松，雷达异常图像见图 7。异常位置见图 4。

1.3.4　4 号异常

该异常分布在雷达测线 11 上，距测线起点 1.0～10.0 m 位置，异常深度 1.0～5.0 m。该处图像同相轴

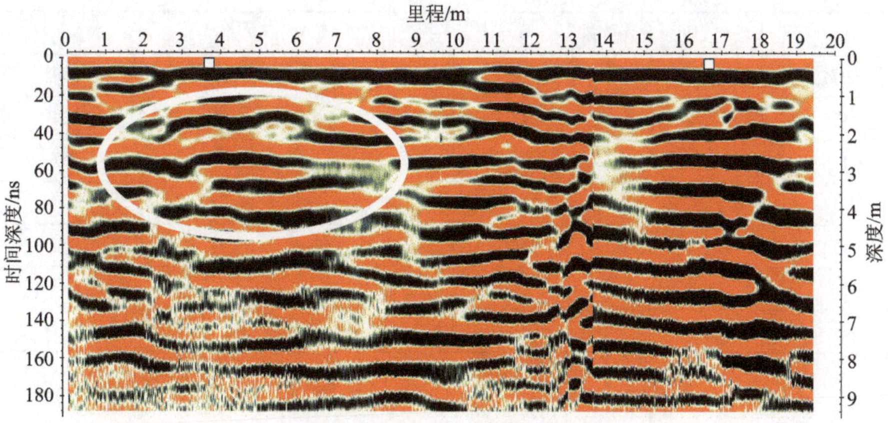

图 7　3 号异常地质雷达图像

连续，波形杂乱，判断异常性质为严重疏松，雷达异常图像见图 8。异常位置见图 6。

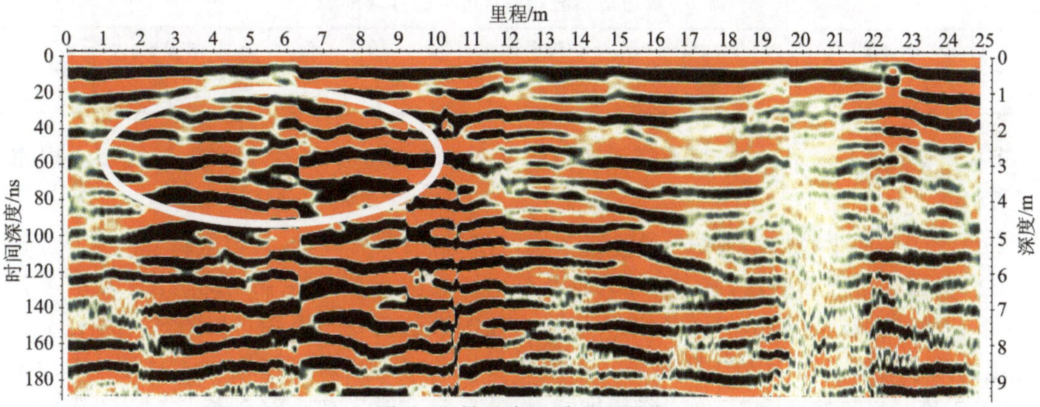

图 8　4 号异常地质雷达图像

2　原位测试

2.1　原位测试布置

地质雷达探测结果显示检测范围内共 3 处土层严重疏松异常、1 处土层中等疏松异常，在以上 4 处位置处均布设钻孔，并采用轻型动力触探对其进行验证。

2.2　原位测试工作量统计

共完成 4 个钻孔的轻型动力触探，轻型动力触探共计 11.1 m，测试结果见表 3。

表 3　轻型动力触探 N_{10} 成果表　　m

1 号孔		2 号孔		3 号孔		4 号孔	
深度	击数	深度	击数	深度	击数	深度	击数
0.5	26	0.8	31	0.7	16	0.5	34
0.8	24	1.1	28	1	37	0.8	25
1.1	25	1.4	26	1.3	14	1.1	27
1.4	23	1.7	26	1.6	19	1.4	22
1.7	19	2	23	1.9	58	1.7	96
2	18	2.3	20			3	26

续表

1号孔		2号孔		3号孔		4号孔	
深度	击数	深度	击数	深度	击数	深度	击数
2.3	17	2.6	19			3.3	24
2.6	15	2.9	38			3.6	29
2.9	11	3.2	52			3.9	26
3.2	17					4.2	28
3.5	24					4.5	28
3.8	69						

2.3　数据分析

对原位测试数据进行统计分析和规律分析，分析结果见表4、图9和图10。

表4　轻型动力触探 N_{10} 击数统计成果表

统计钻孔	样本数	最大值	最小值	平均值	方差	标准差
1、2、3、4	37	96	11	29	259.80	16.12

由表4可知，填土层回填不均匀，根据轻型动力触探 N_{10} 击数统计成果可以看出，回填土层密实情况整体空间差异性较大。

图9主要反映了回填土轻型动力触探 N_{10} 击数统计结果，由图可以看出，轻型动力触探 N_{10} 击数主要集中在17～30之间，按照素填土判定，属中高压缩性土—中压缩性土，局部为高压缩性土。

图10主要反映了回填土层垂向上轻型动力触探 N_{10} 击数的变化。由图可以看出1号和2号孔 N_{10} 击数随深度变化先减小后增大；3号和4号孔2 m深度处 N_{10} 增大，这是由于3号和4号孔位于建筑基坑肥槽内，肥槽回填了大量粒径不等的卵石，在进行测试时，探头碰触卵石所致。综合考虑4个钻孔轻型动力触探测试结果，可以看出填土垂向上回填不均匀，且埋深1.0～3.5 m范围内的回填土严重疏松，进而为上层滞水提供储水条件和渗流途径，上层滞水长时间作用可能会产生地面沉降和地下空洞。

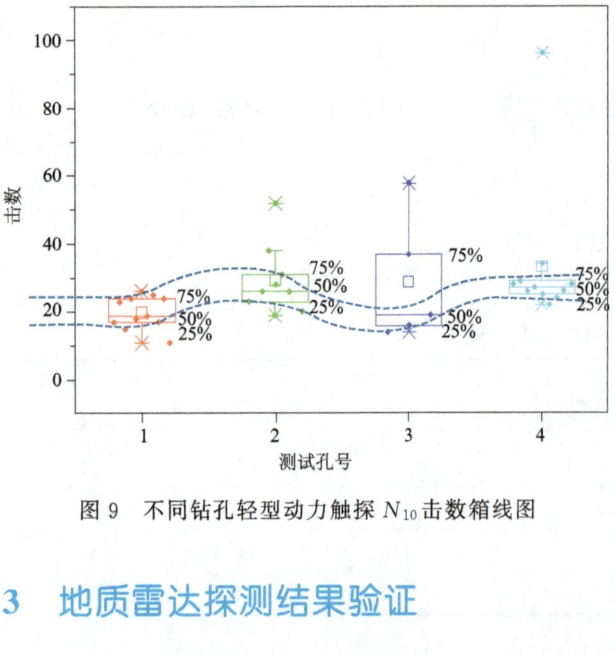

图9　不同钻孔轻型动力触探 N_{10} 击数箱线图

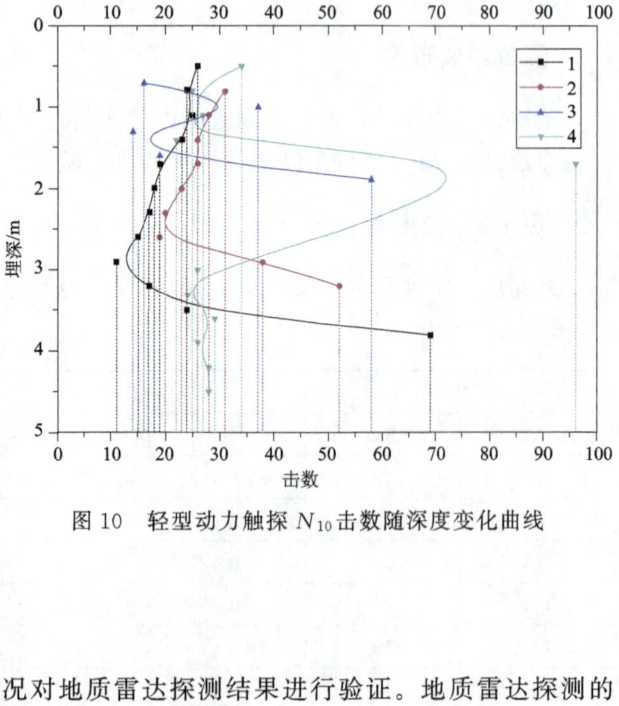

图10　轻型动力触探 N_{10} 击数随深度变化曲线

3　地质雷达探测结果验证

综合现场地质钻探、上层滞水分布以及原位测试情况对地质雷达探测结果进行验证。地质雷达探测的

1#和2#异常点处布设3号孔和4号孔，原位测试结果显示，填土回填不均匀，结合钻孔施工现场观察情况，发现3号孔和4号孔的位置回填物最为杂乱，含有回填细砂和卵石，钻孔出土量较小。3#异常点和4#异常点处布设1号和2号钻孔，现场钻探深度2.2 m和1.7 m处时发现上层滞水，且钻探过程中发现回填砖块，土质疏松。综上所述，地质雷达探测结果与原位测试即钻探结果一致。

4 回填土密实情况综合分析

本次研究采用地质雷达和原位测试对场地回填土密实情况进行检测，检测结果显示：

(1)场区普遍存在回填不密实的情况，其中3处土层严重疏松异常、1处土层中等疏松异常。

(2)回填土层密实情况整体空间差异性较大。

(3)按照素填土判定，场区回填土属中高压缩性土—中压缩性土，局部为高压缩性土。

(4)场区埋深1.0～3.5 m范围内的回填土严重疏松，为上层滞水提供储水条件和渗流途径。上层滞水长时间作用可能会产生地面沉降和地下空洞。

5 结　论

(1)采用原位测试对地质雷达探测结果进行验证，测试结果同地质雷达检测结果吻合。因此，采用地质雷达对回填土密实性的检测切实可行。

(2)通过地质雷达对场地进行回填土密实度检测，发现检测场区普遍存在回填不密实的情况，其中3处土层严重疏松异常、1处土层中等疏松异常。

(3)回填土层密实度整体空间差异性较大，场区埋深1.0～3.5 m范围内的回填土严重疏松，可以为上层滞水提供储水条件和渗流途径，存在地面沉降和出现地下空洞的安全隐患。

参考文献

[1] 王先义，赵欢，黄华东．地质雷达探测原理及在工程中的应用[J]. 安徽建筑，2013，(3)：108-110.

[2] 李大心．探地雷达的方法与应用[M]. 北京：地质出版社，1994.

城市轨道交通工程勘察常见问题分析与解决方案

李世民
（北京城建勘测设计研究院有限责任公司，北京　100101）

摘　要：本文首先介绍城市轨道交通工程勘察的特点和难点以及勘察的基本内容，进而从现场施工、勘察技术、配合服务等方面分析地铁勘察过程中常见的问题，并针对这些问题提出解决方案。
关键词：城市轨道交通；工程勘察

城市轨道交通工程勘察一般分为可行性研究勘察、初步勘察和详细勘察。施工阶段可根据需要开展施工勘察工作。

1　城市轨道交通工程勘察的特点和难点

城市轨道交通工程为复杂的系统工程，同时具有线路工程、建筑工程、地下工程、环境工程的特点。城市轨道交通工程从其形式及功用上分为车站工程、区间工程、车辆段或停车场以及附属工程；其结构类型多，施工方法复杂对岩土工程勘察要求较高。

1.1　结构类型多

城市轨道交通工程按照线路敷设形式可分为地下线路、地面线路和高架线路；按照结构类型可分为车站主体、出入口通道、风道、风井、人防工程、区间隧道、联络通道、渡线、泵房、出入线、高架线路、桥梁、涵洞、路基、路堤、路堑、车辆段（停车场）、变电站、水源井等。

不同的结构类型侧重的工程地质问题不同，勘察的重点也不同，勘察应满足不同结构类型的设计需求。比如，地下工程一般需要提供地下水位、围岩分级等；地面建筑需要提供地基承载力及变形计算参数等；高架结构需要提供桩基参数等。

1.2　施工方法复杂

城市轨道交通工程的施工方法一般有明（盖）挖法、暗挖法、盾构法三大工法。

明（盖）挖法又可细分为明挖、盖挖和铺盖法，明挖施工的支护体系一般有桩（墙）加内支撑支护、桩（墙）加锚杆（索）支护、土钉墙支护、自然放坡等，盖挖又分为盖挖逆做法和盖挖顺做法。

暗挖法的施工工艺一般包括全断面法、上半断面临时封闭正台阶法、正台阶环形开挖法、单侧壁导坑正台阶法、双侧壁导坑法（眼镜工法）、中隔墙法（CD法、CRD法）、中洞法、侧洞法、柱洞法、洞桩法、钻爆法等。

盾构法施工的盾构类型一般包括敞开式盾构、半敞开式和密闭式盾构，近年国内用得比较多的为密闭式盾构，密闭式盾构根据其力学平衡原理又可分为土压平衡盾构和泥水平衡盾构。

配合三大工法施工还有一些辅助工法，包括降水施工、止水施工、注浆施工、冻结法施工、小导管施作、大管棚施作、盾构始发井和接收井加固施工等。

总之，城市轨道交通工程的施工方法多，施工工艺复杂；其岩土工程勘察应满足施工工艺、设备选择和施工方案编制的需要。为满足不同工法的需求，仅提供常规的物理力学指标是不能满足的；还应根据需要提供基床系数、热物理指标、无侧限抗压强度、围岩级别、可开挖性等级等特殊参数和指标。

1.3 线路工程地质特点

1.3.1 穿越的地质单元较多

城市轨道交通工程作为线路工程，少则几公里、多则几十公里，线路较长穿越的地质单元多，因此在进行岩土工程勘察时一定要有地质单元的概念，不同地质单元土层的物理力学参数不能放在一起统计，以免出现参数失真。

1.3.2 穿越不良地质多

由于城市轨道交通工程作为线路工程，不可避免的需要穿越断裂带、沉降区、地裂缝、岩溶区等不良地质发育区域；因此在勘察过程中注意查明不良地质的规模、发育程度、分布状况及对线路的影响程度等。

1.4 城市工程地质特点

由于城市轨道交通工程主要位于繁华的城市地段，具有明显的城市地质特点；城市地段，尤其是老城区地表地质体受人类活动扰动严重：

(1)人工填土普遍分布，填土成分复杂、均匀性差，分布薄厚不均；平面和纵面变化大。

(2)地下水水位变化主要受人工开采控制，其流速和流向趋于无规律性；地下水水质变化复杂，一般浅层水和受污染区地下水具有腐蚀性。上层滞水主要受管线渗漏、绿地浇水、大气降水等影响，具有不确定性。

(3)受人类活动影响可能分布有墓穴、菜窖、古井、防空洞、房屋旧基础、地下文物、废弃管线、暗浜、鱼塘等。

(4)在城市建设过程中的施工和降水扰动下，往往存在地层空洞、松散层等。

总之，城市地质具有比较复杂和多变的特征，在勘察工作中应采取多种手段共用的综合方法进行分析和判断；必要时应进行专项勘察。

1.5 环境条件复杂

城市轨道交通工程一般均位于繁华的城市地区，而且需要修建城市轨道交通的城市都是比较发达的大都市。都市环境具有以下特点：

(1)建筑物密度大，中高层建筑、城市地标性建筑等重要建筑多；

(2)地下人防工程、地下商场、地下车库等地下建构物多；

(3)各种雨水、污水，上水，煤气、热力、电缆、电信等地下管线繁多；

(4)城市人口多，媒体发达，事故敏感性强，对安全文明施工要求高。

综上，城市轨道交通工程由于其自身的系统性、结构的复杂性、工法的多样性、环境的严格性等，使得其对勘察工作的要求远远高于一般的工民建和铁路、道路工程。

进行城市轨道交通工程勘察必须牢牢把握其线路的特征、城市环境、精密岩土工程等特点；在进行勘察工作时应分别对待，针对不同的地质单元、不同的结构形式和不同的施工方法，采用相应的勘察手段和评价方法以更有针对性的解决岩土工程问题。

2 城市轨道工程勘察的基本内容

2.1 勘察阶段划分

城市轨道交通工程是一项复杂的系统工程，工程投资巨大，工程建设要经历规划、可行性研究、初步设计、施工图设计、施工等多个阶段，而且工程往往需要穿越城市中心地带，工程建设的地质和环境条件极其复杂、风险极高。依据工程建设不同阶段对岩土工程勘察技术要求的不同，将城市轨道交通工程勘划分为可行性研究勘察、初步勘察、详细勘察和施工勘察四个阶段。当城市轨道交通工程沿线或场地附近存在对工程设计方案和施工有重大影响的岩土工程问题时还应进行专项勘察。专项勘察可以根据需要在任何一个阶段开展。

2.2 不同阶段勘察重点

地铁岩土工程勘察成果是城市轨道交通工程建设项目地基基础及基坑、隧道、路基、桥梁工程方案设计与施工的重要依据。不同勘察阶段需要重点解决的地质安全风险问题不同。

(1)规划可研阶段的岩土工程勘察工作，重点查明需要规避的重大地质风险。例如：崩塌、滑坡、泥石流等地质灾害和采空区、岩溶塌陷等不良地质作用，作定性评价，评价场地稳定性和工程建设适宜性。

(2)初步勘察阶段的岩土工程勘察工作，重点查明需要采取控制所示的地质风险，查明地基和围岩的地层岩性，初步分析地基和围岩的稳定性。

(3)详细勘察阶段的岩土工程勘察工作是详细查明工程地质和水文地质条件、地层的分布和岩土特性及所有可能存在的地质风险，提供设计所需的岩土参数，结合设计、施工进行岩土工程分析评价并提出相关的方案、措施建议。

(4)施工勘察阶段的岩土工程勘察工作主要解决详勘精度无法查明的岩土工程问题或施工过程中遇到的特殊岩土工程问题。

专项勘察工作是解决常规勘察阶段中难以查明的地质条件。

2.3 勘察的手段方法

岩土工程勘察手段与方法主要包括工程地质调查与测绘；工程地质钻(挖)探与取样；原位测试；地球物理勘探；岩土试验等，这些都是获取地铁岩土工程勘察成果所依据的第一手资料的基础性工作和方法，直接影响到成果的真实性、准确性、经济性和安全性。

由于地铁勘察的基本工作内容较多且程序复杂，在地铁勘察中经常遇到各种各样的问题，主要表现在现场施工、勘察技术、配合服务等方面，下面就这些问题提出建议和解决措施。

3 勘察现场施工常见问题及解决方案

城市轨道交通工程勘察一般以地质钻探为主，工程地质调查与测绘、物探等手段为辅。钻探现场施工时经常遇到如下问题：

3.1 施工进场协调问题

由于地铁勘察施工需要一定的施工场地，而地铁沿线主要为现状道路、商铺厂房、居民区及农田等，施工前需要办理占路掘路施工手续、与相关产权单位及当地政府进行协调沟通，如果协调不力将直接影响勘察施工进度，从而拖延设计和施工工期。

针对以上问题，建议由业主牵头成立专门的勘察进场协调小组，施工前对可能影响勘察进场的各种因素进行梳理，制定合理的协调方案，采用统筹安排、专人负责、各个击破的方式解决进场协调问题。

3.2 安全施工问题

城市轨道交通工程一般位于城市主要道路下，地下管线和构筑物密集且复杂。近年来由于钻探过程中碰到地下管线的事故层出不穷，地下管线已成为钻探施工的重大安全影响因素。另外，地铁施工多位于市区交通繁忙的道路上，占道施工的交通安全是钻探施工的另一大安全风险源。对于施工安全问题，主要从以下几方面进行解决。

3.2.1 建立安全生产责任制

根据国家、地方政府有关法律、法规及投标人及勘察项目安全生产的具体情况，制定专项安全生产责任制。由项目负责人主管安全生产并对安全负全面领导责任，并明确项目工程师、安全员及班组各自的安全责任。

3.2.2　建立勘察安全风险评估及安全交底制度

项目勘察施工前，首先对影响项目勘察施工的各种安全因素和环境进行分析(土层条件、管线等)，对风险源进行识别和分级，制定相应的风险管理和控制措施。并就相关内容对项目及班组进行安全交底。

3.2.3　管线安全保证措施

为了在勘察中对地下管线及构筑物采取有效的避让和保护措施，避免因疏漏造成的损坏，工程勘察中地下管线及构筑物的现场保护的措施主要如下：

地下管线及构筑物的避让和现场保护总体原则遵循“查、访、探、挖、护、听”六字方针，即查：认真研究雇主提供的管线资料确定沿线管线的分布和具体位置，并进一步查询、收集管线竣工资料；访：走访各管线主管单位确定沿线管线的分布和具体位置，走访沿线的居民了解管线施工的历史；探：采用管线探测仪进行现场实地探测确定管线的位置；挖：采取挖探的办法确定浅部管线的位置；护：将勘探孔周围距离小于2m的管线位置标示出来，给予保护。听：在钻探过程中听到有异响或钻机有异常，立即停钻。

3.2.4　交通安全保证措施

在交通道路上勘察施工时，按照当地交通管理局的要求和标准设置交通疏导标志，夜间施工时还要按要求和标准设置夜间施工交通警示灯，施工人员需穿戴专用的交通警告服饰。

当天不能完成的勘探孔，在撤场前必须将现场清理干净，用特制的孔口盖板盖住孔口，避免伤及行人和过往车辆。

3.3　钻孔封闭问题

地铁勘察钻孔施工完毕后应根据要求及时进行封闭。未按照要求封填，可能造成以下问题：

(1)可能造成地上污水污染地下水，地下水涌入隧道的通道，也会导致上下含水层中地下水的连通，尤其是下部承压水沿钻孔上升，造成突涌，对施工造成严重的影响；

(2)还可能造成暗挖或盾构隧道施工注浆浆液沿未封闭钻孔溢流或喷出，影响地面人员及交通安全；

(3)钻孔中遗留的钻杆、取土器等硬质金属物件，可能会导致盾构施工机械损坏。

针对以上问题，在勘探孔施工完毕后，要求5 m以下至孔底用不透水的黏性土进行回填，地面下5 m至孔口用水泥沙浆进行封闭。对于孔内有遗留钻具、取土器等硬质金属物件的勘探孔，在钻探记录表中应有详细记录。

4　常见关键技术问题及解决方案

地铁勘察主要解决地层分布、地下水及岩土性质等技术问题，这些问题是岩土工程勘察需要查明的主要内容，地质条件的好坏及其探明程度直接关系到工程建设的质量、进度和安全问题。下面就地铁勘察中经常出现的关键技术中问题及解决方案介绍如下：

4.1　不良地质与地质灾害问题

地质条件中的不良地质作用和地质灾害是直接影响建设场地的稳定性和工程建设适宜性的重要因素。

岩溶、活动断裂、采空区、砂土液化、地裂缝、地面沉降等不良地质作用发育和地质灾害危险性大的地区都是会直接威胁城市轨道交通工程的安全。

对于稳定性较差的场地，不经治理，一般不适宜城市轨道交通工程建设；对于不稳定场地，不适宜城市轨道交通工程建设。

解决方案：

(1)采用工程地质测绘和调查、物探、钻探等多种手段结合的方法进行勘察。

(2)查明不良地质作用及地质灾害的空间分布范围、规模以及发展趋势，分析其对城市轨道交通工程的影响程度。

(3)提供后续施工处理所需的岩土工程物理力学参数。

(4)采取必要的结构处理措施。

4.2　特殊性岩土问题

特殊性岩土是指在特定的地理环境或人为条件下形成的特殊物理力学特性和工程特征，以及特殊的物质组成、结构构造的岩土。

常见的特殊性岩土有填土、湿陷性土、红黏土、软土、混合土、填土、膨胀岩土等。比如石家庄地区存在的特殊性岩土主要为填土和湿陷性黄土状土。

解决方案：

(1)采用工程地质测绘和调查、钻探、挖探、室内土工试验等多种手段结合的方法进行勘察。

(2)查明特殊性岩土的地层时代，岩性，成因，空间分布范围等。

(3)查明特殊性岩土的物理力学性质指标。

(4)分析特殊性岩土对城市轨道交通工程的影响，并提出处理措施。

4.3　地下水问题

地下水类型主要分为上层滞水、潜水和承压水。地下水的类型反映出它的埋藏条件与含水介质，不同的地下水类型与不同的赋存状态，对城市轨道交通工程的作用机制与影响程度也不尽相同。

已往的城市轨道交通工程建设中因地下水问题引起的工程事故所占比例非常大。场地的水文地质条件直接关系到工程是否需要进行地下水控制，能否查明场地的水文地质条件、提供合理的水文地质参数，直接关系到地下水控制措施的选择及地下水控制的效果。地下水控制效果不好容易引起边坡失稳、涌水漏沙、基坑突涌等事故。

解决方案：

(1)进行水文地质调查。水文地质调查，主要用于调查区域水文地质条件，以及沿线地形、地貌、岩性、气象、水文、开采条件；调查地下水的水位、水力性质、流速、流向、含水层隔水层分布，地层的富水性；调查历年最高水位、最低水位以及动态变化；调查地表水体的流量、流速、冲刷线、防洪水位、蓄水、放水时间和规律等；调查地表水体衬砌、整治情况、沿线水井情况等；调查区域地下水控制施工经验以及地下水管理政策等。

(2)施工地下水位观测孔分层观测地下水位。根据含水层的赋水性质，按上层滞水、潜水、承压水分别设置观测孔，监测不同含水层的水位变化，获取地下水动态资料。

(3)分单元选择有代表性的含水层，进行现场抽水试验。利用抽水孔与观测孔的现场观测资料，结合区域水文地质条件，选择合理的计算公式，确定含水层的水文地质参数；

(4)采取岩土试样进行室内渗透试验获取各岩土层的渗透参数。

4.4　地下水抗浮设防水位问题

城市轨道交通工程不同于一般民用单体建筑，整体为线状形态，穿越城市多个水文地质单元及分区，且地铁建成后将不同程度地改变区域水文地质环境及地下水赋存、运移条件，使抗浮设防水位确定更为复杂。浮力的大小主要取决于作用于地下结构物底板的孔隙水压力，且与地下水的赋存特征及运移规律息息相关。

城市轨道交通工程地下车站及区间结构全都处于地下，当地下位较高时，其结构底板承受的浮力荷载将十分可观，势必将产生严重的浮力破坏隐患。此外，随着季节和降雨量变化，结构底板的浮力荷载还存在明显的非确定性，更加大了灾害的风险程度。

因此，城市轨道交通工程抗浮设防水位专项研究工作就显得十分必要。

解决方案：

在收集地下水长期观测资料的基础上，通过对沿线多年来地下水的动态分析，预测地下水的水位变化趋势，充分考虑历史地下水位的动态变化、线路附近地表水体的分布、河流的洪水位等，结合地层结构及地铁结构特点，提出安全可靠经济合理的抗浮设防水位高程。

(1)注重调研，进行地层结构的研究、了解地下水赋存条件、划分水文地质单元。

(2)分析影响研究区内地下水动态变化规律的各种随机因素，预测今后100年内水位变化趋势。

(3)根据城市轨道交通工程的结构埋深、场地的地层结构、含水层与隔水层的组合关系，确定对基础产生浮力作用的含水层和地下水位。最后根据预测出的对基础产生浮力作用的最高水位，通过渗流分析，计算确定抗浮设计水位。

4.5 岩土特殊参数的问题

由于城市轨道交通工程不同于一般工民建或市政工程，其既要按建筑基坑工程也要按铁路隧道工程考虑，因此，地铁设计所岩土参数也有别于一般工程，城市轨道交通工程的岩土特殊参数是指除常规物理力学参数以外的岩土参数，主要包括热物理、基床系数(水平、垂直)等。

城市轨道交通工程中，热物理参数主要用于通风设计、冷冻法施工设计中。而基床系数主要用来进行地基梁计算、衬砌配筋计算、路基计算、支护结构计算等。基坑深度或隧道范围内一般进行水平基床系数试验，基底以下或隧道以上土层一般考虑进行垂直基床系数试验。

解决方案：

(1)广泛搜集当地已建地下工程岩土工程勘察、设计、施工、监测资料。

(2)根据已有勘察及区域工程地质与水文地质资料，对地铁线路范围内进行工程地质单元分区。

(3)结合勘察工作，在每个工程地质单元内对各个对城市轨道交通工程有影响的地层进行现场原位测试，并采取一定的土样进行室内土工试验。

(4)热物理指标可采用线热源法或面热源法获取；基床系数采用室内试验与现场载荷试验相结合的方法获取，现场测定时采用K30方法，即采用直径30 cm的荷载板垂直或水平加载试验，即可直接测定地基土的垂直基床系数K_v和水平基床系数K_h。

(5)根据室内试验和现场原位测试得到对城市轨道交通工程有影响的各岩土层特殊参数，结合已建地下工程经验进行对比分析，提出准确、可靠的岩土特殊参数。

5 配合服务

城市轨道交通工程勘察的配合服务一般易存在以下三方面问题：

(1)与业主或总体单位的沟通配合不够，使得勘察进度、质量等不能满足业主的要求。建议勘察单位加强与业主或总体单位的沟通配合，定期召开勘察例会，会上了解并解决勘察过程中的出现的问题。

(2)与设计沟通不畅，勘察成果不能满足设计要求，设计方案变更后不能及时通知勘察单位进行补勘，影响设计和施工进度。建议加强勘察设计单位沟通配合，建立常态沟通机制。

(3)在施工过程中与施工单位配合不及时，施工过程中遇到地质问题应及时与勘察单位沟通，及时有效地解决问题，必要时进行施工勘察。

6 结　论

在城市轨道交通工程勘察工作过程中，主要会遇到三大问题：一是在勘察施工现场问题，如进场协调、施工安全等；二是关键技术问题，如不良地质、地质灾害、特殊岩土及地下水等，另外不同于其他工程勘察，地铁勘察会遇到用于地铁工程的特殊岩土参数问题；三是在勘察过程中或结束后与业主、设计和施工单位的配合服务问题。

总之，城市轨道交通工程是一项复杂的系统工程，而勘察工作的成功与否直接影响到城市轨道工程的施工造价、质量、进度和安全。因此，为满足工程需求，勘察工作需要解决一系列的工程地质和水文地质问题，为设计和施工提供有效保障。

参考文献

[1]　北京市规划委员会．GB 50307—2012　城市轨道交通岩土工程勘察规范[S]．北京：中国计划出版社，2012.

[2]　中华人民共和国建设部．GB 50025—2004　湿陷性黄土地区建筑规范[S]．北京：中国建筑工业出版社，2004.

[3]　彭友君．地铁设计中基床系数的解决方案[J]，都市快轨交通，2007(2).

[4]　李世民，等，石家庄市地铁工程岩土工程勘察重点问题分析与解决方案[J]，轨道交通勘察学会论文集，2014.

[5]　周宏磊，张在明．基床系数的试验方法与取值[J]，工程勘察，2004.(2).

[6]　高宗文．挤密灰土桩或土桩对湿陷性黄土地基的处理[J]，河南水利与南水北调，2009(3).

[7]　迟俊德．湿陷性黄土地基处理方法比较[J]，工程技术，2010.

[8]　何翠香．如何确定北京地铁工程的抗浮设防水位[J]，工程勘察，2010.

[9]　兰坚强．地下水的抗浮设防水位取值及工程实例[J]，工程勘察，2010.

北京城市轨道交通穿越污染土的专项勘察研究及应用

校小娥， 周玉凤， 庞 炜， 黄溯航， 谢 峰

（北京城建勘测设计研究院，北京 100101）

摘　要：本文主要以北京市城市轨道交通 7 号线沿线污染土为研究对象，进行了污染土的工程地质特性、水文地质特性的研究工作。本次勘察对污染场地及附近的土壤进行了物理力学试验（包括常规物理力学试验、力学试验、水土腐蚀性试验、水文参数试验等），除给出了一套污染土常规工程地质参数以及水文地质参数外，还总结出一套水土污染评价需要的水文参数和土壤参数。研究中建立了长期水文观测孔，在洗井时首次使用对二次污染具有较高控制作用的贝勒管，有效地避免了二次污染的引入，使用了浊度仪以及多参数水质分析仪监测了地下水的浊度、pH 值、氧化还原电位、溶解氧等数据，根据监测结果对污染土进行了施工和运营风险分析，为工程的设计和施工提供了充分有力的数据依据，具有非常重要的工程指导意义，也为轨道交通污染土勘察积累了宝贵的专项勘察经验。

关键词：污染土；地质勘察；地层参数

近几年，随着我国经济的进一步发展、城镇人口迅速增长、城市规模不断扩大、机动车快速增加、城市交通堵塞日益严重以及城市环境不断恶化。发展城市轨道交通已成为我国大中城市缓解交通拥堵的最佳选择。现在，中国城轨交通的发展已呈现出世界罕有的速度和规模，取得了举世瞩目的成就。

但是所有工程的建设，都离不开勘察，城市轨道交通勘察尤为重要，勘察对工程建设的后续工作有很重要的影响。本论文以北京地铁 7 号线污染土场地为工程案例进行研究。

1　工程案例

1.1　工程概况

本次勘察范围位于磁器口站东端，在磁器口站与北京地铁 5 号线换乘，以地下线方式敷设，沿广渠门大街向东至东四环，在化工二厂东侧转向南，沿着规划化工二厂东侧路向南穿越规划绿地到达化工路，穿过化工路后沿垡头西路向南至垡头南路再转向东，穿过双丰铁路，进入玻璃二厂、染料厂等工业用地范围，线路沿规划道路向东南敷设，到达终点焦化厂站（图 1）。

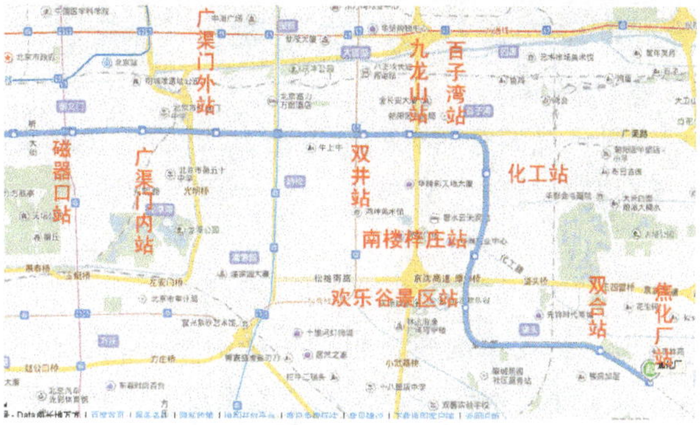

图 1　拟建线路平面示意图

1.2　沿线工程地质与水文地质条件

本次污染土勘察研究区域位于北京城区东部冲洪积扇的中下部平原地区，地貌类型主要为古金沟河故道以及河道两侧台地。

场地地层分布特征为：上部土层为第四系松散沉积物人工填土、粉质黏土、粉土、砂土，其下伏的基岩地层主要为中元古界蓟县系碳酸盐岩地层，中生代侏罗系与白垩系地层，沿线地层各土层的分布如图 2 所示。

本次污染土勘察深度范围内，测得三层地下水，地下水类型为上层滞水(一)、潜水(二)、层间水(三)，见表 1。

表 1　地下水特征表

地下水性质	水位(水头)埋深/m	水位(水头)标高/m	观测时间	主要含水层	流向	流速/($m \cdot d^{-1}$)	水力梯度	备注
上层滞水(一)	4.40～4.50	29.36～30.36	2010.9	/	/	/	/	不连续
潜水(二)	11.17～14.00	18.45～23.59	2010.7～2010.9	粉细砂④$_3$层、中粗砂④$_4$层、圆砾卵石⑤层	自西向东	1.14E-02	0.57‰	不连续
层间水(三)	14.54～17.00	15.66～18.47	2010.7～2010.9	粉细砂⑥$_3$层	自西向东	1.14E-02	0.57‰	不连续

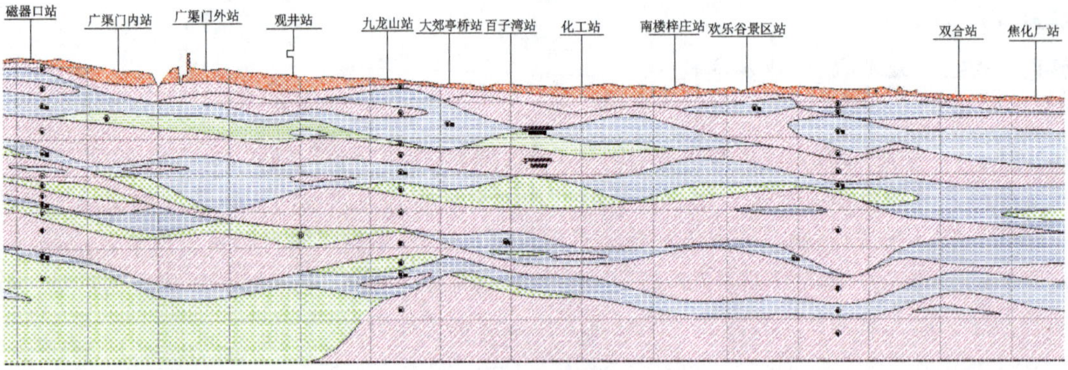

图 2　沿线典型地质剖面

1.3　场地周边环境条件

沿线穿越化工厂有化工二厂、玻璃二厂、焦化厂等，这些小型化工厂的生产、工业废料、工业废水及废渣的排放均可能对地下土层和地下水造成污染，主要污染物为多环芳烃、苯系物和重金属。这么多化工厂污染源为线路建设的重大风险源。

2　解决污染土工程问题采取的手段、方法及难点分析

针对沿线的工程特性，我们通过环境调查、钻探、室内土工试验、水文地质实验、建立水位长期观测孔等多种手段和方法进行了污染土专项勘察及研究工作。

2.1　钻探工作布置

本次污染土勘察钻孔平面布置及钻孔深度布置根据污染的来源、状况、分布及污染物性质、污染路径、污染物运移特征和场地的地质与水文地质条件确定。综合考虑以上因素考虑，本次污染土勘察共布置 49 个钻孔，孔深为 21～26 m 不等(图 3～图 5)。

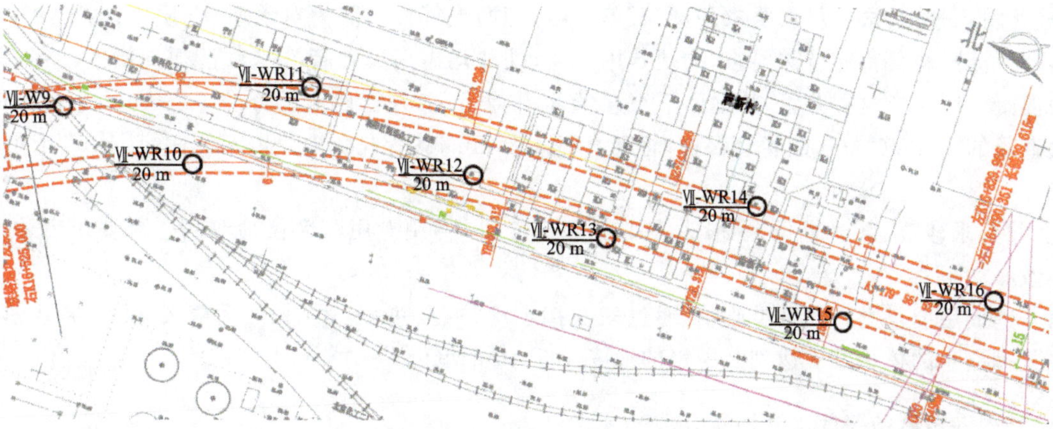

图 3　百化区间钻孔勘探点布置示意图

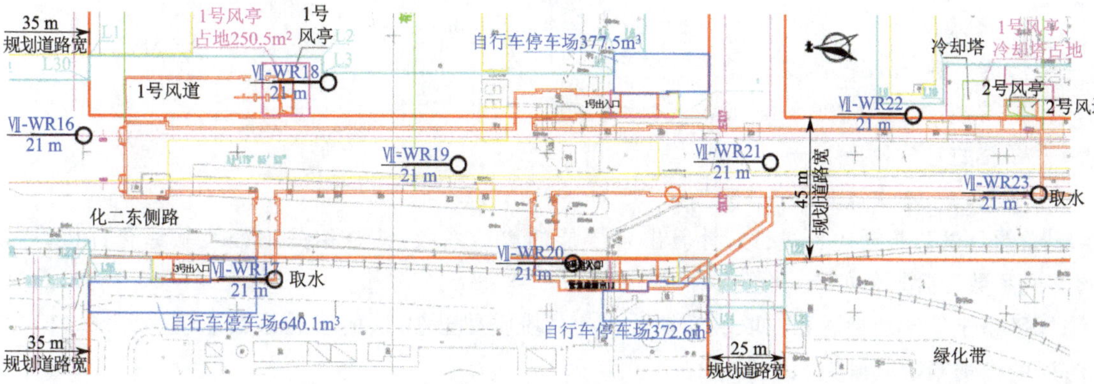

图 4　化工站污染土钻孔勘探点布置示意图

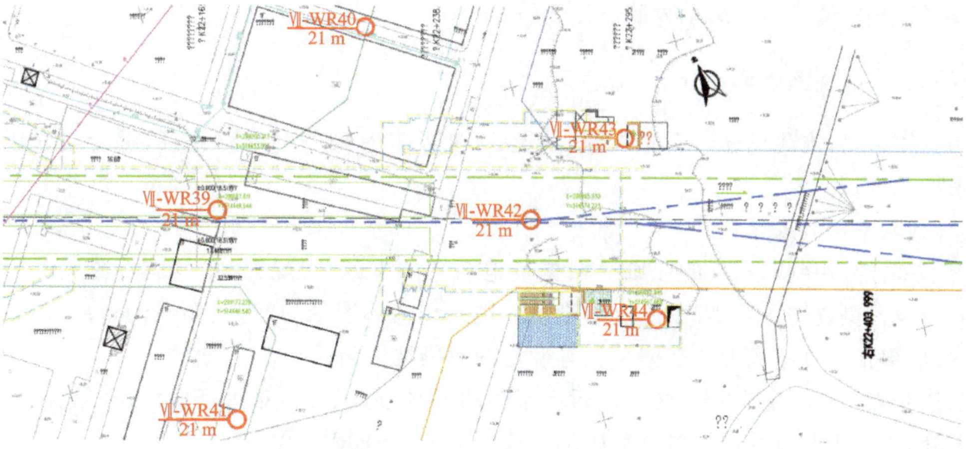

图 5　双合村站污染土钻孔勘探点布置示意图

2.2　地下水位观测及难点分析

本次项目在 49 个钻探孔中选取 12 个钻孔，成孔取土后，建立水位长期观测孔，监测不同含水层的水位变化，获取地下水动态资料。本次观测孔成井难点分析：

(1)钻探成孔要求：污染土钻探时，深度达到地面下 2 m，须立即跟进套管，钻探深度和套管深度要求保持一致，防止上面的土壤脱落造成交叉污染。

(2)成井材料选取：成井材料要求井管、石英砂料、膨润土等材料需为对水质、土质不能产生次生污染的特殊材料；对成分、粒径都有特殊要求，均须专用专买，洗井均需用贝勒管(进口，且须一次性使用，即一孔一管)，使用混凝土固定监测井井管，从地面下 1 m 直至井盖下部，井管地上部分约 30～50 cm，超出地面的部分采用大直径的 U-PVC 材质的管套保护，管套直径 165 mm，管套孔隙内注以水泥固定，孔口用同管材的管帽封存。

(3)洗井要求较高，耗时较长，一般为 4 d，少数为 6 d。需用专用浊度仪检测后达到要求后才可终止洗井。具体做法如下：

监测井建成后要求立即使用贝勒管，通过多次掏水洗井，洗井 2～3 h。然后静置 24 h，再次进行洗井，第二次洗井掏出水的体积要求达到井中水的浊度小于 40 个单位。

2.3　通过室内渗透试验获取水文地质参数

本次勘察区域深度 26.0 m 范围内取得的原状土样与扰动土样进行了室内渗透试验和颗分试验，并利用颗粒分析试验成果，应用《工程地质手册》中的经验公式计算其渗透系数：

$$k=Cd_{10}^{2}(0.7+0.03t) \tag{1}$$

式中　k——渗透系数，m/d；

C——常数，砂类土为 700～1 000，本次计算取值 800；

d_{10}——颗粒的有效粒径，mm；

t——水温，℃，本次计算取值 15℃。

将各土样颗分试验数据代入式(1)，计算出各土层的渗透系数，结合相关工程经验综合分析，建议各主要土层的渗透系数综合取值如下：

(1)采样区粉土③层的渗透系数取值为 0.2 m/d。粉质黏土$③_1$层的渗透系数取值为2.26×10^{-3} m/d，粉细砂$③_3$层的渗透系数取值为 5.80 m/d；

(2)采样区粉细砂$④_3$层的渗透系数取值为 6.0 m/d，中粗砂$④_4$层的渗透系数取值为 30.0 m/d

(3)采样区中粗砂$⑤_1$层的渗透系数取值为 35 m/d；

(4)采样区细中砂$⑥_3$层的渗透系数取值为 20 m/d。

2.4　土壤样品采集、实验室检测及分析

根据现场钻探结果，推测场地污染的来源、状况、分布及其污染物的迁移途径，综合考虑以上因素进行布点位置和采样深度。

2.4.1　土壤采样点平面布点方案

第一次现场采样采用判断布点的原则。根据场地污染的来源、状况、分布及其污染物的迁移途径来制定。结合污染源及污染物进入环境的方式、污染物的性质和在环境中的行为、场地的地质及水文地质特征、地面扰动情况、场地污染迹象场地的功能分区等确定的污染地块为重点。

第二次采样布点拟选择潜在污染区域进行土壤和地下水布点采样，对污染区域、污染深度、污染物种类进行确认。另外，地下水监测井的设置能准确测定浅层地下水的水位(图 6)。

2.4.2　土壤采样点纵向布点方案

本次采样按取得的 5 个土壤样品原则。见素填土 0.5 m 取第一个土壤样品；见天然土 0.5 m 取第二个土壤样品；弱透水层上取第三个土壤样品；弱透水层取第四个土壤样品；强透水层(含水层)取第五个土壤样。

我院在满足上述原则的基础上，所有施工的钻孔均按照每 0.5 m 取一个土壤样品，取得的样品进行 PID 扫描，之后选取其中 PID 数值较大的样品并结合下列原则进行选样。

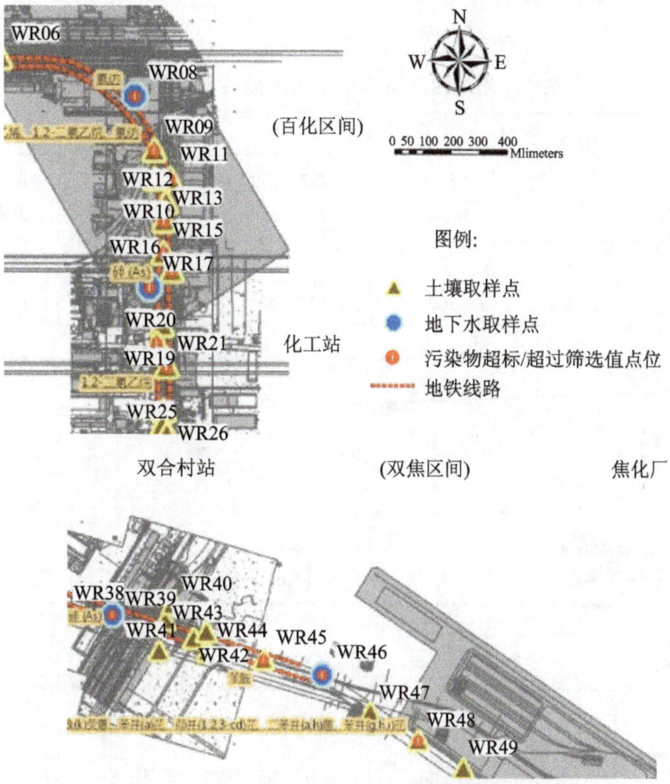

图 6　采样点平面布置示意图

2.4.3　现场取样及实验室检测

本次现场取的土样用 PID 仪器对每块土进行挥发有机物检测，故取土间距较小，为0.5 m，变层时还需加取。因取土间距较小且每块土均需进行现场检测，故钻进进度较慢。20 m 孔一般为 1.5～2 d 完成。

取样点布设：土壤取样井 35 个；地下水监测井 11 个。

样品数量：已取地下水样品 11 个、土壤样品 255 个。

本次实验土壤检测项目：重金属、SVOC、VOC、TPH、PAH、TOC 共获得约 3 万个检测数据。

3　研究成果及结论

根据现场钻探结果以及室内物理性质试验，查明了采样区的地层分布及土的物理性质，提供各主要土层的常规物理性质参数和渗透系数、有机质含量等，主要成果及结论如下。

3.1　污染土及污染的地下水结果

化工站、双合村站和焦化厂车辆段污染土及污染的地下水结果如下：

(1)化工站位于原化工二厂，化工站污染范围如图 7 所示，原化工二厂主要生产次氯酸钠、盐酸、氯酸钠、片碱、氯粉、氯片、漂白粉、硅油、过氧化氢等化工产品。

根据勘探和试验结果，化工站西半部 22 m 深度范围的内土、水均受到不同程度污染。场地 22 m 深度范围内地下水中 Cl^-、SO_4^{2-} 含量和总矿化度值均偏高(表 2)，其中 11 m 左右的地下水(潜水)在干湿交替条件下对钢筋混凝土结构中的钢筋可达强腐蚀性。现场勘察时受污染的地下水、土均有强烈的刺激性气味。

土、水中的污染物主要为二氯乙烯、二氯乙烷、三氯乙烯、三氯乙烷、二氯丙烷、四氯乙烯、氯仿、氯苯、二氯苯、萘类挥发性有机物“多环芳烃”邻苯二甲酸二甲酯、邻苯二甲酸二乙酯、邻苯二甲酸二正丁酯、邻苯二甲酸二(2-乙基己基)酯等。

表 2 化工站污染区地下水的腐蚀性评价表

地下水类型(序号)	钻孔编号	取样深度/m	按环境类型		Cl^-/(mg·L^{-1})	对建筑材料的腐蚀性评价		
			SO_4^{2-}/(mg·L^{-1})	总矿化度/(mg·L^{-1})		混凝土结构	钢筋混凝土中的钢筋 长期浸水	钢筋混凝土中的钢筋 干湿交替
潜水(二)	Ⅶ-HGZ16	12.80	224.7	2 000	628.3	微	微	中
潜水(二)	Ⅶ-HGZ21	11.80	300.3	16 696	49 275.5	弱	—	强

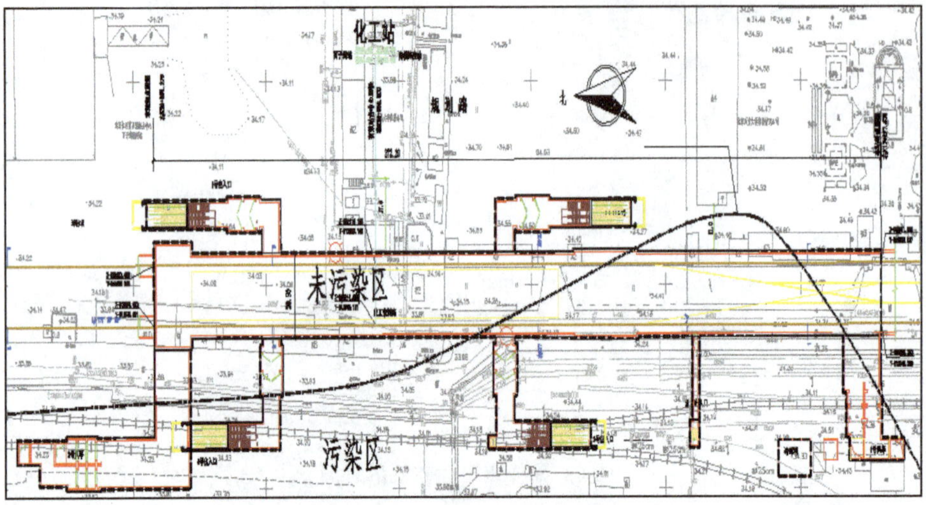

图 7 化工站污染区分布图

(2)双合村站西部为原玻璃二厂、东部为染料厂,污染范围如图 8 所示。位于玻璃二厂范围内的土层及地下水中的 Cl^-、SO_4^{2-} 含量未见明显异常,但染料厂范围内地下水(潜水、承压水)中的 Cl^-、SO_4^{2-} 含量明显偏高,在干湿交替条件下对钢筋混凝土中的钢筋的腐蚀性为强和中(表 3),污染深度较大,超过 44.0 m。勘察时受污染土、水均有浓烈异味。

主要污染物为重金属污染(汞、镉、铬、镍、铜、锌、砷、铅 8 种重金属)、SVOC 污染、排污管网污染。土层及地下水中的四氯化碳、四氯乙烯、五氯乙烷、六氯丁二烯、六氯乙烷和六氯苯等 6 种 VOC/SVOC 在场地土层中的浓度超过我国现有土壤环境标准,部分点位通过口腔摄入、皮肤接触和呼吸吸入污染物 3 种暴露途径所导致的致癌风险达到 10-2,危害程度超过 1,这些污染物已对人体和周边环境形成了较高的健康风险。

表 3 双合村站污染区地下水的腐蚀性评价表

地下水类型(序号)	评价区域	钻孔编号	取样深度/m	按环境类型				对建筑材料的腐蚀性评价		
				SO_4^{2-}/(mg·L^{-1})	Mg^{2+}/(mg·L^{-1})	总矿化度/(mg·L^{-1})	Cl^-/(mg·L^{-1})	混凝土结构	钢筋混凝土中的钢筋 长期浸水	钢筋混凝土中的钢筋 干湿交替
潜水(二)	染料厂内	Ⅶ-SHC33	14.7	559.4	178.3	3 766	6 947.8	弱	微	强
承压水(四)	染料厂内	Ⅶ-SHC33	21.4	8 989.8	458.5	5 704	1 966.1	强	微	中

(3)焦化厂车辆段东北侧发现污染土,污染范围如图 9 所示,主要污染物为多环芳烃、苯系物和重金属,污染深度在地面以下 0.8~9.0 m 之间。勘察时该深度范围内土层气味异常,土中的 Cl^- 含量为 293.1~1 550.1 mg/kg,对钢筋混凝土结构中的钢筋为中等腐蚀性。潜水及承压水中的 Cl^- 含量为 96.5~257.1 mg/L,对混凝土结构的腐蚀性均为弱、对钢筋混凝土结构中的钢筋在干湿交替条件下均为弱腐蚀性,见表 4。

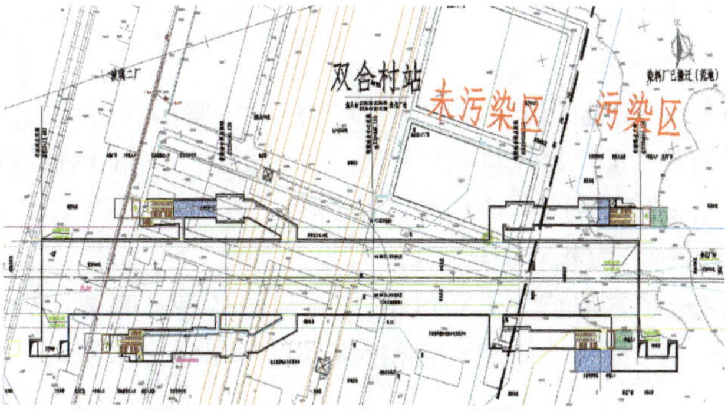

图 8　双合村站

表 4　焦化厂车辆段水的腐蚀性评价表

地下水类型	取水钻孔	取样深度(m)	对建筑材料的腐蚀性评价		
			混凝土	钢筋混凝土中的钢筋	
				长期浸水	干湿交替
潜水(二)	Ⅶ-C80	10.5～11.0	微	微	弱腐蚀
	Ⅶ-C117	12.6	微	微	中等腐蚀
承压水(三)	Ⅶ-C117	22.1	微	微	弱腐蚀

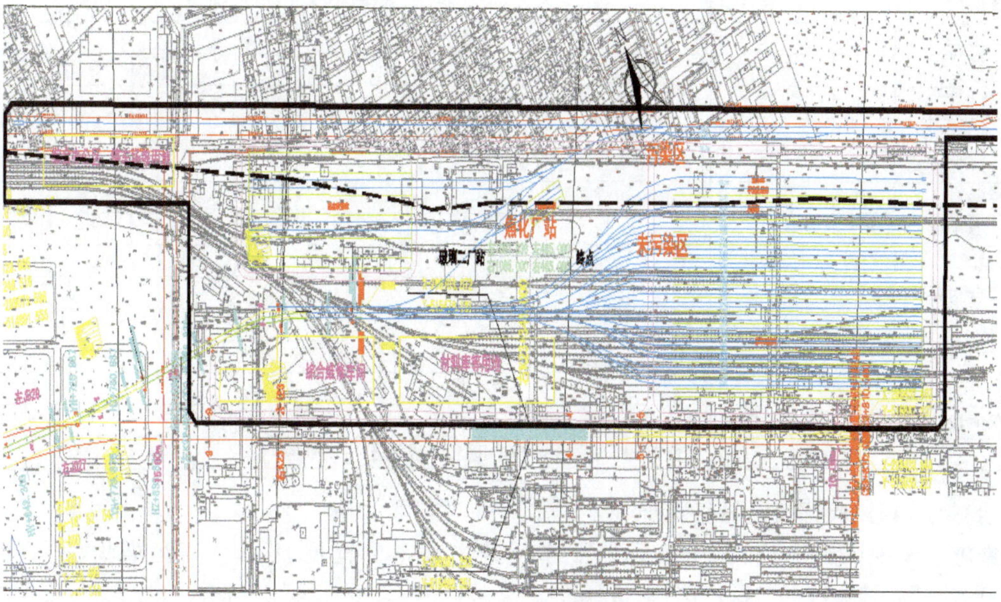

图 9　焦化厂车辆段

(4)其他线段污染情况

① 化工站两侧区间(百化区间、化南区间)位于化工二厂影响范围内的线段通过勘察手段虽未发现明显的污染,但均位于化工二厂的影响范围内,故该范围内有可能存在勘察手段难以发现的污染。

② 双合村站～焦化厂站区间及焦化厂站、焦化厂车辆段目前尚未进行详细勘探,但根据染料厂及焦化厂厂房的分布情况推测:上述线段应存在污染,且污染情况比较严重。

③ 本段线路除分布有化工二厂、玻璃二厂、染料厂、焦化厂这类大中型化工厂之外,还分布有各类小型化工单位,如化工二厂东墙外的朝阳区四通化工厂、华兴化工厂及垡头站—双合村站区间分布的兆丰陶瓷厂等,这些小型化工厂的生产、工业废料的排放均可能对地下土层和地下水造成污染。

3.2 室内渗透试验成果

针对本次勘察区域深度(26.0 m)范围内取得的原状土样进行了室内渗透试验,根据室内渗透试验结果、颗分试验以及渗透系数计算结果,结合相关工程经验综合分析,建议各主要土层的渗透系数综合取值如下:

(1)采样区粉土层的渗透系数取值为 0.2 m/d。粉质黏土层的渗透系数取值为 2.26×10^{-3} m/d;该黏土、粉土层的综合渗透性相对较差,为相对弱透水层。

(2)采样区粉细砂层的渗透系数取值为 6.0 m/d,中粗砂层的渗透系数取值为 30.0 m/d,细中砂层的渗透系数取值为 20 m/d。该砂层的渗透性和富水性相对较强,为相对含水层。

3.3 污染土风险评价

根据勘察成果资料,本次论文对地铁 7 号线土壤及地下水污染进行风险评价,考虑到修复周期与经费需求,建议采用异位修复和原位工程措施进行场地健康风险控制。

(1)根据土壤与地下水样品检测结果,不同车站和区间污染情况(污染介质、污染物)见表 5。

表 5 地铁各站/区间污染情况统计表

工点名称	土壤							地下水					
	砷	汞	TPH	多环芳烃	氯乙烯	1,2-二氯乙烷	氯仿	砷	苯	1,3-二氯苯	氯乙烯	1,1-二氯乙烯	1,2-二氯乙烷
大郊亭站								·					
大郊亭站—百子湾站													
百子湾站													
百子湾站—化工站	·		·		·	·	·						
化工站						·	·	·	·		·	·	·
化工站—南楼梓庄站											·		
南楼梓庄站													
南楼梓庄站—厚俸桥站													
厚俸桥站													
厚俸桥站—垡头站								·					
垡头站													
垡头站—双合村站													
双合村站								·					
双合村站—焦化厂站		·	·	·				·		·			
焦化厂站													
焦化厂车辆段													
污染情况(·表示污染物浓度大于或等于相应限值)													

(2)结合施工,将风险评价分两种情况:

① 地铁施工开挖区风险评价:土壤及地下水污染物分布位置见表 5,主要污染物:土壤中为砷、汞、TPH、多环芳烃、氯乙烯、1,2-二氯乙烷、氯仿。

② 非开挖条件风险评价:对于地铁区间范围内的土壤和地下水,由于地铁建成后沿线周边场地中的污染物对未来使用人群造成的健康风险可忽略不计,因此不需要进行修复或污染控制。

对于地铁站台周边的土壤和地下水,根据场地健康风险分析,仅化工站(站台区)土壤污染物分布于 WR 17、WR 20、WR 21 三个采样点,地下水污染物分布于 WR17 采样点。

风险评价:化工站(站台区)非开挖条件下,土壤中关注污染物为 1,2-二氯乙烷和氯仿;地下水中关注污染物分别为 1,2-二氯乙烷和氯乙烯,存在健康风险。

4 防治措施及建议

(1)能挖的全部挖走。地铁施工的过程中,有污染的土壤单独挖掘、单独运输、在指定设施处理后填埋或者再次利用。建立地铁隧道的防止污染气体/污染地下水扩散的隔离措施与设施；设立未挖走的有污染土壤长期治理设施；建立有污染的地下水长期治理设施；在有污染的区段设置土壤气体与地下水长期监测设施；建立与工程施工相结合的通风换气设施；配置与工程施工相结合的人员防护设备。

(2)污染物对人体和周边环境形成了较高的健康风险，污染土壤、水对人体有强烈的刺激作用，会引起头疼、恶心、皮肤过敏等不良反应。为确保地铁施工安全及运营安全，在地铁施工及运营前，建议进行污染物专项调查，并根据调查结果对污染土、水进行修复与综合治理，达到环保标准，使风险降低到人体健康可接受水平。

(3)本次场地环境调查与风险评价，仅针对调查范围内的地铁运营期间相关人群，如需明确场地中的污染物对其他用地情景下人群的健康影响，应进行补充风险评价。

参考文献

[1] 中华人民共和国住房和城乡建设部．GB 50307—2012 城市轨道交通岩土工程勘察规范[S]．北京：中国计划出版社，2012.

[2] 中华人民共和国住房和城乡建设部，中华人民共和国国家质量监督检验检疫总局．GB 50021—2001 岩土工程勘察规范[S]．北京：中国建筑工业出版社，2009.

[3] 北京城建勘测设计研究院有限责任公司．北京地铁 7 号线 02 合同段污染土勘察 [R]．2010.

[4] 中华人民共和国卫生部．GB 5749—2006 生活饮用水卫生标准[S]．北京：中国标准出版社，2007.

[5] 北京市质量技术监督局．DB11/T 811—2011 场地土壤环境风险评价筛选值[S]．北京：北京市环境保护局 2011.

地质雷达在贵阳轨道交通工程地质探测施工中的局限性探讨

智　刚，　杨志斌
（中铁隧道勘测设计院有限公司，天津　300000）

摘　要：以贵阳市轨道交通2号线一期工程土建施工11标施工面地质雷达超前地质预报和地表地质雷达探测为例，通过对探测剖面的分析，并结合地勘设计资料进行了正确的解释，虽然基本探明了工程区不良地质的性质与规模，但也发现地质雷达在探测过程中所受到的一系列影响因素及其探测局限性。

关键词：雷达探测；轨道交通；地铁；超前地质预报；局限性

城市聚落，行以路先。城市的发展离不开通畅的交通，随着城市交通工程修建日益渐增，有些交通工程就不可避免地要修建在不良地质区域。不良地质会给工程前期施工和后期的安全运行带来巨大的安全隐患，易形成隧道坍塌、地面塌陷、路基沉降等极大的地质灾害。

目前，在城市轨道交通工程施工中，超前地质预报已成为施工过程中不可缺少的一环，而地质雷达作为超前地质预报中短距离预测手段之一，在探测隧道施工面前方不良地质体的分布和探测地表距隧道拱顶之间的不良地质情况方面，能有效减小地质灾害对施工人员、施工机械造成的安全危害，预测因不良地质体存在可能引发的地质灾害。但地质雷达作为物探科学技术的一种，它也同时存在着不确定性、片面性和多解性。

1　地质雷达在目前国内应用前景

我国从20世纪80年代开始引进地质雷达技术，地质雷达技术以其高分辨率、无损性、高效率及操作简单等优越性，迅速广泛地应用于路基路面质量检测、城市基础设施探测、隧道工程、地质调查、水利水电勘察、地质灾害与环境工程、考古、矿产探测等领域。特别是路基路面质量检测、城市基础设施探测、隧道工程检测这几个方面，取得了很好的实际成果。

2　地质雷达方法原理

地质雷达由主机、天线和配套软件等几部分组成，根据电磁波在有耗介质中的传播特性，发射天线向被测介质发射高频脉冲电磁波，当其遇到不均匀体（界面）时会反射一部分电磁波，其反射系数主要取决于被测介质的介电常数，雷达主机通过对此部分的反射波进行适时接收和处理，达到探测识别目标物体的目的。雷达可测量信号到达目标的传输时间，利用传播速率计算出目标的距离。当满足在天线信号范围内和信噪比条件适当时，隐蔽物可由雷达探出，如图1所示。

3　项目概述

3.1　工程概况

贵阳市轨道交通2号线一期工程土建施工11标位于贵阳市云岩区，起讫里程为ZDK28＋420.989～ZDK31＋575.151（YDK28＋420.989～YDK31＋507.051），全长3.154 km，主要包括两段暗挖区间和一座

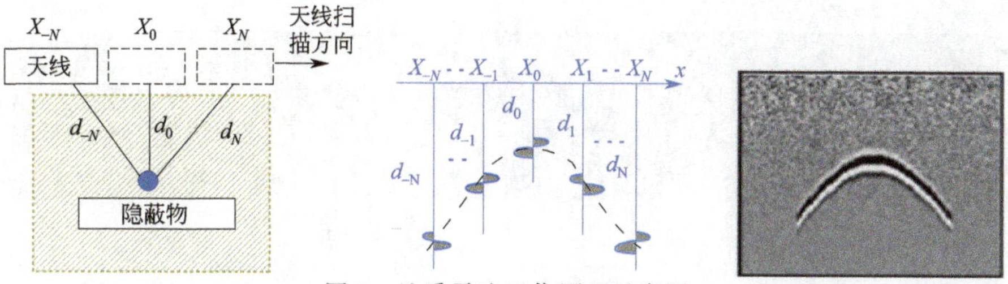

图 1　地质雷达工作原理示意图

半盖挖车站，分别为：三桥站—二桥站区间、二桥站—浣纱路站区间、二桥车站。区间采用暗挖法施工，左右线线间距 13.8～18.6 m，设计埋深 16～18 m。

3.2　工程地质特征

本标段出露地层以三叠系上统二桥组、三桥组以及侏罗系中下统自流井群碎屑岩层为主。砂岩、页岩、泥岩、白云岩、泥灰岩等岩石抗风化能力较弱，基岩上部多分布强风化层，厚薄不均，力学性质较差，灰岩、白云岩分布强风化岩溶带，力学性质较差。工程区分布的岩层多为薄至中厚层结构，发育有少量软弱泥化夹层，特别是软硬相间分布的地层内软弱夹层分布较多，其集合差，力学性质差，对地下线进出口、基坑开挖过程形成的顺层边坡稳定性不利。

标段内主要构造有黔灵湖向斜、F1 断层和黔灵山逆断层。隧区南明河、市西河、黔春大沟等地表水系发达；上层滞水、孔隙水、岩溶裂隙水、基岩裂隙水、岩溶水等地下水系丰富。地质构造复杂，岩体破碎，不良地质发育，主要有涌泥涌水区域、背斜、断层、岩溶地层、煤层区域以及软弱夹层区域。特殊岩土主要为人工填土、红黏土。

4　应用案例

地质雷达在贵阳轨道交通工程施工中全隧施做，在隧道施工面超前地质预报、隧底雷达隐伏岩溶探测、初期支护质量无损检测及地表雷达探测等实际应用过程中，普遍效果良好，但也有不足之处。受篇幅及时间所限，本文就地质雷达在贵阳轨道交通工程地质探测施工应用中所受到的局限性进行列举探讨。

4.1　隧道施工面金属及地下水干扰特征

标段内隧道采用暗挖台阶法施工，每次施工面开挖后先行拱架支护，软弱破碎地层或高富水段更需在开挖前对施工面前方进行超前支护，如图 2、图 3 所示。只有在确保施工面围岩稳定后我方地质雷达技术人员才能到施工面进行超前地质预报作业。图 4～图 7 的成果图是采用瑞典 MaLa 公司的 GPR-CUⅡ型地质雷达和配套的 100MHz 屏蔽天线在隧道施工面进行连续扫描得出的地质雷达分析成果剖面图。

图 2　无钢拱架支护的施工面

图 3　有钢拱架支护的施工面

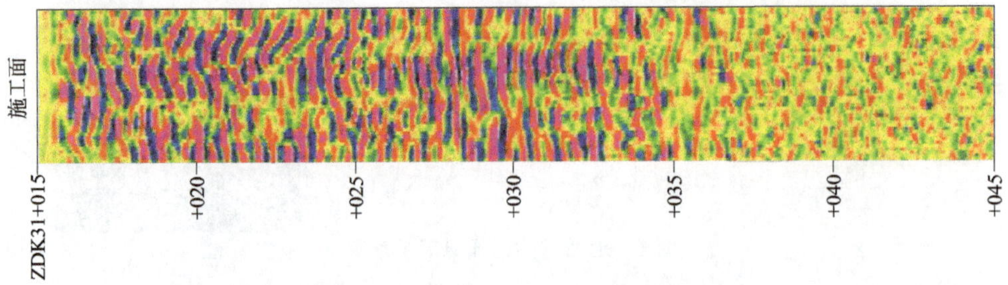

图 4　ZDK31＋015 施工面地质雷达剖面成果图

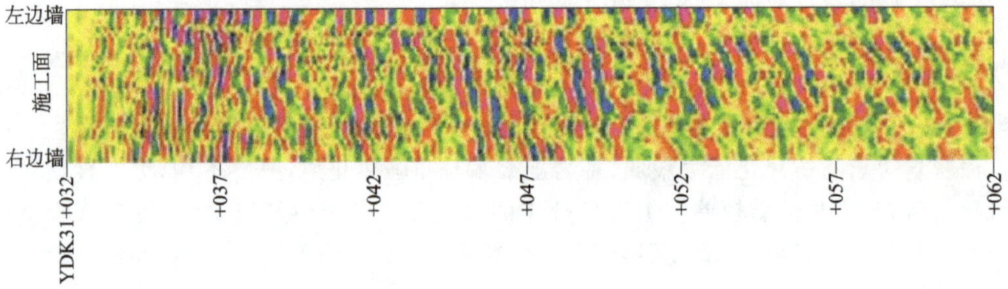

图 5　YDK31＋032 施工面地质雷达剖面成果图

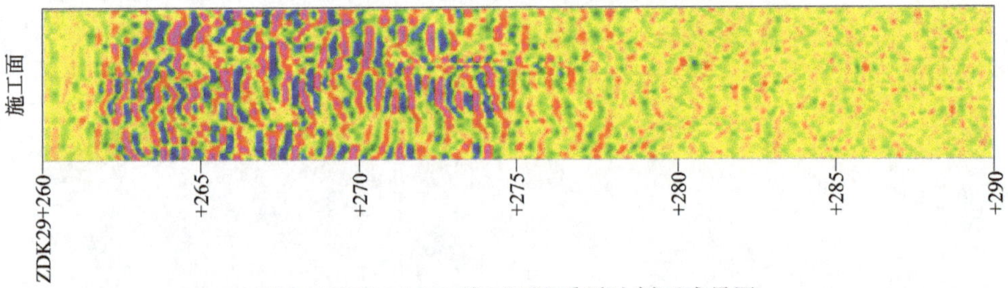

图 6　ZDK29＋260 施工面地质雷达剖面成果图

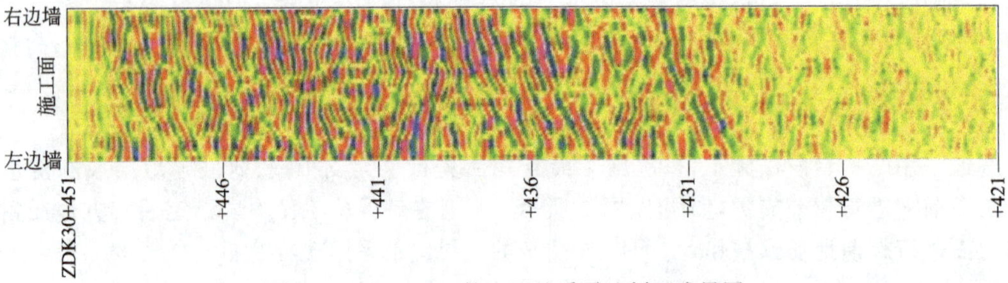

图 7　ZDK30＋451 施工面地质雷达剖面成果图

图 4 是在有钢拱架支护、较破碎的富水灰岩地层中测得的施工面地质雷达剖面图，有效信号 20 m；图 5 是在无钢拱架支护、较破碎的富水灰岩地层中测得的施工面地质雷达剖面图，有效信号 30 m；图 6 是在有钢拱架支护、富水泥质白云岩地层中测得的地质雷达剖面图，有效信号 15 m；图 7 是在有钢拱架支护、干燥无水的泥质白云岩地层中测得的地质雷达剖面图，有效信号 20 m。

通过对软岩和硬岩、有钢拱架支护和无钢拱架支护、富水和不富水等不同地层中，不同的地质雷达剖面成果图对比分析，可看出软岩、钢拱架、地下水对地质雷达信号造成的衰减以及电磁波波形紊乱、同相轴不连续等干扰。

4.2　ZDK29＋433～ZDK29＋436 段地表沉陷雷达探测图像特征

三一二区间 ZDK29＋390～ZDK29＋490 段位于三桥南路主交通干道，该段隧道顶板埋深 5.6～11 m，隧道围岩为侏罗系下统自流井群(J1zl)～三叠系上统二桥组(T3e)、三桥组(T3sq)及三叠系中统改茶组(T2gc)地层，处于可溶岩与非可溶岩接触带，岩性为泥岩、页岩和泥灰岩，围岩软弱、破碎，自稳能力差，极易产生坍塌，并导致地表变形甚至塌陷，且地下水位位于隧道拱顶以上，极有可能发生涌水现象。

2016 年 11 月 20 日，地质雷达技术人员采用瑞典 MaLa 公司的 GPR-CUⅡ型地质雷达和配套的 100 MHz 屏蔽天线，对 ZDK29＋250～ZDK29＋440 段进行地表雷达探测，从图 8 中可看出 ZDK29＋436 处附近虽有明显的物探异常，但电磁波波形紊乱，同相轴分布毫无规律，能看到明显的多次反射现象，再结合地表测线范围内有较多井盖、地下管道、车流及围挡等干扰因素，难以判定 ZDK29＋436 处物探异常是干扰因素影响还是确有空洞。因此，ZDK29＋390～ZDK29＋440 段 6～20m 深物探异常判释为裂隙带、富水。

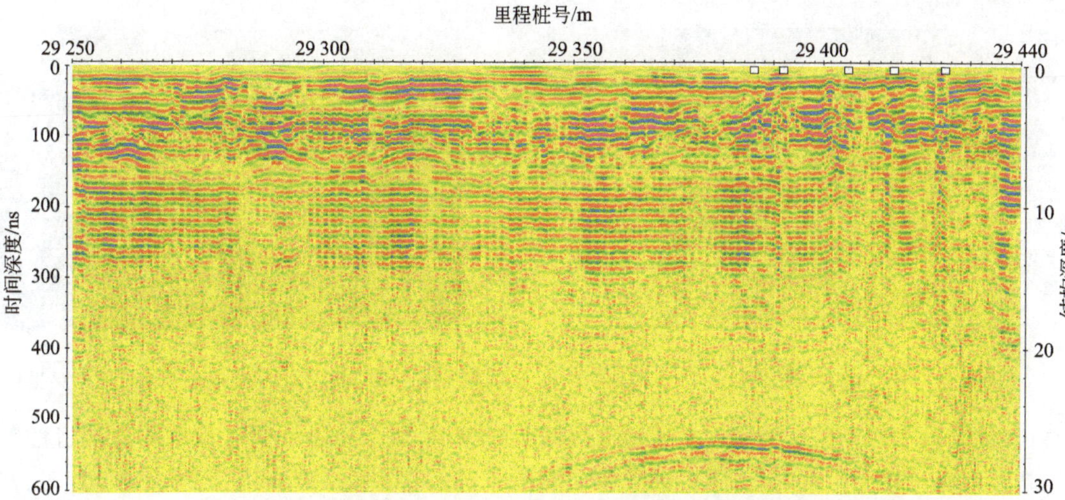

图 8　ZDK29＋250～ZDK29＋440 段地表雷达扫描成图

2016 年 12 月 22 日上午 11:00，ZDK29＋433～ZDK29＋436 地表发生路面塌陷，路面塌陷尺寸约为 3 m(长)×5 m(宽)×6.5 m(深)，且路面塌陷处发现有地下管线，见图 10。路面塌陷时，左线大里程施工面里程为 ZDK29＋437，右线大里程施工面里程为 YDK29＋358，路面塌陷位于区间隧道左线拱顶右上方，路面塌陷处左线隧道拱顶埋设约 16m，距离施工面距离为 1 m。

2016 年 12 月 22 日下午，地质雷达技术人员对 ZDK29＋250～ZDK29＋460 段再次进行地表雷达扫描、数据成图，从图 9 中可看到 ZDK29＋436 处附近电磁波反射信号幅值明显较强，频率由高频向低频剧烈变化，伴随有较明显的震荡现象，结合地质资料，判定 ZDK29＋425～ZDK29＋440段 0.5～4 m 深范围内，物探异常，判释为空洞；4～15 m 深判释为裂隙带、富水。

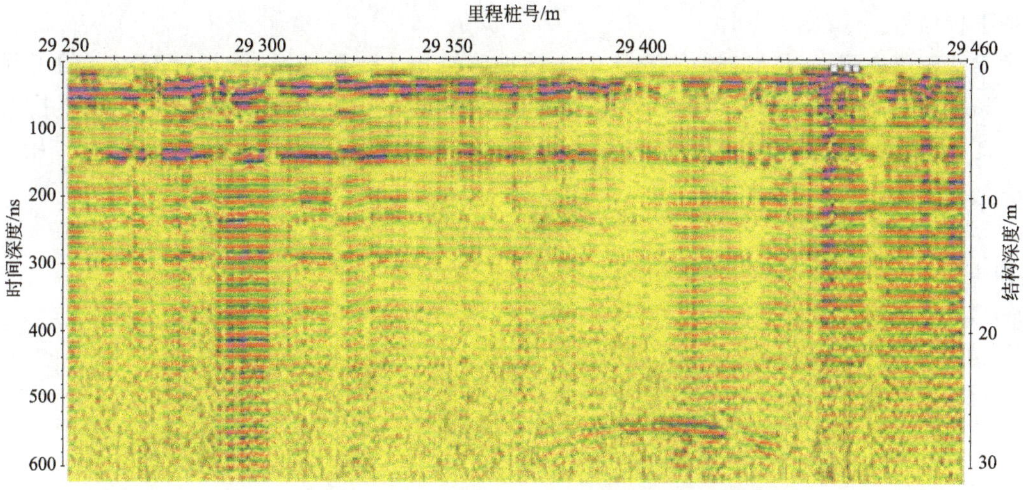

图 9　ZDK29＋250～ZDK29＋460 段地表雷达扫描成图

通过上面前后两次地表雷达扫描对比，结合现场探测过程中存在的车流、管盖及管盖混凝土护层中的钢筋网、覆土层、地下管线、管道中的排水、金属物体、金属栏杆、高架桥等种种旁侧电磁、地下不均匀介质及各种反射界面的干扰，产生了假异常，尤其是金属体产生的全反射波，严重干扰了地下空洞等地质体产生的反射波信息，甚至掩盖了这些地质体信息，对后期的数据分析也造成了严重的影响，影响了数据成图后的准确性判析。

4.3　空中铁路高架桥干扰图像特征

在图8和图9地质雷达剖面图中，在ZDK29＋390里程点25 m深处附近，可看到明显的双曲线异常，该异常反射波能量强，并伴随多次波产生，其影响范围覆含ZDK29＋320～ZDK29＋420段。

图10　三桥路南地表塌陷处

图11　YDK29＋365～ZDK29＋400段下穿贵广高铁

通过对该段开挖前和开挖后的地表雷达扫描数据成图显示，结合该段开挖过程中的地层岩性以及地勘设计资料，初步判定该段无异常，剖面图中的异常是由处于线路（YDK29＋365～YDK29＋400）上方侧穿的贵广高铁高架桥引起的物探异常，见图11。当地表雷达测线通过该铁路高架桥时，天线的极化方向与高架桥方向平行，高架桥引起的干扰掩盖了地下目标体相对较弱的反射信号，将高架桥引起的干扰信号投射在了地表雷达扫描剖面结果图中。

5　结　　语

地质雷达作为物探探测手段之一，除了它科学性的一面，同时也存在着局限性、多解性、片面性。地质雷达仪器本身的探测深度和分辨率就是相悖的关系，天线中心频率越高，探测深度越浅，探测精度越高；天线中心频率越低，探测深度越深，探测精度越低。当地质条件和探测环境理想的情况下，通过地质雷达可采集到清晰、易于解释的雷达信号，但在条件不好的情况下，地质雷达在接收有效信号的同时，也不可避免地接收到各种干扰信号。

在地质雷达探测应用中，如何把地下介质的电性准确转化为地质情况，除了针对不同的工程情况选择合适的天线频率、选择恰当的工作参数，还必须依赖丰富的工作经验。只有消除干扰，识别干扰引起的各种物探异常特征，才能正确解译探地雷达成果资料，才能更好地发挥地质雷达在工程探测中的作用。

参 考 文 献

[1]　乔平，刘桂卫．铁路工程地质遥感技术应用现状与展望[J]．铁道建筑技术，2016.11.

[2]　郝建新，魏玉峰，林雄斌．地质雷达探测干扰因素及图像识别研究[J]，工程勘察，2008．

[3]　温一波．工程地球物理探测技术进展与局限探讨[J]．云南大学学报，2007.

[4]　王艳波．影响地质雷达探测效果的不利因素分析[J]．科技创新导报，2011.

[5]　王和文，孙树国，葛增超．影响地质雷达探测效果的不利因素分析[J]．油气藏评价与开发，2009.

煤层瓦斯隧道中开展 TSP 探测工作的研究与探索

智　刚

（中铁隧道勘测设计院有限公司，天津　300133）

摘　要：为了提高 TSP 探测在煤层瓦斯隧道中的预报准确率，本文从数据采集和数据分析两个方面入手，结合成贵铁路高瓦斯隧道 TSP 探测实例进行研究探讨。在数据采集方面，采用新型的断路触发器（WBT）解决煤矿许用毫秒延期电雷管的延时问题，并对 WBT 在使用过程中存在的问题进行了汇总和讨论；同时通过优化炮孔成孔率、选择合理的炮孔封堵措施、改变打孔和装填炸药的常规工序来改善煤层段易塌孔的情况。在数据分析方面，对数据设置参数进行经验性修改；带通滤波在不同硬度的地层截取恰当的频谱；初值拾取应接近煤系地层中对应的波速；拾取处理强制校直为线性，横纵波速比以 1.73 为基础进行比较选择。实践表明，这些措施和方法能有效地提高煤系地层中 TSP 数据采集和分析的质量，为类似的煤层瓦斯隧道开展 TSP 探测工作提出了总结与建议。

关键词：TSP；煤层；瓦斯；触发器；隧道；超前地质预报；数据采集

地震波反射法是超前地质预报中应用最早最广泛的地球物理方法。瑞士安伯格公司生产的 TSP，其作为地球物理方法中相对成熟的超前地质预报手段，在公路、铁路、城市轨道交通及穿江过海隧道中已经得到了广泛应用，在 TBM 施工的隧道中也已经开始尝试施做。

但 TSP 探测在含煤高瓦斯隧道中应用较少，或者说真正采集到合格数据的很少。目前，在煤层瓦斯隧道采用的主要预报方法为地质素描、超前水平钻探和加深炮孔探测，在煤矿系统会采用瞬变电磁仪进行超前探水，但是在铁路瓦斯隧道中用于超前地质预报的物探手段极少，由于煤层瓦斯隧道施做条件的限制，TSP 探测也是在近两年技术更新后才开始应用在此类隧道中进行超前探测。本文主要从含煤瓦斯隧道 TSP 数据采集和分析两个方面着手，并以成贵铁路高瓦斯隧道地质预报为例，研究讨论如何在煤层瓦斯段提高 TSP 预报的精准度。

1　煤层瓦斯隧道的主要危害及预报工作的重要性

煤层瓦斯隧道除了要面临含煤地层岩体强度低导致的隧道沉降、变形和坍塌等危害外，还要防止瓦斯等可燃气体导致的突出、燃烧、爆炸、毒性和窒息风险。如果隧道通过范围内存在煤层采空区，会导致隧道沉降、变形和坍塌，有时甚至要穿过煤矿采空区，给铁路工程施工建设及后期运营带来严重的安全隐患及危害。

就是因为煤层瓦斯隧道有诸多的危害，所以准确预报出煤层发育位置和影响范围，对及时做好揭煤准备，对安全、经济的穿越煤层有重大意义。准确的预报结论可以及时发现异常，判定施工面前方煤层及采空区的位置、产状及其围岩结构的完整性与含水的可能性，为正确选择开挖方式、设计支护参数和优化施工方案提供依据，并为预防煤层瓦斯地段可能存在的瓦斯突出、涌水、结构沉降等安全隐患及时提供信息参考。

2　煤层与隧道的结构关系及其工程特性

煤层瓦斯隧道有着地质条件复杂和风险高的特性。隧道线路选择穿过含煤地层时，应避开富煤区、瓦斯或硫酸根含量较丰富的地段;当不能避开时,应使其通过的长度最短,应尽可能垂直或接近垂直的大角度穿越接触带。因此,常见的煤层瓦斯隧道为直接洞穿煤层的,除了大角度穿越煤层外,还有以下几种发育关系。

2.1 隧道上覆煤层

此种发育关系对隧道开挖影响较小,位置关系如图 1 所示,但是如果上覆煤层为可采煤层,存在采空区,可能造成老窑水涌入、突泥甚至瓦斯涌出,引起工程灾害。上部采空区和隧道拱顶的距离有安全值标准,具体可参照深埋隧道的垂直松弛压力高度值来确定,如果采空区距离隧道顶部大于 30m,可以不考虑采空区对隧道的影响。

2.2 隧道下伏煤层

隧道下伏煤层的发育关系导致两个主要的工程问题,一是煤层瓦斯通过贯通裂隙向隧道上逸,常见的有隧道底板积水冒泡;二是煤层距离隧道底板较近时,可能存在采空区,此类采空区易使支护结构变形、偏移、沉降甚至坍方,处理措施复杂,还可能导致运营期间的安全隐患,是采空区对隧道影响最严重的一种形式。位置关系如图 2 所示。

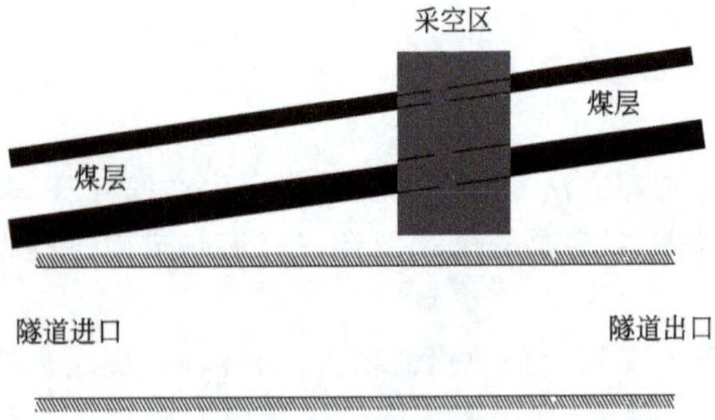

图 1 隧道上覆煤层示意图

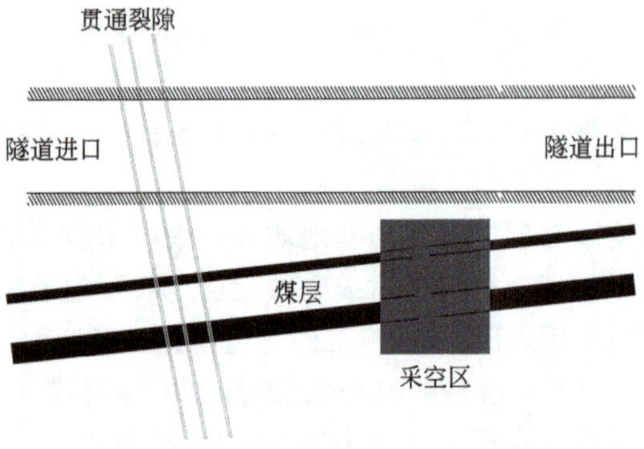

图 2 隧道下伏煤层示意图

2.3 隧道与煤层相交

层状发育的含煤地层一般强度较低,瓦斯富集,且煤层本身的岩体强度并不高,加上煤遇水易软化及煤的破坏性,使得煤层具有软弱夹层及岩体破碎带的特征,其对隧道影响程度的大小,还跟煤层的强度、厚度及夹角有关。如果隧道通过范围内存在煤层采空区,会导致隧道沉降、变形和坍塌,甚至要穿过煤矿采空区,给铁路工程施工建设及后期运营带来了严重的安全隐患及危害。

与隧道相交的除层状发育的煤层外还有鸡窝状的煤层,此类煤层发育没有规律,可能多个聚集在一起也可能串珠状发育,或者零星分布。

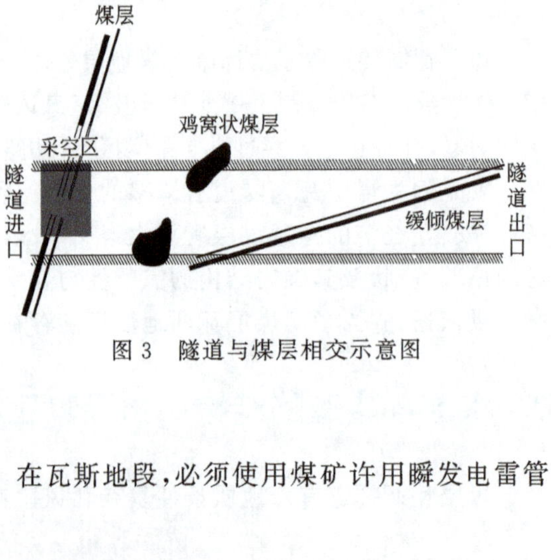

图 3 隧道与煤层相交示意图

3 煤层瓦斯隧道的 TSP 数据采集

3.1 施工条件对雷管和炸药造成的局限性

TSP 的数据采集需要用雷管激发炸药。但是,煤层瓦斯隧道对于雷管和炸药的管理和使用有着严苛的标准和限制性。在瓦斯地段,必须使用煤矿许用瞬发电雷管或煤矿许用毫秒延期电雷管及煤矿许用炸药。由于受各种条件限制和区域管控因素影响，很多项目瓦斯隧道工点无法提供或使用瞬发电雷管，在这种情况下，原有采用常规瞬发电雷管的 TSP 数据采集系统已经不能完全满足现场条件。

3.2 炮孔成孔率及优化措施

煤层瓦斯段，由于初支与岩体接触面碎渣多，加之煤层段岩体自身强度低、易破碎、遇水易软化，因此煤层瓦斯段的 TSP 炮孔成孔率非常低。这种地层不仅要求施钻人员按照要求快速、平直的打好炮孔，还要求后续的装药要及时完成。根据成贵铁路高瓦斯隧道 TSP 施做总结的两点优化措施，一是在打好炮孔和装药的空窗期，用比孔径稍细的 PVC 管插入孔中起到支撑保护的作用(图 4)，这项工作的开展对支护炮孔效果较好，但是需要和现场人员积极沟通，并且现场负责人有很好的执行力；二是预报人员提前达现场，施工单位再安排 3～5 名钻工同时打孔，软岩地层钻孔速度也较为理想，每钻好一孔就立即测量参数并装药做采集准备工作，避免塌孔，这种护孔采集方式行之有效，但占用施工作业面的时间更久。

3.3 新型断路触发器(WBT)的使用

由于瓦斯隧道对雷管炸药的限制性，原本用于 TSP 采集的瞬发电雷管不可使用，现场的施工队伍只可以提供延时雷管，原有的 TSP 数据采集系统中的传统断路触发器已无法满足采集要求，负责 TSP 研发生产的瑞士安伯格公司根据现场反馈和采集数据开发了第一代可用于延时雷管的新型触发器(WBT)，如图 5 所示。

图 4 PVC 管对炮孔临时支护

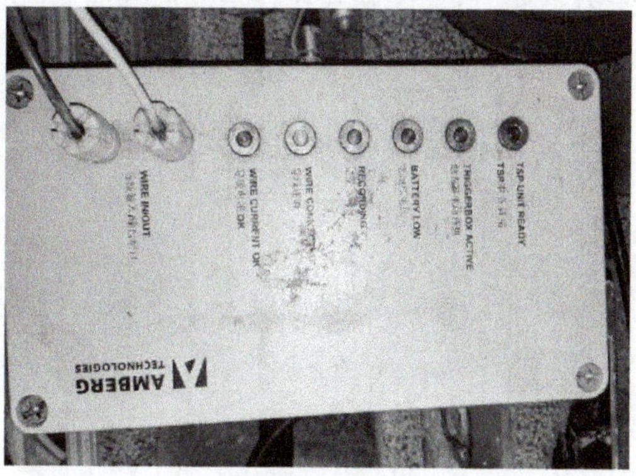

图 5 新型断路触发器(WBT)

3.3.1 WBT 原理

WBT 与传统触发器工作原理不同，其连接方式也和传统的触发器有本质区别，但它的工作方法仍支持 TSP 系统的测量，采用 WBT 连接的 TSP 采系统如图 6 所示。其原理在于触发记录单元开始记录的时间是雷管把连接 WBT 的断路导线炸断的瞬间，而不是起爆器起爆的时间，因此便可得到更高的触发精度，尤其适用于使用毫秒雷管起爆触发震源的作业面。这种采集方式对雷管和断路导线的连接要求比较高，需要如图 7 所示，在雷管前半部分用胶带把打上线圈的断路导线粘牢，避免在装药过程中移位或者脱落。而且要用绝缘胶布将断路导线脚线缠绕粘牢，采集时所使用的断路导线一定要能和雷管起爆线在颜色上分开，防止接错线导致雷管哑炮而引起安全事故。

3.3.2 用延时雷管直接采集和 WBT 采集的区别

同一段位的毫秒延时雷管并不一致，而是在一个幅值内随机触发，由于毫秒延时雷管的发爆时间误差过长，这对数据分析过程的初至拾取非常不利，其初至时间简直没有规律可言，如图 8 所示；采用 WBT 采集的效果有本质的改善，如图 9 所示，虽然有个别炮点出现不同程度的延时或提前触发接收信号，但总体上直达波初至时间与距接收器距离符合速度值的线性关系，我们对这些提前或延时的炮点信号进行了分析总结，如 3.3.3 节，这也是 WBT 今后需要改善的地方。

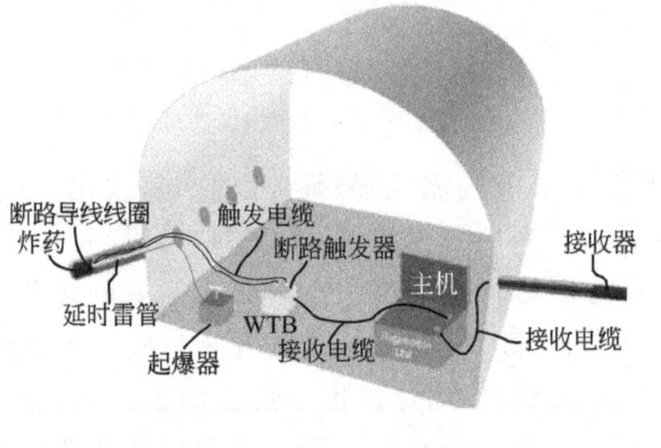

图 6　采用 WBT 连接的 TSP 采集系统

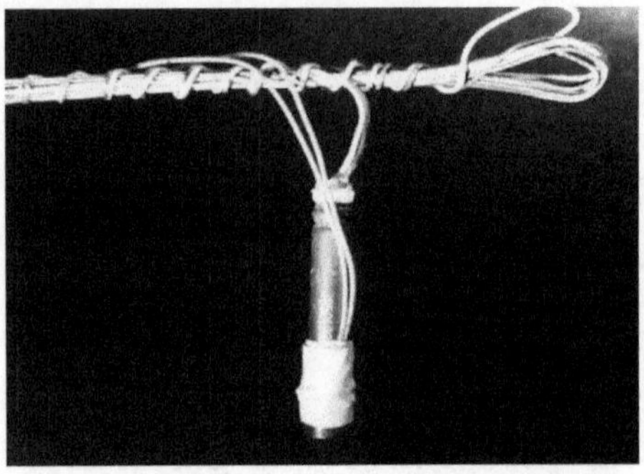

图 7　WBT 回路导线和雷管的连接方式

3.3.3　WBT 使用分析

首先同样的药量，采用 WBT 进行采集，能量均比传统触发器接受的能量弱，所以在煤层瓦斯隧道进行装药时，药量要适当增加。

其次 WBT 在使用过程中会偶然存在一些问题，比如延时或提前触发接收器。根据现场经验，分析出以下可能的原因：

a. 断路导线绑定在雷管上的位置不同或导线在雷管插入炸药的过程中脱落，导致断路导线在雷管起爆时的受力不同，造成断路导线在雷管起爆时被炸断的先后时间不同。

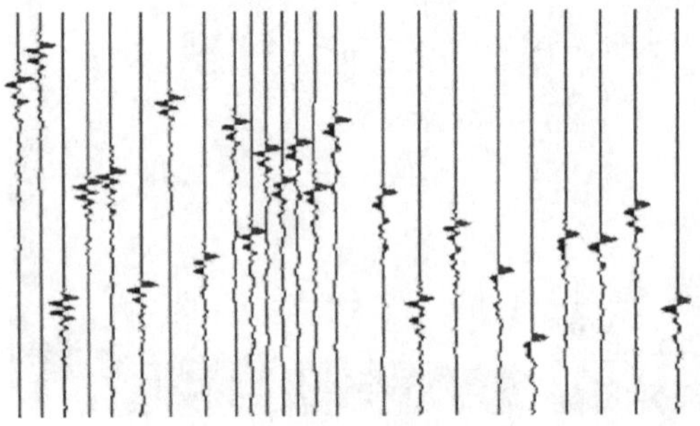

图 8　使用传统触发器接收毫秒管起爆地震波图

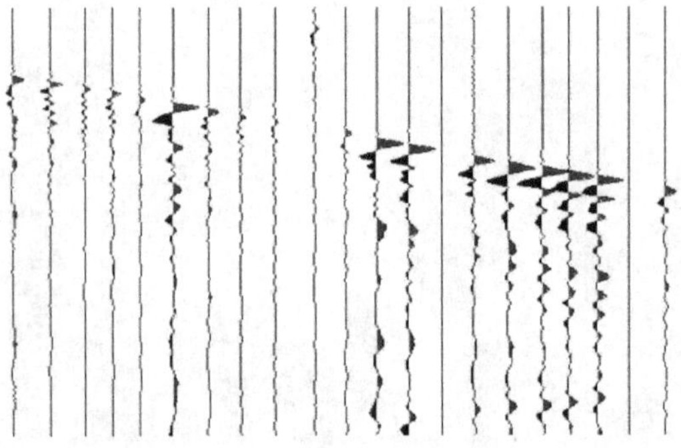

图 9　使用 WBT 接收毫秒管起爆地震波图

b. 炸药和雷管的起爆有时间差，造成了断路导线被炸断的时间早于炸药起爆的时间，关于炸药和雷管起爆时间差的问题，本文作为数据异常的一种推断和猜测，需要今后大量的实践和统计来说明问题。

c. 偶然因素造成炸药虽然起爆，但是断路导线延迟断路。或者仪器自身的小概率故障事件。

3.4　炮孔封孔

因为煤层瓦斯隧道的炮孔岩体破碎，裂隙发育，部分炮孔还可能有瓦斯聚集，而且为了保证炮孔内的炸药能量激发，所以在封孔时应采用水封、水泡泥或炮泥封孔，保证采集效果。图 10 是未封孔和水封的地震波形图，从图中可以明显看出未水封的前 9 炮能力损失严重，采集数据无法满足分析要求。

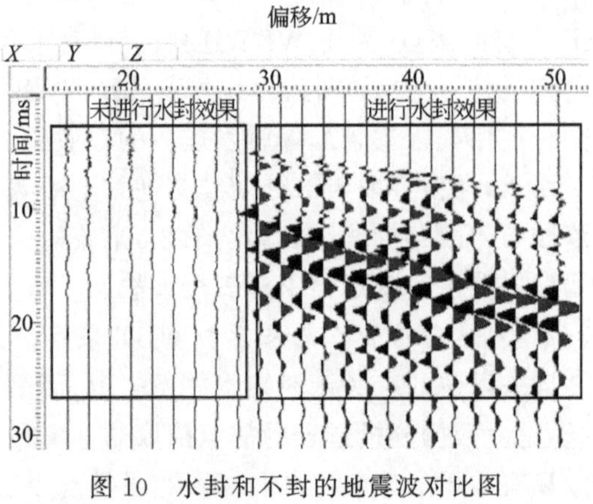

图 10　水封和不封的地震波对比图

4 煤层瓦斯隧道的 TSP 数据分析

根据成贵铁路高瓦斯隧道 TSP 探测的经验，对煤层瓦斯隧道的 TSP 数据进行分析时，数据设置、带通滤波、初至拾取、拾取处理及双接收器的对比是重点步骤。

4.1 数据设置

数据设置中重要的是数据长度和归零两个步骤。数据长度按照公式(1)计算得到即可，短的话就可能会切掉有效波，太长反而干扰多；一般归零设置过大的话会截去有效波，根据经验可以取 0.125，也可比 0.125 稍大。

$$数据长度=2\times2.5\times探测距/纵波速度 \quad (1)$$

4.2 带通滤波

带通滤波中的频谱曲线应该符合左右不对称的正态分布的趋势。如果炮孔和接收孔都布置在软质岩层里，主要频率基本集中在最大到 1 000 Hz 左右的区间内。若是炮孔和接收孔都在硬质岩层里，主要频率的分部区间可能会大一些，如图 11 所示。值得注意的是，有些采集效果不太理想的数据，在较高频段频谱很粗糙，频谱线条犹如很多尖角的折线段拼接而成，这是由于较高频段干扰波较多，遇到这种情况，选择这一段频率地震波可能即有有效波，又有干扰波，要根据情况注意取舍，如图 12 所示，左侧为较低频段圆滑的频谱曲线，右侧为高频棱角粗糙的频谱曲线。

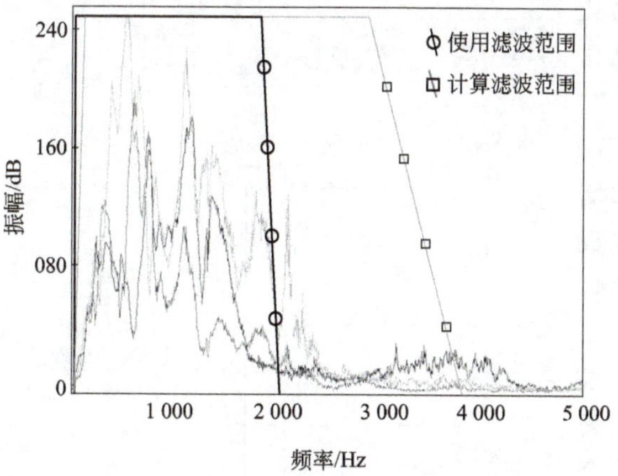

图 11 硬质岩层带通滤波频谱图

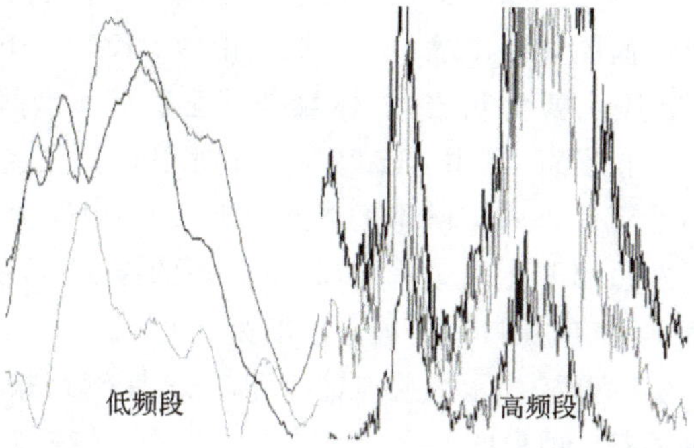

图 12 较低频段和较高频段频谱图

4.3 初至拾取

这一步是识别直达波以最快的速度到达接收器的时间点，初至拾取的另一个目的就是计算出直达波的速度。由于开挖扰动带的存在，每一道波都有不同的初至时间，应屏蔽掉不需要的初至，使得截距时间接近 0，这是一般情况下的选择，还有一种情况是接收器和炮孔并不在同一水平面，而是具有一定的高差，通过屏蔽就无法使得截距接近 0，但是这种情况应该保证时距曲线通过较多的起跳点并且选取到合适的速度。在处理这一步的时候，一定要考虑围岩波速，例如煤的纵波速度范围 0.8～1.5 km/s，在煤层段采集数据的纵波速度就不要大于这个范围，不能强制的使截距接近 0，而不考虑客观条件。

初至拾取每一个轴向都要尽量拾取，而且拾取一定要准确，要把拾取界面放大到足够大，在拾取的同时要注意宏观的对比，排除误选的可能。在软弱岩层带通滤波取值范围过小的情况下会使得地震波波长太大，影响拾取，可以适当增大带通滤波的取值范围。使用双接收器时，要注意主副接收器速度一致。

4.4　拾取处理

这一步可以选择强制校直为线性，对于纵波与横波的速度比（v_p/v_s）的选择，一般情况 v_p/v_s 的值约为 1.73，可以根据经验或通过分析比较再选择较理想的数值。

4.5　双接收器的对比分析

在数据分析时，有些参数是未知的（如 v_p/v_s），要逐步通过改变参数大小来比较，并确定合适的参数。在理想状态下主、副接收器确定的数据成果应该是一致的，可以通过改变参数使主、副接收器的数据成果达到一致，来确定未知参数的大小。但是一定要结合实际情况，不能为了只求主副接收器成果数据的一致性，而忽略数据成果与实际情况的对比。

5　工程实例

采用总结的采集方法和分析手段对成贵铁路两条煤层瓦斯隧道进行 TSP 探测。其中一条是极高风险且具有瓦斯突出风险的玉京山隧道，进行 TSP 探测的段落内基岩岩性为二叠系龙潭组灰岩、泥灰岩夹煤层，TSP 最终成果图 13 所示，根据成果图和已揭示段围岩的对比，得出的 TSP 预报结论为 DK279＋047～DK279＋090 段岩体较破碎至破碎，节理裂隙发育，其中 DK279＋065～DK279＋090 段存在软弱夹层，含水；DK279＋090～DK279＋167 段岩体破碎，节理裂隙发育，岩质较软，地下水较发育。

根据 TSP 的探测资料，对施工面进行有针对性的钻孔设计，设计为 5 孔，钻孔参数经参建四方一同会商确定，钻孔成果剖面图如图 14 所示，钻探结论为 DK279＋069～DK279＋099 段主要为灰岩，岩体较破碎至破碎—节理裂隙发育，地下水较发育，其中 DK279 ＋071 处下台阶底板附近左边墙开始发育一条 0.1 m 厚的煤层；DK279 ＋084 处下台阶底板附近左边墙开始发育一条 0.25 m 厚的煤层；两条煤层较薄，赋存不稳定；孔口瓦斯最高浓度为 0.8%。

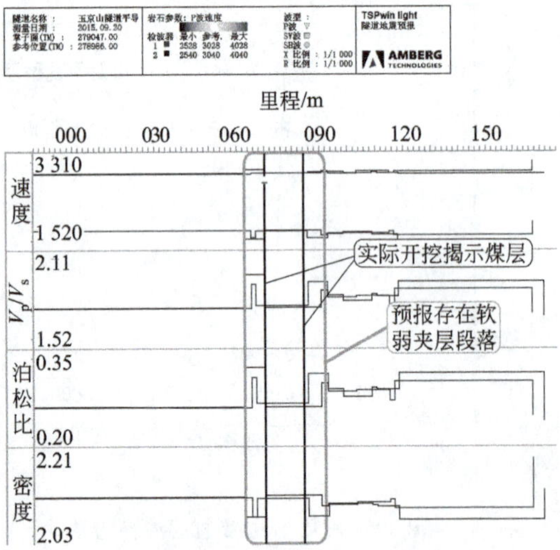

图 13　玉京山隧道 TSP 探测成果图

实际开挖揭示煤层与钻探和 TSP 探测预报的软弱夹层位置相符，如图 13 中所标识的一致。所以在较硬岩和硬岩地层中发育煤层，TSP 探测结论若存在软弱夹层，可以结合设计资料推断为具备煤层发育条件段落，进一步进行超前钻探探测，确定不良地层的确切性质，保证施工安全。

另一条进行 TSP 探测的高瓦斯隧道，探测段落内基岩岩性为二叠系龙潭组泥岩、炭质页岩、铝土岩夹煤层，此段在设计上处于隧道软岩大变形段。根据 TSP 探测结果，可以推断两个段落的软质岩体，如图 15 所示，但无法确定煤层发育的位置和范围，或者说无法确定是否存在煤层。根据 TSP 探测结果对两个软岩段落进行超前钻探，共进行了 11 个孔的钻探，最长水平钻进深度 85 m，其中有 6 孔揭示同一煤层，利用钻探成果进行计算，煤层真厚约为 27 cm，煤层薄，且煤层处在软岩地层中，这就暴露了 TSP 在软岩地层中对煤层探测的局限性。

实际开挖揭示此段地层为炭质页岩、铝土岩夹煤层，岩质软。TSP 结论对围岩的判别并没有问题，但是在软岩和较软岩地层中发育煤层，TSP 探测对煤层发育位置及范围没有准确的指导建议。

6 结论与建议

首先做好采集准备工作，提高钻孔质量并用PVC管优化成孔率，配备满足现场条件的采集设备，加强炮孔水炮泥封孔质量，保证煤层瓦斯隧道TSP探测准备工作合格。进行数据分析时，数据设置、带通滤波、初至拾取、拾取处理及双接收器的对比是重点步骤，结合现场地质条件选取合适的参数，熟知各种参数的意义，胆大心细的修改参数，分析出多种不同成果图，开挖后对比反演，利用样本大数据总结经验。在采集和分析过程中对发现的问题汇总统计，定性定量的分析原因，解决问题。

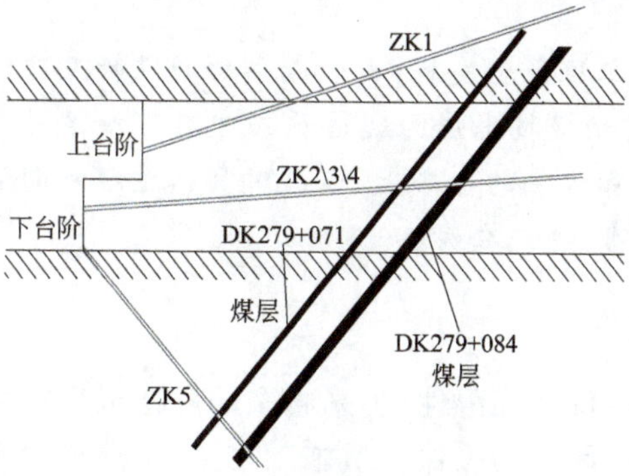

图14 玉京山隧道钻探剖面图

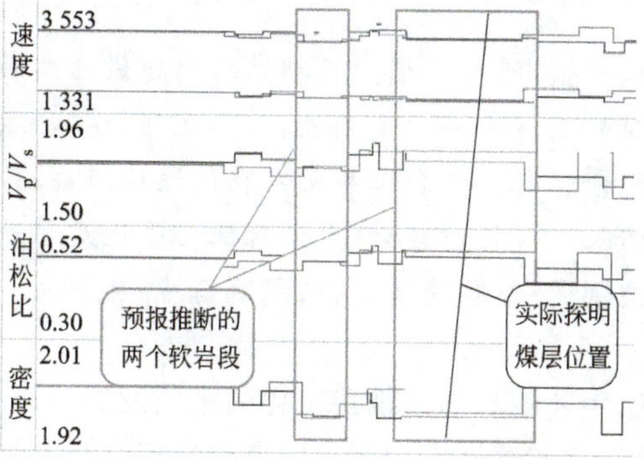

图15 软岩段TSP探测成果图

由于煤层的发育不规律性，或者煤层夹在密度相近的软质岩层，亦或水平煤层的发育，这都给TSP探测带来了局限性。所以煤层瓦斯隧道应采用综合预报方法，以TSP为主进行长距离探测，再根据TSP探测资料、地质素描和设计文件有针对性地进行钻孔设计，综合判定煤层位置和瓦斯突出可能性，并在开挖过程中对瓦斯浓度做好实时监控。

参考文献

[1] 钟世航，孙宏志，李术才，等．隧道及地下工程施工中岩溶裂隙水及断层、溶洞等隐患的探查、预报[J]．岩石力学与工程学报，2012，31(S1)：3298-3327.

[2] 张霄，李术才，张庆松，等．大型地下含水体对地震波特殊反射规律的现场正演试验研究[J]．地球物理学报，2011，54(5)：1367-1374.

[3] 李术才，刘斌，孙怀凤，等．隧道施工超前地质预报研究现状及发展趋势[J]．岩石力学与工程学报，2014，33(6)：1090-1113.

[4] 吴世勇，周济芳．锦屏二级水电站长引水隧洞高地应力下开敞式硬岩隧道掘进机安全快速掘进技术研究[J]．岩石力学与工程学报，2012，31(8)：1657-1665.

[5] 刘恒林．TSP在瓦斯隧道超前地质预报中的应用研究[D]．北京：中国地质大学(北京)，2013.

[6] 王占鲁，毛金龙，杨拯，等．煤系地层不良地质条件下公路隧道支护设计方法[J]．地下空间与工程学报，2015，11(S2).

[7] 刘杨，姚海波．天然气高瓦斯山岭隧道地质灾害的特点与预报[J]．铁道工程学报，2011，28(3)：69-71.

[8] 张志龙，王兰生，王跃飞，等．雪峰山高速公路隧道F2断层带的综合超前地质预报[J]．岩石力学与工程学报，2007，26(A01)：3311-3315.

[9] 梁东，廖振芳．铁路客运专线红石岩瓦斯隧道施工对策[J]．隧道建设，2007，27(S1)：36-39.

[10] 宋南涛，陈炜韬，王明年，等．煤系地层采空区对隧道施工安全性的影响[J]．铁道建筑技术，2007(3)：48-51.

[11] 高菊如，涂文轩．隧道开挖炮孔填塞技术试验研究[J]．铁道建筑，2005(s1)：47-50.

[12] 詹龙飞．TSP技术在隧道超前地质预报中的应用[J]．铁道勘察，2011，37(2)：72-75.

[13] 牟元存，王光权，王树栋．TSP203在灰岩地区隧道施工过程中的应用与探索[J]．工程地球物理报，2010，7(2)：177-184.

[14] 智刚．TSP超前地质预报结果准确性的影响因素分析[J]．路基工程，2015(5)：139-143.

探地雷达在隧道超前地质预报中应用

张　杉

（中铁隧道勘测设计院有限公司，天津　300133）

摘　要：随着我国中长期铁路网建设的发展及完善，隧道工程蓬勃发展，由于勘察的局限性及隧道围岩地质条件的复杂性，为确保隧道安全施工，超前地质预报技术成为隧道施工中不可或缺的一部分。本文结合工程实例在简述地质雷达基本工作原理和方法的基础上，通过对具体过程和测试结果进行详细分析，形象地探讨了地质雷达法的操作性、可行性、准确性。

关键词：超前地质预报；探地雷达；应用

近年来随着高速铁路工程的蓬勃发展，由于经济及地理条件的局限性，越来越多的隧道工程在可溶岩地层修建，隧道施工中有可能遇到岩溶、暗河等不良地质情况，因此为确保隧道施工安全，制定科学合理的施工方案，对施工面前方地质情况进行及时准确的超前地质预报是至关重要的。

探地雷达作为目前分辨率最高的工程地球物理探测方法，对岩溶、断层破碎带及富水带等不良地质体有较高的识别能力，且扫描速度快，操作简便，对施工干扰小，已受到广大工程建设者的一致认可。

1　探地雷达原理及测量方式简述

1.1　工作原理

探地雷达（Ground Penetrating Radar，简称 GPR）是利用超高频窄脉冲电磁波探测介质分布的一种地球物理勘探仪器，其工作原理是发射天线向隧道施工面前方发射电磁波信号（106～109 Hz），电磁波向施工面前方传播的过程中，当遇到电性差异的目标体（如空洞、裂隙、岩溶、地下水等）时，电磁波便发生反射，由接收天线接收反射波。通过对电磁波反射信号（即回波信号）的时频特征、振幅特征、相位特征等进行分析便可推断施工面前方的地质构造（如介电常数、层厚、空洞等）。目标体到施工面的距离

$$d=\frac{v\Delta t}{2}$$

Δt ——电磁波的双程走时间，ns；

v——电磁波的传播速度，cm/ns。

介质中电磁波的传播速度：

$$v=\frac{C_0}{\sqrt{\varepsilon}}$$

C_0——电磁波在空气中的传播速度；

ε——介质相对介电常数。

探测原理如图 1 所示。探地雷达主要由天线、发射机、接收机、信号处理机和终端设备（计算机）等组成。

1.2　测量方式与测线布置

探地雷达测量通常采用点测和连续测量两种方式。由于施工面工作环境较差，表面较为粗糙、凹凸不平，所以一般采用点测模式。点测方式是通过电脑键盘发送信号触发指令给雷达主机，每按一次键盘回车

键便可采集一道数据，此种方法的优点是能够适应施工面恶劣的工作环境，缺点是进行超前地质预报探测时，要求天线按固定的距离移动才能保证采集数据的剖面宽度与测线长度保持一致。

对于探地雷达超前地质预报，测线主要布置在施工面上，根据隧道围岩条件，常用的布置形式有一字形、十字形和井字形，如图2所示，必要时可加密雷达测线或重复扫描以提高探测结果的准确性。

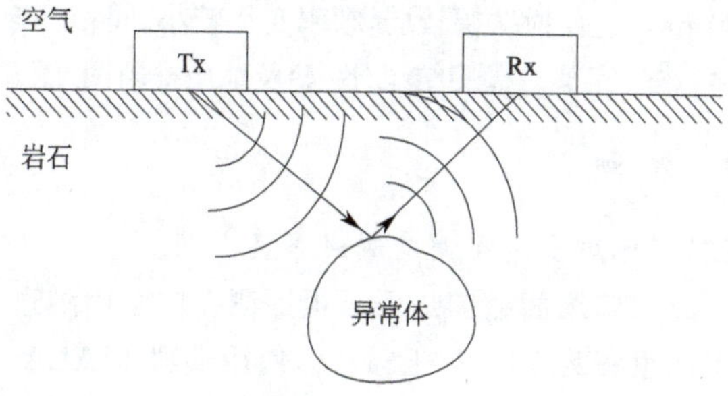

图1　GPR探测原理示意图

2　探地雷达应用实例分析

蒙华铁路中条山隧道位于山西省运城市境内，隧道全长18.4 km，地质条件极其复杂，为全线控制性重点工程，隧道通过寒武系、震旦系碳酸盐岩可溶岩，岩性主要为灰岩、泥质灰岩、白云岩等，并且多与页岩互层。由于中条山经过多期地质构造影响，岩体裂隙发育，岩溶较发育，形态以岩溶裂隙为主，局部发育小型溶洞。该区地下水主要为基岩裂隙水和碳酸岩岩溶水。

2.1　案例一

2.1.1　地质雷达探测及测线布置

此次施工面超前地质预报探测在中条山隧道2号斜井进行，施工面里程为ⅡXJK1＋593.2，使用瑞典MALA公司生产的型号为MALA-X3M探地雷达配100 MHz屏蔽天线，采用点测法测量，在施工面布置两条横测线，测线1位于施工面约1 m高处，从左向右布置，测线2位于施工面约2 m高处，从右向左布置。设置参数为：采样间隔0.1 m，视窗650ns，采样频率为1 150 MHz。测线布置如图3所示。

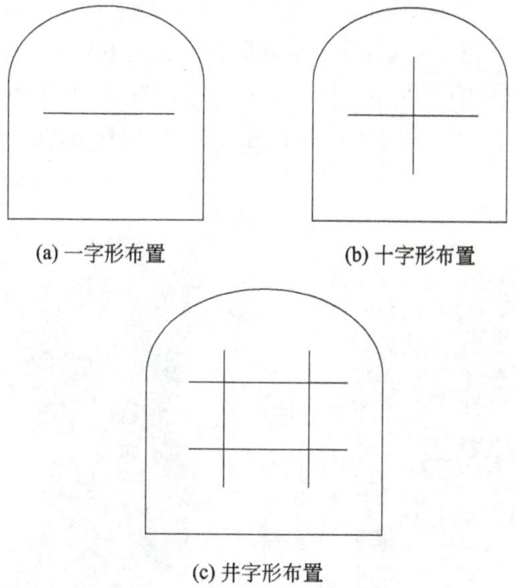

图2　测线布置形式

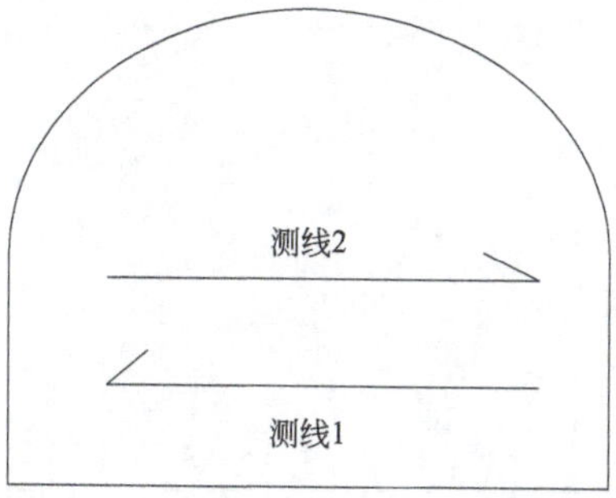

图3　测线布置图

2.1.2　探测结果分析与解释

本次探测里程段为ⅡXJK1＋593.2～ⅡXJK1＋563.2，通过对探测数据进行分析可知探测范围内共发现一处异常，具体解释如下：(1)0～8 m范围内反射振幅较弱，表现为中高频信号，同相轴较连续，部分错段，推测节理裂隙较发育，岩体较完整；(2)8～16 m范围内反射振幅较强，表现为均匀的低频信号，呈层面状反射，同相轴较连续，推测该范围内溶蚀裂隙发育，多为宽张型，岩体较破碎～破碎，且发育裂隙水；(3)16～30 m 雷达反射振幅较弱，频率变化较小，同相轴连续且均一，推测节理较发育，岩体较完整。探测结果(图 4)及地质推断图(图 5)。

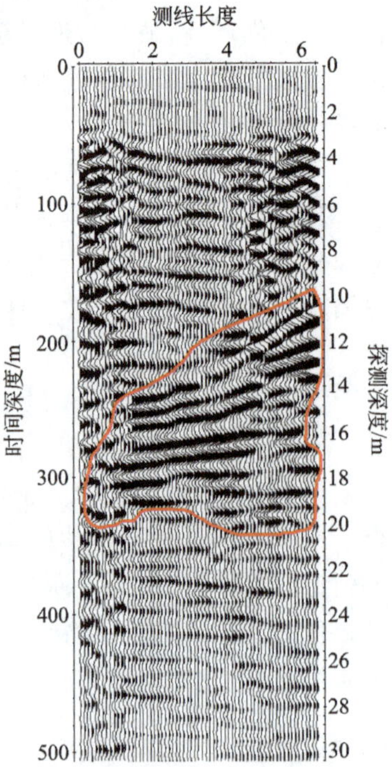

图 4　探测结果 Wigglemode 图

2.2　案　例　二

2.2.1　地质雷达探测及测线布置

此次施工面超前地质预报探测在中条山隧道 3 号斜井正洞右线进行，施工面里程为 DK627＋541.6，使用瑞典 MALA 公司生产的型号为 MALA-X3M 探地雷达配 100 MHz 屏蔽天线，采用点测法测量，在施工面布置两条横测线，测线 1 位于施工面约1 m高处，从左向右布置，测线 2 位于施工面约 2 m 高处，从右向左布置。设置参数为：采样间隔 0.1 m，视窗 630 ns，采样频率为1 100 MHz。

2.2.2　探测结果分析与解释

本次探测里程段为 DK627＋541.6～DK627＋511.6，通过对探测数据进行分析具体解释如下：(1)0～12 m 范围内反射振幅较强，表现为中低频信号，同相轴时断时续，不平行，波形较乱，推测溶蚀裂隙发育，岩体较破碎，且发育裂隙水；其中 8～12 m 低频反射信号较强，同相轴较连续、规则，推测发育延伸性较强宽张裂隙，(2)12～30 m 范围内反射振幅较弱，表现为均匀的中高频信号，频率变化较小，同相轴较连续，仅 20～22 m 范围内雷达低频反射信号较强，呈层面状反射，同相轴较连续，推测该范围内节理较发育—不发育，20～22 m 范围内发育宽张型裂隙，岩体较完整，且发育裂隙水。测结果(图 6)及地质推断图(图 7)。

2.3　开挖揭示对比分析

2.3.1　案　例　一

Ⅱ XJK1＋593.2～Ⅱ XJK1＋585.2 段节理较发育，岩体较完整；Ⅱ XJK1＋585.2～Ⅱ XJK1＋577.2 段溶蚀裂隙发育，多为宽张裂隙，泥质充填，岩体较破碎～破碎，其中Ⅱ XJK1＋583.0 附近时左侧边墙附近发育小型溶腔，直径约 20 cm，无充填，裂隙水发育；Ⅱ XJK1＋577.2～Ⅱ XJK1＋563.2 段节理较发育—不发育，岩体较完整。实际开挖揭示与雷达探测结果基本吻合。

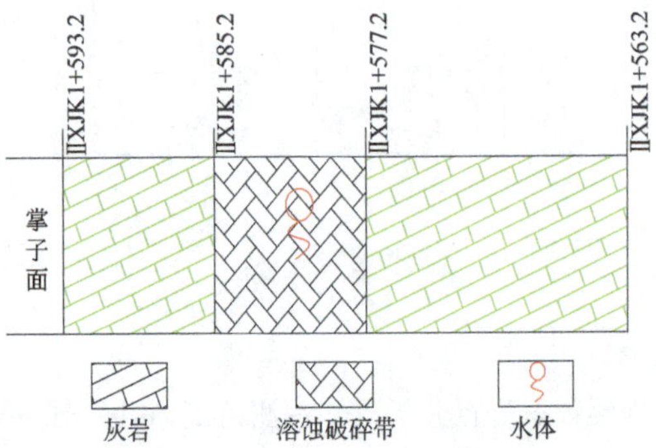

图 5　地质结果推断平面图

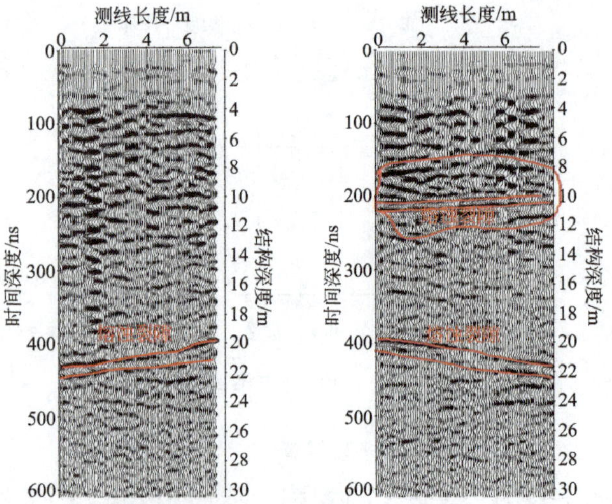

图 6　探测结果 Wigglemode 图

2.3.2 案 例 二

DK627＋541.6～DK627＋529.6段节理裂隙、溶蚀裂隙发育，岩体较破碎，其中DK627＋533.6～DK627＋529.6段发育一条宽张裂隙，宽约15 cm，方解石及灰岩碎块充填，且发育岩溶裂隙水，水量约200 m^3/h；DK627＋529.6～DK627＋511.6段节理裂隙较发育～不发育，岩体较完整，其中DK627＋520施工面右侧拱部至底部发育一条溶蚀裂隙，与施工面近似平行，延伸性强，属宽张型，宽约20 cm；裂隙方解石结晶、泥质充填，延伸性好，发育岩溶裂隙水，水质浑浊，后渐清，且具一定水压，水量200～300 m^3/h。与雷达探测结果基本吻合，由于施工单位根据前期探测资料，也进行了其他手段的探测验证，并制定了切实可行的施工方案，未对施工安全造成影响。

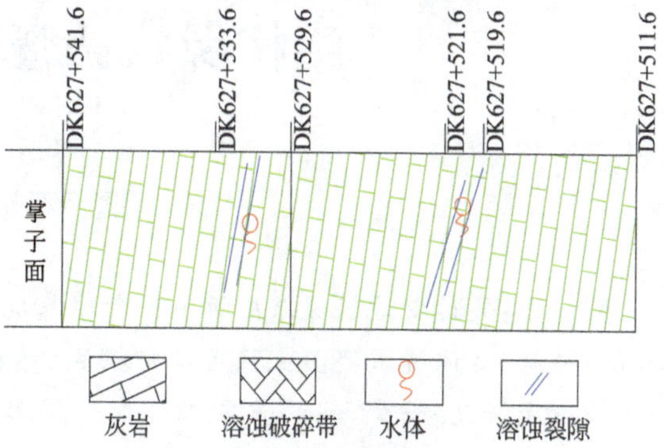

图7 地质结果推断平面图

3 结 论

通过上述案例及结合以往采用探地雷达对施工面前方不良地质情况探测的分析研究，得出以下几点认识：

(1)由于探测施工面凹凸不平及人为操作原因，天线不能按固定间距移动，不能保证采集数据的剖面宽度与测线长度保持一致，很大程度影响数据的分析判识，是产生实际揭示与探测结果存在误差的一个重要原因，所以在探测过程中应尽量避免干扰，确保数据的准确性。

(2)如果施工面前方岩体完整，表现出来的电磁波信号很微弱，频率变化较小，同相轴连续且平行；反之，如果施工面前方节理发育，岩体破碎，电磁波信号振幅较强，受裂隙水的影响，中低频信号都有，同相轴时断时续，不平行，波形较乱。

(3)溶蚀破碎带、富水段及岩溶发育段，电磁波信号绝大部分被吸收，反射波衰减较快，后续段电磁波信号表现较为微弱，很容易引起数据判释错误，所以技术人员进行数据解释时一定要认真分析，结合多方面资料，对数据做出精准的解释。

(4)对于重大异常地段，应该适当增加测线。

随着隧道工程的增加，复杂地质条件下修建隧道越来越多，隧道超前地质预报作为地质勘察工作的延续与补充，已经成为隧道施工工序的一部分。地质雷达应用于隧道超前地质预报过程中，具有高效、精准、干扰小的特点，但有时也有它的局限性，所以有时要通过几种预报手段综合分析验证，为隧道安全施工提供可靠的依据。

参 考 文 献

[1] 蒋帅男．邓辉．雍褒．浅析地质雷达在超前地质预报中的应用[J]．甘肃水利水电技术，2014，50(12)：11-14.

[2] 毛星．地质雷达在隧道超前地质预报中的应用[J]．铁道标准设计，2014，38(S1)：192-194.

[3] 毛红梅．隧道施工超前地质预报的原理与应用[J]．路基工程，2008，26(4)：42-43.

[4] 覃航，邱恒，杨庭伟．隧道超前地质预报中的地质雷达图像分析[J]．2012(2)：57-61.

[5] 范占锋，李天斌，孟陆波．探地雷达在公路隧道超前地质预报中的应用[J]．物探与化探，2010，34(1)：119-122.

回弹法及三维激光扫描技术在运营地铁结构现状调查中的应用分析与研究

陈　涛，　翟　超，　范鹏程，　张　敏，　王鑫森
（天津市勘察院，天津　300191）

摘　要：某运营地铁线路邻近有一新建基坑工程，需对地铁结构进行健康检测监测，包括对地铁结构车站、区间隧道混凝土强度进行检测、结构平面、断面测量以及结构使用现状调查，是对地铁结构健康状况进行了解的重要工作。采用回弹法进行检测，利用钢筋检测仪探测钢筋的位置及间距，1%酚酞酒精溶液和碳化深度尺测量混凝土表面的碳化深度，回弹仪测取混凝土表面回弹值，根据平均回弹值及平均碳化深度可查表得出混凝土强度换算值，继而计算出混凝土强度推定值，通过现场检测，总结了回弹法检测混凝土强度精确度的影响因素以及提高检测精确度的措施。采用三维激光扫描技术结合人工方法对地铁结构平面、断面进行测量，对其使用现状进行调查。检测及现状调查结果表明，地铁结构车站、区间隧道混凝土强度符合原设计要求，地铁结构存在剥落、裂纹、渗水等病害存在，研究成果可为地铁结构健康评估提供参考及依据。

关键词：地铁结构；回弹法；三维激光扫描技术；混凝土；现状调查

运营地铁结构受各地区地质、水文和气候等的影响，可能会出现原因复杂的多种病害。且目前我国较多大城市已有地铁运营，随着基础建设的快速发展，时常会有新建工程与城市已运营地铁线路相邻近的情况出现，此时，对原有地铁线路的健康状况进行合理的检测和评估，从而为邻近新建工程的施工以及原有地铁线路的安全运营提供参考，显得很有必要。

混凝土抗压强度检测主要包括非破损检测法和局部破损检测法检测技术方法。通过混凝土表面硬度与其强度的密切关系，可以实现对其强度的检测，回弹法便是其中较常用的检测方法。回弹法具有方便快捷、精度较高以及费用低廉等特点。针对回弹法检测混凝土强度，以前学者对此课题进行了相关研究，史承明等从回弹法实践出发，对于如何提高回弹法检测混凝土抗压强度精确度的问题进行了探讨，并提出了检测措施。韩春雷结合混凝土芯样抗压强度值、回弹值以及碳化深度值三个参数进行拟合，得出了混凝土回弹测强曲线。姜作杰针对地铁项目混凝土结构现场检测的内容和技术方法进行研究，总结了现场检测的方法以及对检测数据分析的方法。

三维激光扫描技术利用激光测距的原理，记录被扫描物体表面的三维点云数据，从而可以快速建立被扫描物体的三维模型以及线、面、体等图像数据。李理等通过对地铁隧道变形监测中三维激光扫描技术的应用，提出了基于激光点云的隧道断面连续提取方法。托雷等采用 RIEGL VE-400 获取的地铁隧道点云数据与三维激光点云进行对比验证，证明了三维激光扫描技术的实践意义。

某运营地铁邻近有一即将新建基坑工程，为了探究此已运营地铁结构混凝土抗压强度，采用回弹法和三维激光扫描技术对其现状进行调查，从而为地铁的安全运营提供保障。

1　工程概况

本工程涉及既有地铁里程范围为 AK14＋950～AK15＋325，涉及地铁隧道区间及车站，并将此里程范围分为区间、车站公共区、车站设备区、车站渡线段四个部分，其中，区间和车站公共区为此新建工程的影响段，共 210 m，车站设备区和车站渡线段为辅助段，共 165 m，里程分段及其与新建基坑工程相对位置关系如图 1 所示。

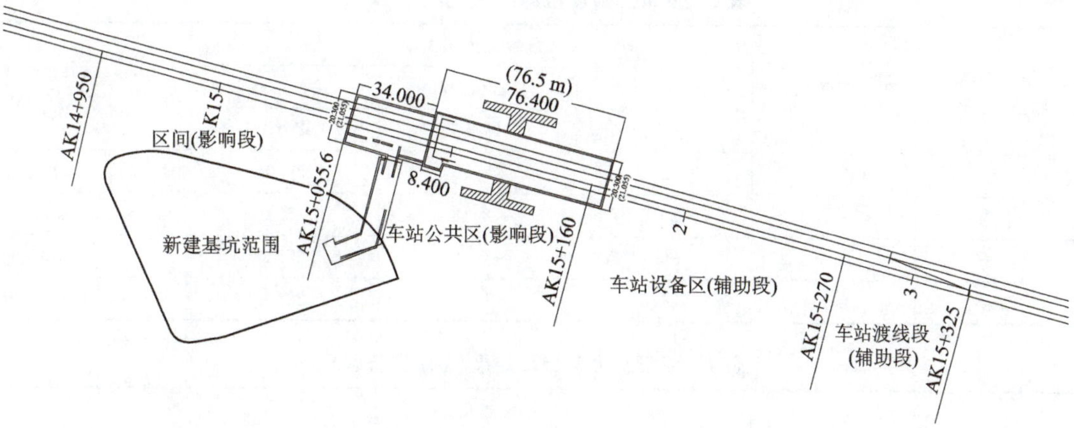

图 1　本工程地铁里程分段及其与新建基坑工程相对位置图

2　回弹法检测混凝土强度

2.1　检测范围及测区布设

根据里程范围及工程要求确定本工程的检测范围，按照《回弹法检测混凝土抗压强度技术规程》(JGJ/T 23—2011)的要求进行测区布设，具体见表 1。

表 1　检测范围及测区布设

序号	起点里程	终点里程	位置	测区布设	备注
1	AK14+950.0	AK15+055.6	区间	9 个断面，每个断面 10 个测区	影响段
2	AK15+055.6	AK15+160.0	车站公共区	9 个断面，每个断面 10 个测区	影响段
3	AK15+160.0	AK15+270.0	车站设备区	9 个断面，每个断面 10 个测区	辅助段
4	AK15+270.0	AK15+325.0	车站渡线段	5 个断面，每个断面 10 个测区	辅助段

2.2　仪器设备

回弹仪、钢筋探测仪、1％酚酞酒精溶液、碳化深度尺、电钻、吹球、钢砧。

2.3　检测结果

为了更加清晰了解隧道和车站结构各箱体(构件)不同部位的混凝土强度，分别对地铁结构里程范围内隧道和车站的侧壁、道床、柱子以及车站的站台的混凝土强度进行检测。根据各测区测得的回弹值及碳化深度，可以根据《回弹法检测混凝土抗压强度技术规程》(JGJ/T 23—2011)查得混凝土抗压强度换算值，然后计算平均值和标准差，进而计算混凝土抗压强度推定值。依据现场检测数据，检测结果见表 2～表 5。

表 2　混凝土强度检测结果(区间)

序号	结构测试部位(区间)	碳化深度/mm	混凝土抗压强度			
			换算值/MPa			混凝土强度推定值/MPa
			平均值	标准差	最小值	
1	侧壁	3.0	32.0	2.09	29.4	28.6
2	道床	2.5	30.4	2.40	25.5	26.5
3	柱子	2.5	30.0	2.72	26.1	25.5

表 3　混凝土强度检测结果(车站公共区)

序号	结构测试部位(区间)	碳化深度/mm	混凝土抗压强度换算值/MPa			混凝土强度推定值/MPa
			平均值	标准差	最小值	
1	侧壁	2.5	32.6	3.10	29.0	27.5
2	道床	3.0	29.8	2.16	26.1	26.2
3	柱子	2.5	26.7	1.25	25.1	24.6
4	站台	2.5	24.5	1.37	22.0	22.2

表 4　混凝土强度检测结果(车站设备区)

序号	结构测试部位(区间)	碳化深度/mm	混凝土抗压强度换算值/MPa			混凝土强度推定值/MPa
			平均值	标准差	最小值	
1	侧壁	3.0	33.7	2.72	30.6	29.2
2	道床	2.5	29.4	1.25	27.7	27.3
3	柱子	3.0	27.1	1.19	25.3	25.1

表 5　混凝土强度检测结果(车站渡线段)

序号	结构测试部位(区间)	碳化深度/mm	混凝土抗压强度换算值/MPa			混凝土强度推定值/MPa
			平均值	标准差	最小值	
1	侧壁	3.5	31.7	1.80	29.2	28.7
2	道床	3.0	30.3	1.63	27.3	27.6
3	柱子	3.0	28.3	1.56	26.2	25.7

根据设计资料可知,此地铁结构车站及隧道的侧壁、道床及柱子的混凝土设计标号均为 250 号,相当于原《混凝土结构设计规范》(GB S0010—2002)中的 C23,站台的混凝土设计标号为 200 号,相当于原《混凝土结构设计规范》(GB S0010—2002)中的 C18,由图 2～图 5 可以看出,各里程范围(区间、车站公共区、车站设备区、车站渡线段)侧壁的混凝土强度推定值分别为 28.6 MPa、27.5、29.2、28.7 MPa;道床的混凝土强度推定值分别为 26.5 MPa、26.2 MPa、27.3 MPa、27.6 MPa;柱子的混凝土强度推定值分别为 25.5 MPa、24.6 MPa、25.1 MPa、25.7 MPa;车站公共区站台的混凝土强度推定值为 22.2 MPa。混凝土强度符合原设计要求。由设计资料可知,此地铁最初是按照人防工程的标准修建的,因而其修建时的施工质量要求很高,在混凝土浇注、养护等环节的施工把控很严,因而其混凝土强度较高。

对地铁结构各里程范围的侧壁、道床、柱子以及站台的平均回弹值与混凝土换算强度的关系进行分析,结果见图 2～图 5。

由图 2～图 5 可以看出,地铁结构各里程范围同一结构(侧壁、道床、柱子以及站台)的混凝土换算强度与平均回弹值之间的关系有一定的差异,回弹值有一定程度的变化,大致有以下几方面的原因:第一,由于混凝土表面碳化层的存在,且碳化深度不一,致使使用回弹仪在混凝土表面进行回弹检测时,回弹值大小不一;第二,混凝土表面存在有骨料,当回弹仪撞针打到骨料处时,回弹值会有所提高。第三,现场人工操作会存在一定的误差。

基于此,在采用回弹法检测混凝土强度时,应注意以下几点:第一,以规范为依据,现场操作需规范,尽量做到回弹时用力均匀,且回弹仪应垂直于结构表面。第二,检测前需在钢砧上正确率定回弹仪。第三,检测前,认真处理结构表面,需做到测试面清洁、平整、干燥,没有蜂窝、麻面及凹陷、混有杂物等异常区域和部位。第四,测量碳化深度时,应在结构表面形成"品"字形坑洞,直径约为 15 mm,深度应大于碳化深度。

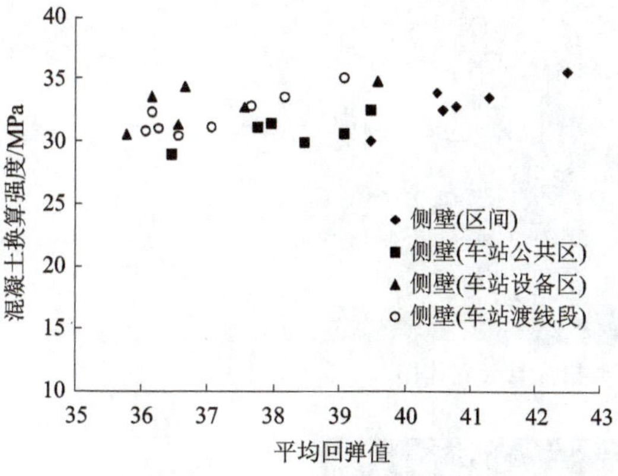

图 2　各里程范围侧壁平均回弹值与混凝土换算强度关系

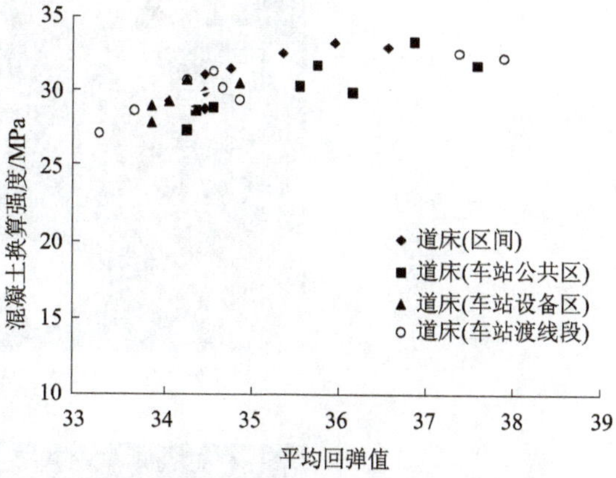

图 3　各里程范围道床平均回弹值与混凝土换算强度关系

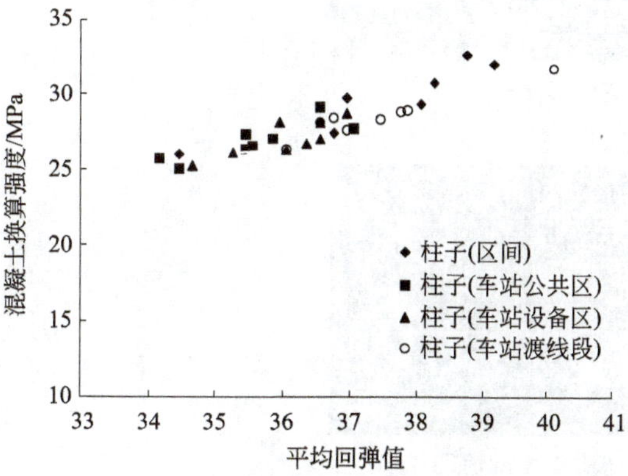

图 4　各里程范围柱子平均回弹值与混凝土换算强度关系

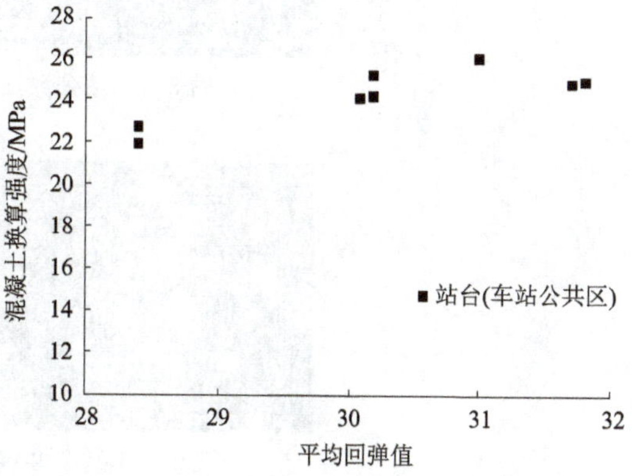

图 5　车站公共区站台平均回弹值与混凝土换算强度关系

3　结构平面、断面测量

3.1　车站公共区平面、断面测量

使用三维激光扫描仪对车站公共区的现状结构进行三维扫描，每个扫描坐标点都具有实地三维坐标与其相对应，其点云成果如图 6 及图 7 所示。

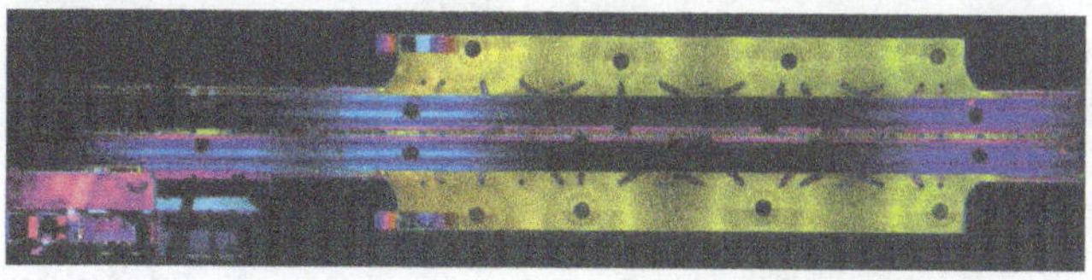

图 6　车站公共区(车站主体)三维扫描点云俯视图

从点云中导出合适高程位置的水平面切片数据，并以点云格式导入 CAD 作为底图，以此生成平面图；根据剖面要求首先定出建筑的方向，并从点云导出带尺寸的正射影像图，将正射影像图导入 CAD 作为底图，以此生成剖面图。生成的车站主体部分的平面、剖面图，如图 8 及图 9 所示。

图 7　车站公共区(车站主体)三维扫描点云立体图

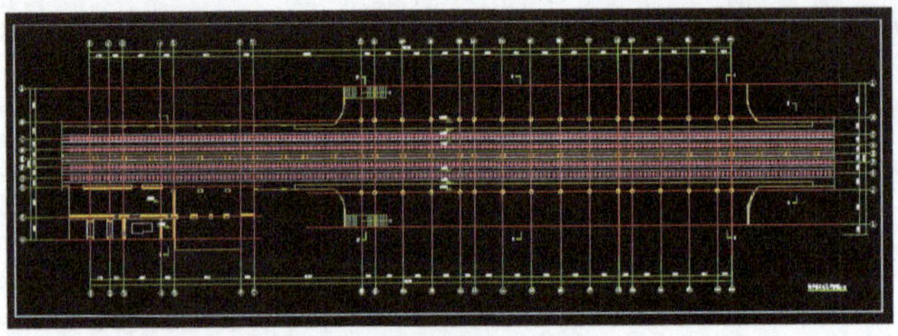

图 8　车站公共区(车站主体)结构实测平面图

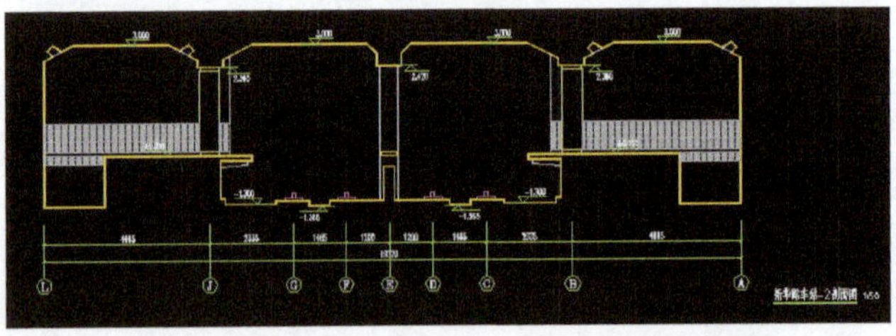

图 9　车站公共区(车站主体)结构实测剖面图

3.2　区间、车站设备区、车站渡线段断面测量

使用相同方法选取典型断面对区间、车站设备区、车站渡线段的断面进行测量,测量结果如图 10～图 12 所示。

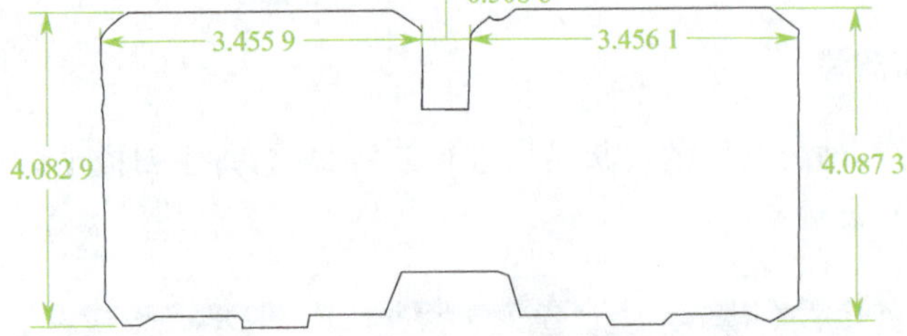

图 10　区间典型断面图

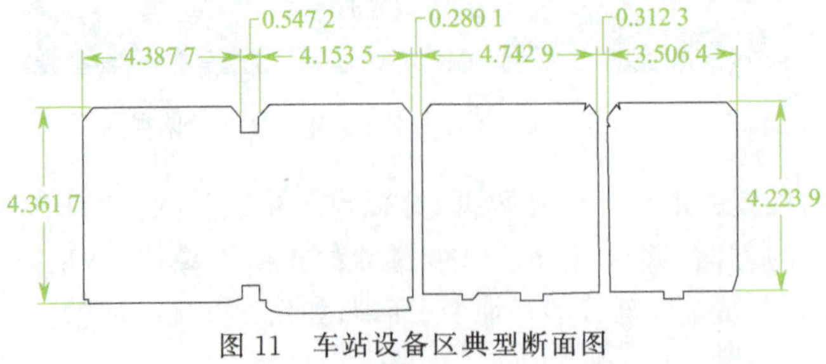

图 11　车站设备区典型断面图

图 12　车站渡线段典型断面图

4　结构使用现状调查

4.1　区间、车站设备区、车站渡线段结构使用现状调查

对车站公共区采用三维激光扫描系统生成正射影像与人工调查核实相结合的方式，进行全面的病害调查和统计。由于区间、车站设备区、车站渡线段属矩形箱体结构，故采用矩形截面展开的方式，生成区间隧道的内壁正射影像图，为了便于病害影像读图，截面展开示意如图 13 所示。

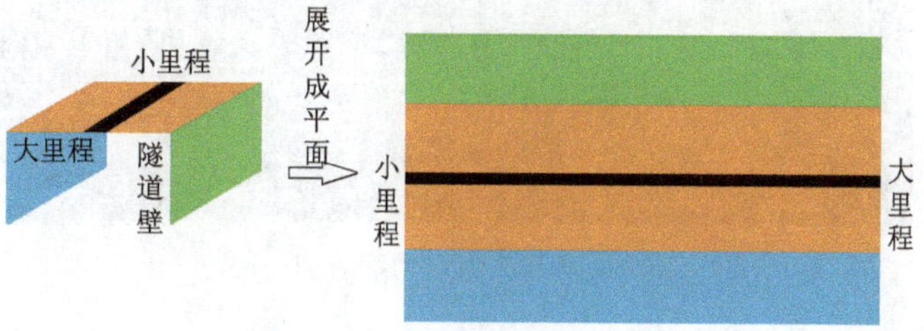

图 13　正射影像展开示意图

区间、车站设备区、车站渡线段内的病害以剥落、裂纹为主，个别位置有渗水，其总体统计表如表 6 及表 7 所示。

表 6　病害统计表

序号	病害类型	面积	单位	检出数
1	裂纹	—	处	6
2	剥落	90.58	m^2	25
3	结构抹灰处开裂	—	处	6

表 7　病害分区统计表

分区	病害类型	面积	单位	检出数
K14＋974～K14＋995	裂纹	—	处	2
	剥落	17.59	m^2	9
K14＋995～K15＋015	裂纹	—	处	3
	剥落	21.08	m^2	7
K15＋015～K15＋035	裂纹	—	处	—
	剥落	1.76	m^2	6
K15＋035～K15＋055	裂纹	—	处	—
	剥落	4.3	m^2	3

续上表

分区	病害类型	面积	单位	检出数
K15+166～K15+209	裂纹	—	处	1
	剥落	1.87	m^2	4
K15+209～K15+236	结构抹灰处开裂	—	处	1
	剥落	13.06	m^2	13
K15+236～K15+257	结构抹灰处开裂	—	处	2
	剥落	8.84	m^2	23
K15+257～K15+296	结构抹灰处开裂、渗水	—	处	1
	剥落	2.49	m^2	8
K15+296～K15+345	结构抹灰处开裂	—	处	2
	剥落	19.59	m^2	33

典型病害影像如图14及图15所示，其中，裂纹用红色线状符号表示，剥落用绿色面域符号表示，结构缝抹灰开裂用黄色线状符号表示。

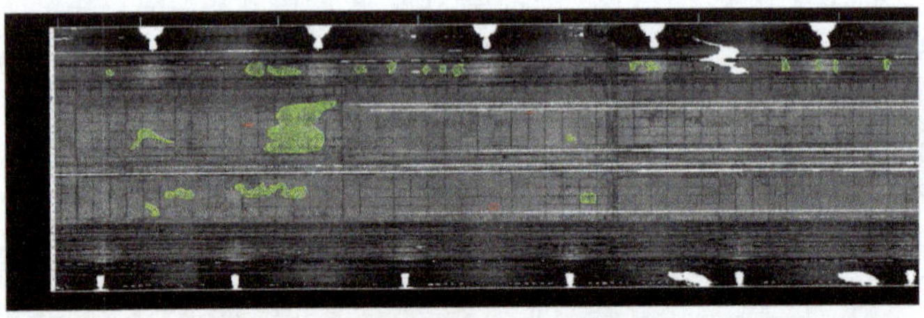

图14　典型正射影像病害图(一)

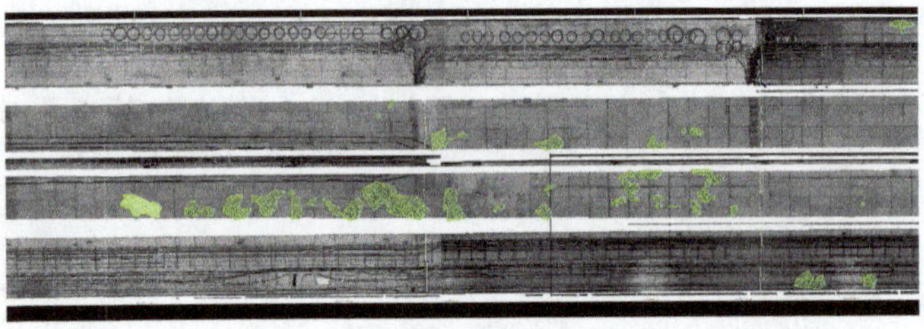

图15　典型正射影像病害图(二)

4.2　车站公共区结构使用现状调查

由于车站公共区站体横截面为不规则变化的异形结构，正射影像投影规则不适用于此，因此，车站公共区采用人工拍照调查为主、激光扫描影像辅助的方法进行现状调查。由现场调查可知，本区段内的病害主要为结构缝处表面破损开裂，典型病害如图16及图17所示。

5　结　　论

本文对邻近一新建基坑工程的某运营地铁线路健康状况进行研究，介绍了回弹法和三维激光扫描技术在地铁结构健康监测检测中的应用，可以得出以下结论：

(1)利用回弹法对地铁结构混凝土强度进行检测，由回弹值、碳化深度查表、计算得到混凝土的换算强度及推定强度，地铁隧道里的同一结构(侧壁、道床、柱子)的混凝土强度相差不大，站台的混凝土强度低于前者。

图 16　典型病害图片(一)

图 17　典型病害图片(二)

(2)进行回弹检测时,需严格按照规范进行操作,使用前率定、清理结构表面、用力均匀、回弹仪垂直于结构表面等因素均直接影响着检测结果。

(3)碳化深度测量时,应注意结构表面坑洞的直径和深度,直径为 15 mm,深度应大于混凝土的碳化深度,且应"品"字形布置,并根据规范进行测量取值。

(4)地铁结构平面、断面测量时,合适高程位置的水平面切片数据的导出、选择很重要,这是生成平面图的基础。

(5)正射影像投影规则不适用不规则变化的异形结构,此时若仍然只使用此方法进行病害调查,获得的数据是不准确的,此时,需要结合人工拍照,而激光扫描影像辅助的方法进行现状调查。

通过对此地铁结构的健康状况进行调查,获取了地铁结构混凝土强度、地铁结构的平面、断面情况,同时也得知了其目前的剥落、裂纹、渗水等病害情况,全面掌握了地铁结构目前的健康状况,为邻近基坑的施工提供了重要的数据和影像参考。

参 考 文 献

[1]　刘聪,贺跃光,刘响,等. 某运营地铁结构病害检测与治理[J]. 交通科技与经济,2015,17(6):125-128.

[2]　叶耀东,朱合华,王如路,等. 软土地铁运营隧道病害现状及成因分析[J]. 地下空间与工程学报,2007,3(1):157-160,166.

[3]　孙胜臣. 地铁国贸站结构健康监测技术的应用[J]. 铁道建筑,2009,(5):65-68.

[4]　王伶俐．深圳地铁运营阶段土建结构健康监测工作研究[J]．城市建设，2011，(14)：30-31.
[5]　吴玉妹．回弹法检测混凝土抗压强度的可靠性探讨[J]．江西建材，2015，(2)：275-276.
[6]　史承明，胡兴民，邵士生，等．提高回弹法检测混凝土抗压强度精确度的措施[J]．陕西理工学院学报(自然科学版)，2007，23(3)：30-32.
[7]　韩春雷．回弹法检测实体混凝土抗压强度研究[J]．混凝土，2010，(4)：133-134.
[8]　姜作杰．地铁项目混凝土结构现场检测[J]．呼伦贝尔学院学报，2011，19(2)：106-109.
[9]　李理，卢小平，朱宁宁，等．基于激光点云的隧道断面连续提取与形变分析方法[J]．测绘学报，2015，(9)：1056-1062.
[10]　托雷，康志忠，谢远成，等．利用三维点云数据的地铁隧道断面连续截取方法研究[J]．武汉大学学报(信息科学版)，2013，38(2)：171-175，185.
[11]　中华人民共和国住房和城乡建设部．JGJ/T 23—2011　回弹法检测混凝土抗压强度技术规程[S]．北京：中国建筑工业出版社，2011.
[12]　中华人民共和国住房和城乡建设部．GB 50010—2002　混凝土结构设计规范[S]．北京：中国建筑工业出版社，2003.
[13]　曹先革，杨金玲，刘妍，等．基于三维激光扫描数据的地铁隧道断面测量[J]．测绘与空间地理信息，2015，(7)：4-6.

天津地区浅部承压含水层的标准化分层
——以天津市区为例

李　超，　赵志峰，　刘晓磊
（天津市勘察院，天津　300191）

摘　要：以天津市区为例，根据岩土工程勘察钻孔、现场抽水试验等资料，研究埋深60 m范围内的各含水地层及相对隔水层的空间分布规律，分析对比含水地层的水位、水力联系等要素，得出浅部承压含水层标准化分层结果并进行标准编码，填补了天津市区浅部承压水分层标准的空白；简要分析总结了承压水水位动态变化规律、主要水文地质参数指标。

关键词：承压含水层；标准化分层；地铁工程

从近年来国内地铁工程建设中发生的岩土工程问题来看，地下水是导致基坑工程事故的重要原因之一。根据王曙光等统计数据显示，与地下水有关的基坑事故约占总事故的45%～70%，并且基坑工程事故主要与承压水处理不当有关，如北京苏州街附近的地铁10号线工程支护体系失稳、上海轨道交通4号线越江隧道区间结构损坏等。

上海市在承压水研究方面处于全国领先行列，上海水文地质调查部门把第四系地层中埋藏的承压水分为5层，并把分布在古河道区溺谷相沉积粉土层中的地下水划分为“微承压水”。刘军、潘延平等人根据上海市微承压含水层和第一承压含水层分布特征以及与其他含水层（或隔水层）的组合关系，把上海市划分为5个水文地质分区，为地下工程尤其是轨道交通工程提供了承压水分布基础性资料。

至20世纪末，天津市城市建设领域没有开展过专门的承压水研究工作，含水层划分粗略。在基坑工程、地铁工程勘察中，承压水分层标准的缺乏严重影响了勘察成果评价的准确性、水文地质参数可靠性。而工程技术人员对承压水只有单个工程的认识，无区域性整体性认知，且各勘察、设计单位对承压水的定义、划分不同，无法相互间借鉴和利用资料，不利于地区工程经验的总结和承压水控制技术水平的提高。综上所述，开展天津市区浅部承压含水层的标准化分层十分必要。

1　天津市区浅部承压含水层的标准化分层

1.1　承压含水层标准化分层方法

（1）以满足分析、评价浅部承压水对地下工程建设为目的。与传统水文地质分层相比，划分程度更为精细，对地下空间开发建设有重要影响的层位都划分出来。划分深度为现地表以下60 m，包含了工程建设活动所影响的含水层深度。

（2）标准化分层一般应在水文地质分区的基础上进行。天津市区可按同一水文地质分区进行划分。

（3）以地基土层中富水性较好、渗透性较好且具有一定厚度的粉土、砂性土地层为研究对象，自上而下筛选确定承压含水层，黏性土地层一般按相对隔水层考虑。在划分时以承压含水层发育分布和水力联系条件为基础，结合已有工程实际经验和习惯做法综合确定。

（4）分析各含水层的分布情况、含水层间的水力联系关系及水文地质特征，进行大层划分。根据大层划分结果，如同一大层内包括若干亚层，根据亚层的埋深、成因等确定亚层顺序。

1.2　承压含水层与上部潜水含水层的划分

天津市区第⑦层以粉质黏土、黏土为主，分布稳定性好，渗透系数一般在10^{-7}～10^{-6} cm/s之间，属于微透水～不透水层。其上部第①～⑥层中含水层水位埋深一般在 1.0～2.5 m 之间，与下部第⑧～⑨层水位埋深相差较大。因此，第⑦层是潜水和承压含水层的隔水层。

1.3　浅部承压含水层标准化分层

市区地表下第一个稳定的隔水层(⑦层)以下至 60 m 深度内，分布有$⑧_2$、$⑨_2$、$⑩_2$、$⑪_2$、$⑪_4$和$⑫_2$等多个富水性大、透水性较好的粉土粉砂层。现根据含水层与相对隔水层分布、含水层之间连通性、承压水位等因素，结合工程习惯做法，进行承压含水层的分层。

1.3.1　第一承压含水层划分

1)大层的划分

第Ⅱ陆相层$⑧_2$粉土层和第Ⅲ陆相层$⑨_2$粉土粉砂层一般分布于 16～32 m 深度范围内，两者同属于下部陆相，拟将其划分为第一承压含水层。理由如下：

(1)$⑧_2$、$⑨_2$层同属下部陆相层

在天津地区，下部陆相第Ⅱ、Ⅲ陆相层连续分布，其中$⑧_2$粉土层、$⑨_2$粉土粉砂层水平向发育较为稳定。

(2)$⑧_2$、$⑨_2$层在在部分区域相互连通

通过分析市区 18 条代表性地质剖面图所揭示的地层结构，可知在部分区域$⑧_2$层和$⑨_2$层相互连通，剖面显示的具体连通点分布情况如图 1 所示。

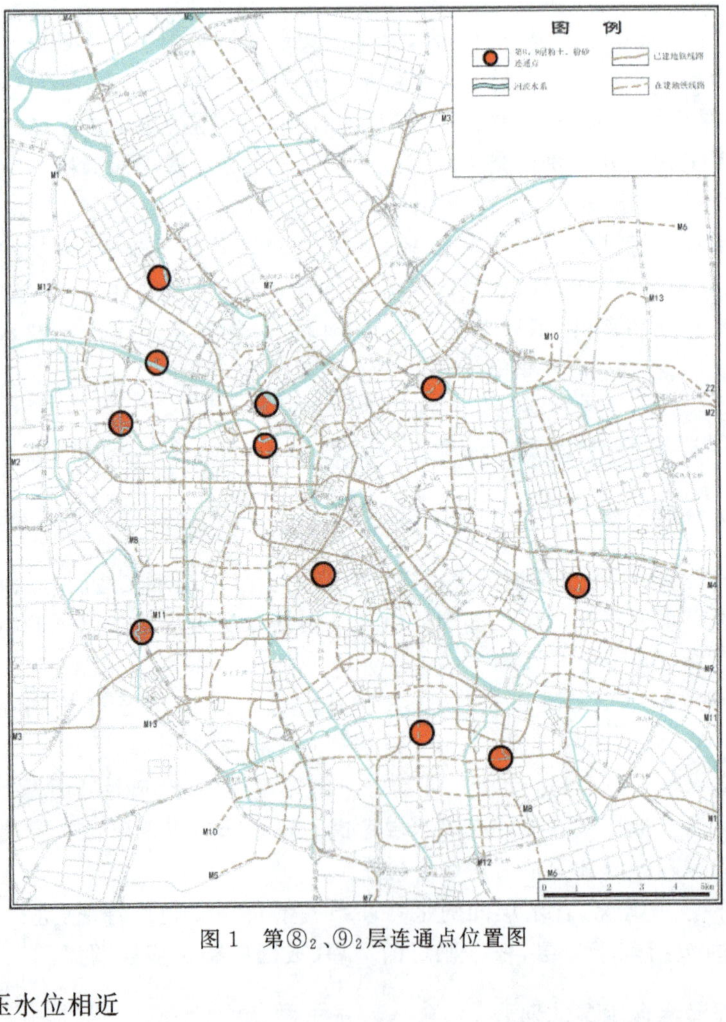

图 1　第$⑧_2$、$⑨_2$层连通点位置图

(3)$⑧_2$、$⑨_2$层承压水位相近

第⑧～⑨层中含水层的水位埋深介于 2.5～5.0 m 之间，一般相互间水位差别不大。两个含水层水位相差约 0.5 m 左右。

(4)与下部承压水的相对隔水层

通过对相关抽水试验资料的分析，发现在部分区域对第⑪层中的含水层进行抽水时，随着水位上升、下降，第⑧～⑨层中含水层水位发生相应的改变，但变化幅度不大。说明两含水层间的土层透水性较差，可作为相对隔水层。在陆家嘴广场地区，当第⑧～⑨层中含水层抽水降深达到 10.194 m 时，第⑪层中含水层水位最大下降值约为 0.11 m；而对第⑪层中含水层进行抽水时，当抽水降深达到 8.022 m 时，第⑧～⑨层中含水层水位最大下降值约为 0.09 m，由此可见，两含水层间水力联系不密切。具体水位变化情况如图 2 及图 3 所示。

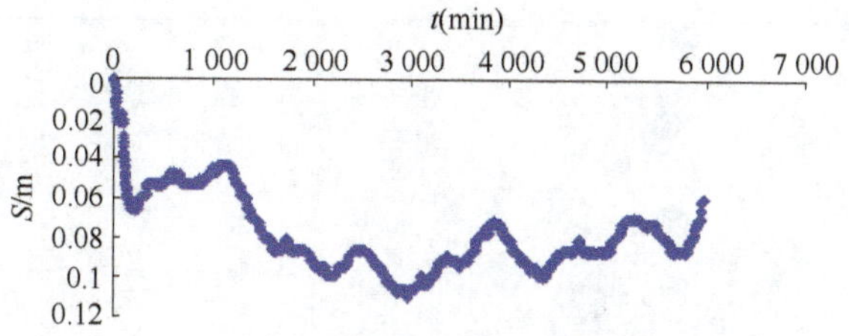

图 2　第⑧～⑨层中含水层抽水时第⑪层中含水层水位变化图

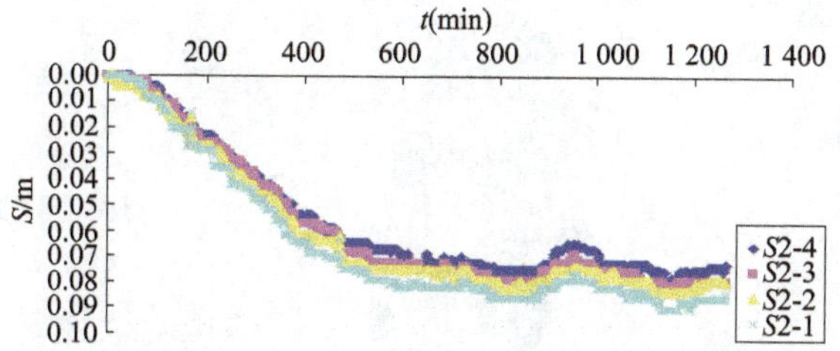

图 3　第⑪层中含水层抽水时第⑧～⑨层中含水层水位变化图

为进一步研究相对隔水层分布情况，挑选了 5 000 多个符合条件的钻孔进行含水层层位分析及相对隔水层厚度统计。可知市区范围内大约只有 2%的钻孔第⑧～⑨层中含水层与第⑪层中含水层相互连通，两含水层间相对隔水层厚度大于 2 m 的钻孔比例大约为 89%，具体情况如图 4 所示。

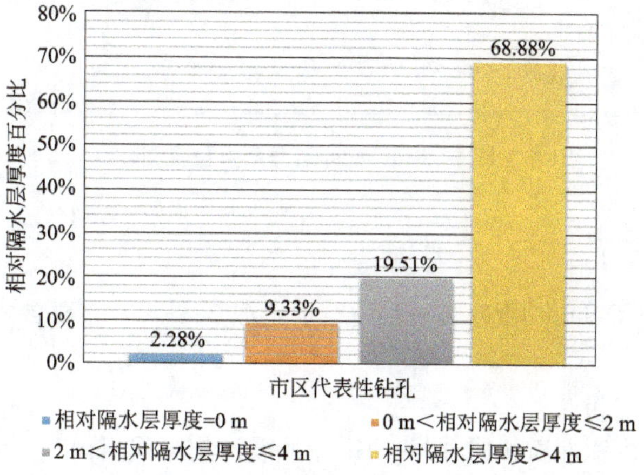

图 4　第⑧～⑨层中含水层与第⑪层中含水层间相对隔水层厚度统计图

上述资料均说明第⑧～⑨层中含水层与下部承压含水层之间存在分布稳定且隔水性较好的⑩$_1$黏性土层和⑪$_1$粉质黏土层。

此外，⑩$_2$粉土粉砂层也应划分为第一承压含水层。第⑩成因层以⑩$_1$黏性土层为主，⑩$_2$粉土、粉砂层分布不稳定，仅局部地区零星分布，且厚度不大。一般情况下，同一地区⑩$_1$层和⑩$_2$层很少同时存在，但⑩$_2$层常与⑨$_2$层连续分布，即部分地区第⑨、第⑩层中的含水层相互连通，所以⑩$_2$层划入第一承压含水层是合理的。

2)亚层划分

第一承压含水层由⑧$_2$粉土层、⑨$_2$粉土粉砂层和⑩$_2$粉土粉砂层组成。⑨$_1$粉质黏土层在市区内遍布，⑧$_2$层和⑨$_2$层可以其为分界。

如图5中所显示的信息，第一承压含水层具有一定的成层性，可把⑧$_2$划为第一亚层，⑨$_2$划为第二亚层。⑩$_2$粉土、粉砂层分布不稳定，且⑩$_2$层常与⑨$_2$层连续分布，因此将其划入第二亚层中为宜。

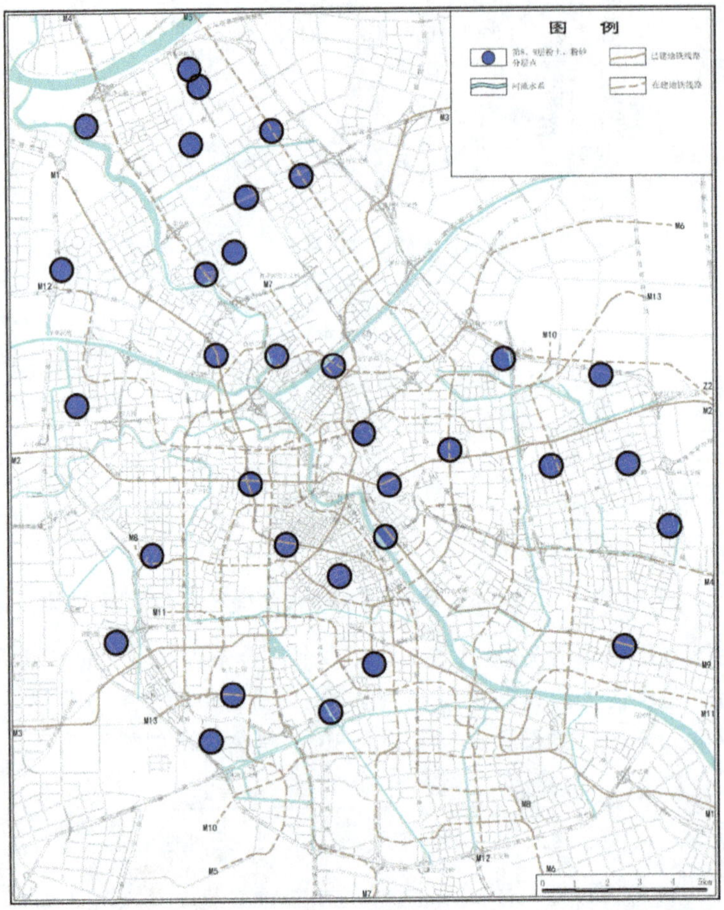

图5　第⑧$_2$、⑨$_2$层分层点位置图

1.3.2 第二承压含水层划分

1)大层的划分

第Ⅳ陆相层中的⑪$_2$粉土层和⑪$_4$粉砂层一般分布于埋深34～52 m，两含水层地层为第二承压含水层。理由如下：

(1)⑪$_2$、⑪$_4$层属于第Ⅳ陆相层

⑪$_2$粉土层和⑪$_4$粉砂层沉积性质相同，同为河床～河漫滩相沉积，且与上部含水地层不同，⑪$_2$、⑪$_4$层属于第Ⅳ陆相层。

(2)⑪$_2$、⑪$_4$层在部分区域相互连通

通过分析市区18条代表性地质剖面图所揭示的地层结构，可知在部分区域⑪$_2$层和⑪$_4$层相互连通，剖面显示的具体连通点分布情况详如图6所示。

(3)⑪$_2$、⑪$_4$层承压水位相近且与第一承压含水层水位相差较大

通过对85份含有第⑪层中含水层水位资料统计，得知其水位埋深介于3.5～9.0 m之间，平均约为5.6

m，⑪$_2$、⑪$_4$层相互间水位差别不大。而第一承压含水层水位埋深平均为3.8 m，其水位比第⑪层中含水层水位高出近1.5 m，两者水位相差较大。

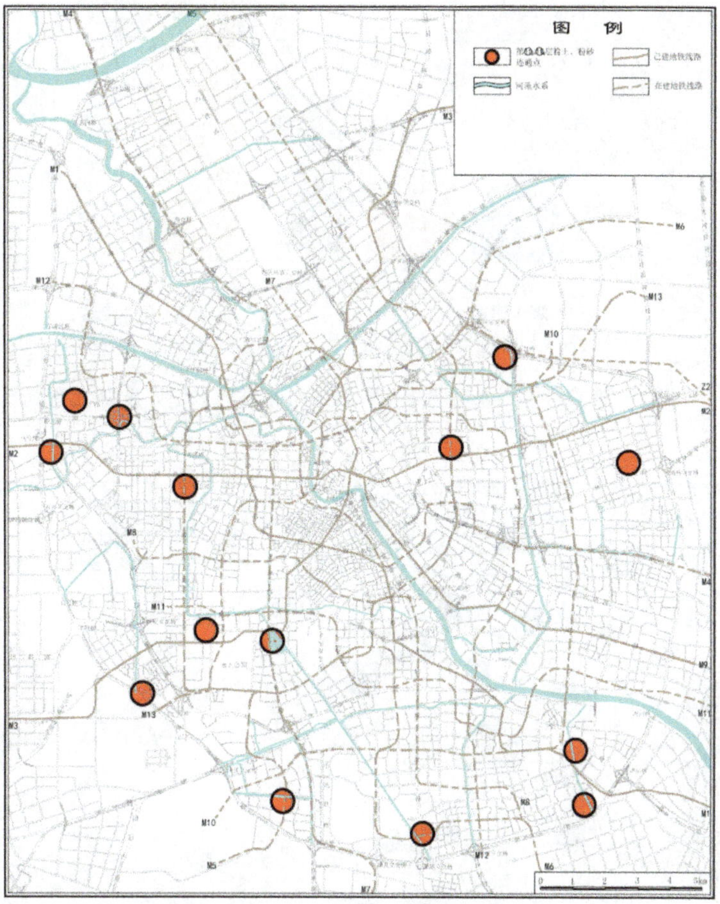

图6　第⑪$_2$、⑪$_4$层连通点位置图

(4)与下部承压水的相对隔水层

通过研究18条代表性剖面，发现地铁3号线宜兴埠站、6号线赤龙街站、10号线增兴窑站、双港镇柳林毛纺厂、东丽三经路与三纬路交界等地区，第⑪层中含水层与下部含水层直接连通，其余地区两含水层间均存在一定厚度且分布较稳定的黏性土，即⑪$_5$和⑫$_1$层。

为进一步研究相对隔水层分布情况，挑选了1 000多个符合条件的钻孔进行含水层层位分析及相对隔水层厚度统计。通过数据统计得知，市区范围内大约有10%的钻孔第⑪层中含水层与下部含水层相互连通，两含水层间相对隔水层厚度大于2 m的钻孔比例约为76%，具体情况详见图7。

上述资料均说明第⑪层中含水层与下部承压含水层以分布稳定较好的⑪$_5$粉质黏土层和⑫$_1$黏性土层为界。

2)亚层的划分

第二承压含水层有明显的双层结构。在18条代表性剖面128个钻孔中，共有56个钻孔显示⑪$_2$层、⑪$_4$层不连通，比例接近50%，并通过剖面可以看出第二承压含水层双层结构明显，因此可将其划分为两个亚层，⑪$_2$粉土层为第一亚层，⑪$_4$粉土粉砂层为第二亚层。第⑪$_2$、第⑪$_4$层分层点情况详见图8。

1.3.3　第三承压含水层划分

第Ⅲ海相层中的⑫$_2$粉土粉砂层一般分布于埋深54～60 m，其为第三承压含水层。理由如下：

1)⑫$_2$层属于第Ⅲ海相层

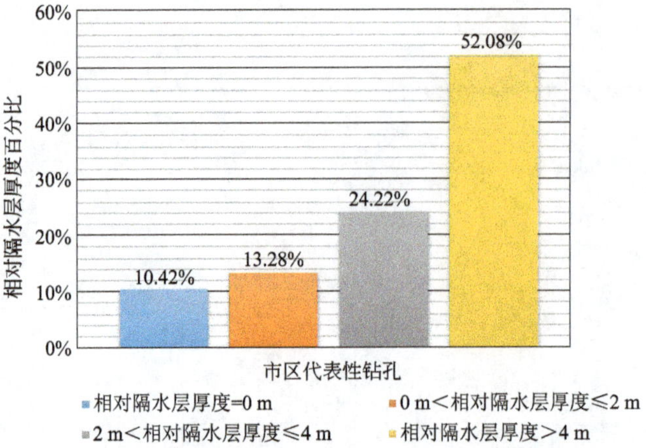

图 7　第⑪层中含水层与下部含水层间相对隔水层厚度统计图

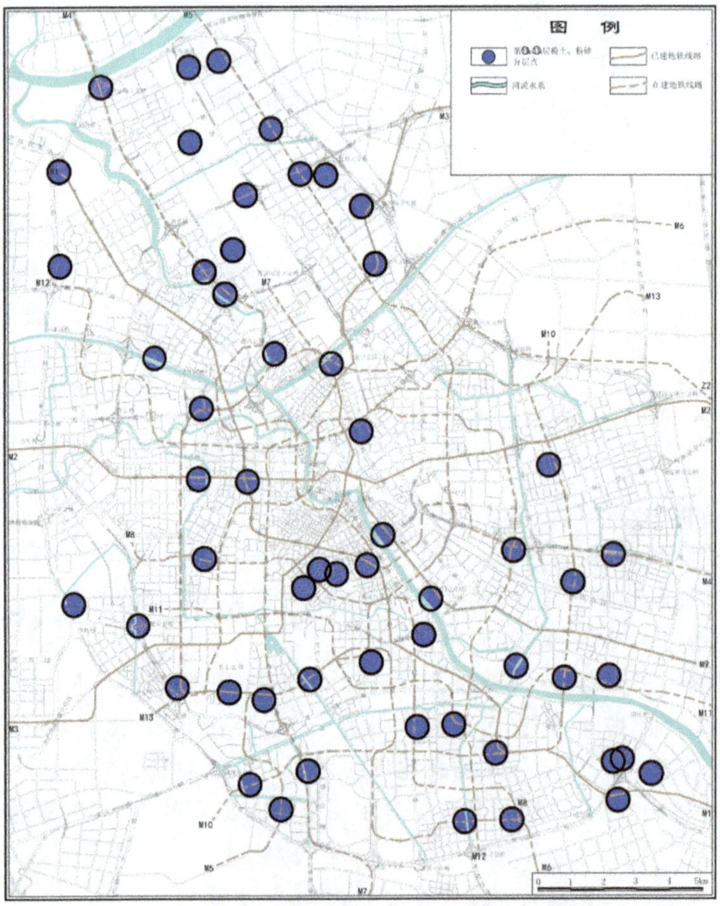

图 8　第⑪$_2$、⑪$_4$层分层点位置图

第⑫$_2$粉土粉砂层为浅海～滨海相沉积，与上部含水层成因不同，应分属于不同承压含水层。

2)与下部承压水的相对隔水层

根据剖面资料显示，⑫$_2$粉土粉砂层与下部含水层间存在分布稳定性较好、厚度较大的相对隔水层，即⑬$_1$黏性土层，两含水层间无直接水力联系通道。

为研究与下部承压水的相对隔水层分布情况，挑选了近500个符合条件的钻孔进行层位分析及相对隔水层厚度统计。通过数据统计得知，大约只有 2%的钻孔显示⑫$_2$层与下部含水层相互连通，两含水层间相对隔水层厚度大于 2 m 的钻孔比例接近 90%，具体情况如图 9 所示。

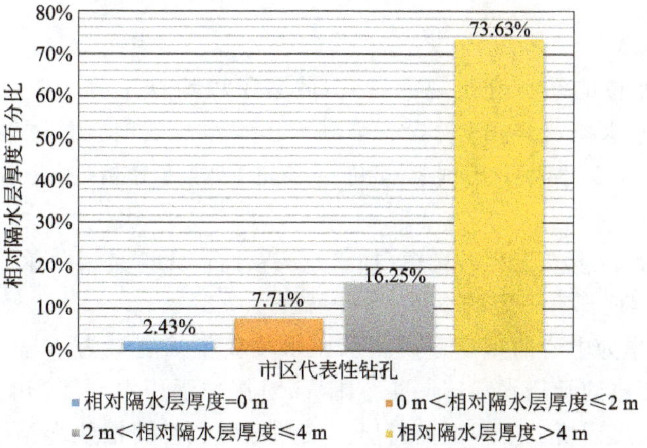

图 9　第⑫层中含水层与下部含水层间相对隔水层厚度统计图

上述资料均说明第⑫$_2$层可划分为第三承压含水层，其与下部承压含水层以分布稳定较好，且厚度较大的⑬$_1$黏性土层为界。

1.4　浅部承压含水层标准化分层结果

天津市区在 60 m 深度范围内承压水可划分为三个承压含水层，标准化分层结果详见表 1。

表 1　天津市区浅部承压含水层标准化分层结果

含水层名称	标准层序代码	时代成因代号	主要含水层	标准层号	含水层主要岩性	一般埋深范围/m	常见厚度/m	含水层特征
第一承压含水层	CⅠ	Q_4^1al	第⑧$_2$层	CⅠ$_a$	粉土	16.0～22.0	1.0～4.5	影响地下工程的主要承压含水层；富水性受岩性、厚度等因素影响，涌水量变化较大；近年市区水位下降幅度较大
		$Q_3^e al$	第⑨$_2$层	CⅠ$_b$	粉土、粉砂	24.0～31.0	3.0～9.0	
		$Q_3^d mc$	第⑩$_2$层		粉土、粉砂	32.0～34.0	1.5～3.0	
第二承压含水层	CⅡ	$Q_3^c al$	第⑪$_2$层	CⅡ$_a$	粉土	34.0～45.0	2.5～8.5	对超深地下工程影响大；富水性受岩性、厚度等因素影响，涌水量变化较大；近年市区水位下降较为明显
			第⑪$_4$层	CⅡ$_b$	粉砂	43.0～52.0	2.0～8.0	
第三承压含水层	CⅢ	$Q_3^b m$	第⑫$_2$层	CⅢ	粉土、粉砂	54.0～60.0	3.0～9.0	分布不连续，对超深地下工程有影响

2　天津市区浅部承压含水层分布规律

天津市区浅部承压含水层的分布规律详见表 2。

表 2　天津市区浅部承压含水层的分布规律

含水层名称	水平向分布规律	垂向分布规律
第一承压含水层	基本遍布	常见厚度为 1.5～8.5 m，总体呈中间厚、四周逐渐变薄的趋势，局部地区含水层厚度可达 6 m 以上
第二承压含水层	基本遍布	常见厚度为 2.5～12.0 m，市区中部较厚，局部地区厚度可达到 9 m
第三承压含水层	局部分布	常见厚度 3.0～9.0 m，厚度变化较大，局部地区厚度大于 6 m

3　天津市区浅部承压含水层的工程特性

3.1　水位动态及变化规律

对于天津市区承压水水位的动态变化规律研究，收集了以地铁工程为主及部分建筑工程实测资料，其中165份含有第一承压水水位资料、85份含有第二承压水水位资料。根据现有资料情况，本次研究中分2004～2010年、2011～2015年两个历时区间进一步进行对比分析，并取水位漏斗区典型水位进行研究。

通过对2004～2015年市区重点工程的勘察(抽水)资料分析，无论是第一承压含水层还是第二承压含水层，2011年后水位较2011年前都有一定的下降，且变幅超过0.5 m。

从空间上看，以海河两岸为中心的重点建设区承压水位变化幅度最为明显，可能与该地区大规模深基坑工程降水有关。该地区形成的承压水降落漏斗范围大，对周边承压水环境影响巨大。水位漏斗区域主要集中在津湾广场、劝业场、大光明桥和十一经路桥所围成的区域。海河沿线海河沿线水位漏斗区第一、第二承压水水位历时曲线如图10所示。

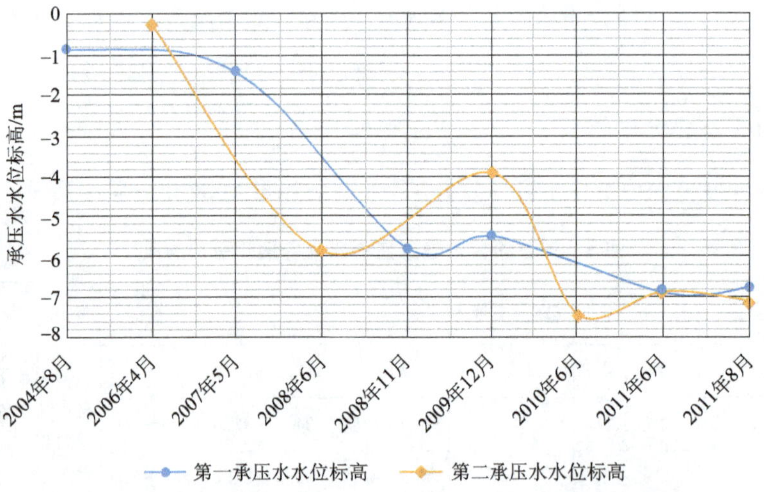

图10　海河沿线水位漏斗区第一、第二承压水水位历时曲线

3.2　水文地质参数指标

(1)渗透系数(k)：根据收集到的一百多项抽水试验成果分析，第一承压含水层渗透系数在0.50～4.92 m/d之间，该含水层为弱～中等透水层；第二承压含水层渗透系数在1.15～5.50 m/d之间，该含水层为中等透水层。

(2)影响半径(R)：根据二十多项抽水试验成果统计分析，第一承压含水层的影响半径一般在60～285 m之间，第二承压含水层的影响半径在65～300 m之间。

(3)释水系数(μ)：根据收集到的7项抽水试验成果，第一承压含水层的释水系数约在3×10^{-4}～5.09×10^{-3}之间，第二承压含水层的释水系数约在2.76×10^{-4}～5.39×10^{-3}之间。

(4)导水系数(T)：通过对95项抽水试验资料分析得知，第一承压含水层的导水系数一般在2.51～42.41 m^2/d之间；通过对31项抽水试验资料分析，第二承压含水层的导水系数一般在7.05～61.20 m^2/d之间。

(5)导压系数(α)：根据7项抽水试验中的相关水文地质参数，计算得出第一承压含水层的导压系数在3.36×10^3～2.84×10^5 m^2/d之间，第二承压含水层的导压系数在1.32×10^3～6.31×10^5 m^2/d之间，该参数变异性较大。

4 结　论

(1)天津市区 60 m 深度范围内的地下水可划分出一个潜水、三个承压含水层标准分层。埋深 13～15 m 段的第⑦成因层(Q_4^1h)隔水性较好,分布稳定,为潜水与承压水系统的分界。

(2)承压含水层标准编码分别为 CⅠ、CⅡ、CⅢ。第一承压含水层由$⑧_2$、$⑨_2$和$⑩_2$岩性标准层组成,一般分布于 16～32 m 深度段,可进一步划分出 $CⅠ_a$、$CⅠ_b$两个亚层。第二承压含水层由$⑪_2$、$⑪_4$岩性标准层组成,一般分布于 34～52 m 深度段,可划分出 $CⅡ_a$、$CⅡ_b$两个亚层。第三承压含水层由$⑫_2$岩性标准层组成,一般分布于 54～60 m 深度范围。

(3)第一承压含水层基本上普遍分布于市区,缺失区域较为零散,垂向上在市区总体上呈中间厚,四周逐渐变薄的趋势,在北运河、子牙河及海河两岸厚度较大。第二承压含水层在市区内基本遍布,在海河两岸等地区含水层厚度较大。第三承压含水层在市区分布不连续,仅为局部分布,该层厚度变化较大。

(4)天津地区海河两岸工程建设密集、深基坑工程降水强度大、时间长,导致该地区第一、第二承压含水层水位变化幅度较大,已形成大范围的水位降落漏斗。

参考文献

[1] 樊宏. 基坑工程承压水问题的研究现状[J]. 科学时代月刊,2011,(1):82-84.

[2] 赵志峰. 利用综合技术解决建设岩土工程中的安全问题[M]. 天津:天津市勘察院,2010.

[3] 孙莉,琚娟. 上海市区承压含水层结构类型分区[J]. 上海地质,2010,(1):11-15.

[4] 刘军,潘延平. 轨道交通工程承压水风险控制指南[M]. 上海:同济大学出版社,2008.

[5] 天津市勘察院. DB/T 29-191—2009 天津市地基土层序划分技术规程[S]. 天津:天津市建设管理委员会,2009.

[6] 丁月双. 天津市潜水观测系统维护(2015 年成果)[R]. 天津:天津市勘察院,2016.

天津市区古河道工程特性及对地铁工程的影响研究

赵志峰， 周玉明， 刘晓磊

（天津市勘察院，天津 300191）

摘　要：在收集整理天津市区相关水文、河道变迁历史资料的基础上，以岩土工程勘察钻孔、古籍地图、遥感资料相互验证，查清了天津市区各条古河道的空间分布，并对其历史成因进行了系统分析，确定了天津市区古河道的成因类型，填补了天津地区对于古河道分布认识不清的空白；结合天津市古河道的工程地质、水文地质特性以及地铁线路穿越古河道的情况，分析了古河道对地铁工程勘察、设计、施工及后期运营的不利影响，并提出了应对措施建议。

关键词：古河道；成因类型；工程特性；地铁工程

古河道，是指河流改道和河床演变遗留下来的废弃河道，是昔日河道的遗迹。天津市区处于海河流域下游，地势平坦低洼，河网密布，泥沙沉降量大、河流蛇曲多。历史上洪水泛滥河流的自然改道以及人工治理（裁弯取直等）导致河流改道，原河道被废弃，遗留下各种规模的古河道；历经时代变迁和城市发展，废弃河道由于新近的洪泛、淤积及人工填埋而埋藏于地下。古河道为稳定性差的场地，地震时易产生地面沉陷、地基失稳、液化、地裂缝、滑坡等次生地质灾害，直接威胁地铁工程的建设运营。近年来，天津市勘察院等单位多次开展工程地质研究工作，研究发现的古河道对指导地铁工程建设发挥了重要作用，此外胡镜荣、石凤英分析了古河道发育的环境条件及沉积特征，盖儒生探讨了天津市区古河道对建筑工程的影响，杨井亮对古河道内盾构隧道注浆加固技术进行了专门研究。到目前为止，天津市区古河道的工程地质、水文地质特性尚未查明，对地铁工程建设的不良影响尚缺乏系统性的研究。

1　天津市区古河道

1.1　古河道的判别

古河道的判别方法众多，主要有钻孔分析，航空图片、遥感图像判读，古籍考察及地图对比分析，野外调查等；各种方法均有利弊，为保证成果质量，本次研究在遥感图像判读、古籍考察及地图对比分析的基础上，以勘察钻孔作为验证。

1.1.1　遥感图像判读

遥感图像判读是指通过电子光学探测仪器接受地面物体的辐射或反射的电磁波来识别古河道，其原理是古河道内地下水文地质条件与周围不同，其热辐射量也不同，因此可以通过遥感图像判读出来。图 1为海河灰堆古河道在遥感判读图像上的变迁轨迹。

1.1.2　古籍考察及地图对比分析

古籍及历史地图中有关古河道的记载很多，但古籍记载通常很难反应在当前的地形图中；历史地图虽然直观，但精度较高的地图直到近代才出现。本文在搜集天津市近 100 年来地形图的基础上，辅以古籍验证，新发现了部分埋藏古河道。图 2 为天津市区北部及周边地区古河流的分布情况。

1.1.3　勘察钻孔的验证

古河道分布的确定，最准确、可靠的方法是勘察钻孔验证。本文在对天津市区内 50 821 个勘察钻孔进行分析的基础上，通过各孔内沉积物的性质，系统研究了河流改道、河床演变以及人为因素对古河道形成的影响，图 3 为采用勘察钻孔确定的海河挂甲寺古河道分布图（古河道内新近沉积土一般大于 5 m）。

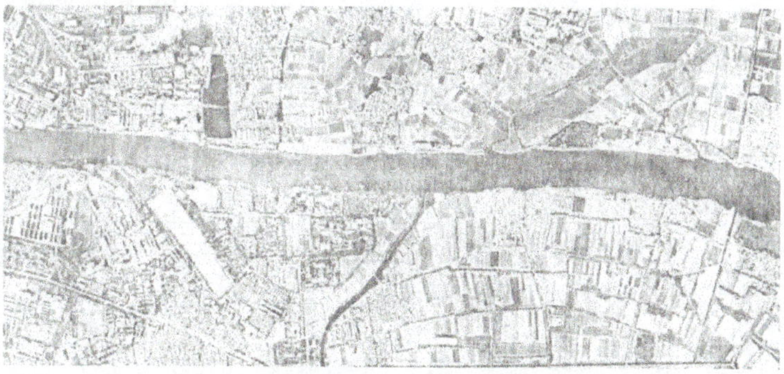

图 1　遥感图像判读的海河灰堆古河道(李涛,1982)

图 2　市区北部及周边的古河流(顺直水利委员会,1918)

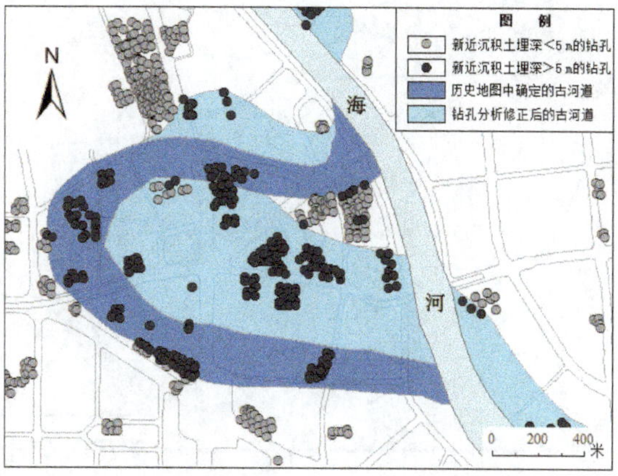

图 3　海河挂甲寺古河道分布确定综合分析图

1.2　古河道的发育分布规律

在上述工作的基础上,本文共查清天津市区古河道 11 条;由原来只是零星了解某个场地或某一区段存在古河道,到完全查清市区内各主要古河道整体的空间分布,填补了对天津市区古河道分布认识不清的空白。各条古河道的发育分布情况见表 1,整体分布情况及与在建地铁线路、已建地铁线路的关系如图 4 所示。

表 1　天津市区古河道发育分布情况

序号	古河道名称	水平分布范围	最大埋深	规模	备注
1	海河古河道	多分布于现海河两侧	19.0 m	大	如挂甲寺、灰堆等古河道
2	黄河古河道	分布在独流减河至津滨高速之间	17.5 m	大	是黄河第三次在津入海时遗留下的古河道
3	南运河古河道	东起三岔河口，西至大卞庄	17.6 m	大	如大胡同、西大湾古河道
4	北运河古河道	北起南仓道，南至三岔河口	16.0 m	大	如金家窑、郭辛庄古河道
5	金钟河古河道	起自三岔河口，沿金钟路至津蓟高速分布	11.0 m	较大	是金钟河废弃后形成的古河道
6	大清河古河道	自伍街村起，经刘家码头村，至北运河止	14.5 m	较大	是大清河废弃后形成的古河道
7	普济河古河道	起自勤俭立交桥，至宜兴埠桥止	7.5 m	中等	是普济河废弃后形成的古河道
8	墙子河古河道	穿南运河、北运河，环老城厢呈方形分布	16.0 m	中等	由天津壕墙护城河废弃后形成
9	赤龙河古河道	一段位于南门外大街以西，另一段位于南开大学、水上公园附近	9.0 m	中等	如南门外大街、南开大学古河道
10	永定河古河道	经津霸桥至郭辛庄	8.5 m	中等	是永定河废弃后形成的古河道
11	卫津河古河道	一段位于海光寺至双峰道之间；另一段起自中石油桥，至解放南路	5.5 m	较小	如海光寺、尖山古河道

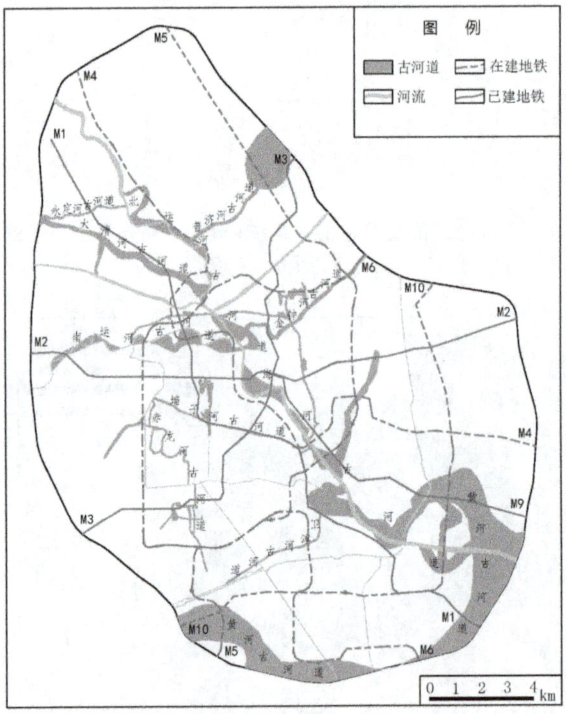

图 4　天津市区古河道分布示意图

1.3　古河道的成因类型

综合分析上述古河道形成、演变以及人为因素的影响；将天津市区古河道成因分为四种。一是历史上河流洪水泛滥、自然改道形成的古河道，如黄河古河道、永定河古河道等；二是人工截弯取直后遗留下来的废弃河道，如海河挂甲寺古河道、南运河大胡同古河道等；三是在河流的发育过程中，河曲凸岸处堆积形成的牛轭状古河道，如海河、南运河古河道；四是在城市发展进程中，逐步由人工填平的小型河流，如赤龙河古河道、墙子河古河道等。

1.4 古河道的工程特性

1.4.1 古河道沉积物

古河道沉积物差异较大，同一条古河道由于其成因不同，河道内不同区段的沉积物相差较大。总体上河流泛滥、自然改道形成的古河道，沉积物分布不连续且无明显沉积韵律，除黄河古河道外，很少有厚度较大的单一沉积物；人工裁弯取直后废弃的古河道，上部多堆积有厚层(一般为 4.0～8.0 m)人工填土，局部地区可达十几米厚，由于其填垫年代和组成物质不一，工程性质差别很大；河曲处发育的牛轭状古河道多沉积有厚层易液化粉土，尤以海河古河道、南运河古河道最为典型；在城市的发展进程中，逐步填平的小河系统其古河道沉积物与新近沉积的洪泛土、已填沟坑的沉积物工程性质差别不大。除人工填土层(Qml)外，天津市区古河道沉积物均属新近冲积层($Q_4^{3N}al$)，按力学性质可进一步划分为 4 个亚层，分别为黏性土③$_1$、粉土③$_2$、淤泥质土③$_3$和粉质黏土③$_4$；其典型地质剖面如图 5 所示。

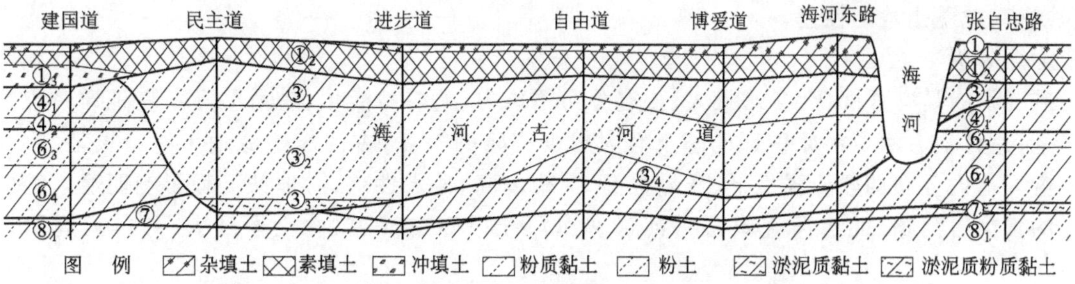

图 5 天津市古河道典型地质剖面(海河古河道意式风情区附近)

1.4.2 古河道的工程地质特性

(1)强度特性

受古河道沉积物岩性影响，天津市区古河道内各地基土层抗剪强度变化较大，统计各主要古河道的直剪快剪试验指标发现：内摩擦角(ϕ)以粉土层最大、淤泥质土层最小；黏聚力(C)以上部黏性土层最大，粉土层最小。但不同古河道内同一岩性地基土抗剪强度指标差别较小，如海河古河道、黄河古河道内同一岩性土层抗剪强度指标与其他古河道差别不明显，这多与古河道内岩性土层的沉积时间有关，详见表 2。此外通过对表中古河道区及周边区域同层位地基土层抗剪强度指标的对比分析可知，古河道内土层较周边正常沉积土层性质差，土质较软。

表 2 天津市区古河道及周边土层抗剪强度指标统计表

地基土层	古河道区		非古河道区		海河古河道		黄河古河道	
	$\phi_{直快}$/°	$C_{直快}$	$\phi_{直快}$/°	$C_{直快}$	$\phi_{直快}$/°	$C_{直快}$	$\phi_{直快}$/°	$C_{直快}$
上部黏性土层	17.8	16.6	18.3	16.5	17.4	15.7	17.5	17.7
粉土层	28.4	10.5	31.1	9.69	27.3	10.3	29.8	10.9
淤泥质土层	9.3	9.3	10.5	9.8	9.0	9.6	9.1	9.4
下部粉质黏土层	18.0	13.7	19.8	14.5	17.6	13.0	19.6	15.8

(2)变形特性

天津市区古河道地基土层及周边土层的压缩系数(均值)统计结果见表 3。

表 3 天津市区古河道及周边土层压缩系数($a_{1\text{-}2}$)统计表 /MPa^{-1}

地基土层	古河道区	非古河道区	海河古河道	黄河古河道
上部黏性土层	0.36	0.32	0.36	0.35
粉土层	0.13	0.12	0.13	0.14
淤泥质土层	0.77	0.62	0.76	0.76
下部粉质黏土层	0.33	0.29	0.32	0.35

可以看出，非古河道区同层位地基土层性质较古河道区好。一般古河道内粉土属中（偏低）压缩性土，上部黏性土多为中（偏高）压缩性土，淤泥质土均为高压缩性土；在水平方向上，由于各层土分布的不均匀性，导致古河道内同一埋深段地基土的压缩性有较大区别；在垂直方向上，各层土的压缩性差别显著，同时分布有粉土层和淤泥质土层的古河道，其压缩系数相差近 4 倍，对建筑物地基、基础的影响尤为明显。海河、黄河古河道相对应的各层土压缩性差别不大，多是由于其沉积年代、沉积环境相近所致。

（3）地基土均匀性与稳定性

①均匀性分析

古河道土水平方向上不仅与周边土体呈现出较大的差异性，垂直方向上不同深度工程特性也有较大差异；人工裁弯取直处填土层较厚，多为不均匀地基；牛轭状古河道内虽多为粉土，但在不同区段内垂向及水平向分布差别较大，如海河古河道内一号桥以北地区粉土$③_2$层分布较为稳定，一号桥以南地区各土层分布则无明显规律；泛滥性河流形成的古河道（如黄河古河道）土层分布不连续，在不同区段呈现出不同的沉积规律，地基土均匀性差。

②稳定性分析

古河道沉积物具有强度低、含水量大、土层分布不均匀、地震易液化、易滑移等不良地质特点，多属于不稳定场地；总体上古河道河床中部地基土有大幅度沉陷的特点，古河坡边缘地带有滑坡地裂的潜在危险。此外古河道内分布的软土强度低、压缩性高、灵敏度高、透水性差，对地铁工程影响明显，尤其是存在厚层软土的黄河古河道、北运河金家窑古河道和海河挂甲寺古河道，软土厚度大，分布无规律，工程性质差。

2.4.3　古河道的水文地质特性

（1）古河道含水层的分布

天津市区古河道内赋存的地下水一般为潜水；除人工填土层外，多分布于$③_2$粉土层中，总体上具有厚度变化大，分布不连续、径流速度慢的特点，常见厚度为 1.0～6.5 m；而大型的海河古河道、黄河古河道、南运河古河道、北运河古河道含水层厚度一般在 6.0～10.0 m 之间，局部地区（如一号桥附近）可达 13.5 m；大清河古河道、永定河古河道等中等规模古河道含水层厚度一般小于 6.0 m，小型古河道含水层厚度多小于 3.0 m。

（2）古河道沉积物的渗透性

古河道内沉积物渗透系数多在 3.62×10^{-7}～4.25×10^{-5} cm/s 之间，以黏性土层为主时取小值，以粉土（局部粉砂）层为主时取大值，一般$③_1$层黏性土、$③_3$层淤泥质土属于不透水层，$③_4$层粉质黏土属于微透水层，$③_2$层粉土属于微透水层；各古河道沉积物渗透系数如表 4 所示。

表 4　天津市区古河道沉积物渗透系数统计表

岩性	古河道区			海河古河道 f_k/kPa		
	K_V/(cm·s^{-1})	K_H/(cm·s^{-1})	渗透性	K_V/(cm·s^{-1})	K_H/(cm·s^{-1})	渗透性
黏性土$③_1$	3.62×10^{-7}	3.70×10^{-7}	不透水	3.65×10^{-7}	4.02×10^{-7}	不透水
粉土$③_2$	4.25×10^{-5}	5.25×10^{-5}	弱透水	4.28×10^{-5}	5.22×10^{-5}	弱透水
淤泥质土$③_3$	4.09×10^{-7}	5.44×10^{-7}	不透水	—	—	—
粉质黏土$③_4$	3.48×10^{-6}	3.78×10^{-6}	微透水	3.23×10^{-6}	4.81×10^{-6}	微透水

2　古河道对地铁工程的影响

2.1　地铁工程穿越古河道情况

依据天津市城市轨道交通近期建设规划（2015～2020 年），市区内 12 条地铁线路穿越古河道共计 100 多处，其中位于深大古河道内（埋深≥8 m）的地铁车站及区间工程 30 余处，严重威胁着地铁工程建设安全。近年来，天津古河道内出现的地铁工程问题，多与其复杂的工程地质、水文地质特性有关。如地铁线路穿越古河道时，由于对其沉积特征及工程特性认识不足，曾出现3个地下车站施工开挖时，基坑内出现大量涌水、涌砂，周边数栋住宅楼墙体严重开裂、倾斜、甚至拆除的事故；地下盾构施工穿越古河道时，导致周边发生较大地面沉降，曾多次发现古河道区域的局部沉降量过大，局部可达20 cm。总体上，天津市区各深大古河道属地质条件复杂地段，地下车站、区间建设受古河道影响较大。

2.2 古河道对地铁工程建设、运营的影响

2.2.1 对地铁工程建设的影响

(1)地铁基坑地下连续墙成槽、钻孔灌注桩成孔时，遇古河道内厚层粉土粉砂，易造成塌槽、塌孔事故；遇古河道厚层软土，易产生钢筋笼安装变位、地下连续墙墙缝夹泥、钻孔灌注桩成桩缩颈等问题。

(2)古河道土易导致基坑围护结构变形过大等问题；措施不当，会引发支护结构开裂、古河坡部位土体滑移。

(3)古河道内隔水帷幕或地下连续墙施工困难大，基坑开挖中易产生侧壁渗水、漏水等问题，甚至会出现流砂、管涌等情况。

(4)天津市区深大古河道埋深(一般为8.0～16.0 m)多与区间隧道在同一深度上，盾构掘进时，遇厚层软土，易出现管片错台、裂缝、破损甚至轴线偏位等现象；在河道内软土与粉土粉砂交界处，如施工工艺参数控制不当，易造成突发性涌水、流砂，甚至导致地面塌陷。

(5)古河道土与一般沉积土差别较大，地下隧道穿越古河道时，地层陡变处盾构施工沉降变形及后期差异变形量很难控制，易引起周边地面沉降变形过大、建(构)筑物破损等问题。

2.2.2 对地铁工程运营的影响

地铁线路易因古河道产生的不均匀沉降而破坏，尤其是地铁出入口、U形槽等地段；遇古河道厚层软土区，地铁隧道局部地段易发生较大差异沉降，影响隧道及行车安全；当有周边建筑基坑开挖、施工堆载等情况时，还易出现地铁隧道挤压损坏等问题。此外，运营中的地铁隧道及车站易因古河道产生渗水漏水问题。

3 地铁建设、运营中应对古河道的措施

3.1 地铁建设中应对古河道的措施

3.1.1 工程勘察中应对古河道的措施

地铁勘察时应预先了解工程场地古河道情况，有针对性地制定勘察技术方案，加密勘探孔，增加取土试样或原位测试数量；探明场地内古河道的空间分布规律；查明古河道地下水的补给、径流、排泄条件；地铁工程勘察评价时，应重点分析古河道对地铁车站深基坑设计及施工的影响，评价地震时古河道对拟建地铁工程的破坏性影响。

3.1.2 工程设计中应对古河道的措施

设计人员应充分了解古河道土层特性，选择适宜的基坑开挖支护及止降水方案，针对古河道内的重点不利地段采取预加固处理措施。天津市区一般采用大口井坑内降水，古河道区内基坑应设计适宜的井数及井深，并根据土性特点选择合适的滤料。盾构施工设计时，掘进设备的选型、盾构掘进参数选择、盾构掘进引起的地面沉降计算须结合古河道沉积物性质及盾构掘进位置综合确定。

3.1.3 工程施工中应对古河道的措施

古河道内土层较为软弱，导墙施工时应对浅部土层进行加固处理；支护结构成槽成孔时，应严格控制墙(桩)体的垂直度，并根据古河道特点进行泥浆材料的适配及室内性能试验，提高泥浆黏度、重度，确保槽(孔)壁稳定，保证桩墙施工质量。土方开挖应严格按设计工法进行，严格控制基坑开挖变形。盾构施工如遇古河道内粉土粉砂，需采取加泡沫的方法降低土体强度并就液化区进行加固处理；如遇软土，应调整泥土平衡压力、适当控制顶进速率。

3.2　地铁运营中应对古河道的措施

地铁运营安全防护方案的制定，应重点考虑地铁线路穿越古河道的地区，并制定包括古河道内路基变形过大、隧道渗水漏水、衬砌变形破坏等问题的处理措施；对古河道内重点部位，如古河道边界区、砂土液化区、厚层软土区等，须采用先进、可靠的监测手段，全方位实时监测。

4　结　　论

(1)本次研究查清了天津市区古河道的空间分布，并按成因将其分为四种类型，填补了对天津市区古河道分布的空白；尽管各类型古河道沉积物差别较大，但均属新近沉积土，按力学性质可划分为黏性土$③_1$、粉土$③_2$、淤泥质土$③_3$和粉质黏土$③_4$四个标准层。

(2)天津市区古河道具有地层强度低、含水量大、地震易液化、易滑移、易产生震陷等不良特点，多属于不稳定场地，对地铁工程影响明显，尤其是存在厚层软土的黄河古河道、北运河金家窑古河道和海河挂甲寺古河道。

(3)古河道内沉积土层渗透系数多在$3.62\times10^{-7}\sim4.25\times10^{-5}$ cm/s之间，其含水层厚度差别较大，海河古河道、黄河古河道、南运河古河道、北运河古河道含水层一般在6.0～10.0 m之间，局部地区可达13.5 m；对地铁基坑工程施工影响较大。

(4)天津市区古河道众多，拟建、在建以及运营的地铁线路均有穿越古河道的情况，综合分析古河道对地铁工程建设的不利影响，准确掌握其工程地质、水文地质特性，在勘察、设计、施工、运营等方面采取有针对性的措施是保障地铁安全建设的有效手段。

参 考 文 献

[1]　吴忱．华北平原古河道研究论文集[M]．北京：中国科学技术出版社，1991.
[2]　周玉明，吴永红，赵志峰，等．天津市区标准地层的建立及特性研究[R]．天津：天津市勘察院，2007.
[3]　郭蕴静，涂宗涛．天津古代城市发展史[M]．天津：天津古籍出版社，1989.
[4]　中华人民共和国住房和城乡建设部．CJJ 57—2012　城乡规划工程地质勘察规范[S]．北京：中国建筑工业出版社，2012.
[5]　天津市地质矿产局．天津市地质环境图集[M]．北京：地质出版社，2004.
[6]　张景恒，刘家铮．天津市区浅层地基土的工程地质特性[R]．天津：天津市勘察院，1986.
[7]　韩伟．天津市区深层地基土工程特性及桩基工程地质图系编制研究报告[R]．天津：天津市勘察院，1997.
[8]　刘恢先．唐山大地震震害[M]．北京：地震出版社，1986.
[9]　胡镜荣，石凤英．华北平原古河道发育的环境条件及其沉积特征[J]．地理研究，1983，2(4)：48-59.
[10]　盖儒生．天津地区第二、第三陆相层古河道的存在及其对工程建筑的影响[J]．地铁勘察，2012，35(3)：35-38.
[11]　杨井亮．盾构隧道古河道下卧层注浆加固技术[J]．铁道建筑技术，2012，107(4)：107-127.
[12]　孙仲明．古河道的类别、成因与研究意义[J]．灌溉排水，1984，3(2)：42-45.
[13]　李涛．水环境遥感分析[M]．北京：中国科学院遥感应用研究所，1982.
[14]　顺直水利委员会．直隶省地形图——天津及其附近[Z]．顺直水利委员会，1918.
[15]　张树明．天津土地开发历史图说[M]．天津：天津人民出版社，1998.
[16]　海河志编纂委员会．海河志(第三卷)[M]．北京：水利水电出版社，1997.
[17]　天津规划局和国土资源局．天津城市历史地图集[M]．天津：天津古籍出版社，2004.
[18]　赵天佑，顾琦．天津河流[M]．北京：中国水利水电出版社，2014.
[19]　天津市水利局水利志编纂委员会．天津水利志[M]．天津：天津科学技术出版社，2003.
[20]　中国科学院环境科学委员会．天津—渤海湾地区环境遥感论文集[M]．北京：科学出版社，1985.
[21]　天津市勘察院．DB/T 29-191—2009 天津市地基土层序划分技术规程[S]．天津：天津市建设管理委员会，2009.

青岛地铁岩土工程勘察工作的难点及应对措施

崔继升， 王忠胜， 李克建， 顾朝杰
（青岛地矿岩土工程有限公司，山东 青岛 266100）

摘 要：本文以地铁工程的特点为出发点，结合青岛地区特定的工程地质条件，针对不同的工法对岩土工程勘察的要求，从勘察实际操作的角度指出青岛地铁岩土工程勘察中的难点，并提出了具体的应对措施。

关键词：地铁工程；难点；勘察应对措施

根据《青岛市城市轨道交通线网规划调整》(2015)，青岛市轨道交通 2020 年线网全长约 470.4 km，由 11 条轨道交通线路组成。目前已运行 1 条线：3 号线；正在施工共 5 条线：1 号线、2 号线、4 号线、11 号线及 13 号线。岩土工程勘察是为城市轨道交通工程提供基础资料的一个重要环节，笔者有幸参与了前期 6 条线的岩土工程勘察及后期的勘察服务工作。本文从地铁工程的特点出发，结合青岛地区特定的地质条件及青岛地铁工程的勘察、设计和施工情况，探讨了青岛地铁岩土工程勘察的重点、难点问题，提出了应对措施，使岩土工程勘察工作更具有针对性，更好地服务于青岛地铁的设计和施工。

1 青岛区域地质概况

1.1 气 候

青岛属华北暖温带沿海季风区，大陆性气候。受海洋影响，空气湿润、气候温和，雨量较多，四季分明，具有春迟、夏凉、秋爽、冬长的气候特征。

1.2 水文条件

青岛河流主要受地形、地貌及地质构造控制，其水文动态随季节性变化较大，为季风区雨源型，多为独立入海的山溪性小河，主要河流有大沽河、白沙河、李村河、洋河等。

青岛地下水类型主要为第四系孔隙水及基岩裂隙水。第四系孔隙水以侧向径流补给为主，并接受大气降水垂直渗透补给，以侧向地下径流和向下越流补给承压水的方式排泄。基岩裂隙水分为风化裂隙水和构造裂隙水。风化裂隙水主要赋存于基岩风化带中，岩石呈角砾状及碎块状，风化裂隙发育，呈似层状分布于地形相对低洼地带；构造裂隙水主要赋存于中风化和微风化基岩构造破碎带、节理裂隙密集带中，呈脉状、带状产出，地下水径流深度较大，径流方向复杂，具有一定的承压性，主要分布在沿线构造发育地段。

1.3 区域地貌

青岛市地形特征呈东高西低，中间凹陷。东南部崂山主峰海拔 1 132.7 m，为山东省第三高峰，其余脉向北绵延至即墨东北部，向西南延伸到青岛市区。中西部广大地区为胶莱盆地，地形低平，海拔高度一般不超过 50 m。青岛市地貌按成因类型可以划分为侵蚀构造地貌、构造剥蚀地貌、剥蚀堆积地貌、堆积地貌。

1.4 地质构造

青岛地区所处大地构造位置为华北地台，“青岛—海阳”断块凸起的Ⅴ级构造单元的南部。自太古代～元古代以来一直处在一个长期、缓慢、稳定的上升隆起状态，缺失华北型地层沉积。自中生代燕山晚期以来，区域性构造活动强烈，发生大规模、区域性酸性岩浆侵入，形成稳固的花岗岩岩基，以深成相似斑状中粗粒黑云母花岗岩为主要组成岩石。随后受华夏式构造体系影响，形成 NE 向为主的压扭性断裂构造。其后，酸性～中基性岩浆沿岩基内薄弱面入侵，形成煌斑岩、细晶岩和辉绿岩等浅成相岩脉，与花岗岩岩基组成复合岩体。它们之间虽然岩性不同，但属于同源异相的岩浆岩类硬质岩石，是坚硬稳固的地质体，无后期沉积夹层、溶洞等不良地质作用。在漫长的地壳抬升、风化、剥蚀、夷平作用的反复改造下，使燕山晚期稳固的花岗岩体，以基底形式分布于地表或地下一定深度内，并在长期风化作用下形成了一定厚度的风化带，其上沉积了厚度不一的第四纪松散堆积物。

1.5　地层岩性

青岛地区第四系主要分布于各大河流及其两岸，以及胶州湾及滨海一带。由于受地形、地貌及第四纪差异沉降的影响，其厚度变化较大，最大厚度小于 30 m。按照地质成因的不同可划分为五类：人工填土、冲积土、洪积土、海积土、残坡积土。

青岛地区的基岩以大面积分布的花岗岩为主，其次为变质岩类、沉积岩类及火山岩类。不同成因的基岩其物理力学性质有较大的差别，同一成因的基岩由于物质组成及结构、构造的不同，其物理力学性质也存在着较大的差异。

2　青岛地铁特点

青岛为海滨丘陵地形，地铁沿线地形起伏较大，穿越的工程地质单元众多，工程地质及水文地质情况变化较大，造成全线工程在纵向地质的不均匀性。沿线地层从基岩裸露到第四系厚度 20 m 不断变化，岩土层竖向分布不均匀，基本呈现上软下硬的特点。根据青岛地区特殊的工程地质条件，设计单位对地铁线路的埋深、工法进行了比选及优化。根据目前了解，青岛地铁施工工法基本囊括了城市轨道交通工程中的所有工法。车站采用高架、明挖、盖挖及暗挖法；区间采用高架、明挖、暗挖、盾构及 TBM 工法。不同的工法涉及的岩土工程问题侧重点不同，因此在勘察过程中需根据不同工法有针对性的采取不同勘察手段及提供不同设计参数。

3　青岛地铁岩土工程勘察的难点

3.1　人工填土(填海区)

由于近年来青岛城市规模的不断扩大，地铁沿线局部经过前期人工填海区。人工填海区，主要成分为块石、碎石及风化砂，松散—密实，填土块径不均，局部地段块径超过 1 m，厚度变化较大，填土基底多为淤泥质土。人工填土层，孔隙率大，靠海较近，局部地下水与海水联通，水文地质条件复杂，含水量丰富，物理力学性质变化较大，工程特性较差。填土里的块石给地铁明挖基坑止水帷幕、支护桩及盾构施工带来极大困难，容易造成基坑止水帷幕搭接不严密，造成基坑漏水；支护桩施工时塌孔严重；盾构施工时刀具磨损严重，流动性差，堵塞螺旋输送机。

3.2　软　　土

青岛地区软土有陆相及海相两种不同成因，其中陆相软土主要在侵蚀堆积一级阶地范围内呈透镜体状分布，以淤泥质粉质黏土为主，灰—灰黑色，软塑。海相软土在滨海堆积浅滩普遍分布，为淤泥(淤泥质土)：深灰色、灰黑色，流塑—软塑，含贝壳，局部含少量砂(部分地段相变为淤泥质砂)，一般厚度 2～5 m。软土结构松软，承载力较低，含水率较高，容易发生触变、流变，地铁施工时对地层扰动较大，容易引起地基变形和失稳，引起周边建筑物和管线变形或开裂。

3.3　风化岩面起伏较大，多处存在风化凹槽和球状风化

青岛地区风化岩的埋藏特点常受岩性、结构面影响。当岩性较均一，结构面不发育时，风化厚度大致相

等，其各风化层界线常随地形呈平缓状起伏；但如有构造破碎带或岩脉存在时，常形成夹层风化；而当有较大的断裂带通过时，风化岩厚度会突然加大，形成不规则的带状风化凹槽，其风化差异可达 10～20 m，严重影响基坑、地基岩体和隧道围岩的强度和稳定性。球状风化时由于风化球周围岩体与球状风化岩体本身强度差别较大，盾构掘进过程中易造成刀具损坏，甚至会导致刀盘变形乃至使整个盾构机瘫痪，桩基施工时易将球状风化体作为基岩对待，从而影响桩基工程施工质量。

3.4 次级断裂和构造破碎带

青岛处于华北板块和扬子板块碰撞造山带内，构造的基本特征是脆性断裂十分发育，褶皱构造不发育。因主断裂活动派生出一系列次级断裂和破碎带，次级断裂和破碎带发育地段岩体破碎，局部地下水富集，严重影响隧道围岩、边坡和地基岩体的强度和稳定性，处理不当，容易引起塌方、地表建(构)筑物和地表沉降过大。TBM 掘进中容易造成工作面及拱顶坍塌、剥落，TBM 刀盘埋入，刀盘旋转困难，严重时造成卡机。

3.5 硬岩分布区

青岛地铁经过的区域大面积为岩浆岩分布区，其次分布少量的火山岩及沉积岩。线路经过的区域分布有花岗岩、闪长岩、花岗斑岩、安山岩、玄武岩、流纹岩及砂岩，岩质坚硬，最大单轴饱和抗压强度均超过 150 MPa，TBM 或复合盾构在硬岩中掘进，刀具磨损严重，换刀频率加大，掘进效率降低，严重时可导致刀盘损坏。

4 青岛地铁岩土工程勘察难点应对措施

根据相关勘察规范要求、结合青岛地区工程地质条件，青岛地铁勘察过程中采用工程地质调查与测绘、工程测量、勘探、增加取样、原位测试、水文地质勘察、地球物理勘探、室内试验相结合的综合勘探手段和试验方法。针对勘察中的重难点，有针对性的采取了以下勘察措施：

4.1 人工填土(填海区)

青岛地区填海区人工填土层，块石含量高，粒径极不均匀，块石抗压强度较高，钻进困难，遇大块石、漂石时跟管护壁极为困难，钻探时极易漏浆、塌孔。针对此种情况我单位对人工填土层采用偏心锤跟管钻进工艺，套管直径不小于 Φ146 mm，偏心锤施工过程中，全程记录人工填土中大块石钻进情况，钻至原始土层后采用回转钻进。勘察时着重调查地形地物的变迁，人工填土堆积年限、堆积方法及填料来源，采用重型或超重型动力触探试验对填土层的密实性及均匀性进行评价，必要时可采用加密勘探点及人工挖探的方法。

4.2 软　　土

软土天然含水量较大，受外力作用影响时，易产生扰动，灵敏度高。勘察时需着重查明软土的分布范围，沉积环境、固结程度、强度、压缩特性、灵敏度、有机质含量等。为提供安全、经济合理的岩土参数，现场采用多种原位测试手段与室内试验成果相互验证。勘察过程中先采用静力触探试验和十字板试验，测试孔数不少于分布范围预计总孔数的 1/3，且不少于 6 个孔。静力触探采用双桥探头，以 1.2 m/min 的速率匀速垂直压入土中，每 10 cm 记录一次数据。十字板试验采用电测十字板探头，静力缓慢贯入至试验点位置，剪切速率 2°/s，试验点间距 1.0 m。勘察中针对软土易扰动的特点，现场取样采用薄壁固定活塞取土器，钻机清孔后快速连续静压进入预定深度，土样取出后，采用石蜡密封，迅速送往试验室进行试验。室内试验除一般常规指标外，还进行了固结试验、无侧限抗压强度试验、静止侧压力系数试验及有机质含量试验。为测定超固结比，施加的最大压力满足绘制完整的 e-lg$p$ 曲线的要求。

4.3 风化岩面起伏较大，多处存在风化凹槽和球状风化

基岩风化面起伏较大，对基坑支护结构类型的选择影响较大；风化凹槽和球状风化的存在对高架工

程桩基础持力层的选择及后期盾构施工影响较大。勘察时需重点查明岩石的风化程度、风化面的分布规律、风化凹槽和球状风化分布范围及球状风化体的岩石强度。在勘察过程中，针对钻探过程中揭示基岩风化面起伏较大及存在风化凹槽、球状风化体的范围，主要采取了加密勘探孔、工程物探（地质雷达、高密度电阻率测试等方法）、孔内摄像等综合勘察手段，详细查明了基岩风化面的起伏程度，考虑到青岛市区的基岩风化特征，加密钻孔的勘探深度进入中、微风化岩一定深度、确定进入稳定基岩后方可终孔；勘探过程中采取了各风化带的岩样进行岩块波速测试、饱和单轴抗压强度试验（中风化岩样主要进行点荷载强度试验）等室内试验，终孔后通过进行钻孔岩体超声波测试，确定岩石的坚硬程度、完整程度。

4.4　次级断裂和构造破碎带

断裂及构造破碎带岩体破碎，岩体强度差异性较大，地下水较发育。断裂带、构造破碎带内的构造裂隙水富水程度、透水性等较复杂，常给地铁隧道暗挖施工带来较大的安全隐患。勘察阶段需重点查明断裂带的规模、产状、构造破碎带情况的富水性及裂隙发育情况。勘察工作开始前，通过调查、搜集线路经过地段的区域性地质资料，了解区域性断裂构造的背景、特征，初步确定可能与线路相交的区域性断裂及其派生的次级断裂位置，通过采用高密度电阻率、地质雷达等物探测试手段，查明断裂异常带的具体位置，对物探异常位置有针对性的布设勘探孔，勘探过程中采用单动双层岩心管提高岩芯采取率，查明了断裂、构造破碎带的发育规模及特征；同时对断裂、构造破碎带范围内的钻孔加强水文地质试验，主要采用了抽水试验、压水试验、地下水流速流向试验，详细查明断裂、构造破碎带的富水性、透水性等特征。挑选典型钻孔进行孔内摄像试验，提供钻孔摄像成果图（图 1），直观查明破碎带的裂隙发育情况，为后期隧道内涌水量的预测、排水和注浆预加固提供设计参数。另外断裂的活动性对地铁工程可能会造成一定程度的影响，必要时应进行断裂专题勘察。

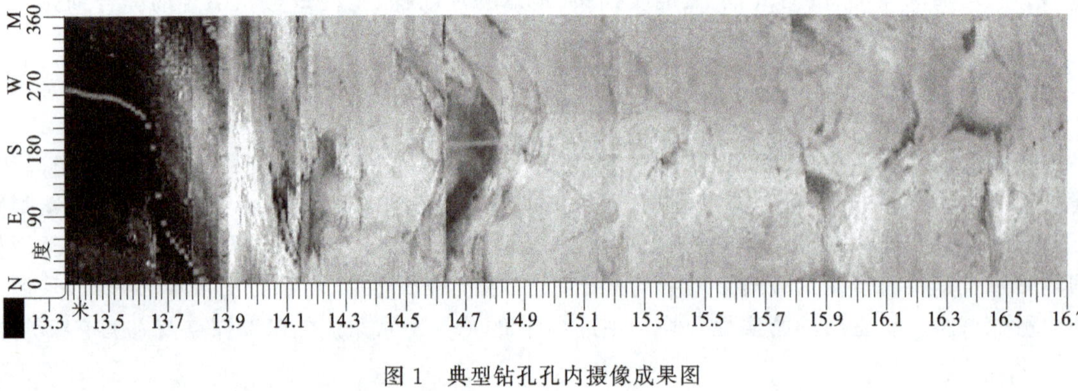

图 1　典型钻孔孔内摄像成果图

4.5　硬岩分布区

硬岩对 TBM 或复合盾构机的选型及工法有重大影响，一般在岩石天然单轴抗压强度高于 80 MPa 时宜选用单刃盘型滚刀，同时结合岩石强度和节理裂隙发育情况设计滚刀间距。勘察中应查明硬岩的分布、抗压强度、石英含量（耐磨性）。在勘察过程中，有针对性的沿隧道纵向加大洞身范围内的岩石取样数量，室内试验加大岩石单轴饱和抗压强度试验数量，选取有代表性的岩石进行耐磨性试验。勘察成果中提供岩石强度沿里程分布变化图（图 2），为后期设计及施工中刀具的选择及换刀位置的确定提供依据。

5　建　　议

（1）地铁勘察是为后期的设计和施工提供基础资料，因地铁线路设计方案受影响因素较多，譬如规划调整、征迁协调影响、地质条件突变等，常导致线路平面设计或施工工法变更，因此在勘察过程应重视及时同设计人员的交流，清楚设计所需，才能从根本上完成勘察工作。勘察前期应由设计人员根据设计和施工的需要提供勘察任务，明确勘察重点，勘察单位依据设计单位技术要求和相应规范规定有针对性的编制勘察方案，方案编制完成并经设计人员审核通过后方可作为勘察工作的实施依据；勘察过程中勘察单位及时将取得的勘察成果反馈给设计单位，便于设计单位及时掌握线路地质情况，遇工法、线路变更时能及时地通知勘察单位调整相应的勘察工作重点，做到动态化设计、信息化勘察。

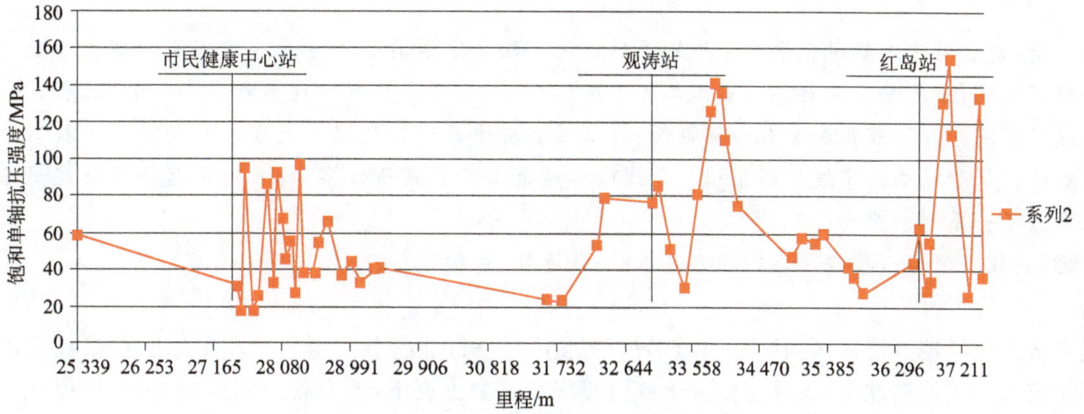

图 2　岩石单轴饱和抗压强度随里程变化曲线图

(2)钻探、取样工作是勘察工作的基础，勘察中重视基础工作的质量。钻探、取样应严格执行规范要求，确保分层准备，岩芯采取率满足要求，采取试样满足室内试验的要求。详勘报告完成后应组织勘察单位向设计、施工单位进行交底，对后期设计和施工中由于地质原因可能出现的问题予以说明。

(3)地铁岩土工程勘察多在市区进行，场地条件限制较大，勘察中重视综合勘察技术手段的应用与配合。“钻探＋物探”相结合的综合勘察技术，能够做到点面结合，很大程度上克服了常规钻探场地的局限性。物探手段多样，不同的方法、不同的仪器揭示精度和成本差异明显，需要结合设计对勘察的要求及地质条件，选择既满足设计要求又经济可行的方法。

(4)应重视既有勘察成果、经验的总结和利用。青岛地铁岩土工程勘察工作覆盖了青岛各区，至今已积累上万个钻孔资料。这些资料可为本地区其他工程利用，在完善区域地质资料方面也能起到一定的作用。应尽快建立完善青岛地铁岩土工程勘察数据库系统，以方便对既有勘察成果的查询和利用。

参 考 文 献

[1]　中华人民共和国住房和城乡建设部．GB 50307—2012　城市轨道交通岩土工程勘察规范[S]．北京：中国计划出版社，2012．

[2]　焦清杰．北京地铁勘察的基本特点与重难点分析[J]．铁道建筑技术，2010．

[3]　李建强．成都地铁岩土工程勘察[J]．隧道建设，2008，01：34-39．

[4]　贾永刚，谭长伟，刘红军，等．青岛城市工程地质[M]．青岛：海洋大学出版社．1995．

地下隧道联络通道人工冻土物理力学性能研究

刘生财，　李高山
（浙江省工程勘察院，浙江　宁波　315012）

摘　要：通过对宁波轨道交通2号线地下隧道区间联络通道典型土层的人工冻土物理力学性能试验研究表明：宁波平原区典型土层人工冻土冻结温度低、冻土的热物理参数要高于相应原状土、土层属特强冻胀—强冻胀和融沉—强融沉、冻土强度总体具有抗压强度大于抗折强度大于抗剪强度的规律。试验结果为宁波轨道交通2号线联络通道工程实践所证实，为本地区其他工程冻结法施工提供了一系列的岩土参数。

关键词：联络通道；人工冻土；物理力学性能；强冻胀；强融沉

城市轨道交通地下盾构区间联络通道多位于地下10～20 m范围，由于宁波平原区在该范围内多为第四系全新统海相淤泥质软土，而且主要位于城市繁华地段主干道下，不具备地面加固条件，为保证施工期间土体的稳定，施工开挖前需事先对通道土体进行地层冻结加固。宁波轨道交通自1号线引入人工冻结法以来，已开展了大量的对人工冻土物理力学试验，本文通过对宁波轨道交通2号线，所经过宁波平原区域内所有典型性土质的冻土物理力学性能开展试验研究。通过试验分析典型土在冻融条件下各种物理力学性能，进而为人工冻结方法施工在宁波地铁应用中提供必要的设计参数，为冻土墙解冻后计算结构稳定性及对周围环境影响提供依据，保证工程施工的安全性、经济性、环保性。

1　场地地质条件

宁波市轨道交通2号线地下隧道共设有20座联络通道，为单圆盾构法隧道，外径6.2 m，埋深一般在10～20 m，联络通道涉及主要地层为：②层淤泥质黏土，流塑，高压缩性，高灵敏度，工程性质差；③层粉砂，中密状，渗透性好，工程性质一般；④层淤泥质粉质黏土，流塑，高压缩性，高灵敏度，工程性质差；⑤层黏土，可塑，工程性质较好；⑥层粉质黏土，软塑，工程性质一般。场地典型土层物理力学性质指标表见表1。

表1　土层基本物理性质指标一览表

土层	岩性	天然含水率	密度	天然孔隙比	塑性指数	液性指数	固结快剪	
		/%	/g·cm^{-3}				φ/°	C/kPa
②	淤泥质黏土	48.7	1.72	1.389	18.1	1.42	9.0	13.0
③	粉砂	28.8	19.2	0.802			5.0	30.0
④	淤泥质粉质黏土	41.6	17.7	1.201	16.9	1.10	10.0	15.0
⑤	黏土	30.7	19.3	0.851	17.2	0.51	18.5	36.0
⑥	粉质黏土	35.5	18.7	0.983	16.6	0.8	16.0	26.0

2　冻土物理性能试验结果

2.1　冻结温度

冻结温度是指土体初始冻结的温度，是计算冻结壁实际厚度的关键指标，它在很大程度上影响着冻土中温度分布情况。经过对每层 6 个试样的测试成果：宁波平原区土层在无荷载条件下起始冻结温度在 −0.07 ℃～−1.49 ℃。土体初始冻结温度低，一般小于−1.5 ℃。

2.2 原状土与冻土导热系数与比热容试验

为了提供联络通道冷冻法施工所需的岩土热物理参数，对涉及的主要土层分层提供导热系数、比热容。

(1)试验方法：原状土用切土器和削土刀将土样修成 ϕ50 mm×100 mm 的圆柱体试样，然后进行测定；冻土试样在削成后在−10 ℃环境箱下恒温 24 h 后再进行测定，同时采用余土测定含水率和密度一般进行 4 个试件的平行试验，每次测定时不少于 4 组数据。试验采用斯洛伐克产 ISOMET 热特性分析仪。

(2)导热系数试验结果

试验成果表明：冻结状态小粉砂导热系数大于粉质黏土/黏土大于淤泥质土，均比未冻结前增大；相同状态下，导热系数随密度的增大而增大。

表 2　原状土与冻土导热系数与比热容

土层	岩性	原状土导热系数 /W·(m·K)$^{-1}$	原状土比热容 /(E+3J)·(kg·K)$^{-1}$	冻土导热系数 /W·(m·K)$^{-1}$	冻土体比热容 /(E+3J)·(kg·K)$^{-1}$
②	淤泥质黏土	1.05	2.18	1.29	2.25
③	粉砂	1.63	2.29	2.47	2.43
④	淤泥质粉质黏土	1.20	2.05	1.38	2.16
⑤	黏土	1.33	2.13	1.71	2.24
⑥	粉质黏土	1.30	2.16	1.85	2.34

2.3 冻胀融沉试验

(1)试验方法：原状土用切土器和削土刀将土样修成 ϕ80 mm×50 mm 的圆柱体试样，然后进行测定试验，主要研究各土层在开放和封闭状态下冻胀融沉特性。试验采用冻胀融沉仪进行冻胀融沉试验，试验操作步骤主要包括试样制备、试样恒温、试样降温与数据采集、试样融沉 4 个步骤。试验冷端温度约为：−10.0 ℃；暖端温度约为：1.0 ℃。

(2)试验结果表明：土层在无补给水的情况下冻胀率为 4.47%～12.12%，融沉率4.37%～16.39%；在有补给水的情况下冻胀率达 5.13%～13.33%，融沉率 6.41%～18.56%。由于含水量高，淤泥质土的冻胀和融沉率均高于黏土、粉砂和粉质黏土；开放条件下的冻胀和融沉率较封闭条件下高。说明宁波平原区土层属冻胀性土类，会产生很强冻胀性和融沉性。

表 3　土层冻胀融沉系数及敏感性别表

土层	岩性	封闭冻胀率 /%	封闭融沉率 /%	冻胀性	开放冻胀率 /%	开放融沉率 /%	融沉性
②	淤泥质黏土	12.12	16.39	特强冻胀	13.33	18.56	强融沉
③	粉砂	6.96	7.94	特强冻胀	10.70	12.83	强融沉
④	淤泥质粉质黏土	9.69	11.29	特强冻胀	12.11	14.10	强融沉
⑤	黏土	4.47	4.37	强冻胀	5.13	6.41	融沉
⑥	粉质黏土	6.83	6.78	特强冻胀	10.85	10.72	强融沉

3　冻土力学性能试验结果

3.1　冻土单轴抗压强度试验

3.1.1　试验方法

将土样制成 ϕ50 mm×100 mm 的圆柱体试样，试件在试验拟定的负温条件下，恒温养护 24 h 以上，以确保试样内温度一致，每层地基土一般进行 4 个试件的抗压试验。试验仪器采用微机控制多功能冻土压力试验机(WDT-100B)，分别测定冻土在－5 ℃、－10 ℃、－15 ℃时的极限抗压强度、弹性模量和泊松比 3 个参数。

3.1.2　试验结果表明

各土层冻土极限抗压强度和弹性模量总体上随温度的降低而增大，与温度具有很好的线性关系，相同温度情况下，粉砂冻土抗压强度较大，粉质黏土与黏土其次，淤泥质土则最小。各土层冻土的泊松比随温度的降低而减小，温度的变化对冻土泊松比大小的影响较小。

表 4　各土层冻土极限抗压强度、弹性模量、泊松比

土层	－5 ℃			－10 ℃			－15 ℃		
	抗压强度/MPa	弹性模量/MPa	泊松比	抗压强度/MPa	弹性模量/MPa	泊松比	抗压强度/MPa	弹性模量/MPa	泊松比
②	1.7	64.4	0.28	3.2	100.3	0.26	4.7	163.6	0.24
③	2.5	53.5	0.27	3.9	140.9	0.25	5.4	202.4	0.24
④	1.6	66.3	0.28	3.3	133.6	0.26	4.5	198.2	0.25
⑤	2.1	47.6	0.28	3.7	109.2	0.26	4.9	190.0	0.25
⑥	1.9	54.7	0.28	3.5	119.7	0.26	4.9	167.2	0.25

3.2　冻土抗折强度试验

3.2.1　试验方法

试验采用冻结重塑土试样，试样规格为 200 mm×50 mm×50 mm，每层土制备 4 个试样，并且在－10 ℃低温环境下恒温 24 h。试验仪器采用仪器为微机控制多功能冻土试验机(WDT-100B)。

3.2.2　试验结果表明

不同土层在－10 ℃下，因其含水率和密度不同，抗折强度相差较大，其中粉砂和可塑黏土、可塑粉质黏土的强度较大，其他土层强度相对较小。各土层随着荷载的增大均呈现脆性破坏现象。各土层人工冻土的抗折强度在 2.1～3.0 之间。

3.3　冻土抗剪强度试验

3.3.1　试验方法

本试验采用冻结原状土试样，采用多试样加载方式进行试验。试样尺寸为 ϕ50 mm×100 mm，每个土层取 4 个试样，并且在－10 ℃低温条件下恒温 24 h 以上。应变速率控制，控制速率 10 mm/min；试样先按要求温度恒温，接着在设定围压下固结 2 h。然后按预设加载速度进行试验，直至试样破坏或应变达 25%以上。

3.3.2　试验结果表明

相比于原状土，各土层人工冻土的黏聚力有均有了大幅度的增加，各土层的 c 值均在 1.55～1.88 MPa 之间；各土层的内摩擦角的增幅不大，在 11.2°～18.5°之间。

4 工程实例

根据2014已通车的宁波轨道交通2号线联络通道人工冻结法施工情况反馈:联络通道冻结帷幕厚度一般为1.8 m,冻结壁平均温度不大于−10 ℃,在与管片胶合处冻结帷幕平均温度为−5 ℃。地层冻土参数:−10 ℃冻土强度采用指标:单轴抗压取值不小于3.05 MPa,抗折强度不小于2.0 MPa,抗剪不小于1.5 MPa。联络通道开挖施工情况冻结壁支护情况良好,但冻土后期融沉产生的沉降量较大,达25～45 mm。

5 结　论

(1)本文通过对宁波轨道交通2号线联络通道涉及的典型土层人工冻土力学性能的研究表明:宁波平原区典型土层起始冻结温度低,属冻胀性土类,会产生很强冻胀性和融沉性,冻结法施工必须控制好后期融沉注浆。

(2)人工冻土的力学性能比未冻土有显著的提高,且随着温度的降低强度增大,根据试验结果和工程实例证实地层冻土参数:−10 ℃冻土强度:单轴抗压取值可不小于3.05 MPa,抗折强度不小于2.0 MPa,抗剪不小于1.5 MPa。

参 考 文 献

[1] 潘永坚,宁波市轨道交通2号线一期工程勘察KC211标段联络通道冻结法施工专项勘察报告[R]. 宁波:浙江省工程勘察院,2012.

[2] 姜彤,宁波轨道交通工程软土工程特性统计分析及相关性专题研究报告[R]. 宁波:宁波大学,2012,293-328.

[3] 中华人民共和国住房和城乡建设部,中华人民共和国国家质量监督检验检疫总局. 建筑地基基础设计规范 GB 50007—2011 [S]. 北京:中国建筑工业出版社,2011,129-131.

上海地铁岩土工程技术管理与创新探索

马忠政[1]， 苏 辉[2,3]， 应伯宣[1]， 杨石飞[2,3]

（1. 上海轨道交通10号线发展有限公司，上海 201103；
2. 上海岩土工程勘察设计研究院有限公司，上海 200093；
3. 上海环境岩土工程技术研究中心，上海 200093）

摘 要：以上海轨道交通工程实践为背景，探索以勘察总体为核心的岩土工程技术管理与创新体系。在项目勘察阶段，通过设置勘察总体单位，实现岩土工程勘察工作中进行规范化、标准化管理，进行质量、进度、投资控制；同时审查各单位各工点岩土工程勘察报告，确保设计使用的岩土工程参数的合理性和正确性，以规避与岩土有关的风险；另一方面，创新性将工程勘察与工程咨询整合，充分发挥总体单位的技术优势，对轨道交通建设过程中的桩基、基坑等岩土工程问题提供咨询建议，在保证工程安全的基础上，节省工程投资和工期。

关键词：轨道交通；岩土工程；技术管理；设计咨询

上海作为国内轨道交通发达的城市之一，截至2015年底，已建成并运营线路14条，运营里程已突破600 km，目前在建线路4条。在约20年的建设过程中，积累了相对丰富的轨道交通建设建设管理经验，但由于上海地处沿海软土地区，低强度、高压缩性的厚层软土给地铁的设计和施工带来很大难度；同时由于岩土工程固有的复杂性、不确定性，地铁建设的风险仍不容忽视，建设过程中的技术管理挑战和难度愈来愈大。

技术与安全管理一直是地铁建设的热门问题，国内外专家学者及从业人员进行了大量的研究与工程实践。国际隧道及地下空间协会2004年发布了风险管理的指导方法；国际隧道工程保险集团（ITIG）于2006年1月发布了《隧道工程风险管理实践规程》；2007年国家建设部编发了《地铁及地下工程建设风险管理指南》；同济大学的朱合华、孙钧、黄宏伟等在地下工程风险管理方面做了大量研究工作，并在上海地铁建设实践中得到应用；罗富荣、张志良分别总结了北京和广州地铁建设工程管理与技术创新经验。

本文以上海轨道交通工程实践为背景，探索以勘察总体为核心的岩土工程技术管理与创新体系。在项目勘察阶段，通过设置勘察总体单位，实现岩土工程勘察工作中进行规范化、标准化管理，进行质量、进度、投资控制；同时审查各单位各工点岩土工程勘察报告，确保设计使用的岩土工程参数的合理性和正确性，以规避与岩土有关的风险；另一方面，创新性将工程勘察与工程咨询整合，充分发挥总体单位的技术优势，对轨道交通建设过程中的桩基、基坑等岩土工程问题提供咨询建议，在保证工程安全的基础上，节省工程投资和工期。

1 基于勘察总体的岩土工程技术管理

项目前期的岩土工程勘察是了解沿线地层特性、提出土层参数的重要步骤，以往一条线的勘察工作分为几个标段，有几家勘察单位各自实施，但是由于不同勘察单位的工程经验和习惯差异，往往在土层划分、土体参数取值等方面存在较大差异，给设计带来一定困扰，同时也给整个项目的技术、进度、质量管理等带来一定难度。

上海地铁最早在2004年左右6号线建设过程中，初次尝试委托上海地区权威的勘察单位对整条线的地层特性及工程地质风险进行梳理，为设计和管理提供了较好的参考；接着在地铁10号线一期的建设过程中进一步由第三方勘察单位对所有标段的勘察报告进行审查，并分别就桩基、基坑、降水等进行工程地质分区，取得了良好效果。总结前期经验，上海地铁在2006年地铁11号线南段建设中单独设置了勘察总体单位，负责对全线的勘察工作进行总体协调和技术管理，并在接下来的地铁10号线二期、地铁14、15、17、18号线中沿用和完善。

1.1 勘察总体工作流程

勘察总体工作在勘察前期准备阶段介入，在实施阶段进行总体协调和技术控制，在成果阶段对各工点报告进行审查并最终编制完成勘察总体报告。在整个勘察过程中贯彻"质量、进度、安全、造价"的四控制原则，协助建设方对勘察进行整体管理，其主要工作流程如图1所示。

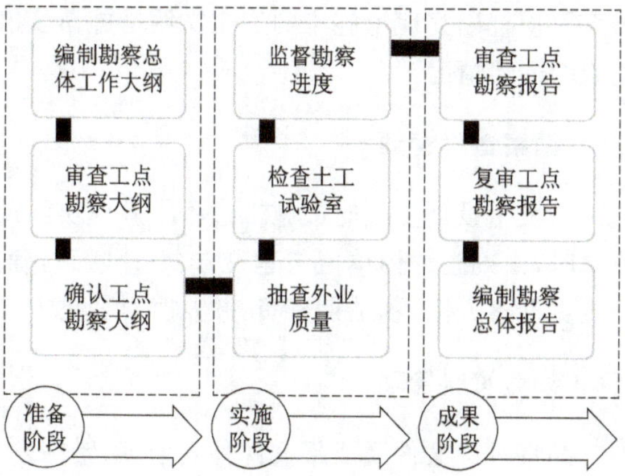

图1 勘察总体工作流程

1.2 勘察质量管理

勘察成果的质量和技术水平主要取决于勘察工作承担单位的技术水平和整体实力，但过程控制是勘察成果质量管理的最重要组成和保障，良好的过程控制及重要节点监管控制是轨道交通勘察必不可少的环节。同时由于轨道交通勘察的复杂性，综合的协调及各个环节的监管也尤其重要。设置勘察总体的关键作用就是依托权威单位的先进勘察技术和管理经验，为建设方进行工程勘察的策划、实施、成果咨询审查等，切实提高勘察质量。

质量控制的原则："预控为主、严格把关、监帮结合"。通过事前预控、事中检测、巡查和终孔确认，事后总结提高等措施，确保工程质量达到目标。

质量控制的措施：

(1)勘察大纲审查。审查勘察单位确定的各工点详勘方案能否满足规范和设计要求，如勘探孔的平面位置、孔深以及原位测试手段、方法、数量是否符合有关规定和要求，配备的机具设备是否足够。对勘察单位下达详细的"岩土工程勘察技术要求及资料整理标准"。

(2)设备仪器的有效性审查。对勘察单位质量管理、安全措施以及原位测试仪器、试验室仪器的有效性进行审查，核对所有仪器设备的率定和检验记录。

(3)勘察现场的巡视、抽查。各分项勘察工作都应有专门技术人员进行巡回检查和监督，做到一般和重点检查相结合，对重要工点及重要部位的钻孔和记录资料进行重点检查，检查原位测试和室内试验的试验方法、试件数量和试验记录是否符合有关规范要求，抽查覆盖率不小于10%。

(4)室内土工试验的巡视、抽查。对各分项工程勘察单位的土试工作有专门技术人员进行巡回检查和监督，严禁土试项目整体分包(个别特殊项目除外)，检查操作人员是否持证上岗，操作过程是否符合规范要求。

(5)成果报告审查。审查勘察单位的各工点勘察成果报告，审查是否存在违反规范条文、分层合理性和正确性，土层编号是否整条线路统一，提供的参数是否合理，如不合理应提出优化意见。

1.3 勘察进度管理

根据设计总体及工点设计单位对勘察进度计划要求，从审查勘察单位总进度计划和阶段性进度计划入手，通过对人员、施工台班和机械设备投入量实际进度与计划进度的对比分析，及时纠偏，确保工期目标的实现。

进度控制的措施：

(1)详细了解建设方、设计单位对各工点勘察工期要求，明确关键节点的完成时间。督促各分项工程勘察单位制定出勘察进度计划，并审核勘察单位提交的进度计划是否能满足要求，及时提出调整意见，督促勘察单位实施进度计划。

(2)审核勘察单位为保证计划的落实而投入的人力和机械设备，是否能满足进度要求。

(3)进行工程进度的动态控制。当实际进度与计划进度发生差异时应分析产生的原因及进度偏差将带来的影响并进行工程进度预测，要求勘察单位相应调整施工进度计划及设计、人员、机具配备等。

1.4 勘察安全管理

根据上海市轨道交通工程的具体要求由勘察总体单位审查各工点单位的安全措施及相应的安全保证体系。检查勘察现场施工的安全文明措施落实和执行情况，重点检查地下管线以及水上作业的保护、应急措施的落实情况。

1.5 勘察造价管理

当发生设计变更时或施工过程中发现实际地层情况与初勘资料不符，原有勘察方案可能无法满足设计要求时，由勘察总体单位与建设方、设计联系，确定是否需要修改勘察方案，若需要应及时通知分项勘察单位变更勘察方案、预估勘察费，并及时对变更方案进行审核，报建设方、设计审批。

1.6 勘察资料管理

勘察过程文件及成果文件种类繁多，错综复杂，如管理不好将对整个勘察项目的追溯性产生影响，勘察总体单位可以依靠其自身的资料管理体系对整个项目的勘察资料进行规范管理，具体措施包括：

(1)勘察总体单位负责建立健全本项目资料管理制度，明定书面指令的签发规定，签发的技术文件和技术指令对分项工程勘察单位具有约束力。

(2)勘察总体单位应按照建设方档案、资源共享管理的有关规定，制定勘察文件编制的统一格式和要求，并发放各分项勘察单位执行。

(3)分项勘察单位提交的技术文件，应先提交勘察总体单位审核签署意见，并经分项勘察单位修改后，按详勘技术标准装订后交建设方。

(4)做好勘察过程中各种技术会议的记录和信息反馈工作。

(5)各工点或各分项勘察单位资料相互衔接的技术文件、资料由专人进行交换和管理。

2 技术管理与优化咨询融合创新

岩土工程勘察成果是后续设计的依据，但是，在目前的体制下，勘察单位与设计单位的工作存在一定脱节，勘察单位提供的建议和参数往往没有充分考虑设计的具体要求，而设计单位只机械的采用勘察报告的参数，最终往往是设计过于保守，造成浪费；或者未考虑全面，存在安全隐患，两者均给后续的施工和管理带来困扰。

在基于勘察总体的岩土工程技术管理过程中发现，一些综合性的、权威的勘察单位依托其对上海地区水土的认知及丰富的工程实践经验，可在勘察阶段为后续的设计和施工提供丰富的咨询意见，从而将技术管理与优化咨询创新融合，达到控制风险、节省造价及工期的目的。其工作主要从地质风险梳理及优化设计咨询两方面开展。

2.1 地质风险梳理

地质风险梳理中最重要的是结合地铁盾构穿越、车站基坑开挖、车站及高架桩基特点，根据不同地层影响权重的大小对沿线进行地质分区，从而为后续的风险梳理奠定基础。

表1 地质分区原则

地质分区	地质分区号	主要特征
湖	Ⅰ-1	有厚层第⑥$_2$层分布，第⑦层分布稳定
沼	Ⅰ-2	有厚层第⑥$_2$层分布，第⑦层分布不稳定
平	Ⅱ-1	无第⑥$_2$层分布，第⑦层分布稳定
原	Ⅱ-2	无第⑥$_2$层分布，第⑦分布不稳定
相	Ⅲ	地表下 50 m 以浅有基岩分布

续上表

地质分区	地质分区号	主要特征
滨海平原相	Ⅳ-1	正常地层沉积区(第⑦层分布稳定),浅部有第②$_3$层
	Ⅳ-2	正常地层沉积区(第⑦层分布稳定),浅部无第②$_3$层
	Ⅴ	古河道沉积区(第⑦层分布不稳定),浅部有第②$_3$层

以上海轨道交通某条线为例,沿线经过湖沼平原相、滨海平原相两大地貌单元,且受古河道切割范围大,地层分布十分复杂,其中对轨道交通建设影响较大的土层主要包括:

(1)第②$_3$层砂质粉土,主要分布在3～9 m深度,松散—稍密状态,静探比贯入阻力3 MPa～4 MPa,为上海地区苏州河故河道沉积层,易液化,对天然地基、基坑以及工程桩施工影响较大。

(2)第⑥$_2$层砂质粉土—粉砂,主要分布在10～30 m深度,中密—密实状态,静探比贯入阻力3～8 MPa,为微承压含水层,对车站基坑以及工程桩施工影响较大。

(3)第⑦层砂质粉土—细砂,主要分布在25～60 m深度,中密—密实状态,静探比贯入阻力5～15 MPa,为上海地区第一层承压含水层,对车站基坑以及工程桩施工影响较大,是良好的桩基持力层。

勘察总体单位以上述土层分布特点为基础,结合滨海相与湖沼相整体地质单元划分,提出分区原则如下,沿线的地质分区如图2所示。

在此地质分区的基础上,勘察总体单位根据国家标准《城市轨道交通地下建设工程建设风险管理规范》(GB 50652—2011),结合工程经验和实际工程情况,采用层次分析法对基坑围护结构施工、基坑降排水及开挖、盾构区间施工、工程桩施工等分部工程进行岩土工程风险评估,评估结果如图3～图6所示。

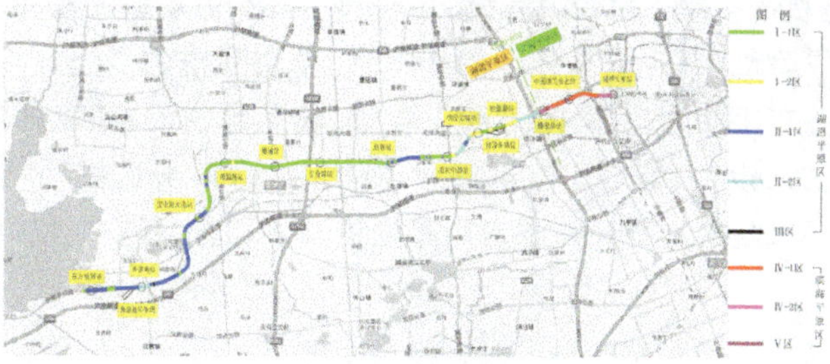

图2　上海某地铁地质分区图

图3　基坑围护体施工岩土风险图

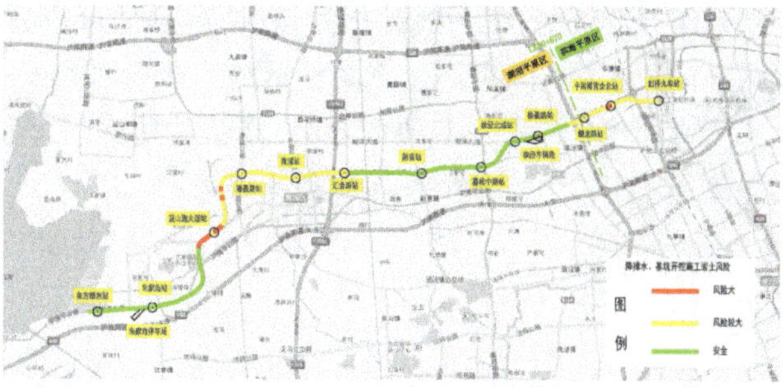

图4　降排水、基坑开挖岩土风险图

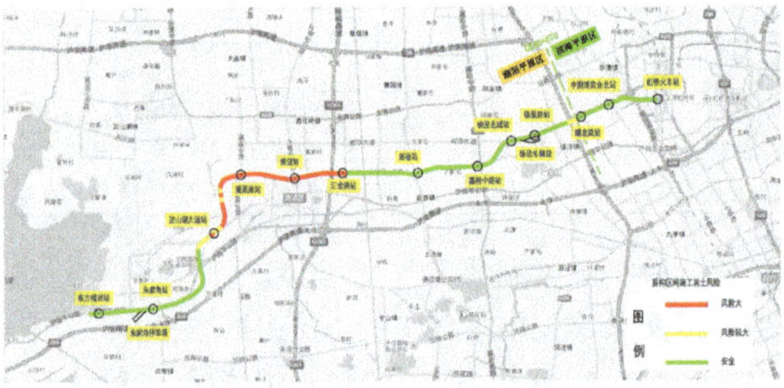

图 5　盾构区间施工岩土风险图

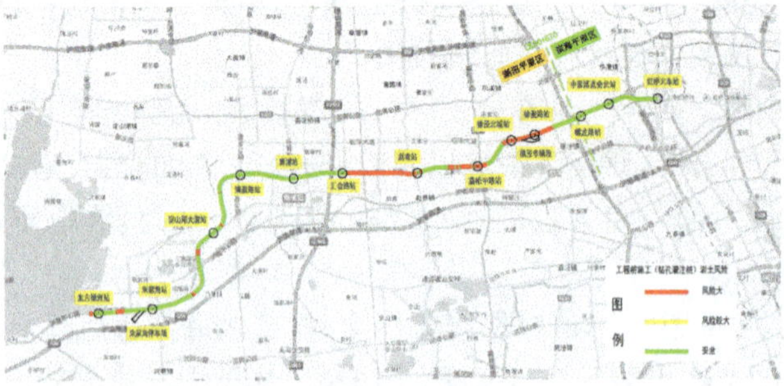

图 6　工程桩施工(钻孔灌注桩)岩土风险图

从上图可以看到,对于基坑围护施工来说,Ⅰ区浅部分布较厚的⑥$_2$层砂质粉土~粉砂,易造成灌注桩、地连墙塌孔,影响施工质量,因此风险最大;各地质分区的降排水、基坑开挖的岩土风险均较大,其中Ⅱ-1、Ⅲ、Ⅴ区风险最大;浅部有粉性土、砂土分布Ⅰ区盾构区间施工和工程桩(钻孔灌注桩)施工的岩土风险也相对较大。工程建设过程中,各个标段的建设方、设计、施工及监理等单位均以此风险分区图为参考,尤其对地质风险大的分区,从源头抓起,进行针对性的风险控制设计并制定风险处置预案,为工程安全提供了技术保障。

2.2　优化设计咨询

充分发挥勘察总体单位在地区水土特性的认知及岩土工程设计咨询经验,在初步设计阶段,组织勘察总体单位与设计单位就桩基选型、基坑围护设计等岩土工程问题进行充分沟通和交流,可一定程度上缓解勘察和设计脱节的问题,综合各方面的建议,并通过现场试验的方式进行验证,从而保证设计方案的最优化。

对于基础设计,优化咨询工作内容包括:桩型的选择;桩基持力层的选择;单桩竖向承载力设计值的确定;各类试验(天然地基、桩基、复合桩基)方案制定;桩基沉降经验修正系数的确定;沉桩可能性分析;沉桩对周围环境的影响及防范措施的建议;沉桩施工过程中出现的异常情况及问题的相关技术支持与服务;单桩静载荷试验方式与成果分析等。

对于基坑围护设计,优化咨询工作内容包括:协助设计单位进行基坑围护初步方案设计;参与基坑围护初步设计方案的技术讨论、论证、并进行多方案的对比,使围护工程造价和环境影响控制在合理范围内;基坑开挖对周围环境的影响及防范措施的建议;基坑降水对周围环境的影响及防范措施的建议等。

以上海轨道交通某号线为例,在高架段桥墩基础设计阶段,勘察总体单位通过优化桩基施工工艺,规范后注浆施工等措施,将 Φ800 mm 灌注桩(桩长约 54 m)单桩承载力极限值由4 000 kN提高至 8 000 kN,静载试验结果对比如图 7 所示,最终经设计、勘察各方确认,调整桩基设计参数,缩短桩长,约 18 km 高架段可节省基础造价约 1 800 万元,节省工期约 1 个月,经济及社会效益显著。

3　结　　论

本文总结了上海轨道交通建设岩土工程技术管理实践经验,探索了以勘察总体为核心的管理与创新融合新模式，得到以下初步结论：

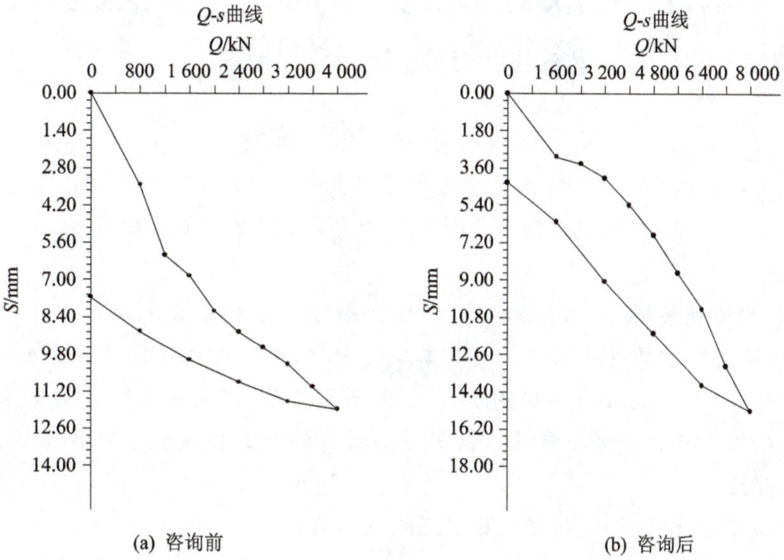

图 7　咨询前后单桩静载荷试验结果对比

(1)通过委托权威性的、有经验的勘察总体单位对轨道交通全线勘察进行质量、进度、安全、造价控制，可有效提高岩土工程技术管理效率，降低建设方管理成本，提高勘察整体质量。

(2)充分发挥勘察总体单位的岩土工程技术优势，将勘察技术管理与设计咨询创新融合，改善勘察与设计的脱节问题，提高设计方案的经济性、合理性，最终使轨道交通建设能够安全、高效、快速开展。

参 考 文 献

[1] ESKESEN S D, TENGBORG P, KAMPMANN J, et al. Guidelines for tunneling risk management: international tunneling association working group No. 2[J]. Tunneling and Underground Space Technology, 2004, 19(3): 217-237.

[2] The International Tunnelling Insurance Group. A code of practice for risk management of tunnel works[S], 2006.

[3] 中华人民共和国建设部．地铁及地下工程建设风险管理指南[M]．北京：中国建筑工业出版社，2007.

[4] 李元海，朱合华．岩土工程施工监测信息系统初探[J]．岩土力学，2002，23(1)：103-106.

[5] 孙钧．城市地下工程施工安全的智能控制预测与控制及其三维仿真模拟系统研究[J]．岩石力学与工程学报，1999，18(增)：753-762.

[6] 黄宏伟．隧道及地下工程建设中的风险管理研究进展[J]．地下空间与工程学报，2006，2(1)：13-20.

[7] 陈龙，黄宏伟．上中路隧道工程风险管理的实践[J]．地下空间与工程学报，2006，2(1)：65-69，73.

[8] 罗富荣．北京地铁建设安全管理创新研究[J]．都市快轨交通，2009，22(2)：9-12.

[9] 张志良．广州地铁建设工程管理及技术创新[J]．广州建筑，2015，43(4)：48-52.

综合物探超前地质预报在广州地铁隧道中的应用研究

雷　凯[1]， 李立功[2]， 袁延斐[1]

（1. 中铁第六勘察设计院集团有限公司，天津　300308；
2. 中铁隧道勘测设计院有限公司，天津　300133）

摘　要：文章以广州地铁隧道为例，介绍了综合物探超前地质预报在地铁隧道中的应用。本文重点介绍了TSP和地质雷达两种物探方法的基本工作原理，同时对两种物探方法在地铁隧道中的成果资料进行了分析，并与隧道后期开挖揭示情况进行了对比，开挖验证综合物探法取得了较好的预报效果。综合物探超前地质预报能为地铁隧道的设计和施工提供更多更详尽的地质依据，确保了隧道的安全的掘进。

关键词：综合物探；超前地质预报；地铁隧道；TSP；地质雷达

目前，我国已然成为世界上规模最大、发展最快的城市轨道交通建设市场。地铁隧道施工期间，由于地质条件的复杂多变，往往会给隧道施工建设带来许多不确定风险。超前地质预报作为地质勘察在施工阶段的延续和补充，能进一步从横向上提供更多更详尽的地质资料，从而对隧道施工中潜在的风险和危害及时提出预警与建议，避免灾害的发生和扩大，同时这也符合城市轨道交通动态设计与信息化施工的建设理念。

隧道超前地质预报从预报手段上分类可分为直接法和间接法，直接法主要包括地质法、超前水平钻探法等，间接法主要包括各类物探方法。综合物探法即将两种或者两种以上的物探方法有效地组合起来，互相弥补各自方法的不足，达到共同完成工程问题的目的，提高预报的准确性。

1　工作原理

TSP和地质雷达是目前隧道超前地质预报常用的两种物探方法。TSP的有效探测距离为100～150 m，地震波在围岩中衰减相对较慢，探测距离较长，可用于对施工面前方围岩地质情况进行大致的探测与了解；地质雷达的有效探测距离为15～30 m，其分辨率高，对富水带反应灵敏，可作为短距离精准预报手段，准确查明施工面前方的不良地质体。

1.1　TSP工作原理

TSP系统的工作原理即在隧道施工面附近边墙一定范围内布设20～24个炮孔，放置少量炸药于炮孔中用以激发地震波，产生的地震波以球面波的形式在隧道围岩中传播，当地震波遇到岩石波阻抗差异界面（如断层、破碎带和岩性变化）时，一部分地震信号被反射回来，一部分信号继续向前传播，反射回来的地震信号将被布设在隧道左右边墙距炮孔一定距离处的高灵敏度地震检波器接收并传至主机形成地震波记录。其实质上即为地震负视速度法的基本原理，当前方反射界面与施工面平行时，所接收到的反射波（由反射界面反射回来的信号）与直达波（由震源直接传播到检波器的信号）在地震波形记录上呈负视速度关系，反射波延长线与直达波延长线的交点即为反射界面的位置，而当反射界面倾斜时，反射波时距曲线呈双曲线形状。

该系统适用于长距离的隧道施工超前地质预报。TSP系统接收器接收到的反射信号主要包括地震波波速、振幅、相位、地震波传播方向、延迟时间等，通过TSP系统的数据分析软件处理和预报技术人员的解译后，即可预报推断出施工面前方存在的不良地质体的性质和分布形态。

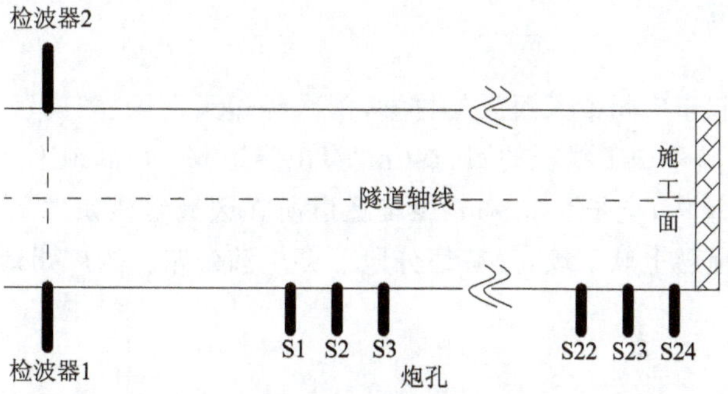

图 1　TSP 观测系统示意图

1.2　地质雷达法工作原理

地质雷达法是一种利用高频电磁波探测地下介质分布情况的物探方法。地质雷达主要由主机、天线、传输电缆及操控观测装备组成。根据电磁波在有耗介质中的传播特性，反射天线向地下发射高频电磁波，电磁波在传播过程中遇到不同电性介质分界面时，一部分穿过界面后折射继续向前传播，另一部分反射回来被接收天线接收，由主机记录并在显示器中以波形堆积图或灰度堆积图的形式显示出来。

电磁波在特定介质中的传播速度是不变的，因此根据地质雷达记录的电磁波传播时间 ΔT，即可据下式算出异常介质的埋藏深度 H：

$$H=V\cdot\Delta T/2 \tag{1}$$

式中，V 是电磁波在介质中的传播速度，其大小由下式表示：

$$V=C/\sqrt{\varepsilon} \tag{2}$$

式中，C 为电磁波在大气中的传播速度，约为 3.0×10^8 m/s；ε 为相对介电常数。

雷达波反射信号的振幅与反射系统成正比，在以位移电流为主的低损耗介质中，反射系数可表示为：

$$r=\frac{\sqrt{\varepsilon_1}-\sqrt{\varepsilon_2}}{\sqrt{\varepsilon_1}+\sqrt{\varepsilon_2}} \tag{3}$$

反射信号的强度主要取决于上、下层介质的电性差异，电性差越大，反射信号越强。

雷达波的穿透深度主要取决于地下介质的电性和波的频率。电导率越高，穿透深度越小；频率越高，穿透深度越小。

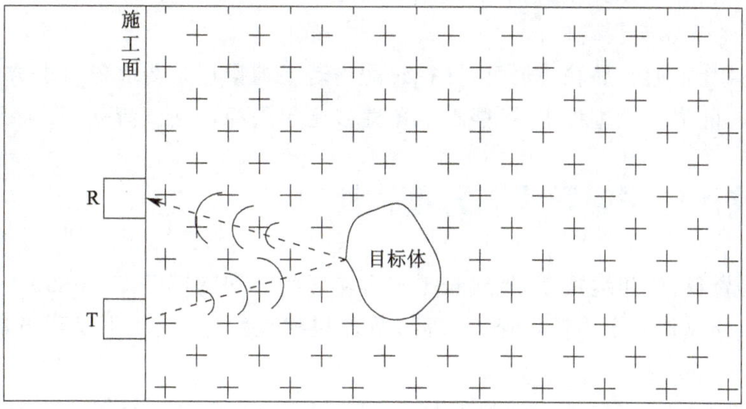

图 2　地质雷达电磁波传播示意图

2　隧道工程地质概况

广州地铁 21 号线工程起于广州市天河区员村站，依次经过天河区、萝岗区、增城市，止于增城市荔城区增城广场，全长约 61.5 km，其中地下线长约 40.0 km，穿山隧道 6.8 km，地上线 14.7 km。长平—金坑区间 2 号隧道位于广州市萝岗区境内，全长 2 558 m，该段隧道所在区域地质条件复杂，拱顶埋深较浅，土质覆盖层厚度变化较大，洞身穿过地层上软下硬，且有部分段下穿广汕公路。为广州地铁 21 号线的关键性工程。

2.1　区域构造特点

广州市位于华南褶皱系，粤北、粤东北—粤中拗陷带，粤中拗陷的中部。广州地铁 21 号线长平—金坑区间 2 号隧道位于广从断裂以东、瘦狗岭断裂以被构造区。该构造区位于东西向增城凸起的西部，主体构造为东西走向，由早古生代变质岩中的东西向片理、片麻理及其一系列不对称褶皱，东西向的瘦狗岭断裂以及控制萝岗序列花岗岩入侵的东西向构造带所组成。

2.2　场地岩土层

该段隧道所在区域覆盖土层主要为坡积的粉质黏土、砂质粘性土，其厚度约 8～15 m。粉质黏土呈黄褐色、红褐色，可塑—硬塑，主要由黏粒、粉粒组成，含少量石英颗粒及少量碎石，干强度中等，黏性较差；砂质黏性土为花岗岩风化残积土，褐黄色，可塑—硬塑，黏性一般，由粉砂、黏粒、砂粒组成，韧性及干强度差，遇水易软化。下伏基岩主要为花岗岩，局部为闪长玢岩。强风化带主要呈褐黄色、灰黄色，岩质软，遇水易软化、崩解；中风化带呈灰黄色、青灰色，中粗粒结构，块状构造，岩质较软—较硬，岩体较破碎；微风化带呈青灰色，中粗粒结构，块状构造，岩质硬，岩体较完整。

2.3　水文地质特征

区域内地下水按赋存方式分为第四系松散岩类孔隙水和块状基岩裂隙水。块状基岩裂隙水主要赋存在花岗岩强风化带和中风化带，其赋存条件与岩石风化程度、裂隙发育程度等有关，岩石裂隙发育时，岩层渗透性较好，富水性较好。裂隙不发育或当裂隙被充填时，地下水赋存条件相对较差，具弱透水性，富水性也较差，微风化岩其富水性较差，渗透性弱。由于部分强—中风化基岩上覆全风化岩和残积土等为相对隔水层，这部分基岩风化裂隙水具承压水特征。承压水水头变化与地下水的赋存、补给及排泄关系密切，并受季节变化影响。

2.4　隧道开挖的主要工程地质问题

（1）由不赋水或赋水较少的地段进入赋水量较多的地段时，由于岩体破碎，地下水较发育，接触带、裂隙发育处导水性好，易发生突水突泥现象；

（2）花岗岩强、全风化带遇水易软化崩解，开挖过程中若不加重视易造成隧道坍方、冒顶；

（3）由于埋深较浅，隧道开挖过程中，可能造成覆盖砂土层失稳，流土、流砂等，从而引起地面沉降。

3　TSP 和地质雷达法图像解译与开挖对比

根据勘察、设计等资料，广州地铁 21 号线长平—金坑区间 2 号隧道 DKX＋899～＋799 段主要穿过微、中、强风化花岗岩，中、强风化带岩体较破碎～破碎，节理裂隙较发育，且往小里程方向，微风化岩岩面逐渐降低。

为进一步了解和掌握该段隧道围岩的地质情况，在 DKX＋899 处进行了 100 m 的 TSP 探测，图 3 和图 4分别为 TSP 探测得出的探测段岩石力学参数图和 2D 成果显示图，通过对 TSP 探测资料的分析，并结合现场施工面揭示实际地质情况和详勘资料，初步推测探测段围岩地质情况如表 1 所示。

表 1　TSP 探测成果

序号	里程	长度/m	推测结果
1	DKX＋899～＋872	27	围岩主要为微—中风化岩，岩体较完整，节理裂隙不发育，局部少量发育，地下水不发育
2	DKX＋872～＋850	22	围岩主要为中—强风化岩，岩体较破碎，节理裂隙较发育，地下水较发育
3	DKX＋850～＋839	11	围岩主要为微—中风化岩，岩体较完整—较破碎，节理裂隙少量发育，地下水较发育
4	DKX＋839～＋799	40	围岩主要为强风化岩，岩体较破碎—破碎，节理裂隙较发育，地下水较发育

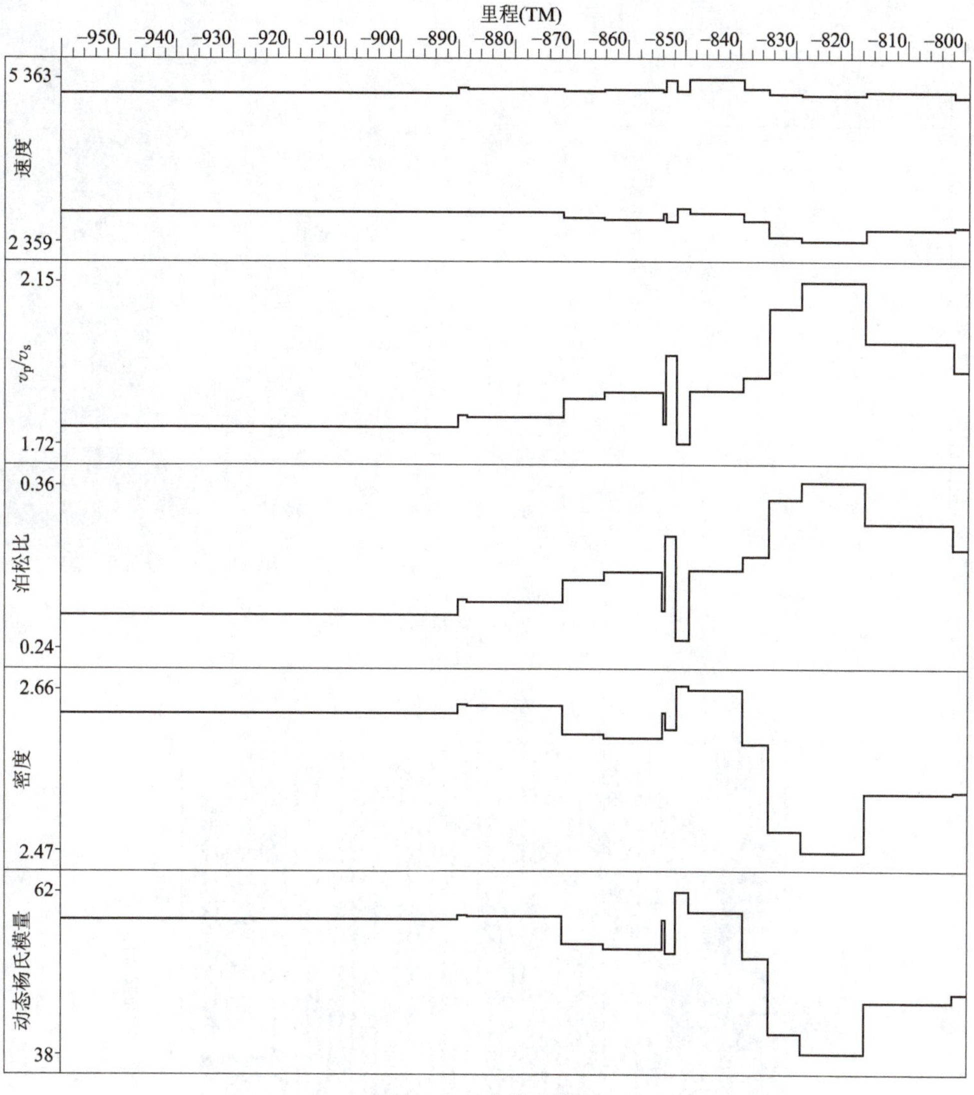

图 3　岩石力学参数图

从 TSP 探测成果中可见，探测段隧道在 DKX＋872 处围岩地质情况变差。为保证施工安全、进一步探明物探异常段及高风险段的围岩地质情况，隧道开挖至 DKX＋877 处时进行了地质雷达探测，图 5 为地质雷达探测成果图。

从地质雷达探测图中可以看出，DKX＋877～＋873 段（0～4 m）电磁波信号较为均一，同相轴连续，且反射振幅不强，推测该段岩体较完整，节理裂隙不发育；DKX＋873～＋852 段（4～25 m）电磁波为不均匀的中等偏低频信号，同相轴时断时续，振幅较强，且存在多次反射，同时左侧信号振幅明显高于右侧，推测该段岩体较破碎，节理裂隙较发育，地下水较发育，且左侧岩体含水量大于右侧；DKX＋852～847 段（25～30 m）

电磁波整体反射信号不强，少数振幅较强，同相轴较为连续，推测该段岩体较完整，局部较破碎，节理裂隙少量发育。

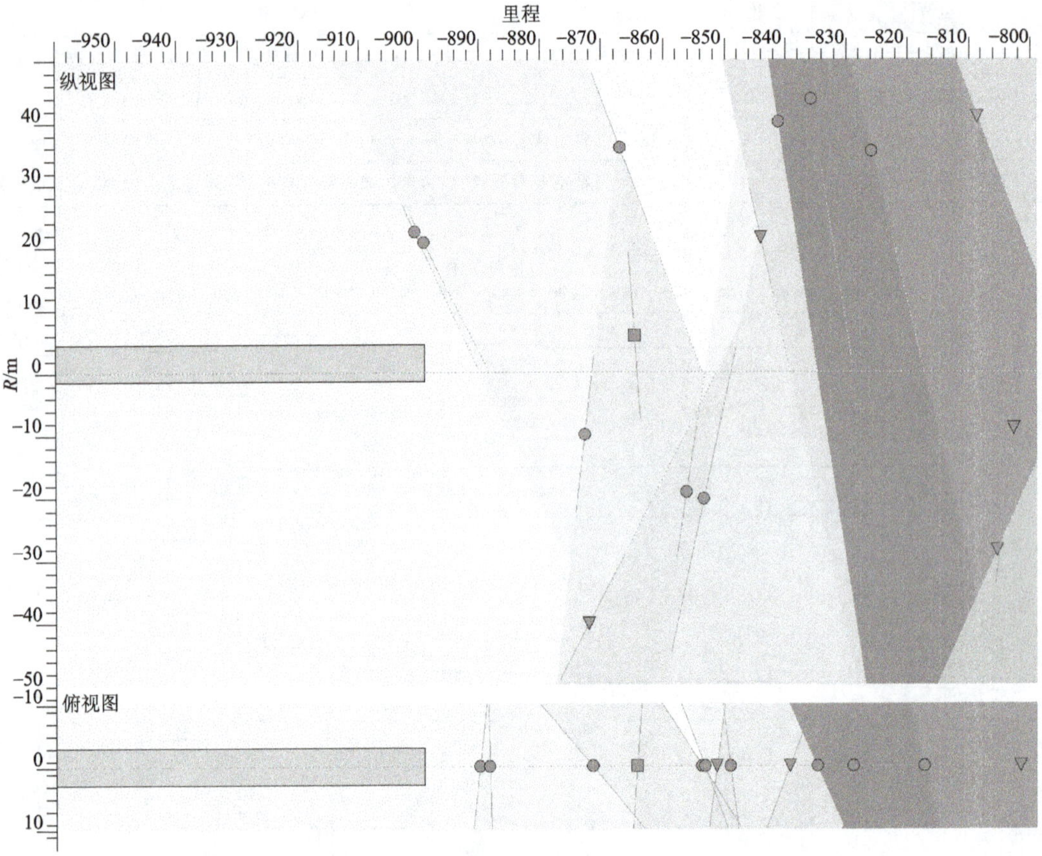

图 4　2D 成果显示图

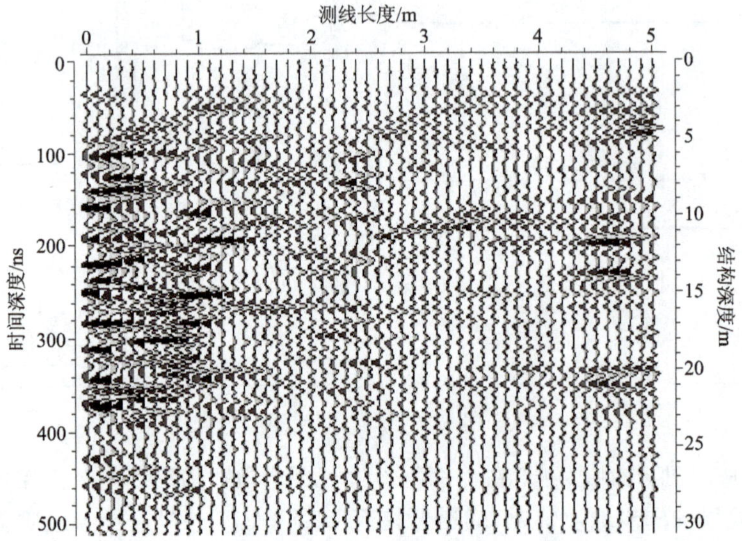

图 5　地质雷达探测成果图

后期开挖揭示，隧道开挖至 DKX＋873 处时围岩情况开始变差，DKX＋873～＋854 段围岩主要为中—强风化花岗岩，岩体较破碎，节理裂隙较发育，且地下水较发育，隧道拱顶左侧存在线状出水。DKX＋854～＋847 段围岩主要为中风化，岩体较完整，局部较破碎，节理裂隙少量发育，围岩较为潮湿。开挖后施工面揭示情况与预报结果基本一致。不同的是TSP预报距离更长，地质雷达探测显示的物探异常处的起止里程和发育规模更为准确，两种方法综合进行预报，可以为隧道安全施工提供更有力的保障。

4 结　论

(1)隧道超前地质预报作为地质勘察在施工阶段的延续和补充，可以为地铁隧道的设计和施工提供更多更详尽的地质依据，及时为隧道施工中可能存在的地质风险进行预警，降低灾害发生的可能性，保证施工安全，真正做到动态设计与信息化施工。

(2)TSP是长距离预报手段，可用于对施工面前方围岩的基本地质情况和大型地质构造进行探测，地质雷达作为一种高分辨率的短距离预报手段，可针对特殊地段进行准确地、有针对性地探测。利用综合物探法进行超前地质预报，多种探测成果对比分析，可以更好、更准确地查明隧道施工面前方可能存在的隐伏地质危害，降低误报、漏报发生的几率。

(3)物探方法作为间接法预报手段，具有预报成本低、预报距离长、占用施工作业面时间短等优点。但成果资料分析时，不能是简单的看图说话，而应结合地勘资料以及施工面实际揭示的地质情况进行综合分析，不能放过任何一个可能的物探异常区，同时也必须尽量排除受各种干扰产生的假异常。

参 考 文 献

[1] 何发亮，李苍松，陈成宗．隧道地质超前预报[M]．成都：西南交通大学出版社．2006.

[2] 赵永贵．国内外隧道超前预报技术评析与推介[J]．地球物理学进展，2007，22(4)：1344-1352.

[3] 高炳魁，朱自强．TSP地质超前预报在浅埋隧道中的应用[J]．西部探矿工程，2008，20(1)：139-141.

[4] 肖书安，吴世林．复杂地质条件下的隧道地质超前探测技术[J]．工程地球物理学报，2004，1(2)：159-165.

[5] 李大心．探地雷达原理与应用[M]．北京：地质出版社．1994.

[6] 黄金山．基于探地雷达的隧道超前地质预报技术及其应用研究[J]．山东科技大学学报自然科学版，2011，30(1)：47-52.

测 量 技 术 篇

- 利用 DiNi03 水准仪进行水准主路线与支路线同步测量及数据自动处理的研究
- 现代城市轨道交通工程地面控制测量新需求
- 城市轨道交通工程近距离上跨既有线项目测量技术总结
- 城市轨道交通 GNSS 控制网测量起算基准研究
- 轨道交通地面导线控制网距离改正精度分析研究
- 测量测试技术在地铁隧道结构健康检测中综合应用及分析
- 基于 SLAM 算法的室内移动测量技术在地下工程中的应用
- 基于稳健估计的 CPⅢ高程网粗差探测

利用DiNi03水准仪进行水准主路线与支路线同步测量及数据自动处理的研究

刘卫国，卢　硕

（中铁隧道勘测设计院有限公司，天津　300133）

摘　要：如今全国各地正在大力推进地铁的建设，为了确保地铁建设的顺利进行，沉降监测显得尤其重要。地铁沉降监测的监测点通常较密，水准路线复杂，监测精度要求高。传统的水准测量方法由于在每两个相邻的监测点之间都要设立测站点，这样使累积误差大大增加，很容易造成测量成果精度超出规范要求的限差。本文提出了一种主路线与支路线同步测量观测方法，可以很好解决精密水准监测时，监测点较密，水准线路复杂，累积误差较大的问题。本文对数据自动化处理程序进行了研究，以Visual Studio 2010为开发平台，利用C#编程语言，对DiNi03电子水准仪原始数据进行分析、提取主路线与支路线高程点，最后生成外业高差及概略高程表的功能，从而实现内外业一体化功能。

关键词：主路线支路线同步测量；精度分析；数据自动化处理；C#程序设计

目前，全国各地正在大力推进地铁的建设，为了确保地铁建设的顺利进行，需要对地铁线路周边的房屋、管线以及路面等进行沉降监测。地铁修建在繁华城市中，周边的房屋、管线以及道路较多，从而布设监测点繁多且密集。传统的水准测量方法由于在每两个相邻的监测点之间都要设立测站点，这样使累积误差大大增加，很容易造成测量成果精度超出规范要求的限差。这要求人们必须提出一种精度更高的观测方法，使测量数据更加精确，数据处理更加自动化。本文提出了一种利用DiNi03水准仪进行水准主路线与支路线同步测量的新观测方法。并针对工程中使用此测量方法得到的数据，通过编程实现了自动化数据处理软件，自动提取主路线及支路线高程点数据，并进行平差，最后生成外业高差及概略高程表，节省了大量的数据处理时间，取得了较好的效果。本文就此方法的外业观测和自动化数据处理软件的实现进行论述。

1　主路线与支路线同步测量方法

如图1所示，有两个已知高程点BM_1和BM_2，并有6个监测点。按照传统测量方法，使用如图1(a)的附和水准线路进行测量，该方法在监测点密集，水准路线复杂，测站较多的情况下会出现误差累积变大，路线设计复杂等问题。

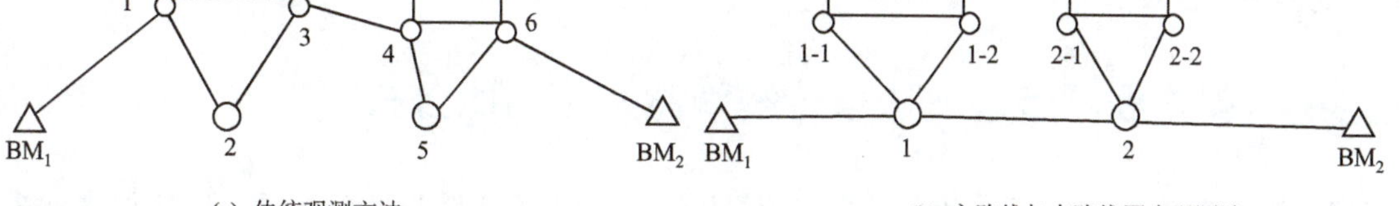

(a) 传统观测方法　　(b) 主路线与支路线同步观测法

图1　水准测量方法

主路线与支路线同步测量方法为：先设计主水准路线，再利用每个主水准点设计支水准路线，通过主水准路线对监测点进行观测，如图1(b)所示。

同样从BM_1监测到房屋的6点位置，传统的测量方法测站数最少需要6站，而如果采用主路线与支路线同步测量方法，则只需要设立 3 站就能监测到相应的点 2-2。这样大大减少了测站数，从而较好地解决了精密水准监测时，监测点密集，水准路线复杂，累积误差较大的问题。

DINI03 水准仪实现主路线与支路线同步测量方法操作步骤：

(1)新建项目。开机后的界面菜单中有四大项，选择文件进入，然后选择项目管理中的新建项目。新建好的项目名会在主菜单中显示。

(2)新建水准线路。选择主界面的测量进入，然后选择水准线路新建一条水准线路。

(3)输入基点高程。在水准线路基准中输入点号 BM_1，基准高 50.000 00。

(4)开始主路线测量。SNo:001 表示为第一个测站，依次测完第一个测站的 BFFB。这样完成了对主路线点号 1 的测量，如图 2 所示。

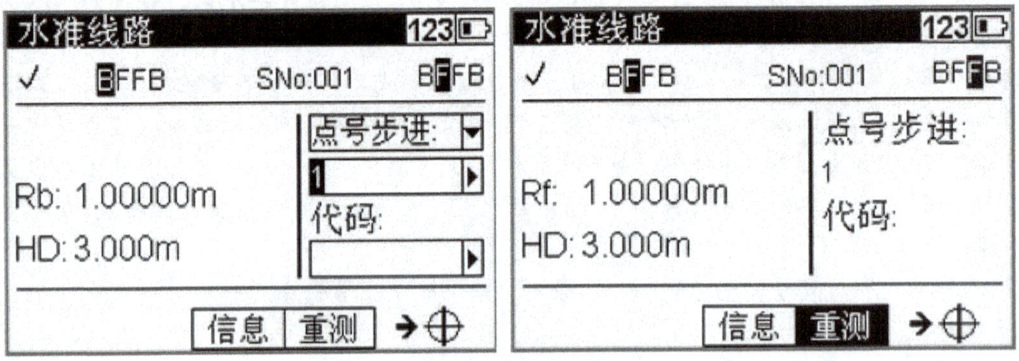

图 2 主路线测量

(5)进行支路线测量。仪器设站在点 1 与点 1-1 之间，后视主路线点 1，前视支路线点 1-1，进行对支路线点 1-1 的测量。点 1-1 测量完成后，仪器重新设站在点 1 与点 1-2 之间，将光标移至仪器测量界面的“重测”，点击进入选择“重复最后测站”。后视主路线点 1，前视支路线点 1-2，进行对支路线点 1-2 的测量，如图 3 所示。

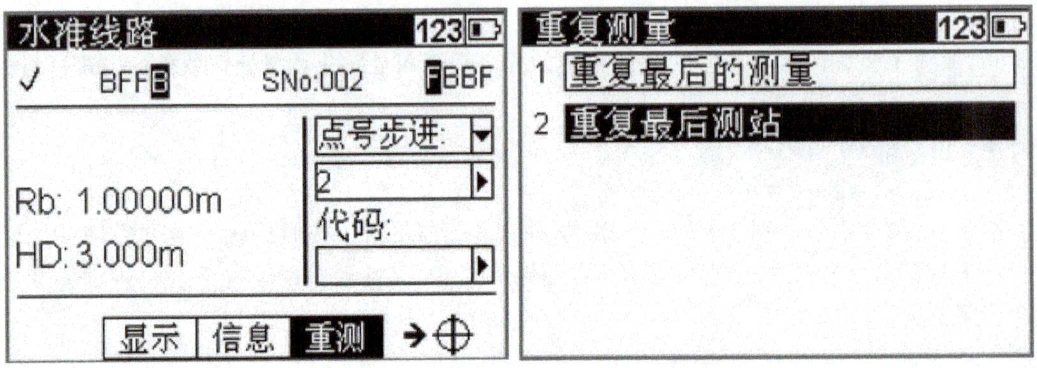

图 3 支路线测量

(6)依此测完整测段。

2 主路线与支路线同步观测法与传统观测方法对比分析

在精密水准监测中，经常遇到水准线路复杂，监测点较密，水准线路长度反而很小。比如水准线路长度 $L\approx 200$ m，监测点位个数 $N=50$。《国家一、二等水准测量规范》里对二等水准线路的限差做了规定：每千米高差全中误差小于等于 2 mm，符合水准线路闭合差小于等于$4\sqrt{L}$(L 是水准线路长度，单位为 km)。

传统观测方法由于在每两个相邻的监测点之间都要设立测站点，使得测站数 n 增大。根据协方差传播律，观测值线性函数的方差：

$$D_{ZZ}=\sigma_Z^2=K_1^2\sigma_1^2+K_2^2\sigma_2^2+\cdots+K_n^2\sigma_n^2$$

这样使累积误差大大增加，很容易造成超出规范要求的限差。

主路线与支路线同步观测方法则可以很好解决精密水准监测时，监测点较密，水准线路复杂，测站数增加，累积误差增大的问题。并且通过实际工程案例证实了主路线与支路线同步观测方法较传统观测方法有更好的精度。

3 数据自动化处理程序设计思路

软件的基本设计思路如图 4 所示。

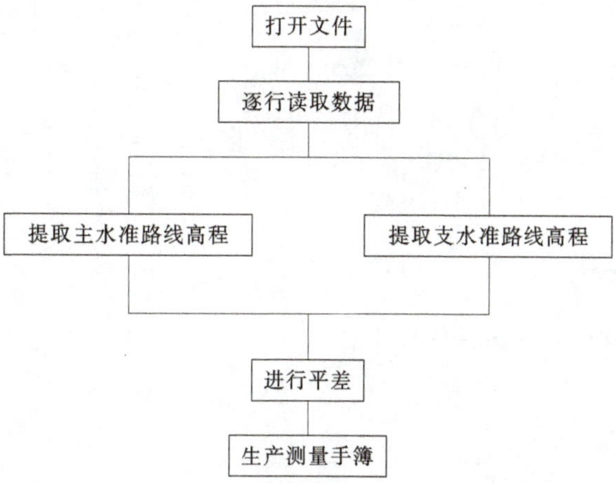

图 4　软件设计图

程序的主要功能设计如下：

充分发挥电子水准仪的先进功能，以满足测量中采取的主路线与支路线同步观测法为出发点，对原始记录数据文件进行提取以及分析，从而使数据处理达到更高的自动化程度，实现水准测量测量内外业一体化。程序所具备的功能如下：

(1)具有对记录数据的测段分解、错误剔除、粗差探测等功能；

(2)可以分别提取出主水准路线、支水准路线高程数据，并进行平差处理；

(3)具有符合现行国家行业水准测量规范的标准化表格输出功能。

4 程序实现方法

(1)提取测段。在原始记录数据文件中搜索具有“Start-Line”和“End-Line”标识的行。从 Start-Line 开始到 End-Line 结束，中间部分为一个测段。测段的名称以测段起始点和结束点命名。以此原则，提取出原始记录数据文件中的所有测段。

(2)剔除重测数据。在原始记录数据文件中搜索具有“Measurement repeated”标识的行，将下一行的这些记录忽略。

(3)数据统计及粗差判断。对提取出来的所有测段的有效数据，分别计算出每站的视距不等差、前后视距长度、前后视距累计差、最小视线高度、两次度数高差之差、两次读数差等数据信息及水准测量观测质量与等级。避免原始记录数据的不准确性或被改动，进行高差和距离正确性检验，把计算出来的每站的高差、视距累计分别与原始数据文件中记录的高差和记录的总里程进行比对，以判断是否存在粗差。

(4)提取主路线与支路线监测点高程。将文件中所有带有高程的数据提取出来，实现此功能的部分代码如表 1 所示。

表 1　提取主路线与支路线监测点高程部分代码

```
    private void button1_Click(object sender,EventArgs e)
{
        richTextBox1. Text="";
using(StreamReader strRead=new StreamReader((System.IO.Stream)File.OpenRead(FileN),System.Text.Encoding.Default))
{
    string pp="";
    while(strRead. Peek()>-1)//读取文本中的内容
{
    pp=strRead. ReadLine();
    string[]strNews=pp. Split('|');
    for(int i=0;i<strNews. Length;i++)
{
    if(i==5)//读含高程的数据
{
    string ll=strNews[i];
    string[]ppp=ll. Split(' ');
    string no1=strNews[2]. Substring(3,9);
    string tm=strNews[2]. Substring(18,9);
    if(string. Compare("Z", ppp[0])==0)
    {
richTextBox1. Text+=no1+","+ppp[8]+","+tm+"\r\n";
    }
    }//读含高程的数据
            }
        }//读取文本中的内容
      }
    }
```

(5)高程写入 Excel 表格,将高程数据导入到 Excel 表格中,代码如表 2 所示。

表 2　读出高程代码

```
private void button2_Click(object sender, EventArgs e)//高程读入 Excel 表格
{
    StreamReader strRead=null;
        try
    Excel. Application excel=new Excel. Application();//引用 Excel 对象
    excel. Application. Workbooks. Add(true);引用 Excel 工作簿
    excel. Visible=true;//使 Excel 可视
    using(strRead=new StreamReader((System.IO.Stream)File.OpenRead(FileN),System.Text.Encoding.Default))//以只读方式打开字符
编码为 ANSI 的文本文件
{
    string pp="";
    int c=1;
    while(strRead. Peek()>-1)//读取文本中的内容
{
    pp=strRead. ReadLine();
    string[] strNews=pp. Split('|');
    for(int i=0;i<strNews. Length; i++)
{
    if(i==5)//读含高程的数据
{
    string ll=strNews[i];
    string[]ppp=ll. Split(' ');
    string no1=strNews[2]. Substring(3,9);
    string tm=strNews[2]. Substring(18,9);
```

续上表

```
    if(string.Compare("Z",ppp[0])==0)
{
    excel.Cells[c,1]=no1;
    excel.Cells[c,2]=ppp[8];
    excel.Cells[c,3]=tm;
    c+=1;
        }
    }//读含高程的数据
        }
    }//读取文本中的内容
  }
        }
catch
    {strRead.Close();
    strRead.Dispose();
        }
```

(6)成果导出。为用户自动生成外业高差及概略高程表。

5 结　论

本文使用 DiNi03 水准仪中的重复最后测站功能,采用主水准路线与支水准路线同步观测法,基于 C# 编程语言,对 DiNi03 电子水准仪原始数据进行分析、提取主高程点及平差,最后生成外业高差及概略高程表的功能,为内业资料处理做好了数据准备,真正做到了内外业一体。主路线与支路线同步观测法很好解决精密水准监测时,监测点较密,水准线路复杂,累积误差较大的问题。利用本文提出的测量观测方法结合数据自动化处理程序,应用在沉降监测中,大大提高了水准测量精度,节省了大量数据处理时间,取得了不错的效果。

参考文献

[1] 王井利,卢硕．水准主、支路线同步测量及数据处理方法的探讨[J]. 建筑与预算,2016(12):42-45.

[2] 李灵爱,潘国兵．电子水准仪原始数据智能化处理软件研究[J]. 测绘通报,2016(6):128-132.

[3] 赵显富,朱杰,吕伟．DiNi03 数字水准仪数据格式转换程序的设计与实现[J]. 测绘通报,2013(11):134-135.

[4] 张波,李云涛,邱利军,等．DiNi03 水准仪单一水准路线数据处理的程序设计[J]. 安徽建筑,2016(2):243-244.

[5] 邹积亭,江恒彪．DINI12 数字水准仪数据文件格式与读取算法[J]. 北京测绘,2006(1):55-57.

[6] 王海城,邹进贵,刘琦．DINI12 电子水准仪记录数据标准化处理方法[J]. 地理空间信息,2007(5)111-113.

[7] 王海城,何义斌．基于 DINI12 电子水准仪记录数据标准化处理方法[J]. 测绘科学,2007(1):112-114.

[8] 姚灼伟．对 DINI03 电子水准仪与 Excel 的联合应用探析[J]. 科技创新与应用．2014(4):279-280.

[9] 乔植朋．DINI12 电子水准仪的应用[J]. 科技资讯．2009(19):115-116.

[10] 邹进贵,余锐,纪志刚．DINI03 数字水准仪内存记录数据转换方法研究[J]. 测绘地理信息．2013(4):16-17.

[11] 王海城,何义斌,王雯涛．沉降监测数据处理软件系统的设计与开发[J]. 测绘科学．2008(S1):205-206.

现代城市轨道交通工程地面控制测量新需求

王　建

（中铁隧道勘测设计院有限公司，天津　300133）

摘　要：我国城市轨道交通规划范围越来越广，建设规模越来越大，建设要求越来越高，由此对城市轨道交通建设地面控制测量的需求也越来越高。为了更好地满足现代轨道交通建设要求，解决我国城市轨道交通不同建设时期地面控制网范围不足、整体性差、新旧坐标系统不匹配等问题，根据工作经验，总结了目前我国城市轨道交通工程测量工作面临的新问题，系统地提出了现代城市轨道交通工程地面控制测量建网要求。实践证明，随着现代测绘技术的发展，通过实施该项措施，能够实现并进一步提高地面控制测量的质量，满足现代城市轨道交通建设需求。

关键词：现代城市轨道交通工程；地面控制测量；新需求

随着我国城市轨道交通的发展，城市轨道交通建设已经走出“中心城区”，向外规划发展；现代城市轨道交通建设一方面能够协调城市交通供需矛盾，缓解公共交通拥堵；另一方面，其对城市经济社会发展、更好地支撑和引领城市空间布局扩展的带动作用也越来越凸显。

一座城市为了满足近期和远期城市发展需要往往规划多条城市轨道交通线路，随着城市社会经济的发展，城市轨道交通建设发展迅速。公开数据显示，2015 年全国已经有 39 个城市建设或规划建设轨道交通，总的规划里程超过 7 300 km，截至目前，已经有 22 个城市开通了轨道交通，运营里程 2 764 km。预计到 2020 年全国拥有轨道交通的城市将达到 50 个，到 2020 年我国轨道交通要达到近 6 000 km 的规模。

由此造成的城市轨道交通建设工程测量工作出现了一些新情况，面临一些新问题。在城市轨道交通建设初期，轨道建设区域往往位于中心城区，轨道建设工程控制测量一般布设成沿某条线路的带状控制网，起算于城市三角控制点，能够解决某一条线路在城市中心区控制测量需要。随着现代轨道交通建设范围的扩展和城市建设的发展，原有的城市三角点遭到破坏，密度、范围及精度已远远不能满足目前轨道交通大范围、长距离、多条线共同建设所面临问题：同一城市不同时期建设的轨道交通测量系统不统一、原有线路扩展网远离中心城区变形较大、城市新旧坐标系统不匹配、不同坐标系统相邻城市城际线建设测量基准等新问题，本文针对这些测量新问题进行了分析，提出了解决方法。

1　轨道交通工程建设新趋势

（1）线路长度不断增加、延伸的范围向城市周边地域发展。原来一条规划线路往往分期建设，初期主要是为了缓解城市集中区客运交通压力。随着社会发展的加快，规划和建设也要超前规划和建设，一条线路的建设一方面满足人口密集区交通运输需要，另一方面轨道交通的建设促进、带动城市周边地区的发展。线路覆盖的范围不断延伸，明显的特点就是远离市区向城市周边地域发展。

（2）跨区域建设。特别是城际轨道交通工程建设，例如：机场专线、广州的广佛线、南京的宁天城际线、沈阳黎明至望滨城际铁路工程等也采用地铁建设模式进行建设和运营，往往委托城市轨道交通建设单位代管或代建，与原规划的城市轨道交通工程存在多方联系。

（3）轨道交通工程线路之间的交叉换乘节点越来越多。这是城市轨道交通工程建设过程中越来越明显的一个特征。虽然目前一般都预留了远期建设接口，但是随着国家测绘与地理信息的更新，这些接口资料与将来的新线设计资料是否一致、匹配，也是一件棘手的事情。

(4)国家测绘与地理信息的更新。从 2008 年 7 月 1 日开始，国家启用我国的 2 000 国家大地坐标系，要求用8～10 年的时间，完成现行国家大地坐标系向 2 000 国家大地坐标系的过渡和转换。相应地完成地方城市坐标系向国家 2 000 坐标系的转换，从而产生新旧坐标系统的矛盾问题。

2 工程测量面临的新问题

针对轨道交通建设总体呈现的上述现象，在城市轨道交通建设期间，从工程测量专业角度来讲，可能存在以下问题。

(1)原城市二等三角点建设时间较长，部分三角点遭到破坏，变形较大，成果的现势性较差，较难满足目前地铁工程控制点的需要，与采用新技术重新布设的城市 *B* 级网点之间坐标不匹配。更新的城市坐标系统与原来的城市坐标系存在一定的差异，距主城区(控制点相对较多)越远，新旧系统差别越大。

(2)部分轨道交通工程范围距离城市坐标系统中央子午线较远，工程面距参考椭球面高度较大(超过规定范围)，从而导致工程面每公里长度的投影变形和高程归化改正值超限。

(3)不同城市控制网之间的转换和衔接。一个城市往往有这个城市独立的城市坐标系统。城际线的建设要求两个城市之间的城际线的测量系统必须一致，因此，要进行两个城市坐标系统的转换，求得转换参数。

(4)目前控制网覆盖范围较小，控制网的范围不能满足建设需要。特别是部分规划线路的端头远离市区，超出原有城区控制网范围。如果仅通过目前逐步扩充的方式也很难满足未来多条新线路的建设要求，且该种方法整体性较差，不利于地铁项目的实施。

(5)新线控制网和既有线控制网的衔接。如果新建线路的沿线控制网系统与已建线路控制网系统不一致或者存在差异，则需要进行测量系统一致性处理，并消除差异，否则可能导致对工程结构测设质量的影响。

上述轨道交通工程建设趋势和工程测量面临的新问题要求轨道交通测量工作要进行针对性的规划，解决现代城市轨道交通建设中可能出现的问题，避免因测量控制问题出现工程事故。

3 建立覆盖全规划线路控制网

基于以上分析，需要建立覆盖全部规划线路范围的城市轨道交通测量控制网，使各条线路之间有一个统一平面、高程测量基准，解决目前各条线路测量系统不一致的情况，保证不同时期建设地铁的准确衔接。为实现该目标，首先应建立覆盖全市规划线路范围的测量控制框架网，在此基础上建立测量基本网。框架控制网主要为线路基本网或专用高精度施工控制网提供坐标、高程基准。基本控制网则直接为线路勘测设计、施工和运营阶段测量工作提供平面、高程控制。

3.1 总体要求

(1)测量控制网建设必须符合现行法律、法规及技术规范的相关规定，充分借鉴国内成熟建网经验，充分考虑城市环境的复杂性和轨道交通工程施工高精度、长期性、控制点使用频繁等特点，建设一个高质量的测量控制网。

(2)平面和高程系统必须根据国家和省、市现行的有关法律、法规、部门规章、规范性文件等，选择合理、合法、合规的平面坐标系统和高程系统。

(3)为了使轨道交通工程建设与城市坐标系统下的测量资料能互相利用、不至于造成城市规划、城市工程建设及地下管道与轨道交通工程建构筑物产生矛盾和破坏性的影响，控制网的平面和高程系统应与城市规划与国土部门采用的平面和高程系统一致。

(4)控制网实施应遵循技术先进、经济合理、质量可靠和安全适用的原则，应充分利用城市已有的城市高等级平面、高程控制点位以及各线路已建控制网点位，以达到避免重复建设，促进测绘成果共享，也可以更好地与城市坐标和高程系统进行衔接。

(5)应在城市一、二等平面和高程控制网的基础上，建立专用平面、高程施工控制网，其与城市控制网重合点的坐标及高程互差，应分别不大于50 mm和20 mm，且应采用统一的坐标、高程系统。

(6)相应于城市轨道交通线路的分期建设，覆盖全部线路的轨道交通控制网也相应地分级、分期布设。所建立的控制网精度应以保证轨道交通工程建设中暗、明挖隧道和高架结构施工横向贯通测量中误差不大于±50 mm、高程贯通测量中误差不大于±25 mm为目的。

(7)认真做好控制网的布设、控制点的选埋、控制网的优化设计、外业观测、数据处理等各环节工作，确保控制网的质量。

3.2　框 架 网

3.2.1　平面框架网建设要求

(1)平面框架网采用GPS进行测量，轨道交通框架网必须建立在新的国家(城市)基础坐标框架基础上，具有高精度、高兼容性，覆盖全部远景规划线路范围。所有线路的建设及测绘将在GPS框架网建成后统一在GPS框架网坐标系统下进行。

(2)框架网的精度及技术指标应达到住房和城乡建设建部颁发的《卫星定位城市测量技术规范》(CJJ/T 73—2010)规定的城市GNSS控制网二等网技术要求(表1)。GPS框架网的技术指标、技术要求、野外观测及数据处理等应参照规范中的相关规定执行。

表1　GPS框架网技术要求

等级	平均距离/km	固定误差 A/mm	比例误差系数 B/(mm・km)	约束点间的边长相对中误差	约束平差后最弱边相对中误差
二等	9	≤10	≤2	≤1/250 000	≤1/120 000

(3)凡符合框架网要求的现有城市控制点和已有线路控制网点的标石应充分利用。每条线路应至少布设3个以上框架网点(不同线路可以共用框架网点)，以满足线路设计图纸坐标转换需要。

(4)框架网测量单位必须做好建网方案设计，并组织专家论证评审通过后，报省、市测绘行政主管部门批准后实施。

3.2.2　高程框架网建设要求

(1)高程系统采用与城市一致的高程系统，应充分利用已有的城市一、二等高程控制网点及高程数据，必要时联测城市高程原点。

(2)新建的框架网点必须选在利于点位长期保存，稳定的位置。必要时埋设一定数量的深桩或基岩点，满足轨道交通长期建设需要。

(3)高程框架网的布设、观测、精度要求与城市二等水准测量要求相同。

3.2.3　框架网的功能

(1)覆盖整个城市轨道交通规划范围，对轨道交通工程建设网络进行整体控制，利于建设管理并顾及轨道交通建设工程远景发展。

(2)保证规划线网测区范围内平面坐标系统和高程系统的连续性、统一性，以保证各条线路的衔接和平顺。

(3)为地铁基本网提供高精度的控制点起算成果，并为后期新、老坐标系提供统一的转换参数。

3.3　基 本 网

3.3.1　平面基本网建设要求

(1)按照工程建设规划网中各条线路建设的先后次序，分阶段沿线路独立布设各条线路的地面平面基本控制网。基本网的起算基准(已知点)为框架网或更高等级控制网数据。

(2)平面控制网的大小、形状、点位分布应分别满足各线路设计阶段、施工阶段和运营阶段的测量和变形监测工作需要。

(3)布网时应结合线路延伸和与其他线路交叉状况。在线路延伸和交叉地段,必须有两个以上稳定的控制点重合,应对重合点进行兼容性分析,如果兼容,数据处理时采用强制约束平差的方法。

(4)GPS 框架网建成后,充分利用已建成的线路原有控制网,通过 GPS 联测,建立 GPS 框架网与各线路已有坐标系统的坐标转换关系,以满足不同时期设计资料坐标转换及规划征地的要求。

(5)利用在建线路基本网定期复测的机会,联测新坐标系下的框架网,计算在建线路控制点新坐标系成果,在施工期间积累在建工程在新坐标系下的竣工资料(测量结构在新坐标下的成果),竣工时提供新旧两套坐标系下的竣工资料,满足过渡时期资料使用需要和资料更新需要。

(6)为了提高已建线路控制网与框架网的转换精度,应尽可能多的基本网控制点与框架网联测。必要时,可将所有基本网控制点与框架网联测。

(7)平面控制网的投影面高程的选择应满足轨道交通工程线路轨道的平均高程与城市投影面高程的高差影响每公里不大于 5 mm。

(8)平面基本网采用 GPS 技术进行测量,其主要技术指标应满足表 2 的要求。

表 2 GPS 基本网技术要求

平均距离/km	最弱点的点位中误差/mm	相临点的相对点位中误差/mm	最弱边的相对中误差	与现有城市控制点的坐标较差/mm	与不同线路重合控制点的坐标较差/mm
2	±12	±10	1/100 000	≤±50	≤±25

3.3.2 高程基本网建设要求

(1)根据线路建设的次序,在高程框架网的基础上分期独立建立每条线路的高程基本控制网。

(2)高程基本网的起算数据为高程框架控制网点或更高等级高程点。基本网的起算数据原则上不应少于 3 个。

(3)有换乘或接口工程的新建线路高程基本网必须联测已建线路稳定高程控制点。数据处理时,首先进行稳定性判断,如果点位兼容则采取强制约束平差的方法,确保高程衔接。

(4)有联系的两条线路的高程基本网至少有 1 个相同起算点。

(5)各条线路高程基本网点位分布应满足各线路设计阶段、施工阶段和运营阶段的测量和变形监测工作需要。

(6)高程基本网测量应满足现行标准《城市轨道交通工程测量规范》(GB 50308—2008)中有关地面高程控制测量的要求。

3.3.3 基本网的功能

直接服务于各条线路建设,作为施工测量加密、测设的依据,指导施工。

4 控制网维护和更新

(1)GPS 框架网、基本网在地铁工程建设期间的维护和更新工作一般由建网单位按要求委托有关单位负责进行。

(2)在城市轨道交通工程建设期间,对建成的 GPS 框架网、GPS 基本网应定期进行复测维护。整体框架网可每两年复测 1 次;基本网第 1 次复测应在线路开工之前进行,之后应每年复测 1 次,且应根据控制点稳定情况适当调整复测频次。

(3)复测精度不应低于首次测量精度,当控制点标石被破坏时,应重新埋设,复测时统一观测,以确保控制网的稳定、连续、可靠。

(4)复测后,应评价原网稳定状况和可靠程度,确保平面和高程控制网满足地铁建设需要,并将最新可使用成果上报业主,由业主组织进行发布,各成果使用单位按照新成果进行后续测量工作。

5　结束语

目前建立覆盖城市轨道交通全规划线路的测量控制网能较好地解决轨道交通工程近远期建设的测量问题,但在建立城市轨道交通地面控制网时还要注意以下几点:

(1)精度控制。由于城市轨道交通工程所处的空间位置、建设方法、精度要求、工艺要求与一般的市政工程有所区别,因此,控制网建设要有针对性地考虑以满足轨道交通工程建设需要。必要时应建立针对城市轨道交通工程建设的高精度专用控制网。

(2)控制点密度。框架网密度一般5～10 km为宜,布设点位密度要均匀;基本网的密度一般为500～2 000 m为宜,可分区域区别对待。

(3)框架网要一次性布网,整体测量,保证框架网的整体性。

(4)成本控制。根据国家要求和城市建设需要,一个城市本身要建立城市基础控制网,由政府出资或其他相关部门出资建设,由城市基础测绘部门负责实施。因此,城市轨道交通框架网建设可以考虑委托城市基础测绘部门建立,城市基础测绘部门在进行城市基础测绘时,同时考虑轨道交通建设的特殊要求,统一规划实施,达到市政基础测绘与轨道交通建设的共用或部分共用,避免重复建设,达到资源共享,节约投资成本。

参考文献

[1]　北京城建勘测设计研究院有限责任公司. GB 50308—2008 城市轨道交通工程测量规范[S],北京:中国建筑工业出版社,2008.

[2]　国家测绘局标准化研究所. GB/T 18314—2009 全球定位系统(GPS)测量规范[S],北京:中国标准出版社,2009.

[3]　马尧成. 城市轨道交通地面施工控制网测量与研究[J]. 都市快轨交通,2011(24):41-45.

[4]　顾岷. 我国城市轨道交通发展现状与展望[J]. 中国铁路,2011:53-56.

[5]　姜雁飞,唐红军. 利用GPS建立城市轨道交通专用坐标系和平面控制网的探讨[J]. 测绘通报,2010(09):228-231.

城市轨道交通工程近距离上跨既有线项目测量技术总结

才　群

（中铁隧道勘测设计院有限公司，天津　300133）

摘　要：随着社会的发展，地铁已成为大都市的标志性建设项目，城市建设环境错综复杂，不可控因素给测量工作提出了越来越高的要求。本文结合地铁实际工程，阐述了第三方测量在近距离上跨既有线项目实施过程中采取的测量检测方法及管控措施，通过数据分析比对为成功上跨既有线提供了有力的技术支持。

关键词：城市轨道交通工程；上跨既有线；盾构姿态测量；测量技术

1　工程概况

中—松盾构区间位于崇山东路下方，线路出中医药大学站后沿崇山东路东行，上跨既有地铁 2 号线崇—岐区间、侧穿崇山路高架桥、东一环高架桥及多栋房屋、下穿北塔桥桥桩后到达松花江街站。区间右线全长 1 234.533 m，左线全长 1 221.747 m。隧道为标准单洞单线圆形断面，盾构法施工，线间距 12～15 m，覆土厚度 5.92～17.80 m。

如图 1 所示，崇—岐区间为标准单洞单线马蹄形断面，采用矿山法施工，复合式衬砌；既有地铁 2 号线区间标准段二衬厚度 350 mm，初支 250 mm，人防段二衬 500 mm，初支 300 mm。

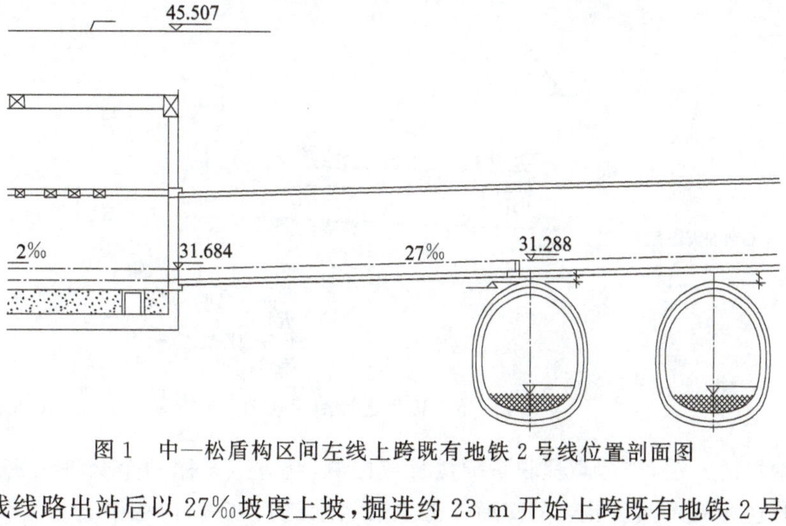

图 1　中—松盾构区间左线上跨既有地铁 2 号线位置剖面图

中—松区间左线线路出站后以 27‰坡度上坡，掘进约 23 m 开始上跨既有地铁 2 号线，然后通过设计断面变化调整段，再以 22‰坡度下坡，左线区间隧道盾构机刀盘外边缘与既有 2 号线右线初期支护结构净距约116 mm，与既有地铁 2 号线左线初期支护结构净距约 580 mm。

2　测量重难点分析

项目开展前，针对项目中可能会出现的问题进行逐项分析，提前制定相关解决方案，施工中易出现的问题即第三方测量重点把控问题，主要有以下几点：

(1)由于该工程设计变更后的特殊性，如何提高地下测量控制网高精度，确保提供给盾构机掘进的测量基准准确无误尤其关键。

(2)既有地铁 2 号线结构距离中医药大学站左线始发端仅有 23 m 左右，可供盾构掘进姿态调整段过短，应严格控制盾构机始发姿态，保证始发架、反力架、导轨、盾构机按照设计与施工方案中的要求准确就位。

(3)区间上跨段距离地铁 2 号线人防段最近距离 116 mm，盾构掘进过程中的自动导向姿态和人工姿态的校核结果与管片姿态偏差的测量成果必须及时反馈施工工程部与盾构机司机，为盾构机掘进中始终保持抬头趋势掘进的要求提供数据支持。

3　第三方测量采取的把控措施

中—松盾构区间项目施工过程中，主要从控制测量、入洞钢环中心复核、盾构掘进设计线成果复核、盾构机姿态控制、管片姿态测量等几个方面进行技术把控与分析，确保了施工区间顺利上跨既有线。

3.1　提高地下始发测量基准精度

盾构正式始发前增加一次联系测量工作，提高地下始发测量基准精度。经复核，始发边平面及高程控制点稳定，可用于指导施工。

平面始发控制测量采用两井定向，起算点位均为交桩 GPS 控制点，经边角检核，点位稳定，然后经两近井点构成附和导线，通过近井点测得钢丝坐标；在地下，采用无定向导线形式进行复核平差计算，得到始发边成果数据。线路走向为：G 省高校—G 绿洲宾馆—JJD1—JJD2—G 兰亭宾馆—G 绿洲宾馆。具体实施网图如图 2 所示。

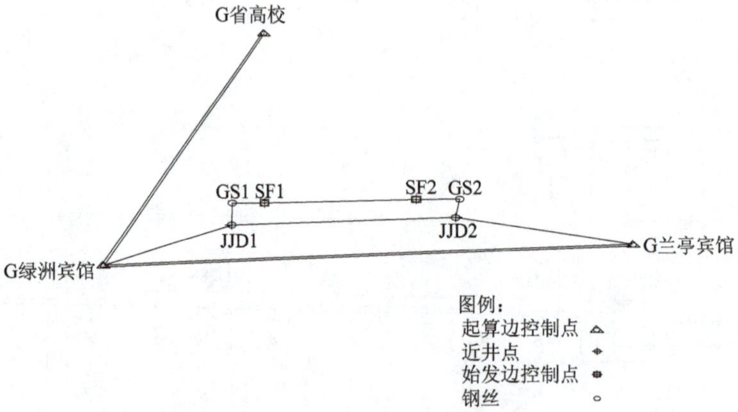

图 2　始发边测量检测示意图

高程采用悬挂钢尺的方法，进行高程联系测量复核检测，起算点采用两个交桩精密水准控制点，经复核起算点点位稳定。外业开展严格按照轨道交通二等水准要求进行施测，内业数据平差计算加入温度及尺长改正数。经复核，高程成果数据准确、点位稳定，可用于指导盾构施工。

3.2　入洞钢环中心复核检测

因设计线调整，洞门钢环改造，盾构始发前我部已对变更后的盾构钢环图纸进行了复核，并现场对盾构钢环圆周进行了检测，以始发边控制测量成果为起算依据，测量洞门钢环圆周三维坐标成果，拟合圆心成果偏差满足盾构钢环安装要求，拟合洞门钢环圆心偏差情况见表 1。

表1 洞门钢环拟合中线成果偏差表

盾构环实测里程	设计钢环中心高程	实测拟合圆心高程	横向偏差	高程偏差	备注
ZK9+751.500	33.637	33.625	−2	−12	左线入洞
YK9+751.522	33.375	33.361	4	−14	右线出洞

注：面向大里程方向横向偏差：左偏为“−”，右偏为“+”，高程偏差：高为“+”，低为“−”。

3.3 盾构掘进设计线成果复核

盾构施工设计线从区间设计起点里程至上跨既有地铁2号线位置设计坡度变化较大，设计断面变化复杂，盾构机掘进的设计线计算正确性是本项目的重点工作。

3.3.1 设计断面变化情况

区间起点里程为：K9+752.305，K9+752.305～K9+803.000设计断面道床高度为740 mm；K9+803.000～K9+842.000设计断面道床厚度由740 mm过渡到900 mm；K9+842.000～K10+134.000设计断面道床厚度为900 mm；K10+134.000～K10+154.000道床设计厚度由900 mm过渡到840 mm；K10+154.000～终点设计断面道床厚度为840 mm。设计断面较多，盾构施工设计中线高程计算的依据为设计轨面高，须根据设计断面变化情况进行相调整（盾构施工设计中线标高=设计轨面高−道床厚度+2.7 m）。

经复核，设计线计算准确，施工上报成果与我部复核成果偏差均小于3 mm，上报成果可用于指导盾构施工。

3.3.2 始发位置设计线调整与验算

盾构机始发位置位于车站与区间竖曲线变坡点附近，车站位置设计坡度为2‰，进洞后设计坡度为27‰，盾构机所在位置设计坡度为12.4‰，确定合理的盾构机始发姿态坡度为盾构机顺利始发的关键，始发姿态调整确定影响因素如下：

(1)始发位置位于竖曲线变坡点上；

(2)盾构机进入加固区，姿态调整难度大；

(3)进洞后短距离内盾构机坡度由12.4‰变化至27‰，姿态控制难度大。

始发设计坡度调整验算：

区间起点里程为：K9+752.305 m，区间起点里程位置盾构施工中线设计标高为33.649 m，加固区长度6 m，盾构机在加固区位置姿态无法调整，盾构机完全脱机加固区距离约为16 m，对应里程为K9+768.305 m，此时盾首高程约为33.847 m，此里程设计高程为33.947 m，盾首偏差约为+100 mm。竖曲线结束里程为K9+776.985 m，之后设计坡度为27‰上坡，距既有二号线结构边缘里程为K9+779.801 m(设计标高为34.239 m)，11.5 m内盾构机姿态坡度由12‰调整为24‰，绝对高程高差变化值为0.292 m，考虑地质条件等因素，施工难度及风险均较大，可能出现盾构机姿态调整不到设计坡度，与既有地铁2号线结构发生冲突。为保障盾构机进洞后，顺利上跨既有2号线，终确定本次盾构始发设计坡度调整为27‰进洞。始发架按照27‰坡度放样。按照管理办法及相关要求，始发架放样检测部分由现场测量监理工程师把控。

3.4 盾构机姿态控制

3.4.1 盾构机姿态测量

盾构机姿态测量主要测得盾构机实际轴线位置与设计轴线位置偏差情况，通过测得盾首、盾尾三维坐标与设计中线对应位置坐标进行对比，计算偏差参数。盾构机姿态测量方法有多种：水平标尺法、拟合圆心法、悬挂钢丝侧边法、标志点法等。各种方法特点详见表2。

表 2　盾构机姿态测量方法特点比较分析表

姿态测量方法	特点	局限性	备注
悬挂钢丝侧边法	精度可靠、测量方便	盾构入洞后无法使用	始发时可使用
标志点法	精度可靠	耗时较长	时间充裕时使用
分中标尺法	精度可靠、测量时间短	只能测得铰接至盾尾姿态	时间短使用
拟合圆心法	精度较差、测量条件要求高	盾构入洞后无法使用	时间充裕且盾构机变形较小时使用

根据各种姿态测量方法的特点，本项目拟采用其中三种方法：悬挂钢丝侧边法、标志点法及水平标尺法。拟合圆心法由于受盾构机外边缘变形、测量条件差、耗时长、精度较低等原因本项目不建议采用。

(1)悬挂钢丝侧边法

外业测量前首先将盾构机所有铰接复位归“零”，然后通过在盾构机外壳切口及盾尾位两侧位置分别悬挂钢丝，钢丝下面系重物并置于油桶中，通过测量贴在钢丝上的反射片坐标直接得到盾构机外边缘的平面坐标，然后取测得的坐标平均值间接计算盾构机切口及盾尾轴线中心坐标的方法来得到中轴线平面坐标。高程测量直接采用中间设站的光电测距三角高程测量方法测得盾构机顶部切口及盾尾平面坐标对应位置的高程数据，通过盾构机设计尺寸及实测坐标反算得到的盾构机直径比较分析取值后计算至盾构机中心位置的高程，如图 3 所示。

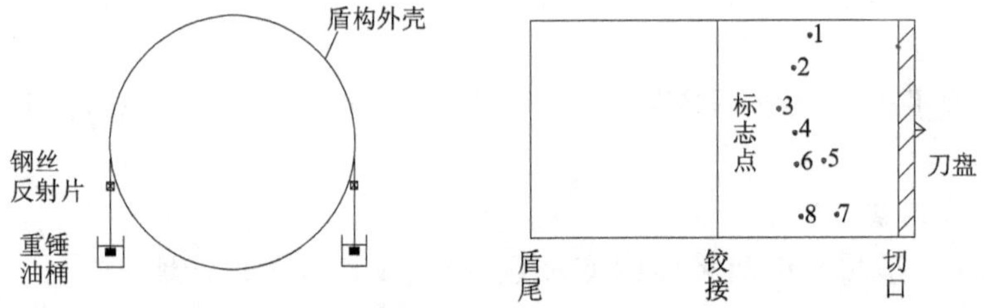

图 3　悬挂钢丝侧边法测量示意图

(2)分中标尺法

分中标尺法原理是测量水平放置在盾尾内壳的铝合金尺上贴片的三维坐标(用卷尺精确量出铝合金尺的中心，并在中点左右对称标定 L、R 两点)。通过铝合金尺与盾构切口、盾尾的距离关系来计算盾构机的盾首和盾尾三维坐标，该方法适合于盾构机初始定位和掘进过程中的姿态检核工作，如图 4 所示。

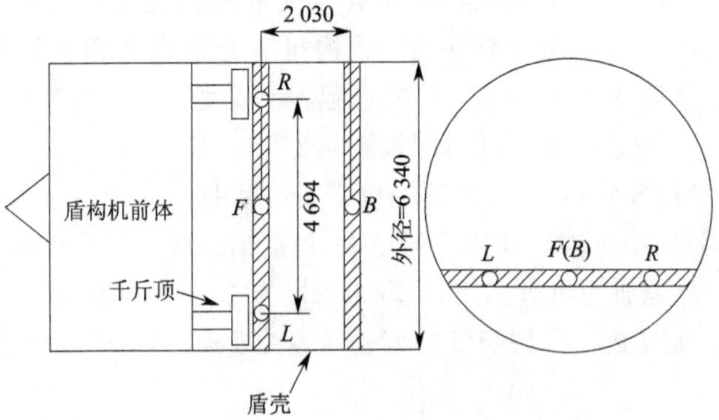

图 4　分中标尺法测量示意图

外业测量前首先将盾构机所有铰接复位归“零”，然后将标尺水平置于盾构机铰接千斤顶面附近，标尺面与铰接面平行等距，并与盾壳内壁光滑接触，测量标尺中线点 F 及 $L1$、$R1$ 三维坐标；再将标尺水置于盾尾处，标尺两端到盾尾距离相等，测出此时标尺中点 B 及 $L2$、$R2$ 的三维坐标(此时注意确保 L、R 高程等值)。根据 F 和 B 的高程及盾构机传感器显示数据反算出盾构机的坡度，根据 F 和 B 的坐标计算盾构机方位角，进而计算盾首、盾尾中心的三维坐标。

(3)标志点法

始发前在盾构机内部布设 5 个人工复核检测盾构机姿态标志点，类型为徕卡反射片，标志点位置均匀分布在盾构机铰接前部千斤顶附近圆周上。测量始发姿态同时测得 5 个标志点的绝对坐标，使用演算工房内部自带测量程序，输入刀尖及盾尾中心部位计算得到的三维坐标成果，计算人工复核标志点相对于盾构机的独立坐标系参数。

3.4.2　盾构机始发姿态测量成果

我部在检测盾构机始发姿态时采用三种不同方法进行计算验证，确定各种方法在实际案例中的偏差数据满足相关限差要求，三种方法检测盾构机始发姿态偏差成果见表 3。

表 3　盾构机始发姿态测量成果对比表

测量方法	盾首三维坐标/m			盾尾三维坐标/m		
	X	Y	Z	X	Y	Z
侧边法	2 879.151	4 992.421	33.598	2 878.462	4 982.465	33.264
标志点法	2 879.149	4 992.424	33.595	2 878.461	4 982.467	33.262
分中尺法	2 879.155	4 992.417	33.606	2 878.467	4 982.459	33.270
导向系统	2 879.150	4 992.420	33.598	2 878.462	4 982.465	33.264

我部最终采用悬挂钢丝侧边法成果作为最终成果，计算盾构机始发姿态成果见表 4。

表 4　盾构机始发设计线调整后，按照 27‰调整坡度计算偏差情况

<table>
<tr><td rowspan="2">项目
点号</td><td rowspan="2">里程
/m</td><td colspan="3">设计隧道中线坐标</td><td colspan="3">实测盾构机中线坐标</td><td rowspan="2">平面
偏差
/mm</td><td rowspan="2">高程
偏差
/mm</td></tr>
<tr><td>x/m</td><td>y/m</td><td>z/m</td><td>x/m</td><td>y/m</td><td>z/m</td></tr>
<tr><td>盾首</td><td>K9＋750.347</td><td>4 632 879.146</td><td>534 992.421</td><td>33.621</td><td>4 632 879.151</td><td>534 992.421</td><td>33.598</td><td>−5</td><td>−23</td></tr>
<tr><td>铰接</td><td>K9＋740.367</td><td>4 632 878.462</td><td>534 982.465</td><td>33.352</td><td>4 632 878.489</td><td>534 982.465</td><td>33.264</td><td>−27</td><td>−88</td></tr>
<tr><td colspan="2">项目
数据</td><td colspan="3">设计盾构机数据</td><td colspan="4">实测盾构机数据</td><td rowspan="3">备注</td></tr>
<tr><td colspan="2">切口里程</td><td>方位角</td><td>坡度/‰</td><td>滚转角/′</td><td>方位角</td><td>坡度/‰</td><td colspan="2">滚转角/′</td></tr>
<tr><td colspan="2">K9＋750.347</td><td>86°04′</td><td>27.0</td><td>0</td><td>86°11′</td><td>33.5</td><td colspan="2">4.7</td></tr>
</table>

盾构机始发坡度调整后，因盾构吊装导致始发架变形，实测盾构机坡度为 33‰，较设计 27‰的坡度偏差值较大，盾构始发段地质以砂砾为主，结合沈阳地区其他标段盾构始发经验，基本不存在盾构进洞后栽头情况。经验算，如按 33‰坡度进洞，刀盘掘进距离 12 m(约 10 环)位置，盾构姿态高程偏差将严重超限，盾首垂直偏差将达到 150 mm，盾构机尾盾仍在加固区(加固长度 6 m，盾构机全长 9.98 m)，姿态无法调整。盾尾脱离加固区范围后，刀盘约在进洞 16 m 位置时方可进行盾构机姿态调整，但盾首姿态高程偏差计算值约为 160 mm。距离既有地铁 2 号线距离较近，坡度不好调整，始发姿态坡度存在一定问题，虽可安全上跨既有线，但管片姿态超限严重。建议施工单位对盾构机姿态进行调整。考虑既有地铁 2 号线结构安全及盾构脱离加固区易产生栽头等不稳定因素影响，结合相关部门及专家建议，决定按照既有盾构机坡度始发，在盾构机顺利上跨既有 2 号线后采取相应调整措施。

3.4.3　盾构机掘进过程中姿态控制与复核

人工复核导向系统姿态是检核导向系统显示姿态准确性的最有效、最直接的方法，也是确保盾构正常掘进的重要工作。

本项目采用的三种姿态测量方法特点鲜明，但各有局限性。盾构机在掘进过程中尽量避免停机，盾构机掘进至 18 环位置时开始上跨既有地铁 2 号线，考虑既有线运营安全性，决定在既有线停运期间不停机直接上跨既有线。这使得人工复核盾构机姿态的时间比较紧张，需要测量人员在较短的时间内完成盾构机姿态人工复核测量工作。结合施工计划情况，我部在始发姿态测量时使用悬挂钢丝侧边法，采用水平标尺法进行校核；盾构机进洞后，盾尾脱离加固区上跨既有线位置前使用标志点法复核导向系统稳定性；上跨既有线时盾构机不停机，使用水平标尺法测得相应位置的盾构机姿态检核导向系统显示姿态准确性。充分利用各种姿态测量方法的特点，在合适的时机，采用合适的方法测得盾构机姿态偏差。

通过人工复核盾构机姿态成果显示，人工复核成果与导向系统显示成果偏差均小于15 mm，导向系统稳定可靠。

3.5　管片姿态测量

盾构机始发后，掘进过程中姿态控制尤为关键，导向系统姿态偏差与成型管片姿态偏差相互影响。盾首姿态偏差影响盾尾姿态，盾尾姿态影响管片姿态，掘进过程中对盾构机姿态平面及高程偏差的控制是决定成环管片姿态偏差的重中之重，也是决定本工程能否顺利上跨既有 2 号线的关键。

盾构开始掘进至上跨既有地铁 2 号线前，全程记录盾构机导向系统每环管片掘进过程中的姿态偏差情况，并对成环管片姿态逐环测量，分析成环管片姿态与盾构机掘进过程中导向系统显示姿态偏差之间存在的差异规律，详见统计表 5。

表 5　导向系统显示高程偏差与人工实测管片姿态高程偏差对比表

环号	垂直(导向系统显示)偏差	垂直(实测管片姿态偏差)	差值/mm
	后/mm	后/mm	
1	−3	6	9
2	18	28	10
3	23	49	26
4	49	68	19
5	64	84	20
6	82	110	28
7	96	116	20
8	109	127	18
9	123	132	9
10	130	136	6
11	137	147	10
12	141	147	6
13	151	154	3
14	155	151	−4
15	156	148	−8
16	162	145	−17
17	164	141	−23
18	156	134	−22

从统计表可看出，成环管片高程姿态偏差与导向系统显示偏差基本一致，1～7 环位置为加固区，实测管片姿态与导向系统显示姿态基本吻合，8 环位置开始脱离加固区，受地质条件变化及施工注浆参数调整等因素影响，实测管片姿态比导向系统显示盾构姿态偏差值在 28～23 mm 内波动。

分析可知，盾构机导向系统显示成果准确，导向系统能够指导盾构机按照设计线路掘进，且成环管片偏差与导向系统显示偏差差值均在 30 mm 以内，上跨既有地铁 2 号线以导向系统显示偏差为主，人工复核管片姿态为辅指导盾构掘进。经实践验证，以上方法及规律成功指导盾构机顺利上跨既有线。

从测量角度分析本项目仍存在不足之处,诸如始发姿态的控制方面,管片姿态的高程偏差超出设计相关要求,但安全为项目第一大任,虽牺牲了一定的质量,但可通过设计线路纠偏工作解决。

4 结　论

本项目是目前全国已知距离最小的上下交叉地铁线路施工,最小间距仅为116 mm,其技术在国内尚属首次。作为本项目第三方测量单位,在各个工序中严格按照规范及管理办法的相关要求,结合公司在地铁测量行业丰富的技术指导及管控经验,测量检测方法合理准确的运用,对项目中各项检测数据的把控以及分析验证,为盾构成功上跨既有线提供了有力的理论与技术支持。为类似项目工程测量实施开展积累了宝贵经验。

参考文献

[1] 中华人民共和国住房和城乡建设部,中华人民共和国国家质量监督检验检疫总局. GB 50308—2008 城市轨道交通工程测量规范. 北京:中国建筑工业出版社,2008.

[2] 中华人民共和国建设部. GB 50026—2007 工程测量规范. 北京:中国计划出版社,2008.

[3] 张先锋.地铁工程测量技术指南[M].北京:人民交通出版社,2013.

[4] 孔祥元,郭标明.控制测量学[M].武汉:武汉大学出版社,2007:125,63-64.

[5] 张正禄.工程测量学[M].武汉:武汉大学出版社,2008:32-33.

[6] 黄小斌.盾构机初始姿态的测量方法[J].城市道桥与防洪.2015.5.

城市轨道交通GNSS控制网测量起算基准研究

李　冠，　张庚涛

（北京市勘察设计研究院有限公司，北京　100038）

摘　要：本文针对两种不同的城市轨道交通控制网的建网形式，利用数据实例对两者的精度进行了对比性的分析，得出了比较性的结论；然后从现行的相关规范入手，对城市轨道交通控制网的精度指标的配置进行了系统性的分析和研究，并得出了参考性的精度指标配置方案和其他的相关结论。

关键词：城市轨道交通；GNSS控制网；起算基准；精度指标

城市轨道交通GNSS控制网是城市轨道交通线路各项施工建设的平面起算依据，参照现行的城市轨道交通工程测量规范，城市轨道交通GNSS控制网分为两个等级，分别是城市轨道交通首级GNSS控制网（一等）和城市轨道交通线路GNSS控制网（二等）。

从目前发展情况来看，城市轨道交通首级GNSS控制网的建立尚处于发展初期阶段，并未在所有发展城市轨道交通的城市中建立，尤其是在城市GNSS控制网较为发达成熟的地区，均直接利用较高等级的城市GNSS控制网系统作为城市轨道交通建设的起算依据；而在一些二线的省会城市例如石家庄、昆明、南宁、兰州等地则先后建立了专用于城市轨道交通建设的城市轨道交通GNSS首级控制网。

1　本文研究内容及起算基准

1.1　本文主要研究内容

结合上述情况来看，城市轨道交通GNSS控制网的起算基准主要分为两种形式：

（1）建立专用于城市轨道交通建设的城市轨道交通GNSS首级控制网，目前这是在二线及以下城市中发展较为迅速的模式。

（2）利用既有的城市GNSS控制网系统作为起算基准，多用于城市GNSS控制网较为成熟的地区。

另外，除了上述两种形式之外，目前随着城市CORS系统的深入应用和不断精化，在这些城市中的部分轨道交通线路具备了直接利用城市CORS系统作为城市轨道交通线路GNSS控制网起算基准的条件。

结合上述情况，并针对这几种控制网的布设形式，本文旨在对起算基准的各项主要技术指标进行列举，通过数据实例，对精度、可靠性进行系统性分析，然后参照现行的行业规范进行比对，从而实现对控制网起算基准的技术参数的优化配置。

1.2　我国GNSS测量现行规范使用情况

目前，我国GNSS测量所使用的规范主要有：

（1）《全球定位系统（GPS）测量规范》（GB/T 18314—2009）；（2）《卫星定位城市测量技术规范》（CJJ/T 73—2010）。

对于城市轨道交通行业，在GNSS测量方面，除了使用上述两本规范外，更主要的是应用《城市轨道交通工程测量规范》，目前已更新至GB/T 50308—2017版本，在最新版中，综合考虑了以上两个GNSS测量规范，制定了应用于城市轨道交通GNSS测量的各项精度指标，并且已经将城市轨道交通框架网制定为等级为一等的城市轨道交通卫星定位控制网。

另外，与城市轨道交通行业类似的大型铁路行业，主要是应用《铁路工程测量规范》(TB 10101—2009)，其中高速铁路行业则主要使用《高铁铁路工程测量规范》(TB 10601—2009)，这两个规范中结合铁路工程以及高速铁路工程的特点和设计需求，对铁路及高速铁路工程中的GNSS测量进行了系统性的分级以及规定。

1.3 主要技术指标

参考1.2节中提及的这几部规范的现行版本，笔者对规范中关于GNSS控制网的主要技术指标进行了梳理工作，列举如表1所示。

表1 相关现行规范中的技术指标情况

规范代号	固定误差、比例误差	平均距离	水平、垂直分量中误差	最弱边边长相对中误差	约束点间边长相对中误差	基线方位角中误差	最弱点点位中误差	相邻点相对点位中误差
1	√	√	√	√				
2	√	√		√				
3				√			√	√
4	√			√	√	√		
5	√			√	√	√		

注：表中代号1指《全球定位系统(GPS)测量规范》；代号2指《卫星定位城市测量技术规范》；代号3指《城市轨道交通工程测量规范》；代号4指《高铁铁路工程测量规范》；代号5指《铁路工程测量规范》。表中"√"表示规范中具有该项指标，而空白则指没有该项指标。

从上表中可以看出，最弱边边长相对中误差在各个规范中均有提及，固定、比例误差在除去《城市轨道交通工程测量规范》之外的其他规范中均有提及，而其他技术指标则因规范而异。

《全球定位系统(GPS)测量规范》主要是针对全国或城市范围内的一般性建设或科研活动所进行的GNSS测量工作，具有普遍性意义，其技术指标类型需要约束的对象是各类参考框架所共有的数据类型；《卫星定位城市测量技术规范》则与其他城市测量规范紧密结合，侧重于一般性市政规划建设领域，强调的则是城市控制基准的覆盖程度和精度的均匀性，绝对精度也主要是为满足规划建设和测图需要而设定；《城市轨道交通工程测量规范》主要是针对城市轨道交通建设领域的各个环节所制定的标准，在贯通测量误差和限界误差相对确定的情况下，反过来对首级控制网的精度进行必要的规定，强调的是线路整体和换乘节点处的一致性；《高铁铁路工程测量规范》和《铁路工程测量规范》则是在指标制定原则上保持高度一致，指标类型与《城市轨道交通工程测量规范》比较一致，也强调在一定设计时速下的线路一致性，并且比《城市轨道交通工程测量规范》有更多的相对精度约束指标。

针对上述分析的情况，并充分考虑城市轨道交通建设的特点，同时结合具体工程实例中的数据处理情况，主要从如下方面进行系统性的分析：

(1)先验类型的共性指标：固定、比例误差和平均距离等与网型相关的技术指标；

(2)相对精度指标：最弱边边长中误差、基线方位角中误差等验后技术指标；

(3)复测维护的技术指标：例如坐标分量较差等。

2 数据处理

2.1 城市轨道交通 GNSS 首级控制网范例

结合某市轨道交通规划线网情况以及考虑机场线建设的可能性等长远发展，布设了专用于该市轨道交通建设的城市轨道交通GNSS首级控制网(图1)。该网以5个城市CORS站作为起算基准，并联测该市既有等级 GPS 控制网中的控制点。

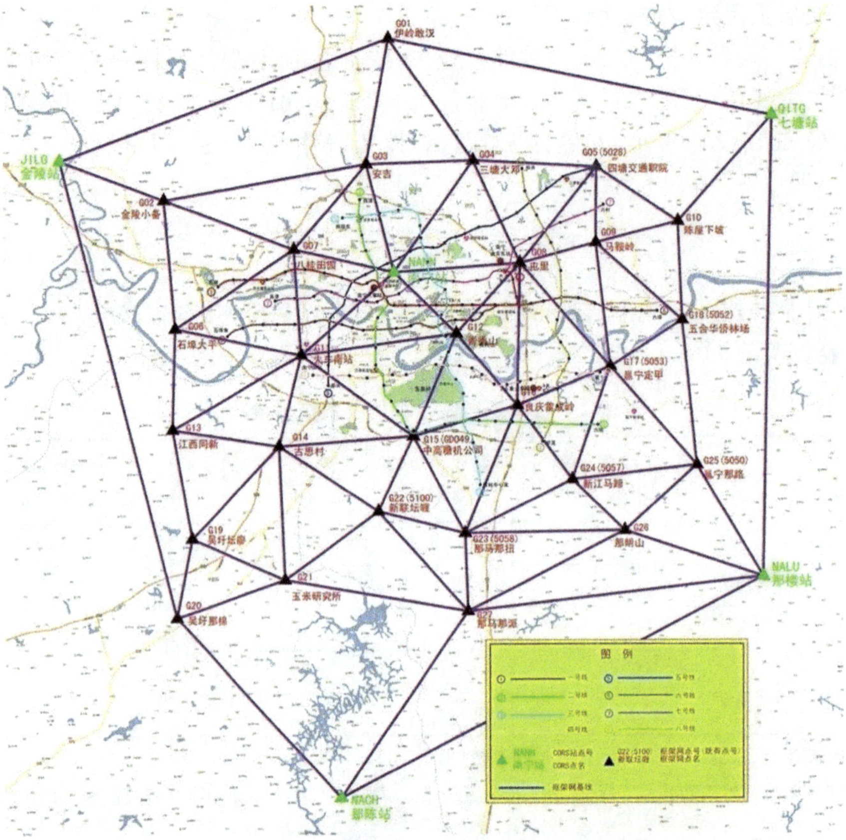

图 1　某市轨道交通 GNSS 首级控制网示意图

其中,全网由 81 条 GPS 独立基线构成,必要观测基线数为 32,多余观测基线数为 49。最大边长为 40 262.114 3 m,最小边长为 6 665.660 2 m。控制网主要的技术参数如表 2 所示。

表 2　某市轨道交通 GNSS 首级控制网技术参数

项目	平均边长/km	固定误差/mm	比例误差/1×10^{-6}	异步环边数	最弱边相对中误差
参数值	13	5	1	≤4	1/1 024 000

该网于 2014 年完成了初测,截至目前,已完成了 2 次复测工作,在此期间,该市轨道交通 3、4、5 号线和 2 号线东延段均采用了 GNSS 首级控制网中的控制点作为线路控制网的起算点。主要技术参数统计如表 3 所示。

表 3　利用轨道交通 GNSS 首级控制网起算的线路控制网技术参数

线路	平均边长/km	固定误差/mm	比例误差/1×10^{-6}	异步环边数	最弱边相对中误差
3 号线	3.4	10	2	≤4	1/169 000
4 号线	3.0	10	2	≤4	1/156 000
5 号线	3.1	10	2	≤4	1/161 000
2 号线东延	2.9	10	2	≤4	1/152 000

2.2　利用 CORS 系统作为线路控制网起算基准范例

本节主要以北京市的地铁线路为例。目前,北京市绝大部分的在建、待建和已建线路均采用北京市城市 GNSS 控制网中的既有控制点作为起算依据。

北京地铁 19 号线控制网的起算基准既利用了传统的北京市 C 级控制点,也利用了用于维护北京市城市参考框架的 CORS 站点,控制网基本情况为:总点数为 37 个,其中有起算点 6 个,6 个起算点中有 4 个 CORS 站点和 2 个 C 级 GPS 点,控制网布设示意图如图 2 所示。其中,全网由 87 条独立基线构成,必要观测基线数为 37，多余观测基线数为 50。最大边长为 16 930.695 6 m，最小边长为 526.959 7 m。控制网主要的技术参数如表 4 所示。

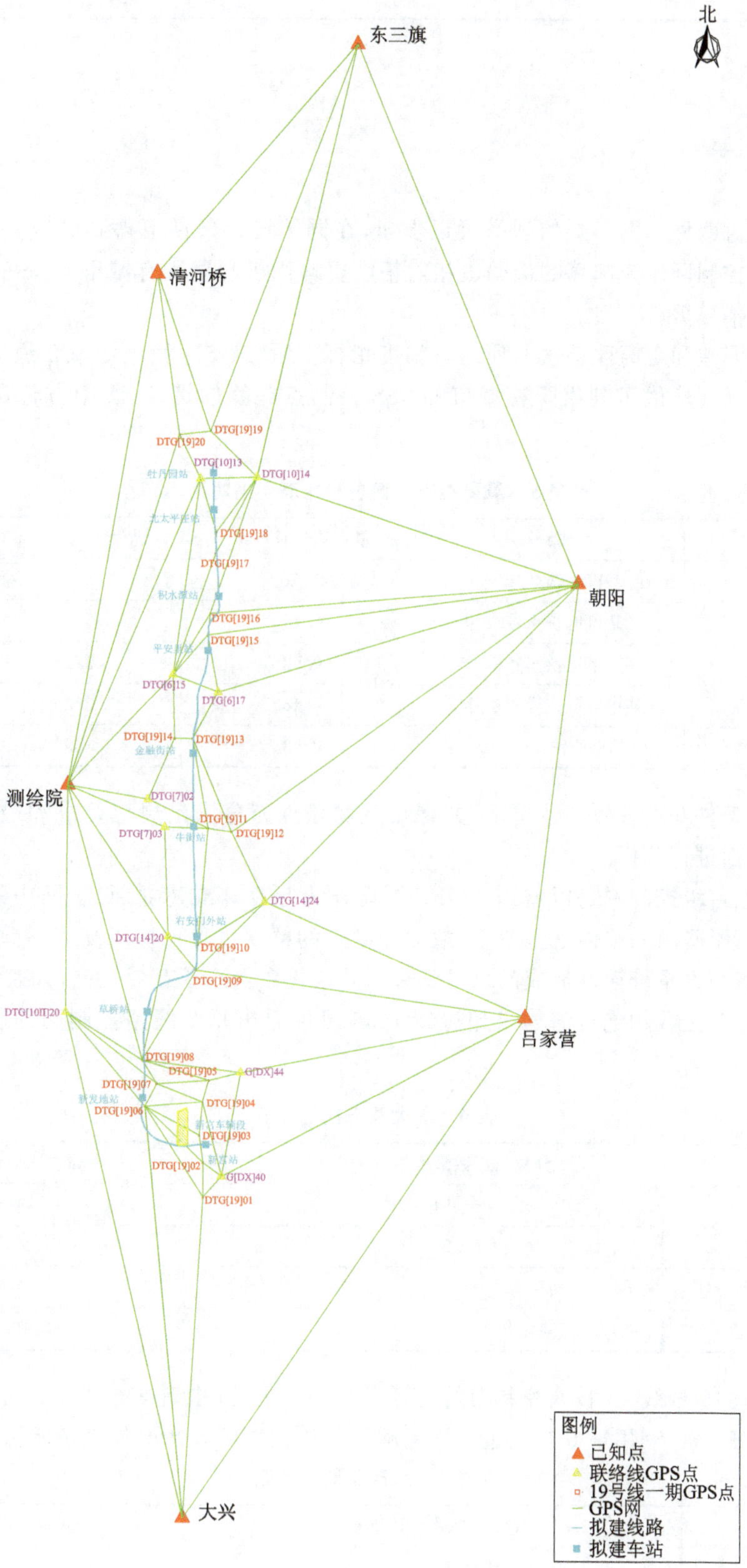

图 2　北京地铁 19 号线控制网示意图

表 4 北京地铁 19 号线 GNSS 控制网技术参数

项目	平均边长/km	固定误差/mm	比例误差/1×10^{-6}	异步环边数	最弱边相对中误差
参数值	4.6	10	2	≤4	1/135 000

3 精度分析

3.1 精度指标对比

通过上一章节中对两种布网形式的列举可以看出，在同等设计条件下得到的线路控制网精度方面，利用城市轨道交通首级控制网作为起算的最弱边相对精度要略优于利用既有城市 GNSS 控制点起算的精度，但在总体上看相差并不显著。

从最弱边的方位误差和距离误差这两项绝对精度指标上看（表 5），利用城市轨道交通首级控制网作为起算的最弱边相对精度要略优于利用既有城市 GNSS 控制点起算的精度，其中方位误差的精度相差较为显著。

表 5 最弱边方位误差和距离误差对比

解算基准	线路	最弱边边长/km	距离误差/mm	方位误差/″
利用城市轨道交通首级控制网	某市地铁 3 号线	0.51	3.0	1.3
	某市地铁 4 号线	0.46	2.9	1.0
	某市地铁 5 号线	0.52	3.2	1.1
	某市地铁 2 号线东延	0.48	3.2	0.9
利用既有城市 GNSS 控制点	北京地铁 19 号线	0.53	3.9	2.2

在控制网型设计条件基本一致的情况下，并保证观测条件充分满足规范要求和最优化要求，故在本文中我们从起算基准方面进行分析。

(1)城市轨道交通首级控制网是以城市 CORS 系统作为起算基准建立而成，网中的所有控制点均为同期解算而得，已经进行了网内的整体平差改正，故而控制点的精度水平保持了高度一致，在利用控制点进行平差解算时，由起算点间的系统误差造成的二维约束平差改正数得到了有效控制，如表 6 所示。从表 6 中可以看出，所有二维平差改正数的绝对值均未超过15 mm，可以看出每个线路控制网的起算点间均保持了较好的兼容性。

表 6 最大改正数统计表

线路	X 分量改正数最大值/mm	Y 分量改正数最大值/mm
某市地铁 3 号线	−13.1	9.6
某市地铁 4 号线	10.5	13.3
某市地铁 5 号线	−12.2	9.9
某市地铁 2 号线东延	−10.5	12.0

(2)再以北京地铁 19 号线为例，该控制网的起算点总共 6 个，其中有 4 个点为北京市 CORS 点，另外 2 个点为北京市 C 级 GPS 点，利用这 6 个点进行平差解算的改正数统计情况如表 7 所示。

表 7 最大改正数统计表

线路	X 分量改正数最大值/mm	Y 分量改正数最大值/mm
北京地铁 19 号线	24.8	−17.1

从表 7 中得到，分量最大改正数已超过 20 mm，数值要显著大于(1)中的改正数数值，由此可以看出，虽

然直接利用了城市 CORS 点，但起算点中还包括了比 CORS 点精度等级低的 C 级控制点，两者具有等级差异和平差系统差异，造成了兼容性并不理想，故而反映在平差改正数数值大小上。

3.2 与现行规范对比分析

3.2.1 精度指标对比分析

从 4.1 节中可以看出，利用城市轨道交通首级控制网成果作为建立线路控制网的起算基准，换言之，对线路控制网起算基准进行统一，能从一定程度上提高线路控制网的精度和建网质量。那么从另一方面看，为了保证线路控制网的高质量，就必须对城市轨道交通首级控制网的质量指标进行严格把控，并制定相应的精度标准。

根据表 4 中范例的技术参数可以看出，建立首级控制网的精度指标要求需要与 C 级网中的要求保持一致(表 8)；同时结合首级控制网的主要用途，为了保证作为线路控制网起算基准的可靠性，又需要参照《高铁铁路工程测量规范》(表 9)，对最弱边方位误差也有一定的要求，这样才能保证线路最终的顺利衔接和贯通。

表 8 轨道交通 GNSS 首级控制网与 C 级网技术参数对比

项目	水平分量中误差/mm	垂直分量中误差/mm	平均边长/km	最弱边相对中误差
首级控制网	8.6	17.0	13	1/1 024 000
C 级网	10.0	20.0	20	1/1 000 000

表 9 轨道交通 GNSS 首级控制网与 C 级网技术参数对比

项目	最弱边方向中误差/″	平均边长/km	最弱边相对中误差
首级控制网	0.2	13	1/1 024 000
CP0	—	50	1/2 000 000
CPI	1.3	≤4	1/180 000

其中，从表 9 中可以进一步看出，参照《高铁铁路工程测量规范》，首级控制网精度介于 CP0 和 CPI 之间，且显著优于 CPI 的精度，但在精度和网规格上又与 CP0 有着显著的差距，同时考虑两者间的网型特点上的差异(CP0 控制的仍是线性区域，而首级控制网控制的是整个城市线路规划的面状区域)，故首级控制网建立的精度基准须更多的参照《全球定位系统(GPS)测量规范》中的 C 级网标准。

而从表中也可以看出，最弱边的方向中误差对于网质量的影响并不显著，故在此并不进行硬性设定，换言之，只要保证了水平分量中误差在限差范围以内，即可很好的保证最弱边的方向中误差在理想的值域范围内。

3.2.2 网的规格参数对比分析

另一方面，从表 8 中可以得出，城市轨道交通首级控制网的建立更多的是参照 C 级网的标准，但从表 8 中看出在网的规格(平均边长)上却并不能达到 C 级网的要求。

结合城市轨道交通网络的规划情况来看，为了保证线路的顺利贯通和与其他线路顺利衔接，需要在建立线路控制网时保证起算点的密度，若按照 C 级网要求，起算点平均间距设为 20 km，则对于一条 20～30 km 的线路来说会显得过于稀疏，故在这一个指标上需要更多地考虑线路控制的要求，需要将控制点间的间距设得更短，但若将间距设得过短的话则可能会导致相对精度指标和方位误差过大而影响网的质量，参考文中提到的首级控制网范例，可考虑将平均间距设置成阈值区间的形式，以保持建网的灵活性。

在 C 级网的标准下，水平分量中误差限差为 10 mm，平均边长为 20 km，计算而得的方位角中误差为 0.1″，那么利用这个具有 0.1″中误差的起算边作为线路控制网的起算边，对于线路的精度影响可以进行量化，此时将起算点误差、传递误差和地下测量误差等同进行处理，可以对线路的误差累计情况进行大致统计，如表 10 所示。

表 10 起算边方位角中误差对线路的精度影响

线路长/km	精度影响情况/mm	线路误差累计/mm	贯通误差限差/mm
20	9.70	58.2	100
30	14.55	87.3	100
40	19.40	116.4	100

上述情况是一种极限情况，在线路的实际施工过程中会有多个贯通面，这时误差累计可以进一步减小。结合这些分析来看，0.1″的方位角限差对于轨道交通首级控制网而言过于严格，在水平分量中误差不变的情况下，可以考虑将平均边长值进一步减小。

那么参照本文中的范例(平均边长为 13 km)，当平均边长为 10 km 时，这时表 10 中的参数值都会增加一倍，那么对于一条 2 km 长的区间来说，由此估算出的贯通误差约为 10～20 mm，也显著优于贯通限差要求；但若将平均边长进一步缩短，则根据以往的线路控制网成果来看，可能会引起短边控制长边的现象，不利于误差的控制。

4 结 论

本文针对城市轨道交通首级控制网和既有城市控制网系统这两种常用的轨道交通线路控制网的起算基准的选取形式对两者的重要精度指标进行了对比性分析。得出结论如下：

(1)建立统一的线路控制网起算基准有利于城市轨道交通各规划线路间的良好衔接，并能有效控制线路施工阶段的测量误差累积，而建立统一的线路控制网起算基准的重要形式便是城市轨道交通首级控制网。

(2)结合相关现行规范来看，为了保证各个城市轨道交通线路的准确就位，城市轨道交通首级控制网需要更多的参照《全球定位系统(GPS)测量规范》中关于 C 级网的规范要求，表 11 中的指标值是利用现有的数据推算而得，具有一定的参考性。

表 11 城市轨道交通首级控制网的技术指标配置情况

项目	水平分量中误差/mm	垂直分量中误差/mm	平均边长/km	最弱边相对中误差
首级控制网	10	20	10	1/1 000 000

(3)本文所用的数据实例有限，所得出的结论具有一定的参考价值和合理性，但为了达到最优的参数配置，还需以更多的项目实例作为数据支撑。

参 考 文 献

[1] 李征航，黄劲松．GPS 测量与数据处理[M]．武汉：武汉大学出版社，2005.

[2] 刘经南，刘晖．连续运行参考站网络-城市空间数据的基础设施[J]．武汉大学学报信息科学版，2003，6(28)：259-264.

[3] 秦长利．城市轨道交通工程测量[M]．北京：中国建筑工业出版社，2008.

[4] 中华人民共和国国家质量监督检验检疫总局．中国国家标准化委员会．GB/T 18314—2009 全球定位系统(GPS)测量规范[S]．北京：中国标准出版社，2009.

[5] 中华人民共和国住房和城乡建设部．GB 50308—2007 城市轨道交通工程测量规范[S]．北京：中国建筑工业出版社，2017.

[6] 中华人民共和国住房和城乡建设部．CJJ/T 73—2010 卫星定位城市测量技术规范[S]．北京：中国建筑工业出版社，2017

[7] 中华人民共和国铁道部．TB 10101—2009 铁路工程测量规范[S]．北京：中国铁道出版社，2009.

[8] 中华人民共和国铁道部．TB 10601—2009 高铁铁路工程测量规范[S]．北京：中国铁道出版社，2009.

轨道交通地面导线控制网距离改正精度分析研究

孙士通， 殷文彦

（北京市城建勘察设计研究院有限公司，北京 100038）

摘　要：轨道交通地面控制网是轨道交通施工测量的基准，主要包括 GNSS 控制网、导线控制网、水准控制网。导线控制网是地铁土建施工的平面起算依据，其精度的好坏会直接影响土建工程的施工质量，在导线测量中，测距误差是导线测量中的一项主要误差源，测量过程中存在多种因素影响测距精度。本文以北京地铁 19 号线一期工程地面导线控制网为例，对距离改正对轨道交通控制网中的精度影响做出分析，为以后类似控制网距离改正提供依据。

关键词：导线控制网；平差计算；距离改正；精度分析

北京地铁 19 号线一期南起新宫站，北至牡丹园站，线路全长约 22.4 km，全部为地下线。共设 10 座车站，其中 8 座换乘，平均站间距 2.3 km，线路定位为市域快线，方便居民快速穿城。该线于 2015 年 12 月正式开建，全线计划于 2019 年底通车，届时将除了继续织密中心城区轨道交通网络外，还将接驳新机场快轨，服务新机场的客流。其线路走向如图 1 所示。

图 1　北京地铁 19 号线一期工程线路走向示意图

1 精密导线网概况

1.1 精密导线网布设

北京地铁 19 号线一期工程线路沿线地形地貌与环境条件变化较大，因此根据《北京地铁 19 号线一期地面控制网测量技术方案》并结合现场具体情况采取相应的布点形式：

(1)地铁 19 号线一期起点新宫站～右安门外站，本段线路位于北京市南城区，沿线先后经过新发地物流货运集散地、批发市场以及旧车交易市场，周边建筑以低矮临时建筑、商铺、库房为主，导线主要沿大广高速辅路以及南三环辅路布设。

(2)右安门外～积水潭站，线路由南向北穿越南二环、长安街，其中经过人口密集区牛街、商业区金融街，沿线居民区、企事业单位、商业建筑密集，人流、车流众多，导线线路沿右安门大街、牛街、长椿街、闹市口大街、太平桥大街、赵登禹路布设。

(3)积水潭站～终点，线路起于北二环积水潭站，由南向北穿越北三环北太平桥最终到达终点牡丹园站及站后区间。沿线多为居民小区，属于人口、车辆较多的繁华区域，导线沿现状道路新外大街、北太平庄路、花园东路布设，导线终点布设于志新桥。

北京地铁 19 号线一期工程线路沿线地形地貌与环境条件变化较大，因此根据《北京地铁 19 号线一期地面控制网测量技术方案》并结合现场具体情况采取相应的布点形式，精密导线网示意图如图 2 所示。

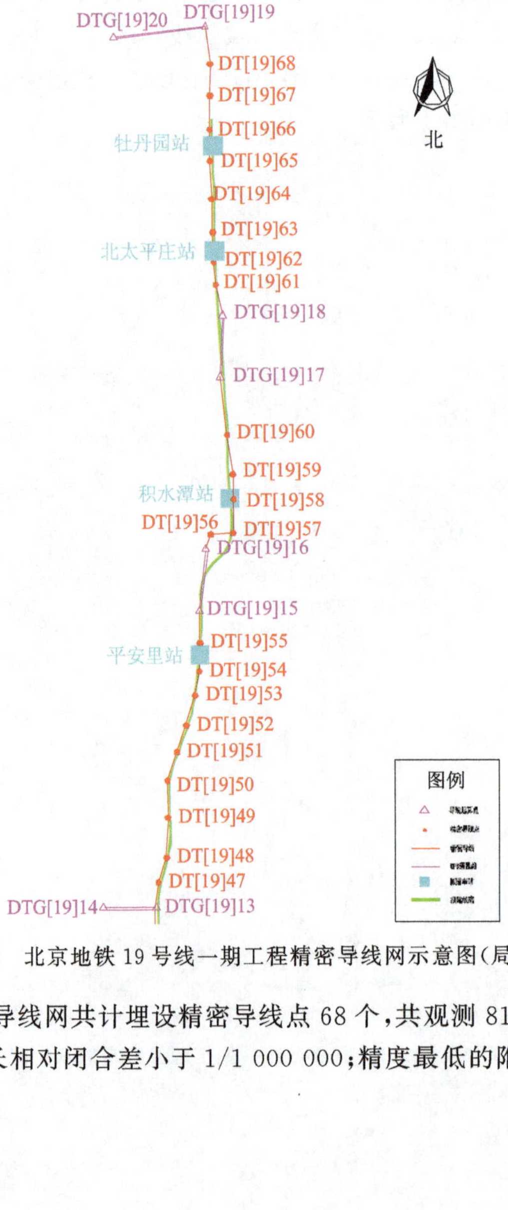

图 2 北京地铁 19 号线一期工程精密导线网示意图(局部)

19 号线一期工程地面精密导线网共计埋设精密导线点 68 个，共观测 81 站。精密导线网中精度最高的闭合导线，长度为 1.92 km，全长相对闭合差小于 1/1 000 000；精度最低的附合导线，长度为 1.89 km，相对闭合差为 1/69 323。通过平差计算，精密导线控制网的最大点位中误差为±11.0 mm，最大点间中误差为±5.1 mm，最大边长比例误差为 1/70 000，均满足《城市轨道交通工程测量规范》(GB 50308—2008)的相关要求。

1.2 导线网施测方法和技术要求

精密导线作业前，除检查全站仪外观是否良好，主机和附件是否完好，紧固部件有无松动、脱落等现象外，还进行照准部水准轴垂直竖轴、十字丝竖丝垂直横轴、视准轴垂直横轴、横轴垂直竖轴及光学对中器的检验和校正。

精密导线控制网观测过程中，主要遵循以下技术要求：

(1) 测站点只有两个方向时，采用左、右角各两测回观测，左右角均值之和与 360°之差小于 4″；多于两个方向时用全圆法观测 4 测回，测回间方向值之差小于 6″。测回间按 180°/n(n—测回数)变换度盘。

(2) 与卫星定位控制点连接测量时，联测方向应多于 1 个，最好两个方向，若只能观测一个方向，采用水平角 6 测回观测。在倾角大于 15°时，水平角 6 测回，每两测回将仪器旋转 120°重新对中整平，以减小仪器竖轴不竖直对水平角测量的影响。

(3) 水平角观测遇到长、短边需要调焦时，先盘左、盘右观测零方向(观测中不调焦)，再瞄准另一方向调焦后，对盘右、盘左进行观测(观测中不调焦)。

(4) 精密导线测距时，符合下列表 1 的规定要求。

表 1 精密导线设站测距基本要求

全站仪等级	一测回中读数间较差/mm	单程各测回间较差/mm	往返测或不同时段结果较差/mm
Ⅰ级	3	4	2·(a+bd)

注：1. a+bd 为仪器标称精度：a 为固定误差，mm；b 为比例误差，mm/km；d 为距离，km。

2. 一测回指照准目标一次读数 4 次。

测距时读温度和气压，测前、测后各读取一次，取平均值作为测站的气象读数。温度读至 0.2 ℃，气压读至 50 Pa 或 0.5 mm·Hg。

(5) 导线测量的同时应进行电磁波测距三角高程测量，并分段与高程控制点联测，以便计算各点高程，进行投影改正。

(6)全站仪应精确对中和整平，对中误差小于 1 mm，气泡偏离中心位置不得超过一格。

(7) 仪器不应日光直接照射，晴天观测打伞。

(8) 观测均在通视良好，成像清晰稳定时进行。晴天的日出、日落和中午前后，如果成像模糊或跳动剧烈时，不进行观测。

2 距离改正

全站仪利用电磁波对距离进行测量，在精密导线测量中的测距边应在控制网平差前进行气象改正、加乘常数改正、高程归化和投影改正等多项改正，另外，在地铁工程中，不管使用独立坐标系统还是其他特定的坐标系统，其在相应的线路的设计轨道面高程面上的坐标系统的投影变形值不应大于 10 mm/km，因此轨道交通控制网还应进行高程归化和投影改正，，使坐标反算值与测量值的互差值不大于 10 mm/km。

2.1 气象改正

一般气象改正，可根据仪器提供的公式进行改正，也可以将气象改正输入全站仪内自动改正。徕卡全站仪的气象改正参数可按式(1)：

$$\Delta D=\left[281.8-\left(\frac{0.290\,65\times P}{1+a\times t}-\frac{4.126\times10^{-4}\times h}{1+a\times t}\times10^{x}\right)\right]\times10^{-6}\times D \tag{1}$$

式中，ΔD 为气象改正距离，m；P 为大气压，mbar（1mbar＝0.10sPa）；a 为空气的膨胀系数，$a=1/273.16$；t 为作业时实际的摄氏温度；x 为未经任何改正的倾斜距离，$x=\frac{7.5\times t}{237.3+t}+0.785\,7D$，m。

气象改正时最好提前输入全站仪内，进行仪器测距的自动改正。

2.2　仪器的加乘常数改正

为保证该项改正的严密性，工程项目开始测量前，将仪器与棱镜一并送检，检测出仪器及其配套棱镜的组合加乘常数。本文所提及的加乘常数均为仪器和棱镜组合加乘常数，其改正值 S，按下式计算：

$$S=S_0+S_0\times K+C \tag{2}$$

式中，S_0 为经过气象改正后的距离；C 为组合仪器加常数；K 为组合仪器乘常数。

2.3　斜距改化为水平距离

由于野外测定的实际距离为斜距，基于斜距进行气象改正、仪器加乘常数改正后，应换算为平距。

平距的计算是利用垂直角计算，其计算方法见公式(4)和(5)：

$$D=S\cdot\cos(\alpha+f) \tag{3}$$

$$f=(1-K)\rho S\cdot\cos\alpha/(2R) \tag{4}$$

式中，α 为垂直角观测值；K 为大气折光系数；S 为经气象及加、乘常数改正后的斜距，m；R 地球平均曲率半径，m；f 为地球曲率和大气折光对垂直角的修正量，″；ρ 为弧与度的换算常数，$\rho=206\,265''$。

2.4　测距边长的高程归化

选取的高程基准面不同，得到的平距结果也会相应的不同。在轨道交通工程测量中，一般将距离换算到城市轨道交通线路测区平均高程面上或大地水准面上，而测区高程面上或大地水准面的测距边长度 D，按式(5)计算：

$$D_h=D\left[1+\frac{H_p-H_m}{R_\alpha}\right] \tag{5}$$

式中，D 为测距两端点平均高程面上的水平距离，m；R_α 为参考椭球体在测距边方向法截弧的曲率半径，m；H_α 为现有城市坐标系统投影面高程或城市轨道交通工程线路的平均高程，m；H_m 为测距边两端的平均高程，m。

2.5　测距边的投影改正

地铁测量工程中使用的测区控制点一般为平面直角坐标，因此还需将椭球面上的长度换算至高斯投影平面上。而测距边在高斯投影面上的长度 D_Z，按公式(6)计算

$$D_Z=D\left[1+\frac{Y_m}{2R_m^2}+\frac{\Delta Y^2}{24R_m^2}\right] \tag{6}$$

式中，Y_m 为测距边两端点横坐标平均值，m；R_m 为测距边中点的平均曲率半径，m；ΔY 为测距边两端点近似横坐标的增量，m。

3　精度分析

按照上述方式，对外业测得的距离进行改正，其中一段导线各项改正结果如表 2 所示。

表 2　距离改正成果表

点号 1	点号 2	高差/m	原斜距/m	气象改正值/m	仪器加乘改正值/m	改正后斜距/m	水平距离/m	高程改正/m	高程改正后水平距离/m	投影改正后水平距离/m
DTG18	DTG17	−23.035	596.298	−0.010 737	−0.002 053	596.285 211	595.816 686	−0.007 454	595.809 232	595.809 242
DTG18	DT61	−20.249	284.636 8	−0.005 125	−0.000 928	284.630 747	283.962 598	−0.002 593	283.960 005	283.960 010
DT61	DT62	−0.488	213.248 9	−0.002 442	−0.000 670	213.245 788	213.245 073	−0.001 60	213.243 473	213.243 477
DT62	DT63	0.360	293.369	−0.007 454	−0.000 959	293.360 587	293.360 248	−0.002 208	293.358 041	293.358 045
DT63	DT64	0.073	315.216 8	−0.007 689	−0.001 038	315.208 073	315.208 035	−0.002 372	315.205 663	315.205 668
DT64	DT65	−0.803	359.588 2	−0.008 476	−0.001 198	359.578 526	359.577 791	−0.002 696	359.575 095	359.575 100
DT65	DT66	0.769	289.660 9	−0.006 76	−0.000 946	289.653 194	289.651 854	−0.002 177	289.649 677	289.649 681
DT66	DT67	−0.320	338.174 2	−0.007 695	−0.001 121	338.165 384	338.165 303	−0.002 556	338.162 748	338.162 752
DT67	DT68	−0.826	321.491 1	−0.007 541	−0.001 061	321.482 499	321.481 756	−0.002 393	321.479 363	321.479 367
DT68	DTG19	50.628	363.047 7	−0.003 85	0.001 739	363.045 589	359.526 777	−0.004 08	359.522 696	359.522 701
DTG19	DTG20	−48.335	905.421 3	−0.012 319	−0.003 169	905.405 813	904.119 245	−0.010 427	904.108 818	904.108 822

利用改正前和改正后的距离分别进行平差计算，得到改正前后的平差坐标，其精度如表 3 所示。

表 3　分段附合导线精度指标统计表

编号	分段附合、闭合导线	导线长度/km	全长相对闭合差（改正前）	全长相对闭合差（改正后）
1	DTG[19]01- DTG[19]02～DTG[19]07- DTG[19]08	4.01	1/39 610	1/95 698
2	DTG[19]10- DTG[19]09～DTG[19]08- DTG[19]07	3.42	1/234 728	1/305 134
3	DTG[19]12- DTG[19]11～DTG[19]10- DTG[19]09	3.53	1/116 876	1/162 567
4	DTG[19]12- DTG[19]11～DTG[19]13- DTG[19]14	2.99	1/115 069	1/290 577
5	DTG[19]14- DTG[19]13～DTG[19]15- DTG[19]16	2.90	1/85 228	1/110 784
6	DTG[19]18- DTG[19]17～DTG[19]16- DTG[19]15	1.89	1/57 504	1/70 405
7	DTG[19]20- DTG[19]19～DTG[19]18- DTG[19]17	2.77	1/76 835	1/112 449
8	DT[19]10～DTG[19]06～DTG[19]07～DT[19]12～DT[19]11	1.92	1/1 000 000	1/1 000 000
9	DT[19]29～DTG[19]10～DT[19]23～DT[19]24～DT[19]25	2.42	1/99 530	1/112 043

从表 3 中可以看出，距离改正前，导线全长相对闭合差最弱的一段为 1/39 610 经过距离改正后为 1/95 698，距离改正给导线控制网的精度带来了非常大的提高，因此在进行精密测量时，应对距离进行各项改正，以达到最好效果。

4　结　　论

本文介绍了精密导线网测距边长的气象改正、加乘常数改正、高程归化和投影改正等多项改正方法，通过对精密导线网数据距离改正值的分析发现：距离改正对导线的距离的影响较大，其中气象改正在边长到达 600 m 时已经达到了厘米级，在起伏路面和高差较大的情况下，高程改正对边长的影响也已经达到厘米级，且其改正数与边长和高差也成正相关性，本文还以北京地铁 19 号线一期工程为例，对其地面控制网距离改正前后分别利用专业平差软件进行了平差计算，并对其精度做了对比分析，得出距离改正对导线精度有明显的提升。因此，针对轨道交通工程中的长距离、高精度的地面平面控制网，测量结果必进行距离改正，从而保证其控制网精度的可靠性。

参考文献

[1]　华锡生,黄腾.精密工程测量技术及应用[M].南京:河海大学出版社,2002.

[2]　于来法.地下铁道地面控制网布设方案和测量精度设计[J].测绘通报,1996,(6):11-13.

[3]　秦飞翔,陈功亮.城市轨道交通建设项目中控制网布设常见问题探讨[J].城市勘测,2012,(1):101-103.

[4]　姚辉,陈夙颖.全站仪气象改正公式及气象元素测量精度对距离的影响[J].测绘通报,2008,(4):14-16.

[5]　徐忠阳.全站仪的气象改正及其公式推导.[C]//中国测绘学会．全国测绘仪器综合学术年会论文集．长春:中国测绘学会,2002.

[6]　中华人民共和国住房和城乡建设部．GB 50308—2017　城市轨道交通工程测量规范[S].北京:中国建筑工业出版社,2008.

[7]　孔祥元,郭际明,刘宗泉.大地测量学基础[M].武汉:武汉大学出版社,2010.

[8]　张凤举,张华海,赵长胜,等．控制测量学[M].北京:煤炭工业出版社,1999.

测量测试技术在地铁隧道结构健康检测中综合应用及分析

贾志强，　邢卫民，　郑胜昔

（天津市勘察院，天津　300191）

摘　要：结合某地一个具体案例，利用先进的隧道状态激光全息成像扫描技术和岩土测试技术对区间隧道进行综合全面的健康检测；根据隧道状态激光全息成像扫描采集的数据信息以及隧道混凝土强度检测和钻孔取芯的结果，对隧道裂缝、渗漏水、椭圆度、错台、变形、收敛情况、混凝土强度情况以及道床脱空情况等进行全面分析和评价。

关键词：健康检测；激光全息成像扫描系统；混凝土强度检测；钻孔取芯

我国目前地铁隧道的规模和数量都在成倍扩大，地铁隧道的发展如雨后春笋一样，地铁隧道埋深变得越来越深，长度变得也越来越长，隧道结构也逐渐变得多样化。而伴随着地铁隧道的长期运营，在长期运营过程中将受到各种因素的影响，诸如地形条件、地质状况、水文条件、气候条件、周边区域施工等以及设计、施工、运营过程等，最终导致隧道的使用过程中会出现多种病害。地铁隧道的病害不仅会对隧道结构的稳定性产生破坏，降低了其使用过程中可靠性与安全性，甚至会造成严重的地铁运营安全事故。

这就迫切需要对正在运营的地铁隧道进行系统全面的健康检测，对运营隧道健康安全状态进行全方位的综合评价，从而掌握运营隧道的健康安全状况，在病害的早期能够及早发现做出预警，并根据健康检测的结果采取相应的措施，为运营隧道的管理和维修养护提供有力的决策依据，以保证隧道的结构安全，延长隧道的使用寿命，提高隧道的服务功能，保障地铁隧道工程的安全运营。本文以下将结合一个具体的工程案例对某运营隧道综合采用先进激光扫描技术以及岩土测试技术进行健康检测的情况展开论述。

1　隧道健康检测项目及方法

某地长期运营的地铁隧道有一段区域位于河流下方，地质状况复杂，在该区域发现有大面积道床混凝土与管片之间出现大的缝隙、离析，有白色结晶体溢出；道床混凝土与盾构片之间有黄色浆液溢出及干燥后的粉末堆积；由于外来水及水蚀等原因道床混凝土底离析出大量的双液浆结石；多处道床混凝土表面腐蚀严重，混凝土强度降低严重；部分小轨枕的混凝土腐蚀严重。地铁隧道病害如图 1 所示。

1.1　隧道健康检测项目

依据初步现场勘查的情况，确定了 4 项重要的健康检测项目：

(1)对隧道裂缝、缺损、渗漏水调查统计；

(2)隧道病害重点区域及相邻区域进行结构断面测量检查隧道限界、错台和椭圆度的情况；

(3)实地对混凝土强度检测；

(4)现场钻孔取芯分析道床病害段脱空情况、混凝腐蚀程度以及混凝土强度情况。

1.2　基于隧道状态激光全息成像扫描系统的隧道健康检测

对于以上的隧道裂缝、缺损、渗漏水调查如果采用人工调查的方式在地铁隧道中进行实地调查将会是

图1　地铁隧道病害图

十分费力的，而且效率十分低下，有时还会因为疏忽大意对调查的结果有遗漏，无法满足现代隧道健康检测的要求；同时，如果采用传统的点测量的方法对隧道病害重点区域及相邻区域进行结构断面测量，效率也将是十分低下的，也无法获取隧道完整的结构信息，也不利于评价隧道结构的健康状态。

针对以上情况，在该工程案例中采用了隧道状态激光全息成像扫描系统。隧道状态激光全息成像扫描系统能够非常快速地获取隧道结构的综合点位坐标和数字图像信息，利用这些快速采集的数据信息，可以对隧道裂缝、渗漏水、椭圆度、错台、变形、收敛情况等进行分析和评价，生成隧道健康检测的完整技术报告，这些技术资料既可以用于在运营期间建立隧道结构健康的数字化档案，更可为有关部门管理和维修决策提供依据。

隧道状态激光全息成像扫描系统根据采集的高密度的激光扫描点云数据生成隧道内壁的正射影像图(DOM)，DOM的影像分辨率可达5 mm×5 mm，该影像是将扫描的隧道内壁沿隧道中轴线方向剪开并向两侧延展开来形成平面，该影像图具有信息全、无阴影、影像变形小、影像亮度不受隧道光线明暗影响等特点。

根据扫描隧道生成的正射影像图，能够对隧道内壁的渗水、裂缝、剥落掉块缺损等病害分布进行识别和标注，同时这些标注信息里带有里程，标注病害完成后，可生成对应里程区段的病害标注信息图，对于不同病害对应不同的颜色和图例符号，便于快速从图上获取信息。同时，统计病害数量在各里程处的分布情况，并生成分布直方图，可以非常清晰地看清病害分布。对于长期进行病害检测的隧道，可进行多期病害情况的叠合对比分析，以反映病害数量的增减情况、病害加重程度或面积的扩大或缩小，能够生成相应的对比图表。

该系统可对扫描点云数据在环片首尾相接隧道部位截取断面进行套合对比，可获取相邻环片间的错台分析结果，并能够生成管片错台检测统计表。

将扫描点云沿里程方向进行断面切割，切割间隔可以是一个环片宽度，也可以是任意不超过隧道总长的长度，切割后的断面点云经过拟合计算，可进行椭圆度分析，同时还能展示扫描点云在断面上的分布位置情况以及断面受压变形情况(横向挤扁或竖向压扁)。椭圆度计算结果包括椭圆长半径、短半径、椭圆度(长短半径之差与长轴的比值)、椭圆在断面平面内的旋转角等。可沿里程方向统计出所有断面的椭圆度情况，椭圆度是否有超限、在哪些里程处超限一目了然。

1.3 混凝土强度检测及现场钻孔取芯

对于道床混凝土强度检测采用回弹法，回弹法原理是用弹簧驱动的重锤，通过弹击杆，弹击混凝土表面，并测出重锤被反弹回来的距离，以回弹值（反弹距离与弹簧初始长度之比）作为与强度相关的指标，来推定混凝土强度的一种方法。回弹值测量完毕后，在有代表性的测区上测量碳化深度值。用电动冲击钻在回弹值的测区内，钻一个直径 20 mm 的孔洞。测量混凝土碳化深度时，将孔洞内的混凝土粉末清除干净，用 1%酚酞酒精溶液滴在孔洞内壁的边缘处，再用游标卡尺测量混凝土碳化深度值。

计算测区平均回弹值时，应从该测区的 16 个回弹值中剔除 3 个最大值和 3 个最小值，其余的 10 个回弹值按式(1)计算：

$$R_m = \frac{\sum_{i=1}^{10} R_i}{10} \tag{1}$$

非水平方向检测混凝土浇筑面时，测区的平均回弹值应按下式修正：

$$R_m = R_{ma} + R_{aa}$$

式中，R_{ma}为非水平方向检测时测区的平均回弹值，精确至 0.1；R_{aa}为非水平方向检测时回弹值修正值，精确至 0.1，可查表。

修正后的测区平均回弹值，优先采用专用测强曲线或地区测强曲线换算混凝土强度。当无地区或专用测强曲线时，混凝土强度的换算值宜按全国统一测区混凝土抗压强度换算公式计算或查表获得结构混凝土强度推定值。

另外，通过现场调查和钻孔取芯分析道床病害段脱空情况、混凝腐蚀程度以及混凝土强度情况，为后期治理提供基础信息。

2 隧道健康检测结果分析

2.1 隧道裂缝、缺损、渗漏水调查

通过对隧道状态激光全息成像扫描系统扫描结果的统计分析，指定调查范围内的区间的隧道病害共发现洇湿渗漏 38 处，共计洇湿面积 123.9m^2，洇湿渗漏以洇湿渗水为主，无明显滴漏水现象，洇湿主要集中在地铁隧道管片接缝处；扫描发现管片破损 1 处，破损面积 0.1m^2。没有发现明显的隧道裂缝。部分扫描图如图 2 所示。

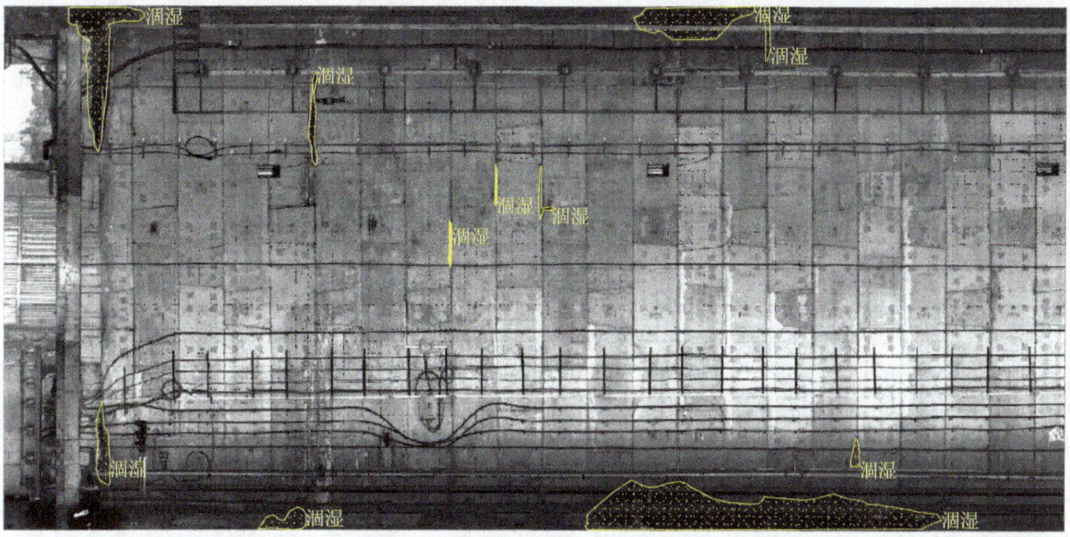

图 2

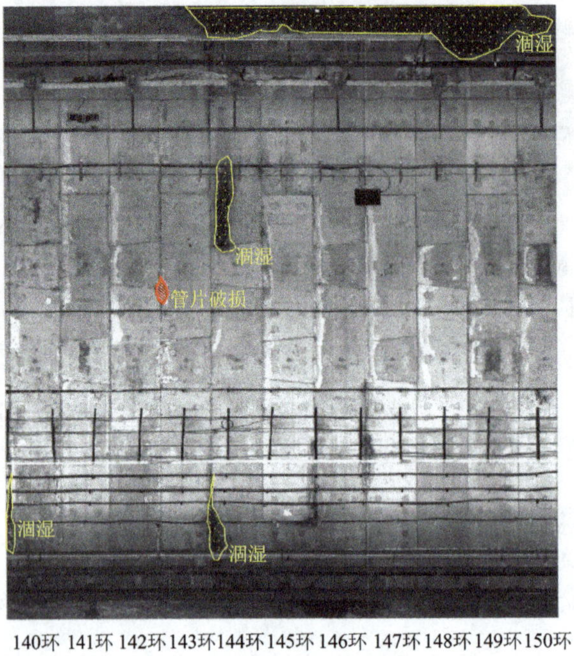

图 2　隧道内壁的正射影像图(DOM)

2.2　隧道限界、错台和椭圆度情况检查

利用激光全息成像扫描系统的三维激光扫描仪获取的隧道点云数据对两相邻环片的测量信息进行比较,并将隧道断面划分为 7 个区间(图 3)进行错台数据分析,其结果对比表 1 及表 2 所示。

表 1 中最大平均错台量以平均错台量大于 6 mm 且比例超过 60% 为统计对象。

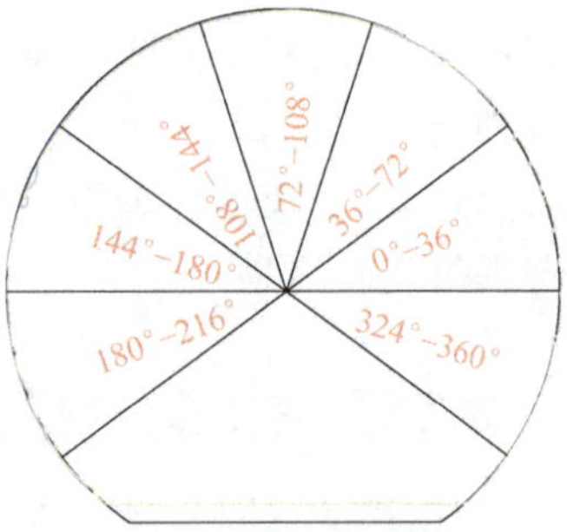

图 3　环片分析方位示意图

表 1　错台统计量表

序号	线路信息	检测区间	最大平均错台量/mm	所在环片	所在位置
1	下行线	1～20 环	18.60	15～16	36°～72°
2	下行线	75～85 环	15.29	84～85	72°～108°
3	下行线	97～110 环	16.73	107～108	0°～36°
4	下行线	125～135 环	16.23	129～130	144°～180°
5	下行线	140～150 环	22.56	145～146	0°～36°
6	下行线	175～185 环	7.76	179～180	108°～144°
7	下行线	220～250 环	14.85	226～227	36°～72°

表 2　错台详细统计表

错台判断参数	6		超限率下限	60.0%	比较断面两点间最大间距				50		错台总数量(处)		22	
环号	0°～36°		36°～72°		72°～108°		108°～144°		144°～180°		180°～216°		324°～360°	
	平均错台量	超限率	平均错台量	超限率	平均错台量	超限率	平均错台量	超限率	平均错台量	超限率	平均错台量	超限率	平均错台量	超限率
140‖141	13.74	91.4%	3.26	17.2%	6.92	44.1%	10.89	98.7%	6.33	54.9%	5.28	28.7%	12.24	95.1%
141‖142	5.37	38.2%	3.83	8.0%	5.99	41.4%	8.63	65.5%	2.52	10.1%	2.60	4.4%	4.06	25.4%

续上表

错台判断参数	6	超限率下限		60.0%	比较断面两点间最大间距				50		错台总数量(处)		22	
环号	0°～36°		36°～72°		72°～108°		108°～144°		144°～180°		180°～216°		324°～360°	
	平均错台量	超限率	平均错台量	超限率	平均错台量	超限率	平均错台量	超限率	平均错台量	超限率	平均错台量	超限率	平均错台量	超限率
142‖143	6.09	56.0%	1.88	1.0%	7.88	36.1%	5.85	51.7%	8.56	63.3%	7.27	63.4%	3.86	9.5%
143‖144	7.21	60.7%	5.69	43.8%	3.92	28.7%	2.79	0.7%	6.72	77.7%	6.46	45.1%	5.70	44.3%
144‖145	5.28	24.1%	9.09	81.3%	9.03	87.5%	3.37	20.4%	2.93	2.0%	6.08	57.1%	5.54	25.1%
145‖146	22.56	96.0%	14.20	63.6%	13.64	96.8%	13.05	100.0%	3.65	13.3%	5.44	47.7%	8.55	74.7%
146‖147	7.51	63.2%	11.37	82.0%	13.61	98.1%	14.93	86.9%	5.43	10.2%	4.28	38.6%	7.69	85.5%
147‖148	5.68	49.2%	4.77	23.0%	3.99	8.6%	3.12	4.7%	5.42	45.8%	6.58	53.1%	3.80	31.3%
148‖149	3.46	4.1%	3.92	13.5%	3.70	22.6%	6.32	54.4%	2.97	6.8%	6.70	67.0%	4.06	11.9%
149‖150	2.66	2.6%	3.41	10.0%	5.85	41.4%	4.73	19.4%	6.56	42.4%	7.40	60.1%	3.46	9.4%

根据所获取的隧道点云数据进行拟合分析，获取指定范围内的隧道断面的形态信息。隧道断面形态信息如图4所示，图中，H_d 为水平直径，a 为长半轴，b 为短半轴，t 为椭圆度，R_A 为隧道偏转角(逆时针为正，顺时针为负)。

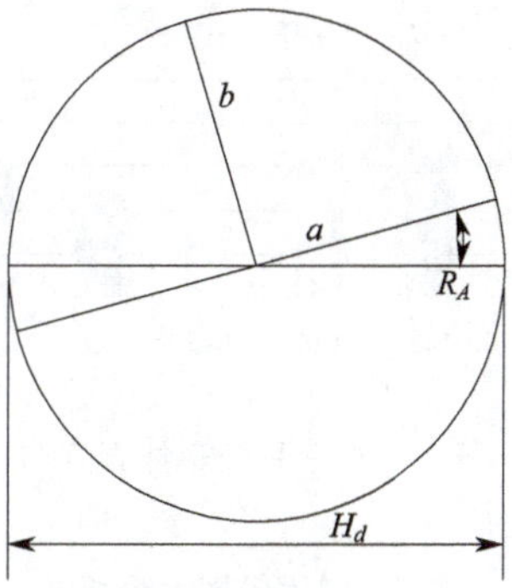

图4　隧道断面图

表3　隧道形态信息统计表

线路信息	环号		半径最小值/m	半径最大值/m	旋转角绝对值最大值/°	椭圆度最大值/‰	水平直径最小值/m	水平直径最大值/m
		设计数值	2.75	2.75	0	0	5.50	5.50
下行	1～20	实测数值	2.729 9	2.770 0	35.129 3	13.6	5.500 0	5.537 8
		所在环号	18	19	8	19	1	19
下行	75～85	实测数值	2.737 7	2.760 9	19.185 3	7.4	5.506 5	5.521 0
		所在环号	83	80	75	80	75	80
下行	97～110	实测数值	2.741 5	2.756 6	43.652 5	4.6	5.497 4	5.509 3
		所在环号	108	110	107	110	107	110
下行	125～135	实测数值	2.730 0	2.764 8	20.377 3	12.6	5.512 0	5.523 9
		所在环号	130	130	130	130	125	135
下行	140～150	实测数值	2.729 3	2.771 1	8.468 0	14.3	5.519 7	5.541 6
		所在环号	144	142	146	142	148	142
下行	175～185	实测数值	2.738 4	2.757 2	18.490 8	6.6	5.502 4	5.511 8
		所在环号	177	176	176	177	183	175

续上表

线路信息	环号		半径最小值/m	半径最大值/m	旋转角绝对值最大值/°	椭圆度最大值/‰	水平直径最小值/m	水平直径最大值/m
		设计数值	2.75	2.75	0	0	5.50	5.50
下行	220～250	实测数值	2.738 8	2.757 6	81.500 1	5.8	5.483 8	5.506 3
		所在环号	235	240	245	235	242	250
下行	520～524	实测数值	2.741 1	2.757 2	77.359 6	4.8	5.493 9	5.510 7
		所在环号	521	523	523	521	524	520

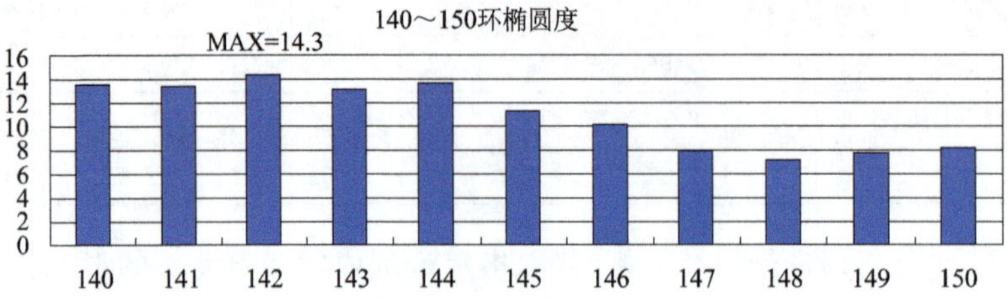

图 5　隧道椭圆度统计直方图

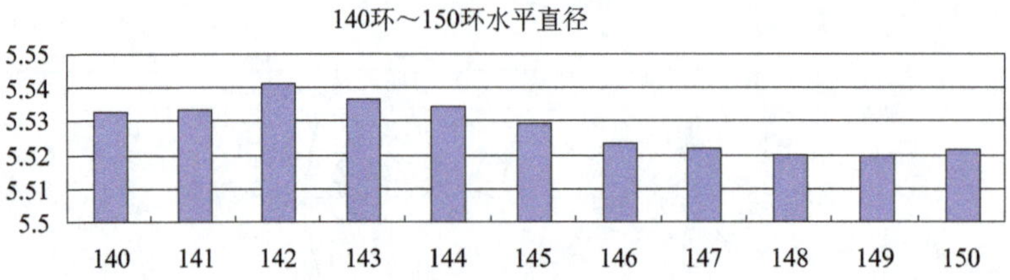

图 6　水平直径统计直方图

表 4　隧道椭圆度分析表

环号	拟合椭圆圆心 X	拟合椭圆圆心 Y	半长轴 a	半短轴 b	偏转角/°	椭圆度/‰	水平直径
140	0.050 596 997	1.864 485 264	2.766 690 731	2.729 375 601	5.009 330 75	13.6	5.532 816 257
141	0.044 351 73	1.869 232 059	2.767 239 094	2.730 294 466	5.467 605 591	13.4	5.533 811 797
142	0.045 417 815	1.872 455 597	2.771 124 84	2.731 846 809	5.149 780 273	14.3	5.541 621 219
143	0.051 051 635	1.872 222 424	2.768 861 771	2.732 443 571	5.793 899 536	13.2	5.536 986 1
144	0.053 998 053	1.876 656 771	2.767 394 304	2.729 341 269	5.391 830 444	13.8	5.534 121 196
145	0.055 954 725	1.883 461 595	2.765 133 142	2.734 011 412	7.085 464 478	11.3	5.529 324 49
146	0.052 823 156	1.892 656 803	2.762 152 91	2.734 445 333	8.468 002 319	10.1	5.523 110 06
147	0.051 371 589	1.900 704 741	2.761 171 103	2.739 144 564	5.036 773 682	8.0	5.522 003 989
148	0.052 991 971	1.904 266 238	2.759 991 407	2.740 517 139	5.211 799 622	7.1	5.519 662 556
149	0.055 167 872	1.909 212 232	2.760 205 269	2.738 885 88	5.315 307 617	7.8	5.520 046 032
150	0.055 541 076	1.911 230 564	2.761 227 131	2.738 672 972	8.026 191 711	8.2	5.521 578 381

注：表中标注的部分均是椭圆度超过衬砌环直径椭圆度允许偏差±5‰的环片，来源于《盾构法隧道施工与验收规范》(GB 50446—2008)。

2.3　混凝土强度检测

针对该区间隧道道床病害严重区域，共检测道床强度 26 处，道床混凝土强度设计值为 C30，26 处实测平均强度推定值为 19.6 MPa，具体检测位置及各区实测强度值见表 5(R＋数字为管片号)。

表 5　区间隧道(R1～R250)道床强度统计表

测区位置	位置	测区平均值/MPa	强度推定值/MPa
R1	道床混凝土	32.5	27.4
R5	道床混凝土	34.2	32.6
R13	道床混凝土	33.9	32.1
R20	道床混凝土	31.8	28.3
R75	道床混凝土	30.4	29.8
R79	道床混凝土	24.6	24.2
R83	道床混凝土	25.5	25.1
R97	道床混凝土	24.4	23.9
R101	道床混凝土	23.8	23.2
R105	道床混凝土	20.0	19.6
R109	道床混凝土	19.1	10.6
R125	道床混凝土	26.0	19.2
R130	道床混凝土	18.9	10.2
R135	道床混凝土	19.8	11.3
R144	道床混凝土	22.6	14.6
R148	道床混凝土	21.0	12.7
R175	道床混凝土	27.9	21.8
R180	道床混凝土	23.9	16.3
R184	道床混凝土	18.8	10.2
R220	道床混凝土	32.4	31.7
R225	道床混凝土	22.2	14.1
R230	道床混凝土	23.3	15.5
R235	道床混凝土	18.8	10.2
R240	道床混凝土	23.3	15.5
R245	道床混凝土	22.1	14.0
R250	道床混凝土	23.4	15.6

2.4　钻孔取芯分析道床病害段脱空情况和混凝土强度情况

为进一步了解道床病害段脱空情况、腐蚀情况和混凝土强度情况，对 17 处脱空位置进行了钻孔取芯，部分芯样情况如图 7 所示。

图 7　钻孔取芯部分芯样图

通过对隧道区间渗漏、腐蚀严重区域的进行现场取芯。从芯样情况分析，道床表面 2～3 cm范围内混凝土腐蚀严重、强度不足，有个别芯样浅部范围混凝土已经松散，如上图第 4 张图芯样上部 5 cm 范围内混凝土松散，强度不足，图 7 第 5 张图芯样上部芯样存在较多蜂窝空洞。

2.5 综合分析及建议

通过对隧道区间病害段全面的检健康检测，病害主要有以下特点，隧道区间多处存在渗漏，渗漏主要集中在接缝处；管片接缝处存在多处错台，最大平均错台量为 22.56 mm。区间椭圆度最大值为 14.3‰，远远超过限差的要求；道床混凝土强度设计值为 C30，26 处实测平均强度推定值为 19.6 MPa。最小平均强度推定值为 10.2 MPa，强度低于规范要求的 C30 混凝土的强度等级；

从芯样情况分析，道床表面 2～3 cm 范围内混凝土腐蚀严重、强度不足，有个别芯样浅部范围混凝土已经松散，强度不足；另外，道床脱空主要存在于道床两侧的管片与道床接合处，并有 50～70 mm 脱空夹缝，且夹缝中塞满泥沙。

针对以上隧道和道床的病害特点，建议采取以下措施：

(1)对隧道渗水涌沙的部位及时采取措施堵漏，防止渗漏水进一步腐蚀隧道道床。

(2)建议对该区域开展专项监测，专项监测项目应包括，隧道结构竖向位移、隧径向收敛监测、道床倾斜监测、道床沉降监测、管片接缝伸缩监测，并及时关注渗水涌沙的情况。

(3)建议对道床脱空位置、混凝土腐蚀严重、强度不足、个别芯样浅部范围混凝土已经松散的位置立即采取处理措施，治理后道床应满足设计及保证运营安全要求，治理后建议长期跟踪监测区间隧道结构及道床变形发展情况。

3 结 论

综合应用先进的隧道状态激光全息成像扫描技术和岩土测试技术对区间隧道进行了全面、由表及里的健康检测。检测中采用先进的隧道状态激光全息成像扫描系统能够及时准确地获取隧道结构的综合点位坐标和数字图像信息，利用这些数据信息，可以高效率地对隧道裂缝、渗漏水、椭圆度、错台、变形、收敛情况等信息直观地进行显示和表述，另外结合混凝土强度检测结果和现场钻孔取芯结果综合分析，掌握了隧道结构的实际健康状态，健康检测结果可以作为管理部门管理和维修决策提供重要依据。先进的激光扫描技术和岩土测试技术相结合能够对运营隧道健康安全状态进行全方位的综合评价，在隧道健康监测中有一定的适用性。随着轨道交通的快速发展，运营地铁隧道健康检测的要求也会越来越高，需要有更加先进、更多综合技术知识用于隧道结构健康分析和评价。

参 考 文 献

[1] 北京市规划委员会．GB 50308— 2008 城市轨道交通工程测量规范[S]．北京：中国建筑工业出版社，2008.

[2] 秦长利．城市轨道交通工程测量[M]. 北京：中国建筑工业出版社，2008.

[3] 北京市规划委员会．GB 50157—2013 地铁设计规范[S]．北京：中国建筑工业出版社，2013.

[4] 张正禄．工程测量学[M]. 武汉：武汉大学出版社，2005

[5] 陕西省建筑科学研究设计院．JGJ/T 23—2011 回弹法检测混凝土抗压强度技术规程[S]. 北京：中国建筑工业出版社，2011.

[6] 宋宏．地面三维激光扫描测量技术及其应用分析[J]. 测绘技术装备，2008,(2) ：40-43.

[7] 郑德华,雷伟刚．地面三维激光影像扫描测量技术[J]. 铁路航测，2003,(2) ：26-28.

[8] 张国辉．基于三维激光扫描仪地形变化监测[J]. 仪器仪表学报，2006，27(增刊):96-97.

[9] 罗德安,朱光,陆立,等．基于三维激光影像扫描技术的整体变形监测[J]. 测绘通报，2005,(7)：41-43.

[10] 侯海民．三维激光扫描仪在青岛胶州湾海底隧道的应用[J]. 隧道建设，2010,(12)：693-696.

[11] 徐进军,王海城,罗喻真,等．基于三维激光扫描的滑坡变形监测与数据处理[J]. 岩土力学，2010(7):188-191,196.

基于 SLAM 算法的室内移动测量技术在地下工程中的应用

岳仁宾，　黄承亮，　郑跃骏
（重庆市勘测院，重庆　401121）

摘　要：基于 SLAM 算法的移动测量技术已经成为室内移动测量研究的主要方向之一。本文在介绍作业流程的基础上，分别以地下车库和地下交通隧道工程竣工测量为例，讨论室内移动测量技术在地下工程中的应用情况，并将该技术与传统测绘方法在作业效率和测量精度方面进行对比，得到定量的对比结果。

关键词：SLAM 算法；室内移动测量；地下工程；竣工测量

随着人们对三维场景测量和精细展示的需求越来越大，如何实现室内三维数据的高效采集迅速发展成为测绘领域的研究热点。WLAN 技术、RFID 技术、POS 技术等都被用于室内定位研究。三维激光扫描技术是近些年被提出并发展起来一种新型测量技术，能快速、精确的获取物体的表面三维坐标，在地面三维激光扫描技术的数据采集、拼接等已经非常成熟的情况下，逐渐向移动式发展，并从室外延伸到室内。

与室外开阔的场景不同，人们要在无 GNSS 信号的情况下获取室内空间高精度、多细节的三维信息非常困难。实际上，室内环境的高精度三维信息获取类似于机器人在未知环境进行定位和制图，机器人的位姿是通过环境地图得到的，即机器人的位姿依赖于环境地图。位姿和地图估计之间的这种相互依赖的关系给机器人在未知环境下的导航提出了新的研究领域称之为即时定位与地图构建。因此，室内测量领域完全可以借助 SLAM 技术来获取室内空间数据。其中，基于激光的 SLAM 利用激光扫描仪作为传感器获取地图数据是目前稳定、可靠、高性能的方式。

1　SLAM 算法介绍

SLAM 指的是机器人在自身位置不确定的条件下，在完全未知环境中创建地图，同时利用地图进行自主定位和导航。目前 SLAM 算法可以分为扩展卡尔曼滤波类 SLAM，基于图像类 SLAM 和基于扫描匹配的 SLAM 算法。

EKW-SLAM 是最先被提出的 SLAM 算法，也是迄今最为流行的算法。该算法建立在运动模型和观测模型的高斯噪声假设基础上，从而解决 SLAM 问题。EKW-SLAM 作为一种成熟的 SLAM 算法，其主要优点是它能在线对地图进行全后验概率估计，另外通过该算法还能得到最高概率地图和较为精确的机器人位姿估计。EKW 还可以基于不同的机器人初始不确定性和传感器观测的不确定性得到不同精度的机器人位姿和所创建的环境地图依概率收敛值。

Graph-SLAM 实际上是一种基于图、网络的 SLAM 算法，又称为基于图优化的 SLAM。在 Graph-SLAM 中，通过构建完整的网络图来对移动机器人的位姿进行描述。在 Graph 上的节点表示移动机器人在某一时刻的位姿，节点之间的边表示两个时刻位姿的改变，或者是通过里程计观测到的信息。通过对这些点和边分别进行编码，最终构建网络。

采用扫描匹配的方法，我们能构建准确的二维环境地图。通过对两个连续的扫描信息进行匹配，在全局范围内得带准确的结果。该方法解决了大多存在机器人被“绑架”时失效的问题。通过机器人的激光雷达扫描得到的数据，结合 ICP 等匹配算法将机器人在每个位置对周围环境的观测来得到局部地图与全局地图建立几何关系，最终拼接成全局地图并且实现机器人的定位。

将激光扫描与 SLAM 技术相结合解决了室内环境中无 GNSS 信号无法定位的问题，为室内三维激光扫描提供了新的定位定姿方法。

2　作业流程及技术路线

2.1　准备工作

(1)方案制定及路线规划：根据工程环境特点制定扫描方案，确定扫描设备行走线路，保证扫描路线全覆盖整个测量区域；移动扫描起点应设在特征明显的区域，保证点云数据有较高的初始精度。如果测量环境单一、扫描对象特征不明显，需要进行标靶安置的设计。

(2)设备检验：通过一般检验和通电检验，确保仪器主机各部件及附件匹配、齐全，仪器各个部件应连接紧密且稳定，确保设备能正常运转、正常获取点云及影像数据。

2.2　点云数据采集

点云数据采集满足下列要求：

(1)作业前应将仪器放置在观测环境中进行温度平衡。

(2)按以下步骤操作：架设扫描站、建立扫描项目、扫描仪初始化设置、沿设计路线开始扫描。

(3)扫描文件采用“日期”+“地下建(构)筑物名称”的方式命名。扫描站采用“顺序号”+“扫描站位置”的方式命名，扫描站位置用文字简要描述。

(4)按照点云精度等级确定扫描点间距，根据需要采集的地下建(构)筑物种类、精度以及点云质量，要求数据采集时采样分辨率应在 100 m 处 0.01～0.04 m 范围内。

(5)扫描过程中应匀速移动，保证采集的点云数据分辨率均匀。

(6)保证扫描路线形成闭合区域，提高点云数据精度。

(7)扫描过程中如果仪器工作出现异常，如断电、死机等原因，或者仪器位置出现变化，应重新启动仪器进行自检、重新开始扫描。

2.3　点云数据处理

地下建(构)筑物点云数据处理应包括点云数据拼接、降噪与抽稀，影像匹配，点云数据裁剪，三维模型建立和纹理贴图。图 1 为室内移动测量数据采集及处理技术路线。

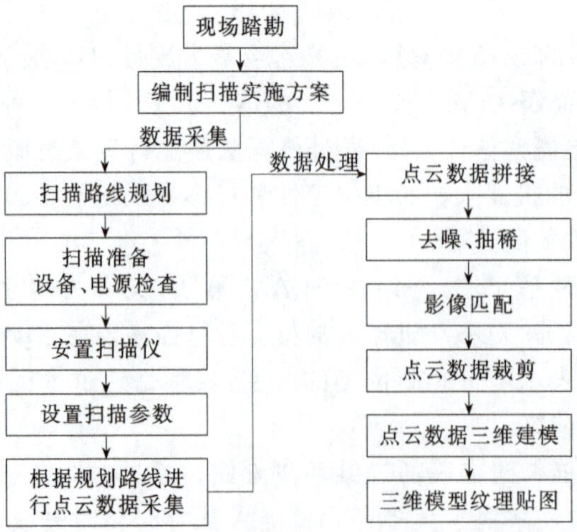

图 1　室内移动测量数据采集及处理技术路线

(1)点云数据拼接:根据不同的作业方法,可选择应用控制点、点云特征点等方式进行点云数据拼接。

(2)降噪与抽稀:点云数据中存在脱离扫描对象的异常点、孤立点时,应视点的数量采用滤波方法或人工手动进行点云数据降噪处理。

(3)影像数据处理:应包括影像色调调整和色彩纠偏、变形纠正、影像拼接、格式转换。

(4)点云数据裁剪:将处理后的点云数据,运用软件裁剪功能将点云数据进行裁剪,获取独立的地下建(构)筑物点云数据。

(5)三维模型建立及纹理贴图:点云数据三维模型制作包括点云分割、模型制作、纹理映射,可利用点云数据或已测平面图、立面图、剖面图进行交互式建模;纹理映射可采用在模型和图像上选定同名点对的方式进行。

(6)点云数据输出:将处理完成的独立的地下建(构)筑物点云数据,通过相关软件进行数据输出,输出的点云数据采用“.las”或“.txt”等格式进行保存。

3 工程应用

3.1 室内移动测量在地下车库竣工中的应用

采用基于 SLAM 算法的某室内三维移动扫描仪,对建筑地下车库进行相应的测试,分别对该仪器的作业时间、数据采集效果、数据精度进行分析和评价。通过设计相应的采集路线,将地下车库室内的数据进行全部采集,如图 2 所示。

数据处理主要是将仪器采集的点云数据导出,再导入到相应的数据处理软件中,对采集的点云数据,通过处理软件进行解算和拼接。

图 2 室内数据采集

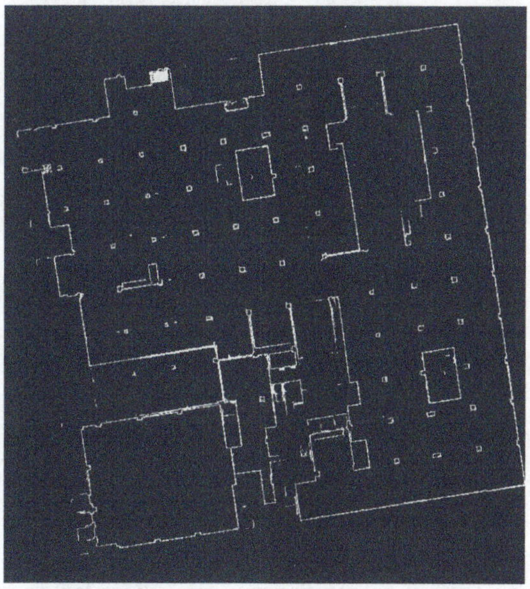

图 3 平面点云数据

数据分析主要是将拼接完成后的室内点云数据进行剖切,获取地下车库的平面点云数据(图 3),再将点云数据与设计数据进行对比,分析仪器采集的点云数据精度情况。

通过对地下车库室内扫描和处理,得到了如下结果:

(1)工作效率

室内三维移动扫描仪数据采集时间和处理时间的统计情况见表 1。

表 1　室内三维移动扫描仪数据采集时间和处理时间统计表

楼层面积	数据采集时间/min	数据处理时间/min
10 248 m^2	23	58

(2)精度比较

将该地下车库点云数据与高精度测距仪测量数据进行分析和比对，得出其点云数据与测距数据比较，地下车库最大平面距离误差为 7 cm，其他距离比对误差一般在 2～3 cm 之间。在车库的高度方面，其误差在 4～5 cm 之间。

3.2　室内移动测量在地下交通隧道竣工中的应用

采用基于 SLAM 算法的在重庆市解放碑地下环道工程进行了竣工测量工作。该工程投资大，结构较为复杂。

由于地下环道长度较长，为了保证数据采集的效率，将地下环道分段进行采集，再通过隧道特征点和设置标靶的方法将各段数据进行拼接。解放碑地下环道内部明显特征较少，而 SLAM 算法而言，需要有较多的特征点数据进行点云匹配，为了保证整个地下环道数据采集的正确性和工作效率，在数据采集过程中(图 4)，采用了自制标靶来增加特征点。通过在特定位置增设标靶，保证了室内移动测量仪 SLAM 算法的稳定性，避免了在数据采集过程中点云匹配的错误。图 5 为地下环道局部点云数据图。

图 4　地下环道现场数据采集

图 5　地下环道局部点云数据

本次对解放碑地下环道采用室内移动测量是在常规测量方式完成后进行的，将两种方法进行数据采集和处理的作业效率对比，见表 2。

表 2　两种方法数据采集和数据处理的作业效率对比

解放碑地下环道工程	数据采集时间(组/日)	数据处理时间(组/日)
室内移动测量方式	2	4
常规测量方式	7	3

由于地下环道线路长、支路多，控制测量采用的是图根导线测量的方式，较为耗时。而采用室内移动测量技术，就省去了图根导线测量的环节。从表 2 可以看出，该方法作业效率在外业数据采集方面其效率高于传统测绘方法，也提高了作业效率又减少了人力的投入。在内业数据处理方法，由于点云数据量大，导致点云数据处理时间较长，同时点云特征提取到形成地形图的时间也较长，但是正是由于点云数据的海量性，使从点云数据提取的数据信息更加丰富，保证了地下环道数据要素的完整性。

在测量精度方面，本文将传统测量方式采集的地下环道数据与点云提取的环道数据进行比较，得出隧道平面数据平均误差为 4.3 cm，高程平均误差为 5.2 cm，满足 1∶500 地形图测绘要求。

4 结　　语

本文将室内移动测量技术应用于地下车库和复杂地下交通隧道的竣工测量中，通过应用得出该技术可以显著提高外业数据采集效率，得到大量的点云数据，为后续成图提供丰富的基础数据，其测量精度基本满足1∶500地形图测绘的要求，可以在实际工程中进行应用。室内移动测量技术正处于研究和发展阶段，与其相关的SLAM算法的优化、特征提取的自动化等都需要进一步的研究，但随着该技术不断发展，必将有更好的应用前景。

参 考 文 献

[1] 陈萍．基于SLAM的移动室内三维激光扫描研究[D]．北京：中国地质大学，2016.

[2] 郑德华，雷伟光．地面三维激光影像扫描测量技术[J]．铁路航测，2003(2)：26-28.

[3] 马立广．地面三维激光扫描测量技术研究[D]．武汉：武汉大学，2005.

[4] 陈文栋．移动机器人SLAM方法研究[D]．南昌：华东交通大学，2014.

[5] 丁帅华，陈雄，韩建达．基于局部子图匹配的SLAM方法[J]．机器人，2009，31(4)：296-303.

[6] 尤红建，苏林．基于机载激光扫描数据提取建筑物的研究现状[J]．测绘科学，2005，10(5)：114-118.

[7] 顾文华，周波，戴先中．基于ICP匹配算法的室内移动机器人定位[J]．华中科技大学学报(自然科学版)，2013，41：262-266.

[8] 余建伟，危迟．基于SLAM的室内移动测量系统及其应用[J]．测绘通报，2016(06)：146-147.

[9] 李金鑫，秦鹏飞，李哲．室内定轨移动测量系统组合定位技术精度分析[J]．北京测绘，2017(03)：9-11.

[10] 赵梓乔，肖力．基于三维激光扫描仪的室内移动设备定位与建图[J]．计算机与数字工程，2016，44(11)：2252-2256.

基于稳健估计的 CPⅢ高程网粗差探测

林　飞

（杭州市勘测设计研究院，浙江　杭州　310012）

摘　要：粗差是一种异常大误差，特别是现代测量数据采用先进采集方式，在大量测量数据中出现少量粗差一般是不可避免的。轨道交通 CPⅢ高程控制网是一种精密的水准网，水准网计算结果可通过最小二乘法求取，然而当测量数据中存在粗差的影响时，由于最小二乘估计不具备抗粗差的能力，计算结果将会受到严重的影响。而在测量数据处理中，稳健估计相较于最小二乘估计有较强的抗粗差能力，所以本文把稳健估计引入到 CPⅢ高程控制网的平差中，以期达到探测和剔除粗差的目标。

关键词：稳健估计；CPⅢ高程网；粗差；平差；抗差估计

城市地铁工程中，轨道施工的质量好坏，关系到地铁运营的安全、舒适、平稳，具有工艺流程复杂、质量控制严格、精度要求高等特点。作为高铁无砟轨道铺设和运营维护的基准，CPⅢ控制网的精度要求极高，要求相邻点位相对中误差在 1 mm 之内。为此，采用高铁无砟轨道施工中的 CPⅢ测量技术，可以更加及时、高效、高精度地完成轨道铺设任务。

作为 CPⅢ三维网中重要组成部分的高程控制网（简称 CPⅢ高程网）是一种精密的水准网，水准网计算结果可通过平差中常用的经典最小二乘法（LS 法）求取。然而一旦观测值中存在粗差，由于最小二乘估计不具有抗粗差的能力，其估计值会因为粗差的影响而严重偏离正确值。

稳健估计就是能满足以上要求的参数估计方法，它能够保证所估计的参数不受或少受模型误差的影响。所以本文研究的目的，主要是引入稳健估计的理论到 CPⅢ高程网平差中，以期望探测和剔除粗差的影响，并结合具体数据对稳健估计中的几种不同的选权迭代法进行比较，以对各方法的适用情况做详细的探讨。

1　稳健估计原理

稳健估计，在测量中也被称作抗差估计，主要是鉴于最小二乘法对粗差的敏感性，提出了用稳健估计的方法消除或减弱粗差对参数估计的影响。稳健估计基本可以分为三类，即 M 估计，L 估计，以及 R 估计。其中 M 估计又称为极大似然估计，它是一种广义的极大似然估计，是经典的极大似然估计的推广，易于程序实现，所以，M 估计在稳健估计中应用的较为广泛。本文所说的稳健估计主要是 M 估计。

设 $L_1, L_2, \cdots, L_n$ 为观测样本，且 $L_1, L_2, \cdots, L_n$ 之间是相互独立的。X 为待估参数，L_i 的分布密度为 $f(l_i, \hat{X})$，则其极大似然估计准则为：

$$\sum_{i=1}^{n} \ln f(l_i, \hat{x}) = \max \tag{1}$$

$\hat{x}$ 为 X 的估值。

现在令函数

$$\rho(l_i, \hat{x}) = -\ln f(l_i, \hat{x}) \tag{2}$$

那么式(1)就可写成

$$\sum_{i=1}^{n}\rho(l_i,\hat{x})=\min \tag{3}$$

然后令

$$\varphi(l_i,\hat{x})=\frac{\partial\rho(l_i,x)}{\partial x}$$

则可得

$$\sum_{i=1}^{n}\varphi(l_i,\hat{x})=0 \tag{4}$$

通过选择合适的 ρ 函数或 φ 函数，然后再利用式(3)或式(4)来计算参数 X 的估值，这就是所谓的 M 估计。由上所述，我们可以发现 ρ 函数的重要性，一个 ρ 函数就定义了一个 M 估计。

ρ 函数的选取在稳健估计的过程中至关重要，为此，很多国内外学者提出了许多可供选择的 ρ 函数，常用的几种 ρ 函数主要有以下几种，在下面的各式中，u 表示标准化的残差指标($u_i=v_i/\sigma$)：

1.1 Huber 法

ρ 函数为：

$$\rho(u)=\begin{cases}\dfrac{u^2}{2} & |u|\leqslant c\\ c(|u|-\dfrac{c}{2}) & |u|>c\end{cases} \tag{5}$$

权函数为：

$$p(u)=\begin{cases}1 & |u|\leqslant c\\ \dfrac{c}{|u|} & |u|>c\end{cases} \tag{6}$$

式中，c 为调和系数，通常取 c 为 2。

1.2 L1-L2 法

ρ 函数为：

$$\rho(u)=2\left(\sqrt{1+\frac{u^2}{2}}-1\right) \tag{7}$$

权函数为：

$$w(u)=\frac{1}{\sqrt{1+\dfrac{u^2}{2}}} \tag{8}$$

式中，u 为标准化的残差指标($u_i=v_i/\sigma$)。

1.3 丹 麦 法

ρ 函数为：

$$\rho(u)=\left(\frac{u}{c}\right)^2_{\mathrm{e}}\left[1-\left(\frac{u}{c}\right)^2\right] \tag{9}$$

权函数为：

$$p(v)=\begin{cases}1 & |u|\leqslant c\\ {}_{\mathrm{e}}\left[1-\left(\dfrac{u}{c}\right)^2\right] & |u|>c\end{cases} \tag{10}$$

式中，调和系数 c 一般取为 1.5。

1.4　IGG 方案

ρ 函数为：

$$\rho(u)=\begin{cases}u^2/2 & |u|<b\\ |u| & b\leqslant|u|<c\\ d & |u|\geqslant c\end{cases}\tag{11}$$

权函数为：

$$p(u)=\begin{cases}1 & |u|<b\\ \dfrac{b}{|u|+k} & b\leqslant|u|<c\\ 0 & |u|\geqslant c\end{cases}\tag{12}$$

式中，调和系数 $b=1.5$，$c=2.5$，k 为很小的数。

1.5　Fair 法

ρ 函数为：

$$\rho(v)=c^2\left[\frac{|v|}{c}-\log\left(1+\frac{|v|}{c}\right)\right]\tag{13}$$

权函数为：

$$p(v)=\frac{1}{1+\dfrac{|v|}{c}}\tag{14}$$

式中，调和系数 c 取值为 1.399 8。

分析以上几种常用的选权迭代法的权函数，我们可以发现一个特点，即它们的权函数大多是分阶段来定义的，并且依据都是残差的大小，也即代表着粗差的大小。

2　算例分析

2.1　概　　况

目前在 CPⅢ高程网控制点的外业施测中，采用最多的方法主要是矩形法：

如图 1 所示，图中的空心箭头主要表示高差的传递方向，因为上述的测量方法所形成的四边形闭合环都是比较规则的矩形，所以一些文章称此种方法为中国矩形法（见参考文献[6]）。

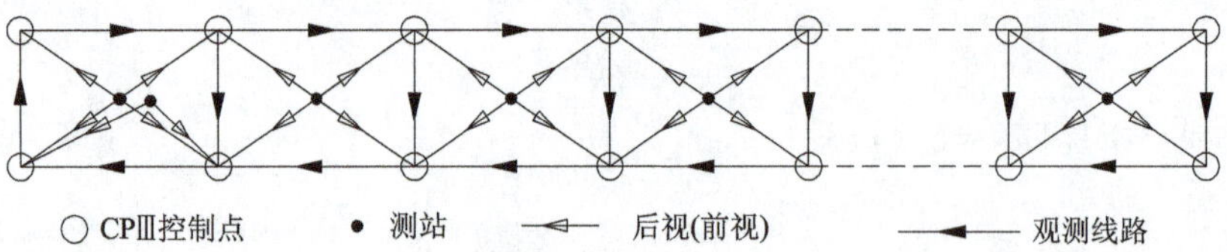

图 1　矩形法示意图

通过对矩形法的精度估算，可以认为由此得到的任意相邻 CPⅢ高程点的高差中误差，其无论在纵向、横向还是对角方向均具有较高的精度，远小于文献[7]中 1 mm 的精度要求，因此矩形法测量的 CPⅢ高程网精度是完全能够满足轨道控制网 CPⅢ建网精度要求的。

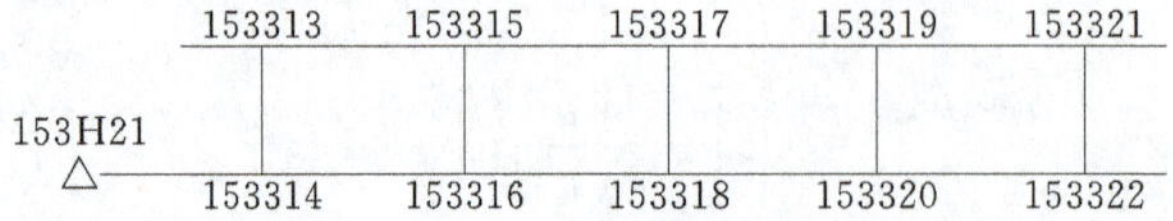

图 2　某段 CPⅢ高程控制网

图2为选取的某轨道交通项目的一段CPⅢ高程控制网的部分示意图，其中153H21点为线上加密水准基点，起算高程为514.289 6 m，选取153313到153322这10个CPⅢ点，以测段距离来定权，表1为观测数据，取1 km为单位权观测。

表1　原始观测数据

水准线路	观测高差/m	路线长度/m	权
L0：153H21-153314	−0.308 14	38.71	25.83
L1：153313-153315	−0.901 89	65.47	15.27
L2：153315-153316	−0.185 31	9.22	108.46
L3：153316-153314	0.911 01	65.47	15.27
L4：153314-153313	0.176 34	9.22	108.46
L5：153315-153317	−0.910 5	65.44	15.28
L6：153317-153318	−0.197 04	9.22	108.46
L7：153318-153316	0.922 26	65.44	15.28
L8：153317-153319	−0.850 4	65.44	15.28
L9：153319-153320	−0.223 67	9.22	108.46
L10：153320-153318	0.877 63	65.44	15.28
L11：153319-153321	−0.966 95	65.41	15.29
L12：153321-153322	−0.169 94	9.22	108.46
L13：153322-153320	0.913 43	65.41	15.29

由水准观测线路可先确定各CPⅢ点的初始高程值，将表1的数据及上述点的初始高程值编辑到程序可以读取的txt文本中，然后所编程序进行解算。

系数矩阵$\boldsymbol{A}$为：

```
=========================================================最小二乘法输出结果如下====================
系数矩阵A:
  0.0000   1.0000   0.0000   0.0000   0.0000   0.0000   0.0000   0.0000   0.0000   0.0000
 -1.0000   0.0000   1.0000   0.0000   0.0000   0.0000   0.0000   0.0000   0.0000   0.0000
  0.0000   0.0000  -1.0000   1.0000   0.0000   0.0000   0.0000   0.0000   0.0000   0.0000
  0.0000   1.0000   0.0000  -1.0000   0.0000   0.0000   0.0000   0.0000   0.0000   0.0000
  1.0000  -1.0000   0.0000   0.0000   0.0000   0.0000   0.0000   0.0000   0.0000   0.0000
  0.0000   0.0000  -1.0000   0.0000   1.0000   0.0000   0.0000   0.0000   0.0000   0.0000
  0.0000   0.0000   0.0000   0.0000  -1.0000   1.0000   0.0000   0.0000   0.0000   0.0000
  0.0000   0.0000   0.0000   1.0000   0.0000  -1.0000   0.0000   0.0000   0.0000   0.0000
  0.0000   0.0000   0.0000   0.0000  -1.0000   0.0000   1.0000   0.0000   0.0000   0.0000
  0.0000   0.0000   0.0000   0.0000   0.0000   0.0000  -1.0000   1.0000   0.0000   0.0000
  0.0000   0.0000   0.0000   0.0000   0.0000   1.0000   0.0000  -1.0000   0.0000   0.0000
  0.0000   0.0000   0.0000   0.0000   0.0000   0.0000  -1.0000   0.0000   1.0000   0.0000
  0.0000   0.0000   0.0000   0.0000   0.0000   0.0000   0.0000   0.0000  -1.0000   1.0000
  0.0000   0.0000   0.0000   0.0000   0.0000   0.0000   0.0000   1.0000   0.0000  -1.0000
==================================================================================================
```

图3　系数矩阵$\boldsymbol{A}$

2.2　未加粗差时不同方法平差比较

先得出经典最小二乘法所求出的改正数x以及各点平差后的高程值（表2），然后再用五种稳健估计的选权迭代法分别计算同样的数据，并与经典最小二乘估计的结果进行对比，见表2。

表2　各种方法平差值　　m

点号	Huber法	IGG方案法	丹麦法	L1-L2法	Fair法	最小二乘估计
153313	514.157 75	514.157 75	514.157 75	514.157 80	514.157 76	514.157 79
153314	513.981 46	513.981 46	513.981 46	513.981 46	513.981 42	513.981 46
153315	513.255 80	513.255 80	513.255 80	513.255 91	513.255 87	513.255 83

续上表

点号	Huber 法	IGG 方案法	丹麦法	L1-L2 法	Fair 法	最小二乘估计
153316	513.070 50	513.070 50	513.070 50	513.070 61	513.070 57	513.070 52
153317	512.345 23	512.345 23	512.345 23	512.345 41	512.345 37	512.345 30
153318	512.148 31	512.148 31	512.148 31	512.148 37	512.148 33	512.148 29
153319	511.494 64	511.494 64	511.494 64	511.495 01	511.494 97	511.494 63
153320	511.270 88	511.270 88	511.270 88	511.271 34	511.271 30	511.270 93
153321	510.527 59	510.527 59	510.527 59	510.528 06	510.528 02	510.527 57
153322	510.357 55	510.357 55	510.357 55	510.358 12	510.358 08	510.357 61

稳健估计的选权迭代法所计算出的结果与最小二乘法计算结果的差值见表 3。

表 3　各选权迭代法平差结果与最小二乘法的差值　　mm

点号	Huber 法	IGG 方案法	丹麦法	L1-L2 法	Fair 法
153313	−0.05	−0.05	−0.05	0.01	−0.03
153314	0.00	0.00	0.00	0.00	−0.04
153315	−0.03	−0.03	−0.03	0.08	0.04
153316	−0.01	−0.01	−0.01	0.09	0.05
153317	−0.07	−0.07	−0.07	0.11	0.07
153318	0.02	0.02	0.02	0.08	0.04
153319	0.01	0.01	0.01	0.38	0.34
153320	−0.06	−0.06	−0.06	0.41	0.37
153321	0.02	0.02	0.02	0.49	0.45
153322	−0.07	−0.07	−0.07	0.51	0.47

从表 2 和 3 中可以看出，当不加粗差时：

(1)Huber 法、IGG 方案法和丹麦法这三种方法的结果是一样的，且计算结果与最小二乘法的差值都在 0.1 mm 以内。

(2)在 153313～153318 这六个点上，L1-L2 法和 Fair 法的计算结果除了在点 153317 上与最小二乘估计值有 0.11 mm 的差值外，在其余五个点上均未超过 0.1 mm，在 153319～153322这四个点上的差值也在 0.3 到 0.5 mm 之间。

结合以上所述，我们可以认为，当不加入粗差时，稳健估计和最小二乘估计的平差值基本一致。

根据最小二乘法平差得出的这段 CPⅢ高程网的单位权中误差为 $\hat{\sigma}_0=\pm\sqrt{\dfrac{V^{\mathrm{T}}PV}{r}}=\pm 0.22$ mm。

由于原始观测数据中没有粗差，我们可以认为最小二乘法的计算结果最为精确，所以本文取未加粗差时的最小二乘值作为最终平差结果。

2.3　加入一个粗差后各方法平差比较

因为原观测数据中没有粗差，现在为了方便讨论问题，在原观测数据的水准线路 L4：H2-H1 中加入 10 mm(远大于两倍中误差)的粗差，再使用同样的五种稳健估计方法进行平差比较，平差结果见表 4。

表 4　加入一个粗差后各种方法平差值　　m

点号	Huber 法	IGG 方案法	丹麦法	L1-L2 法	Fair 法	最小二乘估计
153313	514.157 60	514.157 60	514.157 60	514.157 64	514.157 76	514.167 17
153314	513.981 46	513.981 46	513.981 46	513.981 46	513.981 46	513.981 46

续上表

点号	Huber 法	IGG 方案法	丹麦法	L1-L2 法	Fair 法	最小二乘估计
153315	513.255 71	513.255 71	513.255 71	513.255 75	513.255 87	513.260 81
153316	513.070 45	513.070 45	513.070 45	513.070 45	513.070 57	513.074 92
153317	512.345 15	512.345 15	512.345 15	512.345 25	512.345 37	512.350 01
153318	512.148 24	512.148 24	512.148 24	512.148 21	512.148 33	512.152 96
153319	511.494 56	511.494 56	511.494 56	511.494 85	511.494 97	511.499 32
153320	511.270 80	511.270 80	511.270 80	511.271 18	511.271 30	511.275 62
153321	510.527 51	510.527 51	510.527 51	510.527 90	510.528 02	510.532 26
153322	510.357 47	510.357 47	510.357 47	510.357 96	510.358 08	510.362 30

为了看到差距，我们把加入一个粗差后各平差方法所计算出的结果与正确值进行比较，各个差值见表5。

表5　各平差结果与未加粗差时的最小二乘值之差　　mm

点号	Huber 法	IGG 方案法	丹麦法	L1-L2 法	Fair 法	最小二乘估计
153313	−0.17	−0.17	−0.17	−0.12	0.00	9.41
153314	0.01	0.01	0.01	0.01	0.01	0.01
153315	−0.13	−0.13	−0.13	−0.08	0.04	4.98
153316	−0.08	−0.08	−0.08	−0.08	0.04	4.39
153317	−0.14	−0.14	−0.14	−0.04	0.08	4.72
153318	−0.07	−0.07	−0.07	−0.11	0.01	4.65
153319	−0.17	−0.17	−0.17	0.12	0.23	4.58
153320	−0.21	−0.21	−0.21	0.17	0.29	4.61
153321	−0.20	−0.20	−0.20	0.19	0.31	4.55
153322	−0.24	−0.24	−0.24	0.25	0.36	4.59

各方法平差后所得的残差 V 见表6。

表6　加入一个粗差各方法平差后的残差 V　　mm

水准线路	Huber 法	IGG 方案	丹麦法	L1-L2	Fair 法	最小二乘估计
L0	0.08	0.08	0.08	0.08	0.08	0.00
L1	0.00	0.00	0.00	0.00	0.00	−4.47
L2	−0.15	−0.15	−0.15	−0.19	−0.19	−0.59
L3	0.50	0.50	0.50	0.50	0.38	−4.47
L4	9.80	9.80	9.80	9.84	9.96	−0.63
L5	−0.05	−0.05	−0.05	0.00	0.00	−0.31
L6	−0.25	−0.25	−0.25	−0.38	−0.38	0.00
L7	0.19	0.19	0.19	0.22	0.22	−0.31
L8	−0.19	−0.19	−0.19	0.00	0.00	−0.29
L9	−0.09	−0.09	−0.09	0.00	0.00	−0.03
L10	0.63	0.63	0.63	0.22	0.22	−0.29
L11	−0.10	−0.10	−0.10	0.00	0.00	−0.11
L12	−0.10	−0.10	−0.10	0.00	0.00	−0.02
L13	0.32	0.32	0.32	0.21	0.21	−0.11

各选权迭代法的迭代次数见表 7。

表 7　各选权迭代法的迭代次数

方法名	Huber 法	IGG 方案法	丹麦法	L1-L2 法	Fair 法
迭代次数	10	10	4	20	18

由表 4 和表 5 我们可以看出：

(1)当在观测数据里加入一个粗差时，最小二乘法平差所得的结果中，除了点 153314 外，其他的计算结果都与未加粗差时的正确结果差了 4 mm 以上，这个误差已经远大于 2 倍中误差。由此可知，当观测数据里加入一个粗差时，最小二乘法的计算结果与正确值相差较大。

(2)当在观测数据里加入一个粗差时，Huber 法、IGG 方案法和丹麦法这三种方法的计算结果仍然是一样的。

(3)5 种选权迭代法平差所得到的结果与正确结果相比，差距都很小，最大的差值也未超过 0.4 mm，几乎可以忽略不计，由此可以说明当加入一个粗差时，选权迭代法能够有效地剔除粗差。

由表 6 和表 7 我们可以看出：

(1)五种方法在所得的观测值的残差 V 方面没有大的差异，都在线路 L4 处有着将近10 mm的残差，这与实际添加粗差的位置以及粗差的大小都十分吻合，很好的体现出了粗差的影响；而最小二乘估计所得的残差阵无法看出实际添加的粗差的位置和大小，这充分说明稳健估计有着良好的粗差探测能力。

(2)Fair 法在观测线路 L4 处的残差值为 9.96 mm，和其他方法相比，与实际粗差大小最为接近。

(3)5 种方法中，丹麦法的迭代次数最少，L1-L2 法的迭代次数最多，说明丹麦法的效率最高，而 L1-L2 法的效率最低。

2.4　加入两个粗差后各方法平差结果比较

为了讨论问题的必要，在之前加入的一个粗差的基础上，再在线路 L8：153317～153319 上加入 10 mm 的粗差(同样远大于两倍中误差)，然后再使用同样的几种稳健估计方法进行平差比较。

各种方法的平差结果见表 8。

表 8　加入两个粗差后各种方法平差值　　m

点号	Huber 法	IGG 方案法	丹麦法	L1-L2 法	Fair 法	最小二乘估计
153313	514.164 87	514.157 34	514.157 34	514.157 35	514.157 45	514.167 17
153314	513.981 46	513.981 46	513.981 46	513.981 46	513.981 46	513.981 46
153315	513.260 06	513.255 35	513.255 35	513.255 36	513.255 26	513.260 79
153316	513.073 38	513.070 21	513.070 21	513.070 21	513.070 15	513.074 93
153317	512.348 01	512.344 85	512.344 85	512.344 96	512.344 86	512.349 71
153318	512.152 67	512.147 82	512.147 82	512.148 01	512.147 91	512.153 25
153319	511.504 35	511.494 19	511.494 19	511.494 23	511.494 23	511.504 61
153320	511.278 29	511.270 57	511.270 57	511.270 56	511.270 56	511.280 33
153321	510.536 54	510.526 98	510.526 98	510.527 08	510.527 08	510.537 28
153322	510.365 73	510.357 02	510.357 02	510.356 94	510.357 14	510.367 28

再把加入两个粗差后各平差方法所计算出的结果与未加粗差时的最小二乘值进行比较，差值见表 9。

表9　加两个粗差时各方法平差结果与未加粗差时的最小二乘值的差值　mm

点号	Huber法	IGG方案法	丹麦法	L1-L2法	Fair法	最小二乘估计
153313	7.11	−0.42	−0.42	−0.41	−0.32	9.40
153314	0.01	0.01	0.01	0.01	0.01	0.01
153315	4.23	−0.48	−0.48	−0.47	−0.57	4.96
153316	2.85	−0.32	−0.32	−0.32	−0.38	4.40
153317	2.72	−0.45	−0.45	−0.33	−0.43	4.42
153318	4.35	−0.50	−0.50	−0.31	−0.41	4.94
153319	9.62	−0.55	−0.55	−0.50	−0.50	9.87
153320	7.28	−0.45	−0.45	−0.45	−0.45	9.32
153321	8.82	−0.73	−0.73	−0.63	−0.63	9.57
153322	8.01	−0.70	−0.70	−0.78	−0.58	9.57

各选权迭代法平差后所得的残差 V 见表10。

表10　加入两个粗差各方法平差后的残差　mm

水准线路	Huber法	IGG方案	丹麦法	L1-L2	Fair法
L0	0.08	0.08	0.08	0.08	0.08
L1	−2.93	0.00	0.00	0.00	0.00
L2	−1.57	−0.19	−0.19	−0.20	−0.20
L3	−2.43	0.50	0.50	0.50	0.50
L4	17.07	9.84	9.84	9.85	9.85
L5	−1.55	−0.01	−0.01	0.00	0.00
L6	1.32	−0.39	−0.39	−0.41	−0.41
L7	−1.31	0.23	0.23	0.24	0.24
L8	16.75	9.34	9.34	9.37	9.37
L9	−2.39	0.05	0.05	0.00	0.00
L10	−2.43	0.82	0.82	0.82	0.82
L11	−0.87	−0.05	−0.05	0.00	0.00
L12	−0.87	−0.05	−0.05	0.00	0.00
L13	−0.45	0.37	0.37	0.21	0.21

迭代次数见表11。

表11　各选权迭代法的迭代次数

方法名	Huber法	IGG方案法	丹麦法	L1-L2法	Fair法
迭代次数	2	16	8	19	13

由表8和表9可知：

(1) 当在观测数据里加入两个粗差时，五种选权迭代法中，除了Huber法之外，其他四种方法计算出的各点的高程值相互之间差距不大，而与正确值相差都在0.3 mm以上，最大的差值在0.8 mm左右，和表6中只加入一个粗差时的数据相比，差值变大了，这说明当加入两个粗差时，稳健估计剔除粗差的效果降低了。

(2) Huber法的计算结果与正确值相差较大。除了第二个点外，都差了2 mm以上，在点153319处相差了近10 mm，这说明此刻的Huber法失去了剔除粗差的能力。

由表10和表11可知，当在观测数据里加入两个粗差时：

(1) 五种选权迭代法中，除了 Huber 法外，其他四种方法在所得的观测值的残差 V 方面基本没有大的差异，都在线路 L4 处和 L8 处有着将近 10 毫米的残差，这与实际添加粗差的位置以及粗差的大小都十分吻合，都很好的体现出了粗差的影响。

(2) Huber 法在 L4 处和 L8 处的残差值分别为 17.074 4 和 16.745 3 mm，与实际粗差值相差较大，因此可以认为，至少在本例中，Huber 的粗差探测能力比其他四种方法都要差。

(3) 在能有效探测和剔除粗差的四种方法中，丹麦法的迭代次数仍然最少，说明丹麦法的效率依然是最高的。

综合上述分析，我们可以认为，在本例中，当在观测数据里加入两个粗差时，经典最小二乘估计同样偏离精确值较大，而稳健估计方面，除了 Huber 法以外，其他四种选权迭代法仍然能够较好的探测和剔除粗差。

3 结　　论

稳健估计理论在处理粗差方面一直在不断地完善和发展，从针对独立观测量到针对相关观测量，从传统基于等价权的稳健估计到基于等价方差-协方差的稳健估计，等等。本文虽然只是粗浅的研究了一下，但是已经显示了稳健估计在处理测量数据粗差问题时的有效性和实用性，相信在今后的发展中，稳健估计理论必将在轨道交通测绘领域得到更加广泛的应用。

参 考 文 献

[1] 李书亮，刘成龙，倪先桃，等.高速铁路 CPⅢ高程控制网测量方法研究[J].测绘科学，2011，1:45-47.

[2] 王力，李广云，张启福，等. 激光扫描中平面拟合及坐标转换模型构建[J].测绘科学技术学报，2012，29(2):101-104.

[3] 黄声享.变形监测数据处理[M].武汉:武汉大学出版社，2007，48-52.

[4] 贾超.稳健回归分析方法在变形监测中的应用[D].太原:太原理工大学，2011.

[5] 朱颖，卢健康.高速铁路工程测量技术及应用[C]. //岑敏仪．高速铁路精密测量理论及测绘新技术应用国际学术研讨会论文集.成都:西南交通大学出版社，2010，3-10.

[6] 倪先桃．无砟轨道 CPⅢ高程控制网测量与数据处理方法研究[D]. 成都:西南交通大学，2009.

[7] 刘成龙，杨友涛，徐小左．高速铁路 CPⅢ交会网必要测量精度的仿真计算[J]. 西南交通大学学报，2008，(6).

测试技术篇

- 浅谈超长超大断面盾构隧道洞内监测实施方法
- 基于光纤光栅传感器的结构健康监测系统及应用
- 西安环球中心金花大楼爆破作用下周边地铁的安全性研究
- 地铁跨湖段高架桥沉降监测方案设计与分析
- 地铁 10 号线上穿既有地铁 2 号线的监测及分析
- 无棱镜自动化监测在机场跑道监测中的应用
- 光纤传感器在洞桩法车站监测中的应用
- 北京城市轨道交通工程建设土建施工阶段安全风险预控方法研究
- 论锚杆轴力监测对基坑桩锚支护体系稳定性的重要性
- 北京市城市轨道交通明挖工程的安全检查问题分析
- 天津软土地区运营地铁结构变形监测研究与分析
- 深基坑开挖对邻近地铁结构沉降变形的影响分析
- 运营轨道交通自动化变形监测减小瞬时误差测量方法的探讨与应用
- 基于两种不同方法地铁换乘车站自动化监测与分析

浅谈超长超大断面盾构隧道洞内监测实施方法

高　虎

(北京城建勘测设计研究院有限责任公司郑州分公司,河南　郑州　450002)

摘　要:某工程盾构区间长度为3.8 km,盾构隧道为圆形,内径11.3 m,盾构隧道洞身大部分处于粉质砂土层中,局部地段穿越粉砂、细砂层,隧道埋深较深,洞身基本处于潜水—承压水中。该区间采用大断面泥水平衡盾构机掘进施工,地面环境较简单。因隧道内径较大,长度较长,所以常规城市轨道交通中所采用的监测方法已不适用于此工程。本文通过一些直接或间接的监测方法,找到了适用于超长大断面隧道洞内监测的可实施方案,可为以后类似工程提供经验参考。

关键词:洞内监测;大断面盾构;超长盾构隧道;监测方法

1　工程概况

某工程盾构区间长度为3.8 km,盾构隧道为圆形,内径11.3 m,盾构隧道洞身大部分处于粉质砂土层中,局部地段穿越粉砂、细砂层,隧道埋深较深,洞身基本处于潜水—承压水中。该区间采用大断面泥水平衡盾构机掘进施工,地面环境较简单。该工程隧道内部监控量测所涉及的监测项目为管片结构净空收敛、管片结构竖向变形(拱顶、拱底)、管片结构水平位移。该工程盾构隧道洞内监测剖面图如图1所示。

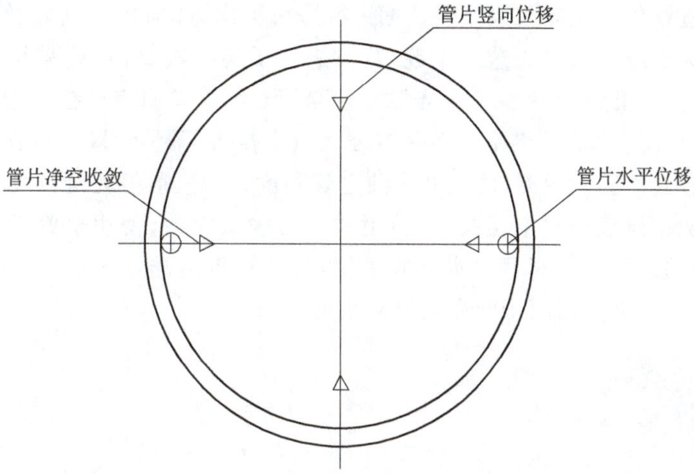

图1　工程盾构隧道洞内监测剖面图

2　监控量测方案

2.1　常规监测方法

轨道交通隧道内径多为5.4 m,监测方法多采用收敛仪监测隧道水平变形,水准仪悬挂倒尺或钢尺监测隧道拱顶竖向位移。在监测隧道水平变形时,将收敛仪两端的挂钩挂在预先埋设在隧道管片两侧的挂钩上，进行数据采集，两期读数的差值就是本期阶段变形值。在监测拱顶竖向位移时，在隧道顶部悬挂倒尺或钢尺，用水准仪读取高程，通过对比两期的高程变化，得出本期阶段变形值。常规监测方法的优点是仪器价格便宜，监测精度高，对监测对象微小的变形具有较高的灵敏度，在一般盾构隧道中可操作性较高。但是包括收敛计、铟钢尺等均有长度限制，无法应用在大断面隧道中，包括悬挂钢尺的方法，在大断面隧道中应用起来也颇有难度，且精度不能保证。

自《城市轨道交通工程监测技术规范》(GB 50911—2013)实施以来，规范所提到的采用红外激光测距仪监测隧道自身的水平收敛方法得到了越来越多的应用，采用红外激光测距仪监测隧道自身的水平收敛时，应在收敛测线两端设置对中与瞄准标志，隧道侧壁粗糙时，瞄准标志宜采用反射片，对中与瞄准标志设置后，应进行实测进度符合性检查，并应进行 3 次独立观测，且 3 次独立观测较差应小于测距标称精度的 2 倍，观测结果应为 3 次独立观测读数的平均值。两期读数的差值就是本期阶段变形值。该方法相较于收敛计，工具携带更加方便，可操作性更高。但红外激光测距仪自身无对中装置，对每次监测过程中所涉及的各种因素要求较高，如何提高激光测距仪监测精度问题，成为日常监测中一大难题。

无尺量测技术是利用全站仪的自由设站、对边测量，免棱镜测距等应用功能，在隧道施工中可以灵活有效地进行隧道自身的变形量测，采用全站仪进行水平收敛量测时，在中线附近能够观测到基线两端的反射膜片的位置上架设全站仪，无需对中，只需整平仪器，分别照准基线两端反射膜片的十字丝，启动全站仪对边测量功能即可测出基线长度，两期测量长度之差就是该段时期的水平收敛值。在监测拱顶下沉时，将拱顶下沉基点设在稳定段，基准点可设置为反光片或反光棱镜，分别照准洞内拱顶监测点和基准点，利用对边测量功能测出拱顶监测点至基准点之间的高差，两期观测高差之差就是该段时期的拱顶下沉值。该方法的主要优点是设站灵活，抗施工干扰的能力强，拱顶下沉及水平收敛仅使用一台全站仪，无需其他设备。

2.2　该工程监测方法

结合该工程超长隧道、超大断面等特点，按照设计文件所设计的监测项目实施监控量测，该工程水平收敛采用红外激光测距仪进行监测，管片水平位移采用全站仪进行监测，管片竖向位移采用红外激光测距仪＋水准仪进行监测。

通过对大量已完工程红外激光测距仪监测数据进行分析得出，如何控制红外激光测距仪监控量测精度为该工程监测过程中一大难题。为解决这一难题，我方进行了各种尝试，最终采用红外激光测距仪与徕卡棱镜头底座进行固定(见图 2)的方案来保证激光测距仪与管片结合端稳定可控。通过在水平方向管片上焊接或植入棱镜对中接头(见图 3)，将改装后的测距仪插入对中接头，调整角度。以保证每次监测过程中固定测点，固定角度，并应进行 3 次独立观测，两期 3 次独立观测读数的平均值就是该段时期的水平净空收敛值。通过在管片水平方向两侧埋设棱镜对中接头，将棱镜插入对中接头中，使用全站仪采集管片两侧水平位移值，通过每次水平位移值的计算来计算管片水平收敛值，将计算得出的水平收敛值与激光测距仪取得的水平收敛值相互验证，来保证水平方向两个测项的监测精度。

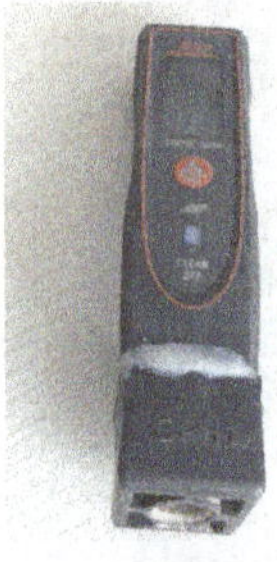

图 2　改装后的激光测距仪

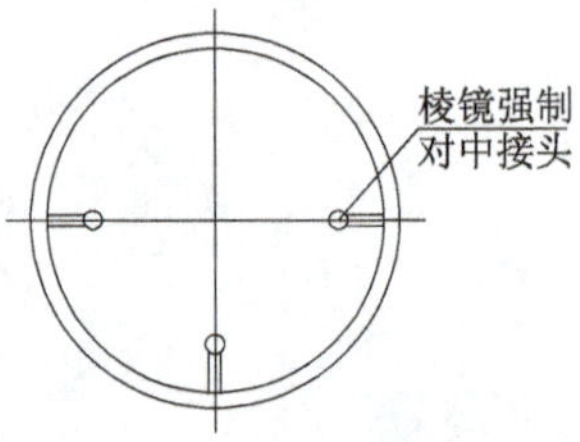

图 3　棱镜强制对中接头

通过在管片底部埋设棱镜对中接头，将改装后红外激光测距仪插入对中接头，取得竖向净空收敛值，使用水准仪采集管片底部棱镜对中接头的高程，取得管片结构底部的沉降值，将管片底部的沉降值与竖向收敛值结合进行计算，即可得出管片拱顶竖向位移值。

3 工程实践

为确定本方法的监测精度及可操作性，在2017年4月7日—4月15日，盾构掘进至240环左右，选取本工程前50环作为监测方法试验段，每10环布设一组监测点，所采用的监测方法见表1。

表1 监测方法

监测方法	净空收敛	拱顶沉降
方法1	全站仪	水准仪＋悬挂钢尺
方法2	改进后的激光测距仪	改进后的激光测距仪＋水准仪

两种监测方法采集的数据对比分析如下：

3.1 净空收敛

方法1监测曲线图如图4所示。

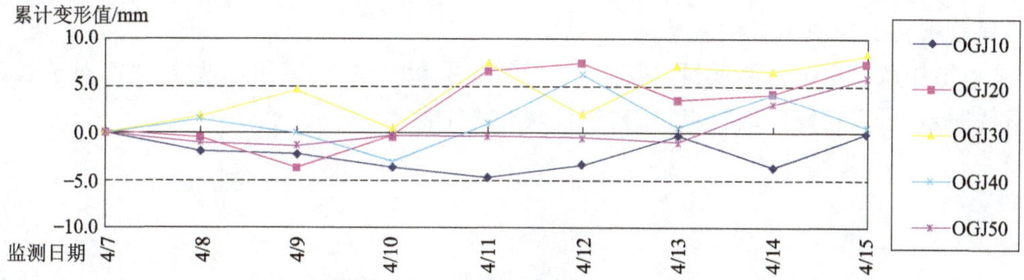

图4 使用全站仪监测净空收敛测点时程曲线图

方法2监测曲线图如图5所示。

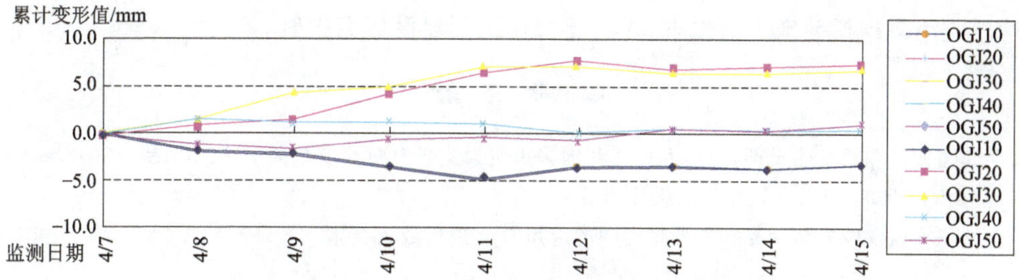

图5 改进后的监测方法净空收敛测点时程曲线图

通过时程曲线图可见，使用方法1所采集到的数据因为现场条件及人为误差，造成数据波动较大，而使用方法2采集到的数据因为监测点固定，仪器位置固定，算法较为直接，数据无明显波动。

3.2 拱顶沉降

方法1监测时程曲线图如图6所示。

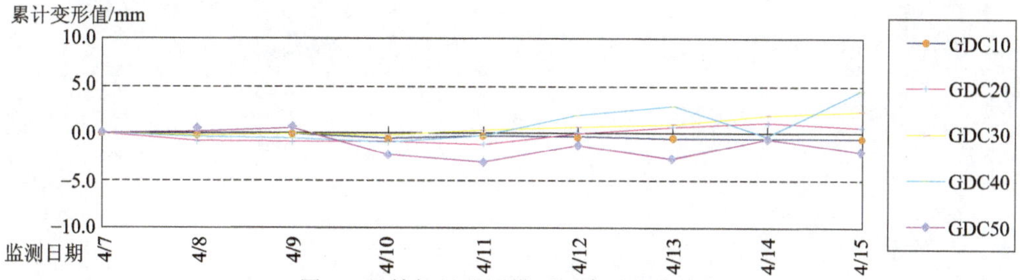

图6 悬挂钢尺监测拱顶沉降时程曲线图

方法 2 监测时程曲线图如图 7 所示。

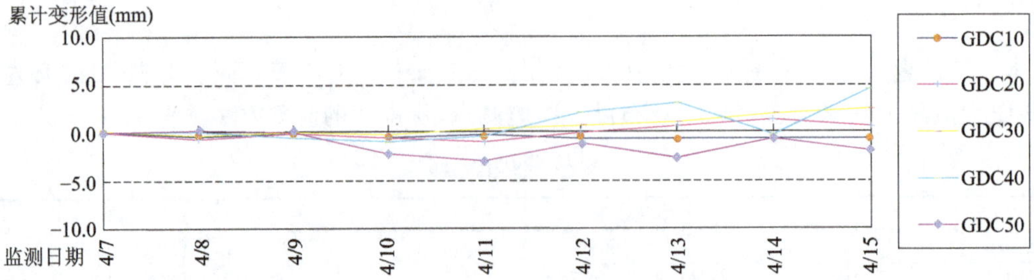

图 7 激光测距仪＋水准仪监测拱顶沉降时程曲线图

通过时程曲线图可见，两种监测方法数据基本吻合，数据对比结果差值均在 1 mm 以内，但是方法 1 在大断面隧道内操作难度非常大，无法满足日常监测需求。

根据试验段两种监测方法数据对比分析结果，得出如下结论：

(1)受现场观测条件及人为误差影响，采用法 2 进行隧道结构净空收敛所得数据结果较法 1 数据波动小，误差较小，比较符合工程现场实际情况；

(2)对于隧道结构拱顶下沉监测项目，两种方法所测结果基本吻合，但相比法 1，法 2 对于长距离大盾构隧道监测具有耗时短、可操作性强的特点，比较方便现场施工监测。

4 结　　语

监控量测在隧道施工过程中起到至关重要的作用，特别是盾构施工过程中，及时有效的采集并反馈监测数据，便于施工过程中及时调整盾构机各项参数，确保隧道自身及周边环境处于安全可控状态。21 世纪各种施工新技术、新方法的应用均在一步步的挑战着传统监测手段，我们监测人应时刻注意监测手段的创新、完善，保持以监测数据指导施工的根本，为轨道交通工程建设保驾护航。

参 考 文 献

[1] 中华人民共和国住房和城乡建设部，中华人民共和国国家质量监督检验检疫总局．GB 50911—2013城市轨道交通工程监测技术规范[S]．北京：中国建筑工业出版社，2013.

[2] 谯生有．全站仪在软弱围岩初期支护变形量测中的应用[J]．现代隧道技术，2004(23)：272-275.

基于光纤光栅传感器的结构健康监测系统及应用

牟泳霓

（北京城建勘测设计研究院有限责任公司，北京 100101）

摘　要：结构健康监测的发展是以先进的传感元件为基础。大量研究表明，光纤光栅传感器有其独特的优点，使其在工程实践中更具有价值。与一般传感器相比，光纤光栅传感器具有抗干扰能力强、灵敏度高、传输损耗小、化学性能稳定、结构简单、重量轻等特点。利用先进的光纤光栅传感技术对轨道健康状态实现精确、实时监测，是确保轨道安全运营、研究轨道结构变化规律、提高管理分析水平的重要技术手段之一，在结构健康监测技术的发展方面具有十分重要的科学意义。本文通过光谱仿真分析了光纤光栅用于温度、应力传感的机理，介绍了基于光纤光栅传感器的监测系统构成和波长位移检测方案，并从沉降监测、应力应变监测、温度监测三方面举例说明光纤光栅传感器在监测方面的实际应用。

关键词：光纤光栅；传感器；健康监测；应用

目前，国内外对轨道的健康监测还没有完整系统的解决方案，正在进行的监测多采用人工定期监测的方式。如果轨道一直处于运营状态，而人工监测需要暂时阻断或限制交通，很难实现全方位实时监测。在传统监测中，数据采集、处理、报表的形成等一系列工作都由人工主导，致使效率和准确度偏低。现场监测数据还停留在文件管理模式，导致数据不能共享，查询困难，从而很大程度上影响了工作效率和管理分析水平的提高。随着监测工作中对数据的分析要求逐步提高，对轨道健康监测提出了更高的要求，需要监测系统具备长期在线、实时自动监测的功能。

现有的一些基于传统技术的监测系统，在数据库信息发布方面没有深入的工作，造成缺少相应的图形和变形预测说明来进一步分析当前的变形阶段和发展趋势，不能提前准确地预警，难以有效地对结构变形进行综合分析与判定，监测工作仅仅停留在数据的存储和简单检索上，无法对数据进行自动分析和处理，对处于异常状态的数据很难做出正确的分析判断，不能及时采取积极有效的措施防止安全事故的发生。

健康监测系统应合理选用和布置传感器及数据采集系统，利用先进的传感技术建立完整的监测数据库，并采用计算机网络作为传输和共享平台。要实现连续自动实时监测，就需要利用传感器和网络进行信息采集、分析、发布和管理，这对确保轨道安全运营、研究轨道结构变化规律、提高管理分析水平等工作都具有指导意义。

1　光纤光栅传感器

1.1　结构健康监测

结构健康监测是利用现场的、无损的、实时的方式采集结构与环境信息，分析结构反应的各种特征，获取结构因环境因素、损伤或退化而造成的改变，从而评价结构损伤的严重性以及定位损伤位置。健康监测需要结合工程结构的特点和周边场地，综合考虑结构各阶段的监测需求、特征以及环境变化等因素，比如通过超常荷载前后的响应来推断结构特性的变化，进而探测和评价结构的损伤；或者通过自动、连续的监测来发现结构的长期退化。健康监测系统要做到安全可靠、方案可行、技术先进、经济合理、便于维护，并为结构的安全评估提供重要参考，也可以用于结构的养护维修以及其剩余寿命的评估。

结构健康监测是一项长期的工作，如果只依靠人工监测，周期较长、效率较低，因此，需要采用自动实时监测系统代替人工监测，实现全天候多角度持续监测。本文主要介绍结构健康监测系统的核心——基于光纤光栅的传感技术。

1.2　光纤光栅传感器的原理

光纤光栅技术于1978年问世，它本质是一段纤芯折射率周期性变化的光纤，长度只有几毫米。入射光经过光纤光栅后会发生反射和透射现象，如图1所示。

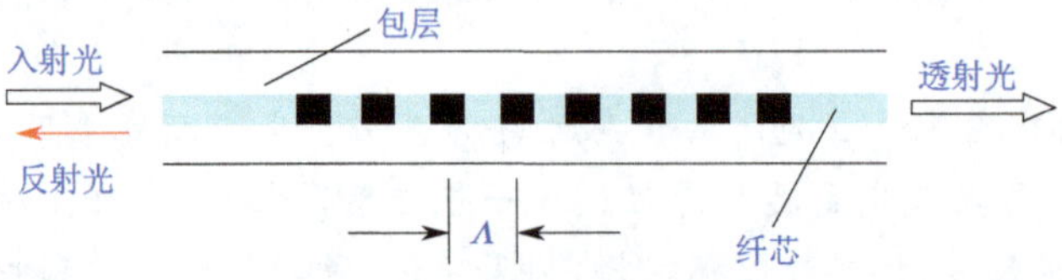

图1　光纤光栅工作原理

本文利用光学仿真软件OptiGrating模拟高斯光束经过光纤Bragg光栅时，入射光的反射和透射情况。仿真中，设FBG纤芯有效折射率$n_{eff}=1.46$，光栅中心波长为$\lambda_B=1.55\ \mu m$，光栅栅区长度为$L=50\ 000\ \mu m$。光栅周期为$\Lambda=0.533\ 8\ \mu m$，$\Delta n_{eff}=0.000\ 6$。仿真得到的FBG的反射光谱与透射光谱如图2所示，FBG传输和反射的总能量随栅区位置变化曲线如图3所示。反射光的中心波长λ_B与光栅的折射率变化周期Λ和纤芯有效折射率n_{eff}有如下关系：

$$\lambda_B=2n_{eff}\Lambda$$

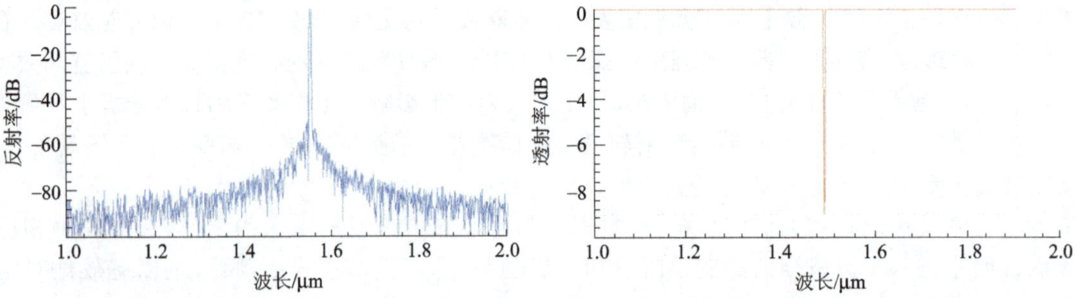

图2　光纤Bragg光栅的反射和透射光谱

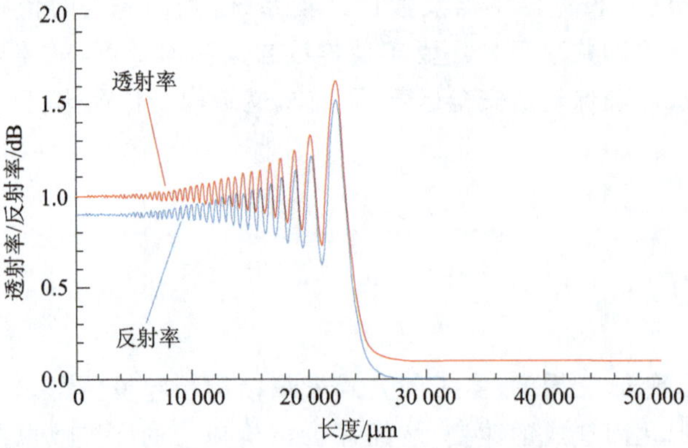

图3　光纤Bragg光栅传输和反射能量随栅区位置曲线

光纤Bragg光栅传感器是近年发展起来的新型光纤传感器，其基本原理是将光纤特定位置制成折射率周期分布的光栅区，特定波长（Bragg反射光）的光波在这个区域内将被反射。将光栅区用作传感区，当被感应的物质温度、结构或位置等发生变化时，光栅的周期Λ和纤芯有效折射率n_{eff}将会产生相应的变化，从而改变 Bragg 反射光的中心波长。通过光谱分析仪或其他波长解调技术对反射光的 Bragg 波长进行检测，就可以获得待测参量的变化情况。光纤光栅 Bragg 波长的变化与周围环境温度或应变的变化呈线性关系。应变和应力影响 Bragg 波长是由于光栅周期的伸缩以及弹光效应引起的，而温度影响 Bragg 波长是由于热膨胀效应和热光效应引起的。

1.3 光纤光栅传感器的特点

本文选用基于光纤 Bragg 光栅传感器的轨道监测系统，是因为与传统的机械、电子类传感器相比，光纤光栅传感器有其独特的优点：

(1)传感头结构简单、体积小、重量轻、几何形状可塑，可以附着在被测结构表面，也可以埋入大型结构中，测量结构内部的应力、应变及结构损伤等，实现无损伤检测。稳定性高，重复性好。便携式设备单次可以检测数十个传感器，实现同时监测，节省大量时间。

(2)传输损耗小(可实现远距离遥控监测)、传输容量大(可实现多点分布式测量)、光谱特性好、测量范围广。

(3)传感器可以在光纤上串联或者并联，且对光信号能量的要求很低，形成类似人类神经系统的结构：大脑(少量解调仪)＋远端串联的神经网络(大量传感器)，系统架构简洁、稳定，符合物联网的结构理念，清晰易懂，部署传感网络灵活方便。

(4)具有非传导性，对被测介质影响小，又具有耐腐蚀、化学性能稳定、抗电磁干扰的特点，适合在恶劣、高危险环境中工作，电绝缘性能好，安全可靠。

(5)测量信息是波长编码的，所以光纤光栅传感器不受光源的光强波动、光纤连接及耦合损耗、弯曲损耗以及光波偏振态的变化等因素的影响，有较强的抗干扰能力。

(6)高灵敏度、高分辨率。该类传感器的信息载体是光，无论以波长还是相位为监测对象都具有非常高的传感精度，即便监测其振幅或强度，若有效的运用具有高分辨能力的光电仪器，也可使监测具有非常高的精度。

2 基于光纤光栅传感器的监测系统

2.1 监测系统的工作原理

光纤光栅传感器监测系统主要包括传感部分、传输光纤和光纤光栅解调分析仪三大部分。宽带光波由传输通道经连接器进入传感光栅，传感光栅在外场(温度和压力)作用下对光波进行调制。然后，将带有外场信息的调制光波反射回去，再由连接器进入接收通道而被探测器接受解调并输出显示。由于探测器接收的光谱包含了外场作用信息，即应变和温度的变化信息，因此从探测器检测出光谱的相关变化，即可获得应变和温度的具体信息。

光纤光栅传感器监测系统实质上是测量波长的移动，将波长信号解算出来，并传送给计算机，上位机程序将各种波长信号转化为待测物理量的特征信号，即可对轨道结构实行实时监测。如图 4 所示，耦合器将宽

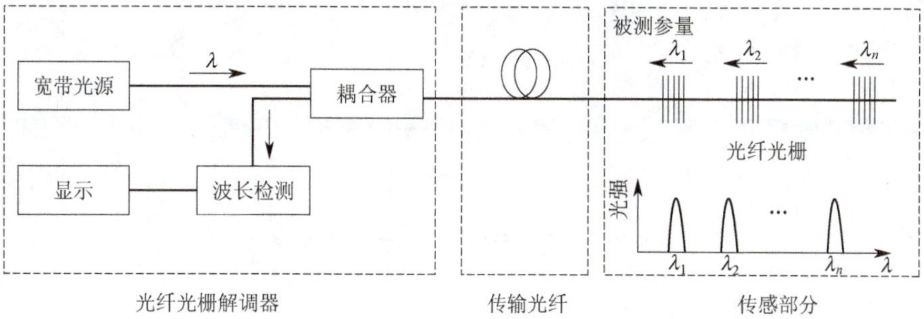

图 4　光纤光栅传感器波长检测系统

带光源耦合到现场光纤光栅探测器，在外场作用下对光波进行调制，再将现场探测器反射的中心波长通过耦合器送入波长检测单元，在波长检测单元中通过 FP 扫描技术感知各探测器反射的中心波长值，比较各探测器中心波长的变化量可以推算环境温度、应变等被测参量的变化。光纤光栅信号处理器最后将检测到的信息输出并显示，有报警等信息时输出报警信号。由于光纤 Bragg 光栅根据折射率和周期的不同可以制成不同的中心波长，因此多个光栅可以方便地串接在同一条光路上形成分布式测量系统。采用波分复用技术，可实现一根光纤上串联多个传感器。通过对不同波长光栅进行特定封装，在一根光纤上可实现温度、应变等多参量实时测量。

2.2　光纤光栅解调

光纤光栅解调实质上是信号转化和传递的检测系统，能准确迅速地测量出信号的大小并再现被测信号随时间变化的过程。光栅解调最直接的方法是光谱分析仪，它虽然结构简单，但造价高、体积大，实际工程应用价值较低。为了实现被测物理量的高精度测量，相关科学家在光纤光栅传感器技术上做了大量研究，提出了许多解调方法来检测光纤光栅中心波长的微小变化，比较典型的有：边缘滤波器法、可调谐 F-P 滤波器法、匹配光栅滤波法、非平衡 Michelson 干涉仪法、CCD 分光计法等。

3　光纤光栅传感器在结构健康监测方面的应用

3.1　沉降监测

(1)光纤光栅静力水准仪

静力水准仪适用于测量多点之间的相对高程变化，所有测点的沉降都是相对于基准点的变化。电感式、振弦式、电容式等常规静力水准仪损坏率高、长期稳定性差、维护费用高、精度和可靠性存在缺陷。而将光纤光栅传感器应用于静力水准仪，能有效解决稳定性差、远距离传输信号不稳定、不能对基础设施沉降长期准确实时监测等问题。

通过在每个监测点上布设光纤光栅静力水准仪，即可准确监测地铁在运营期间受到荷载作用而产生的沉降变化，如图 5 所示，依次安装容器、水管、传感器，再加水连接光纤进行调试即可。将安装在现场的传感器直接接入光纤光栅解调仪，通过解调仪解算分析，得到所需监测的相关物理量，可直接发送数据给客户端。光纤光栅静力水准仪适用于高铁、地铁结构沉降的高精度实时监测，也可用于桥梁扰度和其他结构垂直变形的高精度监测。

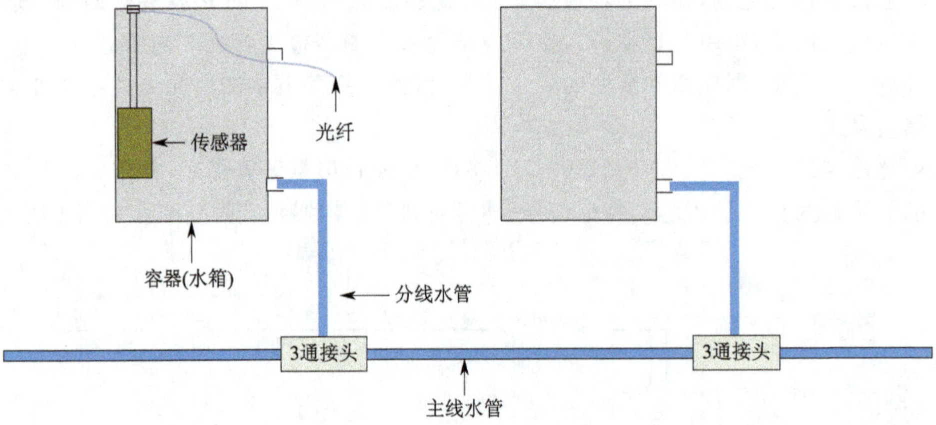

图 5　光纤光栅静力水准传感器安装

(2)光纤光栅位移传感器(单点、位移计)

光纤光栅位移传感器可监测地表沉降，位移传感器上端带有沉降盘，可以随安装位置点的上升或下沉而变化。如图6所示,多个位移传感器通过光纤连接到光纤光栅解调仪上,实时监测地表沉降情况。通过钻孔的方式将位移传感器下端通过长连杆经锚头固定在较深地层中,用作基准参考点,基准参考点一般选在无地质沉降或抬升的地层。

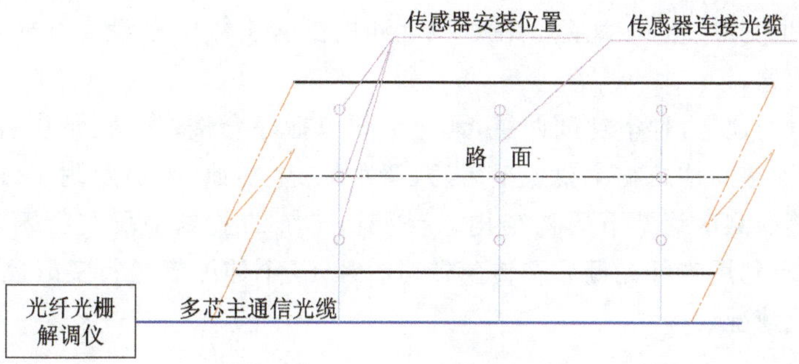

图6 光纤光栅位移传感器的布设

3.2 应力应变监测

光纤光栅应力应变传感器通常是将光纤光栅附着在某一弹性体上,同时进行保护封装。光纤光栅反射光的中心波长对温度、应力和应变非常敏感,当弹性体受到压力时,光纤光栅与弹性体一起发生应变,导致中心波长发生漂移,通过对波长漂移量的解算来实现对温度、应力和应变的感测。光纤光栅应变传感器主要用于测量混凝土、钢筋混凝土、钢结构、网状钢结构的表面和内部应变,也可用于观测已产生微裂的混凝土、钢筋混凝土工程裂缝变化,以及混凝土应力解除和温度应力。采用高性能合金材料作为封装基体的光纤光栅应变传感器适于桥梁、大坝等大型土木工程中混凝土、钢筋或可塑性材料内部应变的监测。下面介绍几种常用的基于光纤光栅传感器的应力应变监测方案。

(1)地下连续墙双侧钢筋应力监测

在地下连续墙(包括冠梁、腰梁)钢筋中,布置钢筋光纤光栅应力传感器,测量钢筋应力的变化,分析计算地下连续墙的受力情况,如图7所示。同时,通过内置温度补偿传感器可测得当时温度变化情况。

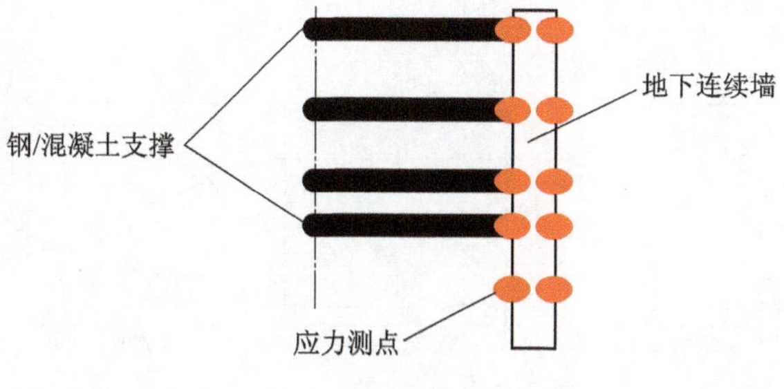

图7 地下连续墙应力监测

(2)地下连续墙内外侧土压力监测

通过在不同地层深度处地下连续墙内外侧埋设光纤光栅土体压力传感器,可实现对不同深度墙体两侧土压力的准确监测。

(3)钢筋混凝土支撑、钢支撑以及锚杆内力监测

同地下连续墙相似,明挖基坑支撑可采用钢支撑或者钢筋混凝土支撑,开挖过程中,在钢支撑上焊接表面应变传感器或者在混凝土内安装光纤光栅埋入式应变传感器,监测钢结构和混凝土支撑内力变化情况。

光纤光栅锚杆测力计采用焊接的形式,用于测试桩基、桥梁、隧洞衬砌等结构的钢筋应力。仪器可长期埋设建筑物内,测量结构内部的钢筋应力,也可用于锚杆的应力测试。

3.3 温度监测

光纤光栅温度传感器用于监测结构的温度变化,既可以作为其他传感器排除温度影响的补充,也可以实时监测混凝土温度变化,可适用于隧道内的温度监测、高压电缆温度监测等。

4　工程实例

城市排水管线在岩土体发生变形时常会带动管线发生变形，造成管线发生破裂；当管线发生渗漏会引起周围土体流失，从而产生变形、空洞、塌陷。在管线上和周围岩土体中布设光纤光栅应变感测光缆可以感知管道和岩土体的变形信息。

某再生水厂整体可分为地上、地下空间两层，地上空间包括综合楼、库房、泵房、消毒间以及一些地下构筑物的附属设施设备；地下空间构筑物主要包括泵房、清水池、生物池、膜池及附属设施，此外还包括污水处理机械设备及管廊管道等。测区为地下盾构结构，光线弱，传统的监测手段实行困难。盾构工程在施工中涉及大量的管片拼装工作，利用光纤光栅位移传感器对管片 13 个伸缩缝进行实时监测，如图 8 所示，可以直观看出管片伸缩缝的变化情况。

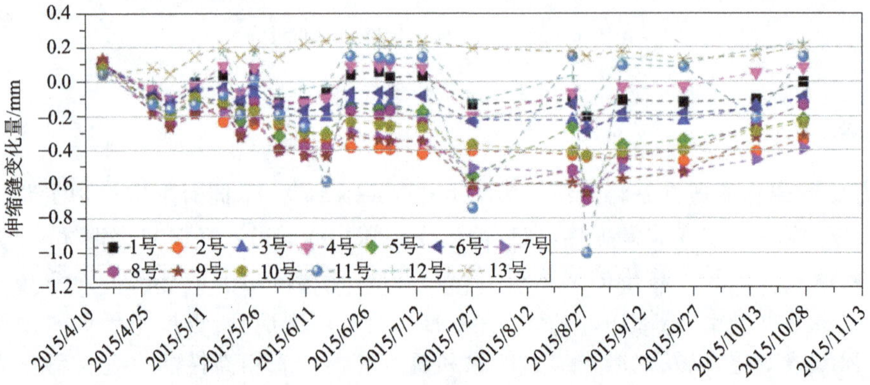

图 8　隧道管片伸缩缝位移监测数据

通过光纤光栅定期/实时监测，接受离散弱电信号信息，通过进一步解算分析，得到监测关注的温度、形变、压力数据，生成动态监测曲线图，如图 9 所示，通过光纤光栅传感器可以得到整个隧道的温度变化情况和形变程度。

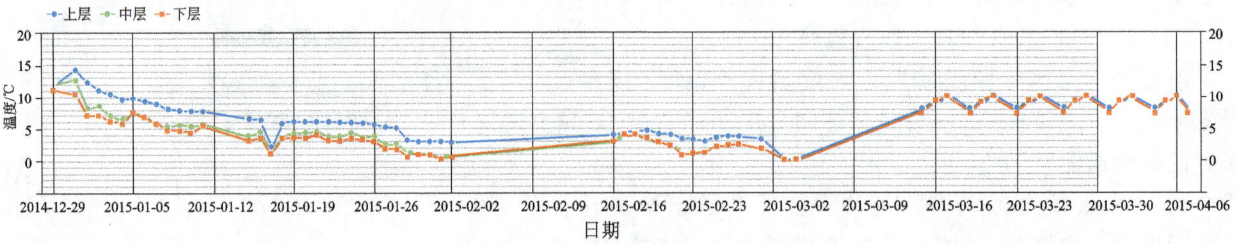

(a) 温度走势图

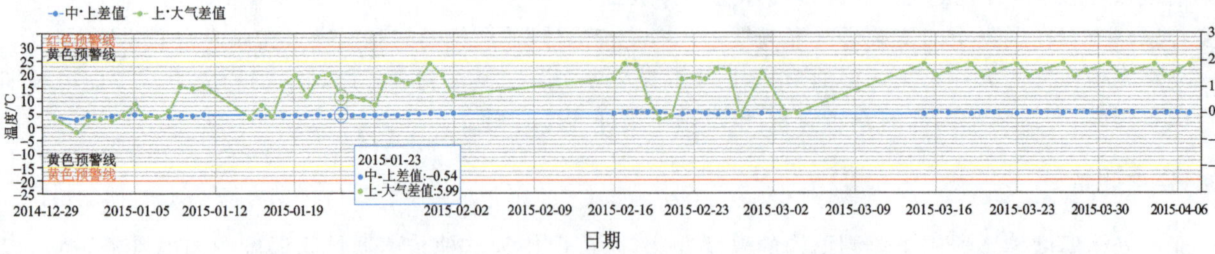

(b) 温度差值曲线图

图　9

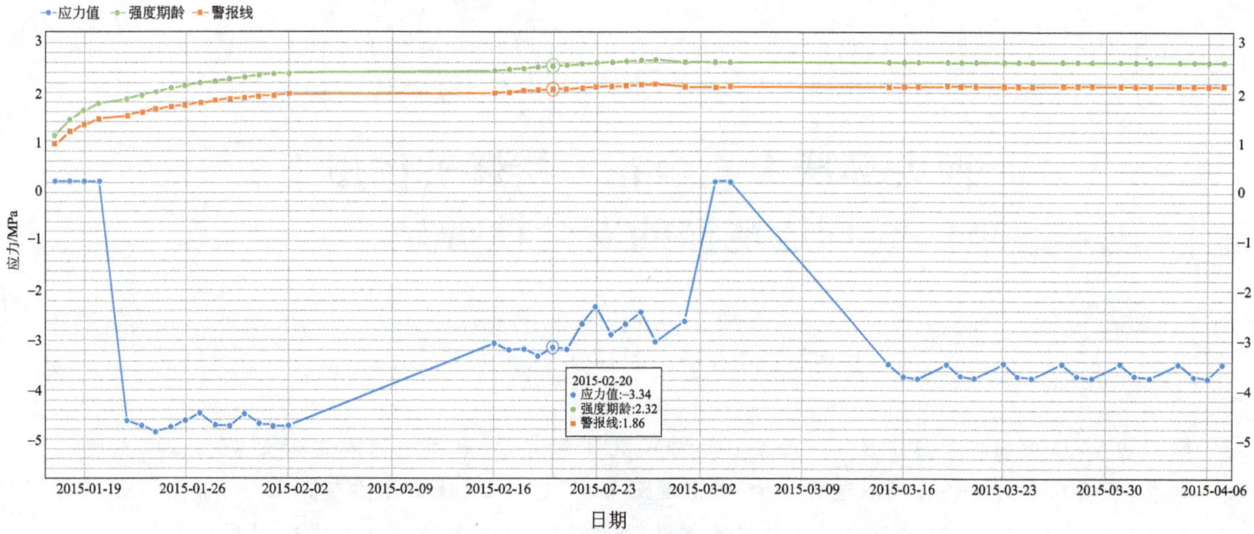

(c) 应力曲线走势图

图 9 动态监测曲线图

5 结 论

光纤光栅传感器的应用研究越来越受到重视。环境温度和应力应变的变化会引起光纤 Bragg 光栅的反射光的中心波长发生偏移。与传统传感器相比,光纤光栅传感器重量轻、抗干扰能力强、灵敏度高、环境适应性强。多根光纤光栅只需一根数据总线，即可实现对多种被测参数的分布式测量。因此,它能在轨道健康监测方面发挥积极的作用,可以在运营状态下实施监测,确保轨道安全运营、提高管理分析水平。未来可以深入研究基于神经网络的光纤光栅传感器,解决其交叉敏感的问题,让光纤光栅传感器在工程实际应用中同时涵盖多种监测项目,构成网络系统,准确地观测多参数的变化情况,及时预警,确保轨道交通安全运营。

参 考 文 献

[1] 中国工程建设标准化协会 . CECS 333—2012 结构健康监测系统设计标准[S]. 北京:中国建筑工业出版社,2012.

[2] 熊海贝，李志强 . 结构健康监测的研究现状[J]. 结构工程师，2006，22(5)：86-90.

[3] Turan Erdogan. Fiber Grating Spectra[J]. Journal of Lightwave Technology，1997，15(8)：1277-1294.

[4] 姜志刚 . FBG 光纤光栅的原理和应用[J]. 中国水运，2008，8(5)：128-129.

[5] 周倩，宁提纲 . 光纤光栅传感器信号解调方法的研究[J]. 光通信技术，2010，34(8)：8-11.

[6] 白韶红 . 光纤光栅静力水准传感器在地铁穿越施工中的应用[J]. 中国仪器仪表 . 2010(4)：50-53.

[7] 卓锋,赵玉成,延凤平,等 . 采用光纤光栅的温度和应力传感技术[J]. 光通信技术 . 2000,24(2)：134-136.

西安环球中心金花大楼爆破作用下周边地铁的安全性研究

周志强， 陈 燚

（中铁隧道勘测设计院有限公司，天津 300133）

摘 要：以爆破国内最高建筑——西安环球中心为工程背景，采用机器人自动化和人工选点监测方式，主要从周边地铁区间隧道的结构、变形缝沉降、周边收敛、轨道左右变形入手，研究爆破超高层建筑结构对周边地铁的影响。监测结果表明：高达 118 m 的超高层建筑爆破对周边地铁区间隧道有很大影响，利用机器人监测能较好地测出区间隧道各结构部位变形，保证了地铁结构的安全，同时与人工监测数据相比，充分验证区间隧道中测量机器人的优越性。

关键词：西安环球中心；爆破；地铁结构；测量机器人

随着我国城市建设发展的速度越来越快，原有的地标建筑已经严重影响了城市的发展，因此，在世界上很多地方，原有的地标性建筑被拆除，例如，重庆的会仙楼，武汉大学的老牌坊等。在拆除过程中，目前多采用机械化拆除、爆破等，爆破根据炸药的类型分为多种爆破形式。在以往的工程爆破中，高层建筑爆破很少，然在地铁影响范围内爆破超高层结构，是前所未有的，近日高达 118 m 的地标建筑——西安市环球中心金花大楼被成功爆破，成为国内目前国内爆破最高建筑。因西安环球中心距西安地铁三号线较近，爆破产生的巨大冲击波和堆载对已建成的地铁结构有很大影响，为了充分保证结构的安全，本文正基于此，展开对距环球中心 41.6 m 的三号线区间隧道进行监测，采用机器人自动化和人工监测相校核的方式，主要对地铁区间隧道的结构振动、平面位移，变形缝沉降，周边收敛，道床及左右轨道变形等参数进行监测，研究超高层爆破对周边地铁的影响程度。

1 西安环球中心爆破概况及监测方案

1.1 西安环球中心爆破概况

环球西安金花办公大楼爆破工程其主楼地下一层，地上 26 层，楼顶还建有镂空钢网架。建筑总高度为 118 m，主体建筑高度为 99.9 m，网架顶标高为 110.0 m，避雷针标高为 118 m，位于科技路与高新三路十字东北，距延科区间盾构隧道直线距离为 41.6 m，因此，对大楼爆破方案经过多方论证，最终确定为金花大楼爆破后远离地铁方向倒塌（即反向倒塌），金花大厦中心与延科区间隧道对应里程为 DK16＋692（圆形隧道 708 环）；其平面及剖面位置如图 1、图 2 所示。

1.2 监测实施方案

本次监测范围位于地铁 3 号线延平门站—科技路站区间内，即环球西安中心金花大厦影响区间隧道范围内，左右线（ZDK16＋340.668～ZDK17＋023、YDK16＋343.121～YDK16＋989.478）监测范围长约 1 400 m，根据轨道监测规范（GB 50911—2013）、爆破安全规程（GB 6722—2011）及地铁公司要求，主要监测项目见表 1 所示。

监测过程中，按 10 m 布置一个断面，各设 65 个断面，每个断面上主要监测道床、隧道结构、变形缝、左、右线变形及裂缝调查，其中在距离环球中心爆破最近距离处安装一台爆破振动仪，监测爆破过程中，地铁结构振动情况。

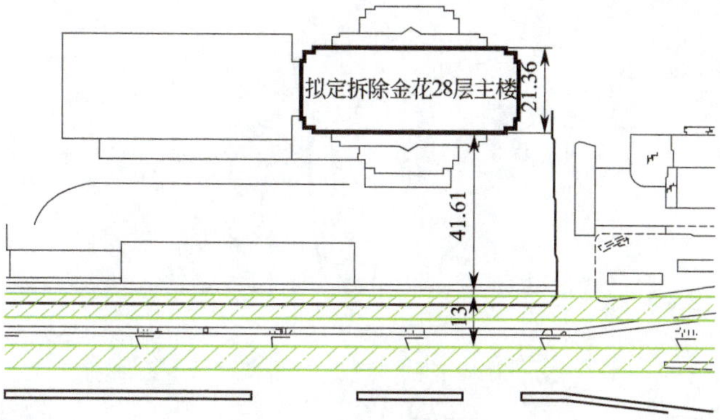

图 1　西安环球贸易中心金花大楼距地铁 3 号线平面图(单位：m)

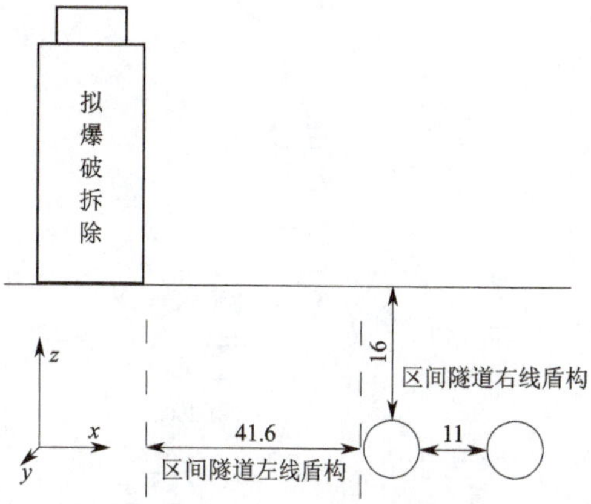

图 2　西安环球贸易中心金花大楼距地铁 3 号线立面图(单位：m)

表 1　主要监测项目

序号	监测项目	控制值/mm	警戒值/mm
1	区间隧道结构沉降监测	±10	±8.0
2	区间隧道变形缝监测	±4	±3.2
3	轨道结构纵向差异监测	±4	±3.2
4	轨道左右水平变形监测	±5	±4.0
5	轨道结构水平距离监测	±4	±3.2
6	洞内收敛	±20	±16.0
7	轨枕监测	±4	±3.2
8	裂缝调查	—	—
9	爆破振动频率监测	3 cm/s	3 cm/s

2　机器人自动化与人工实施监测

2015 年 11 月 13 日安装完成机器人监测所需的棱镜，仪器调试完成，并且进行初始值量测，机器人调试过程如图 3 所示及测点布置如图 4 所示，同时另一组进行人工量测，监测出初始值，监测如图 5 所示。

2015 年 11 月 14 日 7 时，环球中心金花大楼成功爆破，爆破过程如图 6～图 8 所示，当爆破完成 2 h 后进行第二次监测，24 h 第三次、一周后第四次。

图 3　机器人自动化监测系统调试图

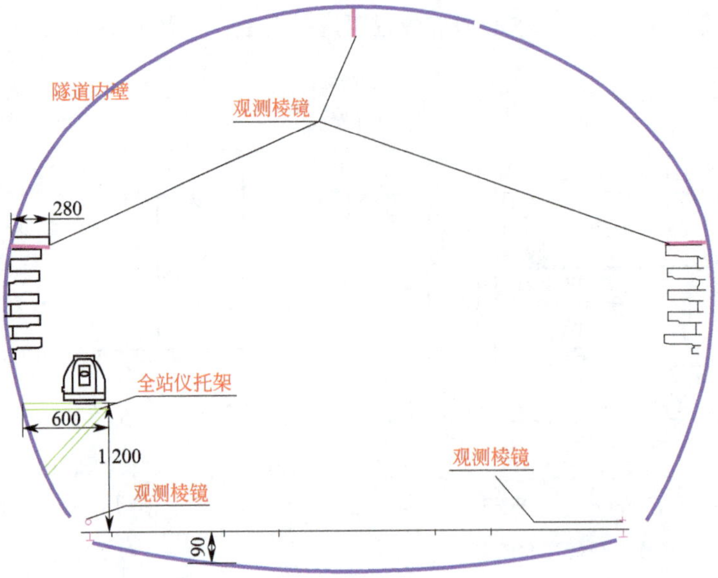

图 4　机器人测量测点布置图(单位:mm)

图 5　人工监测

图 6　爆破准备

图 7　爆破

图 8　爆破完成

3　爆破影响地铁结构参数分析

3.1　爆破振动频率监测

为了避免环球中心大楼爆破对周边地铁结构振动过大,特此在直线距离最近的地铁衬砌上设置一组爆破测振仪，监测地铁结构的水平和竖直频率监测如图 9、图 10 所示。

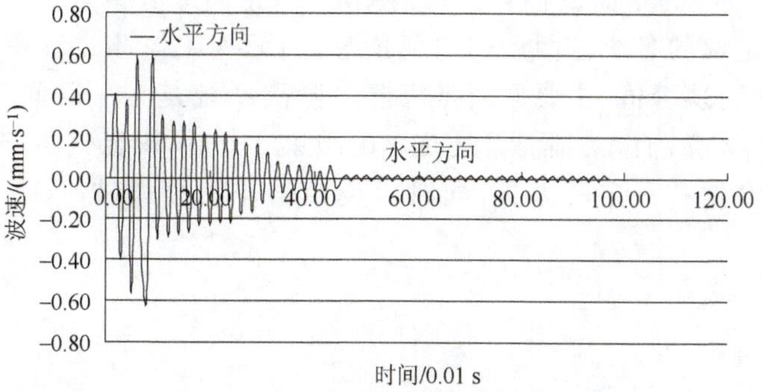

图 9 测点 ZDK16＋690.47 爆破振速水平波形图

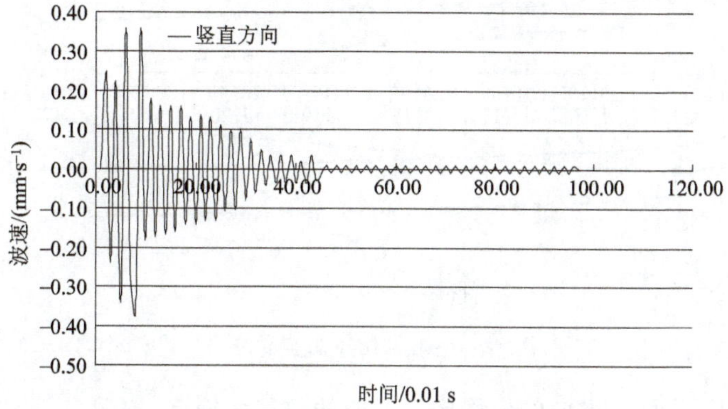

图 10 测点 ZDK16＋690.47 爆破振速竖直波形图

通过图 9、图 10 分析可得出如下结论：

金花大楼爆破过程中，对地铁结构产生的振动速率不大，均未达到控制爆破振动速率；水平振动速率与竖直振动速率相比，水平振动速率远远大于竖直振动速率；经过分析，爆破振动速率对地铁影响不大的主要原因是大楼倒塌方向应远离地铁结构。

3.2 区间隧道结构位移监测

在金花大楼爆破过程中，对影响范围内的地铁区间隧道平面位移监测如图 11、图 12 所示，图 11、图 12

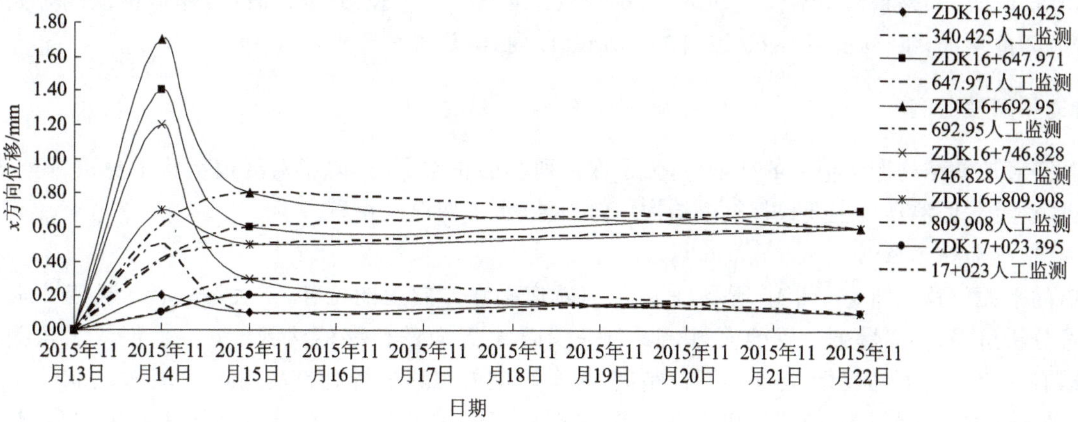

图 11 隧道结构 x 方向位移图

分别为区间隧道平面位置 x(与隧道断面平行)、y 方向(与隧道中线平行)上的位移,在 2015 年 11 月 14 日监测时发现:机器人监测的平面位移有所大幅度增加,距离爆破最近的地铁结构平面位移超出了规范规定的控制值,周边选取的各个监测点也达到预警值,而人工监测过程中,平面位移增加不大,距离爆破最近的监测点仅达到预警值,主要原因是机器人监测系统是在一时间段内时时监测的,监测到爆破一瞬间地铁的位移变化值,而人工监测,是在爆破结束 3 h 后,确保人员安全后才进入区间隧道中进行监测工作,因此监测数据有一定的差异,同时也说明金花大楼爆破一瞬间,距离最近的地铁区间隧道超出了控制值。

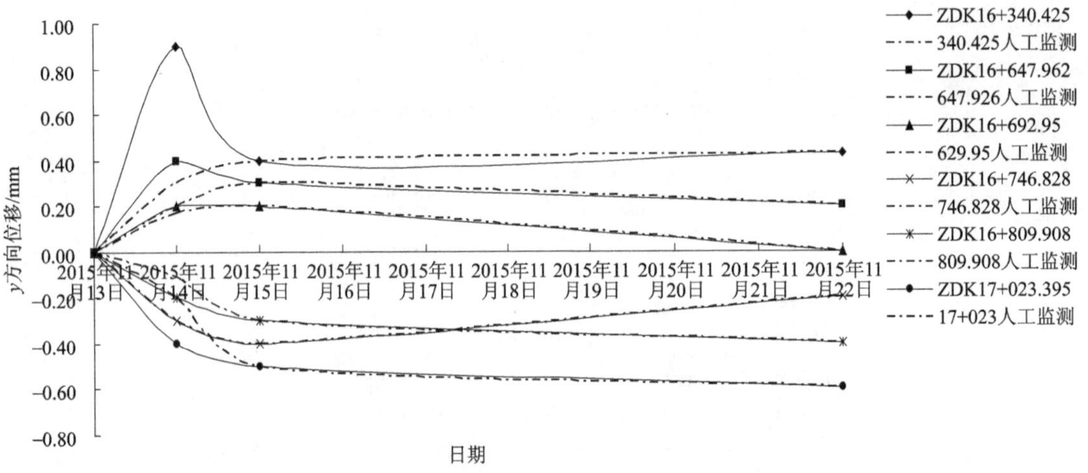

图 12 隧道结构 y 方向位移图

图 11、图 12 对比发现,平面 x 方向的位移比 y 方向的位移大得多,说明金花大楼爆破后,区间隧道受到大楼堆载旁压后,向隧道断面 x 方向整体发生了位移。

分别对图 11、图 12 中机器人监测与人工监测的位移值进行对比发现,机器人监测的数值比人工监测的数值大,说机器人监测爆破引起地铁位移变化的可靠性。

3.3 区间隧道拱顶下沉及周边位移收敛监测

隧道周边收敛采用的数显式电子收敛计监测,距爆破地点最近的隧道断面收敛曲线如图 13 所示,在隧道底墙和拱肩处分别布设了收敛监测点。分析可得出,区间隧道周边收敛在爆破一瞬间数值很大,速度很快,爆破后随着时间的增长,数值变化很小,速度越来越慢,隧道趋于收敛。拱肩收敛值与底墙收敛值相比较,拱肩的收敛值略大于底墙,说明隧道周边拱肩受力略大。

拱顶沉降采用的是精密水准仪和铟钢尺,拱顶沉降如图 13 所示,大楼爆破后,隧道拱顶刚开始沉降较大,随着时间的增加,拱顶处的沉降值控制在 10 mm 以内,满足规范要求。

3.4 轨道平顺性监测

爆破会对地铁结构产生很大的冲击力,为了保证列车的正常通行,除了对隧道结构本身进行监测,还应对轨道进行监测,监测项目主要包括轨道结构纵向差异,水平变形及距离。

3.4.1 轨道平面位移监测

轨道的平面位移如图 14、图 15 所示,x 表示与轨道垂直方向上的位移,y 表示平行于轨道方向上的位移。通过分析可得,距离爆破最近的轨道在爆破一瞬间 x 方向的位移值达到2.7 mm,但人工监测的仅有 1.8 mm,有一定的差值,但两者均未达到控制值,与 y 方向的位移进行对比,与轨道平行 y 方向上的位移在 0.8～0.36 mm 之间,比 x 方向的位移量小很多,说明金花大楼爆破使地铁结构整体往 x 方向(与轨道垂直方向)移动,而 y 方向(与轨道平行方向)的位移是由于轨道向最近距离偏移造成的,位移量很小。

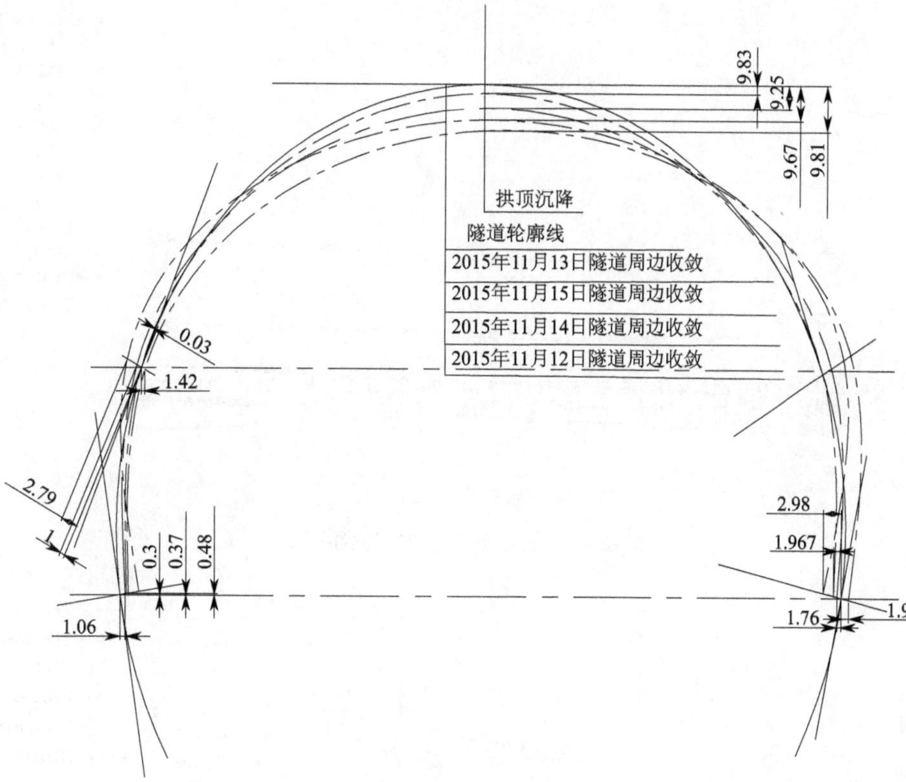

图 13　周边收敛图(单位:mm)

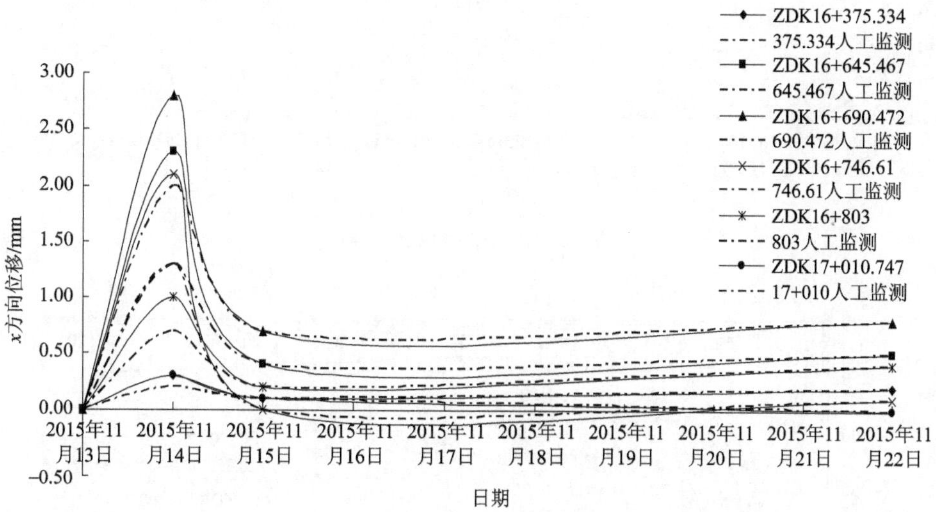

图 14　轨道平面 x 方向位移图

3.4.2　轨道平面距离监测

轨排受到爆破冲击及堆载旁压后,两根轨道受力后位移并不完全相同,因此还需对轨道平面距离进行监测,监测结果如图 16 所示,通过分析可得出,距离爆破最近位置处的两根轨道间的距离最大相差 2 mm,爆破瞬间轨排距离相差较大,但仍在控制范围内,其余各轨排距离随着时间的增加,相差距离趋于平稳,但距离爆破最近的轨道距离有增加的趋势。

3.4.3　道床及轨道平面沉降监测

为了保证列车运行过程中的舒适性,对轨道和道床沉降分别进行监测,如图 17～图 19 所示,通过分析

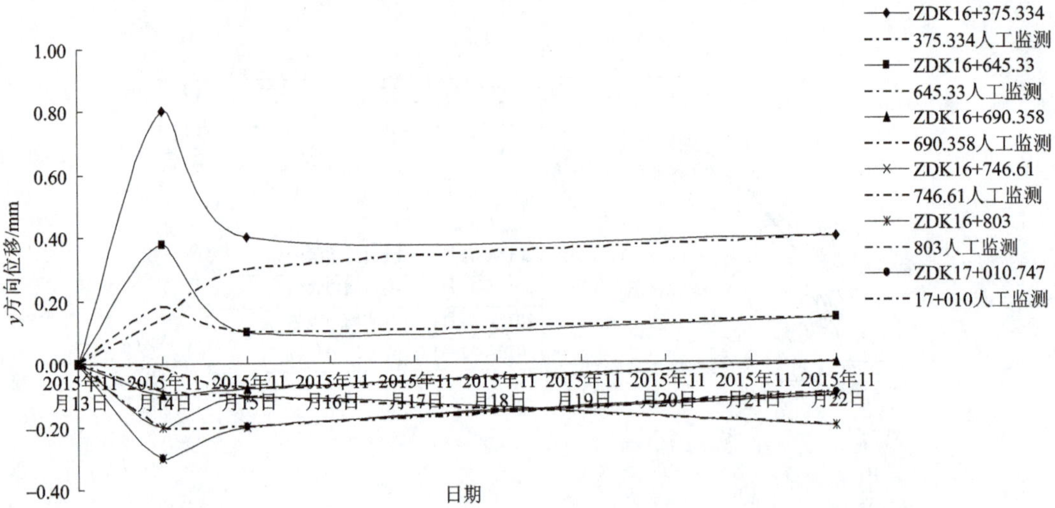

图 15　轨道平面 y 方向位移图

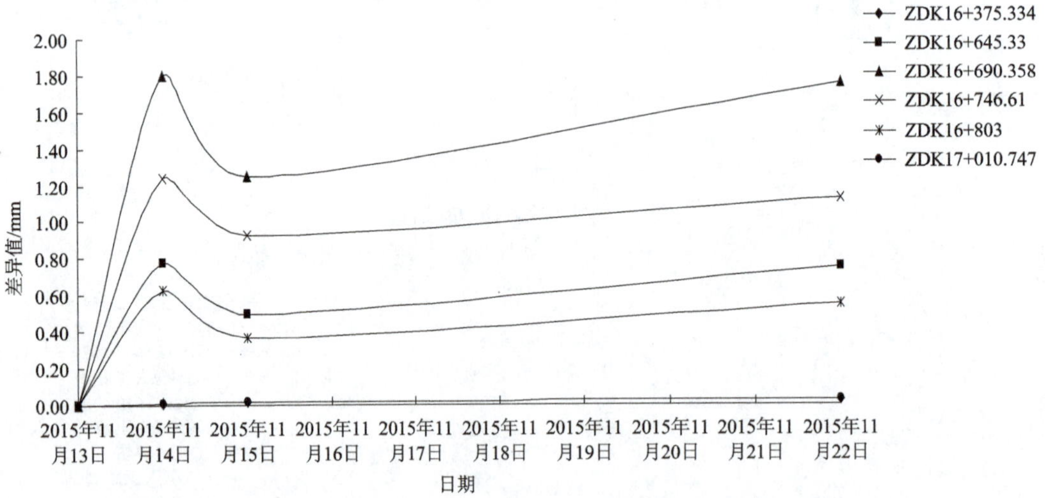

图 16　轨道平面距离差异图

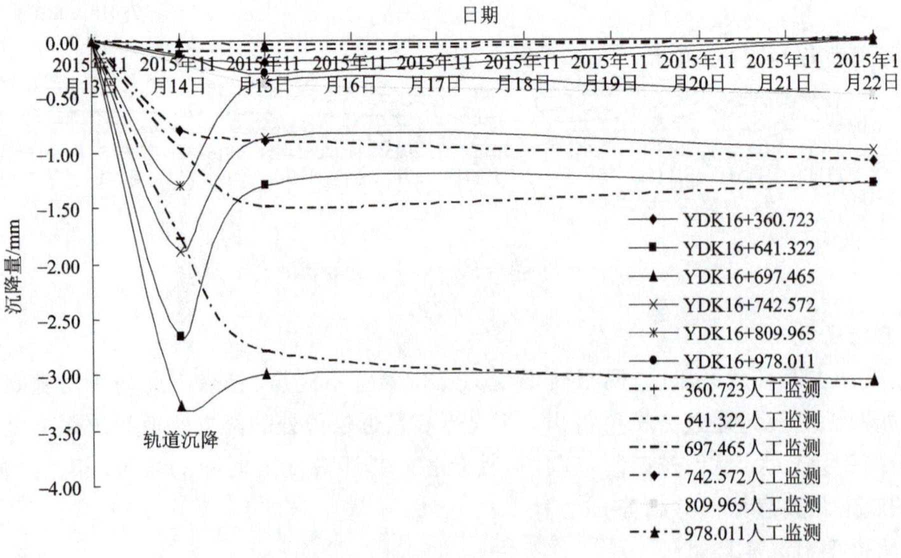

图 17　道床沉降机器人自动化和人工监测对比图

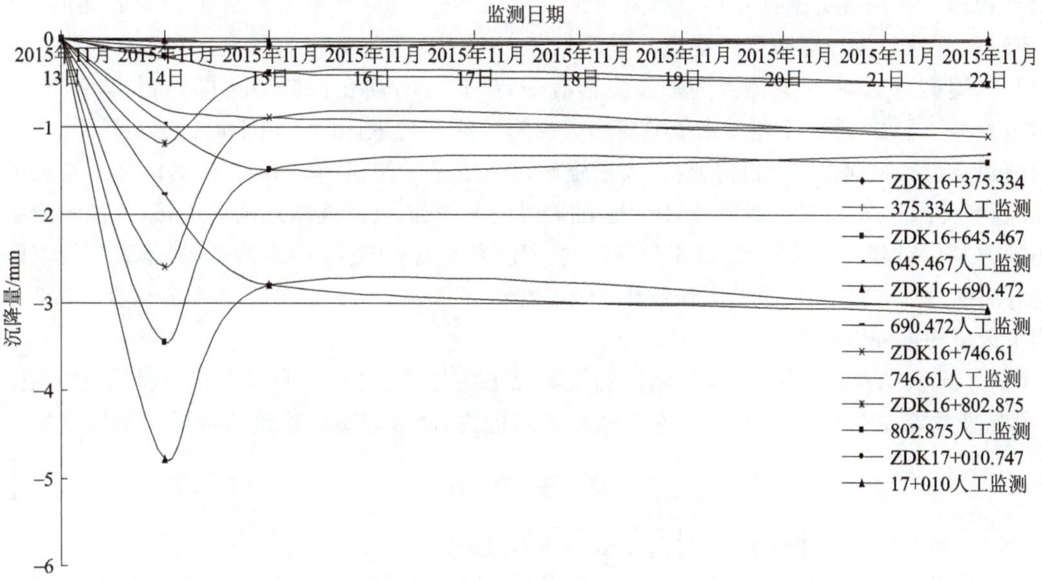

图 18　轨道沉降机器人自动化和人工监测对比图

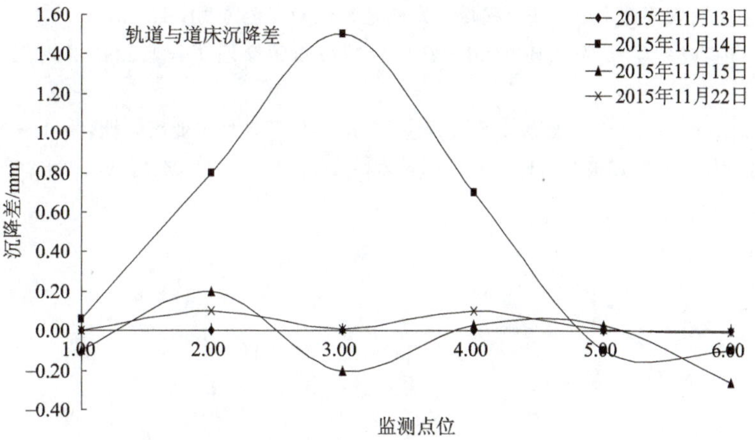

图 19　道床沉降与轨道沉降差图

可以看出，道床和轨道的沉降趋势大体相同，爆破瞬间位移较大，随着时间的增加，沉降速率逐渐减小，道床及轨道结构趋于稳定；道床与轨道的位移经过比较发现，道床与轨道同一监测点沉降值存在一定的差异，爆破瞬间沉降差异相差较大，随着时间的增加，道床与轨道的沉降差异曲线沿着轨道方向类似于“波浪形”，差异值在±0.2 mm 以内波动，符合列车运行的平顺性要求。

4　结论与建议

本文以目前国内爆破最高建筑—西安环球中心金花大楼爆破为依托，采用机器人监测，并通过人工选点监测相拟合，以周边地铁区间隧道结构、道床及轨道变形等参数为控制基准，研究爆破超高层建筑结构影响范围内地铁的安全性能，得到以下结论：

(1)通过爆破过程中对地铁结构振动速率监测发现，大楼爆破瞬间对地铁结构振动速度较大，水平振动速率远远大于竖直振动速率，但不论水平还是竖直方向上的振动速率，均在控制范围内。

(2)对区间隧道的拱顶沉降、周边收敛及位移监测发现，大楼爆破产生的冲击波使隧道收敛很大，随着时间的增加，隧道收敛趋于稳定，同时发现隧道有一定的侧移。

(3)对周边地铁区间隧道平面位移监测发现，大楼爆破使地铁区间隧道产生了一定的侧向位移，利用机器人监测系统很好地监测出爆破瞬间隧道的平面位移，x 方向(与隧道中线垂直方向)的平面位移多点已经达到预警值，但爆破过后，各个监测点的平面位移有一定的减小，均在控制值范围内；与人工选点监测数据拟合，离散度在 8%左右，且人工监测未能监测出大楼爆破瞬间地铁区间隧道平面位移的变化。

(4)对轨道及道床平面位移及沉降监测，大楼爆破对轨道平面位移影响不大，而对沉降影响较大。道床和轨道的沉降趋势大体相同，爆破一瞬间位移较大，随着时间的增加，沉降速率逐渐减小，道床及轨道结构趋于稳定；道床与轨道的位移经过比较发现，道床与轨道同一监测点沉降值存在一定的差异，爆破瞬间沉降差异相差较大，随着时间的增加，道床与轨道的沉降差异曲线沿着轨道方向类似于“波浪形”，差异值在±0.2 mm 以内波动，符合列车运行的平顺性要求。

综合考虑了地铁结构振动速率、隧道结构的沉降及平面位移、轨道的平面位移及轨道之间距离、道床与轨道之间的沉降差等安全参数可以发现，在地铁影响范围内，爆破超高层建筑结构反向倒塌方案是可行的。

参考文献

[1] 陈琦．既有建筑拆除行政审批制度研究[D]. 北京：北京林业大学，2015.

[2] 卢文波，耿祥等．深埋地下厂房开挖程序及轮廓爆破方式比选研究[J]. 岩石力学与工程学报，2011，30(8)：1513-1514.

[3] 李秦．国内工程爆破现状及发展前景的探讨[J]. 工程爆破，1999，3(5)：83-84.

[4] 中铁隧道勘测设计院．西安环球中心金花大楼爆破影响地铁结构安全监测[M]. 2015.

[5] 中华人民共和国住房和城乡建设部．GB 50911—2013 城市轨道交通工程监测技术规范[S]. 中国建筑工业出版社，2013.

[6] 中国工程爆破协会．GB 6722—2011 爆破安全规程[S]. 北京：中国计划工业出版社，2011.

[7] 陈庆，王宏图．隧道开挖施工的爆破振动监测与控制技术[J]. 岩土力学，2005，26(6)：964-967.

地铁跨湖段高架桥沉降监测方案设计与分析

刘卫国， 张 猛， 朱 雷
（中铁隧道勘测设计院测绘分院，江苏 南京 210007）

摘 要：随着城市的发展、人口的聚集，地铁已经成为城市改善交通的主要手段之一。地铁高架桥段的修建需要面临各种复杂条件，水准测量往往无法满足其现场情况需求。随着高精度全站仪的普及，三角高程法因其广泛的适用范围而渐渐成为地铁沉降监测中的常用方法。本文结合南京地铁宁高二期跨石臼湖段工程现场条件进行了沉降监测方案设计与分析，论证了三角高程法在地铁跨湖段高架桥沉降监测中的精度及实用性。

关键词：地铁跨湖段监测；三角高程；大气折光；精度分析

南京至高淳城际轨道交通禄口新城南站至高淳段工程(简称：宁高二期)线路全长 52.416 km。明觉站—高淳北站区间为全线最长区间，站间距为 16.91 km，其中跨石臼湖段起点里程为 K30+572.6，终点里程为 K43+226.95，全长 12.65 km，共设 420 个墩柱，墩柱编号为 104#～523#，线路走向如图 1 所示。

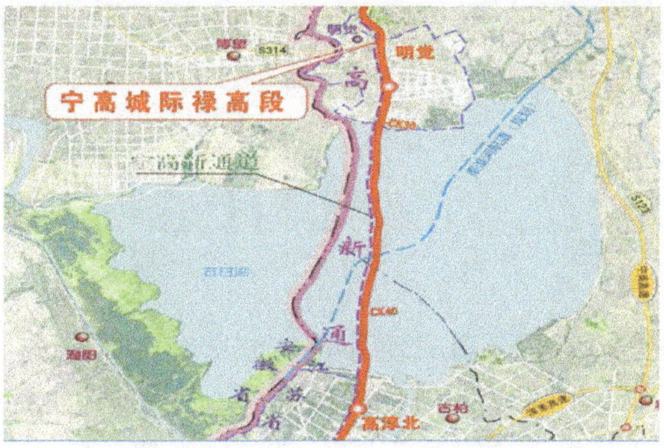

图 1 跨石臼湖段线路走向示意图

1 监测方案设计

1.1 高程基准网设计

根据现场勘查及跨石臼湖段首级高程控制点布设情况分析，跨石臼湖段高程监测基准网采用已有的二等水准点作为基准点，在石臼湖北岸有 3 个轨道一等水准点，1 个基岩水准点，石臼湖南岸有两个二等水准点；南、北两岸基准点分别布设成附和水准路线，并将南、北两岸基准点之间通过宁高新通道进行水准联测(由于考虑后续工作基点的水准测量，则选择水准路线于宁高新通道上进行)。由于单程水准线路较长，而在里程 K35+606.2H 和 K39+876.2 两处设有与宁高新通道公路平交道口，则为提高基准网最弱点的高程精度，于两平交道口处分别进行水准联测，从而将水准路线布设为结点网。则高程基准网布设网形如图 2 所示。

1.2 工作基点布设及测量

跨石臼湖段线路较长，线路纵向距离约 12.8 km，为便于后续沉降监测工作的开展，应在宁高新通道公路桥桥面上布设沉降监测工作基点。

宁高新通道公路桥共有 3 车道，最靠近宁高二期工程线路的车道属于超车道，而超车道边线与公路桥左侧护栏之间的间距为 30 cm，采用三角高程法进行沉降监测时，若将全站仪直接架设在工作基点上进行观测，则工作基点埋设位置与公路桥护栏之间的间距至少应设为50 cm，此时，工作基点将布设于超车道路面上，从而会影响行车安全。为保证不影响行车安全，工作基点选择布设在应急车道上，距离栏杆约 30 cm 处。

工作基点和基准点之间布设成附和水准路线，工作基点高程测量与跨石臼湖段高程监测基准网同步进行，测量于每次轨后沉降监测开始前完成 1 次，共计完成 4 次。测量中心采用 Trimble DiNi03（0.3 mm/km）电子水准仪按照轨道一等水准测量方法进行，工作基点高程测量应与高程监测基准网测量同步进行。

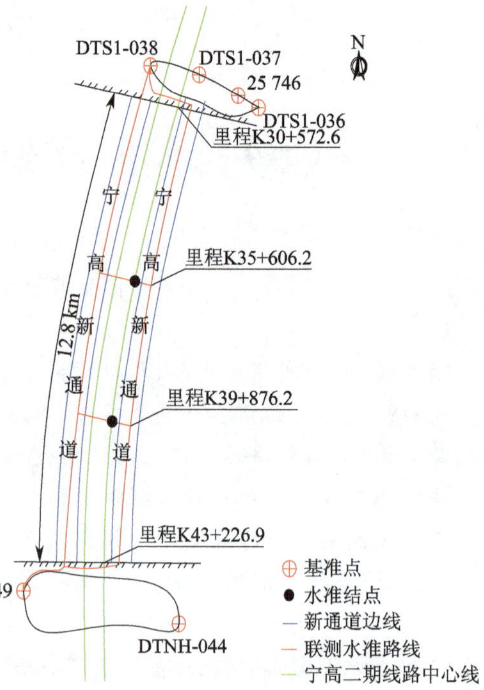

图 2　跨石臼湖段高程基准网示意图

1.3　沉降监测点布设及测量

考虑到施工的方便性及建成后运营期监测的通用性，跨石臼湖段沉降监测点位统一埋设于沿大里程方向立柱右侧顶面，点位标志采用 L 型监测小棱镜。现场踏勘时应对原布设的沉降监测点进行逐一排查，破坏处应在原布点位置重新埋点，新埋点位将继续采用 L 型监测小棱镜沉降监测标志，并将 L 型监测小棱镜正对仪器架设方向。

2　三角高程测量可行性分析

宁高二期跨石臼湖段高架桥与两侧宁高新通道公路桥中线自始至终属于平行关系，结构关系如图 3 所示，跨石臼湖段高架桥位于新通道两幅公路桥中间，高架桥中心与新通道公路单幅桥中心距 15.025 m，桥面边缘水平净距为 4.15 m，新通道公路桥面均不高于跨石臼湖段高架桥面。

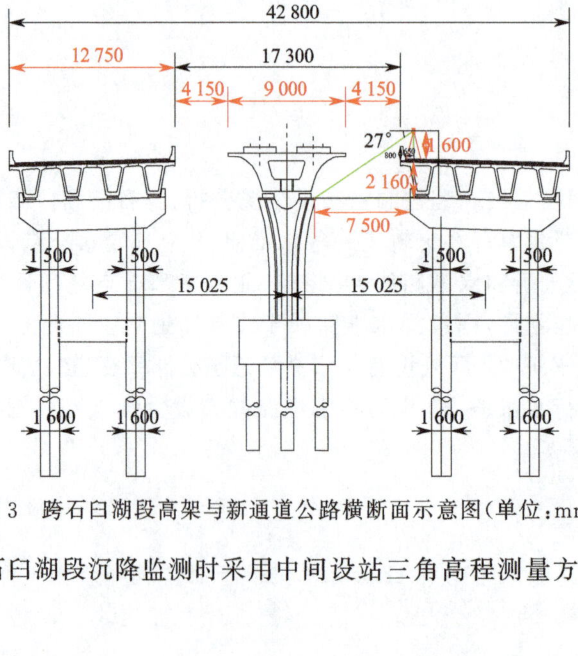

图 3　跨石臼湖段高架与新通道公路横断面示意图（单位：mm）

根据现场情况，进行跨石臼湖段沉降监测时采用中间设站三角高程测量方法。全站仪架设在新通道公路桥面上，对应位置为跨石臼湖段高架两个桥墩纵向分中位置，仪器架设位置距公路桥内护栏内侧约 0.65 m，仪器高度约 1.6 m，则仪器视准轴与 L 型监测小棱镜中心的最小高差约为 3.76 m，公路桥护栏顶距视线的间距为 0.32 m；相对几何关系如图 4 所示。

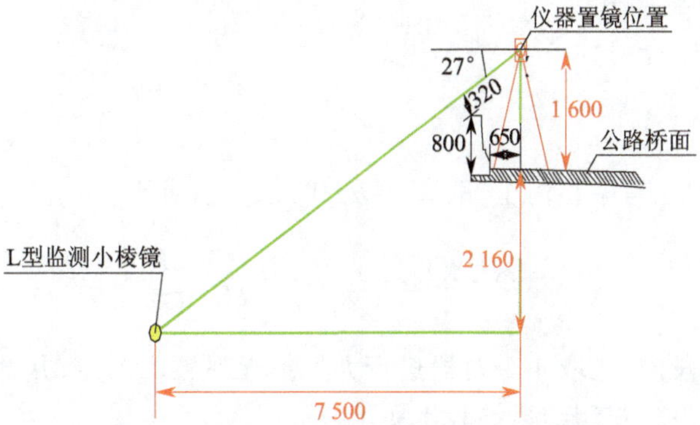

图 4　公路桥护栏与观测视线几何关系(单位:mm)

若每站观测 4 个墩柱，前后各两个，前后监测点又分别分为近桥墩和远桥墩，选择仪器架设于 4 个桥墩分中对应桥面上，根据现场条件可知，仪器距离后视工作基点约为 61.2 m，距离近桥墩约为 16.8 m，距离远桥墩约为 45.6 m。仪器和近桥墩之间的相对位置关系如图 5 所示，据此可以算出视线与水平线的夹角为 12.4°，仪器和远桥墩之间的相对位置关系如图 6 所示，据此可以算出视线与水平线的夹角为 4.6°，在满足通视前提下可以满足中间设站三角高程测量的监测要求。

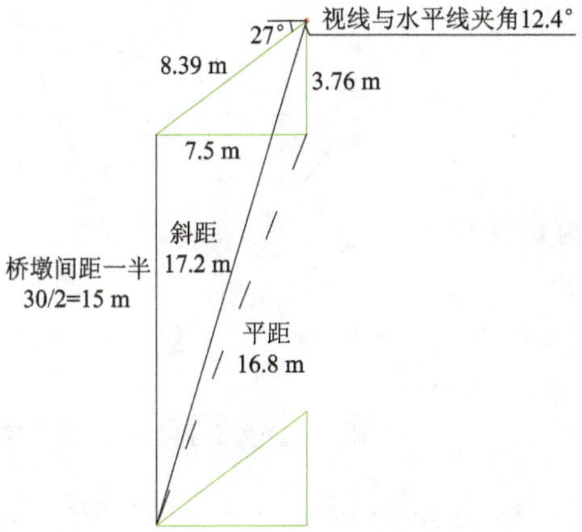

图 5　全站仪和近桥墩相对位置关系示意图

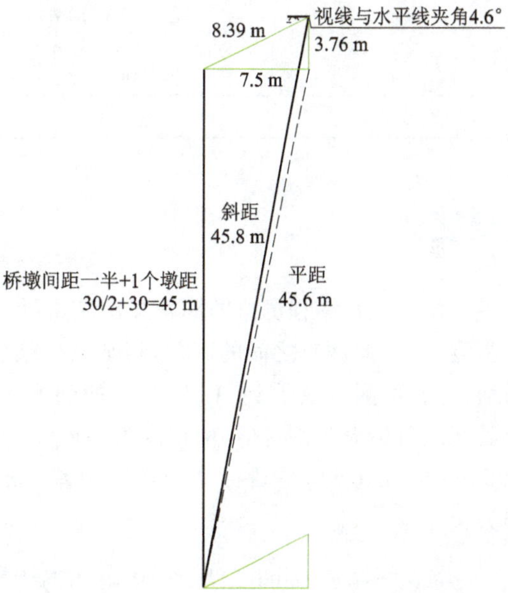

图 6　全站仪和远桥墩相对位置关系示意图

3　大气折光系数的测定

南京地铁跨石臼湖段高架桥位于石臼湖上侧，湖面宽阔，为最大程度减少测量误差，需提前测定大气折光系数，本监测方案选取已知精密高差求取大气折光系数法。

设 h_0 为由高精度水准仪测得的 A、B 两点间高差，h_1 为用全站仪测得的两点间高差，由三角高程公式得

$$h_1 = D \cdot \tan\alpha + \frac{1-K}{2R}D^2 + i - v \tag{1}$$

式中　D——A、B 两点间的平距；

α——A、B 两点间的垂直角；

R——地球曲率半径；

i——仪器高；

v——棱镜高。

式(1)将地球曲率的影响也考虑在内了，取 $h_1 = h_0$ 代入上式，可得：

$$K = (D \cdot \tan\alpha + i - v - h_0) \cdot \frac{2R}{D^2} + 1 \tag{2}$$

在天气情况稳定的时间段内，选取 4 个时段进行大气折光系数的测定，共 8 组数据。在数据差别不大的情况下取均值为最终使用结果。观测结果如表 1 所示。

表 1　大气折光系数测定成果表

时段	观测值		计算值
	D/m	h_0/m	K
1-1	500.001 0	8.757 51	0.20
1-2	499.947 6	8.750 04	0.19
1-3	500.404 4	8.806 16	0.18
1-4	500.901 1	8.751 15	0.18
2-1	498.990 7	8.598 83	0.22
2-2	501.312 7	8.803 63	0.20
2-3	500.858 6	8.705 34	0.21
2-4	499.757 3	8.675 45	0.22
均值			0.20

4　精度计算

中间设站三角高程测量的原理如图 7 所示。

为测定 A、B 两点之间的高差，将全站仪架设在 O 点，A 为后视点，B 为前视点，可测得仪器到 A、B 两点的斜距 S_1、S_2 和竖直角 α_1、α_2。由于后视点目标高为固定值，前视点为小棱镜，不需要量取 A、B 两点的目标高，这样可以不考虑目标高的量取误差。则 B 点对于 A 点之间的高差为：

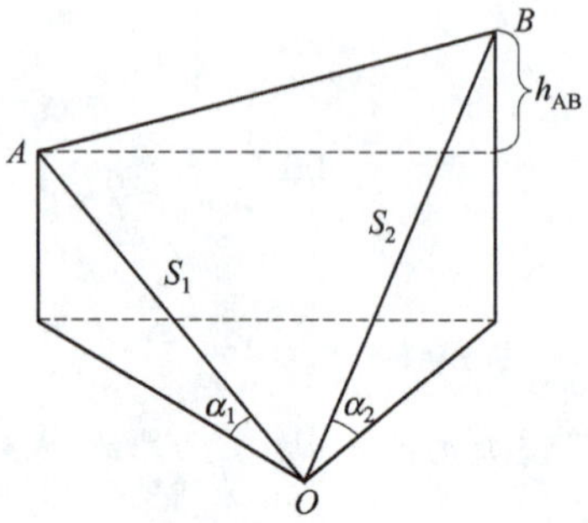

图 7　三角高程测量原理示意图

$$h_{AB} = (S_2 \cdot \sin\alpha_2 - S_2 \cdot \cos\alpha_2 \cdot \gamma_2 + D_2^2/2R) - (S_1 \cdot \sin\alpha_1 - S_1 \cdot \cos\alpha_1 \cdot \gamma_1 + D_1^2/2R) \tag{3}$$

式中　R——地球曲率半径；

D——平距；

K——大气折光系数。

由高差中误差传播律可得：

$$m_{h_{AB}}^2 = \left(\tan^2\alpha_2 \cdot m_D^2 + \frac{D_2^2}{\cos^4\alpha_1} \cdot \frac{m_\alpha^2}{\rho^2} + m_{f_2}^2\right) + \left(\tan^2\alpha_1 \cdot m_D^2 + \frac{D_1^2}{\cos^4\alpha_1} \cdot \frac{m_\alpha^2}{\rho^2} + m_{f_1}^2\right) \tag{4}$$

式中　m_α——仪器测角精度；

m_D——仪器测距精度；

m_f——大气折光对高差的影响，$m_{f_1}^2=\frac{(1+K^2)D_1^2}{R^2}m_D^2+\frac{D_1^4}{4R^2}m_k^2$，$m_{f_2}^2=\frac{(1+K^2)D_2^2}{R^2}m_D^2+\frac{D_2^4}{4R^2}m_k^2$，

m_k 为大气折光系数中误差。

测量过程中所用全站仪精度为 0.5″，0.6 mm＋1×ppm，因此可认为 $m_\alpha=0.5''$、$m_D=(0.6+1\times D\times \text{ppm})\text{mm}$，取 $\rho=206\ 265$，$R=6\ 370$ km，观测远桥墩时 $D_1=62$ m，$D_2=16.8$ m，$\alpha_2=12.4°$，由于测站点与后视点处于同一公路面上，则若以公路面 25‰的坡度计，则 $\alpha_1=1.4°$，代入式(3)、式(4)可得两点之间高差中误差 $m'_{h_{AB}}=1.34$ mm。每一测站进行 4 测回观测，则 $m_{h_{AB}}=1.34/\sqrt{4}=0.67$(mm)，而此次监测所要求相应的二等水准闭合差限差为 $4\sqrt{L}=4\sqrt{0.1}=1.2$(mm)，即石臼湖段高架桥部分沉降监测采用三角高程测量可以满足二等水准测量的精度要求。

5 数据对比及分析

在桥墩顶端放置水准仪贴片及全站仪反射片，水准仪贴片及反射片位置固定，两者高差为固定值。为论证方案精度，于石臼湖段高架桥上共 420 个监测点中等距离选取 10 个监测点，分别运用水准仪与全站仪进行三期二等水准测量与三角高程测量，对结果对比并分析。结果如表 2 所示。

表 2 高程测量值对比表

点号	第一期			第二期			两期差值较差/mm
	水准仪贴片二等水准值/m	反射片三角高程值/m	差值/mm	水准仪贴片二等水准值/m	反射片三角高程值/m	差值/mm	
124＃	17.042 9	17.062 7	19.8	17.043 1	17.062 6	19.5	−0.3
166＃	20.636 7	20.638 6	1.9	20.636 4	20.638 4	2.0	0.1
208＃	23.495 0	23.496 9	1.9	23.495 2	23.496 9	1.7	−0.2
250＃	19.885 4	19.882 2	−3.2	19.885 4	19.882 3	−3.1	0.1
292＃	18.912 1	18.909 1	−3.0	18.912 1	18.909 0	−3.1	−0.1
334＃	23.571 9	23.568 7	−3.2	23.571 8	23.568 5	−3.3	−0.1
376＃	22.433 8	22.431 7	−2.1	22.433 5	22.431 4	−2.1	0.0
418＃	17.761 3	17.765 6	4.3	17.761 6	17.765 7	4.1	−0.2
460＃	20.763 0	20.767 2	4.2	20.763 1	20.767 2	4.1	−0.1
502＃	22.380 9	22.386 0	5.1	22.380 9	22.386 1	5.2	0.1

测量时，各桥墩上水准仪贴片与反射片位置固定，但各桥墩之间的水准仪贴片与反射片的高度差有差异。因此，对两期数据中水准仪贴片与反射片的高程值进行做差，将差值认定为水准仪贴片与反射片的位置固定差。通过两期差值的比较，来分析三角高程与二等水准的差异。由表 2 可以看出，两期差值较差值最大为 0.3 mm，最小为 0，且大部分差值在±0.2 mm 以内，考虑到施测过程中的系统误差及其他偶然误差，可认为两种方法所得结果无差别，跨石臼湖高架桥沉降监测可用三角高程测量代替二等水准测量。

6 结　　论

地铁沉降监测是控制地铁施工质量的重要手段，而监测方案的制定又是监测成果质量的保证。针对南京地铁宁高二期跨石臼湖段高架桥的特殊监测环境，制定了以三角高程测量代替二等水准测量的监测方案，并对方案的可行性以及精度进行了论证，最后选取 10 个监测点的二等水准测量值与三角高程测量值进行对比，验证了监测方案的正确性，对于其他类似工程具有一定借鉴性。

参 考 文 献

[1] 赵栋．城市高层建筑物变形监测方案设计[J]．经纬天地，2014，(05)：39-43.

[2]　张营．深基坑监测方法与精度要求研究及其工程应用[D]．山东大学,2012.
[3]　田林亚,岳建平,梅红．工程控制测量[M]．武汉:武汉大学出版社,2011.
[4]　郑汉球．电磁波测距三角高程测量[M]．北京:地质出版社,1993.
[5]　葛文,黄腾,欧乐,等．悬索桥主缆架设测量方法与误差修正[J]．测绘与空间地理信息，2015(7):220-224.
[6]　Simaan M, Simaan Y, Tang Y. Estimation Error in Mean Returns and the Mean-Variance Efficient Frontier[J]. Social Science Electronic Publishing, 2014.
[7]　Buja A, Stuetzle W. The effect of bagging on variance, bias, and mean squared error[J]. Preprint at & T Labs.

地铁 10 号线上穿既有地铁 2 号线的监测及分析

高俊鹏

（中铁隧道勘测设计院有限公司，辽宁 沈阳）

摘　要：为解决沈阳地铁 10 号线中—松区间左线与既有地铁 2 号线区间结构冲突问题，将中医药大学站轨面整体上抬 500 mm，中—松区间左线出站后以 27‰坡度上坡上跨既有地铁 2 号线结构，与既有地铁 2 号线右线区间最近距离 176 mm；以中—松区间上穿既有地铁 2 号线为例，分析上穿过程中既有地铁 2 号线的路床和结构变化规律和地铁 10 号线上穿过程中地表的变化规律。

关键词：既有地铁 2 号线；自动化监测；地表监测；水平位移；竖向位移

地铁工程建设中，开展有效的监控量测（以下简称：监测）工作（施工监测、第三方监测）是必须的，监测工作是一个复杂的系统工程，涉及测绘学、工程地质学、水文地质学、工程结构学、工程力学及 GIS 等众多学科的信息资源，所以对监测人员专业技术、经验、能力以及设备上有更高要求。

1　工程概况

根据 2016 年 9 月 6 日施工单位现场挖探实测结果，地铁 10 号线区间左线可能与既有地铁 2 号线结构冲突，后经调阅既有地铁 2 号线崇—岐区间施工存档图、竣工图及现场实测资料，通过资料比对发现，设计单位收集到的地铁 2 号线区间图纸资料，与既有地铁 2 号线崇—岐区间施工存档图及竣工图不一致，根据地铁 2 号线竣工图及挖探结果，地铁 2 号线区间人防段比设计单位收集到的资料向南移动了 10 m，导致地铁 10 号线中—松区间左线与既有地铁 2 号线人防段结构冲突，地铁 10 号线区间结构侵入既有地铁 2 号线区间结构 1.034 m，如图 1、图 2 所示。

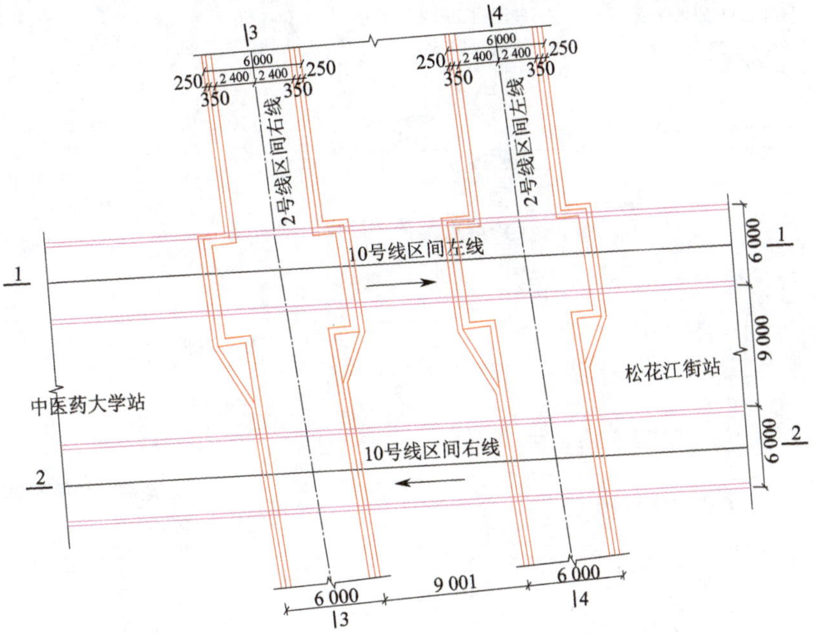

图 1　地铁 10 号线与既有地铁 2 号线实际相对位置关系平面图

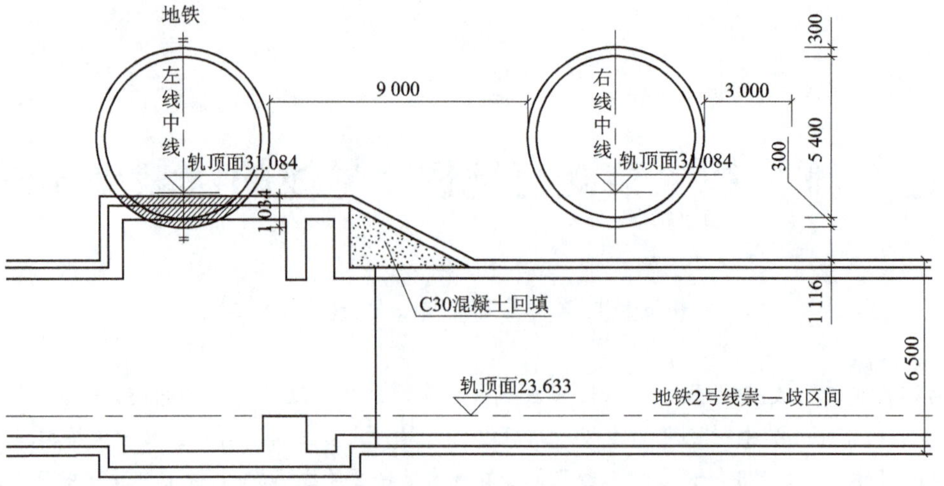

图 2　地铁 10 号线与既有地铁 2 号线结构冲突剖面图

为解决地铁 10 号线中—松区间左线与既有地铁 2 号线区间结构冲突问题，将中医药大学站轨面整体上抬 500 mm，中—松区间左线出站后以 27‰坡度上坡上跨既有地铁 2 号线结构，与既有地铁 2 号线右线区间最近距离 176 mm；由于中医药大学站轨面整体上抬，致使长江街站—中医药大学站区间左、右线及中医药大学站—松花江街站区间右线坡度也随之调整，地铁 10 号线区间与地铁 2 号线左线区间最近距离 1 275 mm，如图 3、图 4 所示。

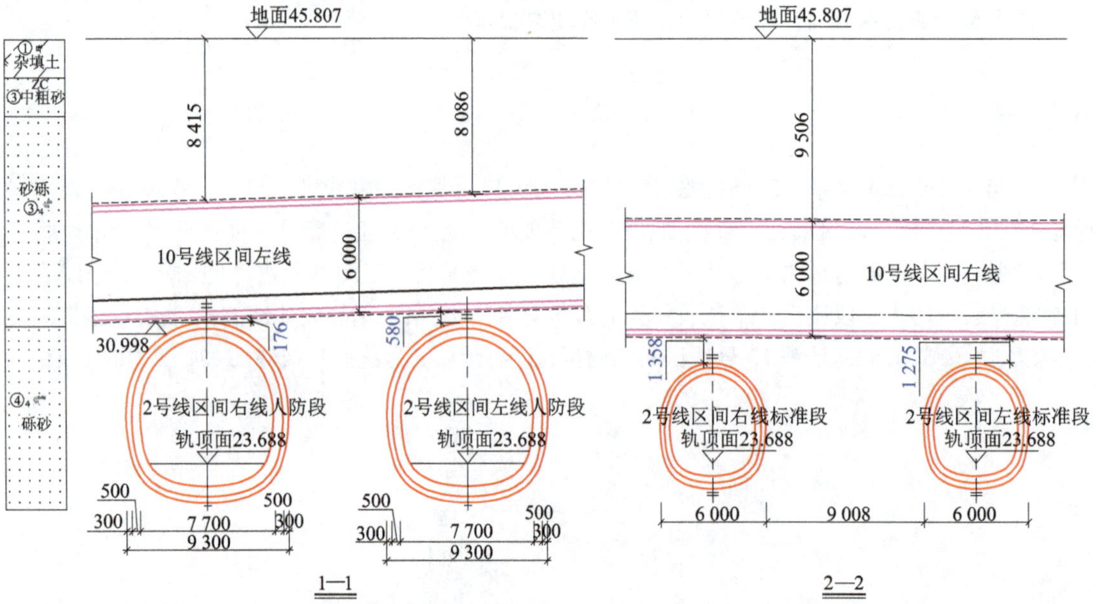

图 3　上跨既有地铁 2 号线纵剖面图

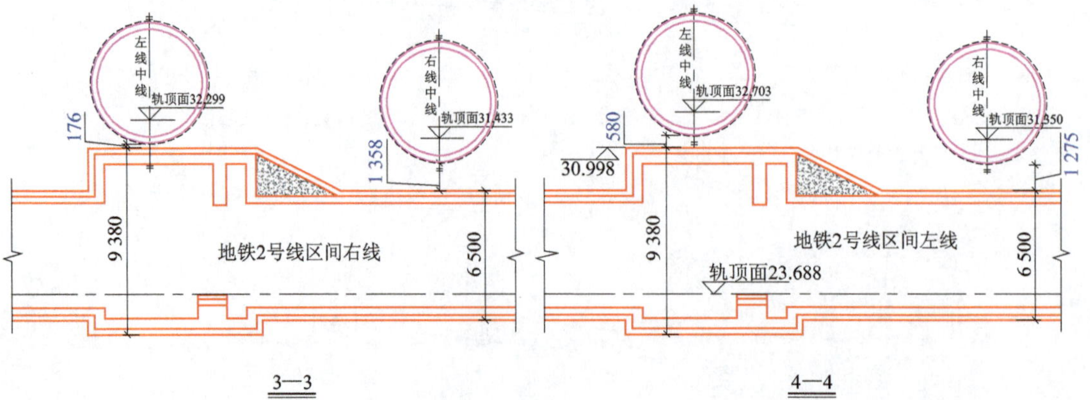

图 4　上跨既有地铁 2 号线横剖面图

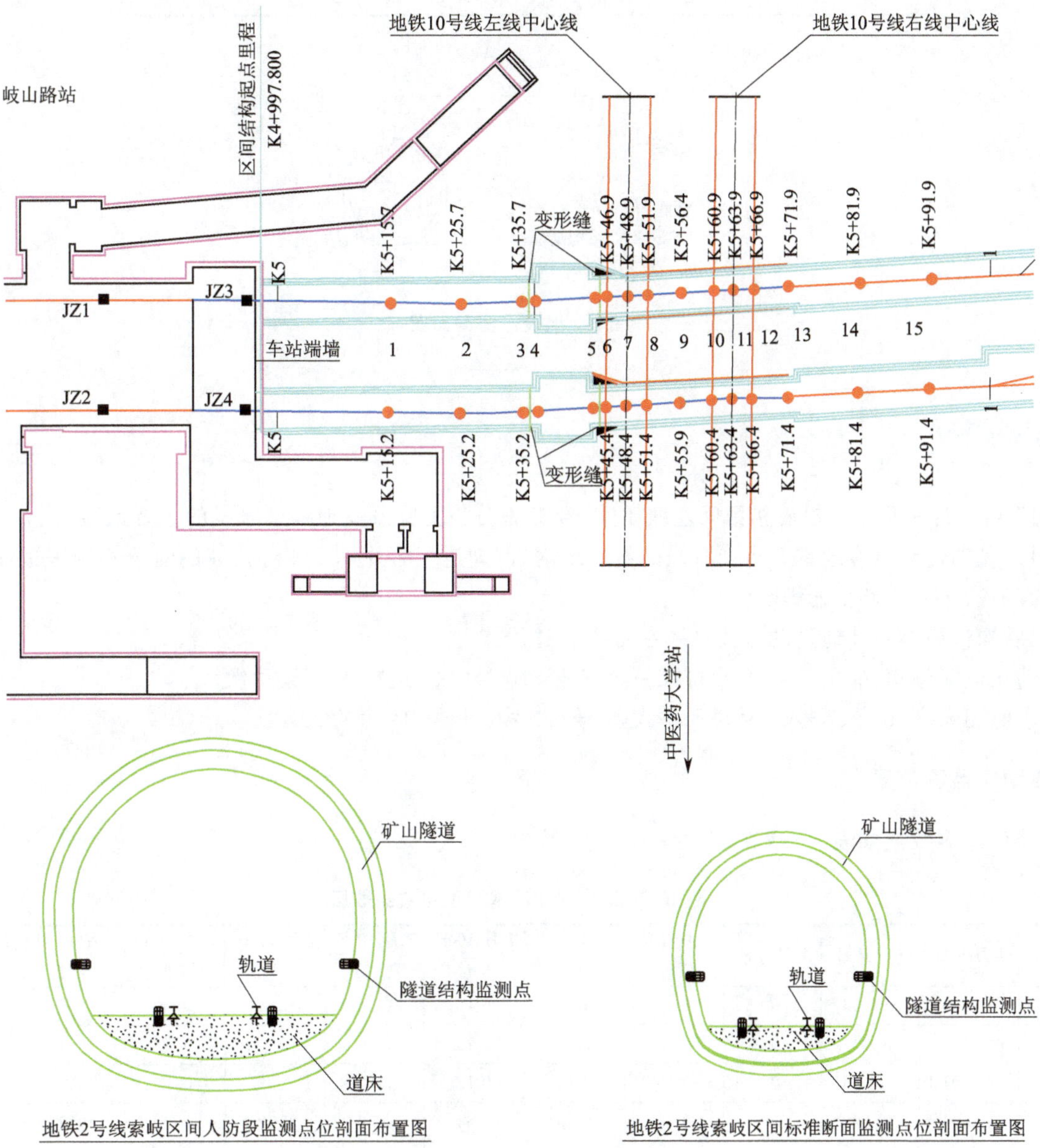

图 5　自动化监测平、剖面图

2　监测点位布设

考虑到地铁 10 号线上穿既有地铁 2 号线的风险情况，施工单位的在既有地铁 2 号线进行了自动化监测，监测项目主要为：结构的水平位移和竖向位移，道床的水平位移和竖向位移，点位布设情况如图 5 所示。

地表周边风险源：左线上方沿线路方向存在 0.9 m/1.2 m 铸铁给水管，埋深 2.2 m，距离盾构顶部 2.72～3.38 m。DN200 铸铁燃气管，埋深 1.85 m，距离盾构顶部 3.9 m，DN600 排水沉井距离盾构隧道顶部 2.3 m，上跨既有地铁 2 号线段处于北陵大街与崇山中路交叉口，上方车流量较大，无其他建筑物。监测项目主要为：地表的竖向位移，管线的竖向位移，结合周边风险源和监测方案，要求盾构始发端的 100 m，每 10 m 一个大断面，每个断面监测点位布设如图 6 所示。

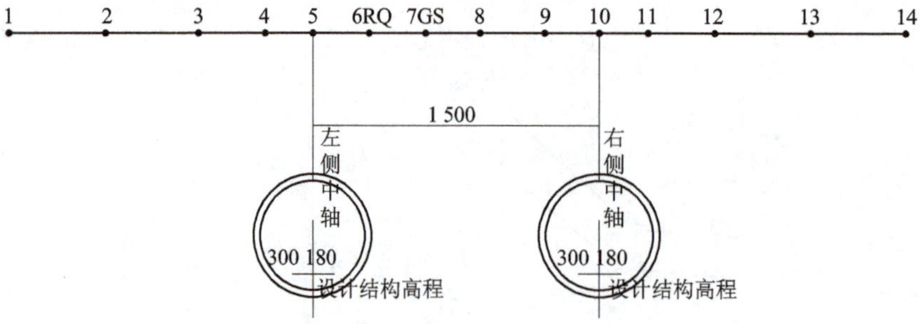

图 6　地表监测剖面图

3　监测数据

2017 年 7 月 4 日中—松盾构区间左线始发，经专家分析上穿既有地铁 2 号线的主要风险：

(1)刀盘掘进到既有地铁 2 号线右线的右边线附近(即进行管片 13、14 环拼装的时候)，掘进过程中的推力对既有地铁 2 号线产生的影响。

(2)盾构机盾体整体通过既有 2 号线左右线的过程。

自动化监测频率：6 号、7 号、8 号每天一次，9 号、10 号、11 号、12 号每天两次。

地表监测频率：6 号、7 号、8 号每天一次，9 号、10 号、11 号、12 号每天 4 次。

3.1　自动化监测数据

自动化监测数据如表 1～表 7，图 7～图 13 所示。

表 1　右线(上行线)水平位移监测数据

点号	7 月 6 日	7 月 7 日	7 月 8 日	7 月 9 日 5 时	7 月 9 日 17 时	7 月 10 日 5 时	7 月 10 日 17 时	7 月 11 日 5 时	7 月 11 日 17 时	7 月 12 日 5 时	7 月 12 日 17 时
S4-1	−0.06	−0.06	−0.05	0.31	0.52	0.43	0.44	0.68	0.58	0.67	0.83
S4-2	0.02	0.04	−0.02	0.3	0.49	0.19	0.34	0.5	0.59	0.51	0.76
S4-3	−0.07	−0.06	−0.01	0.09	0.15	0.18	0.21	0.36	0.38	0.44	0.61
S4-4	−0.04	0.02	0.04	0.35	0.38	0.54	0.57	0.52	0.65	0.71	0.79
S4-5	−0.12	−0.06	0.03	0.2	0.22	0.36	0.39	0.31	0.37	0.46	0.64
S4-6	−0.07	−0.07	0	0.23	0.24	0.54	0.51	0.55	0.57	0.72	0.71
S5-2	−0.15	−0.13	−0.22	−0.08	0.06	0.11	0.02	0.14	0.15	0.22	0.41
S5-3	0.03	0.08	0.15	0.42	0.5	0.63	0.44	0.59	0.74	0.81	0.8
S5-4	−0.1	−0.01	0.08	0.2	0.29	0.41	0.29	0.45	0.56	0.62	0.69
S5-5	−0.09	−0.06	−0.15	−0.16	−0.1	0.06	−0.04	0.05	0.13	0.27	0.29
S6-2	0	0.08	0.17	0.23	0.38	0.54	0.38	0.51	0.55	0.84	0.75
S6-3	−0.06	0.07	0.13	0.2	0.21	0.39	0.26	0.36	0.32	0.43	0.55
S6-4	−0.12	−0.16	−0.17	0.14	0.01	0.32	0.74	0.76	0.67	0.58	0.53
S6-5	−0.04	−0.03	0	0.22	0.08	0.43	0.4	0.44	0.48	0.48	0.63
S7-2	−0.06	−0.06	−0.1	0.02	0.17	0.2	0.11	0.31	0.22	0.4	0.43
S7-3	−0.05	−0.13	−0.08	0.04	0.18	0.33	0.1	0.31	0.35	0.39	0.56
S7-4	−0.13	−0.09	−0.16	0.03	0.11	0.24	0.16	0.25	0.29	0. 36	0.54
S7-5	0.09	0.1	0.09	0.29	0.36	0.47	0.46	0.42	0.57	0.52	0.76

续上表

点号	7月6日	7月7日	7月8日	7月9日5时	7月9日17时	7月10日5时	7月10日17时	7月11日5时	7月11日17时	7月12日5时	7月12日17时
S8-1	−0.02	−0.1	−0.06	0.07	0.23	0.47	0.43	0.42	0.57	0.61	0.66
S8-2	−0.1	−0.08	−0.09	−0.04	0.17	0.31	0.35	0.36	0.37	0.59	0.62
S8-3	0.03	0	0.07	0.21	0.24	0.46	0.32	0.33	0.45	0.54	0.72
S8-4	0.08	0.05	0	0.15	0.35	0.4	0.38	0.41	0.33	0.61	0.61
S8-5	0.08	0.12	0.12	0.38	0.48	0.49	0.42	0.62	0.7	0.81	0.94
S8-6	−0.03	−0.09	−0.02	0.11	0.27	0.54	0.42	0.53	0.57	0.64	0.73
S9-1	−0.02	−0.05	−0.03	0.21	0.37	0.27	0.45	0.55	0.61	0.7	0.67
S9-2	0.01	−0.06	−0.04	0.17	0.33	0.28	0.31	0.51	0.51	0.63	0.72
S9-3	−0.06	−0.11	−0.08	0.06	0.13	0.2	0.17	0.33	0.32	0.45	0.55
S9-4	0.01	−0.01	−0.03	0.1	0.09	0.17	0.15	0.31	0.37	0.46	0.52
S9-5	−0.01	−0.07	−0.02	0.16	0.19	0.3	0.2	0.41	0.37	0.57	0.66
S9-6	−0.03	0.01	−0.03	0.18	0.25	0.39	0.31	0.53	0.53	0.71	0.74

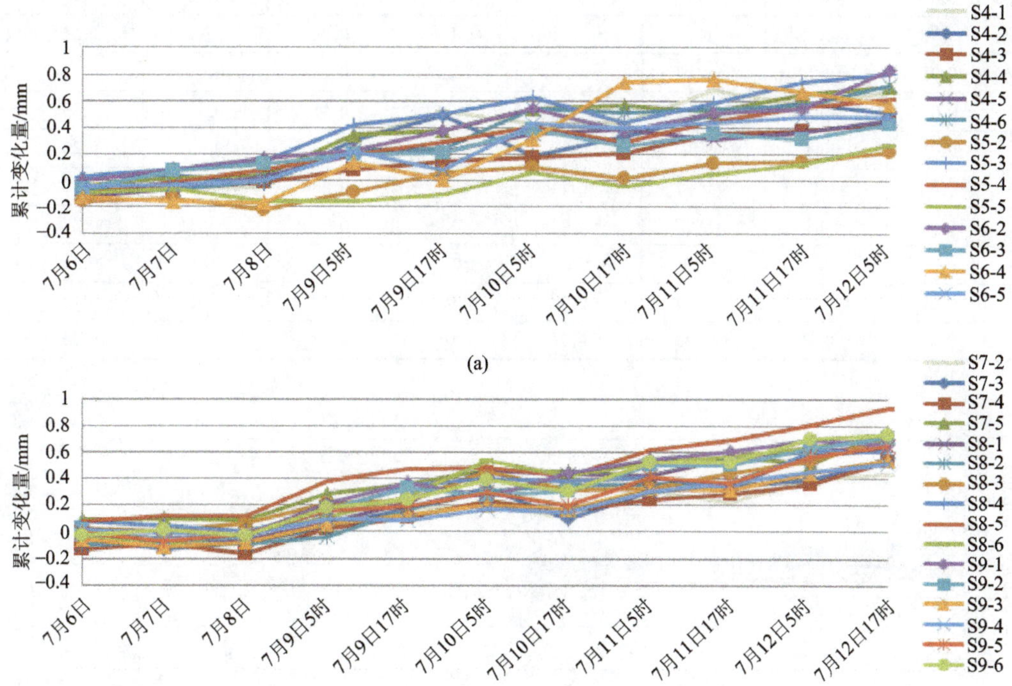

图7　右线(上行线)水平位移曲线变化图

表2　左线(下行线)水平位移监测数据

点号	7月6日	7月7日	7月8日	7月10日5时	7月10日17时	7月11日5时	7月11日17时	7月12日5时	7月12日17时
X4-1	−0.12	−0.07	−0.15	−0.15	0.21	0.4	0.48	0.61	0.52
X4-2	−0.02	0.01	−0.02	−0.02	−0.05	0.22	0.07	0.49	0.26
X4-3	0.11	0.07	0.04	0.04	−0.22	0.18	0.04	0.12	0.28
X4-4	−0.06	−0.05	−0.1	−0.1	−0.21	0.28	0.2	0.12	0.33
X4-5	−0.06	0.02	−0.01	−0.01	0.01	0.25	0.37	0.33	0.33
X4-6	0.1	0.09	0.05	0.05	0.05	0.21	0.42	0.45	0.53
X5-2	0.06	0.08	−0.01	−0.01	0.05	0.39	0.34	0.22	0.22

续上表

点号	7月6日	7月7日	7月8日	7月10日 5时	7月10日 17时	7月11日 5时	7月11日 17时	7月12日 5时	7月12日 17时
X5-3	0.13	0.14	−0.01	−0.01	0.07	0.21	0.16	0.31	0.37
X5-4	−0.07	−0.1	−0.12	−0.12	−0.11	0.12	0.08	0.21	0.22
X5-5	0.04	0.04	−0.03	−0.03	0.04	0.43	0.16	0.34	0.36
X6-2	0.03	0.02	−0.04	−0.04	−0.02	0.24	0.35	0.31	0.33
X6-3	0.02	0.05	0	0	−0.1	0.33	0.18	0.25	0.29
X6-4	0	0.06	0.03	0.03	0.18	0.39	0.1	0.27	0.25
X6-5	0.09	0.12	0.03	0.03	0.32	0.5	0.29	0.33	0.5
X7-2	0.07	0.02	−0.01	−0.01	−0.02	0.32	0.19	0.32	0.44
X7-3	0.09	0.01	−0.06	−0.06	0.02	0.41	0.35	0.36	0.34
X7-4	−0.01	0.02	−0.06	−0.06	0.03	0.26	0.09	0.16	0.39
X7-5	0	0.06	0.06	0.06	0.01	0.21	0.31	0.36	0.48
X8-1	−0.04	−0.08	−0.11	−0.11	0.05	0.28	0.51	0.54	0.59
X8-2	−0.02	−0.06	−0.05	−0.05	0.11	0.4	0.4	0.33	0.45
X8-3	−0.01	−0.01	0.04	0.04	0.31	0.59	0.65	0.67	0.56
X8-4	−0.08	−0.04	−0.11	−0.11	0.04	0.04	0.11	0.26	0.24
X8-5	−0.01	−0.08	−0.1	−0.1	−0.09	0.18	0.25	0.15	0.33
X8-6	−0.01	−0.02	−0.01	−0.01	0.04	0.41	0.34	0.36	0.57
X9-1	−0.03	−0.1	−0.12	−0.12	0.04	0.19	0.03	0.25	0.27
X9-2	−0.03	−0.08	−0.14	−0.14	0.04	0.08	−0.08	−0.02	0.15
X9-3	−0.01	−0.1	−0.05	−0.05	−0.06	0.02	−0.18	0.22	0.02
X9-4	−0.08	−0.11	−0.1	−0.1	−0.07	0.12	−0.03	0.05	0.25
X9-5	−0.07	−0.01	−0.04	−0.04	0.03	0.17	0.09	0.18	0.27
X9-6	−0.07	−0.13	−0.06	−0.06	0.05	0.13	0.12	0.24	0.31

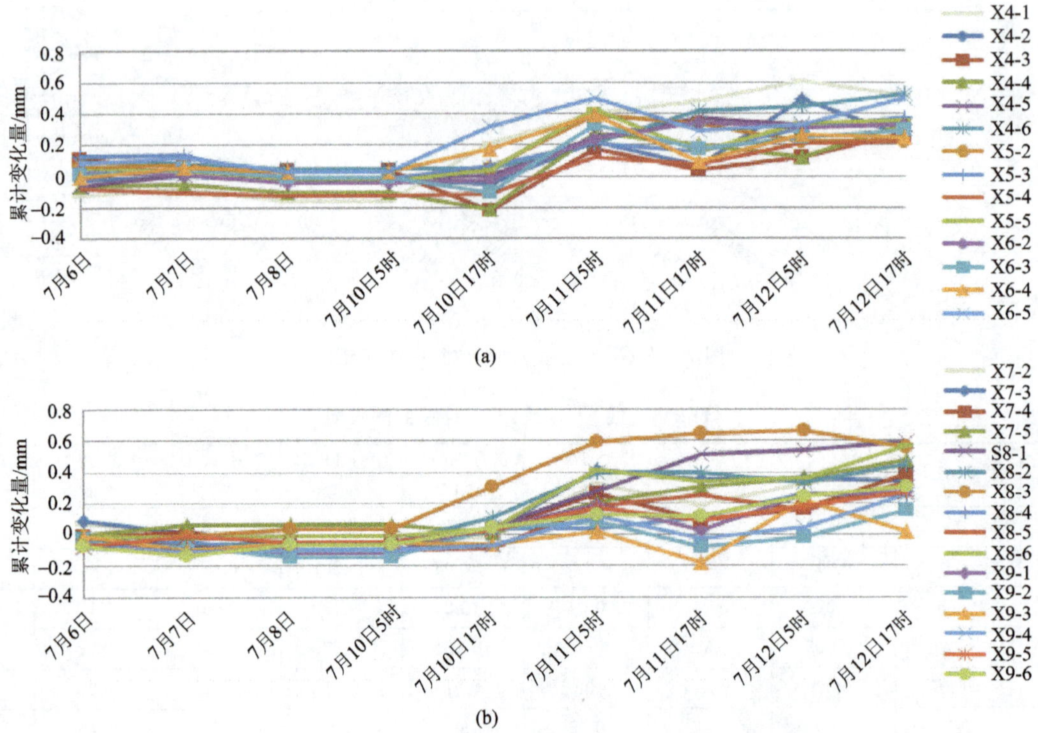

(a)　(b)

图8　左线(下行线)水平位移曲线变化图

表 3　右线(上行线)竖向位移监测数据

点号	7 月 6 日	7 月 7 日	7 月 8 日	7 月 9 日 5 时	7 月 9 日 17 时	7 月 10 日 5 时	7 月 10 日 17 时	7 月 11 日 5 时	7 月 11 日 17 时	7 月 12 日 5 时	7 月 12 日 17 时
S4-1	0.07	0.1	0.01	0.35	0.26	0.37	0.47	0.56	0.88	1	1.04
S4-2	0	−0.01	−0.09	0	0	0.27	0.42	0.52	0.85	0.97	1.05
S4-3	0.04	−0.02	−0.11	−0.04	0.09	0.14	0.26	0.46	0.74	0.84	0.95
S4-4	0.09	0.12	0.2	0.44	0.61	0.63	0.79	0.94	1.35	1.45	1.45
S4-5	0.04	−0.05	−0.07	−0.01	0.18	−0.01	0.36	0.54	0.87	0.06	1.05
S4-6	−0.04	−0.05	−0.05	0.04	0.05	0.13	0.36	0.48	0.91	1.08	1.04
S5-2	0.09	0.1	0.28	0.56	0.67	0.82	1.05	1.21	1.37	1.52	1.78
S5-3	0.14	0.09	0.23	0.42	0.72	0.76	1.12	1.25	1.49	1.65	1.8
S5-4	−0.04	−0.09	−0.23	−0.11	−0.03	0.06	0.37	0.55	0.84	0.96	1.13
S5-5	−0.05	−0.11	−0.29	−0.09	−0.05	−0.05	0.32	0.46	0.85	0.96	1.03
S6-2	0.09	0.08	0.31	0.55	0.82	0.96	1.15	1.24	1.41	1.55	1.86
S6-3	0.1	0.09	0.29	0.46	0.63	0.6	0.84	0.94	1.27	1.4	1.44
S6-4	0.09	0.06	0.01	0.07	0.19	0.24	0.38	0.63	1.24	1.37	1.38
S6-5	−0.08	−0.05	−0.19	−0.02	0.09	0.16	0.31	0.59	0.97	1.13	1.11
S7-2	0.08	0.07	−0.05	−0.02	0.04	0.33	0.42	0.66	0.89	0.05	1.05
S7-3	−0.03	−0.1	−0.17	−0.08	0.07	0.2	0.44	0.59	0.87	1.07	1.01
S7-4	−0.05	−0.12	−0.12	−0.02	0.03	0.19	0.41	0.55	0.94	0.08	1.06
S7-5	0.13	0.12	0.14	0.63	0.65	0.76	0.99	1.1	1.58	1.69	1.73
S8-1	0.14	0.03	−0.05	0.08	0.23	0.36	0.49	0.59	1.04	1.15	1.14
S8-2	−0.04	−0.04	−0.13	0.07	0.09	0.28	0.47	0.67	0.79	0.97	1.05
S8-3	0.08	0.15	0.18	0.59	0.71	0.84	1.02	1.24	1.51	1.62	1.73
S8-4	0.11	0.08	0.16	0.67	0.82	0.82	0.94	1.24	1.59	1.71	1.72
S8-5	−0.15	−0.08	−0.1	−0.2	−0.21	−0.01	0.06	0.34	0.76	0.87	0.88
S8-6	0.06	0.04	0	0.02	0.14	0.24	0.33	0.69	0.95	1.13	1.13
S9-1	0.02	0	0.01	0.07	0.11	0.31	0.4	0.65	0.76	0.97	1.04
S9-2	−0.09	−0.09	−0.1	−0.1	0	0.23	0.24	0.43	0.66	0.8	0.91
S9-3	−0.05	−0.1	−0.14	−0.13	0.02	0.1	0.23	0.39	0.6	0.72	0.8
S9-4	−0.09	−0.08	−0.15	0	0.05	0.15	0.23	0.48	0.75	0.9	0.02
S9-5	−0.08	−0.11	−0.08	0	0.01	0.14	0.22	0.43	0.67	0.85	0.88
S9-6	0.02	−0.01	−0.03	−0.03	0.06	0.18	0.23	0.47	0.71	0.86	0.98

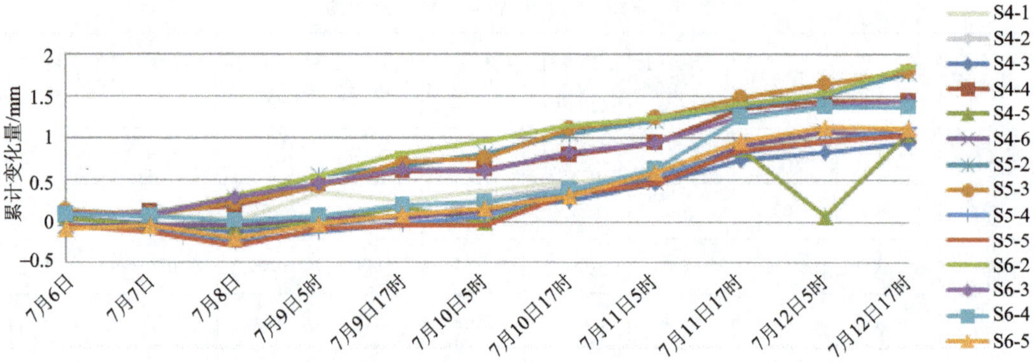

(a)

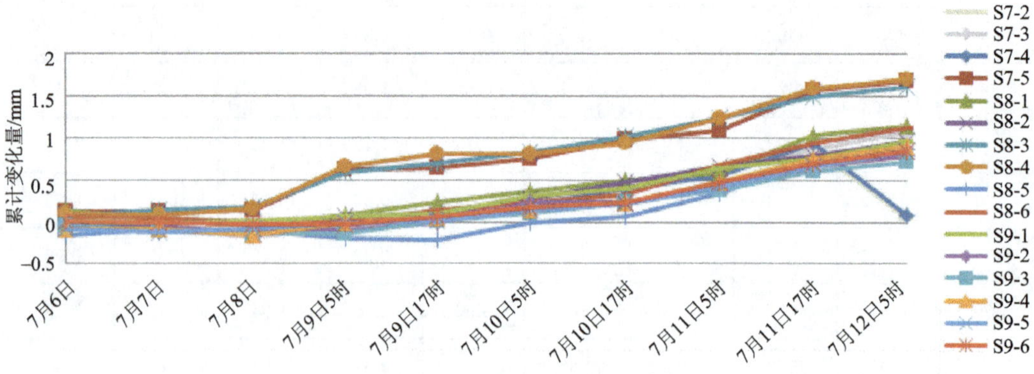

(b)

图 9　右线(上行线)竖向位移曲线变化图

表 4　左线(下行线)竖向位移监测数据

点号	7 月 6 日	7 月 7 日	7 月 8 日	7 月 10 日 5 时	7 月 10 日 17 时	7 月 11 日 5 时	7 月 11 日 17 时	7 月 12 日 5 时	7 月 12 日 17 时
X4-1	−0.07	0	0.03	0.03	−0.03	0.18	0.31	0.48	0.55
X4-2	−0.11	−0.11	−0.18	−0.18	−0.36	−0.03	0.12	0.18	0.27
X4-3	−0.04	−0.13	−0.1	−0.1	−0.19	0.1	0.22	0.23	0.33
X4-4	−0.05	−0.04	0.01	0.01	−0.04	0.15	0.35	0.39	0.41
X4-5	0.04	0.04	−0.07	−0.07	−0.12	0.11	0.11	0.18	0.23
X4-6	0.05	0.09	0.15	0.15	0.04	0.31	0.42	0.45	0.43
X5-2	−0.08	−0.07	−0.01	−0.01	−0.17	0.19	0.24	0.25	0.32
X5-3	−0.05	−0.03	−0.01	−0.01	0.04	0.38	0.33	0.44	0.5
X5-4	−0.01	−0.01	0.01	0.01	0.07	0.44	0.4	0.45	0.49
X5-5	0.05	−0.06	−0.02	−0.02	0.06	0.46	0.34	0.33	0.33
X6-2	−0.07	−0.04	0.04	0.04	−0.06	0.44	0.44	0.46	0.54
X6-3	−0.05	−0.07	−0.13	−0.13	−0.07	0.3	0.24	0.29	0.29
X6-4	−0.05	−0.12	−0.14	−0.14	−0.03	0.32	0.22	0.38	0.42
X6-5	−0.13	−0.15	−0.17	−0.17	−0.13	0.26	0.16	0.24	0.26
X7-2	−0.02	−0.05	−0.12	−0.12	−0.13	0.32	0.24	0.41	0.37
X7-3	−0.08	−0.14	−0.21	−0.21	−0.15	0.41	0.3	0.46	0.45
X7-4	0.03	0	−0.04	−0.04	−0.04	0.33	0.18	0.47	0.5
X7-5	0.01	−0.04	−0.02	−0.02	−0.02	0.36	0.23	0.52	0.39
X8-1	0.03	0.09	0.05	0.05	0.15	0.49	0.5	0.59	0.68

续上表

点号	7月6日	7月7日	7月8日	7月10日5时	7月10日17时	7月11日5时	7月11日17时	7月12日5时	7月12日17时
X8-2	−0.05	−0.07	−0.13	−0.13	0.01	0.39	0.3	0.56	0.62
X8-3	−0.08	−0.1	−0.12	−0.12	−0.07	0.4	0.59	0.63	0.64
X8-4	−0.03	−0.07	−0.08	−0.08	−0.1	0.32	0.22	0.34	0.37
X8-5	0.01	0.04	−0.02	−0.02	0.06	0.38	0.28	0.38	0.48
X8-6	−0.07	−0.01	−0.08	−0.08	0.06	0.4	0.31	0.31	0.51
X9-1	0.09	0	0	0	0.17	0.58	0.54	0.62	0.65
X9-2	0.02	−0.05	−0.01	−0.01	0.05	0.44	0.53	0.55	0.55
X9-3	−0.01	−0.02	−0.03	−0.03	−0.07	0.24	0.27	0.3	0.3
X9-4	−0.02	−0.04	0	0	0.07	0.38	0.34	0.46	0.48
X9-5	0.04	0.03	0.02	0.02	0.18	0.45	0.4	0.48	0.51
X9-6	0	0.03	0.07	0.07	0.21	0.54	0.42	0.54	0.59

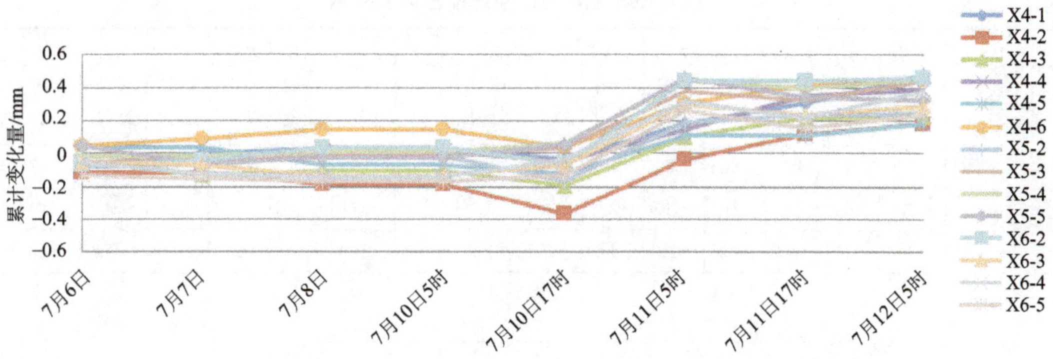

(a)

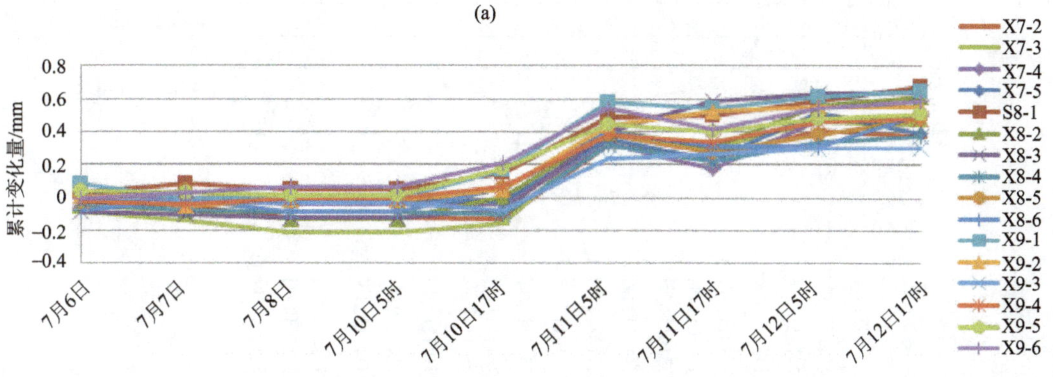

(b)

图 10　左线(下行线)竖向位移曲线变化图

3.2　地表监测数据

表 5　K9＋760 地表竖向位移监测数据

监测点号	6月19日	7月4日8时	7月8日09时	7月8日16时	7月9日16时	7月9日23时	7月10日4时	7月10日10时	7月10日13时	7月10日17时	7月10日22时	7月11日2时	7月11日7时
K9＋760−3	0.0	−1.4	−0.8	−0.4	−9.2	−11.2	−11.5	−10.6	−10.0	−10.2	−10.3	−11.6	−9.4
K9＋760−4	0.0	−2.2	−3.4	−3.6	−25.2	−28.4	−28.7	−28.7	−28.7	−28.7	−28.7	−28.7	−28.7
K9＋760−6	0.0	−2.6	−3.3	−3.4	−17.9	−20.8	−20.9	−20.7	−20.2	−20.4	−20.7	−21.4	−19.8

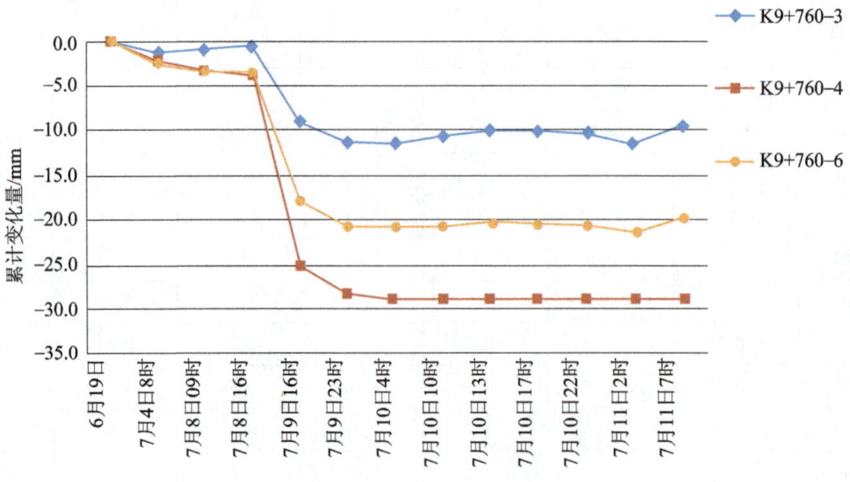

图 11　K9＋760 地表竖向位移曲线变化图

表 6　K9＋770 地表竖向位移监测数据

监测点号	6月19日	7月4日8时	7月8日09时	7月9日16时	7月9日23时	7月10日4时	7月10日10时	7月10日13时	7月10日17时	7月10日22时	7月11日2时	7月11日7时	7月11日12时	7月11日17时	7月11日22时	7月11日24时	7月12日5时	7月12日09时	7月12日13时
K9＋770－4	0.0	0.0	1.6	－8.4	－20.4	－24.4	－25.5	－25.1	－25.8	－28.1	－29.0	－26.7	－26.7	－26.7	－28.2	－29.2	－29.7	－29.5	－29.7
K9＋770－5	0.0	0.0	1.9	－8.1	－22.8	－27.6	－29.9	－29.3	－30.2	－32.4	－33.7	－31.6	－31.6	－31.6	－32.5	－34.0	－34.4	－34.8	－34.7
K9＋770－6	0.0	0.0	1.8	－4.2	－11.7	－13.5	－14.4	－13.9	－15.1	－16.1	－17.4	－15.0	－14.8	－15.8	－16.3	－17.8	－17.8	－18.0	－18.1

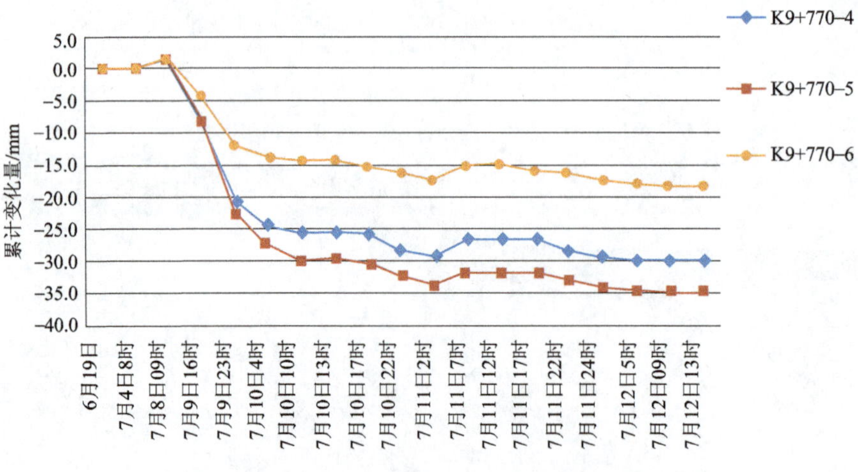

图 12　K9＋770 地表竖向位移曲线变化图

表 7　K9＋790 地表竖向位移监测数据

监测点号	7月10日22时	7月11日2时	7月11日7时	7月11日12时	7月11日17时	7月11日22时	7月11日24时	7月12日5时	7月12日09时	7月12日13时	7月12日17时	7月12日20时	7月12日23时	7月13日2时	7月13日6时
K9＋790－3	1.6	0.7	0.9	0.2	－0.2	－1.0	－1.2	0.1	－7.9	－8.7	－8.8	－9.1	－9.5	－9.8	－9.5
K9＋790－4	－0.9	－1.5	－2.3	－4.1	－6.7	－7.7	－9.4	－14.3	－38.8	－44.9	－46.7	－47.3	－47.6	－48.2	－48.6
K9＋790－5	－0.5	－1.3	－2.7	－5.0	－8.4	－10.3	－11.4	－16.2	－45.4	－53.2	－55.4	－56.4	－56.7	－57.6	－57.9
K9＋790－6	－0.3	－1.0	－0.7	－2.3	－3.0	－4.2	－6.1	－7.9	－18.9	－22.3	－23.6	－24.3	－24.4	－25.3	－25.5

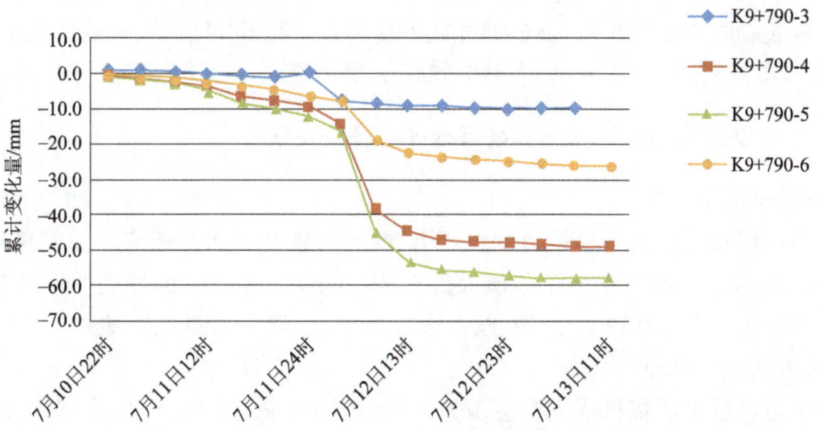

图 13　K9＋790 地表竖向位移曲线变化图

备注:23 环(地表 K9＋780)断面由于之前开挖临时竖井,点位遭到破坏而且由于其他原因无法恢复。

4　监测数据分析

4.1　2017 年 7 月 9 日凌晨盾构机开始上穿既有地铁 2 号线右线

4.1.1　自动化数据右线水平位移

从表 1 和图 1 中可以看出在盾构机推力的作用下地铁既有 2 号线右线有往左线移动的趋势,直至 2017 年 7 月 10 日下午 17 时数据显示趋于稳定,累计最大值 0.74 mm,这时盾构机掘进的情况是:累计掘进 36.247 m,拼装 24 环,刀盘距离地铁 2 号线左线结构边缘 2.5 m。最终稳定时间为 2017 年 7 月 12 日,累计最大值 0.84 mm。

4.1.2　自动化数据右线竖向位移

从表 3 和图 3 中可以看出盾构机进入既有地铁 2 号线后,地铁 2 号线整体出现上浮趋势,直至 7 月 10 日下午 17 时数据显示趋于稳定,累计最大上浮 1.15 mm,最终稳定时间为 7 月 12 日,累计最大值 1.65 mm。

由于地铁 10 号线和既有地铁 2 号线右线之间有 17.6 cm 间距,所以地铁 10 号线上穿既有地铁 2 号线右线数据变化较明显。

4.1.3　地表监测情况

2017 年 7 月 5 日进行零环拼装时洞门位置出现渗水,地表 K9＋755 位置(位于施工单位料场)出现塌陷,塌陷部位大约位于洞内管片 1 环位置,现场针对洞门漏水情况进行了排查,最终查明原因:废弃污水管线内的水倒灌 2.4×2.2 暗渠导致洞内渗水,最终采取措施是把倒灌暗渠的入水口封死,使暗渠水位不上涨,从而不渗水;考虑到上穿的风险,把盾构上穿既有地铁 2 号线右线右边线的时间控制在地铁 2 号线夜间的停运期间(凌晨 0 时到凌晨 4 时),现场实际施工情况是 2017 年 7 月 9 日凌晨 0 时刀盘进入既有地铁 2 号线右线的右边线(即进行管片 13、14 环拼装),塌陷部位附近地表最大沉降量－12.7 mm. 同时位于 6 环位置(地表里程K9－760)K9＋760－4 累计沉降值－26.5 mm,橙色预警,地表 K9＋760－6 累计沉降值－19.0 mm,考虑这个位置距离之前塌陷位置只有 5 m 距离,地表有燃气、给水和排水管线,所以采取了如下措施:

(1)针对 6 环位置进行挖探坑处理,查找沉降原因;

(2)要求施工单位洞内及时进行二次注浆处理。

对比盾构掘进情况目前进行 18 环拼装,正好盾构机盾尾过 6 环位置不久;2017 年 7 月 10 日监测发现 15 环位置(地表 K9＋770)累计沉降值－25.8 mm, 地表 K9＋770－5 累计沉降值－30.2 mm, 地表 K9＋770－5 累计沉降值－15.1 mm, 对比盾构掘进情况目前进行 24 环拼装,正好盾构机盾尾过 15 环位置不久。

2017 年 7 月 11 日由于(1)施工单位针对 6 环位置和 15 环位置地表变化量较大情况进行了洞内二次注浆处理;(2)既有地铁 2 号线右线由于盾构机掘进通过,地铁 2 号线右线出现上浮,导致地表上午 8 时监测数据显示最大隆起 2.9 mmm,同时 6 环(地表 K9+760)挖探发现了漏水点并进行了应急处理。

4.2　2017 年 7 月 11 日凌晨盾构机开始上穿既有地铁 2 号线左线

4.2.1　自动化数据左线水平位移

从表 2 和图 2 中可以看出在盾构机推力的作用下,既有地铁 2 号线左线有往左侧移动的趋势,直至 7 月 12 日下午 17 时数据显示趋于稳定,累计位移最大值 0.36 mm,这时盾构机掘进的情况是:累计掘进 55.089 m,拼装完成 40 环;刀盘已过既有地铁 2 号线左线左边线 7.36 m,顺利通过既有地铁 2 号线上方。

4.2.2　自动化数据右线竖向位移

从表 4 和图 4 中可以看出盾构机进入既有地铁 2 号线后,地铁 2 号线整体出现上浮趋势,直至 7 月 12 日下午 17 时数据显示趋于稳定,累计竖向最大上浮 0.46 mm。

由于地铁 10 号线和既有地铁 2 号线左线之间有 58 cm 间距,所以地铁 10 号线上穿既有地铁 2 号线左线时对左线的扰动较右线小。

4.2.3　地表监测情况

2017 年 7 月 11 日地表监测发现 32 环位置(地表里程 K9+790)开始出现缓慢沉降,K9+790−4 的累计沉降值为−9.4 mm,K9+790−4 的累计沉降值为−11.4 mm,K9+790−6 的累计沉降值为−6.1 mm;2017 年 7 月 12 日拼装完成 40 环,刀盘已过既有地铁 2 号线左线左边线 7.36 m,顺利通过既有地铁 2 号线左线上方,监测 32 环(地表 K9+790)位置地表监测点 K9+790−4、K9+790−5、K9+790−6 的累计变化值分别为:−47.6 mm、−56.7 mm、−24.4 mm,在 12 日凌晨 2 点到晚上 21 点期间的变化量分别为:−33.9 mm,−41.4 mm,−17.4 mm。从而导致 1 个点位速率达到橙色预警,2 个点位达到红色报警,对比盾构掘进情况目前进行 40 环拼装,正好盾构机盾尾过 32 环位置不久;2017 年 7 月 13 日由于 32 环位置上方地表中线已经累计沉降大于 5 cm,考虑到该位置有 DN200 铸铁燃气管(埋深 1.85 m,距离盾构顶部 3.9 m),施工单位针对里程 K9+790 断面监测点位 4、5 号监测点前方 1 m 处进行挖探,挖探深度 1.5 m,未见明显孔洞,同时发现 DN400 废弃管线。早晨为不影响交通进行了恢复处理,并用钢板进行了覆盖。40 环位置(K9+800)K9+800−4 的累计沉降值为−22.9 mm,K9+800−4 的累计沉降值为−30.4 mm,达到橙色预警和红色报警;2017 年 7 月 13 日累计掘进 61.089 m,拼装完成 45 环,刀盘已过既有地铁 2 号线左线左边线 13.26 m,截至 2017 年 7 月 13 日既有地铁 2 号线上方地表监测数据稳定。

5　总结分析

结合地铁 10 号线上穿既有地铁 2 号线的自动化数据和地表监测数据,发现如下规律:

(1)塌方附近地表沉降较大,即使属于正常的沉降变化趋势,也要排除是之前塌方位置原因对该处的影响。例如本例中地表 6 环位置(地表 K9+760)经挖探坑找到漏点,说明该位置沉降的一部分原因是下方漏点造成。

(2)刀盘已过既有地铁 2 号线左线人防段中线 2.56 m 时,既有地铁 2 号线右线地表出现了 2.9 mm 隆起,结合既有地铁 2 号线洞内的自动化监测数据,道床和结构均出现了 1 mm 左右的隆起,其余的 1.8 mm 是二次注浆造成,这充分说明隆起位置土体内部没有孔洞,如果自动化数据显示隆起,地表还是下沉趋势,一定要挖探坑,看看是否有孔洞。

(3)结合上例中 6 环、15 环、32 环位置的沉降情况,发现如下规律:刀盘初期经过,地表监测点位会出现小幅度的隆起,当盾尾到达该位置时,地表开始小幅度下沉,沉降主要会集中在盾尾经过的 6 h 到 24 h 内,在这个时段速率达到预警,累计沉降变化值一般为−10 mm 到−30 mm,24 h 后如果土体中没有孔洞等其他因素影响,数据基本都会趋于稳定。

(4)结合现场情况分析影响地表沉降大小的主要因素如下：

①沉降位置盾构机是否出现过长时间停机(本例中6环位置和15环位置均出现停机情况)。

②沉降位置是否出现出土量异常(本例中15环位置出土量较大)。

③洞内一次注浆的效果，洞内二次注浆的及时性，刀盘土压的控制情况。

④地表监测点位周边有钢板的监测点位沉降值也会比周边没有钢板的位置沉降值要大(本例中15环位置两侧均有钢板)。

⑤沉降上方是否有改迁的管线(本例中6环、15环、32环位置上方均有燃气管线)。

⑥土体在盾构掘进之前是否受过其他原因的扰动(本例中上穿既有地铁2号线位置的土体，比其他位置的土体沉降偏大是由于该位置经历过地铁2号线之前施工的扰动)。

⑦监测点上方或附近是否走重载车辆(本例中15环、32环位置走重型车辆)。

6 结　论

监测是地铁施工的重要技术控制手段之一，其结果主要用于对施工方法的可行性，设计参数的合理性进行评价，帮助施工技术人员全面了解施工实际地质的变形情况，从而达到对工程施工作业时间的正确选择，监测是保障地铁建设成功必不可少的手段。目前地铁监测技术得到很大发展，监测内容也逐渐丰富，但是因为地铁施工的未知性和不确定性。也存在许多待改进的地方值得我们不断探索和改进。

参考文献

[1] 中华人民共和国住房和城乡建设部．GB 50911—2013　城市轨道交通工程监测技术规范[S]．北京：中国建筑工业出版社，2013．

[2] 中华人民共和国住房和城乡建设部，中华人民共和国国家质量监督检验检疫总局．GB 50308—2008　城市轨道交通工程测量规范[S]．北京：中国建筑工业出版社，2008．

[3] 中华人民共和国住房和城乡建设部．GB 50497—2009　建筑基坑工程监测技术规范[S]．北京：中国建筑工业出版社，2009．

[4] 中华人民共和国住房和城乡建设部．JGJ 8—2016　建筑变形测量规范[S]．北京：中国建筑工业出版社，2016．

[5] 中国铁路总公司．QCR 9218—2015　铁路隧道监控量测技术规程[S]．北京：中国铁道出版社，2015．

[6] 中华人民共和国住房和城乡建设部工程质量安全监管司．建质〔2016〕第173号　城市轨道交通工程质量安全检查指南[S]．北京：中国建筑工业出版社，2016．

无棱镜自动化监测在机场跑道监测中的应用

陈　伟，　王昌洪

（中铁隧道勘测设计院有限公司，天津　300133）

摘　要：在 TBM 隧道下穿机场跑道施工过程中，可能会因施工干扰导致跑道发生沉降或隆起，因此必须开展监测并根据监测数据来及时指导施工。要保证机场运营，就必须在不影响机场正常运营的情况下开展监测工作。需采用先进的测量机器人通过自动化监测手段，结合无棱镜非接触式监测技术对跑道进行自动化监测。同时为了保证监测数据的准确可靠性，定期通过水准测量进行复核。

关键词：下穿机场跑道；不停航施工；自动化监测；无棱镜反射；水准复核

1　监测项目概况

1.1　工程简述

重庆轨道交通 10 号线 T3 航站楼站—T2 航站楼站区间工程，单线全长 1 570 m。工程由两台复合式土压平衡盾构机先后从 T3 航站楼站后始发井下井，然后穿越机场第二跑道（长度 3 600 m×宽度 60 m）、第一跑道（长度 3 200 m×宽度 60 m），如表 1 所示。同时还要穿越滑行道、停机坪、候机指廊 B 北侧端部、T2B 航站楼南侧端部、机场交通换乘中心及航站楼高架桥最后达到地铁 T2 航站楼站。隧道下穿现有机场影响范围内的距离约为 1 011 m，其中停机坪范围约为 305 m，对沉降控制要求严格。本工程监测应贯穿整个施工过程，自 2015 年 6 月至 2016 年 4 月，总监测时间为 10 个月。监测期间重庆地区降雨量充沛，给监测实施带来了较大影响。根据监测方案，当天气条件不利于监测时，暂停监测，以保证检测系统稳定、监测数据准确。

表 1　隧道与机场跑道位置关系统计表

序号	项目	地铁里程		穿越长度/m	隧顶埋深/m	备注
		进入	离开			
1	第二跑道	K32+552	K32+612	60	18.4～19.2	
2	第一跑道	K32+940	K33+010	60	23.3～24.2	

1.2　监测方法选择

本项目的监测重点是江北机场跑道。江北机场现有跑道目前处于繁忙的运营中，机场内滑行道及飞机跑道属禁区，且为飞机起降安全考虑，安装的设备及仪器须受到位置、数量和高度限制。尤其是跑道道面不允许布设或粘贴任何监测设备，一是为了保证道面的平整度，二是为了防止脱落。因此多种监测方法均受机场运行限制而不能实施。

结合现有环境条件，经过综合分析和比较，最终采用全站仪无棱镜方式实现对跑道的沉降监测，同时利用飞机停航时间，采用二等水准测量方式定期进行检校。

1.3　设置监测试验段

为了更好地了解 TBM 在掘进过程中对机场跑道的影响，设置了监测试验段。试验段监测充分考虑

TBM 掘进过程中的影响范围、沉降大小、滞后沉降以及叠加效应等。试验段长度为 100 m，复合式 TBM 在完成 100 m 的试掘段掘进后，对掘进参数进行收集、整理并归纳出切实可行的控制参数。

试验段每 5 m 布设一个监测断面，每个断面布设 13 个测点，测点间距为 2～5 m。

2 自动化监测实施情况

2.1 自动化监测分区

飞行区内的跑道、滑行道及土面区采用自动化监测。在设置监测仪器时，重点考虑加强对跑道的监测。因此在两条跑道附近各设置一台测量机器人，并设置为监测Ⅰ区、监测Ⅱ区。两个监测区域详情如表 2 所示。

表 2 机场跑道自动化监测区域划分情况

监测区域	监测里程范围	全站仪布设位置	测站点与小棱镜测点最远距离/m	测站点与无棱镜测点最远距离/m	主要监测对象
自动化监测Ⅰ区	YDK32＋440～YDK32＋890	位于东跑道和 C7 滑之间的草坪区域	东侧：226.615 9 西侧：222.235 1	东侧：111.700 4 西侧：137.665 2	东跑道
自动化监测Ⅱ区	YDK32＋830～YDK33＋250	西跑道西侧 75 m 草坪区域	东侧：235.981 8 西侧：209.327 7	东侧：110.802 7 西侧：157.900 0	西跑道

2.2 自动化监测设备安装

(1)全站仪

采用最新的 TM50 全站仪进行试验和监测。在定制方案时，首先对全站仪三角高程无棱镜监测可靠性进行了模拟实验，结果显示稳定性良好，精度可靠，理论上(由于机场的特殊环境，无法在跑道上进行试验)完全满足机场自动化监测需求。

(2)自动化监测系统

将莱卡 TM50 全站仪安置在强制对中观测墩上，电源对自动全站仪和工控机供电，自动全站仪输出的信号通过数据传输模块 RS422/485 传输到计算机中。全站仪数据通过 CDMA 模块传输到数据中心(办公室)，同时将监测指令传输到全站仪。控制计算机定期以 E-mail 的形式向外发送监测结果，远程控制室可利用控制计算机的 IP 地址与之相连并发送控制指令，由此实现远程自动的变形监测。其通信布置如图 1 所示。

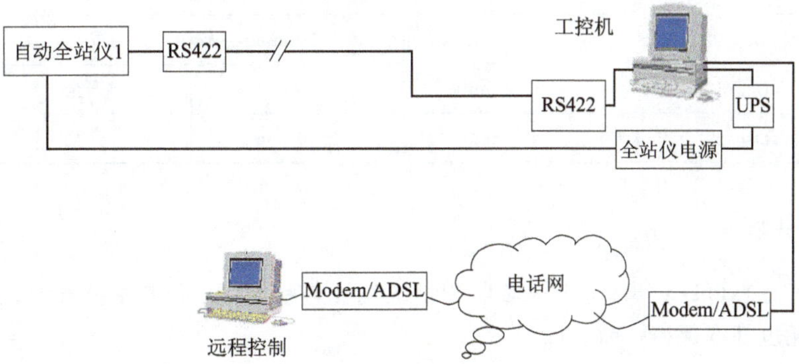

图 1 自动化监测系统集成

(3)蓄电池电源

机场飞行区内无法供电，必须自备电源。采用充电蓄电池为全站仪及工控机供电。在监测过程中，尽量减少不必要的用电损耗。在极端天气条件下，对测量结果影响较大时，采取关机措施。可通过远程电脑随时关注电源电量情况，及时申请不停航施工，更换备用电源。

(4)监测基准点、小棱镜及连接杆、无棱镜测点设置

监测基准点布设在监测范围以外稳定的地方，距离全站仪约 150 m，每个测区至少布设 4 个监测基准点。

小棱镜以监测断面形式布设在跑道两侧道肩处。小棱镜用定做的丝杆进行连接埋在土体内，底部用混凝土包裹，确保监测点可靠稳固。

无棱镜测点采用圆形直径 1 cm 油漆标记，在跑道监测范围内布设成 5 m×5 m 的网格。油漆标记同时作为水准测量的监测点，如图 2 所示。

(a) 监测基准点　　(b) 小棱镜　　(c) 跑道无棱镜测点

图 2　监测基准点、小棱镜及无棱镜测点

3　监测数据分析与评价

3.1　监测数据汇总

在监测期间各项监测数据均保持正常，监测数据统计如表 3 所示。

表 3　地铁 10 号线 T3—T2 区间下穿江北机场监测项目数据汇总表

各监测项目累计变化量统计					
监测项目	变化最大位置	累计变化值	控制值	预警等级	备注
东跑道土面区	Y32+860	−6.1 mm	±10 mm	安全	
西跑道土面区	D33+090−3	−6.9 mm	±10 mm	安全	
东跑道无棱镜	D32+645−8	−5.8 mm	±10 mm	安全	
西跑道无棱镜	D33+020−8	−5.6 mm	±10 mm	安全	
东跑道水准监测	YD32+625−3	−3.3 mm	±10 mm	安全	
西跑道水准监测	YD33+020−6	−2.8 mm	±10 mm	安全	

3.2　监测数据总体分析

根据监测数据汇总表可以看出，各个区域监测情况均比较稳定，从监测过程来看，各个监测区域在各个施工阶段的变化情况也基本保持一致。

3.2.1　东跑道无棱镜监测

东跑道无棱镜监测区域在整个穿越过程中最大累计变形位置 D32+645−8 累计变化量为−6.5 mm，各特征点变形曲线图如图 3 所示。

3.2.2　西跑道无棱镜监测

西跑道无棱镜监测区域在整个穿越过程中最大累计变形位置 D33+025−8 累计变化量为−5.8 mm，各特征点变形曲线图如图 4 所示。

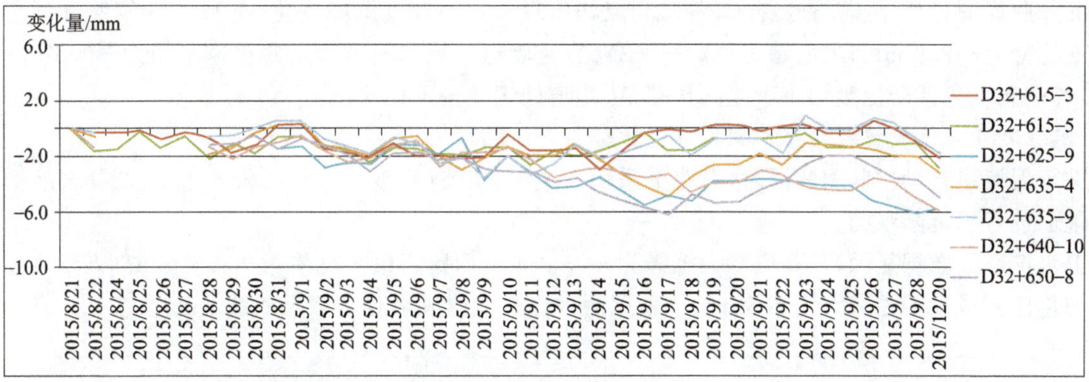

(a) 东跑道无棱镜特征点累计变化量

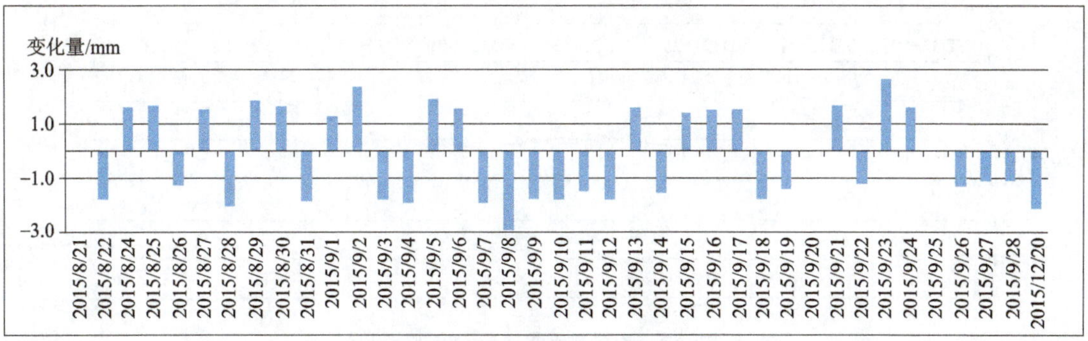

(b) 东跑道无棱镜最大单次变化量

图 3　东跑道无棱镜监测特征点变形曲线

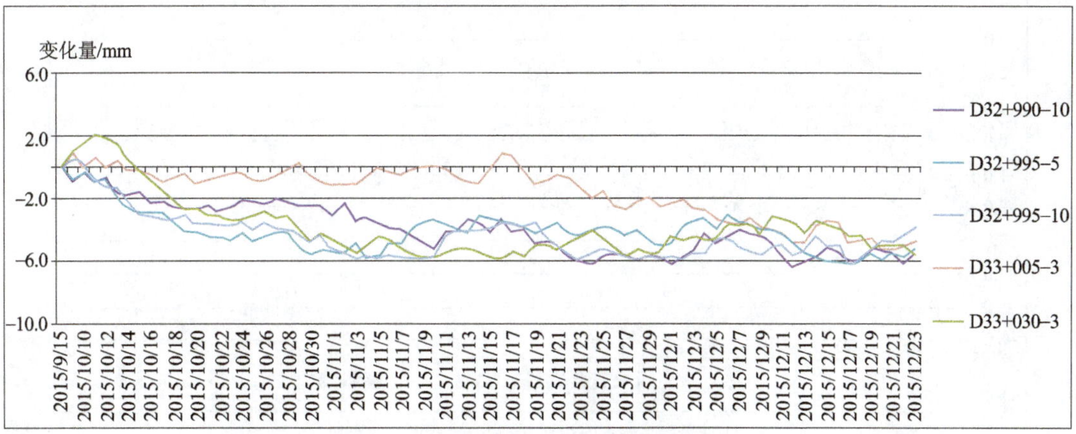

(a) 西跑道无棱镜特征点累计变化量

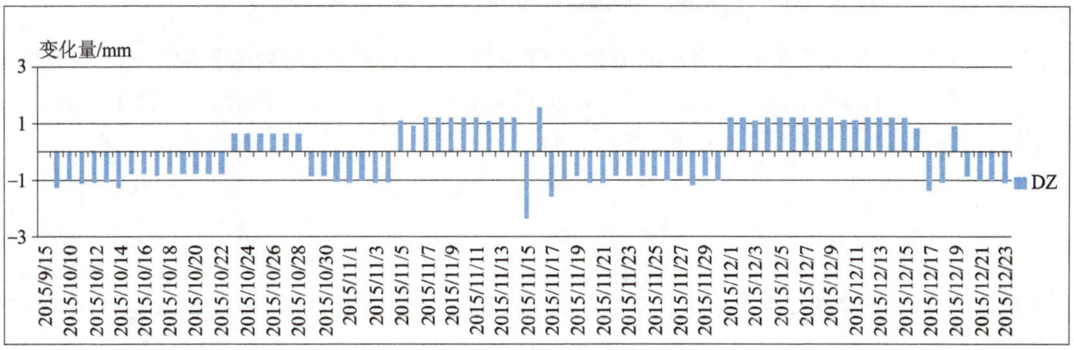

(b) 西跑道无棱镜最大单次变化量

图 4　西跑道无棱镜监测特征点变形曲线

由沉降曲线图可见，随着隧道施工，各监测点均出现了较小幅度沉降变化，变形趋势较缓和。东跑道最大单次变化量为－2.9 mm，之后趋于稳定。TBM 穿越跑道区域期间监测点变化速率约为－0.3 mm/d。下穿过程，各监测点累计变化量均小于监测预警值，跑道处于安全可控状态。

3.2.3　水准测量与无棱镜自动化监测数据对比分析

在进行无棱镜自动化监测的同时，对跑道采用天宝 DINI03（精度 0.3 mm/km）按照二等水准测量技术要求对跑道进行了沉降观测。

人工水准监测数据显示，东跑道最大沉降为－3.3 mm，西跑道最大沉降为－1.3 mm。人工水准监测成果与自动化监测成果偏差最大为 2.8 mm。采用两种方法监测成果对比情况如图 5 所示。

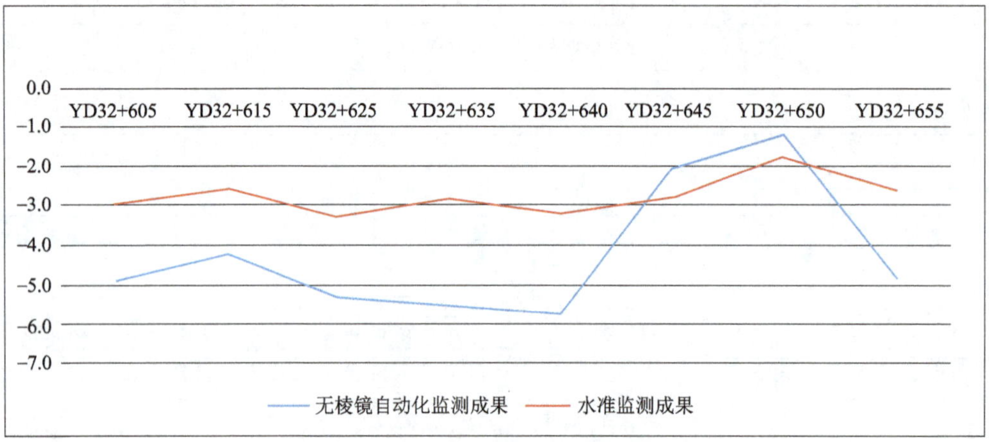

(a) 东跑道无棱镜自动化与水准监测数据对比曲线图

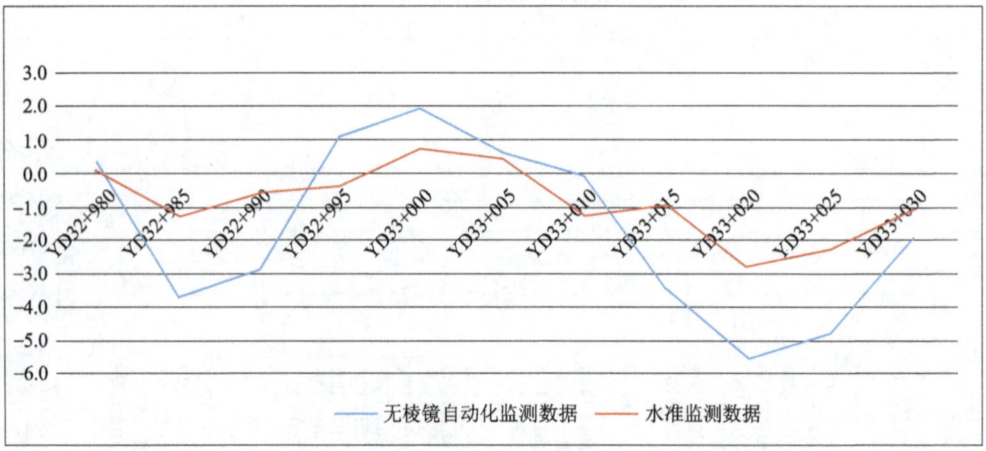

(b) 西跑道无棱镜自动化与水准监测数据对比曲线图

图 5　无棱镜自动化监测与水准监测数据对比曲线图

由图 5 不难看出：人工水准采用二等水准方法进行，监测精度较高，监测数据稳定可靠；而无棱镜自动化监测成果则波动较大。但自动化监测数据与水准监测成果相差不大，且变形趋势基本趋于一致。在常规水准方法无法满足监测要求的情况下，采用无棱镜自动化也足以指导 TBM 下穿机场跑道施工。

4　结　　论

无棱镜自动化监测能够弥补人工监测的不足，不受机场运营的限制，可在满足机场运营的前提下，顺利完成对机场跑道的沉降监测。

总体分析认为，在整个监测过程中，监测数据基本稳定且安全可控。监测数据变化规律也符合 TBM 施工的沉降变化规律。这主要归功于以下三点：

(1)合理设置试验段监测,找到了 TBM 掘进的理想参数;

(2)自动化监测数据有效的指导 TBM 掘进;

(3)施工单位严格按照方案进行施工,并根据监测数据及时进行同步注浆和二次注浆。

监测结果显示,当棱镜无法布设时,通过以无棱镜自动化监测为主、定期以人工监测方法检核,优势互补,确保了监测数据的及时性、准确性、可靠性,为 TBM 顺利穿越机场跑道提供了安全保障,是信息化施工的重要体现,适宜在类似项目中得到推广应用。

参考文献

[1] 梅文胜. 测量机器人变形监测系统软件研究[J]. 武汉大学学报,2002,(2):165-171.

[2] 储征伟,钟金宁,段伟,等. 自动化三维高精度智能监测系统在地铁变形监测中的应用[J]. 东南大学学报,自然科学版,2013,43(S2):225-229.

[3] 刘朝明,文志云. 远程监控管理技术及在轨道交通建设中的应用[J]. 上海建设科技,2005,05.

光纤传感器在洞桩法车站监测中的应用

张子真， 陈昌彦， 王金明， 孙玉辉， 李璐璐
（北京市勘察设计研究院有限公司，北京 100038）

摘 要：本工程依托某洞桩法施工的地铁车站，对光纤压力计和光纤应变计在结构监测中的应用进行了研究。总结出了不同的安装方法，介绍了数据采集方法和计算方法，结合现场工况对监测数据进行了解读，分析了可能影响监测精度的外界因素，并提出了相应的处理措施。最后归纳了测线保护的经验教训，对后续相差研究具有一定指导意义。

关键词：光纤压力计；光纤应变计；安装；数据采集；测线保护

地铁车站采用洞桩法施工，可以最大限度地减少对地面交通的影响，创造良好的经济效益和社会效益。目前，对于洞桩法施工的研究主要集中在设计方法、数值模拟和施工方法上，而对车站在建造过程中的受力和变形却少有研究文献。本文依托北京地铁某车站，利用光纤传感器，展开桩顶压力、柱顶压力、二衬混凝土应变等监测，既得到了丰富的监测数据，积累了安装和保护经验，也总结出一些教训，对后续研究具有一定参考意义。

1 工程概况

本工程车站全长 336 m，埋深约 9～11 m，其中东段 314.8 m 部分，宽 20.85 m，为双跨连拱墙结构，采用暗挖洞桩法施工。

车站主要穿越地层为粉质黏土③层，粉质黏土$③_1$层，粉细砂$③_3$层，粉质黏土⑥层，黏土$⑥_1$层，黏质粉土$⑥_2$层，卵石⑦层，粉细砂$⑦_2$层，拱顶位于黏质粉土③层、粉质黏土$③_1$层、粉细砂$③_3$层，底板位于卵石⑦层，边桩及中柱桩基底位于卵石⑨层。

本工程场地范围内分布有两层地下水：潜水及承压水，其中潜水含水层主要为卵石⑦层及其夹层，下部隔水层为粉质黏土⑧层及黏土$⑧_1$层。承压水含水层主要为卵石⑨层和卵石(11)层。

2 传感器选型

本工程的桩顶和柱顶压力，采用 FBG-L-ZY 光纤光栅式桩压力计（简称光纤压力计测量）。它的原理是，外界压力通过传感器感应原理将压力传递到内部的传感芯，高精度的传感芯将感受到的压力转换为极为敏感的光学波长，通过解调仪器进行解析，如图 1 所示。

图 1 光纤压力计

图 2 光纤应变计

对于二衬混凝土应变，采用 FBG-S03-TM 光纤光栅内置温度补偿埋入式应变计(简称光纤压力计)。它的原理是，外界应变通过传感器安装座将应变传递到内部的传感芯，高精度的传感芯将感受到的微小应变转换为极为敏感的光学波长，通过解调仪器进行解析，如图 2 所示。

3　光纤压力计的安装

3.1　桩顶压力计安装

桩顶压力计安装在桩顶与冠梁之间，如图 3 所示。

光纤压力计在边桩顶的安装方法有两种：第一种是冠梁钢筋绑扎完成后，浇筑混凝土前，用自锁尼龙扎带将压力计绑扎在冠梁竖向钢筋上；第二种是冠梁混凝土浇筑完成后，用水钻上冠梁顶钻孔至孔底，将压力计放入，用砂浆封口。

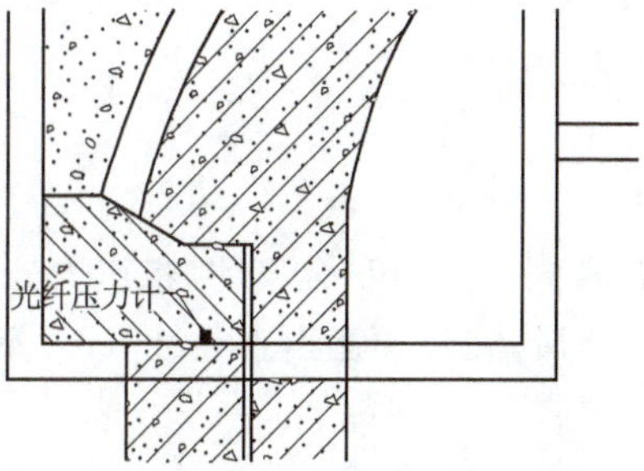

图 3　边桩光纤压力计位置示意图

图 4　光纤压力计安装准备

3.1.1　绑 扎 法

(1)冠梁钢筋绑扎完成后，找一根长约 1 m，端部带弯钩的钢筋，用绑扎带与压力计绑紧，将 3 m 长的塑料软管剖开套在光缆上，剩余光缆盘好线圈放入线箱中，如图 4 所示。

(2)利用钢筋将压力计放到桩顶位置，钢筋上端与冠梁钢筋笼焊接，如图 5 所示。

(3)将光缆线圈悬挂于导洞侧壁，如图 6 所示。

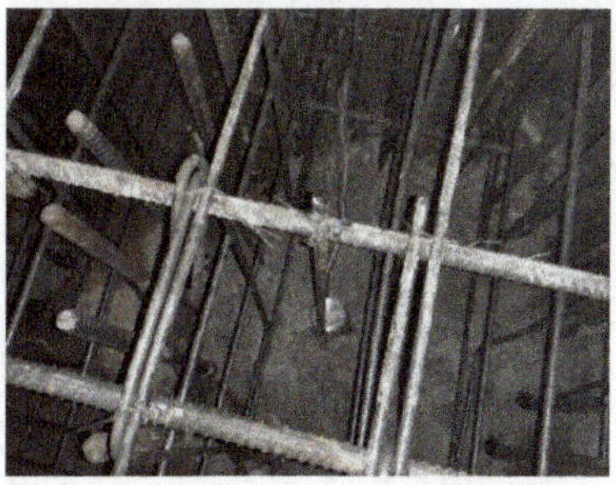

图 5　压力计放到桩顶位置

图 6　光缆线圈悬挂保护

(4)假拱格栅架设后，合模之前，将线圈从假拱背后取出，放在冠梁上，如图 7 所示。

3.1.2　钻 孔 法

(1)冠梁混凝土浇筑完成后，在桩顶中心位置，用水钻从上向下钻孔至桩底位置。

(2)孔底放入少量干硬砂浆。

(3)将压力计放入孔中,注意压力计受力方向应保持竖直,如图 8 所示。

(a) 线圈取出前

(b) 线圈取出后

图 7　传感器安装完成后

图 8　钻孔放入压力计

(4)用大塌落度的砂浆填满钻孔,将线圈放入线箱保护。

3.2　柱顶压力计安装

光纤压力计在中柱顶的安装方法有两种:第一种是顶纵梁钢筋绑扎完成后,合模前,将压力计用自锁尼龙扎带固定在柱顶锚固钢筋笼上;第二种是钢管混凝土浇筑至柱顶后,在柱顶凿出直径 20 cm,深约 20 cm 的孔洞,将压力计放入,再用砂浆固定。

3.2.1　绑 扎 法

(1)顶纵梁钢筋绑扎后,合模前,用自锁尼龙扎带将压力计绑扎在锚固钢筋笼上,如图 9 所示,注意线圈应甩到顶纵梁的同一侧,方便后期读数时寻找线圈。

(2)将 1 m 长的高级 PVC 增强软管剖开,套在光缆上,保证在合模的过程中,模板不直接压在光缆上。

(3)将线圈盘好,套上大塑料袋,用自锁尼龙扎带扎好,悬挂下顶纵当前纵向钢筋上,线圈高度约和钢管柱法兰盘加劲肋齐平,拆模后,线圈情况如图 10 所示。

图 9　绑扎法安装光纤光栅式桩压力计

图 10　光纤光栅式桩压力计

3.2.2　钻 孔 法

(1)钢管混凝土柱中的混凝土浇筑至柱顶后,用风镐在柱中心凿出一个 20cm×20cm×20cm 的孔洞。

(2)将光纤光栅式桩压力计放入孔洞中,扶正,用砂浆密封,如图 11 所示,从压力计,用 1 m 长的高级 PVC 增强软管包裹光缆。

图 11　钻孔法安装光纤光栅式桩压力计

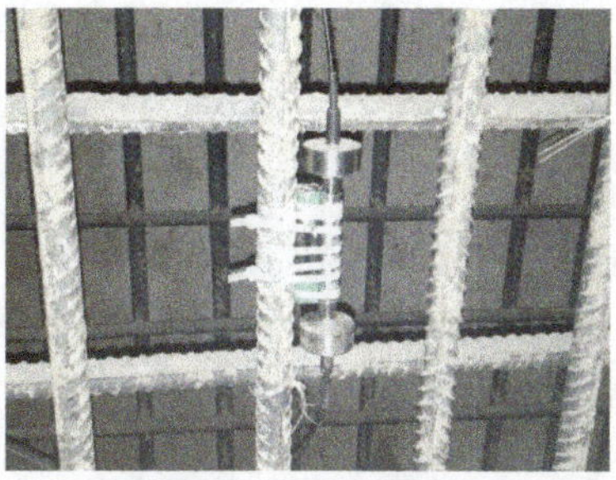

图 12　光纤应变计的安装

4　光纤应变计的安装

光纤应变计安装采用绑扎法，即用自锁尼龙气囊将传感器绑扎在钢筋上，应变计和钢筋之间应垫有垫块，确保传感器两端圆盘悬空，和应变计固定牢靠，如图 12 所示。

理顺线缆路径，使线缆沿钢筋布置，不要有冗余也不要紧绷，直角的地方额外增加钢筋形成倒角，用扎带密集固定。待混凝土浇筑后，安装即完成。

5　数据采集与分析

5.1　数据采集

光纤传感器采用光纤光栅解调仪(iSmart2000P)采集数据。将光缆末端插头插入到解调仪开放的通道内，旋紧螺母，按“单次”按钮，显示屏上即显示“光谱曲线”和“详细信息”，如图 13 所示。“详细信息”中的“波长”即为所需读取的数据，“光谱曲线”中的波峰即对应“波长”。

对于光纤压力计，需要读取四个波长，第一个波长为 λ_{T_i}(λ_{T_0} 是零负载时的初值)，反映的是温度特征，第二、三、四个波长分别为 λ_{a_i}、λ_{b_i}、λ_{c_i}(λ_{a_0}、λ_{b_0}、λ_{c_0} 是零负载时的初值)，反映的是压力特征，光纤压力计应以混凝土浇筑前的波长为初始值。

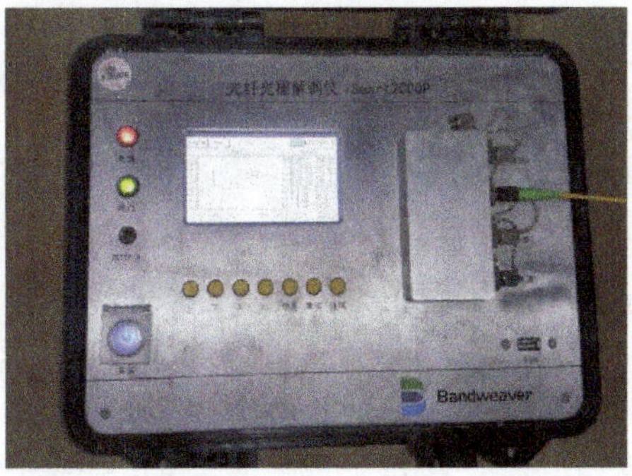

图 13　光纤终端连接

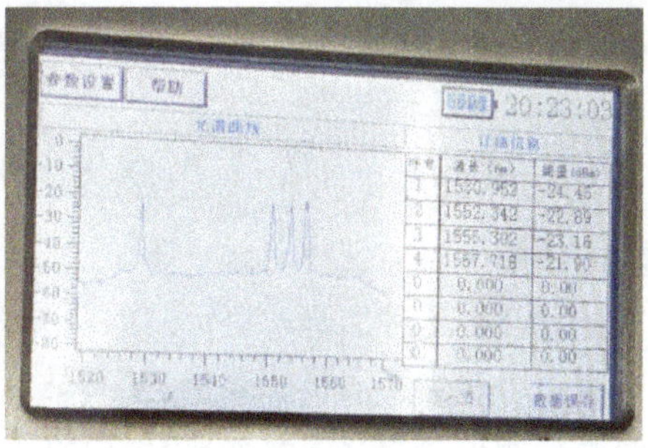

图 14　光纤压力计数据采集

对于光纤应变计，需要读取两个波长，第一个波长为 λ_{T_i}(λ_{T_0} 是零负载时的初值)，反映的是温度特征，第二个波长分别为 λ_{ε_i}(λ_{ε_0})，反映的是应变特征。光纤应变计应以混凝土冷却后的波长为初始值。

5.2　数据分析

对于光纤压力计，首先计算 $\lambda_{\varepsilon_i}=(\lambda_{a_i}+\lambda_{b_i}+\lambda_{c_i})/3$，然后利用公式(1)

$$P=\frac{(\lambda_{\varepsilon_i}-\lambda_{\varepsilon_0})-\dfrac{K_{\varepsilon_T}}{K_T}(\lambda_{T_i}-\lambda_{T_0})}{K_\varepsilon} \tag{1}$$

计算出压力值，单位是 MPa，其中 K_{ε_T}、K_T、K_ε是厂家提供的系数。本监测项目，某柱顶压力时程曲线如图 16 所示，从图中可以看出，随着扣拱开挖、初支凿除、二衬扣拱施工和土方开挖等工况的变化，柱顶压力也发生了明显的变化。

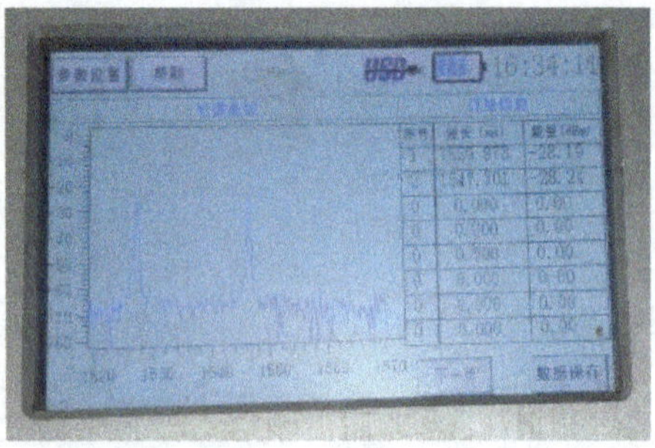

图 15　光纤应变计数据采集

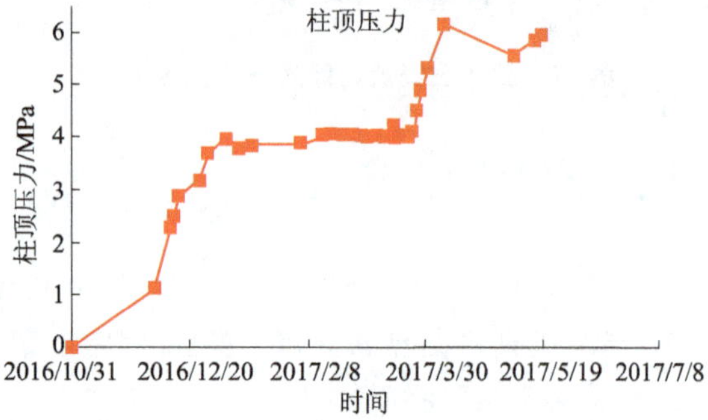

图 16　柱顶压力时程曲线

桩顶压力时程曲线如图 17 所示，该枚压力计采用钻孔法安装，安装后压力即增至0.4 MPa，但是在后续扣拱开挖、初支凿除、二衬扣拱施工和土方开挖期间，压力变化却很小，只增加至不到 0.8 MPa，未很好地反映边桩顶压力的变化情况。

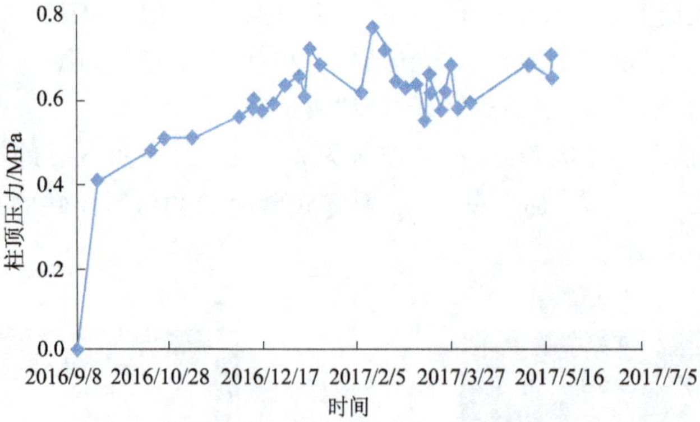

图 17　桩顶压力时程曲线

压力计埋置会对周边应力场产生影响，这种影响可能导致压力计测得的数值偏小或偏大。当压力计的径厚比大于 20 时，这种影响才可以忽略。光纤压力计的形状为圆柱体，径厚比小于 1，远小于 20，可能对混凝土内部应力场产生了明显的影响，尤其是当压力不大时，压力计周边可能存在较强的应力拱从而被架空，使测得的压力偏小。当压力较大时，架空效应减弱，测得的压力更接近真实值。

对于光纤应变，利用公式(2)

$$\varepsilon=\frac{(\lambda_\varepsilon-\lambda_{\varepsilon0})-\dfrac{K_{\varepsilon_T}}{K_T}(\lambda_T-\lambda_{T_0})}{K_\varepsilon} \tag{2}$$

可以计算出应变值，单位是με，其中 K_{ε_T}、K_T、K_ε 是厂家提供的系数。本监测项目，混凝土应变时程曲线如图 18 所示。从图中可以看出，二衬扣拱顶下边缘应变，首先增加至＋30 με，原因是模板拆除后，二衬拱顶下沉导致下边缘受拉，而后又发展至－60 με，原因是负一层土方开挖期间，边桩向车站内侧偏移，导致二衬扣拱水平向发生压缩。

二衬扣拱脚处的应变，以较缓慢的速率增加至－30 με，原因是混凝土硬化过程中，体积发生收缩，而外界荷载对这一位置的影响比较小。

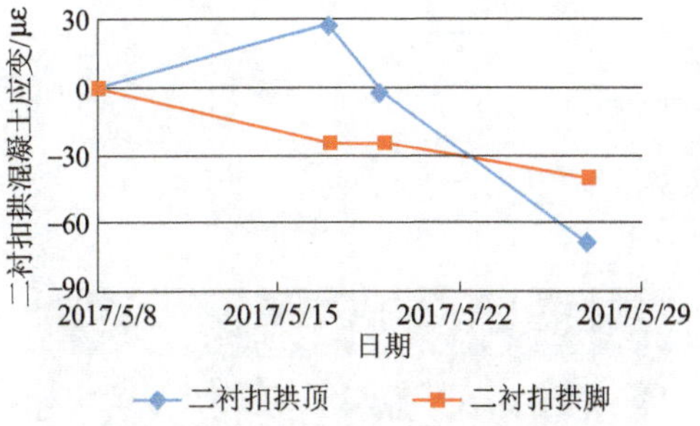

图 18　混凝土应变时程曲线

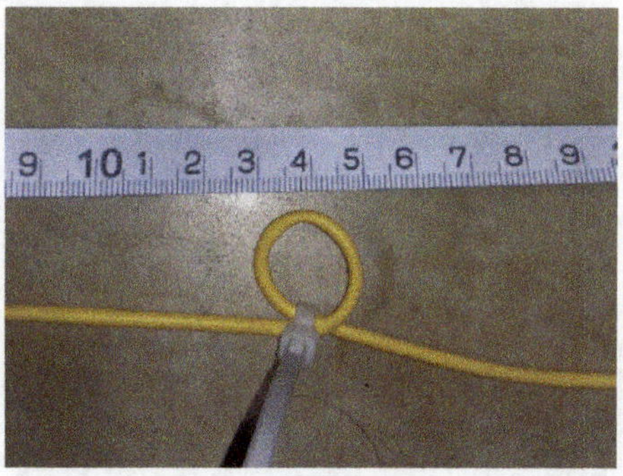

图 19　测量线圈直径

5.3　影响因素分析及应对措施

光纤传感器采用光作为介质传输信息，光路的畅通对于数据的采集具有十分重要的意义。由于施工现场条件十分复杂，污水、粉尘、线圈缠绕等都会增加能量的损失，影响数据采集的准确性，其中以线圈缠绕影响最大。

为了更好地理解光缆线圈半径对读数的影响，利用编号为 ZY160706 的压力计进行了如下实验：光缆某部位打一个圆环，其他部分基本保持顺直，在相同荷载和环境温度基本不变的情况下，逐步改变圆环的直径（图 19），然后读取数据，获得 λ_T 和 λ_ε，并计算相应荷载。

当荷载为 0.06 MPa 时，λ_T 与光缆线圈直径的关系如图 20 所示，λ_ε 与光缆线圈直径的关系如图 21 所示，从图中可以看出，λ_T 与线圈直径的相关性比较小，相关系数只有 0.040 4，而 λ_ε 与线圈直径的相关性比较大，达到了 0.818 3，即改变线圈直径会对读数产生一定影响，从而影响压力的计算。

在实际操作过程中发现，光缆终端保持清净对数据采集至关重要，因为污水、粉尘等可能阻断光路。如遇到污染情况，必须用酒精棉片将光缆终端擦洗干净。

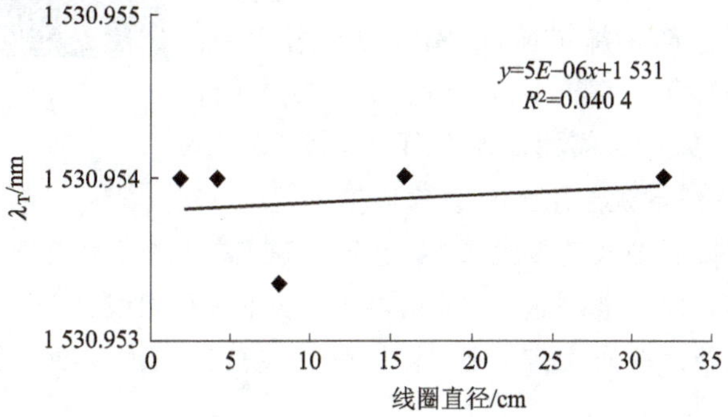

图 20　λ_T—线圈直径关系图

不干净的光缆终端插入解调仪，会将解调仪内部污染，造成返厂维修，为了避免这种情况发生，可以在解调仪上连接一根跳线作为过渡，如图 22 所示。

厂家供货的光缆终端只有一个塑料帽保护，如图 23 所示，在复杂的施工环境里，这种保护明显不够。

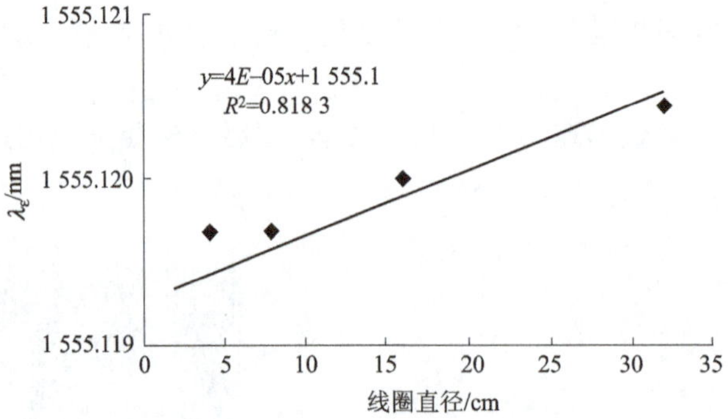

图 21　λ_ε—线圈直径关系图

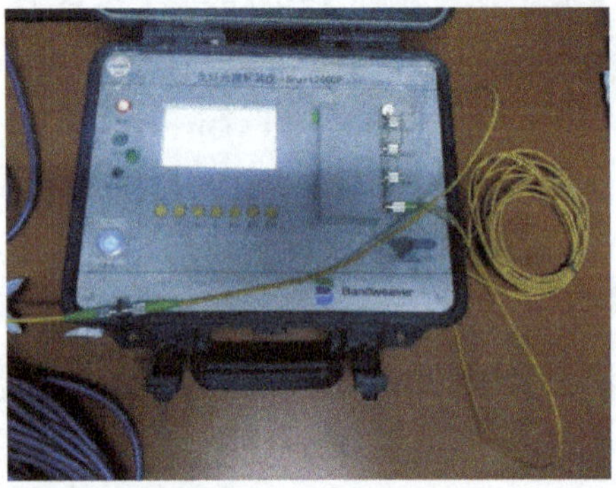

图 22　跳线

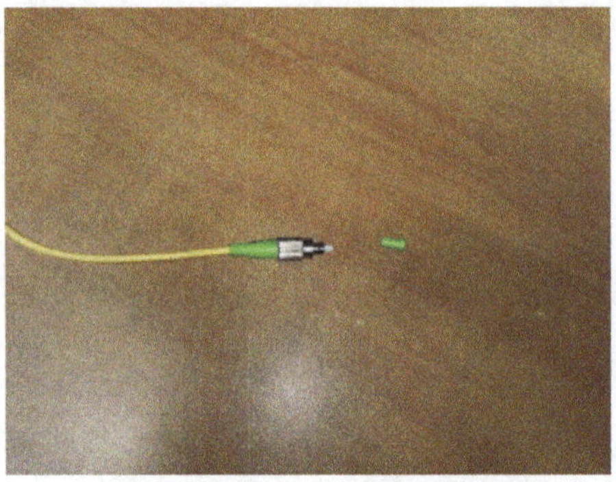

图 23　光纤压力计光缆端头

为了解决这个问题，利用饮料瓶制作简易的光缆端头保护装置，在瓶盖上钻孔，将光缆端头塞入，再用防水胶带将瓶盖卡住，这样瓶盖盖在饮料瓶上后，光缆终端也被卡在了饮料瓶内，避免与外界环境直接接触，如图 24 所示。

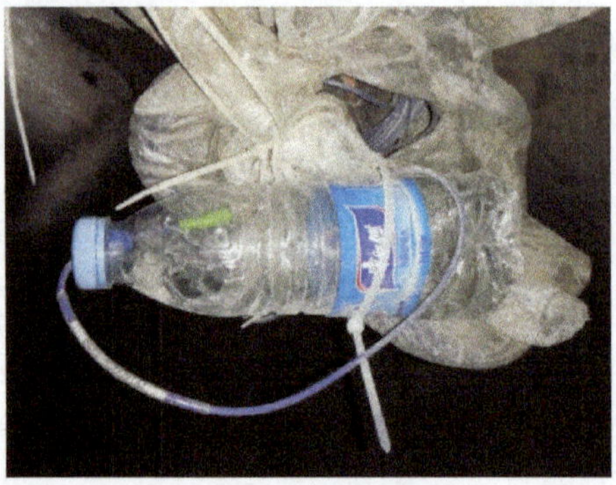

图 24　光缆终端保护装置

6　经验与教训

(1)本监测项目的边桩压力计，需要解决二衬施工后的监测问题。现场实施的方案是，冠梁上防水施工前，线圈放置在冠梁上；防水和二衬扣拱施工期间，将线圈顺延至冠梁下；土方开挖期间，将线圈悬挂在二初扣拱拱脚；负一层侧墙防水施工前，将光缆接长，侧墙钢筋绑扎完成后，将光缆顺延至出入口或横通道。

实践证明，这样的做法对线圈的扰动极大，冠梁上防水施工前，在线圈被杂物挤断、拉断(拉断的光缆无法重新接线)，冠梁防水期间，有侧线被割断；二衬扣拱施工期间，有侧线被拉断或挤压断(由于断点位于二衬混凝土与冠梁之间，无法重新接线)；土方开挖期间，有侧线被挖掘顶拉断、凿断。将光缆顺延至出入口、横通道期间，又有光缆被拉断、挤断。

光缆非常脆弱，其纤细的特点在简单的环境下可以充分发挥优势，但是在复杂的地铁施工环境内，却成了短板。通过总结上述经验，笔者认为，采用钻孔法或绑扎法安装完压力计后，应该及时将光缆沿永久结构表面，顺延至出入口或横通道，并高挂保护，尽量远离施工作业面。

(2)中柱光纤压力计采用钻孔法安装，顶纵梁钢筋绑扎时可能将光缆破坏，而采用绑扎法安装则安全得多。对于一个导洞内，不同柱子的光纤压力计应该安装在同一侧，方便凿除小导洞初支施工二衬扣拱之前，寻找线圈读取数据。

中柱顶光纤压力计，在凿除初支和土方开挖期间受到破坏的概率更大些。凿除初支时可能将线圈砸断，土方开挖时可能被挖掘机破坏。建议凿除初支前，利用胶带将线圈箍在柱顶法兰盘内，尽量避免与外界接触。

(3)光缆端部盘好后，可以放入线箱内保护，这里容易出现尴尬的情况，就是熔接接头保护管可能紧靠线箱内部，导致光缆局部严重弯折，甚至断裂，如图 25 所示，因此，应严格限制熔接接头保护管的长度。

图 25　弯折破坏

(4)光纤压力计和光纤应变计，具有蠕变小，没有电信号，理论寿命长等优点。本监测项目对地铁车站施工期间的受力和变形进行监测，周期较短，未充分发挥光纤传感器的优点，却因其脆弱的测线而造成成活率很低。施工场地污浊、狭小的环境也制约着光纤读数的稳定性，由于暗挖车站内部时刻变化，也无法利用光纤可以串接实现高效读数，因此，光纤传感器运用到干净、整洁的环境，进行长时间观测，要更合适一些。

7 结　　论

(1)利用光纤压力计监测洞桩法施工地铁车站边桩顶压力，可采用钻孔法或绑扎法安装。安装完成后，应及时将测线沿永久结构顺延至出入口或横通道，高挂保护，并远离施工作业面。

边桩压力计监测数据，受工况影响不大，可能和其厚径比较小有关。

(2)利用光纤压力计监测洞桩法施工地铁车站中柱顶压力，可采用钻孔法或绑扎法安装，凿除初支和土方开挖期间应将线圈箍在柱顶法兰盘内保护，中柱顶压力随工况变化比较明显，可能和中柱顶压力较大有关。

(3)利用光纤应变计监测二衬混凝土应变，可采用绑扎法安装，但与钢筋之间应有垫块，并保证端头不受钢筋约束，监测数据随现场工况变化明显。

(4)光路顺畅对光纤传感器读数稳定十分重要，光缆终端应保持干净，可采用塑料做额外保护。

参 考 文 献

[1]　朱泽民．地铁暗挖车站洞桩法(PBA)施工技术[J]．隧道建设，2006，25(6)：63-65，100．

[2]　杨慧林．洞桩法地下基坑设计施工关键技术[J]．铁道标准设计，2006，11：60-65．

[3]　杨慧林．洞桩法大断面群洞交叉隧道初衬数值模拟[J]．岩土力学，2009，30(9)：2799-2804．

[4]　黄生文．富水砂质地层洞桩法施工力学特性研究[D]．长沙：中南大学，2012．

[5]　瞿万波．城市地铁洞桩法施工力学效应研究[D]．重庆：重庆大学，2009．

[6]　秦晓英．城市地铁车站 PBA 工法施工力学效应的数值模拟研究[D]．重庆：重庆大学，2008．

北京城市轨道交通工程建设土建施工阶段安全风险预控方法研究

陆永浩， 罗文林， 郑 希， 叶子剑

（北京市勘察设计研究院有限公司，北京 100038）

摘 要：本文结合北京地区工程地质及水文地质的特点，从城市轨道交通工程建设管理的角度出发，在充分利用、借鉴现有规范、标准、风险管理体系及已有研究成果和成熟理论（如天气预报、交通拥堵预报等）的基础上，采用定性描述定量评价、模糊层次综合评估、经验区间估计和主成分分析与层次分析等方法，从客观风险和行为风险两方面，对北京城市轨道交通工程建设土建施工阶段的安全风险预控方法进行理论与实证研究，提出“预判、预报、预警、预控”的安全风险管理目标，建立了北京轨道交通工程建设土建施工阶段的安全风险诊断预控模型。希望本文能丰富北京城市轨道交通工程建设安全风险管理的工程资料及经验，同时为工程实际所借鉴和利用。

关键词：城市轨道交通；客观风险；行为风险；安全风险预控方法

轨道交通工程能够有效缓解城市交通拥堵，是现代城市发展的必然选择。目前，国内 42 个城市经国务院批准建设了地铁，总规划里程超过 7 300 km，22 个城市开通了城市轨道交通，总运营里程达 2 764 km，其中北京、上海运营规模在全世界分列第一、第二位，均已超过 500 km。到 2020 年，预计国内开通地铁的城市将多达 50 个，城市轨道交通累计营业里程将达到 7 395 km，其中北京将达 1 050 km。“十三五”期间，国内新建城市轨道交通工程 3 000 km，年均完成 600 km 左右。

城市轨道交通工程一般位于城市密集区，与常规工民建项目相比，结构形式复杂，通常具有线路长、涉及工法多、环境条件和工程地质、水文地质条件复杂、施工难度大、工期长、潜在建设风险种类多、风险损失大以及社会关注度高等特点。这不仅对施工团队整体素质和专业化水平提出了更高的标准，也对政府及建设单位的监管工作提出了较高的要求。近期全国各地发生的多起城市轨道交通地下工程事故，说明开展安全风险预控工作研究，建立健全工程风险管理体系的必要性和紧迫性。

地下工程的安全风险管理是一个实践性的、复杂多变的动态管理过程。目前城市轨道交通工程建设项目安全风险管理主要侧重于风险的分析与评估，且其评估结果往往仅凭个人经验取舍或现有资料来确定，风险评估结果的可信度及认可率仍值得进一步商榷。对于某一工程风险，当不采取风险控制措施时，风险事件发生的可能性有多大；或当风险事件发生时，风险损失的严重程度如何，均没有给出明确的界定，缺少科学的、系统的安全风险诊断预报相关管理标准，未能达到“预判、预报、预警、预控”的管理目标。

基于此，本文在分析现有常用综合评价方法优缺点的基础上，借鉴前人风险管理方面的理论与实践研究成果，运用博弈理论及层次分析法原理等分析行为风险机理，对北京城市轨道交通工程建设土建施工阶段的安全风险预控方法进行理论与实证研究，构建风险诊断预报模型。希望本文成果能够对积累和丰富地区工程经验和工程建设的安全进行起到积极的作用。

1 国内外研究现状

1.1 研究现状

风险管理（Risk Management）起源于第一次世界大战中的德国。20 世纪 30 年代初期，世界性经济风险险发生之后，风险管理问题成为美国许多经济学家的研究对象。20 世纪 50 年代以来，风险管理受到欧美各国的普遍重视，其研究内容逐步向系统化、专业化方向发展，并逐步成为管理科学中一门独立的学科。目前国内外对风险管理的研究主要分为四大分支：金融风险管理、生产风险管理、企业运作风险管理和项目风险管理。

目前，项目风险管理研究核心主要集中在项目建设期风险的识别、估计、评价、控制与管理，并在各方面都形成了相对成熟的理论与方法。然对于评论方法，不同学者的侧重点不同，从而形成了不同的学说。其中最有代表性的学说是美国学说和英国学说，其他各学说都是他们的分支，或在此基础上派生出来的。此外，风险管理协会对项目风险管理研究也对风险管理理论与方法的发展起到了极大的促进作用。

1.2 现状分析

目前国内外的研究成果仍存在如下不足：

(1)城市轨道交通工程安全风险管理的研究主要集中于风险识别、分析、计划、跟踪、控制，缺少科学的、系统的安全风险诊断预报相关管理标准，未能达到“预判、预报、预警、预控”的管理目标。

(2)风险研究多侧重于施工主体外部风险，而对人为导致的内部风险研究不足，涉及内部风险的仅为设计及施工方案缺陷风险，而对内部管理与员工行为导致的行为风险研究甚少，且研究成果多为定性的描述，量化研究不多。

(3)诊断预报理念在诸多领域(如气象预报、交通拥堵预报等)得到广泛运用，但在工程建设施工管理尤其是城市轨道交通工程建设领域开展地很少。对城市轨道交通工程建设安全风险诊断预报方面的理论与实践研究尚不多见。综上所述，对城市轨道交通工程建设安全风险诊断预测展开研究，对完善风险管理理论与指导城市轨道交通工程建设实践都是十分必要的。

2 安全风险预控基础理论

2.1 工程安全风险管理

2.1.1 工程风险基本概念

风险：不利事件或事故发生的概率及其损失的组合。

风险因素：导致风险事件发生、发展的各种主客观的有害因素或不利条件。工程安全风险因素一般包括工程地质及水文地质条件、周边环境条件、设计方案、施工工法与工艺、施工管理和自然突发等因素。

安全风险事件：工程施工对工程围(支)护结构、作业面和周边环境等承险体的安全性产生不良影响或导致经济损失、社会影响、工期损失等的不利事件或事故，可分为工程自身安全风险事件和环境安全风险事件。

风险评价：风险评价即对风险重要性进行排序，确定风险之间的内在联系，是对风险大小和可能性的总体分析。

风险分级：风险分级标准应根据工程特点、工程地质及水文地质、周边环境条件及可能造成的影响(危害)等，结合建设规模、技术经济和社会发展水平、建设管理经验等综合确定。

2.1.2 工程风险管理

风险管理一般包含 3 个步骤：风险识别、风险分析、风险控制。

风险识别是确定何种风险会产生影响，即确定风险的来源、种类和产生条件，在合适的情况下对可变因素进行汇总和分解。风险识别是一个反复的作业过程。本文中所指风险，是那些可能对城市轨道交通工程建设土建施工产生负面影响的风险源，如客观风险(自身风险、环境风险等)、行为风险等。

风险分析侧重于理解每个风险在该项目中的发生概率和严重程度，从而产生“最严重的风险问题”。

风险控制是一个持续进行的过程，具体指为了规避或缓解风险而采取的及时而有效的决策。具体操作包括：风险计划、风险跟踪和风险应对。

风险计划是将风险管理步骤的描述、负责人及其职责、行为执行和完结的时间文档化，并确定风险处理的优先级，以便制定整体的管理计划。

风险跟踪是获取、整理并汇报最严重的风险问题的当前状态，其目的是收集精确的、及时的和相关的信息，并将它们表达成容易理解的方式提供给负责人。

风险应对是通过跟踪已识别的重要风险，监测其变化与发展态势，识别新的风险，采取积极有效措施，如风险转移、风险回避、风险分散、风险自留等，消除或减轻风险的影响。

2.1.3 轨道交通工程常见安全风险事件

工程安全风险事件是工程施工中发生，可能影响到工程自身及环境安全的不利事件或事故，一般由地质、环境、设计、施工工艺设备和施工组织管理等方面的安全风险因素导致，主要包括工程自身安全风险事件和环境安全风险事件。轨道交通工程建设中常见的安全风险事件具体见表1。

表1 轨道交通工程建设常见安全风险事件统计表

工法 风险事件		明挖	矿山	盾构
工程自身	开挖地质面	基坑边坡滑移、基坑底部隆起、承压水突涌、土体塌落、抽水出砂	工作面涌水突泥、工作面坍塌、隧道底部隆起、抽水出砂	开挖面土体塌陷、开挖面土体失稳
	支护结构体系	基坑支护倒塌、围护结构过大变形、支撑扭曲变形、支护渗漏、支护与背后土体脱开，围护开裂	支护结构失稳、支护结构过大变形、支撑扭曲变形、支护结构拱脚下沉、支护渗漏、支护与背后土体脱开	盾构铰结涌水（涌砂）、管片间漏水（漏砂）、管片错台、管片破损
环境		建构筑物倾斜、建构筑物沉降（或差异沉降）过大，建构筑物开裂（剥落）、地下室渗水；桥梁墩台或梁体开裂（或剥落）；道路（地面）开裂、沉陷、隆起，地面冒浆；河流湖泊水面漩涡、气泡，堤坡开裂；地下管线管体或接口破损、渗漏，检查井等附属设施的开裂及进水管线变形过大。		

2.2 工程安全风险预测

风险预测是对风险分析、风险控制工作的延伸和发展。

安全风险预测是对施工过程中可能存在的安全风险因素和可能发生的安全风险事件进行动态监测、巡视，并进行综合诊断分析，做出预判预警。

安全风险的不确定性是我们不知道的事件，也就是我们假定和怀疑的部分。一般表现为：模糊性、不确定性、不一致性。

我们要利用以前的经验和当前项目的顾虑和问题来识别安全风险。不以过去的情况为基础的估计比以历史数据为基础的估计包含更多的不确定性，即更高的风险。

顾虑是指我们害怕的事。问题是对于其他人来说，尚未解决的事。问题可能演变成安全风险。

2.3 安全风险综合评价

安全风险综合评价是根据拟定的目标，测定评价对象系统的属性，并将这种属性变为客观定量的计算或者主观效用的行为。进而对评价对象系统做出全局性、整体性的评价，根据所给的条件，采用一定的方法给每个评价对象赋予一个评价值，再以此择优或排序，就是综合评价。目前国内外常用的综合评价方法有：调查与专家打分法、统计和概率法、雷达图法、蒙特卡罗模拟法、人工神经网络、模糊综合评价法。

3 安全风险诊断预测模型设计与建立

3.1 安全风险诊断预测框架

通过施工现场风险要素安全状态信息收集、风险估计、风险评价和风险预报四个基本过程组成轨道交通工程建设土建施工阶段风险诊断预报系统，尽最大可能避免风险事件的发生或将风险事件导致的损失降至最低。

安全风险诊断测报框架与实施流程图1所示。

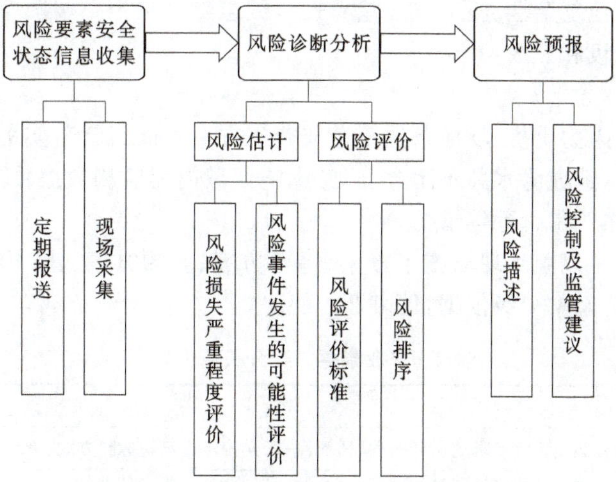

图1　安全风险诊断预测实施流程图

3.2　风险要素安全状态信息收集

信息收集的一个重要任务就是要全程实时掌控施工现场的动态变化情况，为实现对安全风险进行诊断预报提供依据。

3.2.1　信息收集原则

(1)时效性原则。

(2)客观、准确性原则。

(3)全面系统性原则。

3.2.2　信息收集方法

(1)定时上报法

(2)现场采集法

另外，风险工程师应同步充分利用评估检查组日常检查成果及公共媒体发布的有关北京市轨道交通建设工程(进度、质量、安全)动态信息等，对施工标段的工况及进度动态进行及时收集、处理并掌握有用信息，作为安全风险诊断和预报参考依据。

3.3　安全风险诊断预测模型建立

工程安全风险是客观风险和行为风险的组合效应。安全风险诊断分析应从风险损失严重程度和风险事件发生的可能性两个方面进行评价。

3.3.1　客观风险评价体系

客观风险又称自身风险、环境风险及施工作业条件的总和。决定着工程建设的难度系数，客观反映工程自身风险的规模及风险事件发生时产生损失的严重程度。

(1)自身风险

工程自身风险指因工程结构自身特点、地质条件复杂性或工程施工影响等可能导致的工程结构安全风险。

工程自身风险辨识与分级宜根据工程规模、施工工法、结构形式、工程地质及水文地质条件等因素综合确定。按国家现行相关规范、标准，自身风险工程风险等级可分为一级、二级和三级。

(2)环境风险

工程环境风险指因工程邻近周边环境，施工导致工程自身与周边环境相互影响所产生的工程结构和环境安全风险。

工程环境风险工程辨识与分级宜根据周边环境对象的重要性和与新建轨道交通工程结构的相对位置关系、周边环境安全状态、场地复杂性、施工方法差异性等因素综合确定。按国家现行相关规范、标准，环境风险工程分为特级、一级、二级和三级。

(3)施工作业条件

施工作业条件主要考查人为干扰、场地条件等造成施工方案不能正常落实的情况。如设计降水井或监测点不具备条件按方案布设，造成降水井不闭合、施工影响区域内无监测数据；施工影响区域内分布地下建(构)筑物、管线等不能按方案正常拆除等情况。

施工作业条件工程分级宜以施工现场施工方案(降水方案、监测方案、建(构)筑物拆除方案、管线加固或拆除方案等)的落实情况为基本分级依据，见表2。

表2　作业条件工程分级评价表

作业条件	评价依据
好	完全按降水方案、监测方案或设计要求施做降水井、监测点；完全按建构筑物拆除方案、管线加固或拆除方案进行场地准备工作
中	存在未按按降水方案、监测方案或设计要求施做降水井、监测点的现象，或未按建构筑物拆除方案以及管线加固或拆除方案进行场地准备工作的情况，但已与设计/参建各方洽商沟通且有相关协商纪要
差	存在未按施工降水方案或设计要求施做降水井，造成降水井不闭合的现象；存在未按监测方案或设计要求施做监测点的现象，或未按建构筑物拆除方案以及管线加固或拆除方案进行场地准备工作的情况，且未与设计/参建各方洽商沟通，或无相关协商纪要

(4)风险损失严重程度评价

采用定性描述、定量评价的方法，根据自身风险、环境风险及施工作业条件等综合评定，见表3。

表3　风险损失严重程度评价表

风险损失严重程度	风险特征描述
严重	自身风险等级为一级，周边环境对象存在特级、一级风险源，或施工现场作业条件差的二级、三级项目。一般为建设规模大，结构形式复杂，施工难度高，工程地质及水文地质条件复杂，环境条件恶劣的项目
一般	除风险损失严重程度为严重和轻微的其他项目
轻微	自身风险等级为二级、三级，周边环境不存在二级及以上风险源，且施工现场作业条件好。一般为建设规模较小，结构形式简单，施工难度低，工程地质及水文地质条件简单，环境条件较好的项目

3.3.2　行为风险评价体系

行为风险又称管理风险，直接决定风险事件发生的可能性或概率。

(1)评价模型

行为风险评价应结合具体的施工工法[明(盖)挖工法、矿山法、盾构法]进行评价。各项评价因子最终得分，须根据人的不安全行为对具体项目现场施工安全不利影响的程度或物的不安全状态所预示施工风险的大小等，按拟定的标准统一进行评定。根据层次分析法原理，建立北京轨道交通土建施工行为风险评价模型，见表4。

表4　行为风险诊断模型

风险因子	评价因子
施工项目团队建设及管理水平(X_1)	人员配备(X_{11})
	安全生产管理制度(X_{12})
	主要管理人员专业水平(X_{13})
	项目团队施工现场管控力(X_{14})
现场管理的有效性(X_2)	施工项目机构隐患自查自改运行情况(X_{21})
	监理项目机构现场管控情况(X_{22})
	预警信息响应处理情况(X_{23})

续上表

风险因子	评价因子		
	明(盖)挖工程	矿山法工程	盾构法工程
关键致险因素管控状态(X_3)	方案合规性(X_{31})	方案合规性(X'_{31})	盾构始发(X''_{31})
	地下水控制效果(X_{32})	地下水控制效果(X'_{32})	盾构掘进(X''_{32})
	围护结构安全质量状态(X_{33})	地质超前预报开展情况(X'_{33})	开仓作业(X''_{33})
	……	……	……
	监测工作开展情况(X_{37})	监测工作开展情况(X'_{38})	泵房及联络通道(X''_{35})

注:盾构工法因其特殊性,关键致险因素主要针对盾构施工不同阶段的管控状态进行评价。

(2)模型计算

以明(盖)挖工程为例,对行为风险评价模型计算进行论述。

①行为风险分值计算

通过施工项目团队建设及管理水平(X_1)、现场管理的有效性(X_2)和关键致险因素管控状态(X_3)等评价因子对北京轨道交通工程土建施工的行为风险(I)进行考核评价,拟定各项因子权重依次为 a_1、a_2、a_3(现阶段参考值依次为 0.1、0.4、0.5)。则:

$$I=\sum_{i=1}^{3}X_i\times a_i$$

式中,I 为行为风险分值,X_i 为准则层各项因子最终得分,α_i 为准则层各项因子权重。

②施工团队建设及管理水平(X_1)分值计算

拟定各因子权重依次为 a_{11}、a_{12}、a_{13} 和 a_{14},则:

$$X_1=\sum_{j=1}^{4}X_{1j}\times a_{1j}$$

式中,X_1 为施工团队建设及管理水平最终得分,X_{1j} 为准则层 X_1 下第 j 项因子最终得分,α_{1j} 为准则层 X_1 下第 j 项因子权重。

③现场管理有效性(X_2)分值计算

拟定各因子权重依次为 a_{21}、a_{22} 和 a_{23},则:

$$X_2=\sum_{j=1}^{3}X_{2j}\times \alpha_{2j}$$

式中,X_2 为现场管理的有效性最终得分,X_{2j} 为准则层 X_2 下第 j 项因子最终得分,α_{2j} 为准则层 X_2 下第 j 项因子权重。

④关键致险因素管控状态(X_3)分值计算

各项因子之间不设权重,即任何一项关键致险因素出现最不利情况,均可将关键致险因素管控状态项分值一次性扣完。每项因子均采取百分制,则:

$$X_3=\sum_{j=1}^{7}X_{3j}-600$$

式中,X_3 为关键致险因素管控状态最终得分,X_{3j} 为准则层 X_3 下第 j 项因子最终得分。

(3)风险事件发生的可能性评价

根据工程安全风险管理经验,拟定行为(管理)风险得分基准值为 γ;行为(管理)风险评价实际最终得分 I;风险事件发生的概率 $\eta=I/\gamma$,则有:

$$\begin{cases}\eta\geqslant 1\ \text{时,可能性小}\\ 0.8\leqslant\eta<1\ \text{时,可能性中等}\\ \eta\leqslant 0.8\ \text{时,可能性大}\end{cases}$$

3.4　风险预报预警

3.4.1　安全风险级别评定

安全风险级别应根据风险事件发生的可能性及严重程度进行综合评定，见表5。

表5　安全风险级别评定表

严重性＼可能性	大	中等	小
严重	一级	一级	二级
一般	一级	二级	三级
轻微	三级	三级	四级

3.4.2　安全风险预警等级及应对原则

根据风险级别结合风险性质确定风险预警等级及应对原则，见表6。

表6　安全风险预警等级及应对原则评价表

风险级别	预警等级	接受准则	风险响应规避原则
Ⅰ	红色	不可接受	相关方必须立即响应，并采取对应风险控制措施
Ⅱ	橙色	不愿接受	相关方应立即响应，并视情况采取对应风险控制措施
Ⅲ	黄色	可接受	相关方需响应，并查明原因
Ⅵ	绿色	可忽略	/

3.4.3　安全风险预报

1. 风险描述

(1)用标准的表示法对安全风险进行简要说明，一般表示为：位置、问题、可能性和结果。

(2)风险描述应包含风险工程名称、风险源名称、分布位置、风险等级及预警等级等。

(3)将诊断预测出的风险文档化：编写风险陈述，包括风险问题的简单描述、可能性和结果。

2. 监管建议

根据诊断预测出的风险工程性质、风险等级及预警等级等，向对应责任主体或监管部门提出应对措施或监管建议。

4　结论与建议

4.1　结　　论

(1)自首次提出轨道交通工程建设土建施工阶段安全风险诊断预测理念，并在北京地铁某三条线路初步开展安全风险诊断预测工作至今(目前三条线路大部分标段已进入中后期施工)，三条线路均未发生较大及以上安全风险事件。

(2)文中所评述的轨道交通工程安全风险诊断预测评价体系是在现有规范、标准、风险管理体系及已有研究成果和成熟理论(如天气预报、交通拥堵预报等)的基础上，结合项目需求及工程实际初步拟定，处在试运行阶段，还未在工程实践中得到充分验证，仍需结合工程实践不断修改和完善。

(3)纵观轨道交通工程风险分析的研究历史，可以看出，轨道交通工程系统的风险分析理论和方法已经有了显著的进步和创新，从定性走向定量，从主观判断逐步实现客观分析，更全面考虑轨道交通工程各种不确定性，并在应用中取得了许多宝贵的经验和成果。统观文中所评述的轨道交通工程安全风险诊断分析方法，还存在以下不足之处：

①已有的风险分析研究成果，多是将现有工程方案或者现状作为研究对象，仅仅计算工程风险率，对计

算结果进行定性分析，没有结合失事结果进行深入的统计分析和评价。

②现有分析多从逻辑关系的角度，侧重分析某一方面的风险，如对工程本身或周边环境，没有将各种风险真正综合到轨道工程系统中。对于周边环境以及工程运行中与时间相关的风险因素，由于指标难于选定及量化，通常是简单带过。

4.2 建 议

(1)在轨道交通工程安全风险诊断预测中，应正确选择评价方法并进行综合应用。由于轨道交通工程不确定性形式表现多样，要注意不同方法的综合应用，以进一步揭示各类风险因子的相互影响和转化机理关系，减小或消除其相关性，使评价结果更为客观、合理。

(2)在轨道交通工程安全风险诊断预测中，应不断借鉴新的风险分析方法和理论。风险分析可引用的学科理论很多，遗传算法(GA)、粒子群算法(Pso)和人工神经网络(ANN)等方法，能够很好地处理离散和非线性的大规模风险分析问题。

(3)由于受到事件发展过程内在随机性、信息资料完备性以及主观认识水平的限制，风险预测的成果也是不确定的，风险预测有可能出现大小不同的偏差。因此，应树立"预测风险"的概念，并不断加强"预测风险"的量化工作。

(4)在轨道交通工程安全风险诊断预测中，须考虑失事后果并重视应用。随着社会的发展，考虑失事后果的风险计算将对决策起着越来越重要的作用。除理论方面的问题外，国内风险分析预测在应用方面的问题更为突出，只有将先进的理论和方法与具体应用相结合，才能发挥其效益。

参 考 文 献

[1] 中国土木工程学会，同济大学．GB 50652—2011　城市轨道交通地下工程建设风险管理规范[S]，北京：中国建筑工业出版社，2011

[2] 北京城建设计研究总院有限责任公司，北京安捷工程咨询有限公司．DB 11/1067—2014　城市轨道交通土建工程设计安全风险评估规范[S]，北京：2014.

[3] 罗富荣，曹伍富．北京轨道交通工程安全风险管理体系[M]．北京：中国铁道出版社，2013.

[4] 刘建军．高速公路项目运营风险预警与控制研究[D]．武汉：武汉理工大学，2010.

[5] 中华人民共和国建设部．GB 50021—2001　岩土工程勘察规范(2009年版)[S]，北京：中国建筑工业出版社，2009.

[6] 蔡林．项目建设中的持续安全风险管理(CSRM)[J]．网络安全技术与应用，2005(11)：61-64.

[7] 天津市建工工程总承包有限公司．JGJ 59—2011　建筑施工安全检查标准[S]，北京：中国建筑工业出版社，2011.

[8] 上海星宇建设集团有限公司．JGJ 311—2013　建筑深基坑工程施工安全技术规范[S]，北京：中国建筑工业出版社，2013.

[9] 肖丽娟．浅谈基坑坍塌的常见原因及预防[J]．地球，2016.

[10] 中华人民共和国住房和城乡建设部．GB 50911—2013　城市轨道交通工程监测技术规范[S]，北京：中国建筑工业出版社．2013.

[11] 中国城市轨道交通协会．城市轨道交通工程建设质量安全控制应知应会[M]．北京：中国计划出版社，2016.

[12] 顾孟迪，雷鹏．风险管理[M]．北京：清华大学出版社，2005.

论锚杆轴力监测对基坑桩锚支护体系稳定性的重要性

谭　雪，张元元，孙雪鹏

（北京市勘察设计研究院有限公司，北京　100038）

摘　要：锚杆轴力变化是桩锚支护体系稳定性判断的重要指标之一，能够一定程度说明支护体系的受力特点，本文通过对锚杆受力机理、监测原理的阐述，选取具体工程，对监测过程中出现的轴力变化进行了系统分析和规律总结，进一步说明锚杆轴力监测的必要性和重要性。

关键词：桩锚支护；锚杆轴力；张拉锁定；预应力损失

桩锚支护体系是基坑工程的一种支护形式，是一种积极防御的主动支护方法。与桩撑支护形式相比，受限于过长内支撑在支护作用力上的施加及传递受距离限制，且实施上有所不便，不利于整个基坑支护体系的受力，在规模较大的基坑工程中常采用桩锚支护体系。

1　锚杆的受力特点

土层锚杆是一种埋入土层深部的受拉杆件，它一端与构筑物相连，另一端锚固在土层中。锚杆通长分为锚头近端的自由段和远端的锚固段，自由段是指将锚杆头处的拉力传至锚固体的区域，其功能是对锚杆施加预应力；锚固段是指水泥浆体将预应力筋与土层黏结的区域，其功能是将锚固体与土层的黏结摩擦作用增大，增加锚固体的承压作用，将自由段的拉力传至土体深处。

锚杆是岩土体加固的杆件体系结构。通过锚杆杆体的纵向拉力作用，克服岩土体抗拉能力远远低于抗压能力的缺点，限制了岩土体脱离原体，增加了岩土体的黏聚性。从力学观点上主要是提高了围岩体的黏聚力 C 和内摩擦角 ϕ，其实质上锚杆位于岩土体内与岩土体形成一个新的复合体，这个复合体中的锚杆是解决围岩体的抗拉能力低的缺点，从而使得岩土体自身的承载能力大大加强。

2　桩锚支护体系锚杆轴力监测

目前的基坑工程锚杆轴力的监测，通常按照锚杆设计荷载，采用不同量程、内置不同根数高精度弦式传感器的锚杆轴力计。

2.1　振弦式测力计的监测原理

以振弦式测力计为例，测力计在环形钢筒上均布着多支振弦式传感器，当荷载使钢筒产生轴向变形时，传感器与钢筒产生同步变形，变形使传感器振弦产生应力变化，从而改变振动频率。电磁线圈激振振弦并测量其振动频率，频率信号经电缆传输至读数装置，即可测算出测力计所感受到的荷载值，数支振弦式应变计的平均测值可计算出测力计的整体受力状况。

2.2　测力计的安设过程

测力计应安装在锚固垫座上，置于锚具座和锁紧锚板之间，钢绞线从测力筒中心孔中穿过，测量信号由一根多芯电缆线引出。在锚杆锁定过程中，将测力计锁定在承压板与承载板之间，锁定过程中观察锁定力变化，达到锁定值稳定后，即完成初始安设如图1所示。

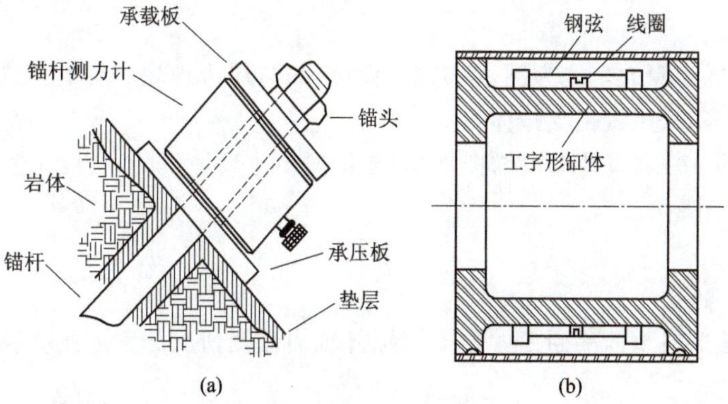

图1　锚杆测力计及其安装示意图

锚杆测力计的数据传输线根据现场情况汇集到不受施工影响的区域，避免造成数据的间断甚至缺失。

2.3　观测方法及精度控制

技术要求：

(1)安装前测量锚杆测力计的初频，是否与出厂时的初频相符合(不大于±20 Hz)，若不符合应重新标定或者另选用符合要求的测力计。

(2)安装时锚索测力计应放置平稳，尽量保证承压板、承载板、测力计三者同轴，如发现几何偏心过大(仪器分测不等值，既为有几何偏心)，应即时予以调整。

锚杆测力计安装完成后，须取下层土方开挖前2 d获得的稳定测试数据的平均值作为测试初始值，以保证锚杆受力变化的精度。

测试时，用与轴力计相配套的振弦式读数仪黑色引线夹连接测力计中线，红色引线夹依次连接其他颜色电缆线并分别读取相应频率值，换算得到轴力值，取多支传感器(不同颜色电线)测试值的平均值作为测力计的本次观测值。

每次测试时应选择相同的时间段，避免温差变化引起的钢部件胀缩对测试数据的影响。

2.4　轴力监测反映的问题

桩间锚杆轴力的监测需要在张拉锁定后开始，直至结构施工到不具备监测条件时终止。张拉初期应持续加密观测，以从轴力变化过程中摸索总结出该地层条件下轴力的初始状态，并为下一步是否按照预期开挖提供必要的技术支撑。

锚杆轴力计所测定的是一个客观存在的且可变的值，实质上是反映的边坡在某一状态下此处预应力锚杆所承受(或所分担)的实际的力的大小，这个测定值与最初的锁定值有一定联系但无严格的因果关系。整个边坡的稳定情况，是所有锚杆协同作用的结果，不同部位的锚杆其实际轴力大小会在整个边坡的主动土压力作用下进行协同分配，并随开挖的深度变化而产生一定的变化。其实际轴力，不是当初的锁定值，而往往都比锁定值要小。

正常施测过程中，如出现锚杆轴力持续增大，说明支护体系后方主动土压力增大，出现向槽内的偏移，如轴力大幅增加或向槽内偏移量增大，基坑侧壁有失稳迹象；相反，如果轴力变化稳定，说明侧壁受力未出现明显异常，在其他监测项目变形同样可控的情况下，可判定该支护体系处于安全可控状态；当轴力在稳定较长时间后突然变小，说明锚杆四周土体由于长时间发生蠕变而破坏，或由于其他原因导致锚杆注浆体与土层握裹力变小，锚杆抗拉能力降低。

3　工程实例

以北京市 CBD 核心区某深大基坑为例，基坑东西南三侧与周边地块一体化施工，基坑北侧紧邻重要市政道路，安全风险级别较高，采用桩锚支护体系。

基坑北侧开挖深度约 27 m，设计 7 道锚杆（中间支护段由于环境不同，增设 1 道），监测选取三个监测断面，前 6 道均进行监测。

3.1　监测概述

目前的监测情况及选取典型监测断面 4 前 4 道锚杆轴力监测情况分别如图 2 及图 3 所示。

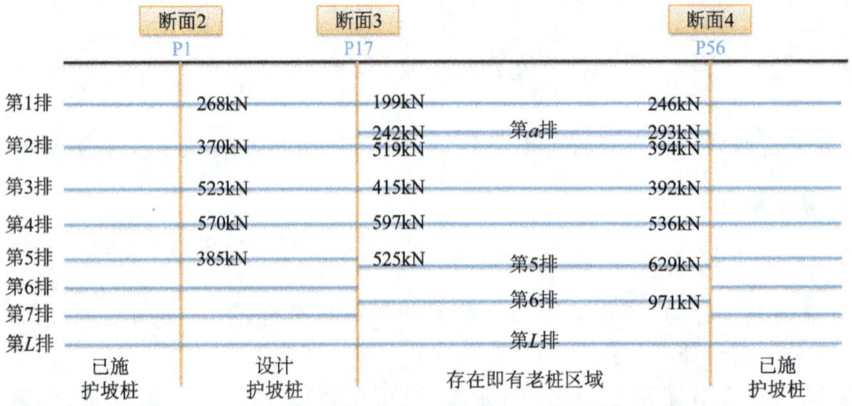

图 2　基坑北侧桩锚支护体系锚杆轴力监测剖面示意图

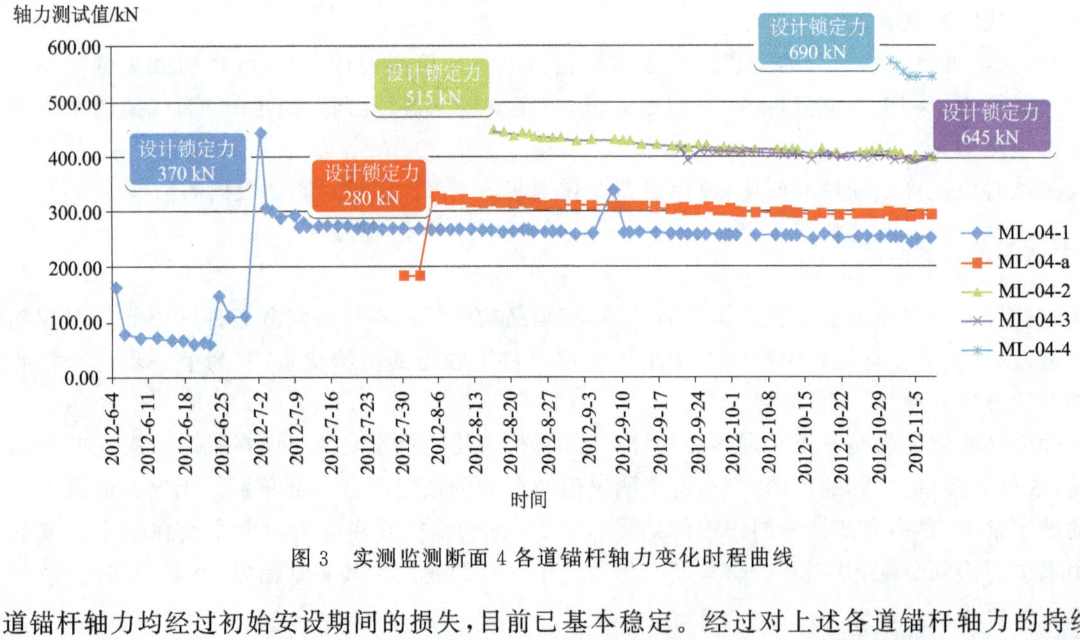

图 3　实测监测断面 4 各道锚杆轴力变化时程曲线

各道锚杆轴力均经过初始安设期间的损失，目前已基本稳定。经过对上述各道锚杆轴力的持续观测，基本规律为：张拉锁定初期（一般在 7 d 以内）表现为一定程度的预应力衰减（由于此种张拉形式导致在锚杆张拉锁定过程中钢绞线的回缩会形成一定程度的应力损失，也有由于张拉操作不当造成的损失），待锁定力稳定后普遍低于设计要求的锁定荷载（基本均未达到设计要求，设计要求锁定荷载应达到设计荷载的 80%，本例基本仅达到 60%）。

另外，在锚杆张拉锁定初期出现的骤降现象，即为该处发生的预应力初始损失，一般在损失后的锁定力低于规范要求的50%～60%设计荷载时，或出现持续的损失情况，必须进行补张拉，方可进行下一步的开挖，图中出现的轴力骤升现象，即补张拉后的锁定力范围。需要注意的是，当天气、温湿度变化过大时，轴力会出现约10 kN的暂时性弹性变化。

3.2 锚杆轴力监测过程中出现的问题

3.2.1 张拉锁定过程控制

张拉施工时，锁片靠钢绞线的微量回缩来自动咬合钢绞线，完成锁定的过程。在这一过程中，钢绞线的回缩会形成一定的应力损失。这是由于此种咬合方式决定的必然的一种应力损失。

锚杆的张拉锁定效果很大程度决定于现场的操作过程，实际操作过程中，千斤顶加载及荷载持续的时间很难达到规范及设计要求，一般均在时间上有所缩减，且并不能够按照规范要求对待不同的地层条件进行针对性的张拉锁定措施，往往千篇一律，故张拉效果很难保证。

3.2.2 土层锚杆的作用力是一个土体应力—应变重新平衡的过程

锚杆张拉完成后，钢绞线注浆体与土体之间产生很大的相互作用力，导致注浆体周围一定范围的土体发生一定的流变状态，这种流变状态经过一定时间随注浆体的握裹力与土体内应力重新分配达到新的平衡时为止，并根据不同地层持续时间长短不一，在卵石地层时间较短，在黏性土层此时间持续较长。在此期间，预应力存在一定的损失。

3.2.3 锚杆测力计偏心受力

锚杆轴力测力计是个环形装置，传感器等间距位于圆周不同方位，理论上各个位置应该处于均匀受力状态，实际张拉及施测过程中发现，一般情况下均会出现一定幅度的偏心，尤其是在锚杆角度偏大的时候，受测力计本身重力及张拉过程中轴线非同心影响，造成上压下空的状态，测力计与前后承载板之间常出现非全断面接触而是点接触的现象，在能够补拉的条件下需进行补张拉，条件不许可时应对监测异常的(即未和承载板接触的一侧)传感器数据进行剔除。

3.3 监测小结

结合对基坑北侧壁其他项目的监测，上述锚杆在开挖深度不断增大的过程中，未出现沉降、位移等异常变化，锚杆轴力在后期仅受下一步开挖及邻近施工造成小幅度波动，整体无明显增大趋势，可判定基坑支护体系处于安全可控状态。

4 总结与结论

(1)桩锚支护体系锚杆轴力的监测较为敏感，是基坑工程侧壁稳定性判断的重要指标之一。

(2)锚杆的张拉锁定过程中，预应力的损失无法避免，可通过持荷时间适当加大进行有效减少。

(3)锚杆轴力计安设对其监测精度影响较大，偏心影响是目前普遍存在的问题，应对无效数据予以剔除，避免由于其参与计算对实际锁定力的测试造成干扰。

参 考 文 献

[1] 刘青康．锚杆轴力监测装置的研究[D]．太原：太原理工大学，2012.

[2] 尤春安．全长黏结式锚杆的受力分析[J]．岩土力学与工程学报，2000，(19)3.

[3] 杨双锁，康立勋．锚杆作用机理及不同锚固方式的力学特征[J]．太原理工大学学报．2003，34(5).

北京市城市轨道交通明挖工程的安全检查问题分析

王　法，　南文胜，　罗文林

（北京市勘察设计研究院有限公司，北京　100038）

摘　要：本文结合我公司承担的北京市轨道交通建设工程安全质量状态评估工作，着重针对明挖工法检查中发现的安全问题进行了归纳总结，针对其中问题较为集中的检查内容，通过典型问题案例具体分析了问题的认定依据和产生的原因。本文成果对北京市在建或待建地铁工程施工管理的提高有一定参考价值，也可供同行参考。

关键词：轨道交通；明挖工程；质量缺陷；监测预警

北京市自 2011 年开展轨道交通建设工程安全质量状态评估工作以来，收效良好，轨道交通建设领域连续多年杜绝较大及以上事故，一般事故较之前明显减少。“十三五”期间，北京市轨道交通将迎来新一轮建设高潮，为全面提升轨道交通建设安全质量管理水平，督促工程参建各方落实主体责任，北京市住建委决定在 2016—2021 年组织开展轨道交通建设工程安全质量状态评估工作。工作范围为本市在建轨道交通工程土建结构施工安全质量状态评估和实体质量检测，装饰装修与建筑机电设备安装安全状态评估。本文针对过去一年中发现的明挖法施工安全问题进行系统的归纳分析，以期提高轨道交通的施工水平。

1　明挖专业检查问题统计

自 2016 年二季度至 2017 年一季度，评估工作覆盖了全市 16 条线路，累计检查施工标段 452 项次，其中涉及明挖基坑 124 个，发现问题 305 项次。其中，检查问题主要集中在围护结构质量缺陷、锚撑体系质量缺陷、土方开挖存在安全隐患、桩间网喷施作不符合规范、监测及预警未按方案实施这 5 个方面，如图 1 所示。这 5 项问题总数 253 项，占发现问题总数的 82.95％。

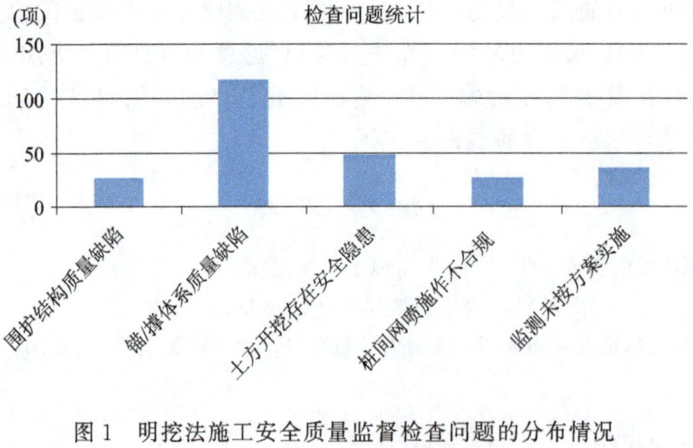

图 1　明挖法施工安全质量监督检查问题的分布情况

本文受篇幅所限，下文主要针对问题较集中的检查内容，介绍本年度明挖法施工现场检查中发现的典型问题，并分析其发生的原因。

2 明挖检查典型问题及原因分析

2.1 支撑架设不及时

问题描述：某车站 C 出入口明挖段第二道靠西侧第三根钢支撑未架设，与设计方案不符，如图 2 所示。

图 2 钢支撑架设不及时

检查问题依据：《基坑工程内支撑技术规程》(DB 11/940—2012)第 4.5.2 条：土方开挖至设计标高后，钢支撑应当在 24 h 内安装到位，并施加预加压力。

问题原因分析：现场工序安排不够合理，为赶进度方便土方开挖而不及时架设钢支撑。

2.2 围护桩侵限问题

问题描述：某车站 C 出入口围护桩南侧 4 根，东端 5 根桩体侵线，其中东端 5 根 Z_4 型桩体已割除主筋，如图 3 和图 4 所示。未编制方案即随意处理。

图 3 基坑南侧 4 根围护桩侵界

图 4 基坑东侧 5 根围护桩侵界

检查问题依据:《车站工程施工质量验收标准》(QGD—006—2005)第 4.1.1.3 条:围护桩(墙)的外轮廓线应根据桩(墙)的施工误差、基坑开挖产生的水平位移、侧墙外防水层及其找平层的厚度等适当外放,严禁侵入车站的设计轮廓线内。

问题原因分析:根据对类似工程施工经验的总结分析,此基坑工程的围护桩集中侵限的原因可能包括:测量放线偏差、钻机操作不当等。对于围护桩侵线问题,施工单位应认真分析原因,按照侵线位置的大小分别处理,处理前应编制施工方案报监理审批后严格按照施工方案进行处理,不得随意处理,造成现场施工安全隐患。

2.3　支撑体系质量缺陷

问题描述:某区间出入段线明挖基坑,第一道三根钢支撑和第二道两根钢支撑,固定端和活动端未纵向交替间隔布置,如图 5 所示。

此外,该项明挖基坑工程支撑体系施工还存在以下两项安全质量问题:第二排两根钢支撑活络头均未安装加劲肋板,钢围檩背后未回填密实,如图 5 所示。

图 5　钢支撑活动端未设加劲肋板,围檩回填不密实

检查问题依据:《基坑工程内支撑技术规程》(DB 11/940—2012)第 4.5.1～4.5.4 条:吊放钢支撑时,钢支撑的固定端与活动端纵向应逐根交替间隔布设;《建筑基坑支护技术规程》(JGJ 120—2012)第 4.10.5 条:钢腰梁与排桩、地下连续墙等挡土构件间隙的宽度宜小于 100 mm,并应在钢腰梁安装定位后,用强度等级不低于 C30 的细石混凝土填充密实或采用其他可靠连接措施。

问题原因分析:施工单位对专业分包单位施工安全质量管控不严,对规范学习不认真;现场钢支撑安装技术交底不到位,技术管理人员履职不到位造成。施工单位技术人员应加强对规范的学习,加强现场施工过程的管理,监理单位应加强现场监督管理。

2.4　人员进出基坑通道不符合安全要求

问题描述:某车站明挖基坑南侧马道(施工机械和人员进出基坑共用通道),靠东一侧临边部位未及时设置防坠落警示标识,现场照明条件不佳,如图 6 所示。

检查问题依据:《施工高处作业安全技术规范》(JGJ 80—2016)第 4.2.4 条:施工现场通道附近的洞口、坑、沟、槽、高处临边等危险作业处,应悬挂安全警示标志外,夜间应设灯光警示。

问题原因分析:施工单位对现场施工的安全管控不严格。

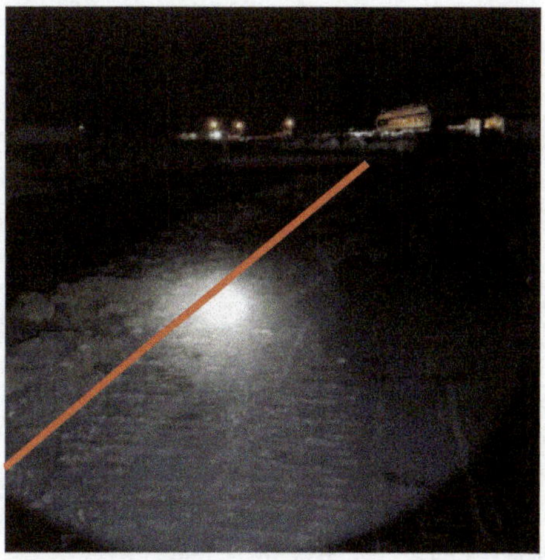

图 6　马道临边处安全防护不到位

图 7　基坑周边堆载超过设计要求

2.5　基坑周边堆载不符合要求

问题描述：某车站东侧基坑西端，临近基坑堆放钢管、侧墙钢模等物料，如图 7 所示。

检查问题依据：《建筑基坑支护技术规程》(DB 11/489—2007)第 4.4.3 条：在基坑周边堆置土方、建筑材料或沿基坑边缘移动运输工具和其他机械，一般应距基坑上部边缘不少于 2.0 m，弃土堆置高度不应超过 1.5 m，并且不能超过设计荷载值。

问题原因分析：个别施工单位场地狭小，场地内物资存放布设不合理。

2.6　未严格按照方案或图纸布置监测点

问题描述：某车站附属 2 号风道基坑北侧中部未布置土钉应力监测点(基坑其余三侧中部已布置且监测数据正常)，不符合设计“基坑各边中间部位土钉拉力”的监测对象及位置要求，如图 8 所示。

图 8　基坑北侧中部未布置土钉应力监测点

图 9　基坑东侧近接榆园牌楼施工

检查问题依据：《加强北京市轨道交通工程施工安全质量管理意见规定》(京建施〔2009〕140 号文)，第三条第(三)款：严格按图施工。施工单位要按照建设部《危险性较大工程安全专项施工方案编制及专家论证评审办法》和《地铁风险指南》的要求编制施工方案，符合专家论证条件的施工方案必须请专家进行论证。并严格按照设计图纸和施工方案施工。

问题原因分析：施工单位对设计图纸监测要求理解不细致。土钉应力监测按“每层数量不少于各层总数的 1%且不少于 3 根”要求布置测点，未考虑“基坑各边中间部位”的具体监测对象及位置要求。

2.7　施工监测预警不及时

问题描述：某车站基坑东侧临近历史古建筑，如图 9 所示。该建筑物监测点(JGC-1)2 月 26 日实测沉降已达 16.17 mm，超过沉降控制指标(15 mm)，日报预警等级为黄色预警，未及时升级为橙色预警。

检查问题依据：《建筑基坑工程监测技术规范》(GB 50497—2009)第 9.0.10 条：当日报表应包括下列内容：5 对达到或超过监测报警值的监测点应有报警标示，并有分析和建议。

问题原因分析：施工单位对变形监测结果不重视，预警分析不及时。

3　结　　语

(1)安全质量管理状态评估作为安全质量管理的重要内容。该项工作不仅是掌握和控制工程建设安全质量的重要手段，也是对建设主管部门轨道交通安全质量监管力量的重要补充。

(2)明挖法作为北京轨道交通施工的首选方法，其安全状态也是评估工作的重点之一。明挖法安全检查问题主要集中在围护结构质量缺陷、锚撑体系质量缺陷、土方开挖存在安全隐患、桩间网喷施作不符合规范、监测及预警未按方案实施这 5 个方面。

(3)本文针对其中问题较为集中的多项检查内容，介绍了典型问题案例，并具体分析了问题的认定依据和发生的原因。

参 考 文 献

[1]　曹妙生，杨和平．北京轨道交通建设安全管理实践与思考[J]．铁道标准设计，2008，(12)：1-3.

天津软土地区运营地铁结构变形监测研究与分析

张　敏，瞿　超，范鹏程，陈　涛，耿　司

（天津市勘察院，天津　300191）

摘　要：天津属于软土地区，地质条件复杂，随着地铁运营线路的日益增多，对地铁的运营安全影响越来越大。天津地铁盾构隧道是由单块管片通过纵向和环向螺栓连接起来的装配式结构，软土地区的地铁盾构隧道在运营以后，由于地质条件、地面超载、邻近工程施工、大面积地面沉降等多种因素的共同作用，隧道结构纵向发生大范围较为明显的不均匀沉降和水平位移变形，横向产生收敛变形。这种纵向不均匀沉降和水平位移变形以及横向收敛变形导致隧道环缝和纵缝张开、螺栓应力增大、接缝渗漏水等现象，对盾构隧道的承载能力和使用功能产生不良影响，使隧道结构健康状况恶化。高速运行的地铁车辆对于轨道的平顺度要求极高，而地铁结构是承载列车运行的构筑物，其结构体狭长，柔性度大，当结构受力失衡后，极易使狭长的隧道发生局部变形，从而造成轨道线形的变化，影响列车的运行，因此，进行有关隧道结构变形监测的研究具有重大的现实意义。

关键词：地铁结构；水平位移；竖向位移；收敛监测；软土地区

随着城市地下轨道交通的发展，地铁结构的变形问题引起人们的日益关注。隧道是条带状结构，不同区段各种因素的差异性导致隧道产生了差异变形。差异性分为外部加卸荷条件的差异性和隧道周围地质条件的差异性两个方面，同样地质条件不同加卸荷方式产生的隧道变形不同，相同的加卸荷条件下不同的地质情况产生的隧道变形也不同。加卸荷条件主要指的是隧道本身的开挖、地面超载、邻近基坑开挖或隧道穿越等条件；地质条件主要指的是隧道周围土层的弹性模量、渗透系数、土层厚度等条件。这一点对于建设在软弱、高压缩性土层中的天津地铁结构尤为突出。本文针对导致地铁结构结构变形的几个主要原因展开分析，并列举实例工程加以说明，旨在说明研究地铁结构结构现状的必要性，为今后地铁周边临近基坑开挖等提供参考。

1　地质条件的影响

1.1　下卧土层的分布不均匀性

隧道下方土层的纵向的不均匀性是隧道产生不均匀沉降的根本因素。隧道沿着纵向分布的各种土层的固性不同，而且土层厚度情况以及过渡情况、埋深也不同，决定了土层的最大沉降量以及沉降快慢和达到最大沉降所需的时间等都有不同程度的差异，最终导致地铁结构在纵向发生不均匀的垂直位移。一般情况下，地铁结构发生不均匀沉降的地方就是发生在下卧土层类别变化处。

我院（天津市勘察院）多年来一直负责天津地铁全线沉降观测工作，以天津地铁 3 号线全线沉降的观测为例，图 1 为近期天津地铁 3 号线天士力站—华北集团站下行线路沉降观测的累计变化量曲线图，从图中可以看出，此段区间隧道的不均匀沉降较大，最大值达到 35 mm。此段区间的地质情况以淤泥质黏土为主，此段区间的土性较差，沉降量较大，基本分布在190 mm 左右，最大值达到 203.5 mm，此段区间整体沉降较大，相对沉降较小。图 2 为近期天津地铁 3 号线大学城站—华苑站下行线路沉降观测的累计变化量曲线图，从图中可以看出，此段区间隧道的不均匀沉降较小，最大值达到 25 mm。此段区间的地质情况以黏土为主，此段区间的土层较好，沉降量较小，基本分布在 5 mm 左右，最大值仅为 6.2 mm，且分布较均匀。从以上两个区间的累计沉降量曲线可以看出，同一个区间内，下卧土层的分布相对均匀，造成的不均匀沉降相对较小；不同区间的两段地铁隧道的沉降差异值接近 180 mm，距离较远的两个区间的不均匀沉降明显。经调查，这两段区间在观测期间内，周边未受到施工等因素的影响，可以判断造成此现象的原因主要为两个区间所处的下卧土层不均匀造成。

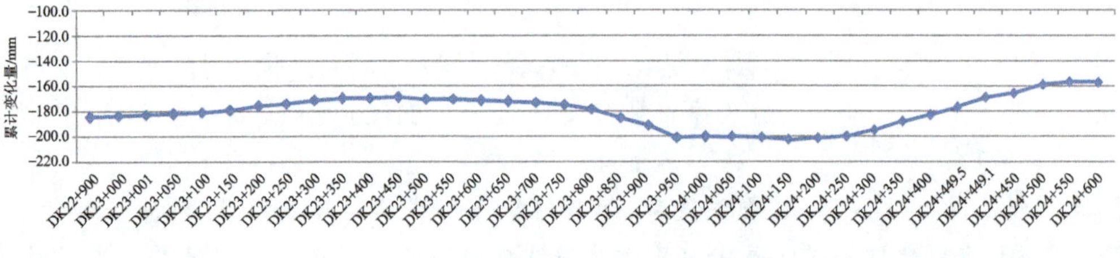

图 1　天津地铁 3 号线天士力站—华北集团站下行线路沉降观测的累计变化量曲线图

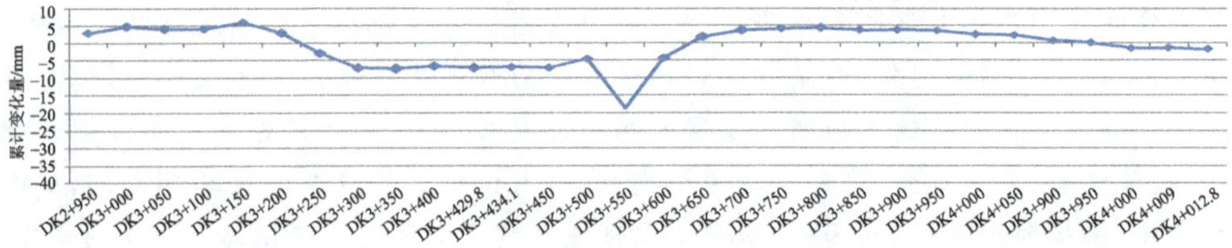

图 2　天津地铁 3 号线大学城站—华苑站下行线路沉降观测的累计变化量曲线图

1.2　地铁沿线地下水位变化对地铁沉降的影响

地下水位线上升或下降，会增加对周围建筑以及地下设施的变形，在一定区域内的土体位移将带来不可估量的影响，地下建筑和运营地铁线安全。随着地下水位的下降，土壤颗粒将会随着水流一起流走，与此同时岩土的自重也会随之减少，然后它将导致脱水固结，存在的土壤固结沉降曲线是与地下水减少相一致的。大多数地铁是被埋置在地下水位线以下的而且有很长的隧道。运营地铁拦断了地下水的流向，而且降低了地铁周围地下水的流速，导致地铁周边区域地下水位发生变化。地下水位的变化在任何阶段都会对地铁结构产生影响。

2　隧道周边的施工影响

2.1　隧道上方地表加卸载影响的差异性

天津地铁处于软弱地层中，隧道上方的地面荷载的多少直接将导致隧道产生沉降。天津地铁线路一般都是要穿越高层或者市政主要交通要道，隧道承受地面建筑物或道路上机车的荷载，这些荷载沿着地铁纵断面依次排开，所产生的荷载附加应力对隧道地层沉降的影响是相当大的，这些应力随着时间的变化，就造成隧道地下的土体徐变，而由于隧道不同断面所处的地层特性不同，势必造成不同程度的沉降，这就形成了隧道在纵断面的不均匀沉降。特别是当地铁结构上方的荷载加载面积较大、隧道下方的软弱地层较厚时，在附加荷载应力的作用下，隧道结构的沉降和不均匀沉降持续增加。因此，当隧道结构上方需要堆土或挖坑时，一定要考虑这些加或卸的荷载所产生的对隧道的影响，以免造成地铁结构在运营过程中出现较大不均匀沉降引起轨道不平顺，隧道结构损坏，从而威胁列车的安全行驶。下兴站—曹庄站区间里程范围 DK2＋150～DK3＋050，采用盾构法施工。本段线路下穿外环线、陈唐铁路支线，地表除耕地、道路外，还有河流、水塘和村庄。隧道洞顶埋深约 8.14～10.4 m，盾构管片以错缝形式拼接，隧道内径 5.5 m，外径 6.2 m，管片环宽 1.2 m。由于开发商未经批准在区间隧道保护区内进行基坑施工作业，并将基坑弃土直接置于区间隧道上方，堆土区域如图 3 所示。受堆土区域堆土荷载的影响，地铁隧道结构沉降将近 30 mm，隧道收敛变化将近 20 mm，隧道变形造成天津地铁 2 号线里程 DK2＋788～DK3＋028 范围内区间管片出现裂缝、渗水、错台、接缝张开及道床脱空等病害，已威胁到地铁隧道的运营安全。

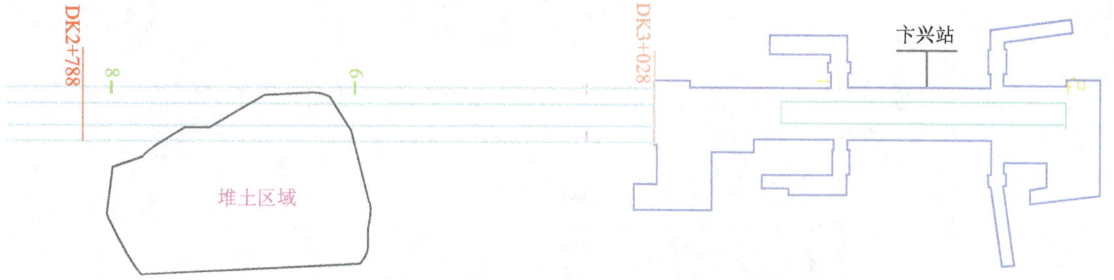

图 3　推土区域与地铁 2 号线位置关系平面图

2.2　隧道附近的建筑施工载荷

地铁附近的建筑施工载荷，对地铁结构的沉降、水平位移、收敛均会造成较大影响。地铁结构临近如果新建高层建筑物，那么它的深基坑开挖施工对建成的隧道沉降、水平位移、收敛均会产生有明显的影响，主要是两个方面：其一由于深基坑开挖引起地铁结构周边的土体的侧向位移，导致隧道结构也随之位移。其二是基坑开挖时抽排地下水，导致隧道周边水位变化以及水土流失，从而导致隧道结构发生变形。目前《天津市轨道交通管理规定》(津政令第 13 号)里规定，在地铁 50 m 以内的所有施工的施工方案必须报地铁保护办审批。

天津地铁运营至今，保护区内申报的各类施工项目数量众多，类型各异。尽管施工区域地质条件各不相同，施工环境、设计及施工水平参差不齐，但均对地铁结构结构变形产生了相当程度的影响。下面结合具体监测工程实例，说明骑跨型和毗邻型基坑工程施工对地铁结构变形的影响。

2.2.1　骑跨型施工影响

天津市红桥供热 707 所供热工程一次水管线过三号路工程，该工程管线为一次水管线，管径为 DN350，管线路由总长度约为 60 m。一次水管线从三号路南侧、红星职专西侧围墙外预留管口处起，过三号路至 707 所围墙内。管线施工位置位于地铁区上方，直埋暗管与地铁 1 号线平面位置关系如图 4 所示。

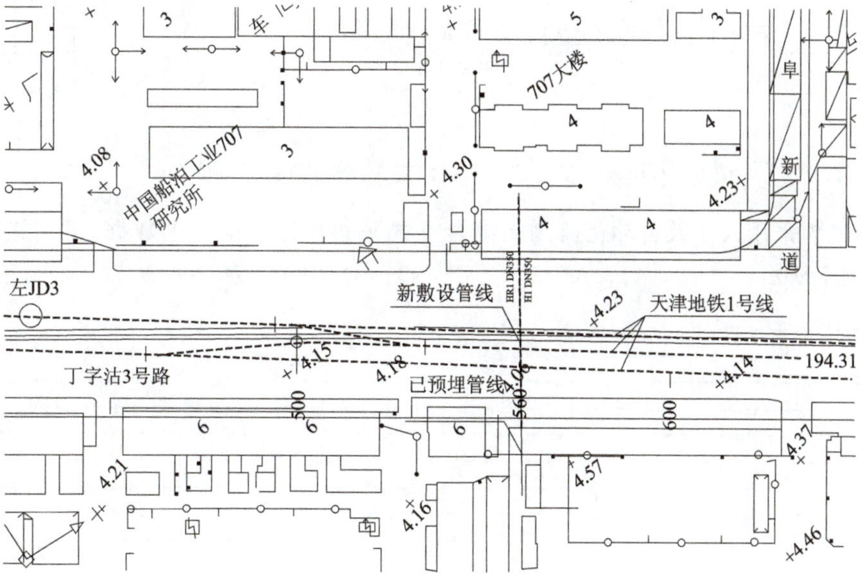

图 4　直埋暗管与地铁 1 号线位置关系平面图

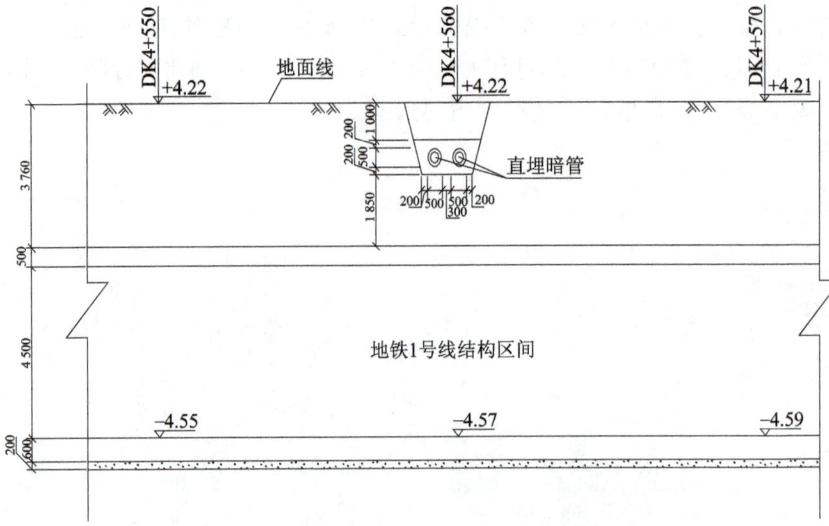

图 5　直埋暗管与地铁 1 号线位置关系纵剖面图(单位:mm)

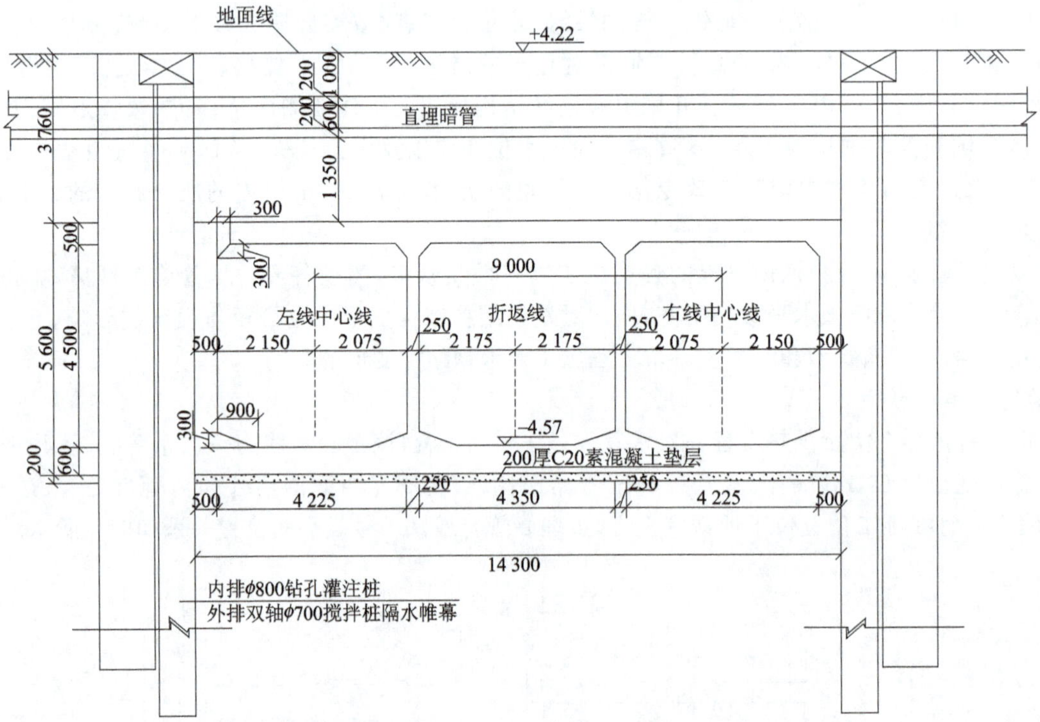

图 6　直埋暗管与地铁 1 号线位置关系横剖面图(单位:mm)

施工期间,隧道内采用人工及自动化监测相结合方式采集隧道纵向变形数据,得到施工期间隧道沉降纵向变形曲线如图 7 所示。

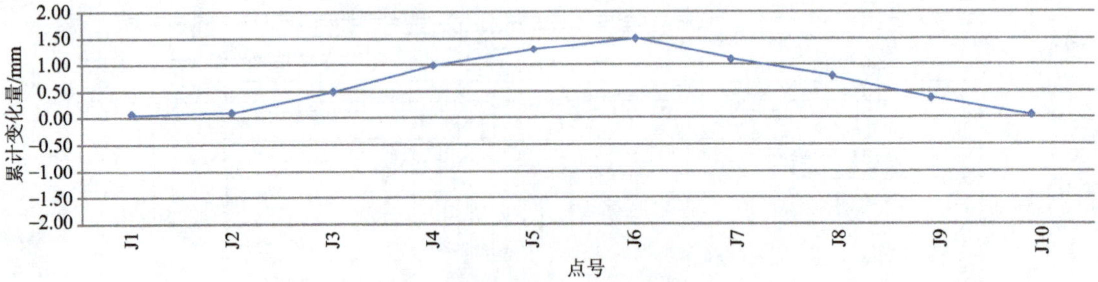

图 7　隧道沉降纵向变形曲线图

从图中曲线可以看出紧邻运营地铁结构上方进行基坑开挖，当不采取针对性措施时，开挖区域下方既有隧道产生较大上抬位移，而施工区域外的隧道上抬量则显著小于施工区域范围内的既有隧道的上抬量，可导致施工区域内外产生差异变形。

在上方开挖影响下，地铁结构随着土体的回弹而产生隆起变形，并近似呈正态分布曲线，隧道最大隆起点接近基坑开挖中心，并由此向两侧延伸，至围护结构处隆起量最小。

2.2.2 毗邻型基坑影响

天河城购物中心工程为大型商业建筑，地上建筑用于商业、餐饮、娱乐，地下建筑用于超市、车库及设备用房，主体结构地上八层，地面高度约 47 m，地上总建筑面积约 13.68 万m^2。地下三层，地下深度约18 m。基坑围护结构采用 1 m 厚地下连续墙，采用混凝土桁架内支撑为主，局部采用钢支撑。天河城购物中心工程地下空间部分沿哈尔滨道长约 185 m，沿大沽北路长约 85 m，基坑周长约 540 m。项目紧邻已开通运营的地铁 3 号线和平路站，地下室与地铁共用地连墙，地面建筑局部落在地铁主体之上。根据周边构筑物位置，结合基坑平面形状及已施工的围护部分，整个基坑划分为四个区，基坑之间设置分隔墙，基坑分区如图 8 所示。和平路站位于和平区和平路与赤峰道交口，车站的主体呈东-西走向。车站全长 149.0 m，纵向坡度为2‰上坡。车站标准段结构净宽 22.3 m，全宽 47.10 m；岛式站台，车站主体(地下)结构采用三层三跨双柱矩形框架结构。和平路站基坑埋深约 21.46 m，盾构井埋深约 22.61m，围护结构采用刚度大，止水性好的地下连续墙，墙厚 1 m，长约 40 m 连续墙采用工字钢止水接头，内部结构采用钢筋砼箱型结构，底板下设有抗拔桩。基坑与地铁结构剖面如图 9 所示。

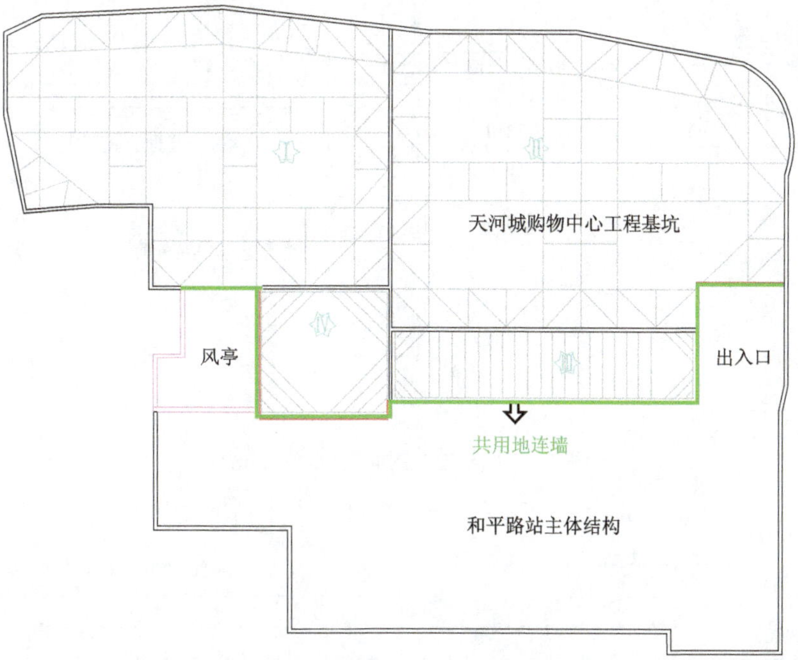

图 8 天河城购物中心项目工程基坑分区图

基坑施工期间，隧道及车站内采用人工及自动化监测相结合方式监测，得到地铁车站与隧道变形曲线如图 10～图 13 所示。

从图中可以看出，受基坑开挖影响，地铁车站及隧道竖向位移和水平位移均发生较大的变化，竖向位移最大变化量发生在靠近基坑开挖侧的下行车站处中部，最大变化量为上升17.73 mm。水平位移最大变化量为向基坑方向位移 10.02 mm。

当隧道在基坑旁边时，基坑开挖卸载导致隧道朝向基坑侧的水平向压力减小，使隧道产生向基坑侧的水平位移。隧道离基坑越近，水平位移越大。隧道的竖向位移与基坑开挖深度有关，当开挖面在隧道底部上方时，隧道产生隆起趋势；当开挖面在隧道底部下方时，隧道产生沉降趋势。

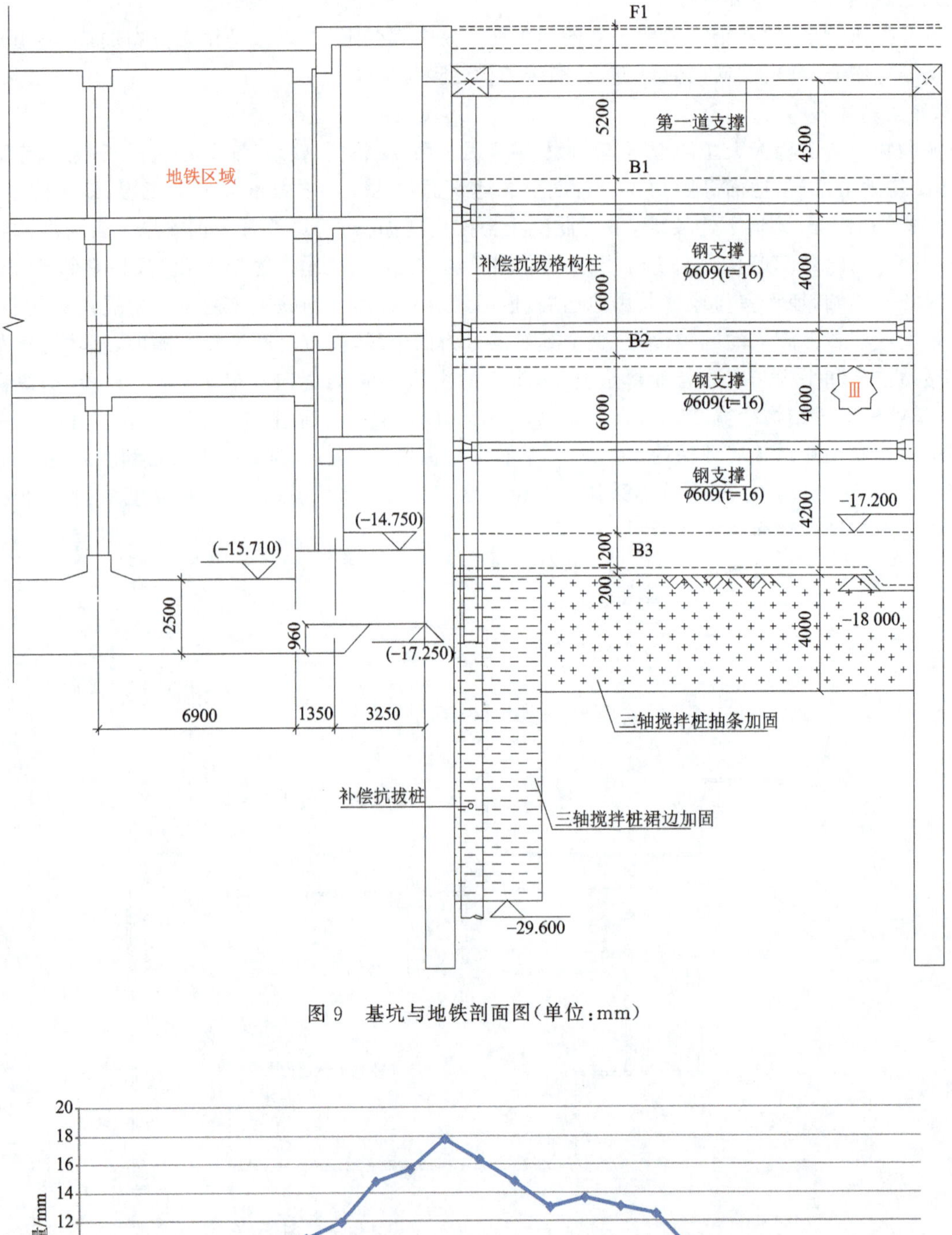

图 9　基坑与地铁剖面图(单位：mm)

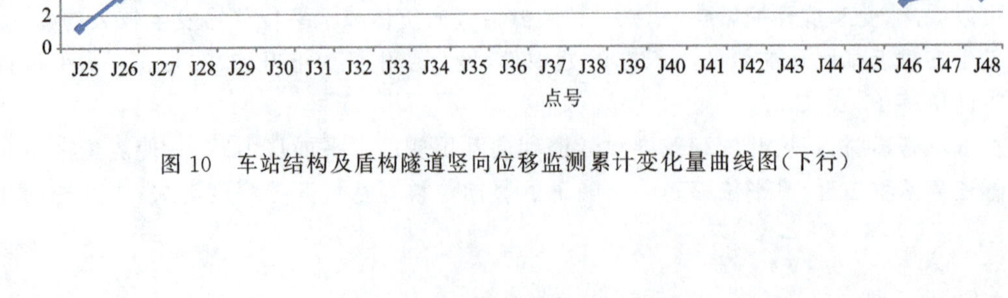

图 10　车站结构及盾构隧道竖向位移监测累计变化量曲线图(下行)

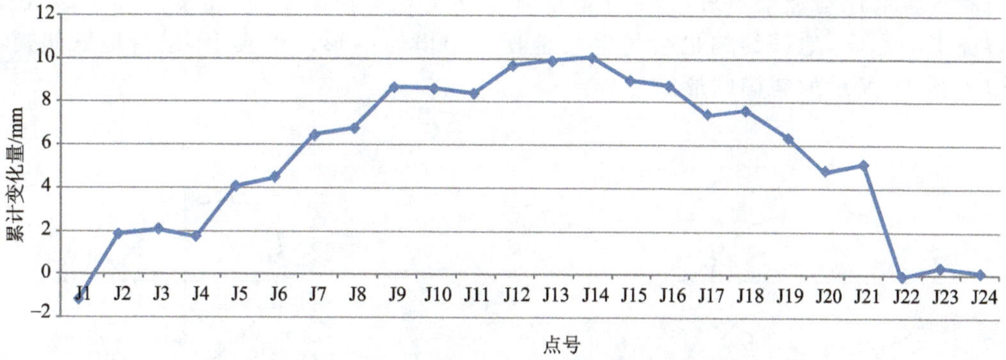

图 11　车站及盾构隧道竖向位移监测累计变化量曲线图(上行)

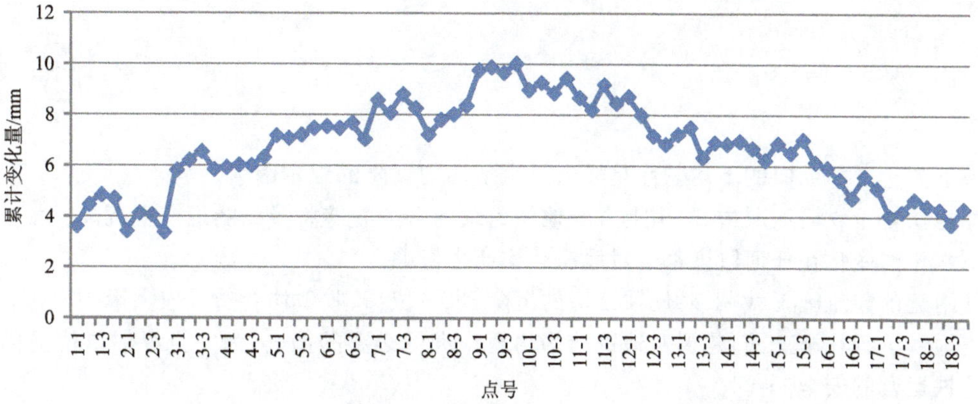

图 12　车站及盾构隧道水平位移监测累计变化量曲线图(上行)

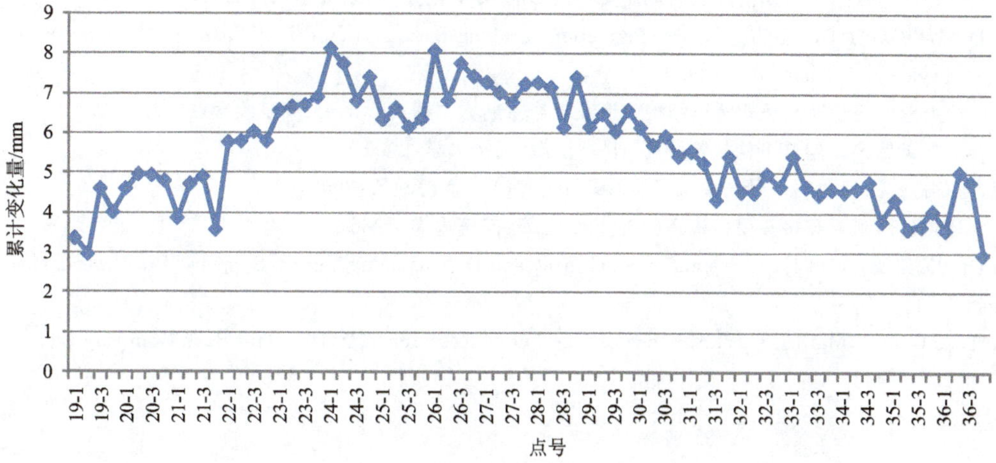

图 13　车站及盾构隧道水平位移监测累计变化量曲线图(下行)

3　各类影响因素作用下的地铁变形特征

对于软土地区采用盾构法施工的运营地铁结构而言，产生横向变形的原因不仅包括设计阶段的各种恒载、活载和动荷载，还包括施工阶段管片制作及安装误差、运营阶段保护区内工程施工的扰动以及纵向不均匀沉降传递的剪力作用等等。管片拼装成环后，在多种因素作用下，横向直径增大、竖向直径减小，管片环一般呈竖直直径小于水平直径的椭圆形，如图 14 所示，俗称“横鸭蛋”。当螺栓顶应力的拧紧力和拧紧顺序与竖轴不对称时，还能使管片环出现类似图 15 所示的斜椭圆形状。同时受地铁结构周边施工的影响，地铁结构也会发生一定程度的横向变形。事实上，运营地铁隧道的管片环，一般呈类似于图 15 所示的斜椭圆形。

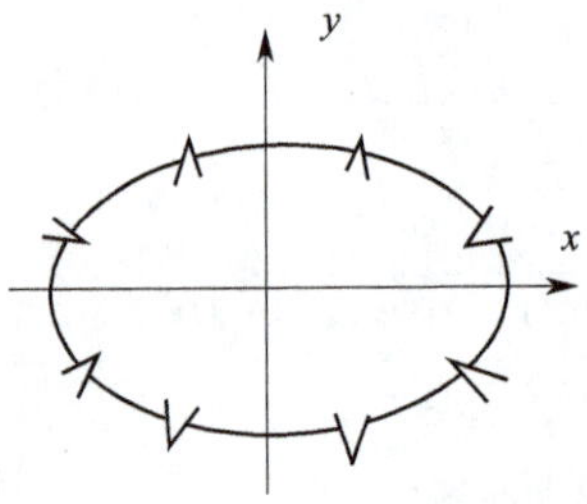

图 14　横鸭蛋形

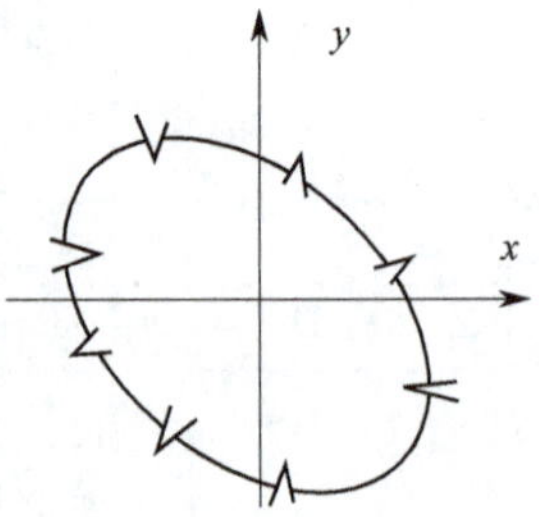

图 15　斜椭圆形

4 结　论

(1)隧道下方土层的纵向的不均匀性是隧道产生不均匀沉降的根本因素。

(2)天津地铁处于软弱地层中，隧道上方的地面荷载的多少直接将导致隧道产生沉降。

(3)地下水位的变化在任何阶段都会对地铁结构产生影响。

(4)地铁附近的建筑施工载荷，对地铁结构的沉降、水平位移、收敛均会造成较大影响。

(5)临近地铁工程在施工前，建议对地铁结构的现状进行必要的调查，为安全评估单位提供必要的参数指导，保证地铁运营的安全。

参 考 文 献

[1] 刘峰．软土地区地铁隧道长期沉降及对地铁安全的影响[D]．南京：南京大学，2013.

[2] Zhang D M, Bao H L, Huang H W . Prediction for long-term settlement of Shanghai Yangtze River Tunnel [C] . London: Taylor & Francis Group，2008.

[3] 叶耀东．软土地区运营地铁盾构隧道结构变形及健康诊断方法研究．上海：同济大学，2007.

[4] 拜廷辉．盾构近距离穿越低下构筑物研究[D]．上海：同济大学，2000.

[5] 陈基炜，詹龙喜．上海地铁 1 号线隧道变形测量及规律[J]．上海地质，2000，(2).

[6] 陈三江．盾构法隧道衬砌接头受力机理分析[D]．上海：同济大学，1986.

[7] X. Nie and Q. Zhang (1994). A System of Monitoring and Dimensioning Tunnel Support. Rock Mechanics and Rock Engineering. 27(1)，23-36.

[8] Satty , T. L. (1959)，Mathematical Methods of Operations Research. McGraw Hill Bock Company Inc.

深基坑开挖对邻近地铁结构沉降变形的影响分析

黄　创，　阳安国，　肖　兵，　李德平
（深圳市勘察研究院有限公司，深圳　518026）

摘　要：随着地铁的快速兴建，邻近地铁隧道周边的深基坑也越来越多，深基坑开挖对邻近地铁隧道结构造成的影响越来越引起各方关注。本文以深圳某深基坑的开挖对相邻地铁结构沉降变形的影响为例，通过监测数据结合周边环境和地质条件，对地铁结构沉降变形的影响因素及相关处理措施进行了分析，可为相似条件工程提供借鉴经验。

关键词：地铁结构沉降变形；深基坑；影响因素；地质条件

随着城市化的快速发展，地面交通已经渐渐无法满足日益发展的城市交通需求，发展地下城市轨道交通已经成为城市交通发展的新趋势。2016 年深圳市陆续开通了 7、9、11 三条地铁线路，现已运行地铁线路多达 8 条，运营里程达到 285 km，线网密度达到了 1.0 km/ km^2。地铁已经成为市民出行的重要交通工具，因此，保障地铁运营安全至关重要。

地铁线路覆盖范围的扩大，导致越来越多的深基坑工程位于既有地铁隧道的保护范围内。为了有效地利用地下空间，基坑开挖的深度也越来越深，其开挖底面经常超过地铁结构底部。地铁结构附近的深基坑施工会造成附近地质土层扰动，引起地铁隧道内力变化和几何变形。地铁隧道对变形控制极为严格，因此，必须准确分析评价深基坑施工对临近地铁结构变形影响，确保地铁建设、运营正常进行。

本文以深圳某基坑的开挖对相邻地铁结构沉降变形的影响为例，以基坑及地铁变形监测数据为基础，结合周边环境和地质条件综合分析深基坑开挖对地铁结构沉降变形的影响因素及相关处理措施，可为相似条件工程提供借鉴经验。

1　工程概况

本项目基坑位于深圳市南山区前海深港合作区内，基坑长约 400 m，宽约 200 m，开挖深度 26 m，塔楼位置坑底绝对高程－20 m。基础形式拟采用大直径灌注桩，设四层地下室。基坑东北侧为已投入运营的地铁 1 号线隧道，隧道距离坑边最小约 37 m，基坑与地铁相对位置关系见图 1。

该地段场地原始地貌为滨海滩涂，分布有较厚的淤泥层，后经人工填海改造，回填至现状高程，地势总体较为平坦。场地内岩土条件简况见表 1。

表 1　岩土条件简表

地层名称	层厚	天然密度	压缩系数	压缩模量	渗透系数 $k/(m\cdot d^{-1})$
淤泥	6.0～12.0	1.5～2.1	1.1～1.9	1.5～4.3	0.005
黏土	0.2～5.9	1.9～2.2	0.13～0.33	5.6～10.7	0.01
砂质黏性土	1.2～16.0	1.7～2.1	0.33～0.80	3.0～5.7	0.05
全风化花岗岩	1.5～13.7	/	/	/	0.1
强风化花岗岩	1.0～16.0	/	/	/	1.0

注：上部人工填土及下伏中风化及微风化花岗岩未列入表中。

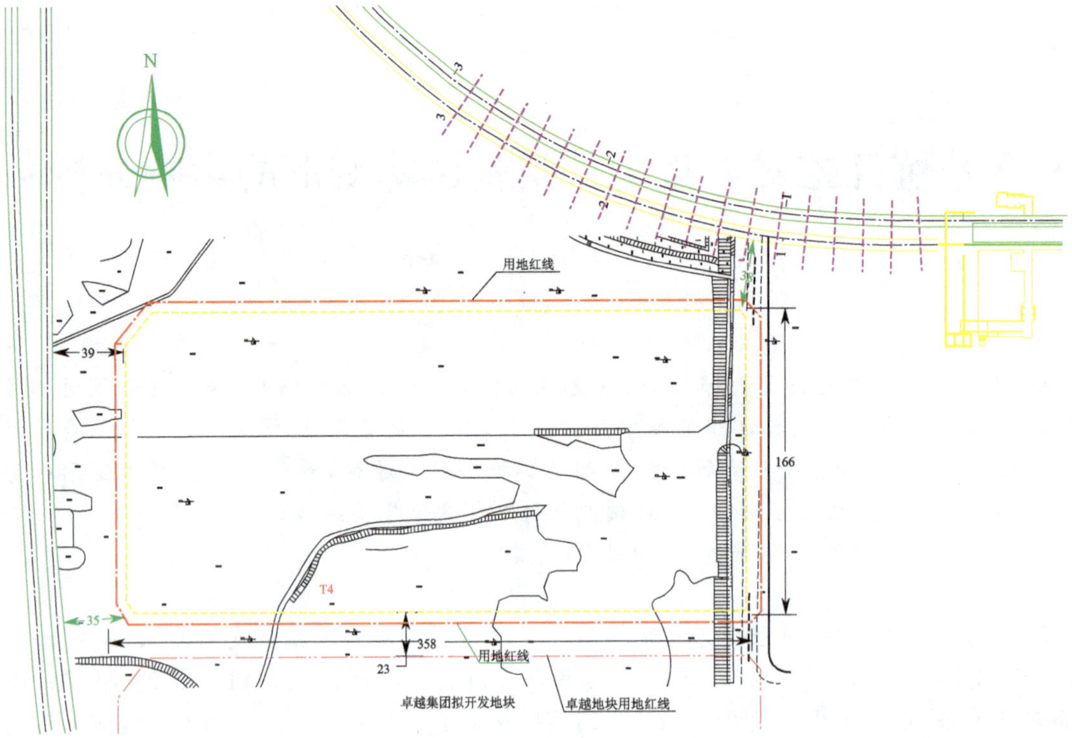

图 1　地铁结构与基坑位置关系示意图

场地地下水赋存于土层孔隙和基岩裂隙中，第四系中更新统为相对隔水层，其上主要为潜水类型，主要赋存于填土、砂层中；其下为基岩裂隙水。地下水主要补给来源为大气降水，与海水有一定的水力联系。

本基坑设计时考虑支护结构尽量避免对周边现在及后续建设造成影响。(1)基坑四个角部采用桩撑支护，其中南侧采用双排桩＋内支撑，桩顶设板与南侧相邻基坑双排桩连接起来；(2)基坑北侧中段采用桩锚支护；(3)塔楼核心筒基坑与大基坑之间存在约 4 m 高差，采用坡率法支护；(4)基坑开挖范围内存在较厚淤泥层，为避免基坑大量涌水、减小地下水位下降导致周边地铁、道路等沉降，原设计基桩采用人工挖孔桩，后因周边结构变形增大而改为冲孔桩；基坑周边设置截水帷幕控制地下水。本基坑采取的截水设计为：在双排桩间设旋喷桩，基坑底以下设超细水泥灌浆止水帷幕，止水至微风化岩顶面。

2　地铁结构变形分析

2.1　地铁结构变形情况

地铁结构距离基坑很近，对变形要求十分严格，故需要在基坑施工过程中除对基坑及其支护结构进行监测外还需监测既有隧道(1 号线)结构变形情况，并做出有关预报。

在距基坑最近地段，地铁隧道底埋深约 20 m，地铁结构沉降变形控制值为 10 mm。为适时监测基坑施工是否对地铁结构造成影响，在可能受基坑影响地铁结构区域内按每 10 m 布置一个监测断面、共布置 18 个监测断面，每个监测断面中上下行线隧道都埋设 5 个监测点，监测点位布设方式见图 2，其中 $C1$ 和 $C2$ 为轨道沉降/位移监测点、$C3$～$C5$ 为隧道侧壁及拱顶沉降监测点。

随着基坑开挖，周边结构受力发生变化，地铁结构实际监测变化量相应增大，基坑开挖越深，数据变化越大。当基坑开挖到深度达到 11 m 时，地铁结构沉降达到－75.8 mm、位移35 mm，远远超过地铁结构的控制值(10 mm)，对该区段地铁正常运营带来极大安全隐患，该基坑被要求停工整顿，并采取有效处理和防范措施直至沉降变形趋于稳定。

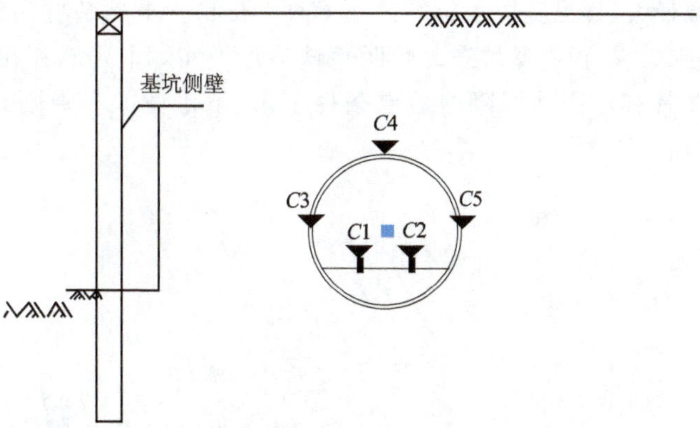

图 2　地铁结构断面监测点位埋设示意图

2.2　影响因素分析

通过对现场现状认真调查并结合地铁结构变形的发展过程综合分析，该段地铁结构变形期间，顶部未进行任何加载，除基坑开挖外，也未有其他周边环境因素发生变化，因此认定基坑的开挖是导致地铁沉降结构发生变形的主要诱发因素，本文主要从地下水位和岩土条件两方面进行分析。

2.2.1　地下水位

监测数据显示，基坑开挖对地铁结构影响最大要素为地下水位。地下水位的下降，引起地铁结构下土层的固结沉降，从而导致地铁结构发生的沉降也随之而变化。

基坑开挖过程中，为了保证土方开挖顺利、持续进行，一般都会采取合适的降水措施，基坑降水会引起周边地下水位下降。图 3 各项目的变化曲线可以清晰地看出，随着基坑开挖，地下水位、地铁结构沉降和地表沉降均发生变化，且其变化趋势总体一致，变化顺序依次为基坑开挖—地下水位下降—地铁结构沉降—地表沉降。随着基坑开挖，地下水位首先跟着开挖趋势急速向下(2014.6.19)，当周边土体排水固结后，地铁结构随之发生沉降(2014.6.28)，最后引起地表沉降(2014.7.15)，四者之间密切相关。

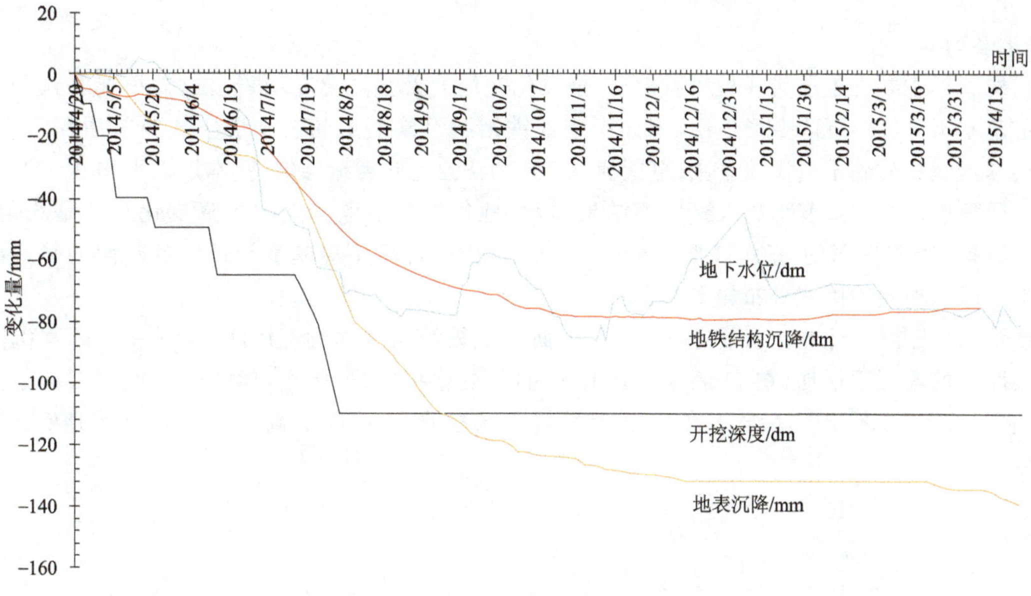

图 3　开挖深度—地下水位下降—地铁结构沉降—地表沉降时间关系图

根据现场调查，基坑周边水位总体上呈现为北高南低的态势，而在基坑开挖施工后，基坑东北角处水位降深随着基坑开挖(排水)深度的增加而增大，而相邻水位变化较小，地铁结构最近处存在水位低槽，说明地铁结构此地段地下水位降幅最大，详见基坑水位等高示意图（图 4）。虽然基坑在施工前按设计在地铁侧施工有止水帷幕，起到一定隔水效果，但在基坑东北角距地铁最近处实际上仍然存在一地下水径流通道，未完全达到理想的止水效果。在具有可固结沉降的地层条件下，地下水位的下降则是引发沉降变形的外部因素，水位降幅越大固结沉降相应增大。

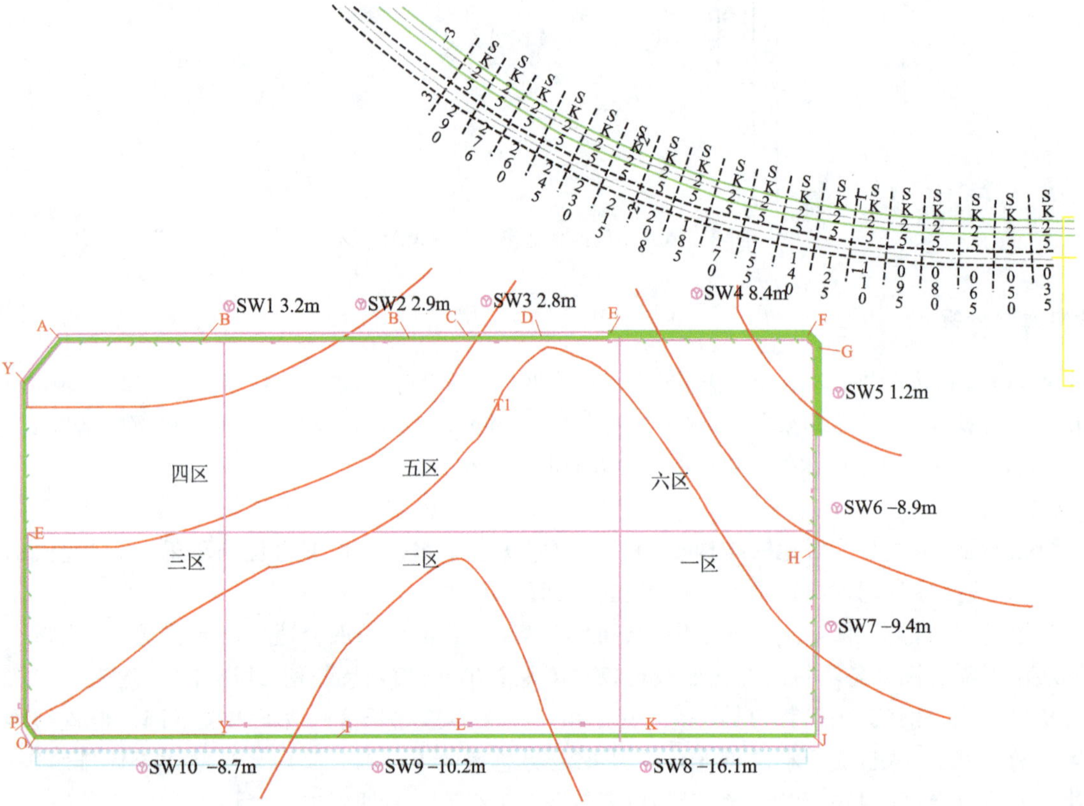

图 4　基坑水位等高示意图

2.2.2　*岩土层结构*

地铁结构下部主要岩土层为残积粉质黏土、全风化花岗岩及强风化花岗岩。通常情况下认为强风化花岗岩为稳定基本不可固结沉降变形地层，因此引起地铁结构沉降变形的岩土层主要为粉质黏土层，土工试验结果反映本场地粉质黏土层压缩系数（范围值 0.33～0.80）比同类地层偏高（本地区平均 0.45），当有效应力增加时地层越厚固结沉降变形越大。监测结果显示，地铁结构各监测点的沉降变化量不是均匀变化，而是总体上大致呈现“V”字形的，即沉降两头小，中间大，其中间位置距离基坑最近。各断面的平均沉降量与地铁结构下可压缩地层的厚度分布如图 5 所示。

在地铁结构位于强风化花岗岩的地段（1～5 断面），地铁结构基本没有沉降，在 6～11 断面沉降量随着可压缩地层厚度的增加而增加，在 11 断面达到最大，且该处水位（水位 2 点，标高－8.4 m）对应最大降深为－8.15 m（图 2），而 12 断面后，随着远离基坑，水位降深明显减少（水位 3，高程 1.2 m）使得地铁结构沉降变化量相应变小。

3　结　　论

在邻近地铁结构进行深基坑施工，基坑排水可能导致地铁结构发生较大的沉降变形，尤其是止水帷幕的止水效果不仅影响到周边地铁的安全，还对基坑本身的施工带来不利影响。同时，地铁结构下存在有可固结沉降的岩土层也是地铁结构出现较大沉降的客观原因。

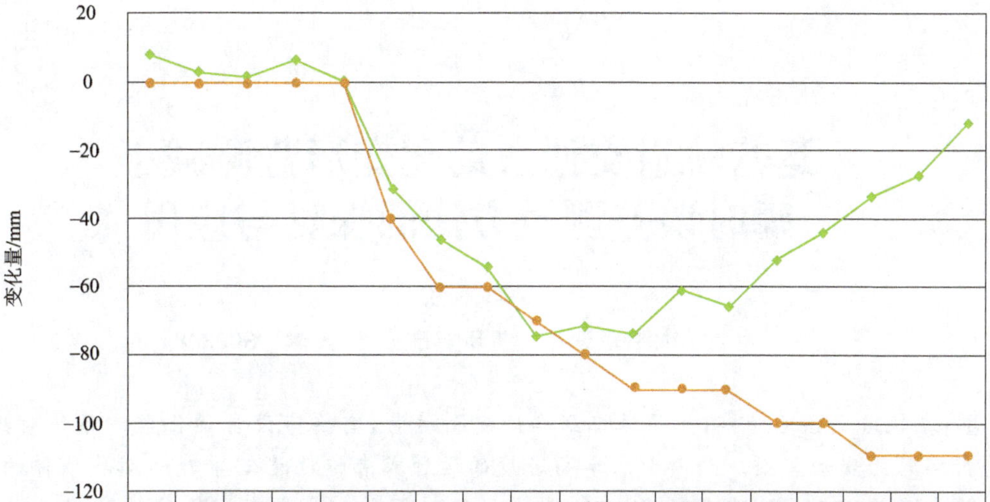

	1断面	2断面	3断面	4断面	5断面	6断面	7断面	8断面	9断面	10断面	11断面	12断面	13断面	14断面	15断面	16断面	17断面	18断面
结构沉降/mm	8.3	3.1	1.8	6.7	0.6	-31.5	-46.4	-54.4	-75.0	-71.7	-74.2	-61.1	-66.1	-52.3	-44.0	-33.6	-27.4	-11.9
可压缩地层厚度/dm	0.0	0.0	0.0	0.0	0.0	-40.0	-60.0	-60.0	-70.0	-80.0	-90.0	-90.0	-90.0	-100.0	-100.0	-110.0	-110.0	-110.0

图 5　地铁结构沉降—可压缩地层厚度关系图

因此，在邻近地铁结构进行深基坑施前，查清地铁结构及基坑所处岩土条件并据此采取相应的设计与施工措施是必要的，同时必须保障止水帷幕等的有效性才不至引发地铁结构等较大变形的严重后果。

参 考 文 献

[1]　曾宗强．建筑深基坑施工对临近地铁车站的影响分析[J]．科技与创新．2015，(12)：90-91.

[2]　林宗元．岩土工程试验监测手册[M]．北京：中国建筑工业出版社．2005.

[3]　裴行凯，倪晓东．深基坑开挖对临近既有地铁隧道的影响分析与对策[J]．水利与建筑工程学报．2013，(03)：45-48.

运营轨道交通自动化变形监测减小瞬时误差测量方法的探讨与应用

郭军强

（中铁第六勘察设计院集团有限公司，天津　300308）

摘　要：在轨道交通运营期，为了保证列车的安全运营，需要布设自动化监测系统对建（构）筑物进行实时的变形监测。而由于列车高密度的运营或者临近施工等外部环境条件的影响，势必会对自动化监测系统造成影响，产生较大的瞬时误差。如果不剔除这类瞬时误差，会造成系统的可靠性大打折扣，产生错误的预报警信息。本文首先结合工程实例，简单地介绍了自动化变形监测系统的组成和变形监测原理，从瞬时误差产生根源入手，提出可行的解决方案，并汇总、统计监测数据，验证方案的可靠性、精确性和高效性，在自动化监测项目实际应用中取得了良好的效果。

关键词：城市轨道交通运营期；自动化变形监测；瞬时误差；预警

随着我国城市建设的飞速发展，越来越多的城市轨道交通线路开通，与之相关的变形监测相关工程项目快速增多。在众多的监测方法中，基于智能全站仪的自动化监测方法因其特有的高精度、全天候等特点是主要的发展方向。在不影响列车运营的情况下，进行远程自动化监测控制管理，对隧道本体及轨道结构进行实时的、连续的观测。此技术实现了在不对列车运营产生干扰的情况下完成数据测量、数据传输、数据处理，监测精度高、密度高，运行成本低。但是一般的自动化监测系统无法根据实际情况排除或减小由于外界干扰而产生的瞬时误差，从而导致观测数据产生较大的波动，造成系统的可靠性降低。根据项目现场的实际情况，分析误差产生的原理，制定相应的解决措施，是提高自动化监测系统精度和可靠性的关键。本文以天津市某运营地铁自动化监测项目为例，对此类问题进行了探讨，阐述了系统监测原理、误差产生机制并提出了相应的系统改进措施方案和意见。

1　自动化监测系统的组成和监测原理

1.1　项目背景

天津市某运营地铁线路附近有一住宅深基坑开挖施工，施工基坑范围与地铁隧道近似平行，对应隧道长度 210 m。基坑距离地铁线路平面距离为 13.93～20.07 m，位于线路保护控制区内。地铁线路列车每天运行达到 60 对/次以上，必须采取远程自动化监测方法进行。

1.2　自动化监测原理

根据项目实际情况和业主要求，监测内容主要为隧道结构和道床结构的水平位移、垂直位移及隧道净空收敛变形监测，在适当的时间需要进行安全巡视。根据要求，自动化监测系统需要有稳定的基准点、相对稳定且视野较好的工作基点和敏感反映监测对象变形的监测点。

将开挖影响范围之外的地铁线路结构视为稳定区域，在其结构上设置监测基准点，为整个系统的监测基准；监测范围内设置固定观测台用作工作基点；监测范围内的结构和设备的影响关键点和变形敏感点布设监测点。观测台上的全站仪采用极坐标方法对基准点和监测点进行观测，并通过转换公式，将监测点相对于基准点的变形测量结果转换为沿线路方向和垂直于线路方向的变化量，并根据对侧监测点的相对变化量计算出监测断面处的隧道净空收敛变化值。

1.3 自动化监测系统的设计

自动化变形监测系统采用全站仪配合监测软件构成。监测系统由全站仪观测站、基准点、监测点、中继站计算机和远程监控计算机等组成。全站仪观测站与中继站计算机由供电和通信电缆连接起来，远程计算机通过因特网控制中继站计算机，可监视并控制监测系统的运行。系统组成示意如图 1 所示。

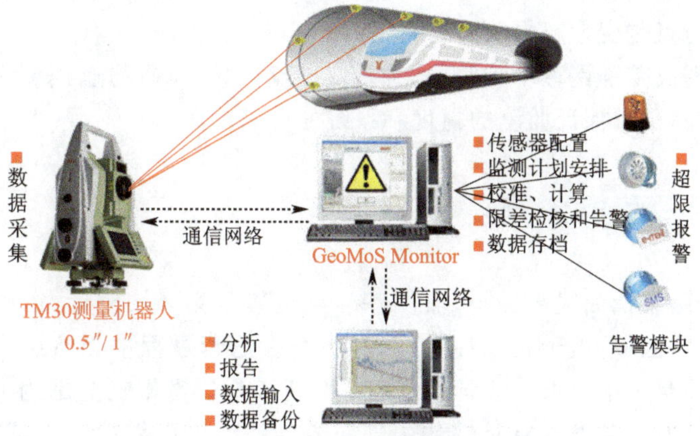

图 1　自动化监测系统组成示意图

系统采用两台 Leica-TM50 全站仪，架设在线路监测区中部，采用观测台固定在隧道盾构管壁上，要求观测台稳定、牢固。

系统位于运营铁路环境中，隧道内维修电力网可以提供 220 V 电力供应。全站仪观测站与中继站计算机的通讯在 200 m 以内，利用网络线传输电力的 POE 供电设备对整个网络系统供电，使电力供应能够延伸至隧道外完成无线网络的传输；利用电力线传输网络信号的 PLC 设备将整个系统采集器链接，完成数据的实时传输。

自动化采集控制通过软件控制实现，利用施工监控（监测）平台实现远程访问数据和分析。

1.4 监测基准点和监测点的布设

（1）在远离监测区域两端分别布设 2 对监测基准点，在盾构管壁上钻孔、埋设强制对中标志，保证在观测台上的全站仪能看到各自一侧的 4 个基准点棱镜。统一观测，整网精密平差，取得初始值。

（2）根据项目实际和有关规范要求，区间内共计布设监测断面 18 个。由于在运营线路拱顶安装测点比较困难，并且对行车安全造成隐患，拱顶监测点舍去，最终每个监测断面布设 6 个监测点。监测棱镜采用 $\Phi10$ 膨胀螺丝固定于盾构管片上。监测点布设位置示意如图 2 所示。

系统中监测点 108 个，基准点 8 个，共计 116 个观测点；每个监测点正倒镜观测 2 测回，全部监测点测完为 1 个周期，用时约 5～10 min。每 2 个小时测量 1 次，每天可采集 12 个周期的原始数据。为防止全站仪出现死机情况，观测结束后 15 min 全站仪自动关机，下一个周期的测量前自动开机。

采取以上所述方法对系统进行设计和安装，经过调试，系统可以正常运行，通过远程网络可以控制全站仪工作并能实时得到测量数据。

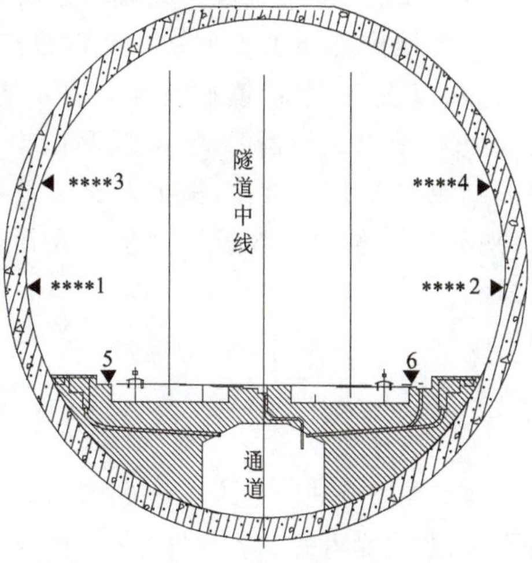

图 2　监测点布设位置示意图

2 系统试运行

取得初始值后，系统开始试运行。在基坑施工前，监测系统频繁发生预警信息。分析、汇总监测数据，并结合现场巡视情况，判定主要由以下三方面粗差导致误发预警信息。

(1)监测范围内两台全站仪监测结果随着时间的变化出现“脱节”现象，在监测区域中部监测结果虽然趋势一致，但是量值上出现差异，导致相邻监测点间的相对变化超限。

(2)随着时间的推移，全站仪中心的三维坐标发生变化，导致监测点监测结果失真。

(3)结合列车时刻表和现场巡视情况发现，在列车运行时段内监测点出现较大误差，且列车经过时刻发生了较大的数值抖动，瞬时点位变形超限，误发预警信息。

综上，该系统必须要解决基准网移动和脱节、全站仪零点位移、障碍物遮挡测量视线和监测点抖动瞬时数值超限的问题，才能避免粗差，保证监测的精度和系统的可靠性。

3 基准网移动的原理和解决方法

由于城市轨道交通线路结构曲线半径小，监测基准点距离监测区域较近，难以完全排除施工对基准点的稳定性影响。特别是盾构区域，由于是柔性结构，其自身在运营过程中必然会产生位移。按照地面监测布设基准点的方式，必然满足不了要求。运营监测的主要任务是测量影响范围内的结构物和构筑物的相对位置变化，所以必须要保证监测基准网有足够的内部兼容性和精度可靠性。为了减小此类瞬时误差影响，应尽量在远离监测区域的部位布设基准点，并且要保证两端的基准点能够进行经常性联测，进行整网平差来对基准点进行实时修正，以减小由于基准点之间的相对位移带来的基准网内部兼容性减低的影响。改进后的基准点布设如图 3 所示。

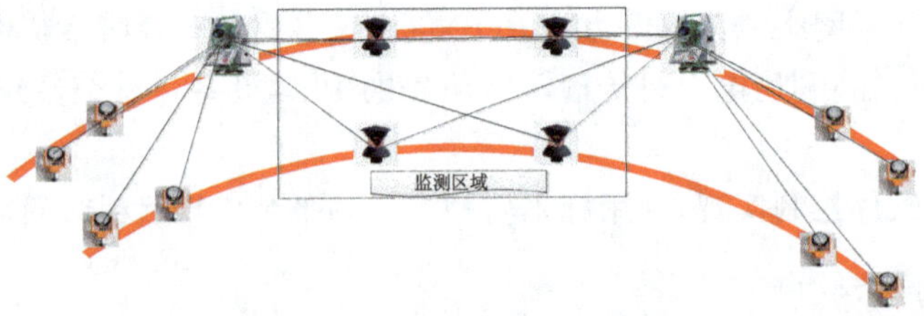

图 3 监测基准网布设示意图

如图 3 所示，在监测区域两端分别布设两台全站仪，在监测区域之外尽量远处各布设 4 个基准点；在监测区域中部布设 4 个 360 度棱镜点，布设位置满足两端的全站仪均可以进行观测。在监测网布设阶段，将以上 12 个棱镜观测点均纳入整网观测、平差，确定初始值；在监测阶段，两端全站仪均对中间的 360°棱镜点进行测量，将其观测数据与同期后视基准点的观测数据统一纳入整网进行拟稳平差，将平差结果与初始值对比，根据对比结果对每期的监测值进行修正。整网平差频率根据工程实际情况确定，对于一般情况建议设置为半天或者 1 d进行一次。修正方法为对监测点的 X、Y、Z 三个方向观测值进行差分修正。

4 全站仪水平度盘零方向漂移原理和解决方法

列车高速行驶产生的气流或震动都有可能对仪器造成影响，主要会表现在全站仪的水平度盘零方向发生漂移，造成测得的基准点角度值必然会与初始值有差异。基准点的方向值出现异常，必然会将这一误差转移到监测点观测数据上，以此获取的监测点三维坐标值肯定不准确，计算得到的点位变形量也无法真实地反应工程结构的变形情况。这些因素产生的误差重要的特点是其大小是随机的，但是在同一环境中、短时间内，可以认为它是一个不变的常数。针对此现象，引入方位角差分改正。整体思路是在一个测站上对两个目标进行观测，最后将观测值进行求差计算；或在两个测站上观测同一个目标点，将观测值进行求差；或在一个测站上对同一个目标点进行两次观测，最后对观测值求差。求差的目的在于消除已知的或未知的公共误差，提高测量的精度。其具体改正过程如下：

把基准点初次测量时获取的方位角 H_{jz}^{0} 作为基准方位角，其他周期对基准点测量的方位角 H_{jz}' 与基准方位角相比，得到一差值 ΔH：

$$\Delta H = H_{jz}^{0} - H_{jz}' \tag{1}$$

根据差分的原理，以基准点的改正值 ΔH 为依据标准，将此改正值实时加入到每一个监测点实测角度值 H_{zp}' 中，即可准确地得出每个变形点差分改正之后的方位角 H_{zp} 为：

$$H_{zp} = H_{zp}' - \Delta H \tag{2}$$

将此方位角改正结果结合全站仪的距离测量结果即可得出改正后的监测点三维坐标值及变形量，排除列车震动引起的全站仪水平度盘零方向漂移的瞬时误差，提高监测系统的质量和可靠性。

5　障碍物遮挡测量视线或者监测棱镜抖动原理和解决方法

在监测过程中，如果恰巧遇到列车行驶或者检修人员经过，必然会对部分监测点的观测视线造成遮挡、震动或者视线折射影响，造成数据突变。如果不将此种情况下的数据剔除，会造成错误的监测信息，导致错误报警。解决方案可以分主动和被动两种方法来进行。

主动方法防患于未然，在设置自动化控制程序时，应尽量根据列车时刻表和现场实际调查统计情况，选择列车运营的“天窗”时段进行作业，设计合理的监测时间和频率，尽量避免列车经过时刻进行观测。

被动方法是对数据进行后处理。通过精密计算，剔除粗差，然后对观测值进行平滑处理，保证监测精度。在实际监测过程中，这类误差出现时刻有一定的规律性(有列车经过时)，且数值较大(数据突变大)。在数据处理中采用如下方式剔除这类误差。

假如设定每小时测量 1 次，一天之内有 24 期数据。取最新一期测量数据和其之前 23 期数据作为一个单元，计算出这 24 期数据的测量平均值作为测量近似真值，计算公式如下：

$$C_{真} = \frac{c_1 + c_2 + \cdots + c_{24}}{24} \tag{3}$$

计算出每一次测量数据与 $C_{真}$ 的不符值 Δ，然后根据式(4)计算出测量中误差 $m_{中}$：

$$m_{中} = \pm\sqrt{\frac{[\Delta\Delta]}{n}} \tag{4}$$

根据误差理论，取 2 倍中误差为极限误差，设定某一次的测量值与其所在单元计算出的 $C_{真}$ 的较差大于 2 倍中误差的即为粗差。首先将超过 2 倍中误差的观测值剔除，然后再重复如上循环，直至第 $n-1$ 次的中误差与第 n 次的中误差相等。但非粗差的样本数小于 12 个观测值时，直接取平均值，不再做粗差剔除。这种算法能够较好的剔除因为受到列车动荷载、遮挡测量视线等影响产生的粗差数据，使连续观测数据平滑显示，趋势特征更加明显，如图 5 所示。

被动方法是对主动方法的补充和进一步数据精度提高，两者需要同时进行，同等重要。

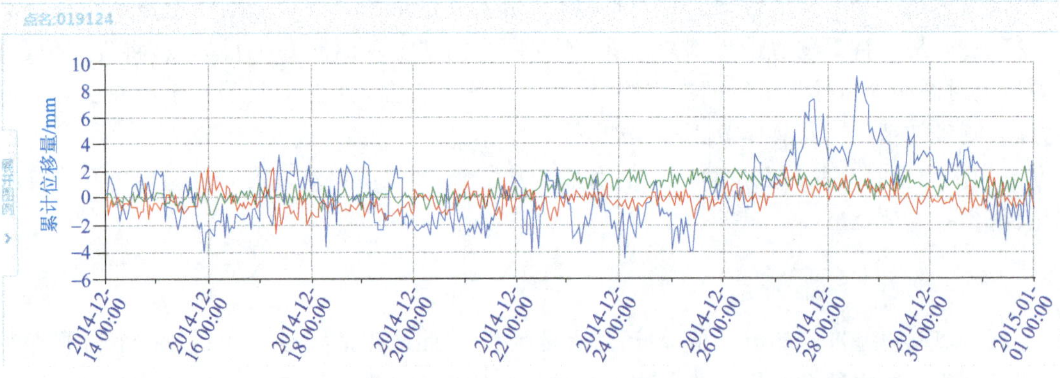

图 4　监测点的实时监测数据

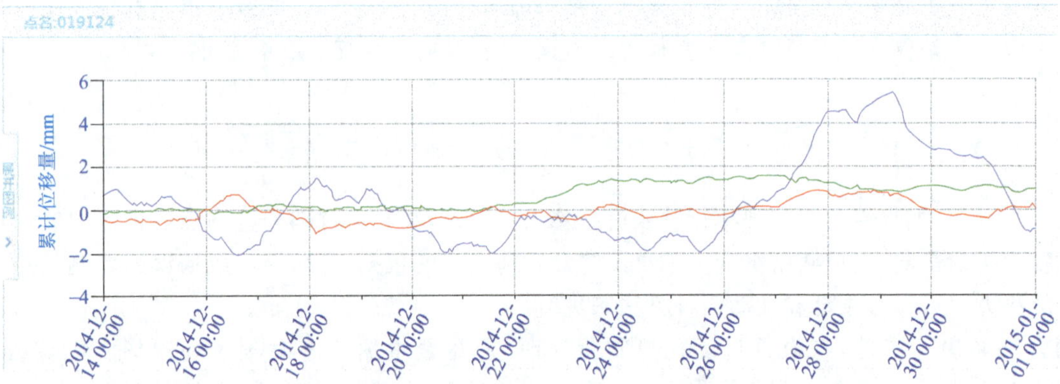

图 5　监测点的平滑监测数据

6　系统改进后数据统计

根据上述的分析与改进措施，对该系统进行优化和调整，经过实际验证后，效果明显。

数据分析从每个监测点的坐标变化和断面收敛数据进行。以比较典型的监测点为例进行数据分析。2014 年 12 月 12 日取得初始值。2014 年 12 月 22 日中午开始 TRD 施工。随着施工位置前移，施工影响区逐渐随之前移，远离 TRD 施工位置的盾构结构和轨道结构位移变形量收敛回归。在施工过程中，列车全部正常运行。监测点数据曲线图如图 6 所示。

7　结　　论

该自动化监测系统经过优化和改进后，在实时监测和数据处理过程中，很好的排除了临近基坑施工和列车行驶产生的干扰和影响，没有出现数据测量粗差，监测数据与现场施工实际情况契合很好，对比实时原始位移数据，监测精度可以达到 0.5 mm。

根据所述方法设计的自动化变形监测系统，最大程度地减小了由于临近施工或列车运营产生的若干类瞬时误差对监测精度的影响，针对目的因素的监测精度大大提高，系统的稳定性和可靠性得到了验证和保障，很好的反映了运营轨道交通结构的变形情况。根据监测结果对临近施工或者列车运营进行监控与信息化施工指导，在保证运营线路安全、隧道结构稳定的同时，大大提高了施工效率，在工程实际应用中有广泛的前景。

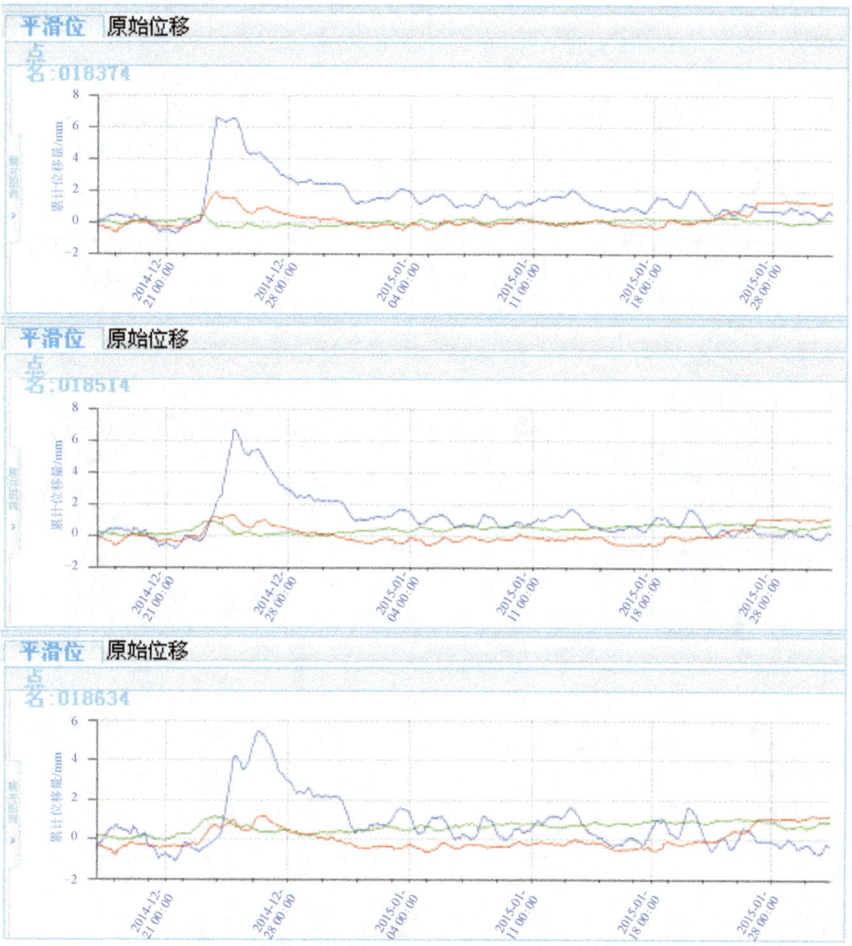

图 6　监测点位移变化示意图

监测数据

观测时间	X	Y	Z	平滑X	平滑Y	平滑Z
2014-12-22 00:16:53	303419.59766	98119.07580	-13.41016	303419.59738	98119.07584	-13.41028
2014-12-22 01:16:55	303419.59752	98119.07585	-13.40999	303419.59740	98119.07585	-13.41027
2014-12-22 02:16:53	303419.59738	98119.07590	-13.41007	303419.59742	98119.07587	-13.41023
2014-12-22 03:16:53	303419.59669	98119.07513	-13.41041	303419.59742	98119.07584	-13.41022
2014-12-22 04:16:53	303419.59676	98119.07580	-13.41015	303419.59738	98119.07584	-13.41022
2014-12-22 05:16:53	303419.59725	98119.07557	-13.40999	303419.59740	98119.07586	-13.41017
2014-12-22 06:16:52	303419.59756	98119.07558	-13.41014	303419.59742	98119.07585	-13.41015
2014-12-22 07:16:54	303419.59653	98119.07567	-13.40994	303419.59740	98119.07585	-13.41014
2014-12-22 08:16:53	303419.59793	98119.07628	-13.40997	303419.59742	98119.07586	-13.41014
2014-12-22 09:16:53	303419.59724	98119.07562	-13.41031	303419.59743	98119.07585	-13.41014
2014-12-22 10:16:52	303419.59704	98119.07613	-13.40979	303419.59740	98119.07587	-13.41011
2014-12-22 11:16:53	303419.59778	98119.07609	-13.41004	303419.59741	98119.07586	-13.41010
2014-12-22 12:16:53	303419.59780	98119.07705	-13.40976	303419.59743	98119.07592	-13.41009
2014-12-22 13:16:53	303419.59803	98119.07685	-13.40970	303419.59744	98119.07596	-13.41007
2014-12-22 14:16:53	303419.59849	98119.07660	-13.40963	303419.59748	98119.07600	-13.41005
2014-12-22 15:16:53	303419.59846	98119.07639	-13.41055	303419.59753	98119.07603	-13.41006
2014-12-22 16:17:02	303419.59837	98119.07652	-13.41069	303419.59758	98119.07603	-13.41010
2014-12-22 17:16:54	303419.59842	98119.07662	-13.41028	303419.59762	98119.07608	-13.41010
2014-12-22 18:16:54	303419.59796	98119.07626	-13.40986	303419.59763	98119.07610	-13.41007
2014-12-22 19:16:54	303419.59862	98119.07679	-13.41045	303419.59768	98119.07612	-13.41009
2014-12-22 20:16:53	303419.59830	98119.07632	-13.40969	303419.59771	98119.07615	-13.41007
2014-12-22 21:16:50	303419.59834	98119.07595	-13.40964	303419.59775	98119.07616	-13.41005
2014-12-22 22:16:53	303419.59874	98119.07641	-13.40991	303419.59782	98119.07618	-13.41005
2014-12-22 23:16:52	303419.59887	98119.07634	-13.40960	303419.59792	98119.07624	-13.41000
2014-12-23 00:16:52	303419.59840	98119.07609	-13.40974	303419.59801	98119.07626	-13.40998
2014-12-23 01:16:53	303419.59868	98119.07623	-13.40945	303419.59808	98119.07629	-13.40996

图 7　监测点坐标变化

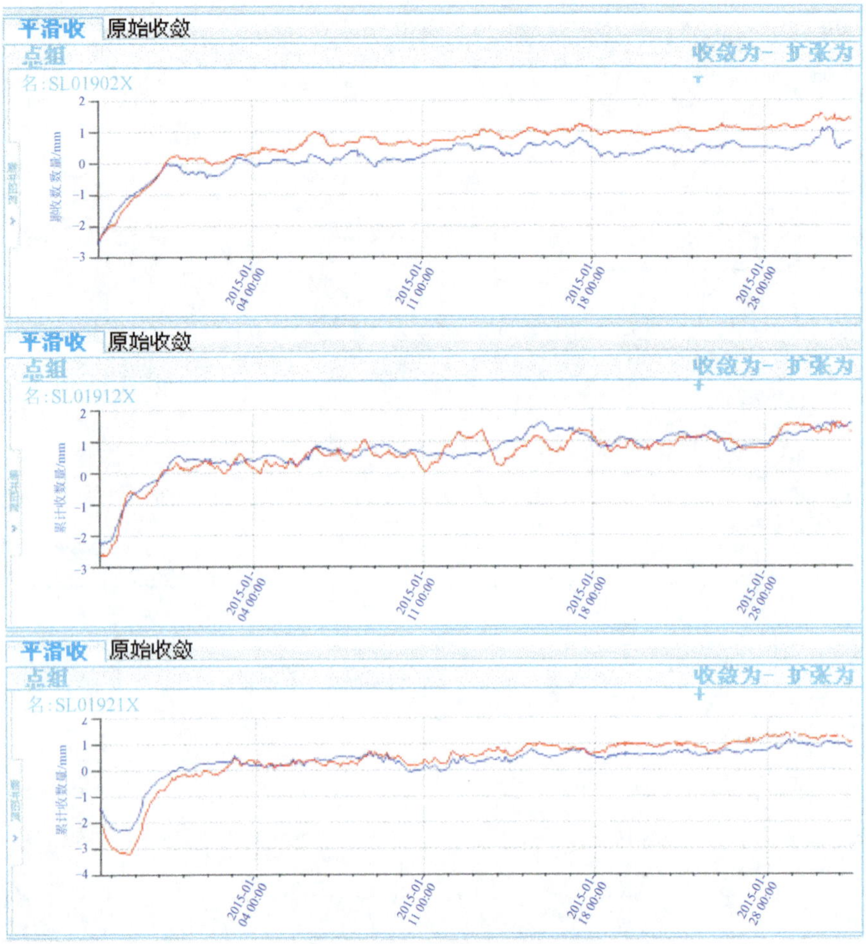

图 8　监测断面收敛变化图

参 考 文 献

[1]　王荣权.轨道交通地下工程施工对周边环境影响的监测[J].铁道勘察;2008,(02).

[2]　匡团结,张志刚.自动化监测系统在某高速铁路运营监测中的应用[J].铁道勘察;2013,(04).

[3]　谷川，杨元伟.全站仪自动化变形监测系统研究与开发[J].铁道勘察;2011,(05).

[4]　刘超明,文志云.远程管理技术及在轨道交通建设中的应用[J].上海建设科技;2005,(05).

[5]　王建宇.隧道施工监测技术和信息化设计[J].中国铁道科学;1987,(02).

[6]　骆建军,张顶立,王梦恕,等.地铁施工沉降监测分析与控制[J].隧道建设，2006,(01).

[7]　陈喜凤,黄腾,刘岭,等.GeoMoS在地铁保护区自动化监测中的应用[J].测绘工程,2013,(02).

[8]　范本.基于测量机器人TM30技术地铁隧道建设自动变形监测研究[D].重庆:重庆大学,2012.

基于两种不同方法地铁换乘车站自动化监测与分析

廖振宇， 何 婧， 王 萍

（佛山市铁路投资建设集团有限公司，广东 佛山 528010）

摘 要：为确保佛山市轨道交通某工程换乘车站施工期间其上方既有线的安全运营，采用自动化监测系统对既有地铁结构的动态变化进行了实时监控。考虑到佛山市地铁项目的工程特点，地质条件差、周围环境复杂，响应业主要求施工监测采用测量机器人自动化监测、第三方监测采用静力水准自动化监测两种不同方法对换乘车站进行监测，将两者的监测数据进行对比分析，施工期间对既有地铁结构变形实施有效监控，相关单位根据监测结果及时调整施工措施，保证施工期间既有地铁线路的安全运营。

关键词：自动化监测；静力水准；测量机器人

随着城市的人口不断增加，交通拥堵问题已经成为城市发展的症结。而城市轨道交通恰恰是解决这一问题的方法之一。中国的城市轨道交通建设正处于高速发展的阶段，这将为城市化进程给予强大动力。城市轨道交通建设的不断发展，线网的不断完善，线路间将会形成越来越多的换乘节点。作为城市轨道交通路网中的“神经中枢”，换乘车站的建设必须保证临近既有地铁线路的安全运营。

新建地铁下穿既有运营换乘车站施工中，对既有上行地铁结构的监测是联系施工与运营的纽带，变形监测的准确、及时与否将直接影响运营安全，同时也将影响施工进度、计划和安排。所以为保证既有线路的安全正常运营，在施工期间必须对既有结构进行全天候实时监控。在地铁正常运营期间，传统的监测技术在高密度行车期间无法实施，且不能满足对大量数据采集、分析并及时准确反馈的要求，具有实时性差，成本高等缺点。因此，在下穿既有运营地铁换乘车站施工中，必须建立和完善地铁换乘车站自动化监测系统，对既有结构的安全和工程风险进行实时监测和反馈，从而有效地控制工程事故的发生，为保证新建地铁顺利施工和既有地铁线安全运营提供科学依据。

1 工程概况及其风险控制

车站为地下三层 12 m 岛式车站，全长 211.4 m，标准段宽为 20.9 m，车站基坑开挖深度为 24.22～26.27 m。新建车站在广佛线下方，垂直下穿既有车站，主体结构采用明挖顺作法施工，基坑挡土结构采用1 000 mm 厚地下连续墙加内支撑的支护形式，基坑开挖前采用基坑内深井降水，地下连续墙兼作止水帷幕。

本车站基坑开挖深度范围内的岩土层划分为八大层（各层内可再细分亚层），岩土分层自上至下分别为：1—素填土、2-1B—淤泥质土、2-2-1—粉细砂、2-1A—淤泥、2-4—粉质黏土、3-1—粉细砂、3-2—中砂、3-3—砾砂、5N-1—粉质黏土、6—全风化碎屑岩、7—强风化泥质粉砂岩、8—中等风化泥质粉砂岩。车站揭露的软土层具有高含水量、透水性差、低强度、高压缩性、灵敏度高，容易引起压缩沉降。松散状砂土中等液化，压缩性大，导水作用强，结构强度差，容易引发基坑失稳。

车站附近无地表水分布，地表水文地质条件简单。由于本车站砂层普遍分布，地下水丰富，地层渗透性好，所以主要影响为地下水。地下水位的变化受地形地貌和地下水补给来源等因素控制，地下水位埋深较浅。每年 4～10 月为雨季，大气降雨充沛，水位会明显上升，而在冬季因降水减少，地下水位随之下降，水位年变化幅度为 2.5～3.0 m。地下水类型按赋存方式主要为砂层孔隙承压水和基岩裂隙水。砂层孔隙承压水赋存于砂层之中，水量丰富，渗透性中等～强；基岩裂隙水，赋存于强～中等风化基岩中，水量较少，渗透性弱～微透水。综合所述，本车站场地水文地质条件复杂程度中等。

由于新老两个车站之间间距较小，施工必然会引起既有线结构的变位，为保证既有线结构的安全和正常运营，施工期间，必须对既有线结构进行全天候的实时监控量测。实时自动化监测系统是风险控制的重点，本工程采用测量机器人自动化变形监测系统和静力水准自动化监测系统来监控既有隧道结构的实时变形情况，主要提供既有线结构沉降、轨道差异沉降、轨道中心线平顺性（竖向、水平）变形等信息。隧道下穿过程中，各种变形值按三级预警制度进行管理，包括预警值、报警值、控制值，具体控制指标如表 1 所示。控制值是指设计允许值，预警值是指引起警戒措施的起始值，报警值是指需提出警告的初始值，预警值取控制值的 70%，报警值取控制值的 85%，实测值超过预警值应上报相关单位，启动对应预案。

表 1　结构变形控制指标　　mm

控制指标		预警值	报警值	控制值
车站道床、侧墙沉降		7	8.5	10
车站道床、侧墙水平位移		3.5	4.25	5
车站侧壁收敛		3.5	4.25	5
变形缝张开量		1.4	1.7	2
裂缝		0.2	0.25	0.3
道床与轨道变位	轨道横向高差	2.8	3.4	4
	轨向高差	2.8	3.4	4
	轨间距	−2.8，+4.2	−3.4，+5.1	−4，+6

2　自动监测系统及其布设

2.1　测量机器人自动化监测系统

2.1.1　系统结构与组成

测量机器人自动化监测系统包括传感器子系统、数据采集与传输子系统和数据管理分析子系统，如图 1 和图 2 所示。

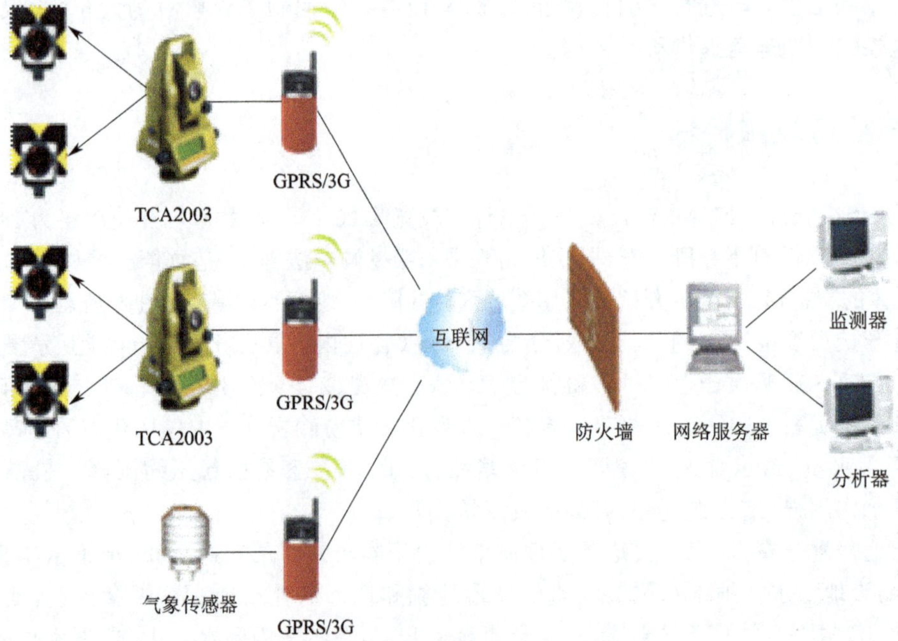

图 1　自动监测系统构成

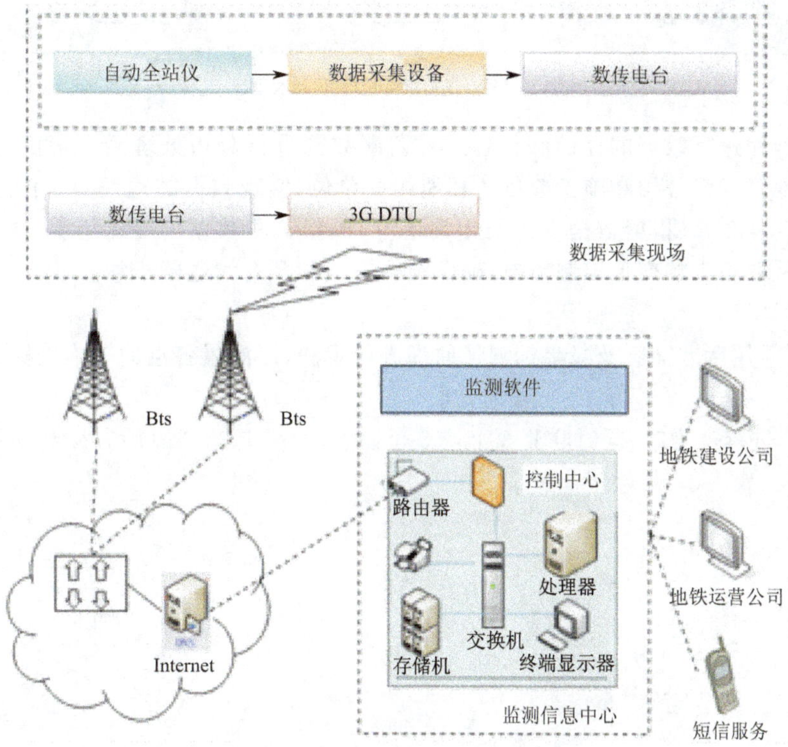

图 2　自动监测系统工作示意图

(1)传感器子系统

传感器子系统主要硬件设备为徕卡智能型全自动全站仪(简称测量机器人)、变形监测点上的棱镜、传感器、计算机、网络通信设备等,现场主要控制设备为一台计算机。

①测量机器人:为监测系统的主要监测设备,该仪器是一种能代替人工进行自动搜索、跟踪、辨识和精确照准目标并获取角度、距离、三维坐标以及影像等信息的智能型电子全站仪。可以自动精确瞄准棱镜,并能够制订测量计划、控制测量过程、进行测量数据处理与分析的软件系统相结合,完全可以代替人完成许多测量任务,同时还具有全自动、遥测、实时、动态、精确、快速等诸多优点。

②棱镜:是测量机器人自动识别的主要目标,因此在参考点、变形监测点上都应配备配套的棱镜,参考点上采用大棱镜,变形监测点上采用小棱镜。

③感应传感器:在拟监测区来车方向前约 100 m 处设置一组传感器(传感器的具体位置通过现场试验确定),即当地铁列车车头到达传感器 CGQ1 时,感应传感器通过计算机给测量机器人发出暂停工作 t s 的信号,以解决地铁列车运行时遮挡引起的不通视以及列车运行时振动、强气流引起的观测值不稳定的问题。

④计算机:系统调试、控制测量机器人的工作,监测数据采集及初处理,远程控制测量机器人,监测信息的发布及管理,系统的远程维护。

(2)数据采集与传输子系统

佛山市地铁项目的自动化监测系统信号传输与存储的实时性要求高,这对数据采集系统的软硬件提出了很高的要求。综合考虑集中式采集系统和有线传输方式对本项目的施工极为不便,分布式的测量系统和无线传输是本项目自动化监测的首选。

在分布式的测量系统中包含多个数据采集子站。各个采集子站输出的信号均为数字信号,并带有错误校验码,保证了传输的都是数字量,避免了外界信号的干扰。各子站连接的传感器类型如图 3 所示。

(3)数据管理分析子系统

信息中心主控计算机接收到监测数据后,通过专业技术软件进行整理、计算和分析,并绘制各种表格和

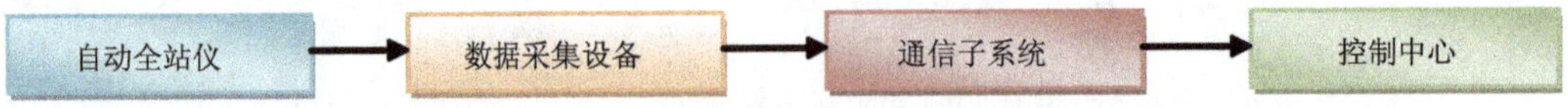

图 3　各子站连接的传感器类型

曲线。同时，利用数据库进行数据的存储和管理。对监测数据进行分析处理后，信息中心通过公共网络传输到地铁建设公司、地铁运营公司和施工单位及其他相关单位，实现数据的远程实时传送，必要时进行预警或发布预警，经授权后将预警、报警数据发送至相关单位，根据监测数据的变化情况，决定是否需要调整支护参数、盾构参数并采取相应的变形控制措施，确保结构安全和既有线运营正常。

2.1.2　监测方法

本项目现场观测采用后方交会及极坐标测量原理进行观测，以测量各点的三维坐标。具体做法如下：

(1)后方交会

在 O 点安置仪器进行观测时，同时联测 3 个或 3 个以上的已知点，通过后方交会即可计算出 O 点的坐标，如图 4 所示。

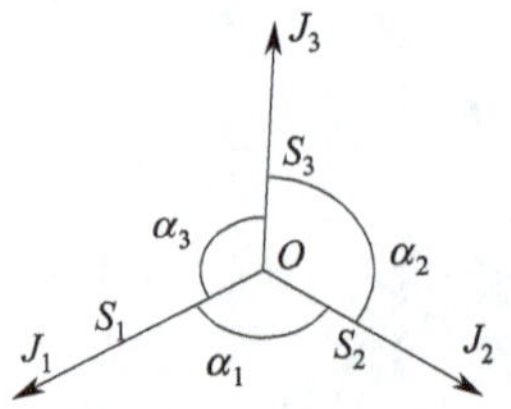

图 4　后方交会法示意图

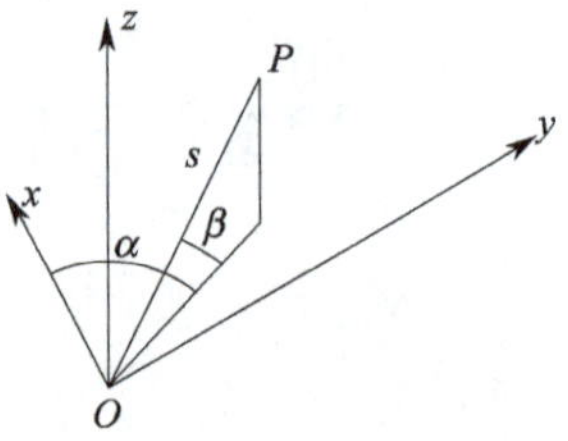

图 5　极坐标法示意图

(2)极坐标观测

如图 5 所示，以全站仪的设站点 O 为原点，测站的铅垂线为 z 轴，以定向方向为 x 轴，建立坐标系 O-xyz. 则全站仪测量 P 点的观测值为水平角 α、竖直角 β，斜距 s，则 P 点的独立坐标系下的坐标：

$$\begin{cases} X = s \cdot \cos\beta \cdot \cos\alpha + x_0 \\ Y = s \cdot \mathrm{cso}\beta \cdot \sin\alpha + y_0 \\ Z = s \cdot \sin\beta + z_0 \end{cases}$$

当坐标系 x 轴沿隧道纵向、z 轴沿铅锤方向选定时，y 轴方向的变化量即为隧道径向方向的变形量。z 轴方向的变化量即为隧道拱顶沉降或隧道底板沉降。

(3)精度分析

按照误差传播律对极坐标公式进行转换，可得 P 点的点位中误差计算公式。

$$\begin{pmatrix} m_x^2 \\ m_y^2 \\ m_z^2 \end{pmatrix} = \begin{pmatrix} \left(\dfrac{x}{s}\right)^2 & \left(\dfrac{y}{\rho}\right)^2 & \left(\dfrac{xz}{D\rho}\right)^2 \\ \left(\dfrac{y}{s}\right)^2 & \left(\dfrac{z}{\rho}\right)^2 & \left(\dfrac{yz}{D\rho}\right)^2 \\ \left(\dfrac{z}{s}\right)^2 & 0 & \left(\dfrac{D}{\rho}\right)^2 \end{pmatrix} \begin{pmatrix} m_S^2 \\ m_\alpha^2 \\ m_\beta^2 \end{pmatrix}$$

$$m_P = \pm\sqrt{m_x^2 + m_y^2 + m_z^2} \tag{1}$$

利用上式，代入测边中误差和测角中误差，得各点的点位中误差。

$$S_{BC} = \sqrt{(X_B - X_C)^2 + (Y_B - Y_C)^2 + (H_B - H_C)^2} \tag{2}$$

B、C 点三维坐标计算公式如下：

$$X_B = X_A + S_B \times \cos\alpha \times \cos\beta \tag{3}$$

$$Y_B = Y_A + S_B \times \cos\alpha \times \sin\beta \tag{4}$$

$$H_B = H_A + S_B \times \sin\alpha \tag{5}$$

其中,S_B 为 AB 之间的斜距,α 为 AC 线段的竖直角,β 为 AC 线段的方位角。B 点坐标计算公式相同与 C 点相同,只是其斜距、竖直角、方位角值不同。

2.2 静力水准自动化监测

本项目采用晶硅式静力水准仪自动化监测,晶硅式静力水准仪是一种差压式的传感器,利用各个监测点之间的压力值的变化计算出沉降量,传感器精度高,体积小、量程大,在其量程之内,静力水准仪可以随着地面走势安装而不需要调平,全密封结构可以埋设于地下方便道路交通。

2.2.1 晶硅式静力水准自动化监测系统组成

晶硅式静力水准仪自动化监测系统由晶硅式静力水准仪、储液罐、基点、测点、采集设备、管理计算机组成。静力水准仪由主体容器、连通管、传感器等部件组成。

2.2.2 晶硅式静力水准自动化监测技术指标

量程:0.2～1 000 mm

传感器精度:0.2 mm

分辨率:0.001 mm

系统误差:±0.3 mm

通信速率:9 600～115 200

最大间距:500 m

供电方式:9 ～12 V

无故障时间:>50 000 h

WDT 看门狗设计,系统稳定

保护:内置 15 kV ESD 保护

环境温度范围:－30～＋80 ℃

存储容量 4 Mbits

防护等级 IP68

通信输出类型:RS485/CAN

2.2.3 晶硅式静力水准自动化监测系统原理

晶硅式静力水准仪是利用连通液的原理进行沉降观测,多支通用连通管连接在一起的储液面总是在同一水平面上,通过测量不同储液罐的液面高度,经过计算可以得出各个静力水准仪的相对差异沉降。

如图 6 所示,设共布设有 n 个测点,1 号点为相对基准点,初始状态时各测量安装高程相对于(基准)参考高程面 ΔH_0 风间的距离则为:$Y_{01}, Y_{02}, \cdots, Y_{0i}, Y_{0n}$($i$ 为测点代号 $i=1,2,\cdots,n$);各测点安装高程与液面间的距离则为 $h_{01}, h_{02}, h_{0i}, \cdots, h_{0n}$,则有:

$$Y_{01} + h_{01} = Y_{02} + h_{02} = \cdots Y_{0i} + h_{0i} = \cdots Y_{0n} + h_{0n} \tag{6}$$

当发生不均匀沉降后,设各测点安装高程相对于基准参考高程面 ΔH_0 的变化量为:$\Delta h_{j1}, \Delta h_{j2}, \cdots, \Delta h_{ji}, \Delta h_{jn}$($j$ 为测点代号 $j=1,2,\cdots,n$);各测点容器内液面相对于安装高程的距离为 h_{j1},h_{j2},…,h_{ji},…,h_{jn}。由图可得:

$$(Y_{01} + \Delta h_{j1}) + h_{j1} = (Y_{02} + \Delta h_{j2}) + h_{j2} = \cdots = (Y_{0i} + \Delta h_{ji}) + h_{ji} = \cdots = (Y_{0n} + \Delta h_{jn}) + h_{jn} \tag{7}$$

则 j 次测量 i 点相对于基准点 1 的相对沉降量 H_{i1}

$$H_{i1} = \Delta h_{ji} - \Delta h_{j1} \tag{8}$$

由(7)式可得:

$$\Delta h_{j1} - \Delta h_{ji} = (Y_{0i} + h_{ji}) - (Y_{01} + h_{j1}) = (Y_{0i} - Y_{01}) + (h_{ji} - h_{j1}) \tag{9}$$

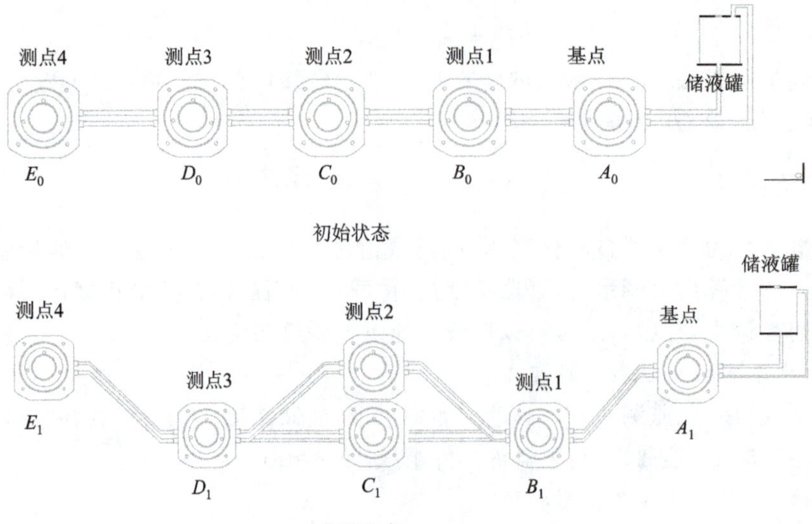

图 6　测量原理示意图

由(6)式可得：

$$(Y_{0i}-Y_{01})=-(h_{0i}+h_{01}) \tag{10}$$

将(10)式代入(9)式得：

$$H_{i1}=(h_{ji}-h_{j1})-(h_{0i}-h_{01}) \tag{11}$$

即只要用电容传感器测得任意时刻各测点容器内液面相对于该点安装高程的距离 h_{ji}（含 h_{ji} 及首次的 h_{0i}），则可求得该时刻各点相对于基准点 1 的相对高程差。如把任意点 $g(1,2,\cdots,i,n)$ 作为相对基准点，将 f 测次作为参考测次，则按(11)式同样可求出任意测点相对 a 测点（以 f 测次为基准值）的相对高差 H_{ia}：

$$H_{ia}=(h_{ji}-h_{ja})-(h_{fi}-h_{fa}) \tag{12}$$

2.3　测量机器人自动化监测布点

2.3.1　基准点布置

在地铁桂城站受施工影响区域外的地铁隧道左右线两端分别布设 4 个基准点，共 8 个基准点，它们分布在离施工段较远，受基坑施工影响较小的稳定区域。监测点在整个监测过程中都必须保持良好的稳定性且不易被破坏。

2.3.2　监测点布置

监测断面的设计为：既有地铁广佛线桂城站换乘节点及两侧 50 m 范围的既有线结构。

本项目拟于换乘节点左右线隧道各布设 17 个监测断面，施工影响区域每个断面间隔约5～10 m，共 34 个断面，每个监测断面分别布设 4 个监测点，如图 7 所示。

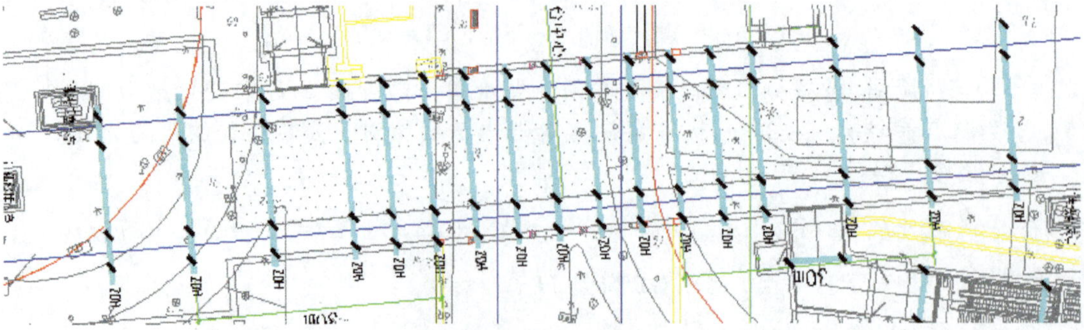

图 7　监测点平面布置图

3 监测成果分析

佛山轨道交通某工程换乘车站自动化监测工作自 2017 年 3 月开始，截至目前历时近 5 个月。在整个施工过程中进行全过程监测，对每一施工工况进行有针对性的预测，更好的指导了施工，见表 2。

表 2 换乘车站测量机器人自动化监测数据累计变形最大值统计

监测项目	累计变化量 /mm	变化速率 /(mm·d^{-1})	报警值 /mm	控制值 /mm	监测结论
车站道床、侧墙沉降	4.32	0.04	8.5	10	正常
车站道床、侧墙水平位移	1.60	0.01	4.25	5	正常
车站侧壁收敛	3.70	0.03	4.25	5	正常
变形缝张开量	0.75	0.01	1.7	2	正常
裂缝	2.63	0.02	0.25	0.3	正常
轨道横向高差	1.24	0.01	3.4	4	正常
轨向高差	1.19	0.01	3.4	4	正常
轨间距	2.12	0.02	−3.4，+5.1	−4，+6	正常

测量机器人监测数据显示，各监测点各监测项目累计变化量及阶段变化速率均较小，未发现有监测数据接近或达到报警值，如图 8 所示。

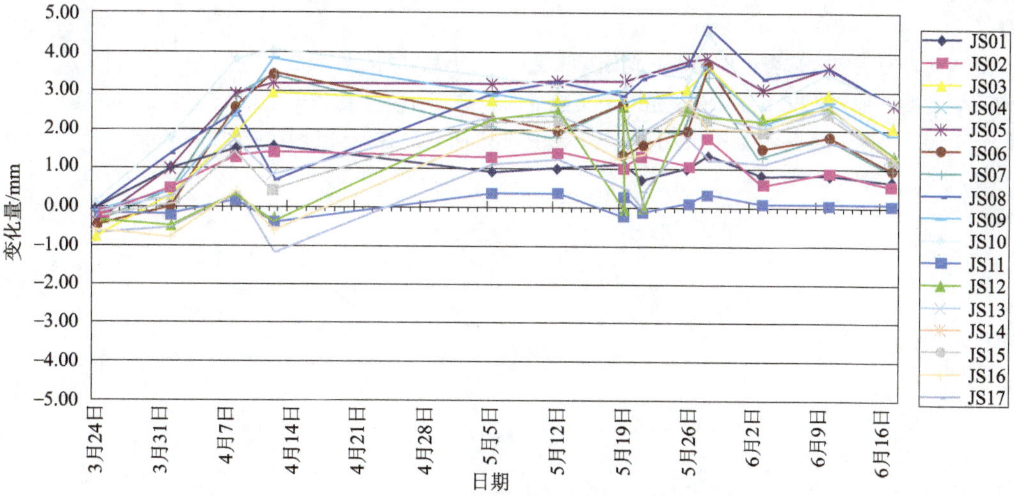

图 8 换乘车站静力水准自动化监测数据累计变形统计

静力水准监测数据显示，各监测点各监测项目累计变化量较小，未发现有监测数据接近或达到报警值。

根据静力水准和测量机器人自动化监测数据再结合巡视信息综合分析，基坑施工对既有线车站运营无明显影响，各监测项目监测数据正常，未出现超警戒值的情况。

4 结 语

通过测量机器人加静力水准远程自动化监测系统在本工程中的具体应用可以发现：该系统具有简便灵活、无人值守、实时动态的监测特点，克服了传统测量方法的不足，极大地提高了工作效率。本工程采用两种不同监测方法数据之间形成对比也弥补了系统各自的缺陷，更好地为基坑开挖提供准确、及时的监测数据，为既有线的安全运营保驾护航。

测量机器人自动化监测具有以下特点和优势：

(1)无人值守，完全自动。系统能对各个监测点进行全自动(定时或连续)长期监测，无论酷暑严冬、刮风下雨、白天黑夜从不间断，不丢失信息；

(2)监测精度高。系统能以目前大地测量方法所能达到最高精度—毫米级精度测定监测点的位移，对尽早发现异常，分析变形规律，将灾害消灭在萌芽状态以及确切进行预警和预报非常必要。

(3)实时处理，可视化显示。系统经计算机采集的数据是实时处理和可视化显示的，测量结果是实时处理，保证真实再现现场情况，便于洞察变化趋势，能给领导决策提供科学依据。

(4)可靠性高，运行成本低。系统构成主要由全站仪、计算机和它们之间的通讯、供电电缆组成。故障率低，维护比较方便，运行成本较低。仪器可自动处理停电后续测、数据永久存储等。

(5)变形点增减灵活，成本低廉。监测项目的加减，变形点的取舍，监测重点和频率的改变可根据需要随时灵活处置。

静力水准自动化监测具有以下特点和优势：①监测精度高(可达 0.1 mm)；②测量范围较大；③结构简单，静力水准系统、传感器安装方便；④静力水准液体介质采用特殊溶液，具有防冻、防霉、不挥发等特征，提高了系统的可靠性；⑤可实现全天候自动测量。

参考文献

[1] 章书涛，华锡生．工程测量[M]．北京：水利水电出版社，2010.

[2] 秦长利．城市轻轨交通工程测量[M]．北京：中国建筑工业出版社，2008.

[3] 张松．时间序列分析在地铁沉降监测中的应用[J]．测绘工程，2014，23(10)：63-66.

[4] 梅文胜，张正禄，郭际明，等．测量机器人变形监测系统软件研究[J]．武汉大学学报(信息科学版)，2002，27(2)：165-171.

[5] 范垚垚，盾构超近距离穿越运营地铁的微扰动施工研究[D]．上海：同济大学，2008.

[6] 方勇，何川．盾构法修建正交下穿地铁隧道对上覆隧道的影响分析[J]．铁道学报，2007，29(2)：83-88.

[7] 沈良帅，贺少辉．复杂环境条件上跨下穿同一既有地铁隧道的变形控制分析及施工方案优化[J]．岩石力学与工程学报，2008，27(增 1)：2893-2900.

岩土技术篇

- 振冲碎石桩消除液化现场试验及效果分析
- 城市轨道交通地下水风险特性及防控措施研究与实践
- 复杂环境条件下的某基坑风险控制设计
- 基于层次分析法综合超前地质预报及应用
- 基于点云数据的地铁车站模型构建方法研究
- 高压旋喷桩在临近地铁深基坑支护结构中的应用
- 大面积软基处理对地铁影响的有限元分析
- 地面动荷载下隧道结构动力响应有限元分析
- 近邻基坑开挖降水对地铁隧道变形的影响分析
- 特殊条件下地铁车站深基坑抽水试验及工程应用

振冲碎石桩消除液化现场试验及效果分析

罗烈日， 彭占良， 宋克英， 冯科明
（北京城建勘测设计研究院有限责任公司，北京 100101）

摘 要：振冲法是处理可液化地基土的有效方法。本文依托实际工程，采用振冲碎石桩处理某车辆段的可液化饱和粉细砂。通过在严重液化的部位开展现场试验，并结合标准贯入试验和DPT试验检测结果选择最合理的施工参数，再对整个场区进行液化地基处理，经处理后地基土的液化完全消除。检测结果表明：对于可液化的饱和粉细砂而言，采用大功率（100 kW）的振冲器并减小桩间距能够有效地提高地基土的液化处理效果；可液化土层范围内的桩体材料密实度以及均匀性相对较好，这是由振冲碎石桩的振动挤密和排水减压作用共同作用的结果。

关键词：液化；振冲碎石桩；复合地基

饱和砂土在振动荷载作用下，土中孔隙水压力逐渐累积，有效应力下降，当孔隙水压力累积至总应力时，有效应力为零，土粒处于悬浮状态，表现出类似水的性质，这种现象称为砂土的振动液化。由于液化后的土体抗剪强度完全丧失，这将导致地基承载力不足，直至失稳破坏。

根据地基土的性质，可液化地基的处理方法主要有换填垫层法、强夯法、振冲挤密法等。工程实践证明，振冲法是处理可液化饱和地基土的有效方法，国内外许多学者也对振冲碎石桩用于液化处理进行了相关研究。Kyle对比分析了饱和粉砂土中竖向排水和不排水时碎石桩的液化处理效果，李立军亦对饱和砂土中碎石桩的排水减压作用及液化处理效果进行了现场试验及理论分析。Adalier则通过室内模型试验，验证了碎石桩在处理可液化的无黏性淤泥质土中的可行性，拓展了碎石桩的液化处理范围；杨生彬开展了大直径振冲碎石桩处理大厚度饱和砂土液化的试验研究，取得了丰富的科学试验数据；傅少君则利用有限元模型分析了振冲碎石桩地基的沉降及固结问题。此外，也有学者开展了碎石桩与深层强夯、充水预压等方法相结合的联合地基处理技术，消除了特殊地质条件下的土体液化。

本文针对某拟建的地铁车辆段饱和粉细砂可液化地基，开展了大量的现场试验工作，并进行了液化处理效果的分析与评价。

1 项目背景

1.1 工程概况

某拟建地铁车辆段位于北京市通州区东部，主要由停车列检库、联合检修库、设备维修间及材料库形成车辆停放检修功能区，此外尚有综合办公楼、生产辅助功能区等，总用地面积约23万m^2。

1.2 场区工程地质、水文地质条件

该车辆段位于潮白河冲洪积扇的下部平原地区，地表分布的全部为新生代第四系松散沉积物，表层以厚度1～2 m的素填土为主，人工堆积层以下主要为新近沉积的黏性土、粉土、粉细砂层。新近沉积层以下为厚层状第四纪沉积的砂层，并分布有薄厚不均的黏性土、粉土薄层。上部20 m地基土的主要物理力学性质见表1。

表 1　土层物理力学性质指标

层号	岩性	厚度/m	重度 γ/(kN·m^{-3})	湿度	孔隙比 e
①	素填土	1～2.0	16.5	稍湿	/
②	粉土	0.5～2.0	19.2	湿—很湿	0.71
②$_5$	粉细砂	1.0～10.0	20.0	饱和	0.75
②$_3$	粉细砂	1.0～3.0	20.0	饱和	0.75
②$_4$	中粗砂	2.0～2.5	20.1	饱和	0.60
③$_4$	中粗砂	2.7～3.5	20.1	饱和	0.58

场区内赋存一层地下水，地下水类型为潜水，埋深约为 2.83～6.50 m，含水层主要为粉土②层、粉细砂②$_3$层、粉细砂②$_5$层。

1.3　地基土液化等级判别

拟建场地位于抗震设防烈度 8 度区内，设计基本地震加速度值为 0.20 g，设计特征周期为 0.45 s。当地下水位按自然地面考虑(d_w=0 m)时，场区内地面下 20 m 深度范围内的饱和粉细砂②$_5$层会产生液化，液化等级为轻微～中等(局部为严重)，其余饱和砂土、粉土均不液化，液化深度为地面下 1.0～10.0 m 范围内，液化范围遍布整个车辆段。

饱和粉细砂②$_5$层液化指数 I_{1E}范围为 1.4～23.2，其中 I_{IE}>18 的单孔占整个判别标贯孔的 9.1%，为严重液化；6<I_{IE}≤18 单孔占整个判别标贯孔的 58.4%，为中等液化；I_{IE}≤6 单孔占整个判别标贯孔的 33.5%，为轻微液化。

本工程拟采用振冲碎石桩进行饱和粉细砂液化地基处理，先进行现场试验，并通过液化处理效果的评价确定合适的施工参数。

2　试验施工概况

2.1　试验参数

选取场区两个不利位置(Ⅰ区、Ⅱ区)进行振冲碎石桩试验，其中Ⅰ区的液化指数为 23.2，Ⅱ区液化指数为 21.6，均为严重液化。试桩Ⅰ区、Ⅱ区又分为三个子区，振冲桩按等腰三角形布桩，横向、纵向桩间距相等，具体试桩参数见表 2。试桩Ⅰ区碎石桩桩端进入中粗砂③$_4$层，试验Ⅱ区碎石桩桩端主要进入粉细砂②$_3$层，如图 1、图 2 所示。有效桩顶标高以上预留不小于 1.0 m 的土层作为超打部分，以保证顶部桩体材料的振冲密实度。

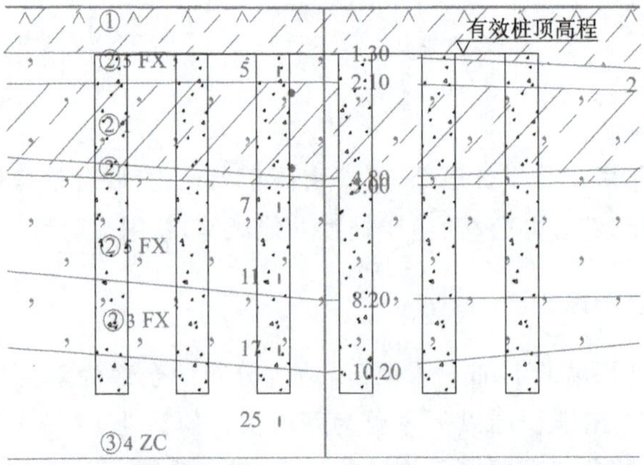

图 1　试验Ⅰ区碎石桩剖面示意图

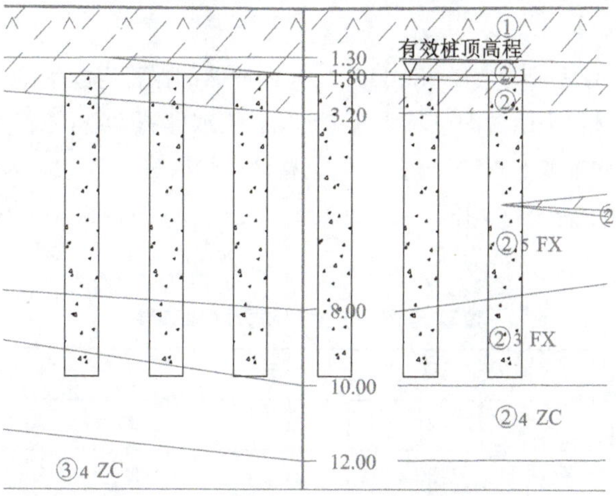

图 2　试验Ⅱ区碎石桩剖面示意图

表 2　试验桩设计参数

试桩区域	桩径 d /m	有效桩长 l /m	桩间距 s /m	桩数 /根	振冲器功率 /kW	桩平面示意图
Ⅰ$_1$	1.0	9.5	2.8	28	100	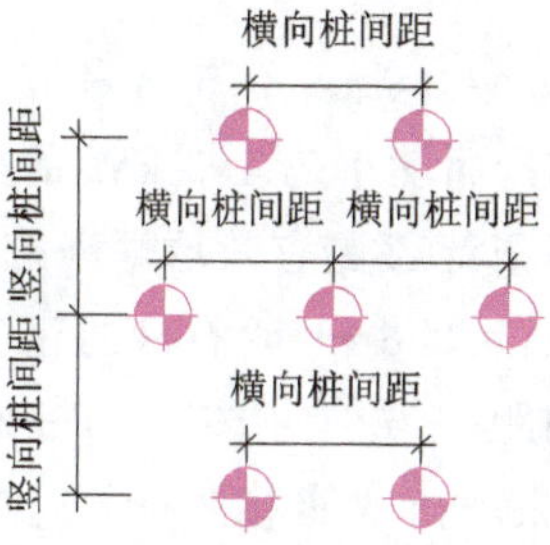
Ⅰ$_2$	1.0	9.5	2.5	27	100	
Ⅰ$_3$	0.8	9.5	2.0	30	75	
Ⅱ$_1$	1.0	8.0	2.8	27	100	
Ⅱ$_2$	1.0	8.0	2.5	25	100	
Ⅱ$_3$	0.8	8.0	2.0	30	75	

2.2　试验桩液化处理效果对比分析

2.2.1　标准贯入试验检测结果分析

在振冲碎石桩施工前后，试桩区范围内的地基土均进行了标准贯入试验。振冲桩施工前，试验区饱和粉细砂②$_5$层标贯深度 d_s分别为 1.65 m、5.45 m 和 7.45 m 时，其标准贯入锤击数实测值 N 分别为 5、7 和 11，Ⅰ区和Ⅱ区的液化指数分别为 23.2 和 21.6，且Ⅰ区液化土层厚度相对较厚。振冲碎石桩施工后，试验区饱和粉细砂②$_5$层 N 值见表 3。

表 3　试验区振冲碎石桩施工后桩间土 N 值(m)

d_s	N_{cr}	N																	
		Ⅰ$_1$			Ⅰ$_2$			Ⅰ$_3$			Ⅱ$_1$			Ⅱ$_2$			Ⅱ$_3$		
6.15	15.8	17	21	19.4	19	22	20.3	21	28	25.0	16	20	18.9	17	21	19.4	18	21	19.3
6.65	16.3	19	22	20.4	21	26	22.9	22	27	25.8	19	22	20.7	19	21	19.9	19	25	21.9
7.15	16.9	19	24	21.4	23	32	25.1	25	32	27.5	21	27	22.9	23	25	23.9	22	28	24.0

注：各试验子区三个数字分别为 N 值的最小值、最大值和平均值。

当 $N<N_{cr}$时，地基土为液化土层；当 $N\geqslant N_{cr}$时，地基土为不液化土层。由表 3 可知，施工后 N 均大于 N_{cr}，饱和粉细砂②$_5$层液化消除。对比不同桩径 d、不同桩间距 s 条件下的标准贯入锤击数的平均值 $\overline{N}$ 可知：当 $d=1.0$ m、$s=2.8$ m 时，$\overline{N}$ 最小；当 $d=0.8$ m、$s=2.0$ m 时，$\overline{N}$ 最大。不同标贯深度条件下，试验Ⅰ$_2$区 $\overline{N}$ 较Ⅰ$_1$区增幅大于 5，而试验Ⅱ$_2$区 $\overline{N}$ 较Ⅰ$_1$区增幅仅为 0.5～1.2，这说明当液化土层较厚，振冲碎石桩

较长时，采用小桩间距、加密布桩的形式，能够取得更好的液化处理效果。

2.2.2　重型动力触探检测结果分析

在施工过程中，振冲碎石桩的留振时间为6～8 s，100 kW振冲器的振密电流为60～100 A，75 kW振冲器的振密电流为60～90 A。振冲桩桩体材料采用含泥量不大于5%的碎石或卵石，填料粒径为40～150 mm，充盈系数为1.3～1.4。施工后，每个试验子区均抽取5根碎石桩，采用重型动力触探法(DPT法)检测其桩体材料的密实度，全桩长经杆长修正后每贯入10 cm锤击数的平均值$\overline{N}_{63.5}$见表4。当$10<\overline{N}_{63.5}\leqslant 20$，桩体材料中密，当$\overline{N}_{63.5}>20$时，桩体材料密实。

表4　试验区碎石桩重型动力触探结果

试验区域	桩长/杆长	$\overline{N}_{63.5}$					平均值	方差	密实所占比例
I_1	10.5	19.6	20.5	21.4	21.5	21.5	20.90	0.705	80%
I_2	10.5	20.2	20.5	20.9	21.0	21.2	20.76	0.163	100%
I_3	10.5	18.5	18.8	19.0	19.7	21.6	19.52	1.547	20%
II_1	9.0	17.0	17.4	19.3	19.3	22.0	19.00	3.935	20%
II_2	9.0	19.0	19.3	20.4	20.5	20.5	19.94	0.533	60%
II_3	9.0	16.7	17.1	18.5	22.4	24.0	20.74	10.743	40%

比较$d=1.0$、$s=2.5$ m和$d=0.8$、$s=2.0$ m两种条件下的碎石桩密实度可知，两种桩间距s均为直径d的2.5倍，而功率为100 kW的振冲器所形成的碎石桩的密实度更好，这是由于大功率振冲器振密电流高，振动荷载能够更有效地提高桩体碎石材料的密实度。而相同功率(100 kW)、相同桩径(1.0 m)条件下，大桩间距($s=2.8$ m)碎石桩的密实度要略低于小桩间距($s=2.5$ m)碎石桩的密实度，且从抽查的样本来看，小桩间距碎石桩的方差小，桩体材料的密实程度更加均匀，由此可以推断当桩间距较小时，成桩时振冲器引起的振动荷载能够进一步提高已完成的碎石桩桩体材料的密实度。

综上所述，结合地基处理要求，同时综合考虑工期、工程量以及工程造价，最终确定在整个可液化地基土的场区采用直径$d=1.0$ m，桩间距$s=2.8$ m的振冲碎石桩，碎石桩采用等腰三角形布置。

3　振冲桩抗液化处理效果评价

结合试验桩的试打经验，整个场区碎石桩选用功率为100 kW的振冲器，施工时水压控制为0.4～0.6 MPa，水量控制为250～300 L/min。桩体材料充盈系数约为1.3～1.4，每米平均填料量约为1～1.1 m^3。造孔速度控制为0.5～2.0 m/min振密电流为60～120 A，留振时间为6～8 s。根据车辆段工筹安排，施工范围为试验Ⅱ区所代表的列检库区域，碎石桩有效桩长$l=8.0$ m，桩顶预留1.0 m以保证桩顶密实度，碎石桩桩端主要进入粉细砂②$_3$层，局部进入中粗砂③$_4$层。

3.1　标贯检测结果分析

该车辆段停车列检库共有约26个钻孔进行了液化等级判别，其中判别为严重液化的共2孔，液化指数分别为19.5和21.6(试验Ⅱ区)；判别为中等液化的共16孔，约占61.5%，其液化指数范围为6.1～17.3；其余约30.7%钻孔地基土液化等级判别为轻微，液化指数范围为1.7～5.6。振冲碎石桩施工完成后，采用标准贯入试验检测桩间土的抗液化处理效果，除试验Ⅱ区外检测样本共63处。检测前先清理掉1.0 m的保护桩长至设计桩顶标高，检测结果见表5，其中地下水位$d_w=0$ m，黏粒含量百分率$\rho_c=3$，调整系数$\beta=0.80$，液化判别标准贯入锤击数基准值$N_0=12$，N_{cr}计算见式(1)。

$$N_{cr}=N_0\beta[\ln(0.6d_s+1.5)-0.1d_w]\sqrt{3/\rho_c} \tag{1}$$

表 5　施工后桩间土标贯检测数据

地层岩性	d_s/m	N_{cr}	N				$\overline{N}/N_{cr}$
			最小值	最大值	平均值	方差	
粉细砂层	4.65	14.0	14	25	18.84	9.071	1.35
	5.15	14.6	15	29	21.19	9.931	1.45
	5.65	15.2	16	29	23.00	10.226	1.51
	6.15	15.8	16	34	24.59	13.537	1.56
	6.65	16.3	18	39	27.17	17.405	1.67
	7.15	16.9	20	36	29.19	14.770	1.73
	7.65	17.3	19	38	31.16	13.523	1.80

根据检测报告，原液化指数为 19.5、地基土为严重液化的钻孔处，施工前当 d_s 分别为 5.65 m、7.65 m 时，其标准贯入锤击数实测值 N 分别为 8 和 11；施工后，钻孔附近检测点相同 d_s 处，桩间土 N 值分别为 26 和 34，约为施工前的 3 倍，远远大于标准贯入锤击数临界值 N_{cr}，完全消除了地基土的液化。

由表 5 可知，不同标贯深度条件下，标准贯入锤击数实测值 N 均大于标准贯入锤击数临界值 N_{cr}，整个施工场区地基土无液化，这验证了工程桩施工参数选择的正确性与合理性，振冲碎石桩抗液化处理效果良好。振冲碎石桩液化处理后，桩间土标准贯入锤击数实测值的平均值 $\overline{N}$ 约为 N_{cr} 值的 1.3～1.8 倍，且随着标贯深度 d_s 的增加，$\overline{N}/N_{cr}$ 也随之增大，这在一定程度上说明在循环往复的振冲荷载作用下，下部碎石桩对桩间土的振动密实效果更好。

3.2　重型动力触探检测结果分析

振冲碎石桩施工完成后，根据设计要求及相关规范，随机抽取 19 根振冲桩采用重型动力触探法检测桩体碎石材料的完整性。检测时，穿心锤质量为 63.5 kg，落距为 76 cm，自由下落，19 根桩全桩长每贯入 10 cm 的锤击数的平均值 $\overline{N}_{63.5}$ 见图 3。结合检测数据可知，$\overline{N}_{63.5}$ 的最小值为 12.2，最大值为 20.4，平均值为 15.1，其中约 95％的振冲桩桩体碎石材料的密实度为中密，有 1 根桩桩体碎石材料的密实度为密实，这基本上与试桩结果保持一致，进一步验证了施工参数选择的正确性和合理性。

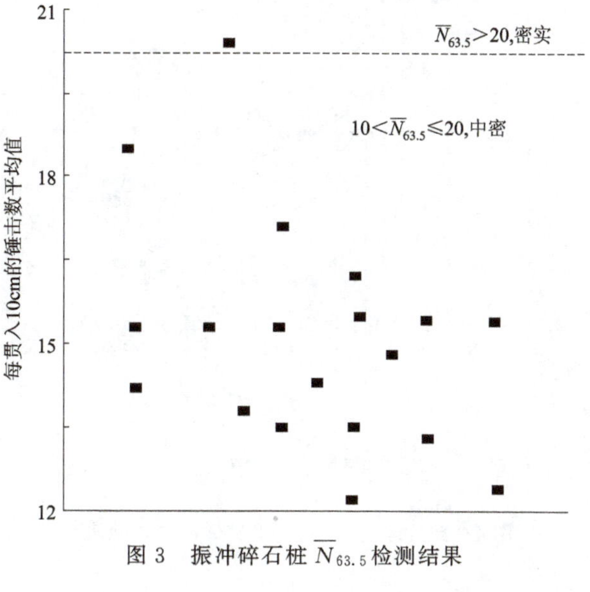

图 3　振冲碎石桩 $\overline{N}_{63.5}$ 检测结果

重型动力触探试验每贯入 1 m，将转杆转动一圈半，当贯入深度超过 10 m 时，每贯入20 cm，转动转杆一次。图 3 从总体上利用全桩长每贯入 10 cm 的锤击数的平均值对振冲桩桩体的密实度进行了评价，为了更进一步了解桩体的密实度，对每根检测桩每米的锤击数进行了杆长修正后的值 $N_{63.5}$ 进行统计分析，统计结果见表 6。

表 6　桩体每米重型动力触探锤击数 $N_{63.5}$ 统计表

桩长/m	0～1	1～2	2～3	3～4	4～5	5～6	6～7	7～8	8～9
最大值	12.4	16.6	21.6	24.1	28.3	28.4	25.1	21.4	18.1
最小值	5.1	5.2	5.8	7.3	10.3	19.7	19.3	17.3	10.7
平均值	6.6	8.1	8.8	13.7	22.0	22.7	21.0	19.1	14.7
标准差	3.086	5.963	12.794	16.920	26.430	5.976	2.137	1.530	8.580
稍密比例	94.4%	94.4%	83.3%	16.7%	0	0	0	0	0
中密比例	5.6%	5.6%	11.1%	72.2%	33.3%	11.1%	16.7%	77.8%	100%
密实比例	0	0	5.7%	11.1%	66.7%	88.9%	83.3%	22.2%	0

对桩体材料密实度进行检测时，由施工桩顶标高开始，对全长 9 m(含 1 m 保护桩长)桩体均进行了重型动力触探试验。由表 6 可知，对于单根振冲桩而言，其桩体碎石材料的密实度沿着桩长呈稍密→中密→密实→中密的变化规律。从总体上看，填充于桩长 4～9 m 范围内的碎石材料的锤击数修正值 $N_{63.5}$ 较大，密实状态为中密～密实，特别是 4～8 m 范围内大部分 $N_{63.5}$ 均大于 20。

图 4 描述了部分碎石桩重型动力触探试验锤击数修正值 $N_{63.5}$ 沿桩长的变化规律，由图 4 可以得到与表 6 类似的结果。桩长 0～3 m 范围内，各桩的 $N_{63.5}$ 位于(5,10]区间范围内，桩体碎石材料的密实程度以稍密为主，这从一定程度上佐证了设计桩顶标高以上预留不小于 1.0 m 的保护桩长对保障桩顶部位桩体材料密实度的重要性和必要性。桩长为 4～8 m 部位，碎石桩的锤击数修正值 $N_{63.5}$ 基本位于 20 左右，且大部分 $N_{63.5}$ 大于 20。特别是当桩长为5～8 m 时各桩的 $N_{63.5}$ 较为接近，桩体材料的密实程度更均匀，振冲器的振动挤密效果较好。

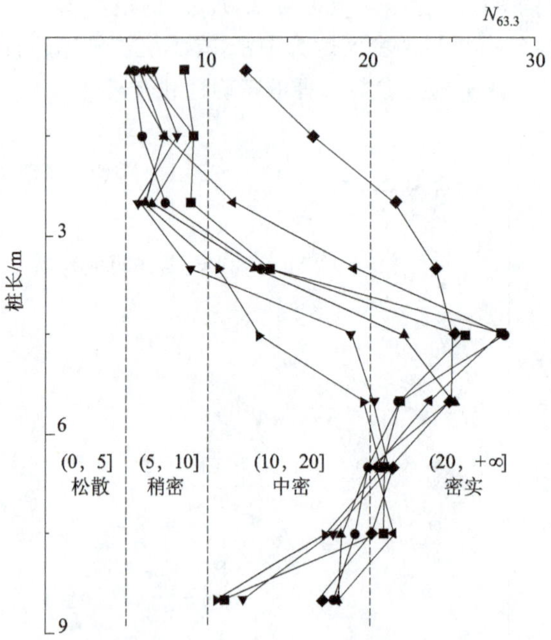

图 4　部分碎石桩 $N_{63.5}$ 沿桩体的变化规律

3.3　振冲桩的作用机理分析

根据地质勘察报告可知，该施工区域振冲碎石桩施工工作面以下 5～8 m 的土层主要为可液化的饱和粉细砂②$_5$层，由重型动力触探试验的结果分析(见 3.2 节)可知，该范围内桩体碎石填料的密实度最好，这是由于振冲碎石桩的振动挤密以及排水减压作用共同引起的。

3.3.1 振动挤密作用

振冲桩在振动成孔和振密碎石填料的过程中，一方面桩周土在振冲器产生的水平振动力作用下产生径向位移，使桩间土密度提高；另一方面，振冲器的水平振动力在饱和砂土中产生了类似地震荷载的作用效果，振冲器周围一定范围内的砂土发生液化，液化后的砂土颗粒在振动力以及碎石填料的挤密作用下进行重新排列，孔隙比减小，趋于密实，因此与密实的碎石桩形成复合地基，并完全消除了土层液化现象。

振冲碎石桩采用等腰三角形布置(见表 2)，横向、纵向桩间距 $s=2.8$ m，桩径 $d=1.0$ m，施工前②$_5$层饱和粉细砂层孔隙比 $e_0=0.75$。取单位高度对挤密后饱和粉细砂层的孔隙比进行估算，施工前一个等腰三角形区域 A_0 中饱和粉细砂颗粒的体积为 V_s：

$$V_s=A_0\times1\times e_0=\frac{1}{2}s^2e_0$$

假设施工后的粉细砂的孔隙比为 e_1，施工后相同区域范围内的饱和粉细砂颗粒的体积V_s' 为：

$$V_s'=A_1\times1\times e_1=\left(\frac{1}{2}s^2-\frac{1}{2}\times\frac{\pi}{4}d^2\right)e_1$$

忽略振冲碎石土颗粒挤入碎石材料中的体积损失，应有 $V_s=V_s'$，并结合《建筑地基处理技术规范》(参考文献[3])公式(7.2.2-1)换算得工后孔隙比 e_1 为：

$$e_1=\left(1-\frac{\pi\xi^2d^2}{4s^2}\right)^{-1}e_0$$

取 $\xi=1.0$，代入其他数据得，施工后饱和粉细砂层的孔隙比 e_1 约为 0.675，即饱和砂土中的水被大量排出，砂土颗粒趋于密实，从而提高了砂土的相对密度。由前文分析可知，可液化土层范围内的振冲桩桩体碎石材料的密实度最好，这正是由于可液化的饱和粉细砂颗粒重新排列后，碎石材料与粉细砂能够更充分地互相充填挤密，桩体材料均匀性更好。实际上，由桩间土的标准贯入试验检测结果可知，经振冲处理后，该地基土的液化现象亦完全消除。

3.3.2 排水减压作用

对饱和砂土液化机理的研究表明，地震荷载作用下的可液化砂土由于受到剪切循环作用，其体积逐渐收缩并趋于密实，当砂土无排水条件时，体积的快速收缩将导致超孔隙水压力来不及消散而急剧上升，从而引发地基液化。

碎石桩是由具有良好透水性的碎石组成，可以在土层中形成良好的排水通道，极大地缩短了排水路径。这一点亦可在可液化土层范围内的振冲桩桩体碎石材料的密实度最好得到验证：相对于其他土层而言，桩周部分可液化的饱和粉细砂层在振动荷载作用下发生液化，土中的水通过碎石桩形成的排水通道快速排出，在减小原有饱和粉细砂孔隙比的同时，加速了超孔隙水压力的消散。由有效应力原理可知，孔隙水压力的快速消散，能够保证土颗粒中的有效应力，从而保持土的抗剪强度。

4 结　　论

本文首先通过现场试验，确定了与施工地区地层相适应的振冲碎石桩施工参数之后，再通过标准贯入试验以及重型动力触探试验对施工后桩间饱和粉细砂土的液化处理效果和振冲桩桩体碎石材料的密实度进行评价，主要得到以下结论：

(1)利用振冲器振冲挤密形成的碎石桩能够完全消除可液化饱和粉细砂层的不良影响，且液化处理效果以及振冲桩桩体碎石填料的密实度随着桩间距的减小和振冲器功率的增大(100 kW)而提高。

(2)振冲桩施工时，在设计桩顶标高以上留不小于 1.0 m 的保护桩长以保证桩顶部位碎石材料的密实度是十分有必要的。同时，由于振冲桩的振动挤密以及排水减压作用，使得可液化饱和粉细砂范围内振冲桩桩体的碎石填料密实度更好，同时超孔隙水压力通过其形成的排水通道得以快速消散，从而保持了桩间土的抗剪强度以及抗震能力。

参 考 文 献

[1] 张克恭，刘松玉．土力学，3版[M]．北京：中国建筑工业出版社，2010.

[2] 黄雨，于淼，BHATTACHAYA Subhamoy．2011年日本东北地区太平洋近海地震地基液化灾害综述[J]．岩土工程学报，2013，35(5)：834-840.

[3] 中国建筑科学研究院．JGJ 79—2012　建筑地基处理技术规范[S]．北京：中国建筑工业出版社，2012.

[4] 华俊红，李江峰，刘艳生，等.可液化土地基处理方案分析[J]．2011年亚太青年通信学术会议论文集.浙江：杭州，2011.

[5] 候卫祥，王振江．浅谈地基液化与处理[J]．山东煤炭科技，2011，5：67-68.

[6] 黄茂松，吴世明，赵竹占．振动挤密砂桩和振冲碎石桩抗液化分析[J]．浙江大学学报，1992,26(2)：165-171.

[7] 肖红兵．水振冲碎石桩加固高层建筑砂土地基实例分析[J]．建筑科技，2011，42(9)：833-836.

[8] 周元强，徐强，沈锦儒．振冲法处理饱和粉土地基的工后孔隙比研究[J]．岩土力学，2013，34(S1)：406-412.

[9] Kyle M. Rollins，Michael Quimnby，S. Robert Johnson，etc. Effectiveness of Stone Columns for Liquefaction Mitigation of Silty Sands With and Without Wick Drains[J]. Advances in Ground Improvement，160-169.

[10] 李立军，牛琪瑛，梁仁旺，等．碎石排水桩抗地震液化的试验研究与理论分析[J]．工程力学，2007，27(SII)：266-230.

[11] K. Adalier，A. Elgamal，J. Meneses，etc. Stone columns as liquefaction countermeasure in non-plastic silty soils [J]. Soil Dynamics and Earthquake Engineering，2003，23：571-584.

[12] 杨生彬，刘志伟，李灿．大厚度饱和砂土液化治理试验研究[J]．岩土力学，2009，30(S2)：430-433.

[13] 傅少君，王曼．振冲碎石桩地基有限元分析的复合模型研究[J]．岩土力学，2008，29(2)：375-380.

[14] SANJEEV KUMAR. Reducing liquefaction potential using dynamic compaction and construction of stone columns [J]. Geotechnical and Geological Engineering，2009，19：169-182.

[15] 严聪，张红，周旭荣．振冲碎石桩与充水预压联合处理地震区深厚软土地基[J]．中南大学学报(自然科学版)，2009，40(3)：822-827.

[16] 中国建筑科学研究院．GB 5001—2010　建筑抗震设计规范[S]．北京：中国建筑工业出版社，2010.

[17] 建设部综合勘察设计研究院．GB 50021—2001　岩土工程勘察规范[S]．北京：中国建筑出版社，2009.

[18] 贾晋成．地震作用下碎石桩复合地基的变形研究[M]．北京：北京交通大学，2009.

[19] 王俊涛．复合地基加固处理地震液化土地基现场试验与检测[M]．成都：西南交通大学，2011.

城市轨道交通地下水风险特性及防控措施研究与实践

刘永勤

（北京城建勘测设计研究院有限责任公司，北京　100101）

摘　要：城市轨道交通建设在迅猛发展的同时，也出现了许多安全风险事故，据不完全统计80%的安全风险事故都直接或间接地与地下水相关，地下水已经成为影响城市轨道交通建设的重要安全风险因素。论文通过总结以往工程事故和经验，从三个方面梳理出20种常见的地下水风险类型，包括结构上浮风险、结构开裂渗漏风险、围护结构渗漏垮塌风险、结构沉降风险、结构腐蚀风险、流土流砂风险、管涌风险、基底突涌风险、隧道突水风险、边坡浸润滑塌风险、疏不干风险、界面残留水风险、降不下去风险、螺旋输送机喷涌风险、地下连续墙渗漏风险、止水帷幕渗漏风险、塌孔风险、冻结壁涌水涌砂风险、周边环境沉降开裂风险、地面塌陷风险等。并结合地下水的类型及其特性，从静力学、动力学、化学作用、土层液化、土体固结等方面分析了各类风险发生的机理。从隔离地下水、改变地下水的形态、增加抗力、优化水下开挖技术等方面总结了地下水风险的治理措施。最后从工程建设勘察、设计、施工、应急、运维等全过程出发提出地下水风险的防控体系。论文所述风险防控体系和治理措施已在全国地铁工程建设中初步应用，为确保百年地铁工程的安全建设和平稳运行起到了重要作用。

关键词：风险机理；风险治理；风险防控体系；螺旋输送机喷涌风险

目前，世界上有51个国家和地区的165个城市拥有城市轨道交通运营线路，中国已开通运营的线路里程占全世界近四分之一。根据数据统计，截至2016年9月，全国有27个城市开通运营线路119条，运营里程达到3 480 km；全国有36个城市正在建设162条城市轨道交通线路，在建里程达到4 340 km。2016年11月，国家批复了43个城市轨道交通工程近期建设规划，涉及线路数目或项目317条（个），总里程8 469.72 km，总投资4.7万亿元。

在新一轮线网规划中，成都市规划了2 700 km的线网，上海市规划了市中心、市郊、市域三个层次3 000 km的线网，京津冀地区规划了3 400 km的城际线路。未来10年内，全球轨道交通约3/4的投资集中在中国，中国城市轨道交通用30多年的时间跨越了国外地铁百年的发展历程，无论是建设速度，还是建设规模均达到了前所未有的高度，中国已经成为世界上最大的城市轨道交通建设市场。

然而，在高速发展的同时，地铁建设也付出了许多惨痛的代价，地铁建设中的安全风险事故时有发生。2003年7月1日，上海轨道交通4号线浦东南路站—南浦大桥站区间隧道下穿黄浦江段发生坍塌，就是由于联络通道冻结施工，冻结壁失效，在高承压水的作用下，发生涌水涌砂，导致坍塌，周围地表沉陷，房屋倾斜，江水倒灌（见图1），直接经济损失4亿多元。

2006年1月3日，北京地铁10号线，东三环京广桥东南角辅路污水管线发生漏水，污水灌入正在施工的地铁隧道，导致三环路南向北方向主辅路路面塌陷出一个宽5 m左右、长20 m左右大坑（见图2）。该事故导致三环路封路10多天，北京东部交通几近瘫痪，造成了巨大的社会影响。

2011年5月6日，天津地铁2号线建国道站至天津站区间盾构掘进高承压含水砂层，发生透水事故，导致左右双线隧道灌水塌陷，盾构机被埋，损失几千万元，造成线路改线，损失惨重。2015年3月29日，天津地铁6号线南何庄站至大毕庄站区间右线隧道盾构施工时，突发透水事故，造成津芦线东丽区跃进路至大毕庄段路面出现局部沉降。

(a) 路面断裂沉降　　(b) 防汛墙断沉

图 1　过江隧道坍塌

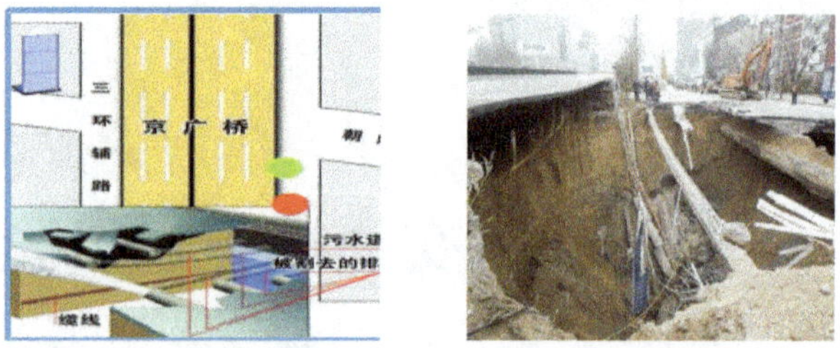

图 2　主辅路路面塌陷

以上几起事故的发生均与地下水具有密切关系。据不完全统计国内修建地铁已经发生了 260 余起地铁土建安全风险事故，经济损失达到几十亿元。在分析各类事故发生的客观因素时，发现 80% 的地铁工程土建安全事故的发生与地下水具有直接或者间接的关系。地下水已经成为威胁地铁工程安全的重要客观风险因素，有必要对其风险事件类型，风险作用机理，风险治理措施以及综合防控体系进行深入研究，以更好地控制地铁建设中的工程风险，为和谐地铁建设保驾护航。

1　地下水常见风险类型

笔者对搜集到的安全事故进行统计分析，结合从业 15 年的工程经验，对地下水带来的工程风险进行研究，共梳理出 20 种常见的地下水风险。这些地下水风险按照承险体不同可分为对结构的风险，对工程施工的风险，对周边环境的风险；按照风险作用可分为直接风险（在地下水直接作用下发生的称为直接风险）和次生风险（在地下水治理过程中发生的称为次生风险）两大类。

1.1　地下水对结构的风险

地下水对结构的风险均属于直接风险，常见的有以下几种。

1.1.1　结构上浮风险

北京某地下车库因地下水位上升，未竣工就被浮起 1 m 多高（图 3）。随着地铁结构埋置深度越来越大，地铁车站规模越来越大，车站结构的抗浮问题日益突出，已经成为影响地铁车站造价和安全的重要风险因素。此外，在广州、天津、宁波等地盾构隧道施工中受承压水影响，发生了管片漂移和上浮偏离隧道轴线的事件。

图 3　地下车库上浮

图 4　隧道开裂渗漏

1.1.2　结构开裂渗漏风险

地下结构在巨大的地下水压力作用下，沿着结构接缝、沉降缝等薄弱处渗流出，影响建筑物的正常使用，如图 4 所示。

1.1.3　围护结构渗漏垮塌风险

地下水位较高时，巨大的水压力作用于支围护体系上，在支围护体系上的薄弱环节会出现渗漏，渗漏水带走土层中的细颗粒，留下地层空洞，发生地表沉降或塌陷，严重时整个支护体系会出现垮塌。

另外，地下管道渗漏、距离河道较近、降雨过多造成土体含水量过大，作用在围护结构上的主动土压力增大，常常引发因围护结构变形量过大造成止水帷幕断裂渗漏，如果外围水量过大，还有可能引发基坑工程事故。

1.1.4 结构沉降风险

结构沉降一方面由于工程降水，带来土体固结引起沉降；另一方面，在饱和砂土、粉土地层中，受地铁运营震动影响，在液化效应作用下土层颗粒发生移动，造成结构沉降，这种现象在上海、杭州、宁波等地区已经发生。

1.1.5 结构腐蚀风险

地铁工程设计使用年限为一百年，地下水中硫酸根离子，氯离子，侵蚀性二氧化碳等会对混凝土结构以及钢筋产生腐蚀作用，让结构耐久性大打折扣。

1.2 地下水对工程施工的风险

1.2.1 流土、流砂风险

流砂是指土的松散颗粒被地下水饱和后，由于水头差的存在，动水压力使松散颗粒产生悬浮流动（图5）。流砂主要发生在颗粒级配均匀而细的粉、细砂等砂性土中。其表现形式是所有的颗粒同时从一近似管状通道中被动水流冲出，发展的结果是使周围建筑物的基础发生滑移、不均匀下沉、基坑边坡坍塌、基础悬浮等。

另外城区地下市政管网密集，供水、污水、供暖等带水管线老化渗漏、绿地浇水，或者因邻近地下工程施工引发管线变形开裂等原因都会造成大量的管线渗漏水。在动水压力作用下，回填的土层结构被破坏，引发流土、流砂。大量的细颗粒流失造成地表沉降、塌陷。

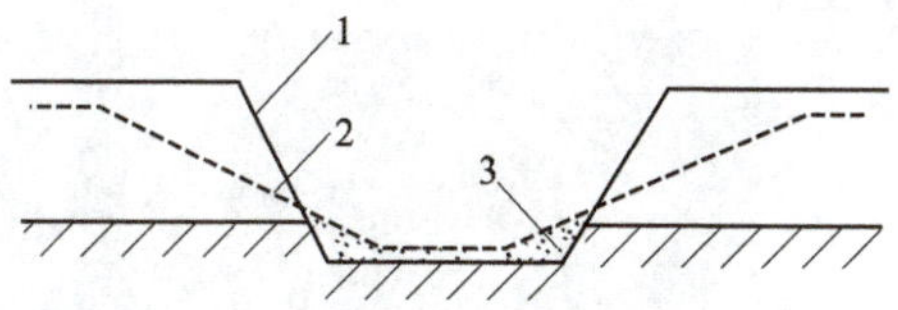

图5 流砂示意图

1—原基坑坡面；2—地下水位；3—流砂堆积物

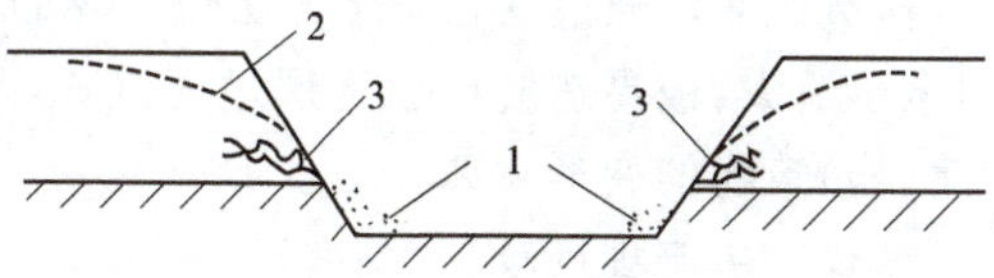

图6 管涌示意图

1—管涌堆积物；2—地下水位；3—管涌通道

1.2.2 管涌风险

地基土在具有一定渗流速度（后梯度）的水流作用下，其细小颗粒被冲走，土中的空隙逐渐增大，慢慢形成一种能穿越地基的细管状渗流通道（图6），从而掏空地基或坝体，使之变形、失稳。

管涌多发生在非黏性土中，其特征是：颗粒大小差别较大，往往缺少某种颗粒，孔隙直径大而且互相连通。颗粒多由相对密度较小的矿物组成，易随水流动，有较大和良好的渗流出路。

1.2.3 基底突涌风险

当基坑下有承压含水层存在时，开挖基坑减少了含水层上覆不透水层的厚度，当它减少到一定程度时，与承压水的水头压力不能平衡时能顶裂或冲毁基坑底板，造成突涌（图7）。天津地铁1号线小白楼站施工时，基坑快挖到底时发生基底突涌，喷水冒砂，导致地面变形过大，周边建筑物发生倾斜。北京朝阳区某基坑工程CFG桩施工结束后，准备做褥垫层，这段时间在基坑加深部位发

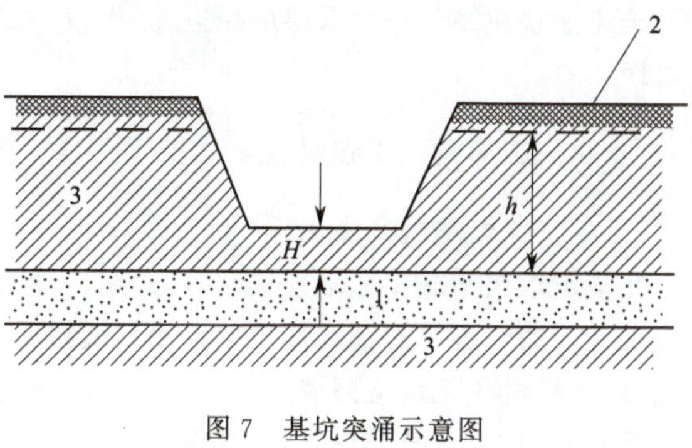

图7 基坑突涌示意图

1—承压含水层；2—承压水位；3—弱透水层

生承压水突涌，一夜之间水位上升 4 m，并有继续上升趋势，将基坑局部浸泡，严重影响了复合地基承载力。

1.2.4　隧道突水（透水）风险

暗挖隧道施工过程中，穿过溶洞发育的地段（尤其是遇到地下暗河系统）、厚层含水砂砾石层或与地表水连通的较大断裂破碎带等，易发生突然大量涌水现象，造成安全事故。

济南趵突泉边上的银座大厦当时在人工挖孔桩的过程中，发生岩溶水透水事故，将施工工人卷入溶洞。笔者在研究济南泉水对地铁建设影响时，发现在泉水集中出露区周边岩溶水的承压性很大，水量极其丰富，开挖地铁工程发生突水的风险极高，最终建议线路避开这一区域。

1.2.5　边坡浸润滑塌风险

在边坡或者基坑工程中，高地下水一方面对坡面形成巨大的水压力，另一方面，地下水沿着裂隙等软弱面渗入形成浸润线和软弱滑动面，加速边坡的滑塌。

1.2.6　涌水、涌砂塌孔风险

在高承压水地层中施工锚杆或者桩基成孔过程中，由于高水头的作用，具有压力的地下水携带细颗粒涌出造成涌水涌砂和塌孔，严重时大量地层损失会造成地面塌陷。

1.3　降水施工的常见工程风险

1.3.1　疏不干风险

赋存自由水的弱透水层（粉土、粉质黏土、淤泥质土等）渗透性很差，给出水量较小，尤其常规依靠重力释水的降水方法效果差。基坑或隧道开挖后，常常有水渗出，当水量补给丰富且形成一定的渗透压力时易破坏原有土体结构，造成土体坍塌，影响隧道或基坑侧壁失稳、坍塌。

1.3.2　界面残留水风险

基坑或隧道开挖揭露含水层与隔水层交界面时，因要求完全疏干界面残留水与降水井需有效的过水断面相矛盾，造成无法通过井点降水方法疏干界面水（见图 8）。由于长时间水土流失，极易造成周边地层过度沉降，从而引发周边地下管线、建（构）筑物的变形破坏。

图 8　界面残留水

1.3.3　水位降不下去风险

北京地铁四号线北京南站站，现场施工时测得场区降水井的混合水位高程为 20.50 m，水位已比勘察时期高，再加上卵石地层的高富水性，开始抽水时，很快达到了设计出水总量，但发现水位下降仅 0.8 m 就已稳定。为满足基坑开挖，施工单位几次换泵，加大单井出水量，并再补充施工降水井，最终基坑总涌水量达到 14 万 m^3/d 才基本满足要求，施工单位的降水成本大大增加，造成很大的经济损失和工期延长。

1.3.4　螺旋输送机喷水冒砂

天津地铁在高承压含水层中掘进，多次发生螺旋输送机喷水冒砂，造成管片开裂，地面沉降，甚至盾构机被埋。

1.4　止水施工的常见工程风险

1.4.1　地下连续墙接缝渗漏

在富水地层中施工地下连续墙时，采用连续槽段施工，每隔一定间距施工一幅地下连续墙，连续墙接缝部位是地连墙最容易渗漏水部位。采用传统接头管的地连墙施工中，液压抓斗在开挖紧靠墙体接头一侧的槽孔时，不可避免地会碰撞墙体接头造成磕碰伤，使墙体接头凹凸不平。尽管成槽后进行刷壁，但是在刷除墙体接头凸面上沉、碴泥皮时，也将泥浆带入接头的凹坑之中。因此，墙体接缝处的渗漏水现象很常见（见图 9）。当遇到细颗粒地层，因渗水携带细颗粒造成开挖范围以外地层损失，引起建筑物沉降、地面塌陷等环

境危害。

1.4.2　止水帷幕桩体渗漏

在富水细颗粒地层中施工止水帷幕时，随着基坑开挖深度的不同，围护结构所受的土水压力也发生了一定的变化，一些未被发现的深层搅拌水泥加固土成墙质量问题逐渐地体现出来，如成墙时相邻组之间相互没咬合上或咬合量较小、断浆后接缝不严或衔接量不够、搅拌不均匀带有杂物造成夹层或夹块、水泥加固土受地质中土的活性以及特殊地质的影响固结不好或没有固结等因素，均可造成止水帷幕渗漏。一般此种渗漏流量较小但夹带泥沙较多，由于时空效应，基坑外围局部土体形成流砂，处理不及时基坑外土体会形成较大的空洞，危及基坑及周围地下管线和建筑物的安全。

图 9　地连墙接缝处渗透结冰

1.4.3　冻结壁涌水、涌砂

在富水砂层中进行冻结法施工，引起涌水涌砂事故有两种情况。一种是用钻机施工冻结孔时，遇富水地层或高承压水含水层，钻孔打入含水层中，或者孔口密封装置失效，引起涌水涌砂。另一种是冻结壁失效(土层中可能存在沼气包和水窝等地层缺陷，会在冻土帷幕中形成空洞或冰体)造成涌水涌砂，上海 4 号线事故就是冻结壁失效造成的。

1.5　地下水对工程周边环境的风险

1.5.1　周边环境沉降、开裂风险

降水使得含水层水位下降产生附加荷载而导致地层压缩产生地表沉降，对周围建筑物及市政设施会构成不同程度的危害，特别是当不均匀沉降较大时会造成建构筑物开裂。

1.5.2　地面塌陷风险

工程降水会带走土层中的细颗粒，特别是降水井的反滤层质量不佳时，抽水会带走大量细颗粒土，形成地下松散区或空洞，从而引发周围地面沉降、塌陷。

2　风险机理分析

地下水的风险作用机理与地下水的类型、赋存介质、埋藏条件等密切相关。不同类型地下水其工程特性不同，对工程产生的影响也不相同。

2.1　地下水类型

目前，我国工程地质工作中主要按埋藏条件和含水层性质对地下水进行综合分类。地下水的埋藏条件，是指含水层在地质剖面中所处的部位及受隔水层(弱透水层)限制的情况，据此可将地下水分为上层滞水、潜水及承压水，如图 10 所示。按含水层类型，可将地下水区分为孔隙水、裂隙水及岩溶水。

2.2　地下水的工程特性

2.2.1　上层滞水

上层滞水一般分布于接近地表的包气带内，与大气圈关系密切；属于季节性水，主要靠大气降水和地表水下渗，也不排除地下各种管线渗漏补给，故分布区与补给区一致，以蒸发或逐渐向下渗透到潜水中的方式排泄；雨季水量增加，干旱季节减少，甚至完全消失。

因此，上层滞水最大的特点就是不确定性，工程勘探时不一定能发现，在施工时意外出现。而且由于城市的地下管网密集，受管道渗漏的补给和绿地浇水影响，地铁沿线的很多地段可能存在上层滞水，有些地段还会形成水囊，当它位于施工面或者拱顶部位时，往往诱发冒顶、施工面塌方。

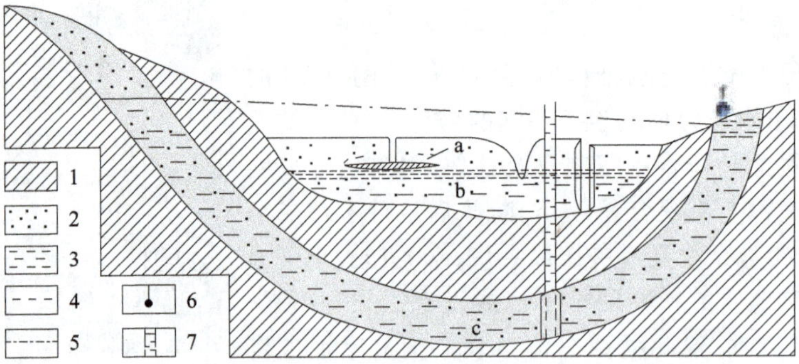

图 10　地下水分类示意图

1—隔水层；2—透水层；3—饱水部位；4—潜水位；5—承压水测压水位；
6—泉（上升泉）；7—水井，实线表示井壁不进水；
a—上层滞水；b—潜水；c—承压水

2.2.2　潜　　水

潜水具有自由水面，为无压水，在重力作用下可以由水位高处向水位低处渗流，形成潜水径流；在一般情况下，大气降水、地表水可通过包气带渗入直接补给潜水；潜水的动态随季节不同而有明显变化，水位雨季上升，枯水季下降；一般埋藏较浅，因此容易受到污染。

潜水含水层岩性主要是砂土、卵砾石，由于地层透水性强、富水性好，易产生渗透变形、土体流失等，严重时造成体积很大的“空洞”，威胁地铁结构的基坑侧壁或围岩的整体稳定。

2.2.3　承 压 水

承压水的最大特点就是水头压力大，水量稳定，含水层往往不在开挖范围内，往往被忽视。

承压水含水层岩性主要是砂土、卵砾石，地层透水性强、富水性好。当地铁结构的基坑底或围岩底板进入承压水层或隔水层顶板的预留厚度不足被承压水将隔水层顶板冲破，会造成突涌现象。造成基底隆起、地基强度降低、围岩失稳等危害。

2.2.4　基岩裂隙水

基岩裂隙水主要赋存在节理、构造裂隙、风化裂隙和张裂隙发育的断裂破碎带。具有富水性不均，分布不稳定的特点，不能用常规的孔隙水的渗流理论来分析，施工中提前降水效果不好，施工中一般以强排为主。大连地铁修建过程中，就因为基岩裂隙水的问题，发生了多起坍塌事故。

2.2.5　岩 溶 水

赋存于可溶性岩层的溶蚀裂隙和溶洞中的地下水。又称喀斯特水（karst water）。其最明显特点是分布极不均匀，水量丰富，极易形成透水事故。由于岩溶孔洞一般尺寸较大，完全不适用于渗流理论，而适用于管道流。

2.3　风险机理

地下水的风险作用主要分为物理作用和化学作用两大类，物理作用以力学作用为主，主要包括静水压力和动水压力两大类。化学作用主要表现为水的腐蚀性，特殊矿物的崩解，岩土的软化，黄土的湿陷，特殊土的膨胀收缩等。另外与水相关的风险还有土层液化和土体固结。

2.3.1　静水压力

在静水压力作用下，主要的破坏有以下几种类型，对地下结构物的浮托作用，对围护结构的侧向静水压力，承压水造成的基底突涌，施工面突水涌砂等。

目前，地下水对结构造成的浮力计算主要通过阿基米德定律进行计算，但是由于在渗流的过程中，会产生一定的水头损失，从而导致地下结构所受的水浮力减小，故需要考虑折减系数。

$$F=\psi \cdot \rho_W \cdot g \cdot V_{排}=\psi \cdot \gamma_w \cdot V_{排}=\psi \cdot \gamma_w \cdot h \cdot s \tag{1}$$

式中 F——地下水结构所受的浮力；

ψ——折减系数；

h——地下结构地板以上的水头高度；

γ_w——水的重度；

s——地下结构底面积。

地下水稳定的地下结构物的侧向水压力可按静水压力确定，水压力强度根据帕斯卡定理计算，但由于基坑内存在水头差的情况，故存在一个修正系数：

$$P_w = \varphi \cdot h_w \cdot \gamma_w \tag{2}$$

式中 P_w——侧向静水压力强度值；

φ——修正系数；

h_w——水头高度，即地下水位到计算点的垂直距离；

γ_w——水的重度。

目前，基坑底范围内已施工的工程桩可作为抗拔桩提供一定的摩擦力来抵抗水压力，上覆土层与其他结构侧壁间的摩擦力也可抵抗水压力，因此，基坑抗突涌计算常用的方法为用上覆土层的重力及摩擦力来平衡水压力，其公式为

$$K = \frac{G + \sum f \cdot S}{P} \tag{3}$$

式中 G——上覆土层重力，kN；

f——土与桩、其他结构的摩擦因素或土的抗剪强度，kN，取两者最小值；

P——作用在上覆土层底面上的水压力，kN；

S——摩擦力作用的面积，m^2（当 $K<1$ 时，出现突涌现象）。

2.3.2 动水压力

地下水在孔隙中渗流时，会对周围骨架产生渗透压力；在渗透压力作用下会将土层中的细颗粒带出，从而发生流土、流砂，管涌等现象。

2.3.3 化学作用

地下水对结构的腐蚀作用主要是对结构钢筋混凝土结构的腐蚀。它的腐蚀主要分为两种：一是混凝土耐久性不足而导致整个结构的破坏；二是混凝土本身并未腐蚀，但是由于外部介质的作用，使得钢筋表面的钝化作用丧失，引起钢筋的锈蚀而导致混凝土结构的破坏。

崩解性又称湿化性，是指黏性土浸入静水后，由于土粒间的结构联结和强度丧失，使土体崩散解体的特性。它与土的粒度成分、矿物成分、结构联结、水的化学成分等关系极大。土的崩解可造成坍岸现象，影响边坡稳定性。

黄土湿陷，黄土以粉粒和亲水弱的矿物为主，具有大孔结构，天然含水量小，具有黏粒的强结合水连结和盐分的胶结连结，在干燥时可以承担一定荷重而变形不大，但浸湿后，土粒连结显著减弱，引起土结构破坏产生湿陷变形。

膨胀土是种高塑性黏土，一般承载力较高，具有吸水膨胀、失水收缩和反复胀缩变形、浸水承载力衰减、干缩裂隙发育等特性，性质极不稳定。

2.3.4 土层液化

地震引起的振动使饱和砂土或粉土趋于密实，导致孔隙水压力急剧增加。在地震作用的短暂时间内，这种急剧上升的孔隙水压力来不及消散，使有效应力减小，当有效应力完全消失时，砂土颗粒局部或全部处于悬浮状态。此时，土体抗剪强度等于零，形成"液体"现象。

2.3.5 土体固结

降水引起的地层沉降有三方面的因素，一类是降水过程中带走土层中的细颗粒造成地层损失引起的沉

降，一类是承压水减压后引起地层沉降（一般待水位回复后会出现回弹），另一类是降水后引起土体有效应力增加土层固结沉降。

土层固结沉降可按照下列公式进行计算。

因地下水位下降引起的土层附加荷载，按下式计算：

$$\Delta P=\gamma_{w}\Delta h \tag{4}$$

式中　ΔP——降水引起的土层附加荷载，kPa；

Δh——水位变化量，m；

γ_{w}——水的重度，kN/m^3。

降水引起的地面附加沉降量，采用分层总和法，按下式计算：

$$S=\sum_{i=1}^{n}S_i=\sum_{i=1}^{n}\psi_i\frac{\Delta P_i}{E_i}H_i \tag{5}$$

式中　S——降水引起的地面总附加沉降量，mm；

S_i——第 i 层土层的附加压缩量，mm；

ψ_i——第 i 层土的压缩量经验修正系数，结合北京地区经验，取值 0.2；

ΔP_i——第 i 层土层降水引起的附加荷载，kPa；

E_i——第 i 层土层的压缩模量，MPa；

H_i——第 i 层土层的土层厚度，m。

3　地下水风险治理措施

地下水带来的工程风险均是由于地下水的存在而带来的问题，那么其治理也是紧紧围绕着地下水的控制，第一大类就是隔离地下水，用降排水或者止水的工程措施将地下水与工程施工隔离开来，第二大类就是改变地下水的状态，水在自然界可以以气态、液态、固态三种形式存在，常规条件下地下水是液态，只要想办法改变其状态就可以得到控制。第三大类就是不动地下水，而是采取工程措施给结构一个相应的抗力或者采取水下施工技术。

3.1　隔离地下水措施

3.1.1　降排地下水

地铁工程降水一般针对采用明挖、暗挖方法施工的车站和区间隧道，包括其附属的风井、风道以及盾构法施工的区间隧道的盾构始发井、接收井和横通道等。不同地域城市的地铁工程采用的降水方案有着很大差别，甚至截然不同。有时，由于地铁结构施工方法的不同，也会造成降水方案的差异。采用何种降水方案，应认真进行经济和技术论证。

目前常用的降水方法：轻型井点、喷射井点、深井井点（管井井点）、辐射井点、明沟结合集水井排水方法。降排水带来的疏不干、残留水等次生风险，可以通过增加导流管，排水沟等措施，降水带来的地面沉降风险可以采取分时、分区、分段降水和回灌措施来治理。

3.1.2　堵截地下水

目前常用的堵截地下水的方法有，地下连续墙、深层搅拌桩、高压旋喷、“SMW”工法、咬合桩、钢板桩、压力注浆等方法。堵截地下水可能存在的次生风险，主要通过严格控制施工工艺和在易出现渗漏部位增加止水围裙的措施进行治理。

3.2　改变地下水状态

3.2.1　地下水的固化

地下水的固化目前最常采用的方法是冻结法，特别是遇到涌水、流砂淤泥等复杂不稳定地质条件的情况时，利用人工制冷的方法，把要开挖体周围的地层冻结成封闭的连续冻结帷幕，以保证安全穿过该段地层。此方法在盾构隧道的联络通道开挖过程中使用居多。

3.2.2 地下水的气化

地下水的气化就是利用高温将地下水变为气态，由于能耗较高，目前在工程上尚未使用。

3.3 增加抗力

对于静水压力带来的风险，均可以通过采用增加抗力的措施进行治理，比如增加支围护体系强度以对抗高水压力；采用增加配重，设置抗浮锚杆或者抗拔桩等措施抵抗基底位的浮力；基坑开挖预留足够厚的土层压重，抵抗承压水的顶托力。

3.4 水下开挖技术

为了不扰动地下水位，近年来水下开挖技术开始出现在工程中。北京地铁8号线三期永定门外站针对地下含水量丰富，周边环境复杂的实际情况，采用了非降水水下开挖和灌注混凝土封底技术。

4 风险防控体系

地下水对工程的风险分类方法有很多种，但是从人们对事物的认知角度来讲，地下水的工程风险可分为两大类。一类为未知风险，工程施工时对地下水的类型、分布、埋藏条件、水化学特性等情况掌握不全面，在建设过程中出现各种不同类型事故。一类为无知风险，即勘察报告已经将地下水的相关情况说清楚了，由于施工人员的经验不足，认识不到地下水的风险性，而出现了各类事故。所以，地下水的风险防控专业性极强。

地下水风险的防控应该是一个系统工程，在工程建设中，从勘察、设计、施工、应急以及后续运营维护都应该有相应的措施，构成一个地下水风险的综合防控体系，才能确保地铁工程百年工程的平稳运行。

4.1 勘察阶段进行风险识别

在勘察阶段要把地下水的相关信息探察清楚，识别地下水可能给工程带来的风险。比如天津地区浅部80 m范围内存在着四层承压水，而且承压水压力水头很高，与潜水水位相差不到2 m，承压水带来的基坑突涌风险极高；随着深基坑工程开挖深度越来越深，不断的出现基坑渗漏、基底突涌、周边环境破坏的事件。天津地铁集团在召集相关专业单位研究后，采取招标委托专门水文地质单位进行专项水文地质勘察和研究，对地下水风险进行了充分的识别，起到了良好的效果。

4.2 设计阶段进行风险评估

在设计阶段要根据地下水的情况，评估地下水可能带来的风险后果的严重程度，采取针对性的地下水控制措施。比如北京市地铁公司针对地下水问题委托专业单位进行地下水的风险评估和地下水控制的专项设计，有效地控制了类似工程风险。南宁地铁在施工中不断出现渗漏水、地下水降不下去的事件；遂要求施工总承包单位必须委托专业的水文单位进行地下水控制的设计与评估。

4.3 施工阶段进行风险控制

在施工阶段根据地下水设计方案进行专项地下水控制施工，采取措施保证工艺满足要求，并对地下水控制效果进行监测，过程中对周边环境等风险进行监测。同时应建立起针对当地地下水特点的制定应急方案。比如天津根据承压水高的特点，在开挖过程中，先用洛阳铲探水，查看地连墙渗漏情况，然后再大面积开挖，取得了良好的效果。

4.4　运营阶段进行监测和诊断

在地铁运行阶段对沿线的地下水位变化和水质变化进行监测以便更好判断其对运营地铁结构的影响，当地下水的水位和水质出现重大变化时，可及时采取应对措施。

5　结　　论

(1)地下水是一个复杂的水文系统，不同种类的地下水其工程特性不同，作用于工程的风险机理也不同，工程中需要仔细深入研究。

(2)地铁建设中的地下水常见风险有20多种，每种风险事件的发生，均有其特定的条件和内在的机理，只有掌握了这些条件，弄清了这些机理才能更好地控制工程风险。

(3)地下水的风险机理主要与地下水的类型以及埋藏条件密切相关，主要作用机理为静力作用、动力作用、腐蚀、崩解、软化、湿陷、膨胀收缩、液化和固结等，了解了风险作用机理更有利于采取针对性的措施。

(4)地下水的风险治理可以从地下水的隔离、地下水状态的改变、研究水下施工工艺三个方面采取措施；常见的治理措施有几十种，但是每种治理措施都有其优缺点，在工程中具体选择何种措施，需要根据当地的水文特点和施工习惯，因地制宜地选择合适的措施，必要情况下可以多措施综合使用。

(5)地下水风险的防控需要从工程的勘察、设计、施工、运维等各个阶段全过程的采取措施，构成风险识别、风险评估、风险控制、风险监测等完整的风险防控体系，以确保百年地铁工程的安全建设和平稳运行。

(6)地下水风险治理是一门专业性很强的学科，建议工程建设中还是请专业的人做专业的事，更有利于工程风险的防控。

参 考 文 献

[1]　湖北省住房和城乡建设厅，湖北省质量技术监督局．DB42/T 830—2012　基坑管井降水工程技术规范[S]. 武汉：2012.

[2]　陆云涌．辐射井降水方法在地铁施工中的应用研究[D]. 吉林：吉林大学建筑与土木工程系，2005.

[3]　周德凯，郭涛峰，唐继飞，等．地下连续墙接头渗漏原因及防治措施[J]. 中国水运，2010，10(7)：222-225.

[4]　柳崇敏．基坑工程降水引起周围地表沉降的机理分析[D]. 杭州：浙江大学，2001.

[5]　熊欢．地下结构抗浮设计中浮力的研究[D]. 长沙：中南大学，2013.

[6]　李超胜，何爽，刘珣．基坑抗突涌计算方法的对比分析[J]. 安全与环境工程，2008，(03)：110-113.

[7]　徐日庆，张庆贺，刘鑫，等．考虑渗透性的水—土压力计算方法[J]. 岩土工程学报，2012，(05)：961-964.

[8]　徐锋．高压旋喷桩止水帷幕施工质量控制探讨[J]. 中国水运(下半月刊)，2011(02).

复杂环境条件下的某基坑风险控制设计

董慧超

（北京城建勘测设计研究院有限责任公司　北京　100101）

摘　要：本工程紧邻两条城市轨道交通线路，周边环境极其复杂，确保工程顺利开展的同时如何保证既有轨道交通的正常营运成为本项目设计的重中之重。笔者充分利用有限空间，结合工程地质、水文地质条件，利用工程自身的特点，结合开挖深度，采用了多种支护形式，配合分区先后施工的方法，经理正软件计算和有限元分析，并经工程类比，能够满足基坑开挖及安全使用，并确保城市轨道交通的正常运行。

关键词：复杂环境；支护结构；分区开挖；有限元分析

从改革开放到"一带一路"倡议的制定和实施，我国经济建设的发展突飞猛进，与之伴随的便是交通设施的严重滞后，大中型城市的拥堵现象严重制约了经济的发展，城市轨道交通建设应运而生。据不完全统计，全国共有40多个城市正在建设城市轨道交通，一方面解决出行难的问题，另一方面也提升了城市形象。城市化建设进程的加快，使得本来就稀缺的土地资源日趋紧张，在寸土寸金的当下，越来越多的开发商看到了轨道交通邻近地段的巨大商机，也就造成了基坑周围复杂的周边环境。本项目就处在两条轨道交通的交叉处，笔者针对基坑所处复杂的周边环境，结合工程特点及工程地质条件，采用多种支护结构形式结合分区先后开挖的设计思路，以确保基坑风险得到有效的控制。经理正软件计算和有限元分析，并结合周边已有类似工程进行类比分析，说明本项目的基坑支护设计既能保证基坑施工阶段的安全，也可确保临近既有轨道交通的正常运行和周围道路及道路下各种管线的正常使用。

1　工程概况

1.1　项目概况

拟建项目位于北京市丰台区，其中S17地块建筑±0.00高程40.80 m，基坑开挖深度为14.51 m；S20地块建筑±0.00高程39.50 m，基坑开挖深度为15.85 m，局部为17.25 m、8.85 m。

1.2　周边环境

S17、S20地块中间夹有地铁5号线盾构区间，距离S17地块西侧建筑结构约16.70～16.87 m；距离S20地块东侧建筑结构15.57～26.43 m。南侧地下为地铁10号线暗挖段，距离S20地块南侧建筑结构3.74～14.34 m。S20西侧为榴乡路；S17北侧为规划金丰苑三号路，东侧为规划金丰苑四号路。周边环境如图1所示。

2　地质条件

2.1　工程地质条件

根据勘察报告得知，按地层沉积年代、成因类型，将本工程场地勘探范围内的土层划分为人工填土层、新近沉积层、第四纪全新世冲洪积层三大类。按地层岩性及其物理力学性质进一步分为9个大层。本次开挖范围内的主要地层有：

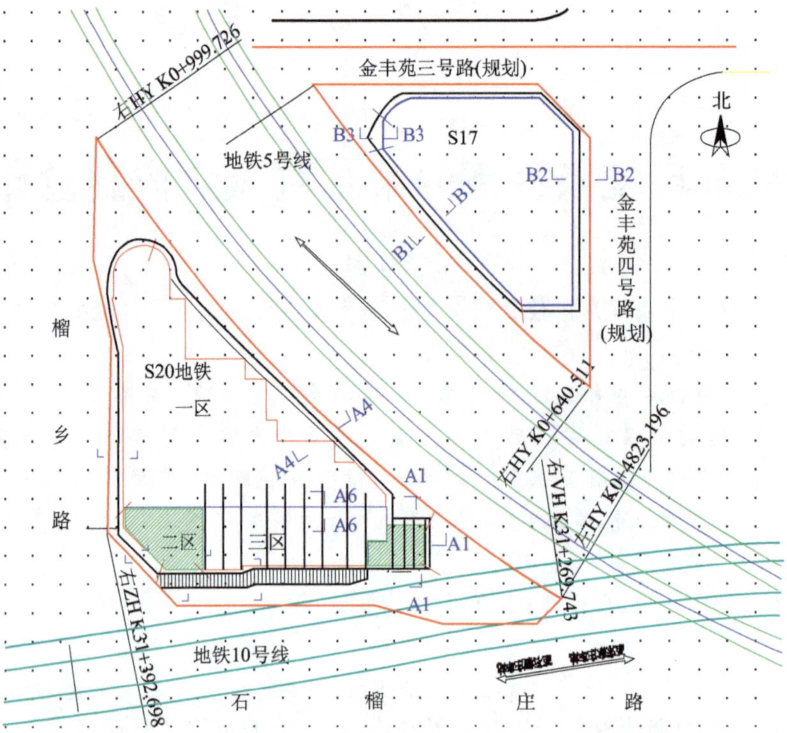

图 1　周边环境示意图

黏质粉土、粉质黏土填土①层；杂填土①$_1$层；砂质粉土②层；粉质黏土②$_1$层；粉砂②$_2$层；粉质黏土③层；黏质粉土③$_1$层；细砂④层；卵石④$_1$层；黏质粉土④$_2$层；重粉质黏土⑤层；黏质粉土⑤$_1$层；细砂⑥层。参见典型地质剖面图如图 2 所示。

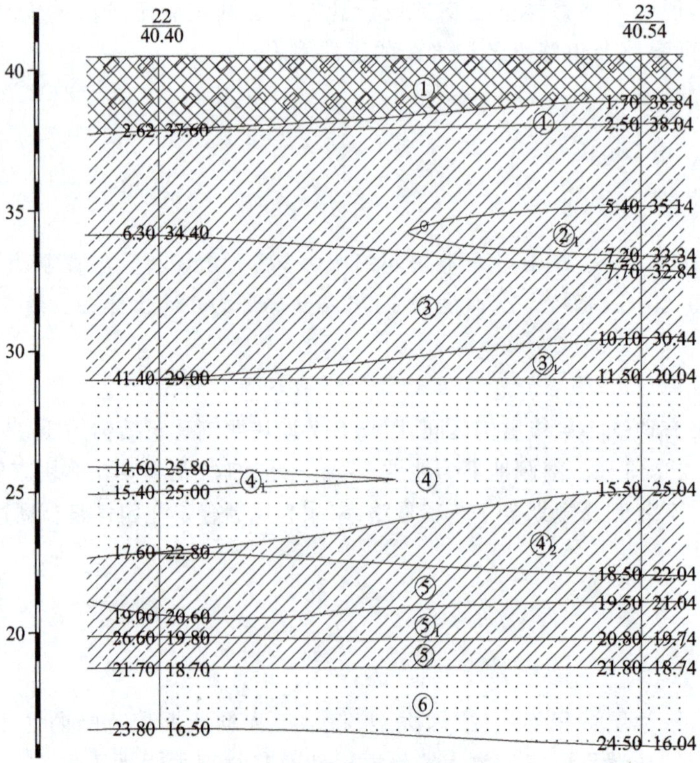

图 2　典型地质剖面图

2.2 水文地质条件

根据勘察报告可知：勘察深度范围观测到了三层地下水，第一层潜水静止水位埋深5.40～8.50 m，水位高程 31.94～35.69 m；第二层为层间潜水，静止水位埋深 15.60～16.40 m，水位高程 24.01～24.80 m；第三层为层间潜水，静止水位埋深 20.50～21.30 m，水位高程 19.11～19.90 m。

3 支护方案的设计

3.1 总体设计思路

根据场地周边环境条件，基坑最大的风险来自于既有轨道交通工程，其次是南侧公路及其路下管线。因此，支护设计既要保证基坑开挖的顺利进行，更要保证轨道交通的正常营运。考虑与既有轨道交通的位置关系，无法施工上部锚杆，要采用全部内支撑方案，一是费用高；二是工期长。所以结合本工程特点，将 S20 地块划分为四个区域，分阶段开挖。第一步，一区、二区、三区和四区整体开挖至－4.25 m。第二步离轨道交通较远的一区、二区开挖至基坑底。第三步，一区、二区地下结构完成至地下一层，并采用 2:8 灰土对施工肥槽进行回填压实。第四步，利用已有结构作为支撑，再开挖三区、四区，既保证基坑施工的安全，又确保既有轨道交通万无一失，还可以节约费用，减少工期。

3.2 支护设计

依据北京市地方标准，判定本工程基坑侧壁安全等级为一级。依据上述总体思路，共细分为 11 个支护剖面，考虑篇幅，这里仅将临近既有轨道交通的支护剖面叙述如下：

A2-A2 剖面：S20 地块基坑南侧中段，基坑深度按 15.85 m 考虑，采用桩撑支护与桩锚支护结合，双排桩桩径 1.00 m，桩间距 1.70 m，排距 3.00 m，围护桩长 26.50 m，嵌固深度 10.65 m，设置 2 道预应力锚杆，均采用一桩一锚，设置 1 道钢支撑，并增加 3 道注浆花管加固土体，如图 3 所示。

A4-A4 剖面：S20 地块基坑东侧，与 S17 地块基坑西侧 B3-B3 剖面相同，基坑深度按 15.85 m 考虑，采用桩锚支护，围护桩桩径 1.00 m，间距 1.70 m，桩长 24.00 m，嵌固深度8.15 m，设置 4 道预应力锚杆，采用一桩一锚如图 4 所示。

3.3 地下水控制措施

基坑开挖受到潜水的影响，采用桩间设旋喷桩形成止水帷幕，结合坑内设置疏干井的方式控制。旋喷桩直径采用 0.80 m，长度 16.00 m。S17 地块和 S20 地块分别在坑内布置疏干井 10 眼、18 眼，井深 20.0m，标准井间距 20.0 m。

3.4 施工监测

监测项目为桩深层位移监测、桩(坡)顶水平位移、桩(坡)顶竖向位移、支撑轴力、锚杆轴力、地表沉降、地下水位、相邻建构筑物变形监测等，监测点布置及控制指标、监测频率应符合相关规范要求，并加强人工巡视工作。

3.5 第三方监测

1. 基坑支护体系监测

内容同施工监测，但工作量和频率可以优化。

2. 既有轨道交通工程监测

(1)监测项目应包括轨道结构变形、隧道结构变形、人工巡查等。

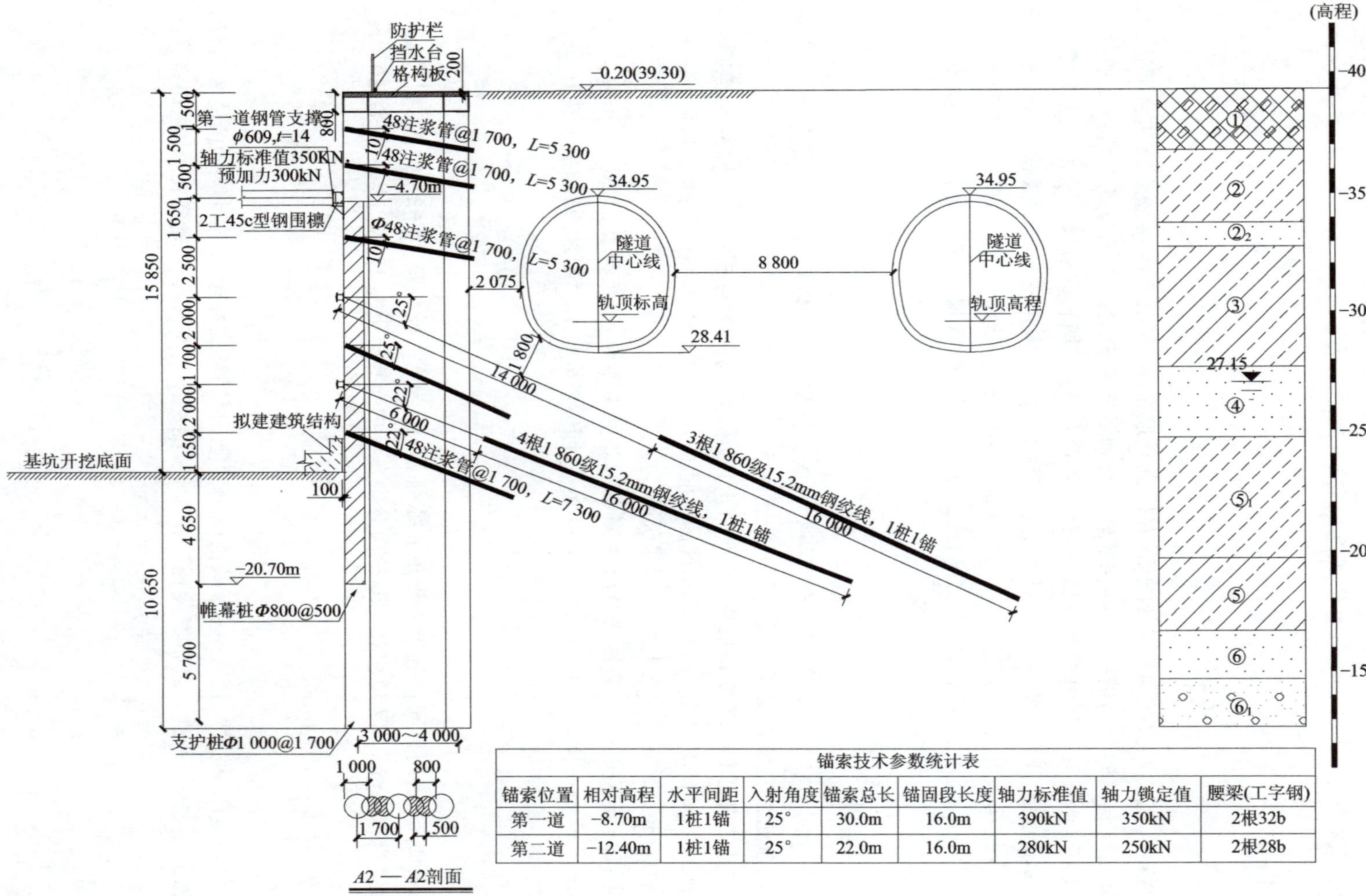

锚索技术参数统计表

锚索位置	相对高程	水平间距	入射角度	锚索总长	锚固段长度	轴力标准值	轴力锁定值	腰梁(工字钢)
第一道	-8.70m	1桩1锚	25°	30.0m	16.0m	390kN	350kN	2根32b
第二道	-12.40m	1桩1锚	25°	22.0m	16.0m	280kN	250kN	2根28b

设计说明：

1. 本支护剖面采用双排支护桩＋钢支撑＋锚索＋注浆花管支护体系。
2. 本剖面开挖深度为 15.85 m，地面禁止附加荷载。
3. 前排与后排支护桩排间距 3.0 m～4.0 m，直径均为 1 000 mm，桩间距均为 1.7 m，桩长均为 26.50 m，齐桩顶做 200 mm 厚格构板，钢支撑水平间距如图所示，设置抗剪凳，支撑需采用防坠落措施。竖向支撑根据结构设计撑于－4.55 m。东侧两根支撑于－4.35 m。支护桩、冠梁和格构板混凝土强度均为 C25。第一道和第二道锚索采用二次高压劈裂注浆工艺。
4. 桩间采用挂网喷锚支护，内挂 ϕ8@200 钢筋网，竖向间距 1.0 m 设置 1Φ16 横压筋，横压筋与支护桩连接牢固，外喷 50 mm 厚 C20 混凝土。
5. 图中高程单位为 m，其余均为 mm。

图 3　A2—A2 剖面

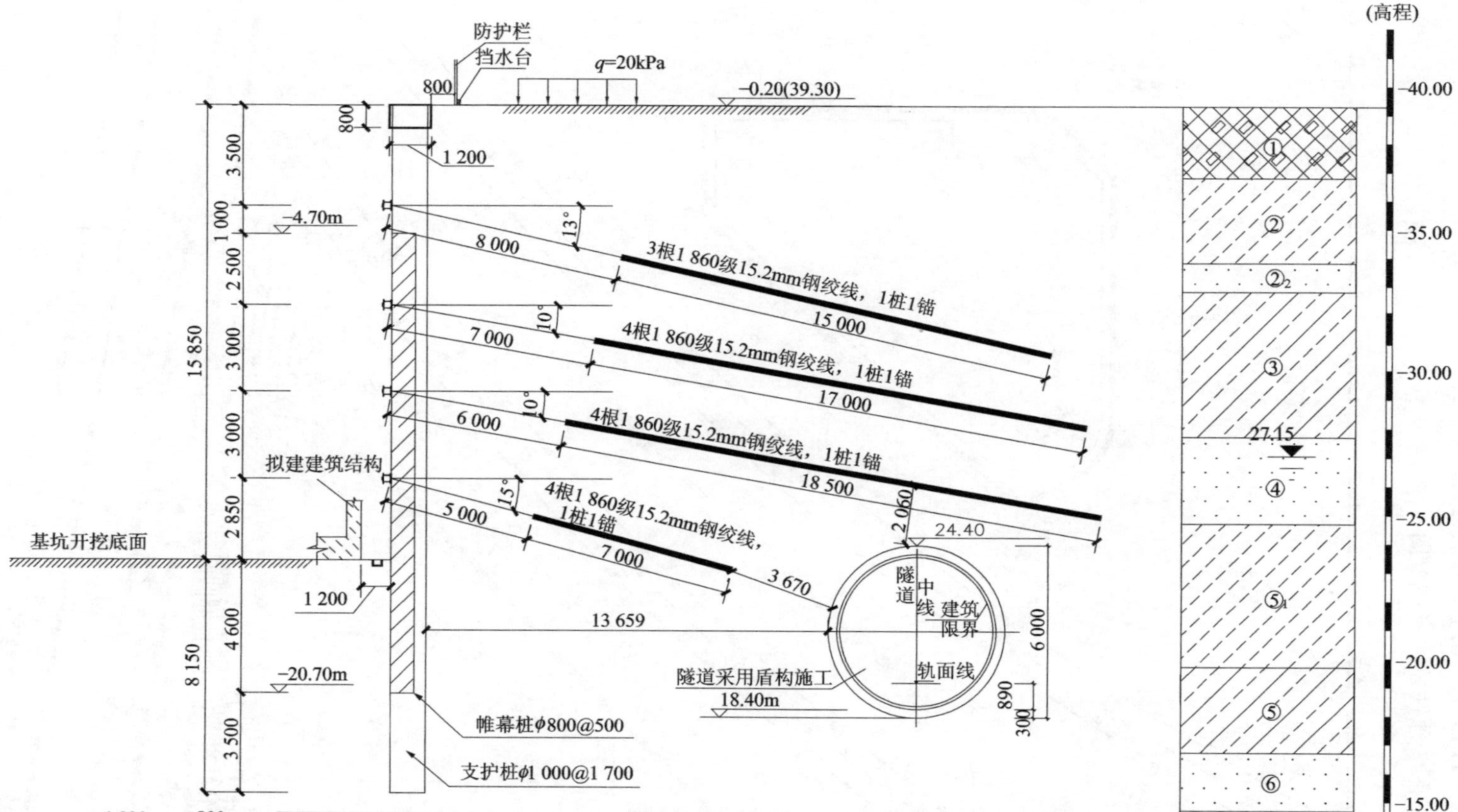

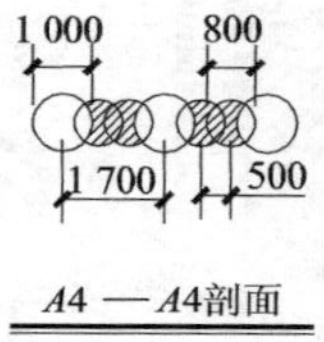

锚索技术参数统计表

锚索位置	相对标高	水平间距	入射角度	锚索总长	锚固段长度	轴力标准值	轴力锁定值	腰梁(工字钢)
第一道	-3.70m	1桩1锚	13°	23.0m	15.0m	400kN	360kN	2根28b
第二道	-7.20m	1桩1锚	10°	24.0m	17.0m	490kN	440kN	2根32b
第三道	-10.70m	1桩1锚	10°	24.5m	18.5m	500kN	450kN	2根32b
第四道	-10.70m	1桩1锚	15°	12.0m	7.0m	200kN	180kN	2根28b

设计说明：

1. 本剖面开挖深度为 15.85 m，地面附加荷载为 20 kPa，距离基坑上口线 2.0 m，作用宽度为 6.0 m。

2. 采用支护桩＋锚索支护，支护桩直径 1 000 mm，桩间距 1.7 m，桩长为 24.00 m，支护桩和冠梁混凝土强度均为 C25。共布置 3 道锚索，第一道和第二道锚索采用二次高压劈裂注浆工艺，具体参数详见《锚索技术参数统计表》。

3. 桩间采用挂网喷锚支护，内挂 ϕ8@200 钢筋网，竖向间距 1.0 m 设置 1Φ16 横压筋，横压筋与支护桩连接牢固，外喷 50 mm 厚 C20 混凝土。

4. 在锚索成孔时需严格控制入射角度，孔口高程位置，孔深等。

5. 锚索直径 150 mm，浆体强度等级 M20，采用 42.5 强度等级的硅酸盐水泥，水灰比为 0.50。

6. 图中高程单位为 m，其余均为 mm。

图 4　A4—A4 剖面

(2)5 号线轨道结构及隧道结构横向变形控制值 1.5 mm,竖向变形控制值 2.0 mm;10 号线横向变形控制值 2.5 mm,竖向变形沉降控制值 3.0 mm,竖向变形上浮控制值 1.5 mm。

(3)报警值为控制值的 80%,预警值为控制值的 70%。

(4)监测范围:5 号线 HYK0+992~HYK0+831,10 号线 YHK31+280~ZYK31+412。

(5)监测范围和监测点布置可参考图 5 地铁监测点布置图。

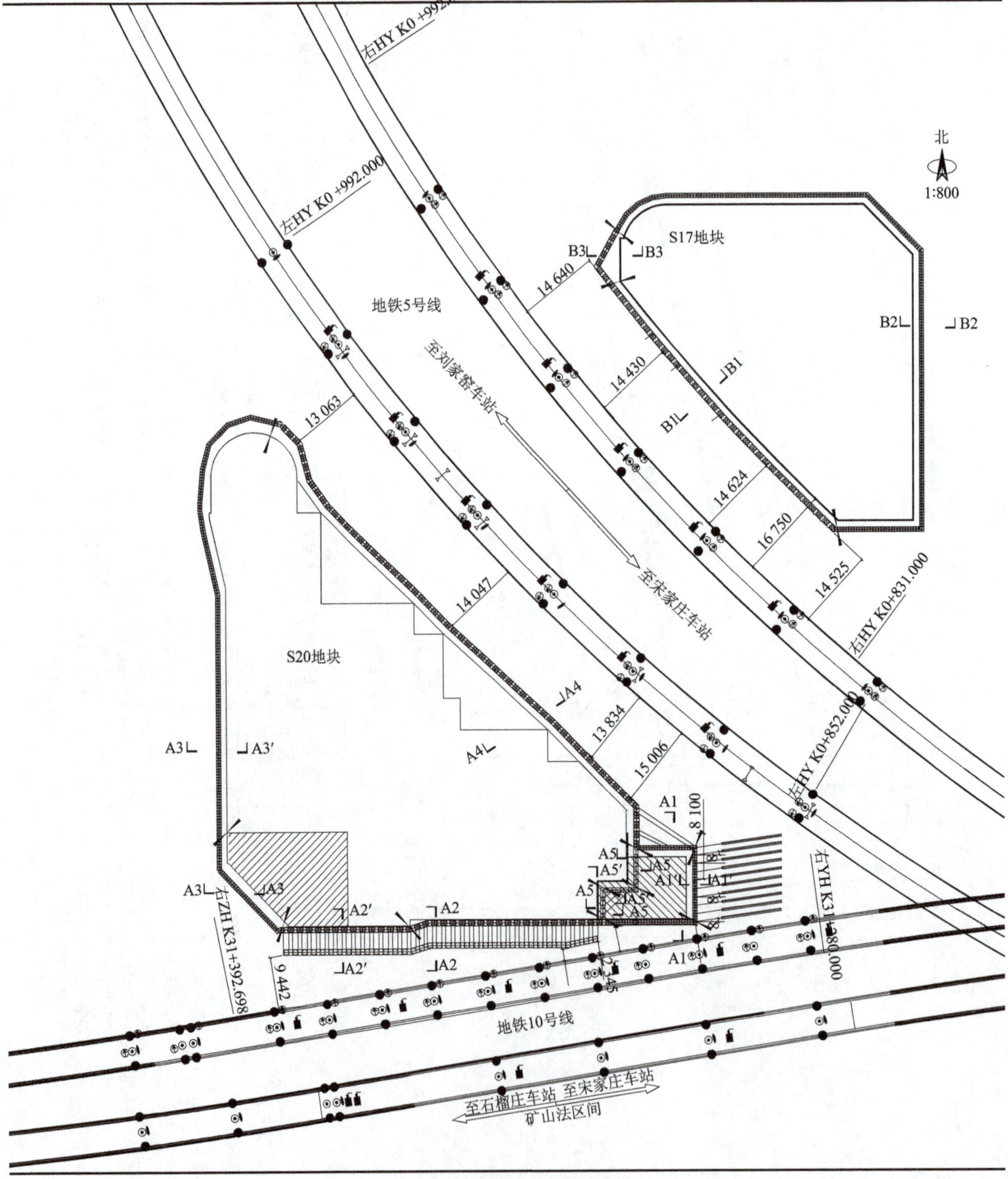

图 5　地铁监测点布置图

3.6 变形预测

本工程的主要风险点在于地铁 5 号线与地铁 10 号线交叉处及地块南侧地铁 10 号线的安全性影响，以下就主要风险点做详细分析。

3.6.1 理正软件计算

两线交汇处主要风险点以 $A1$-$A1$ 剖面为例，对应地铁 10 号线为暗挖区间，地铁 5 号线为盾构区间，拟建结构与地铁围护结构距离最近点约 3 m，且基坑深于地铁 10 号线结构，经理正软件计算得出最大位移为 4.85 mm，如图 6 所示。另一个风险点以 $A2$-$A2$ 剖面为例，对应地铁 10 号线为暗挖区间，拟建结构与地铁结构距离最近点约 5 m，经过理正软件计算得出最大位移为 9.19 mm，如图 7 所示。根据北京市建筑基坑支护技术规程的要求，其变形控制完全符合规范要求。

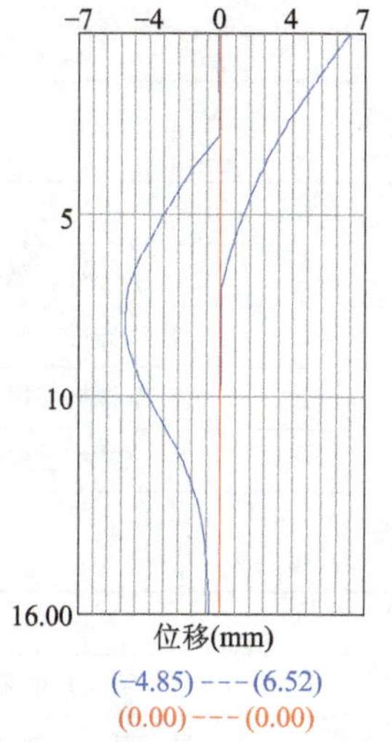

图 6 $A1$-$A1$ 剖面位移包络图

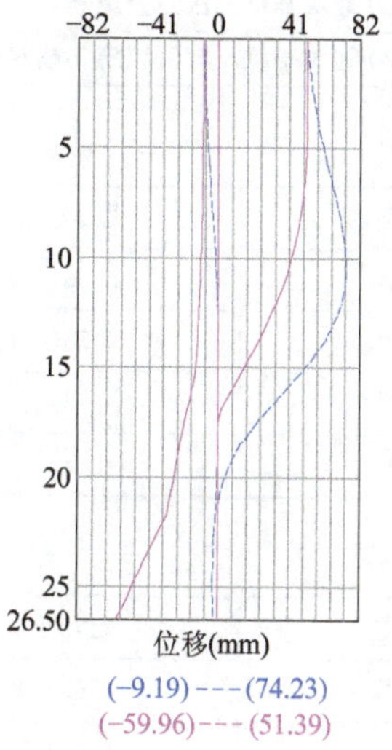

图 7 $A2$-$A2$ 剖面位移包络图

3.6.2 有限元分析

根据该工程与既有地铁隧道工程相对位置关系及影响范围，选取沿既有地铁 10 号线线路纵向方向 250 m，线路横向 240 m，土层厚度 60 m 。分别模拟不同区段基坑开挖、支护及施工以及最终建筑物加载对地铁结构的影响，如图 8 所示。

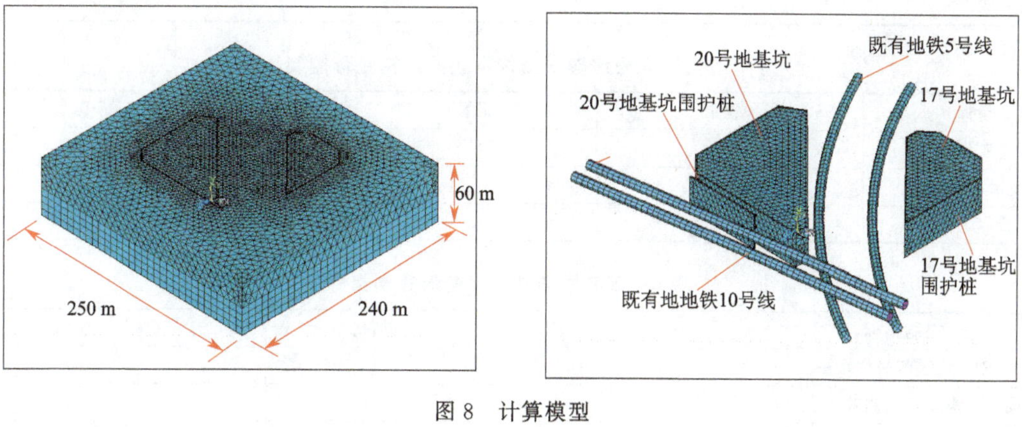

图 8 计算模型

对各模型进行分工序模拟计算，计算结果详见表 1～表 6。

表 1　模拟施工阶段表

工　序	说　明
第一阶段	施做围护桩
第二阶段	S20 地块基坑二三四区整体开挖首层土体 1 m，并施作第一道支撑与锚索；S17 地块基坑开挖到第一道锚杆下 0.5 m
第三阶段	S20 地块基坑一二三四区整体开挖至 4 区第二道支撑上方（−4.5 m）并施作三、四区的横撑；S17 地块开挖到第二道锚杆下 0.5 m
第四阶段	S20 地块基坑一二区开挖至第三道撑并施作相应的锚索；S17 地块开挖到第三道锚杆下 0.5 m
第五阶段	S20 地块基坑一二区开挖至第四道撑并施作相应的锚索；S17 地块开挖至基坑底部
第六阶段	S20 地块基坑一二区开挖至基底；S17 地块施加建筑荷载 660 kPa
第七阶段	S20 地块基坑一二区施作地下室结构直至第二道撑上方并回填
第八阶段	S20 地块基坑三区开挖至第三道撑并施作相应的锚索，四区开挖至基底（−8.85 m）
第九阶段	S20 地块基坑三区开挖至第四道撑并施作相应的锚索
第十阶段	S20 地块基坑三区开挖至基底
第十一阶段	S20 地块基坑所有区域施加建筑荷载

表 2　地铁 10 号线隧道变形结果汇总　　mm

变形种类	最大变形值	加载后	发生部位
竖向变形	1.16（上浮）	1.02（上浮）	单排桩支撑段
竖向变形	2.78（沉降）	2.74（沉降）	双排桩支撑段
横向变形	2.22	2.13	单排桩支撑段
横向变形	2.46	2.43	双排桩支撑段

表 3　地铁 5 号线隧道变形结果汇总　　mm

变形种类	最大变形值	楼房加载后工况	发生部位
竖向变形	1.696 上浮	1.595 上浮	靠近基坑侧隧道
横向变形	1.077	0.984	靠近基坑侧隧道地板

根据本设计方案模拟结果可以看出，本工程施工对地铁结构有一定的影响，但计算值均满足地铁安全运营的要求。具体监控量测控制指标见表 4～表 6。

表 4　地铁 5 号线隧道结构及轨道结构变形控制指标　　mm

控制指标	预警值	报警值	控制值
横向变形	1.1	1.2	1.5
竖向变形	1.4	1.6	2.0

表 5　地铁 10 号线隧道结构及轨道结构变形控制指标　　mm

控制指标	预警值	报警值	控制值
横向变形	1.8	2.0	2.5
竖向变形（沉降）	2.1	2.4	3.0
竖向变形（上浮）	1.1	1.2	1.5

表 6　既有围护桩水平变形控制指标　　mm

控制指标	预警值	报警值	控制值
S17 地铁侧桩体水平	14	16	20
S20 地铁 5 号线侧桩体水平	14	16	20
S20 地铁 10 号线侧双排桩体水平	11	12	15
S20 地铁 10 号线侧单排内支撑桩体水平	4.2	4.8	6.0

3.6.3　工程类比

与该工程一条马路相隔的S24地块基坑深度为14.70 m。采用桩锚支护，围护桩桩径采用0.80 m，间距1.50 m，嵌固深度7.0 m。采用桩间旋喷桩控制地下水。设计本项目时该工程已完成，开挖期间第三方对基坑及相邻地铁结构进行的各项监控指标均在控制值范围内。

4　结　　语

本项目处于两条既有轨道交通的交叉部位，且距离轨道结构最近处不足3 m，且基坑开挖深度大于地铁结构埋深，无法在轨道交通的上方施作锚杆，采用内支撑方案工期长且费用高，这些特点给基坑施工带来了极大的风险，基坑开挖的同时也必将对既有轨道带来一定的影响。如何确保城市轨道交通正常运行的同时顺利开挖基坑，是该工程面临的一大挑战。笔者根据工程自身的特点以及工程地质条件，充分利用空间，分别有针对性地采用了多种支护结构及不同支护结构的多种组合形式，且创造性地将整个基坑分为四个区域，并对不同区域进行分阶段开挖，充分利用了建筑结构自身的优势。经过软件计算和有限元分析以及与周边已有同类工程类比，证明基坑支护设计是经济合理，安全可靠的。目前该基坑支护工作已经顺利完成。因此，本基坑支护设计基于风险控制的做法，可供同类工程设计时借鉴。

参 考 文 献

[1]　中国建筑科学研究院．DB11/489—2007 建筑基坑支护技术规程[S]．北京：中国建筑工业出版社，2012.
[2]　北京市勘察设计研究院有限公司．DB11/115—2014 城市建设工程地下水控制技术规范[S]．北京：北京市质量技术监督局、北京市规划委员会，2014.
[3]　北京科技促进会．DB11/940—2012 基坑工程内支撑技术规程[S]．北京：北京市质量技术监督局、北京市住房和城乡建设委员会，2012.
[4]　张慧东．北京地铁西四车站基坑工程[M]．北京：中国建筑工业出版社，2010：127-135.
[5]　梁志荣．上海证大喜马拉雅艺术中心基坑工程[M]．北京：中国建筑工业出版社，2010：143-151.
[6]　王琦．复杂环境条件下深基坑支护设计思路及实例分析[M]．北京：知识产权出版社，2015：155-159.
[7]　徐娜．滨海复杂地层长大深基坑施工变形实测分析[J]．工程地质学报，2016，24(5)：807-813.
[8]　廖志坚．紧邻上海黄浦江的深大基坑工程设计与实践[J]．岩土工程技术，2016，30(5)：249-253.

基于层次分析法综合超前地质预报及应用

陈素敏， 袁真秀， 王馨霆， 左战旗， 郁金龙
（中铁隧道勘测设计院有限公司　天津　300133）

摘　要：综合超前地质预报是通过不同预报方法，在隧道施工中探明不良地质，降低工程风险的有效技术手段。不同预报手段的有效组合成为综合超前地质预报工作的关键，为了避免预报手段的随意组合、效率低下的问题，结合预报工程的实际情况，采用层次分析法及 yaahp 软件进行多层次组合评价，定量化各种预报手段对预报最佳方案的权重，合理选择出以超前钻探为主，地质雷达、地质分析、TSP 为辅的综合预报手段组合。经过城市地铁预报工作的实际应用，在应对地质环境复杂多变、环境影响因素较多的隧道预报中，显示了良好的效果。

关键词：层次分析法；综合超前地质预报；yaahp 软件；判断矩阵

随着国家现代化的需要，隧道修建规模和难度也越来越大，尤其在地质环境复杂的城市里，对地铁建设要求更加规范严格。城市地质条件复杂、建筑基础多样、地下管线的密集分布给施工带来严峻挑战。勘察工作往往不能准确查明地质灾害的具体位置、规模，为了减少施工的盲目性，避免无法预料地质灾害的发生，施工的超前地质预报尤为重要。

超前地质预报主要通过地质分析、物探、超前钻探等手段，对隧道开挖工作面前方的围岩情况进行检测，以查明不良地质体的性质、位置、规模等，有效指导现场施工。目前超前地质预报比较成熟的手段主要为地质调查法、地质雷达、TSP、超前钻探、红外探水等手段，不同预报手段具有不同的特点，根据现场施工及环境条件选择最佳方法组合进行综合超前地质预报尤为关键。人为感觉进行选择综合超前地质预报手段，往往不能有效组合，给预报成本、效果带来影响。

根据隧道开挖工程地质情况，结合系统工程方法有针对性制定隧道超前地质预报方案，进行定量综合评价，有效避免预报的盲目性。

层次分析法综合评价能够科学地进行决策与评价，以解决超前地质预报方法在结构复杂工程中的决策问题。

1　层次分析法原理

层次分析法（AHP）是由美国运筹学家 L. T. Saaty 等人在 20 世纪 70 年代提出的一种定性定量相结合的多属性决策分析方法。通过比较相关因素对目标的影响，将主观判断用数据表达，以确定多种因素在目标中的权重，并利用构建评判矩阵进行多层次综合评判决策。本次主要通过 Yaahp 软件进行模型建立及计算。

1.1　层次结构模型的建立

层次模型中，将复杂问题分解为多个元素，元素根据不同性质又分为多组，层次模型中一般分为三类：目标层 A、准则层 B、指标层，考虑贵阳地铁超前地质预报方案选择因素及重要性，将目标层 A 设置为贵阳地铁超前地质预报最佳方案。预报过程评价准则层主要从探测准确性 B_1、技术可靠性 B_2 及经济合理性 B_3 方面考虑。每一准则层又结合实际情况细化为不同的评价指标，层次结构模型见表 1。

表 1　层次结构模型

目标层	准则层	指标层	方案层
城市地铁超前地质预报最佳方案	探测准确性 B_1	预报距离 C_1	地质分析法 D_1 地质雷达 D_2 TSP D_3 红外探水 D_4 超前钻探 D_5
		地下水 C_2	
		围岩级别 C_3	
		溶洞 C_4	
		地层岩性 C_5	
		地质构造 C_6	
	技术可靠性 B_2	技术成熟 E_1	
		环境干扰小 E_2	
	经济合理性 B_3	预报单价 F_1	
		预报工期 F_2	
		预报人员 F_3	

1.2　构造判断矩阵

层次结构模型反映了因素之间的关系，需要确定衡量目标层各准则层、指标层及方案层所占权重。层次分析法核心基于上层目标对下层因素之间两两比较，决定下层元素对上层元素的重要程度，即构成多元素比较判断矩阵，下式为 $\boldsymbol{A}\text{-}\boldsymbol{B}_i$ 判断矩阵形式：

$$\boldsymbol{A}\text{-}\boldsymbol{B}_i=\begin{bmatrix} a_{11} & a_{12} & \cdots & a_{1n} \\ a_{21} & a_{22} & \cdots & a_{2n} \\ \vdots & \vdots & \ddots & \vdots \\ a_{n1} & a_{n2} & \cdots & a_{nn} \end{bmatrix} \tag{1}$$

式中　$\boldsymbol{A}\text{-}\boldsymbol{B}_i$——下层元素 B_i 和 B_j 相对于 A 之间的相对重要性；

a_{ij}——第 i 个目标和第 j 个目标的相对重要程度；且 $a_{ij}>0$，$b_{ij}=1/b_{ji}$，$b_{ii}=1$。

根据层次分析标度一般采用 1～9 标度法，见表 2。

表 2　层次分析法判断标度

标度值	标度含义	标度值	标度含义
1	前者与后者同样重要	7	前者比后者十分重要/有优势
3	前者比后者稍微重要/有优势	9	前者比后者绝对重要/有优势
5	前者比后者比较重要/有优势	2、4、6、8	表示上述相邻判断中的中间值

相对目标层 A，对准则层 B 各因素进行两两比较，得到判断矩阵 $A\text{-}B$；相对准则层 B，对指标层分组进行两两比较，得到判断矩阵 $B_1\text{-}C$、$B_2\text{-}E$、$B_3\text{-}F$；同理以指标层为准则，对方案层进行两两比较，得到 $C_i\text{-}D$、$E_i\text{-}D$、$F_i\text{-}D$。因此，将得到 15 组判断矩阵。

1.3　判断矩阵计算方法

根据判断矩阵计算最大特征值与特征向量，一般采用求和法或求根法计算特征值的近似值。

计算判断矩阵每一行元素的几何平均值 $\overline{W}_i$

$$\overline{W}_i=\sqrt[n]{\prod_{j=1}^{n}a_{ij}}\quad (i,j=1,2,\cdots n) \tag{2}$$

对 $\overline{W}=[\overline{W}_1,\overline{W}_2,\cdots,\overline{W}_n]^{\mathrm{T}}$ 向量归一化，计算 A_i

$$W_i = \frac{\overline{W}_i}{\sum_{j=1}^{n} \overline{W}_j} \tag{3}$$

则 $W=(W_1,W_2,\cdots,W_n)^T$ 即为所求特征向量。

1.4　一致性检验

一致性检验是衡量判断矩阵质量好坏的标准，可以有效避免判断过程中的逻辑错误。通过最大特征根 λ_m 计算判断矩阵偏离的一致性指标 CI：

$$CI=(\lambda_m-n)/(n-1) \tag{4}$$

式中　n——判断矩阵的阶数。

一致性指标 CI 与同阶平均随机一致性指标 RI 之比为随机一致性比例 CR：

$$CR=CI/RI \tag{5}$$

当 $CR<0.10$ 时，判断矩阵具有满意的一致性，否则需要判断矩阵的比较值，使之通过一致性要求。

2　基于 yaahp 的层次分析法计算

Yaahp 是一款层次分析法辅助软件，主要集成模型构造、计算及分析于一体，对整个决策过程进行监控，利用该软件绘制层次模型非常直观，结合本地区预报的实际情况，拟选择筛选的探测方法为地质分析法、地质雷达、TSP、红外探水及超前钻探，基于此建立评价模型，见图 1。

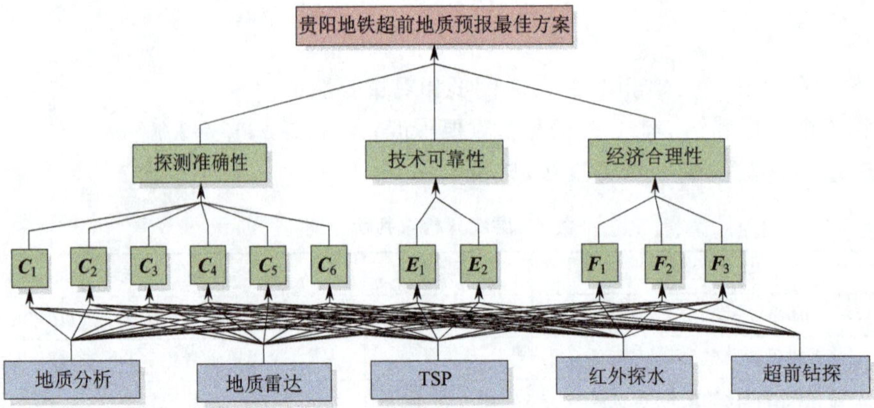

图 1　层次结构模型建立

根据已建立的模型，利用 1～9 标度法进行判断比较，分别建立 $\boldsymbol{A}$-$\boldsymbol{B}$，$\boldsymbol{B}_1$-$\boldsymbol{C}$、$\boldsymbol{B}_2$-$\boldsymbol{E}$、$\boldsymbol{B}_3$-$\boldsymbol{F}$，同理建立 $\boldsymbol{C}_i$-$\boldsymbol{D}(i=1\sim6)$、$\boldsymbol{E}_i$-$\boldsymbol{D}(i=1、2)$、$\boldsymbol{F}_i$-$\boldsymbol{D}(i=1\sim3)$ 共计 15 组判断矩阵，见表 3～表 6。判断矩阵 $\boldsymbol{A}$-$\boldsymbol{B}$ 表示对于总目标，$\boldsymbol{B}_1$-$\boldsymbol{B}_3$ 三个因素的重要程度；$\boldsymbol{B}_1$-$\boldsymbol{C}$、$\boldsymbol{B}_2$-$\boldsymbol{E}$、$\boldsymbol{B}_3$-$\boldsymbol{F}$ 表示各种分组指标对各准则层的相对重要性比较；$\boldsymbol{C}_i$-$\boldsymbol{D}$、$\boldsymbol{E}_i$-$\boldsymbol{D}$、$\boldsymbol{F}_i$-$\boldsymbol{D}$ 表示探测方案在相应各指标中的重要性比较。

表 3　判断矩阵 A-B

$\boldsymbol{A}$	$\boldsymbol{B}_1$	$\boldsymbol{B}_2$	$\boldsymbol{B}_3$
$\boldsymbol{B}_1$	1	5	7
$\boldsymbol{B}_2$	1/5	1	3
$\boldsymbol{B}_3$	1/7	1/3	1

表 4　判断矩阵 B_1-C

B_1	C_1	C_2	C_3	C_4	C_5	C_6
C_1	1	1/6	1/5	1/9	1/2	1/3
C_2	6	1	1/3	1/2	5	2
C_3	5	3	1	1/5	4	3
C_4	9	2	5	1	6	7
C_5	2	1/5	1/4	1/6	1	1/3
C_6	3	1/2	1/3	1/7	3	1

表 5　判断矩阵 B_2-E

B_2	E_1	E_2
E_1	1	5
E_2	1/5	1

表 6　判断矩阵 B_3-F

B_3	F_1	F_2	F_3
F_1	1	1/2	3
F_2	2	1	3
F_3	1/3	1/3	1

同理,比较可以得到 C_i-D、E_i-D、F_i-D 的判断矩阵。根据 yaahp 软件,自动计算各判断矩阵的特征向量及最大特征值,见表 7。

表 7　Yaahp 计算结果

判断矩阵	特征向量(权重向量)	λ_m	CI	RI	CR
$A-B$	$(0.730\ 6,0.188\ 4,0.081\ 0)^T$	3.064 9	0.036 2	0.58	0.062 4
B_1-C	$(0.031\ 4,0.162\ 4,0.213\ 9,0.463\ 2,0.046\ 4,0.082\ 6)^T$	6.471 0	0.092 8	1.24	0.074 8
B_2-E	$(0.833\ 3,0.166\ 7)^T$	2.000 0	0.000 0	0	0.000 0
B_3-F	$(0.332\ 5,0.527\ 8,0.139\ 6)^T$	3.053 6	0.029 9	0.58	0.051 6
C_1-D	$(0.157\ 2,0.196\ 4,0.476\ 4,0.074\ 3,0.095\ 7)^T$	5.304 1	0.076 0	1.12	0.067 9
C_2-D	$(0.055\ 0,0.243\ 8,0.202\ 0,0.112\ 9,0.386\ 2)^T$	5.279 1	0.069 8	1.12	0.062 3
C_3-D	$(0.204\ 0,0.122\ 5,0.168\ 0,0.078\ 9,0.426\ 5)^T$	5.320 5	0.080 2	1.12	0.071 6
C_4-D	$(0.070\ 7,0.237\ 9,0.142\ 2,0.039\ 0,0.510\ 2)^T$	5.395 4	0.098 9	1.12	0.088 3
C_5-D	$(0.525\ 4,0.084\ 1,0.167\ 6,0.043\ 5,0.179\ 4)^T$	5.363 9	0.090 9	1.12	0.081 2
C_6-D	$(0.603\ 1,0.060\ 0,0.135\ 4,0.039\ 3,0.162\ 1)^T$	5.412 8	0.103 2	1.12	0.092 1
E_1-D	$(0.064\ 8,0.399\ 9,0.277\ 2,0.078\ 1,0.179\ 9)^T$	5.441 8	0.110 4	1.12	0.098 6
E_2-D	$(0.402\ 1,0.103\ 8,0.149\ 8,0.043\ 2,0.301\ 2)^T$	5.407 7	0.101 9	1.12	0.091 0
F_1-D	$(0.531\ 1,0.141\ 3,0.070\ 1,0.191\ 7,0.065\ 8)^T$	5.316 7	0.079 2	1.12	0.070 7
F_2-D	$(0.422\ 0,0.264\ 0,0.084\ 8,0.185\ 6,0.043\ 6)^T$	5.380 4	0.095 1	1.12	0.084 9
F_3-D	$(0.527\ 5,0.202\ 4,0.062\ 4,0.161\ 7,0.046\ 0)^T$	5.408 5	0.102 1	1.12	0.091 2

由此可见,判断矩阵一致性比例 CR 值均小于 0.1,符合一致性要求。

得到每一层的各元素的权重,依据层次分析模型,自下而上进行对目标层的综合权重进行计算。由表 6 可得地质分析法 D_1 的综合评判结果:

探测准确性：

$W_{B_1}=W_C \cdot W_{D_1}=(0.0314,0.1624,0.0239,0.4632,0.0464,0.0826)^T \cdot (0.1572,0.0550,0.2040,0.0707,0.5254,0.6031)=0.1644$

技术可靠性：

$$W_{B_2}=W_E \cdot W_{D_1}=(0.8333,0.1667)^T \cdot (0.0648,0.4021)=0.1210$$

经济合理性：

$$W_{B_3}=W_F \cdot W_{D_1}=(0.3325,0.5278,0.1396)^T \cdot (0.7306,0.1884,0.0810)=0.1813$$

目标层权重：

$$W_{A-D_1}=W_A \cdot W_B=(0.7306,0.1884,0.0810)^T \cdot (0.1644,0.1210,0.1813)=0.1812$$

同理，可得到地质雷达 D_2、TSP、D_3、红外探水 D_4、超前钻探 D_5 对目标层的权重，见表 8。

表 8　方案层对决策目标的排序权重

备选方案	权重	备选方案	权重
超前钻探	0.345 1	TSP	0.177 6
地质雷达	0.223 0	红外探水	0.073 0
地质分析	0.181 2		

由表 8 可知，本次预报综合重要性排序依次为超前钻探、地质雷达、地质分析、TSP、红外探水。考虑到地铁施工中地质条件复杂性、地下水发育的实际情况，因此综合考虑，采取超前钻探、地质雷达、地质分析、TSP 预报手段组合。地质分析有助于把握所测地区的地质背景，有针对性地进行预报；超前钻探对围岩级别及水的判断十分准确，但存在一孔之见的弊端；地质雷达的短距离探测和 TSP 长距离探测，通过相邻介质的物性差异，有助于宏观把握地质异常位置，但存在多解性的特点，因此在预报当地项目中，采用该预报手段组合，效果最佳。

3　综合预报实例

贵阳地铁某线路区间属岩溶槽谷地貌，区间受褶曲及断裂构造影响。第四纪覆盖层较薄，下伏侏罗系、三叠系、二叠系、石炭系、泥盆系、志留系等地层，岩性主要以灰岩、白云岩为主，次为泥质灰岩、泥质白云岩、砂岩、页岩等，节理裂隙较发育，围岩完整性较差。拟建区间地下水类型主要有：上层滞水、第四系松散岩类孔隙水、基岩裂隙水、岩溶水，线路穿越市区河道，地下水补给充分。

地质分析法显示该段以灰岩为主，部分地段夹煤层，由于地下水较发育，初步判断存在岩溶及采空区的可能性，遂重点对该段进行超前地质预报。

采用瑞典 MALA-X3M 地质雷达对施工面里程 ZDK31+015 进行扫描，经过对数据去直流漂移、找直达波、增益(energy decay)、去水平信号、带通滤波(bandpass butter worth)、滑动平均等步骤的处理，得到地质雷达剖面图，如图 2 所示。剖面图显示该段振幅较大，物性差别较大；同相轴不连续，且无明显的双曲线特

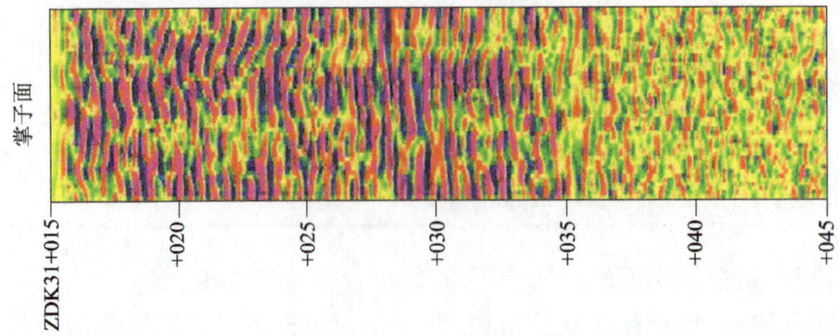

图 2　地质雷达剖面图

征，说明该段围岩较破碎；频率主要为低频信号，受地下水影响较大，说明预报前方范围内地下水发育，综合分析得出该预报里程 ZDK31＋016～ZDK31＋035 围岩较破碎～破碎，节理裂隙发育，地下水发育，在 ZDK31＋030 附近该段存在溶洞或采空区的可能。

TSP(Tunnel Seismic Prediction)采用最新的 TSP203Plus 仪器，在隧道施工面附近边墙墙一定范围内布置激发孔，通过在孔中人工激发地震波，所产生的地震波以球面波的形式在隧道围岩中传播，当围岩波阻抗发生变化时(例如遇岩溶、断层等)，一部分地震波将会被反射回来，另一部分地震波将会继续向前传播。通过对原始数据进行放大、能量均衡、滤波等流程的处理。从地震波形记录中拾取纵波波至和横波波至，根据爆炸点与检波器的距离可分别计算各段围岩的纵波速度 v_p 和横波速度 v_s。v_p 和 v_s 值的大小综合反映了围岩的物理力学性质，根据 v_p 和 v_s 值可直接计算动力学参数，即计算动弹性模量 E_d、动剪切模量 G_d 和泊松比 μ_d，如图 3 所示。

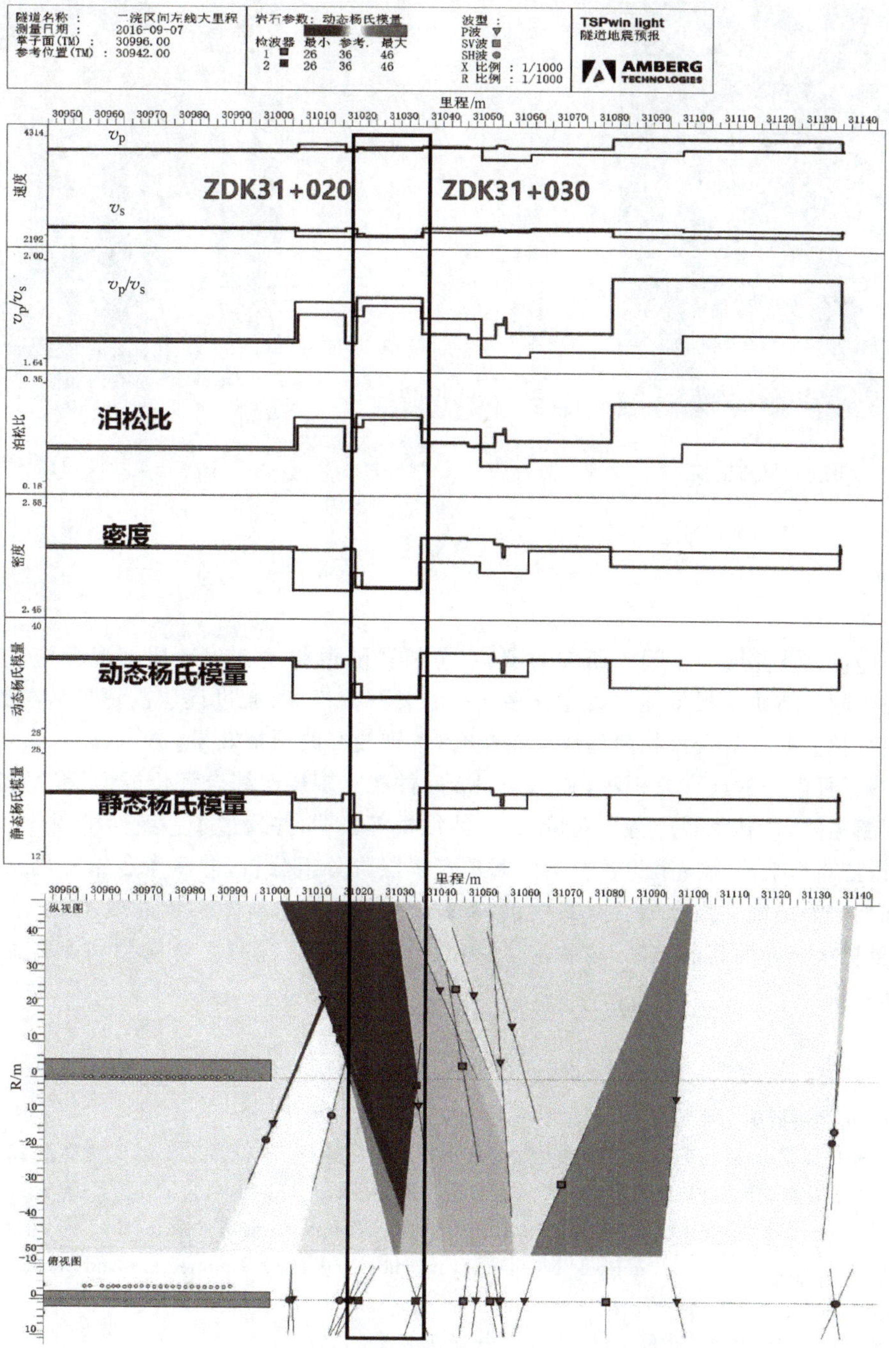

图 3　TSP 法反射层位及物理力学参数成果图

根据 TSP 地震波反射层及物理力学参数成果图可以得出，在里程 ZDK31＋020～ZDK 31＋030 范围，v_p 和 v_s 都有所降低，其中 v_s 降低的幅度更大，说明存在流体，这样反映到 v_p/v_s、泊松比都显示升高，表示该范围地下水影响较大；在该段密度降低，说明围岩破碎；杨氏模量的下降表示该段内岩性较软。综合分析，得到该段范围地下水发育，节理裂隙发育，存在夹层或岩溶、采空区的可能。

通过在施工面 ZDK31＋016 位置进行超前钻探，发现在 ZDK31＋026 处存在空洞，且出水量较大，如图 4 所示。因此在指导施工过程中，建议开挖后及时锚喷支护，防止岩体失稳坍塌，以确保隧道施工设备及人员的安全，同时做好防水降排工作。经开挖发现在 ZDK31＋028 位置存在一煤炭采空区，厚度约为 0.7～1.5 m，采空区倾角约 40°～50°，呈南北走向横穿整个隧道断面，如图 5 所示。由于预报及时，加强支护，成功发挥了超前预报的功能，为施工顺利实施起到了保障作用。

图 4　超前钻探

图 5　采空区现场

4 结　　语

本文以贵阳地铁某线路隧道工程为研究对象，在分析该隧道相关工程地质情况及施工条件的基础上，引入层次分析法对超前地质预报最佳方案建立多层次综合评价模型，通过逐层次评价后再综合评判使得复杂方案决策得到量化。实际应用该超前地质预报组合，达到较好的预报效果。

(1)引入系统工程学中的层次分析法，利用 yaahp 软件建立多层次综合评价模型，根据实际工程情况，建立各指标层的判断矩阵，得到个各层特征向量、最大特征根等数据，并通过了一致性检测。

(2)层次分析法将影响决策方案的各影响因素进行多层次分组分析，并赋予各指标因素以权重，通过综合评判计算得到相对预报最佳组合的各方案权重，有效将预报方案进行数学化处理。

(3)将层次分析法选择的超前钻探、地质雷达、地质分析及 TSP 探测组合应用到实际工程地质预报中，取得良好的实际效果。

参 考 文 献

[1]　刘志刚，赵勇．隧道隧洞施工地质技术[M]．北京：中国铁道出版社，2001.

[2]　李术才，刘斌，孙怀凤，等．隧道施工超前地质预报研究现状及发展趋势[J]．岩石力学与工程学报.2014.6：1090-1113.

[3]　孙克国，李术才，张庆松，等．TSP 在岩溶区山岭隧道预报中的应用研究[J]．山东大学学报(工学版).2008，39(4)：7-11.

[4]　HUDSON J A. The next 50 years of the ISRM and anticipated future progress in rock mechanics[C]// Proceedings of the 12th ISRM International Congress on Rock Mechanics，Harmonising Rock Engineering and the Environment. Beijing：Taylor and Francis Group. 2011：47-51.

[5]　张先锋．隧道超前地质预报技术指南[M]．北京：人民交通出版社，2013.

[6]　王梦恕．对岩溶地区隧道施工水文地质超前预报的意见[J]．铁道勘察．2004(1)：7-9.

[7] 罗利锐,刘志刚. 超前地质预报在翔安海底隧道中的应用[J]. 铁道工程学报. 2009,130(7):80-83.

[8] Chow J, Angelier J, et al. Paleoseismic Eventand Active Faulting from Ground Penetrating Radar and High Reflection Profiles across the Chihshang Fault, Eastern Taiwan[J]. Tectonophysics. 2001,33(3):241-259.

[9] 林传年. 岩溶隧道综合超前地质预报应用研究[J]. 地下空间与工程学报. 2008,4(6):1086-1090.

[10] 余世根,张光武,刘海波. 综合超前地质灾害预报方法在椿树垭隧道中的应用[J]. 工程地球物理学报.2010,7(3):363-367.

[11] 许树柏. 层次分析法原理[M]. 天津:天津大学出版社. 1988.

[12] 原小帅,张庆松,徐振浩,等. 基于层次分析法的隧道综合地质预报优化[J]. 工程地质学报. 2011,19(3):346-351.

[13] 杨峰,彭苏萍. 地质雷达探测原理与方法研究[M]. 北京:科学出版社. 2010,26-27.

[14] 付代光,周黎明,肖国强,等. TSP预报隧道不良地质体应用研究[J]. 地球物理学进展. 2016,31(1):0417-0426.

[15] 戴前伟,何刚,冯德山. TSP-203在隧道超前预报中的应用[J]. 地球物理学进展. 2005,20(2):460-464.

基于点云数据的地铁车站模型构建方法研究

张小越， 王 羽
（北京市勘察设计研究院有限公司，北京 100038）

摘 要： 城市轨道交通地下工程建设作为数字城市建设的重要一环，准确、逼真、精细、高效的地下交通设施三维建模工作迫切需要一种既能充分反映当前技术水平又具有较强系统性和可操作性的三维建模方法。本文以北京地铁8号线三期06标木樨园北站为研究对象，使用RIEGL VZ400i、Geomagic 2012、AutoCAD 2014和3Ds MAX 2012等点云数据获取和处理软硬件结合线划图和三角网格两种建模方法生成逼真的地铁车站三维模型，为三维激光扫描技术在地下车站模型构建方面的应用提供了系统性的技术参考和借鉴。

关键词： 数字城市；点云数据；三维建模；地铁车站

1 引 言

地铁车站三维模型为与车站建设相关的设计、施工、管理等工程信息提供了信息载体平台，是实现地铁车站数字化管理和人工智能目标的重要技术环节。车站三维实体模型能够为需求方提供真实、丰富、可视的车站建筑信息。在地下车站结构施工、设备安装、变形监测、智能监控和规划改造等方面发挥着非常重要的作用。

三维激光扫描技术采用非接触式高速激光测量模式，能够高效地获取被测目标表面的阵列式几何图形的点云数据，可快速应用于城市建筑三维模型构建和局部区域的空间信息获取，是目前测绘发展的一个重要方向。当下，作为三维城市模型主要内容之一的建筑物表面矢量特征模型的三维重建方法有如下三类：

（1）基于线划图的方法

利用已有GIS、地图和CAD提供的二维平面数据以及其他高度辅助数据，经济、快速建立建筑物块体模型。

（2）基于图像的方法

利用近景、航空与遥感图像建立包括顶部细节在内的逼真表面模型，特别是倾斜摄影测量在规则形状建筑物的自动三维重建方法近年来取得了突破。

（3）基于点云的方法

利用激光扫描技术和地面移动测量快速获得的大量三维点云数据建立建筑物的集合表面模型。

本文以木樨园北站为研究对象，引入地面三维激光扫描技术，利用RIEGL VZ400i三维激光扫描仪完成地铁车站的三维信息采集工作，综合线划图法和三角格网法实现基于点云数据的地铁车站模型的构建工作。并对点云数据采集、点云数据预处理、线划图建模、三角格网建模等关键过程进行了系统的介绍。

2 点云数据的采集和预处理

地铁车站三维信息的获取包括目标表面空间坐标和纹理照片两部分。点云数据的采集和预处理工作是关系车站建模质量的关键所在。

2.1　点云数据的采集

在业内，点云数据被形像的称为“海量数据”，对计算机资源占用率极高，普通设备和软件难以一次性调用整个工程的点云数据。通常采用将点云按建筑结构分割后单独建模的方法，然后再将各部分建成的模型合并起来。这就需要采集得到的点云数据在同一个坐标系中，考虑到车站模型同其他测绘成果的衔接性，本次点云数据采集过程中选择车站底板上的隧道施工控制点作为起算数据，直接将点云模型坐标转化为工程坐标。

在初始控制扫描站架设扫描仪，扫描之前将 8 个反射片错落有致地均匀粘贴在扫描仪周围，尽量使反射片平面垂直于反射片中心和扫描仪中心的连线，以保证反射片精扫描的采集质量。然后在底板控制点上架设全站仪依次采集 8 个反射片的中心坐标。最后进行控制扫描站和反射片的扫描工作。扫描结束后搬动扫描仪到下一扫描站，以此类推直到整个车站三维信息被完整采集。

图 1　扫描线路示意图

采集过程中扫描站点间距或采样分辨率应不小于 6 mm，并满足相邻扫描站间有效点云的重叠度不低于 20%；纹理采集照片之间重叠度不低于 40%。本次点云数据采集过程中左右线各形成一条附合线路，共在 4 个底板控制点附近做了 4 个控制扫描站。扫描路线示意图如图 1 所示。

2.2　点云数据预处理

点云数据预处理主要包括坐标系转化、点云配准、去噪、重采样、分割等步骤。将全站仪采集得到的各扫描控制站反射片中心的工程坐标导入控制站反射片的扫描坐标列表建立对应关系，计算坐标转换参数，将点云扫描坐标变换为工程坐标。以其中一个控制扫描站为基准站对相邻扫描站进行配准操作，未配准的扫描站以相邻已配准的扫描站为基准进行配准直到附合线路内所有扫描站都配准完毕，此时整个车站点云模型坐标都是工程坐标。

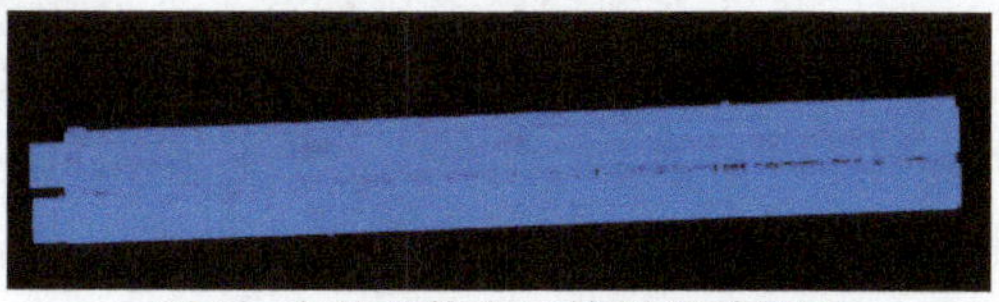

图 2　车站整体点云精拼接效果图

在点云采集过程中，因为现场施工人员走动以及空气中存在浮尘等原因，使点云数据中存在噪声。通过人机交互的方式去除无用点云噪声。相邻测站会有点云数据的重叠，这无形增大了数据冗余量，并且地铁车站建筑结构比较规则，不需要非常高的点云分辨率。通过重采样降低冗余数据，可以加快后期数据处理速度。

经重采样的点云数据在量级上虽有大幅度缩减，但是还是难以被设备一次性调运进行整体建模，需要将点云数据按照建筑结构分块进行，这就需要进行点云的分割操作。

3　车站模型的构建

木樨园北站车站由轨行区和站台组成，建筑结构简单，可以在点云数据中提取特征线来绘制车站轨行区和站台主体的二维线划图，包括立面图、剖面图等。结合 3Ds MAX 通过推拉操作将主体模型建立起来。站台上面的立柱和楼梯较为复杂，利用三角格网法对复杂的细小部件进行建模。

3.1　基于特征线建模

基于点云线画图和剖面图的制作有两种方法。第一种直接在点云中用特征线勾勒出车站边缘轮廓，最终将勾勒好的线划数据导出 CAD 格式文件，再结合 3Ds MAX 根据轮廓图进行建模，如图 3 所示。

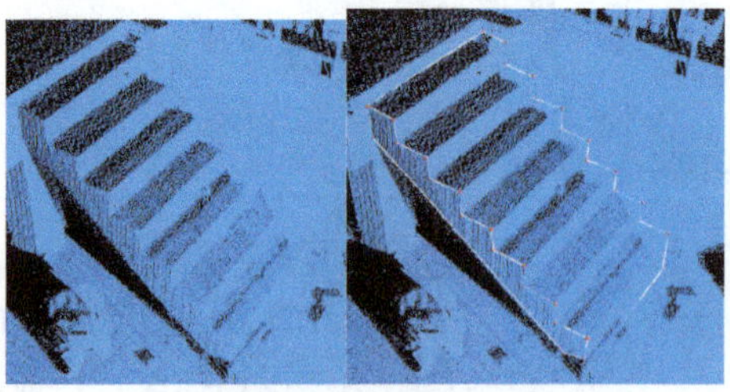

图 3 基于点云数据轮廓提取

第二种方法在点云中做目标立面的切片，在点云切片上提取建筑轮廓特征点，将提取的特征点数据导出为“.csv”格式数据。将特征点导入 CAD 中根据空间拓扑关系连点成线构成建筑线划图，再结合 3Ds MAX 进行建模，如图 4 及图 5 所示。

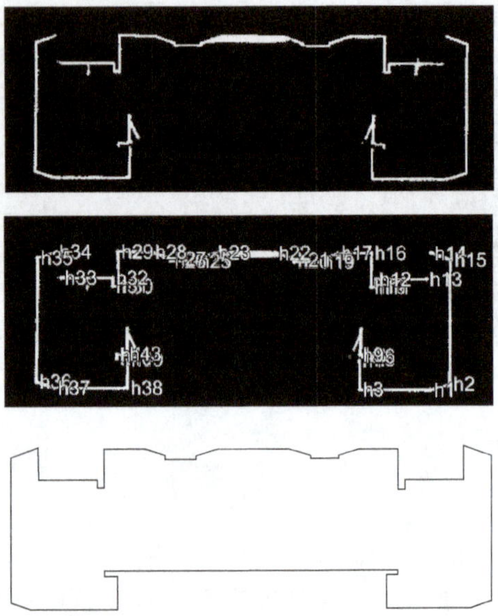

图 4 基于点云切片特征提取

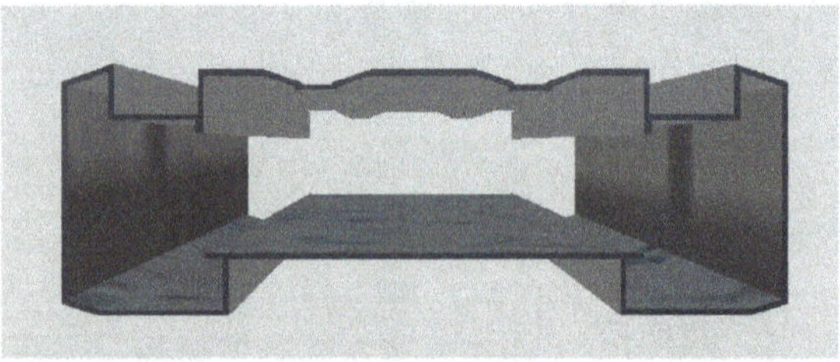

图 5 基于线划图车站主体建模（部分）

3.2 基于三角网格建模

地铁车站站台上有两排欧式立柱，立柱表面结构复杂，人工提取轮廓复杂且精度不高。三角网格建模是基于点云数据生成表面三角形网格，利用无数个连接三角形来近似逼近目标表面结构。Delaunay 三角网是网格建模方法中最常用的一个构网方法，该方法不论从区域何处开始构网，构网的结果是唯一的。Delaunay 三角网同时还具有最小角最大特性，是所有三角网重构算法中最接近规则化的三角网。也基于此，该方法能有效避免狭长三角形的产生，使创建的三角网更加平滑，最大程度接近目标模型的真实表面，进而大幅度保证模型重建的精细度，如图 6～图 8 所示。

图 6 车站立柱点云数据

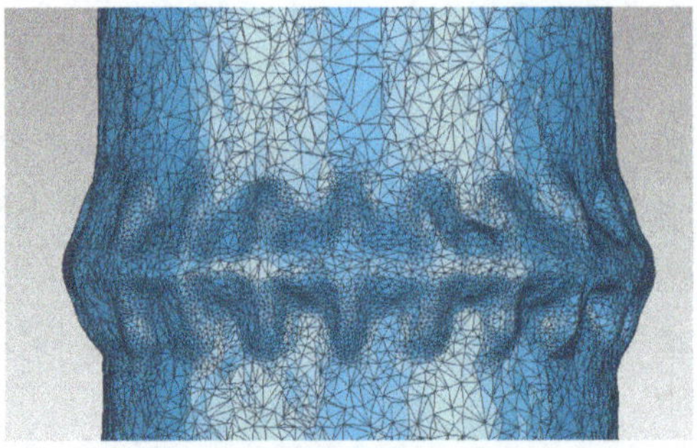

图 7 三角网格法得到的立柱模型（部分）

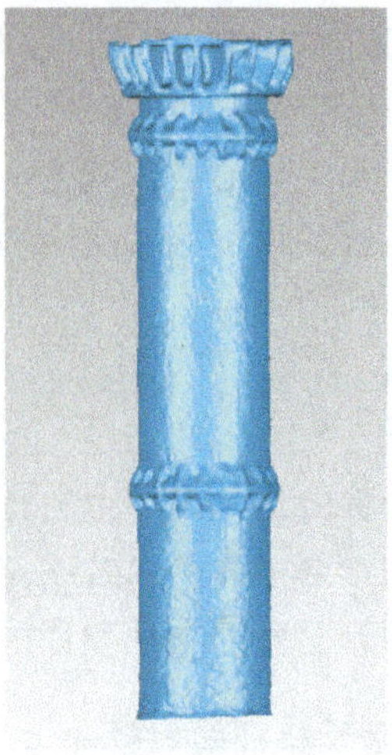

图 8 欧式立柱模型（整体）

3.3 模型的合并

点云模型具备工程坐标系给后期建筑结构各部分模型的合并带来了极大便利，它避免了传统设计模型创建过程中需要移动旋转建立参考线参考面的流程，所简称的模型直接根据自身的空间坐标就可以实现相互之间的无缝拼接。本次项目中，在 3Ds MAX 中进行主体模型和细小模型合并，通过后期渲染赋色完成模型整体的建模工作。

4 结　语

本文以北京地铁 8 号线三期木樨园北站车站为例，探讨了三维激光扫描技术在地铁车站建模中的应用，给出了三维激光扫描数据采集、数据处理和模型构建的具体步骤。通过综合基于车站点云数据的线划图和三角网格两种建模方法，准确的构建了该地铁车站的三维模型。基于点云重建的地铁车站模型不同于设计模型，它是对目标空间信息的真实客观重现。在该模型中作业人员能够方便地完成车站模型中任意三维信息的整合并实现与人工智能技术的无缝对接。为地铁铺轨安装、设备安装、冷滑试验、智能监控提供了真实可视的立体化数据支持。

目前，三维激光扫描技术在国内测绘行业方兴未艾，以其高效快速准确的三维信息采集优势被广泛地应用于 BIM 与土木工程的数字建档、历史遗迹与考古、设施与资产管理、检测和逆向工程、制造业和数字工厂、执法与取证、大型船舶制造、数字城市等领域。高精度扫描数据可用于建筑管理、冲突检测、CAD 建模与建筑设计任务所需的竣工资料建档。对建筑物的当前情况进行全面的 3D 建档，为土建工程的规划与实施以及资产管理提供最佳基础数据参考。

参 考 文 献

[1] 欧斌．三维激光扫描技术在城市轨道交通工程结构断面测量中的应用研究［J］．测绘与空间地理信息，2013，36（12）：209-211.

[2] 彭文博，杨武年，王鹏．三维激光扫描技术在古建筑模型重建中的应用［J］．地理空间信息，2016，14（3）：94-96.

[3] 闫阳阳，李永强，王英杰，等．三维激光点云联合无人机影像的三维场景重建研究［J］．测绘通报，2016（1）：84-87.

[4] 罗寒，王建强，张飞，等．两种建模方法在古文物三维模型重建中的研究［J］．工程勘察，2016，44（2）：41-44.

[5] 李霖．基于激光扫描的室内环境三维重建系统［D］．哈尔滨工业大学，2016.

高压旋喷桩在临近地铁深基坑支护结构中的应用

赵世斌

（深圳市勘察研究院有限公司，广东 深圳 518026）

摘 要： 伴随着建筑行业逐渐发展，基坑支护工程质量也逐渐地被提升。近年来，更多先进的技术被应用到基坑支护施工中，使得支护工程更加的稳定。深基坑旋喷桩适用范围比较广泛，施工比较灵活，并且在建筑固体性状的控制中比较便利。在材料的选择上，材料成本低，无环境污染。基于深基坑旋喷桩的这些特点，在本文中对旋喷桩在深基坑支护中的应用进行分析。

关键词： 深基坑；旋喷桩；支护结构；高压

旋喷桩的理论基础源自于采煤工作中的高压水射流技术在支护中的应用，能够根据旋喷主讲的模式，衍生出三种方法，主要分为单管法、双管法和多重管法。这些不同的方法在不同的施工环境中应用不同。在建筑工程基坑支护的应用，从施工角度上进行分析，双管法比较适应，由于该种方法施工工艺比较简单，施工速度比较快，在实际的施工中比较好控制。

1 旋喷桩施工工艺流程

研究深基坑旋喷桩在基坑支护结构中的应用，首先需要对旋喷桩施工工艺流程进行介绍，在实际施工中之前需要理清施工顺序，才能够提升施工质量，避免施工环节中出现施工故障。

第一，施工前必须清除地面和地下障碍物（包括填土层中的较大的石块、混凝土块及生活垃圾），挖除杂填土、淤泥等，排除积水，选用级配良好泥夹碎石分层回填。

第二，排障后放线测定桩位，用插钢筋或木桩作为标记并编号，再移机就位。移机就位后对桩位进行复核，桩位偏差应≤50 mm；并测量孔口高程，控制好桩顶标高。

第三，移动钻机，对准孔位，钻孔位置与设计位置偏差不得大于 50 mm，同时调平钻机，保证钻机主轴垂直度偏差不大于 1.5%。

第四，旋喷孔采用旋喷钻机泥浆或水泥浆护壁钻进，孔深钻至淤泥层（淤泥质沙层）进入黏土层或粗砂层0.5 m钻进时必须注意孔的垂直度，必要时采取岩芯管钻进；若遇到旧基础，可采用金刚钻头钻进钻至预定深度终孔。

第五，制备水泥浆

（1）施工前制浆人员检查喷浆系统是否正常运转，输浆管是否畅通。确定浆泵的输浆量、设备的提升速度等施工参数。

（2）待桩机钻至设计深度时，即可开始按设计配合比拌制水泥浆，拌制时必须严格按预定的配比拌制水泥浆。拌制好的水泥浆在压浆前应倒入集料斗中并不停地搅拌防止浆液离析或凝固。

（3）施工时宜用流量泵控制输浆速度，注浆泵出口压力应保持在 20～25 MPa，应使搅拌提升速度与输出速度同步。

2 工程概况介绍

某市一高层建筑施工中，其主体建筑高度约 120 m，总用地面积约 27 750.00 m^2，该高层的建筑结构为剪力墙结构及框架结构，设置3层地下室，因此在实际施工中需要进行深基坑支护施工。为了保障建筑施工质量及安全，对该建筑进行了地质勘查。本场地地下水埋深约2.8～9.6 m，最大变幅为4.13 m。地下水层主要赋存于杂填土层，其储水性和透水性好，为强透水层；冲洪积含砾粉质黏土和残积砾质黏性土等为弱透水层。基坑侧壁土层以填土及残积土为主，基坑底为强—中风化岩层。

地铁隧道从场地中间穿过，将场地分为东西两块，其中东侧地块基坑底最低标高与隧道底标高持平。为保证地铁隧道安全并最大限度场地使用，地铁隧道施工前在地铁隧道两侧及隧道间施工基坑支护桩，通过冠梁、连梁连接形成门架结构，保证基坑开挖及地铁隧道安全，桩壁距离地铁隧道1.5 m，支护桩兼做地铁隧道顶建筑工程桩。其余基坑边采用悬臂桩及桩锚支护。

根据以上方式需确定基坑支护的方式，根据以上条件，可以采用旋喷桩桩间止水的止水形式，并且在开挖支护环节中，对施工工艺、施工质量、施工工期等问题进行综合性的考虑。

3 旋喷桩在深基坑支护结构中的应用

3.1 旋喷桩喷射参数分析

旋喷桩喷射参数的确定对于基坑工程支护而言至关重要，具体的参数分析对象有很多，比较重要的内容有：施工水泥标号、水泥石灰比例确定、旋喷桩施工中的喷射压力、提升速度、旋喷桩喷嘴的直径。对于这些内容的确定，在实际施工中一方面需要考虑到施工环境对于高压喷射流量的影响，还需要考虑到喷嘴直径与旋喷直径之间的关系。在单管旋喷注浆施工工艺中，将工艺参数确定下来，具体的内容如下：水灰比保持在$w/c=1$；旋转速度为20 r/min；注浆压力确定为20 MPa。根据以上的参数在现场中进行喷射环节参数的确定，试喷环节中，试喷长度为基低标高的2.0 m，在3天进行开挖，其成桩的效果比较好。在桩径比较小的情况下，需要对喷射注浆参数进行综合性调整，旋喷注浆压力需要保持在25 MPa。

3.2 施工工具的精确化选择

当旋喷桩深基坑支护参数确定之后，需要进行施工工具的精确化选择。在该工程施工中，主要包含了SNC-H型水泥注浆车、GXP旋喷钻机、M-200型高速搅拌机、单管旋喷钻具、高压胶管。这些设备都是在实际施工中所必备的，其中SNC-H型水泥注浆车的主要功能是输送高压水泥浆液、喷射切割土体。国内比较常见的该种设备最大承受压力为30 MPa，最大的排量在150 L/min。GXP旋喷钻机能够实现钻具的钻进工作，并且提升回转、钻进的实际速度。在实际施工中，借助高压旋喷专用钻机，其具体的作业空间比较小，比较适合于移动与搬迁。在M-200型高速搅拌机中，能够提供旋喷用水泥浆液，其设备的具体特点就是搅拌的速度比较快，利于实际喷射。高压胶管的应用，负责在基坑支护环节中，输送高压水泥浆液，最大工作压力为30 MPa，爆破压力在120 MPa。

3.3 施工调节

选择好施工工具之后，在实际的施工中需要对施工质量进行综合性的控制，并且对施工不恰当的地方进行施工调节。首先在施工中之前需要进行高压泵的调节，当高压泵符合实际需求时，设备才能够正常的运转。然后对旋喷桩钻杆的长度进行综合性的调节，对其精度进行校验。在钻塔旁边进行深度线的标注。基于这样的设计方式能够保障桩体符合设计要求。当设备都就位之后，需要调整桩基的平整度，施工中发现偏差时，需要及时地对设备进行检测，对角大的偏差进行调整。同时在未及时喷注的孔内部需采取相应的保护措施，放置地面上的废石掉落其中。在基坑开挖环节中，需要对基坑的深度、异常情况进行实时的监测，一般情况下，保持2～4天监测一次，如果在深基坑周围出现变形的情况，需要加大监测密度，找到问题产生的原因。

3.4　施工质量检测

旋喷桩在深基坑支护结构中的应用，还需要对施工质量进行综合性的检查，施工质量没有问题才能够进行下一环节的施工。深基坑旋喷桩在实际施工中存在着很多隐蔽性工程，如果对于这些隐蔽性工程的施工质量未进行监测，将会带来较大的施工风险。其中固结体在底层内不能直接观测其质量，需要在施工结束后 28 天内对旋喷固结体进行质量检查。针对隐蔽工程的质量检测中，需要选取小块的施工项目进行固结体垂直度、固结形状、基础接触密实度等进行判断。在本工程中所需要经验共有五处深基坑旋喷桩，在实际观测中，能够发现其外表比较粗糙，无空洞，无断桩情况，质量基本过关。

4　结　　论

综上所述，通过本文的研究中能够发现，在实际施工之前需要理清施工顺序，才能够提升施工质量，避免施工环节中出现施工故障。旋喷桩喷射参数的确定对于基坑工程支护而言至关重要，具体的参数分析对象有很多，如施工水泥标号、水泥石灰比例确定、旋喷桩施工中的喷射压力等。选择好施工工具之后，在实际的施工中需要对施工质量进行综合性的控制。

参 考 文 献

[1]　崔凤展．强降雨作用下土质深基坑稳定性及其控制技术研究［D］．中国矿业大学（北京），2016.

[2]　李帅兵．加筋高压旋喷桩与旋喷锚索联合支护在软土地区的应用研究［D］．河南工业大学，2014.

[3]　杨永彬．深基坑旋喷桩边坡支护结构的应用［J］．中国建设信息，2012，12：68-70.

[4]　李航．旋喷桩在城市复杂环境下深基坑边坡支护中的应用［J］．中国高新技术企业，2011，03：46-49.

[5]　胡小冲．加筋旋喷桩在深基坑支护中的应用研究［D］．华南理工大学，2011.

[6]　朱辉．桩和旋喷锚索在黄泛区深基坑支护工程中的应用研究［D］．河南工业大学，2013.

大面积软基处理对地铁影响的有限元分析

陈梦鸥

（深圳市勘察研究院有限公司，广东 深圳 518026）

摘　要：随着城市建设的发展，众多城市大力开展地铁建设，地铁的建设、运营与其他建设项目的相互影响越来越多，这些相互影响中包括软基处理对已建地铁的影响。要保证建设项目对已建地铁的影响在可控范围内，必须采用有效的控制手段，并进行必要的数值分析。本文以南方某城市大面积软基处理为例，介绍有限元法在大面积软基处理对地铁影响分析中的应用，并讨论大面积软基处理对地铁影响分析中应注意的几个问题。

关键词：软基处理；地铁；有限元分析

随着城市建设的发展，地铁成为公共交通不可或缺的形式，众多城市都已建成或规划多条地铁线路，地铁的建设和运营也对其他建设项目带来越来越多的影响，例如：地铁修建时除了考虑其隧道和车站支护结构自身的安全，还要考虑对周边环境（市政管网、房建等）的保护；已建地铁周边进行开发建设时，需要考虑对地铁的保护，确保地铁隧道及结构的变形和内力不超过其允许值；在规划地铁线路周边进行开发建设时，不得在规划地铁线路位置上留下后期施工障碍。

场地内的地质条件从上至下依次为：杂填土、素填土、填污泥、填淤泥、淤泥、含有机质中粗砂、粉质黏土、淤泥质粉质黏土、中粗砂、砂质黏性土、下伏长城系混合花岗岩。场地内典型地质断面图如图1所示。

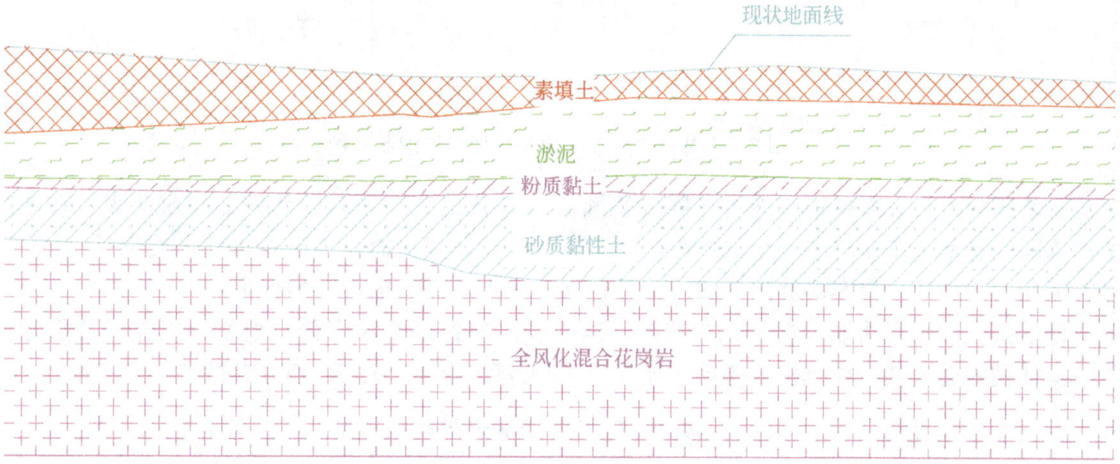

图1　场地内典型地质断面图

在东部和南部沿海城市，存在大量的海积平原（滩涂），要在这些海积平原（滩涂）上进行建设，就必须先进行大面积软基处理；当海积平原（滩涂）下方已建地铁时，就需要考虑大面积软基处理对地铁的影响。

本文以南方某城市大面积软基处理为例，介绍有限元法在大面积软基处理对地铁影响分析中的应用，并讨论大面积软基处理对地铁影响分析中应注意的几个问题。

1　项目概况

拟建的南方某城市新航站区位于已有的航站楼北侧，由航站楼主体、卫星厅及配套设施如联络道、滑行道、停机坪、建筑区、物流仓储区等组成，总占地面积超过 350 万 m^2。

各不同保护区的典型段面如图 2 和图 3（其他地基处理典型断面略）所示。

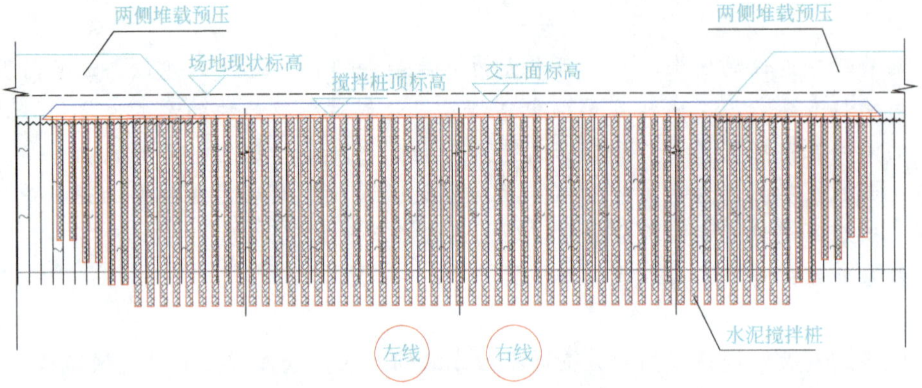

图 2　隧道上方搅拌桩处理典型断面图

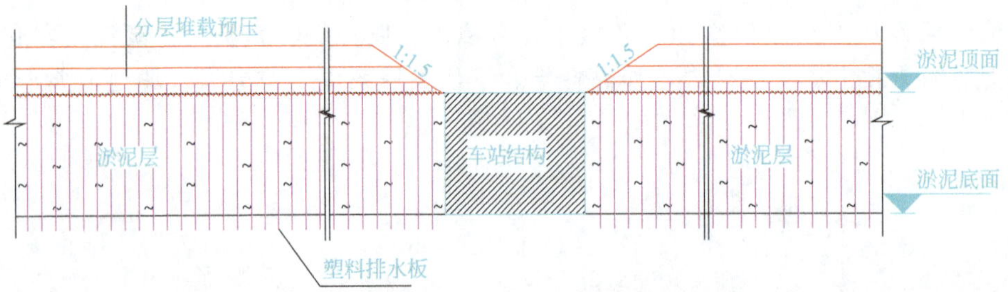

图 3　车站结构两侧堆载预压处理典型断面图

拟建航站区场地内有多条地铁线、城际轻轨和高铁等轨道交通。其中地铁已建成通车，在新航站区软基处理范围内有地下车站（共 3 个地铁车站，下文从南至北依次简称为车站 A、车站 B 和车站 C）、明挖风井、区间盾构隧道、停车场和出入段线，进行软基处理时需考虑对其的保护。

根据地层条件和使用功能及场地现状情况，地铁线路安保区采用了开挖整平、搅拌桩复合地基、真空预压＋搅拌桩复合地基、袖阀注浆等地基处理形式。各区具体的软基处理方案见表 1。

表 1　各分区软基处理方案

场地分区	功能分区(场地条件)	软基处理方案
隧道安保区	场道区(填土、填污泥区)	搅拌桩复合地基
	场道区(纳淤区)	真空预压＋搅拌桩复合地基
	建筑区(航站楼、卫星厅)	插板排水堆载预压
	建筑区(其他)	搅拌桩复合地基
	市政道路区(填土、填污泥区)	搅拌桩复合地基
	市政道路区(拦淤堤、海堤)	袖阀注浆

地铁安保区从南往北地基处理方式为：

（1）车站 A 至风井明挖段，开挖整平处理，地铁保护区外堆载预压处理；

（2）地铁风井至车站 B 区间隧道靠近风井区域，搅拌桩复合地基处理，地铁保护区外堆载预压处理；

（3）地铁风井至车站 B 区间隧道中间区域，先真空预压（插板不穿透淤泥）后搅拌桩复合地基处理，地铁保护区外堆载预压处理；

（4）地铁风井至车站 B 区间隧道靠近车站 B 区域，搅拌桩复合地基处理，地铁保护区外堆载预压处理；

（5）车站 B，开挖整平处理，地铁保护区外堆载预压处理；

（6）车站 B 至车站 C 区间隧道区域，开挖整平后搅拌桩复合地基处理，地铁保护区外堆载预压处理；

（7）车站 B 至停车场出入场段，开挖整平后搅拌桩复合地基处理，地铁保护区外堆载预压处理。

2 建模分析

2.1 分析内容

根据前面的介绍，本项目共分析以下 9 个方面的内容：

（1）软基处理对车站 A 至风井明挖区间段的影响，包括场地整平、搅拌桩施工以及两侧堆载预压引起的明挖区间结构变形、内力；

（2）软基处理对风井至车站 B 盾构区间段的影响，包括场地整平、控制性降水（现状标高大于 6 m 范围）、搅拌桩施工以及两侧堆载预压引起的隧道结构变形、内力；

（3）软基处理对风井至车站 B 盾构区间段的影响，包括真空预压（现状地面为淤泥区域）、搅拌桩施工以及两侧堆载预压引起的隧道结构变形、内力；

（4）软基处理对车站 B 及其附属结构的影响，包括场地整平、搅拌桩施工以及两侧堆载预压引起的明挖区间结构变形、内力；

（5）软基处理对车站 B 至车站 C 盾构区间段的影响，包括场地整平、搅拌桩施工以及两侧堆载预压引起的隧道结构变形、内力；

（6）软基处理对车站 B 至地铁停车场盾构段的影响，包括场地整平、搅拌桩施工以及两侧堆载预压引起的隧道结构变形、内力；

（7）软基处理对车站 B 至地铁停车场明挖区间段的影响，包括场地整平、搅拌桩施工以及两侧堆载预压引起的明挖区间结构变形、内力；

（8）软基处理对地铁停车场的影响，包括场地整平、搅拌桩施工以及两侧堆载预压引起的机场北站停车场结构变形、内力；

（9）软基处理对站台与隧道连接处结构的影响。

本文根据工程的施工组织工序采用有限元软件建立二维及三维模型，对明挖结构及区间隧道的危险断面及代表性区段进行动态数值模拟，分析软基处理施工对地铁区间隧道和明挖结构的不利影响，并评估地铁区间隧道的安全性。

2.2 地铁保护控制标准

根据该城市及所在省份的城市轨道交通保护规程，车站、隧道结构绝对竖向位移量及水平位移量≤20 mm（包括各种荷载加载和卸载的最终位移量），变形缝差异沉降≤20 mm；若无法取得初值时，控制标准按上述标准的 1/2 计算。故本项目地铁保护的控制标准为：车站、隧道结构竖向及水平位移量≤10 mm，变形缝差异沉降≤10 mm。

2.3 分析模型

采用 MIDAS/GTS 软件对上节所述的 8 个区段进行建模分析，分析模型包括二维模型和三维模型；

经找原地铁设计单位咨询，本项目地铁站台与隧道连接处采用柔性连接，故分析软基处理对站台与隧道连接处结构的影响时，在站台和隧道之间设置一个很窄的过渡单元，并弱化过渡单元的刚度。

因本项目面积大，地基处理工况多，且部分位置存在卸载，故需要分析计算卸载引起的地铁隧道隆起，同时，需要逐个工况分别计算，以避免出现最终工况变形在控制范围内但过程工况变形超标的情况。

各不同分析内容的三维模型如图 4 和图 5 所示，本文仅列出部分分析内容。

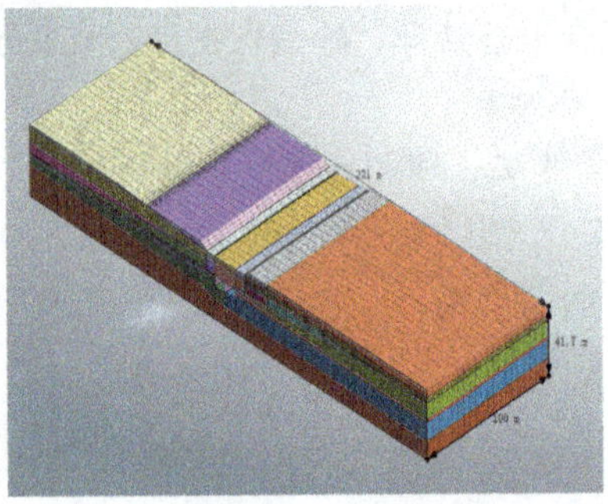

图 4　软基处理对车站 A 至风井明挖区间段的影响分析模型

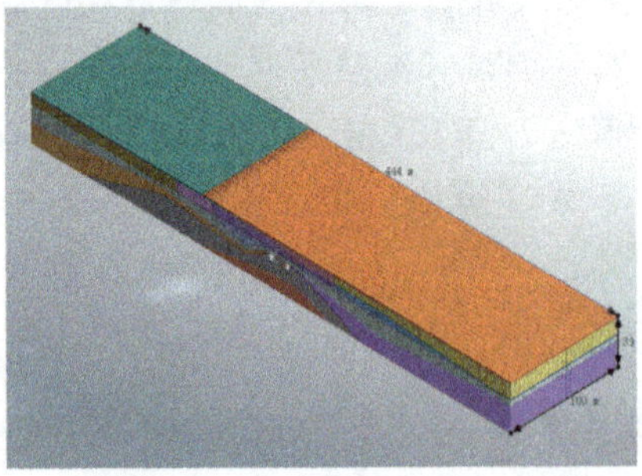

图 5　软基处理对风井至车站 B 盾构区间段的影响（现状地面超过 6 m 处）分析模型

3　计算结果分析及对设计方案的反馈

3.1　软基处理对车站 *A* 至风井明挖区间段的影响分析结果

本段风井结构顶部原为分层碾压回填，现状地面标高超过本次软基处理设计交工面标高，故风井结构顶部整平至交工面标高即可；风井结构两侧各 5 m 已施工搅拌桩，不需要再进行软基处理，整平至交工面即可；风井结构两侧 5 m 以外采用堆载预压进行软基处理。

本段共三个施工工况，施工工序为：明挖段上方整平至 3.0 m——两侧堆载预压区整平至 1.5 m——两侧分别堆载（其中东侧堆载至 9.8 m、西侧堆载至 9.4 m）。相应的计算分四个施工步：初始应力状态（位移清零）——明挖断整平至 3.0 m 标高——两侧堆载预压区整平至 1.5 m——两侧分别堆载至设计标高。各施工步的计算结果如图 6～图 9 所示。

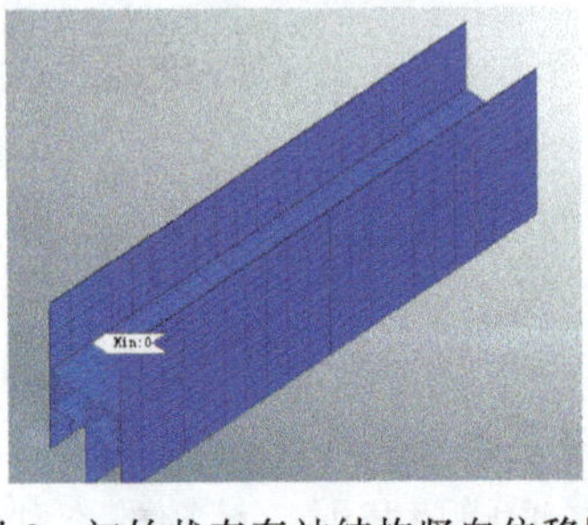

图 6　初始状态车站结构竖向位移图

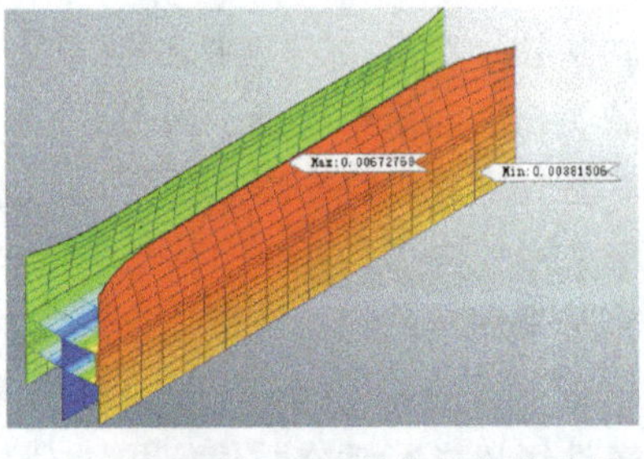

图 7　施工步 2 车站结构竖向位移图

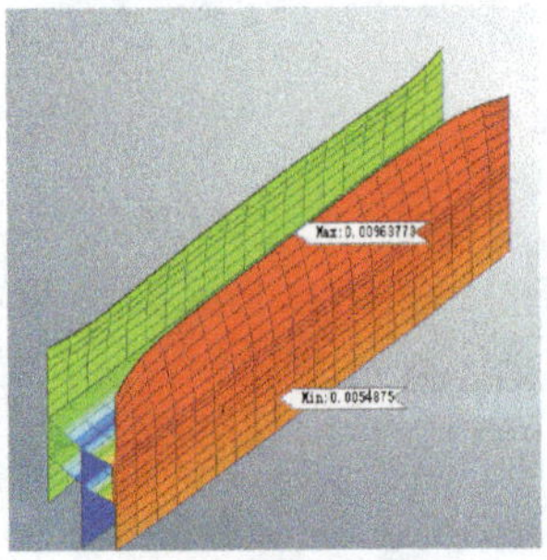

图 8　施工步 3 车站结构竖向位移图

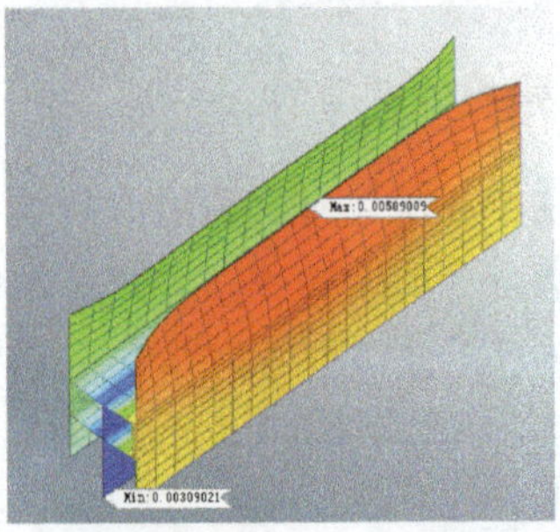

图 9　施工步 4 车站结构竖向位移图

从图 3～图 6 可以看出，明挖段顶部卸载时，车站结构发生隆起，隆起量达到 6.7 mm；两侧堆载预压区卸载时，车站结构相对上一工况继续隆起，隆起量达到 2.9 mm，车站结构总的隆起量达到 9.6 mm，接近地铁安保要求的 10 mm 允许值；两侧堆载预压后，车站结构相对于上一工况发生了沉降，沉降值为 3.7 mm，但车站结构总体变形仍为隆起，总的隆起量为 5.9 mm。

在本区段的计算中，若只进行初始工况和最终工况的计算，则会得到一个比较容易误导相关各方的结论：施工过程中地铁结构隆起 5.9 mm，距离地铁安保允许值较大，满足地铁安保要求。但事实上，本区段过程工况地铁结构的隆起量最大值达到了 9.6 mm，接近地铁安保允许值。

在上述分析的基础上，另行分析了施工过程中分层卸载——控制性降水——分层卸载的方案，采用控制性降水措施后，地铁结构过程工况隆起量最大值为 5.4 mm，过程工况沉降量最大值为 2.9 mm，均在地铁安保控制范围内，且有一定的安全储备。将分层卸载结合控制性降水措施的方案提供给建设单位和设计单位讨论后，建设单位和设计单位接受了该方案。

3.2 软基处理对风井至车站 *B* 盾构区间段（现状地面超过 6 m 处）的影响分析

本段现状地面标高较高，设计单位设计伊始便判断卸载对隧道影响较大，故原设计中便采取了控制性降水措施。本段采用的软基处理方式为搅拌桩复合地基。

本段共六个施工工况，施工工序为：整平至 6.0 m 高程——控制性降水——整平至 3.5 m 高程——施工搅拌桩——整平至 1.5 m 高程——分层填筑至 3.0 m 高程。相应的计算分七个施工步。各施工步的计算结果如图 10～图 15 所示。

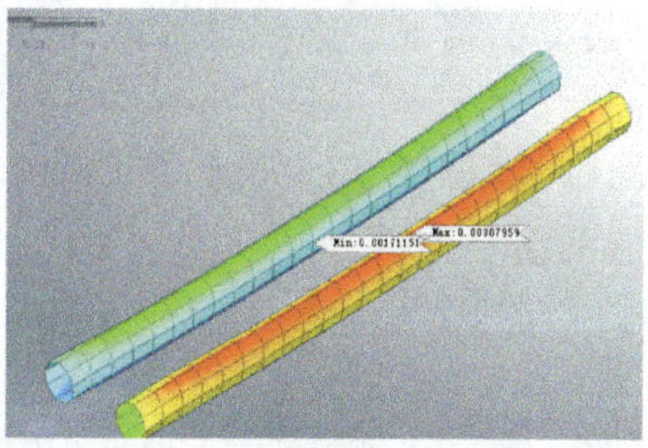

图 10　整平至 6.0 m 高程时隧道竖向位移图

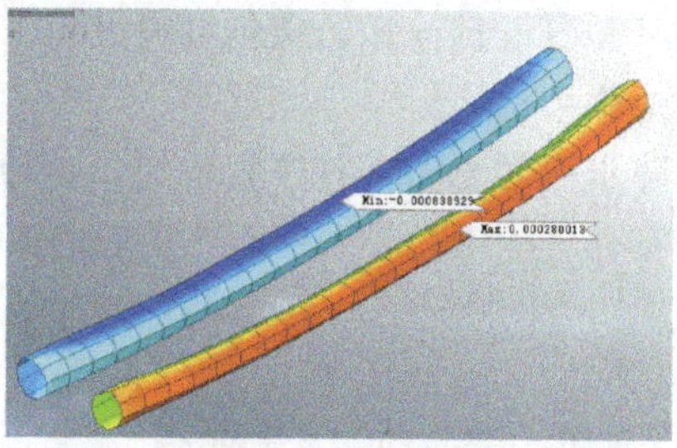

图 11　控制性降水后隧道竖向位移图

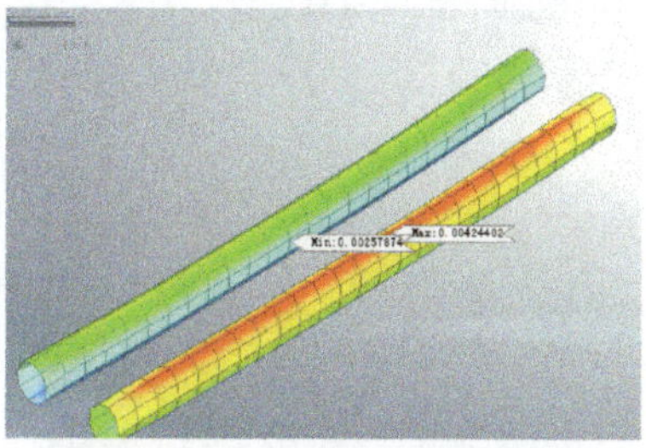

图 12　整平至 3.5 m 高程时隧道竖向位移图

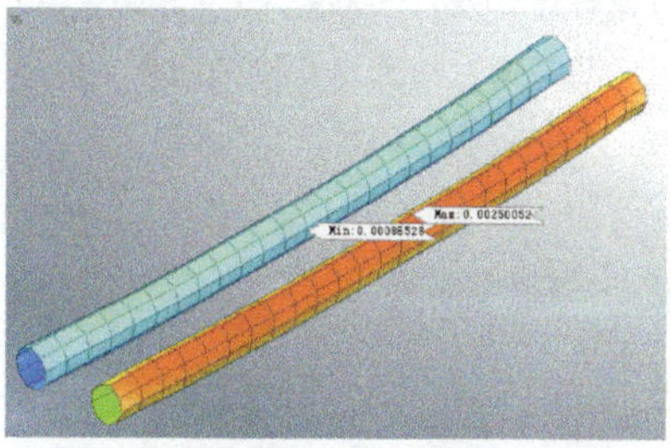

图 13　施工搅拌桩后隧道竖向位移图

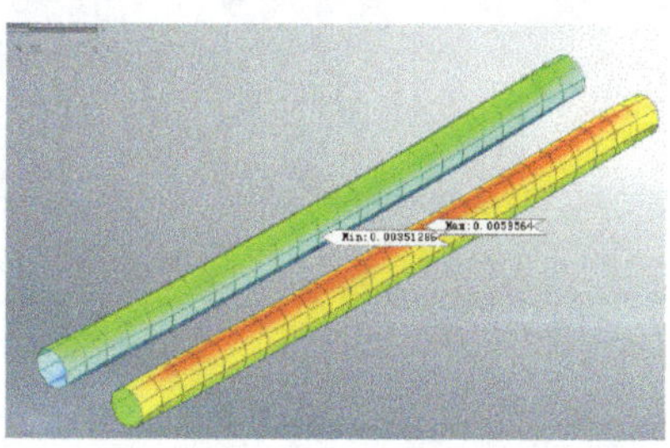

图 14　整平至 1.5 m 高程时隧道竖向位移图

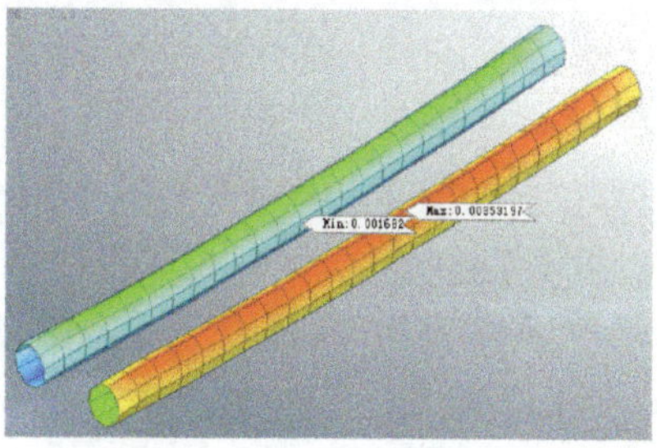

图 15　填筑至 3.0 m 高程后隧道竖向位移图

从图7～图12可以看出，隧道顶部卸载时，隧道向上隆起，隆起量达到3.1 mm；控制性降水后，降水导致土中有效应力增加，隧道相对上一个工况发生沉降，沉降量2.8 mm，总的变形仍为隆起，隆起量0.3 mm；卸载至3.5 m高程后，隧道继续隆起，隆起总量达到4.2 mm；施工搅拌桩后，隧道顶部分淤泥被搅拌桩置换，土体重度增加，隧道相对于上一工况发生沉降，沉降量1.7 mm，隧道总的变形仍为隆起，隆起量2.5 mm；卸载至1.5 m高程后，隧道隆起量达到5.9 mm，此工况为施工过程中隧道变形最大工况；填筑至3.0 m高程后，隧道隆起量减小为3.5 mm。

由于设计时预判到了卸载对地铁隧道的影响，在设计时采取了控制性降水、提高搅拌桩施工作业面等措施，故有效地控制了隧道变形。

其他区段分别采用堆载预压、真空预压、搅拌桩复合地基等软基处理方式，通过控制加、卸载顺序和厚度，以及分层分段施工、多种工况组合施工等方式，有效地控制了地铁隧道及结构变形。计算结果在此不赘述。

4　结论与建议

（1）大面积软基处理时，工程界往往比较关注堆载预压及其他处理形式对地铁的影响，但忽略了卸载引起的地铁结构隆起。事实上，大面积卸载引起的隆起不可忽略。

（2）大面积软基处理往往工况复杂，分析其对地铁结构的影响时如果仅仅分析最终工况，可能会得出“满足地铁变形控制要求”的结论，但过程工况可能会超出地铁变形控制要求，所以大面积软基处理每个工况都需要进行计算，避免出现过程工况造成地铁结构变形超标的情况。必要时可增加工况，减小单工况对地铁结构的影响。

（3）降水引起土中有效应力增加，会导致地铁结构沉降，设计时需要注意；同时，可利用本规律合理安排地基处理的工序，利用降水引起的沉降消除或减弱卸载引起的隆起影响。

参 考 文 献

[1]　中华人民共和国住房和城乡建设部．CJJ/T 202-2013 城市轨道交通结构安全保护技术规范［S］．北京：中国建筑工业出版社，2013.

[2]　广东省建设厅．DBJ 15-31-2003 建筑地基基础设计规范［S］．北京：中国建筑工业出版社，2003.

[3]　陆培炎．陆培炎科技著作及论文选集［M］．北京：科学出版社，2006.

地面动荷载下隧道结构动力响应有限元分析

雷　丹，　苏　辉

（上海岩土工程勘察设计研究院有限公司，上海　200092）

摘　要： 针对地面动荷载引起的地铁隧道结构振动问题，结合下穿集装箱堆场的上海某拟建地铁隧道工程，采用 ABAQUS 大型有限元软件建立了集装箱堆场动荷载作用下的土体-盾构隧道三维模型。以实测场地加速度时程数据为基础，验证了模型的合理性，并进一步分析了地面堆场车辆动荷载和集装箱静荷载共同作用下地铁隧道的振动和收敛情况。结果表明，集装箱堆场的动、静荷载对下部地铁隧道影响较小，在上海市轨道交通安全保护区暂行管理规定的容许范围之内，为后续地铁隧道的设计和施工提供有力的依据。

关键词： 地铁隧道；动荷载；ABAQUS；结构安全

随着我国城市建设的不断发展，轨道交通逐渐成为解决城市拥堵问题的重要手段之一，从而轨道交通的运营安全问题也变得尤为重要。上海位于长江三角洲地带，其下方覆盖有较厚的软黏土层，因此位于软土中的地铁很容易受到周围工程活动的扰动，从而产生一系列的病害问题。

目前对于地铁结构振动问题已做了大量研究。刘维宁等建立了“车辆—轨道基础—衬砌结构—地层系统”耦合振动的三维有限元分析模型，对地铁引起地面振动响应进行计算分析。Wang 等建立了三维模型计算地铁列车引起的自由场振动，用有限元和边界元分别模拟隧道和土体，并比较了深埋和浅埋两种含轨道系统的隧道在简谐荷载作用下的动力响应。高广运等将轨道结构简化为欧拉梁，建立了维有限元饱和土体模型，研究了地表和地下移动列车荷载作用下的动力响应问题。王正安等以青岛地铁下穿胶济铁路为研究背景，应用三维有限元模拟分析了地面单列列车动荷载、两列列车动荷载同向及相向三种工况下，下穿隧道结构一地层体系的动力响应规律。从以上研究可以发现，对于地面工程活动产生的动静荷载共同作用下隧道结构安全方面的研究较少。

本研究基于上海某拟建地铁项目，研究了其在上方码头集装箱堆场堆载和铲车等动荷载共同作用下隧道结构的安全性，为后期的设计和施工提供有力的依据。

1　工程概况

根据上海轨道交通相关规划，某地铁工程拟下穿某集装箱堆场，该集装箱堆场建成于 20 世纪 90 年代，距今已有近 30 多年。图 1 为拟建地铁隧道与集装箱堆场的平面位置示意图，本场地有两个集装箱堆场，其中 1 号集装箱堆场作业相对较为频繁，地面堆载和动荷载更大，作为重点分析和研究的对象。

根据场地勘察，该建场地位于上海古河道地层分布区，约 40 m 范围内地基土主要是由黏性土、粉性土组成。拟建隧道顶埋深约 23 m，主要位于⑤$_2$ 粉质黏土层中。场地土层信息概况如表 1 所示。

表 1　场地地质条件简介

层序	土层名称	层底埋深/m	静探 P_S 值/MPa
②1	黏土	2.8～5.0	0.83
②$_{3\text{-}1}$	黏质粉土夹淤泥质粉质黏土	2.9～4.8	1.44

续上表

层序	土层名称	层底埋深/m	静探 P_S 值/MPa
②$_{3-2}$	砂质粉土	5.0～7.5	3.49
③	淤泥质粉质黏土	6.0～8.3	0.78
④	淤泥质黏土	12.0～15.0	0.60
⑤$_{1-1}$	黏土	22.0～24.5	0.77
⑤$_2$	粉质黏土	26.3～34.5	1.23
⑥	粉质黏土	29.3～37.5	2.38

图 1　拟建地铁穿越集装箱场地平面示意图

该集装箱堆场内集卡和集装箱正面吊车等作业频繁，产生较大的行车荷载和集装箱吊装冲击荷载，这些荷载结合场地集装箱堆载很可能对未来地铁的施工和运营造成不利的影响。

2　三维有限元模拟

2.1　模型建立

2.1.1　边界条件

采用有限元分析研究振动问题时，往往需要运用有限的空间区域来模拟无限半空间区域的振动问题。黏弹性人工边界是局部人工边界中的一种，它克服了黏性边界引起的低频漂移，能够模拟边界外无限半空间介质的弹性恢复性能，且具有良好的频率稳定性。本文采用刘晶波等提出的三维黏弹性人工边界计算方法：

$$\begin{cases} K_{BT}=\alpha_T \dfrac{G}{R}, C_{BT}=\rho C_S \\ K_{BN}=\alpha_N \dfrac{G}{R}, C_{BN}=\rho C_P \end{cases} \tag{1}$$

式中，K_{BT}、K_{BN} 分别为等效弹簧的切向和法向刚度；C_{BT}、C_{BN} 分别为等效阻尼器的切向和法向阻尼系数；G 为介质的剪切模量；ρ 为介质的密度；R 为振源到人工边界的距离；C_S、C_P 分别为 S 波和 P 波的波速；修正系数 α_T 和 α_N 建议分别取值 0.67 和 1.33。

2.1.2　本构模型及参数

不同于地震荷载，集装箱堆场作业产生的振动荷载振动较小，引起土体产生应变较小，因此可以采用弹性本构来模拟场地的振动情况。土体的动参数通过共振柱和动三轴试验获取，其他参数通过现场试验和室内试验获取。模型计算所采用的材料参数如表 2 所示。

表 2　模型材料计算参数

材料	厚度/m	动弹性模量/MPa	泊松比	密度/(kg・m⁻³)	剪切波速/(m・s⁻¹)
硬地坪	0.5	44 650	0.22	2 500	2 706
钢渣	0.4	295.9	0.3	2 000	238
①	1.6	29.6	0.3	1 800	79
$②_{3-1}$	2.5	42.3	0.3	1 750	96
$②_{3-2}$	3.0	67.6	0.3	1 780	121
③	4.0	22.1	0.33	1 700	70
④	8.0	18.0	0.34	1 700	63
$⑤_{1-1}$	3.0	29.6	0.3	1 750	81
$⑤_2$	7.0	50.7	0.3	1 780	105
$⑦_1$	3.0	84.5	0.3	1 800	134
$⑧_1$	27.0	101.4	0.3	1 820	146
隧道管片	0.35	51 360	0.22	2 500	2 901

2.2　振动加速度采集及输入

根据集装箱场地的实际调查，1 号集装箱场地堆高为 6 层，通过换算可得堆载区域的地面荷载约 80 kN/m²。此外，针对堆场不同的工程活动同步测试了场地地表以及地下 8 m、16 m、24 m 和 32 m 处的振动情况。试验场地平面示意图如图 2 所示。

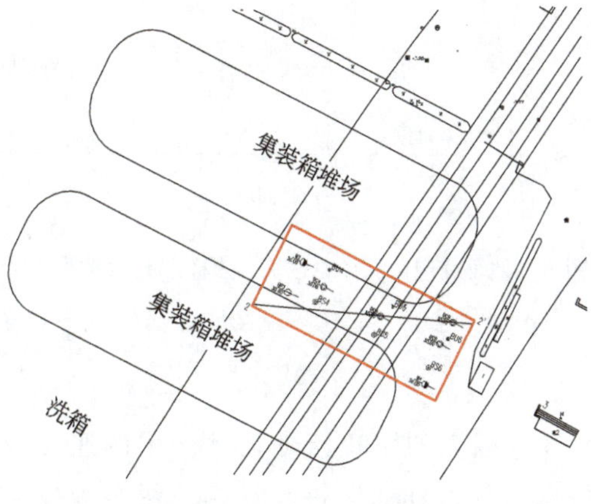

图 2　试验场地平面示意图

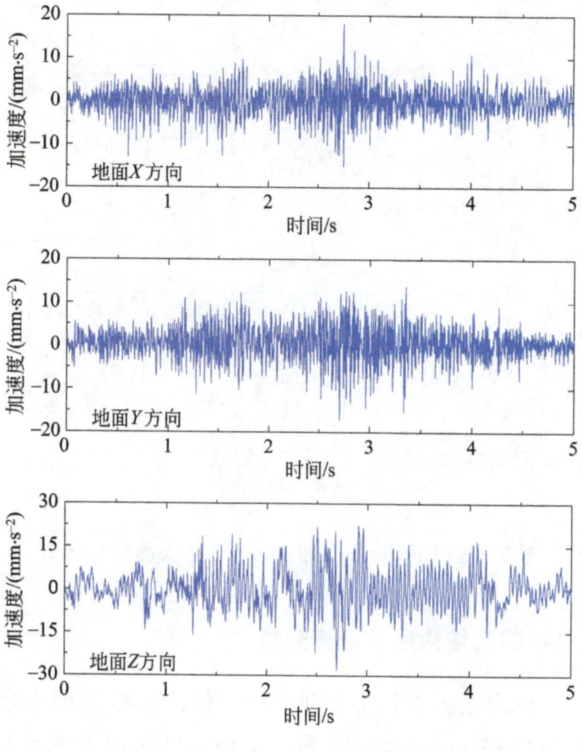

图 3　实测地面最不利加速度时程曲线

通过对实测数据的初步分析，选取了其中最不利的地面加速度时程输入模型。所选取的加速度时程如图 3 所示。

2.3　三维模型

拟建地铁采用单向双线隧道，隧道直径 6.2 m，两线间距为一倍隧道直径，试验区域内隧道埋深

23m。模型尺寸为 60 m×60 m×60 m，采用 C3D8 单元类型，单元总数为 29 461 个，在模型的侧面和地面施加黏弹性人工边界，在模型顶面堆载区域施加均布静荷载 80 kN/m²，其他区域施加荷载 20 kN/m²，在模型中间的堆场行车道路所对应的节点上施加图 3 中现场实测最不利加速度时程。模型网格划分和黏弹性边界的施加如图 4 所示。

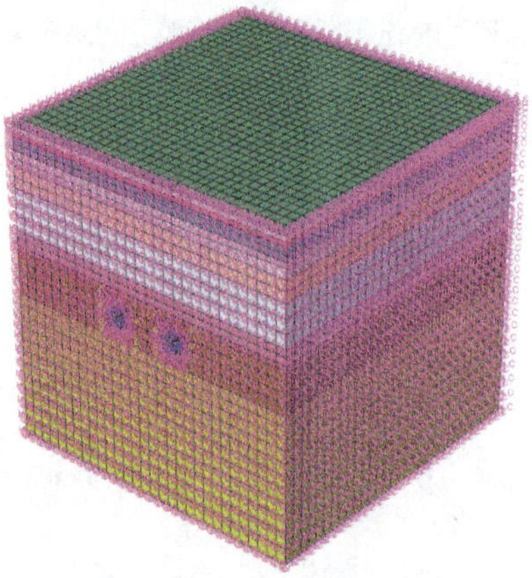

图 4　场地三维模型网格划分和人工边界施加

3　隧道结构动力响应分析

3.1　模型验证

为了验证本有限元模型的合理性，将模拟计算的地面以下 8 m 和 16 m 的加速度时程与实测数据进行对比。模拟值和实测值的对比结果如图 5 和图 6 所示。

从图 5 和图 6 中可以看出，地面下 8 m 和 16 m 处三个方向的加速度模拟值和实测值较为一致，时程曲线的加速度幅值也比较接近，从而说明本模型计算的合理性。

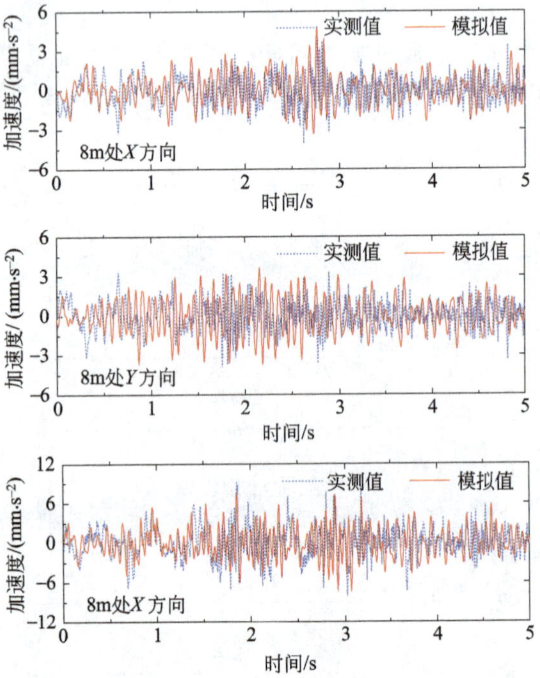

图 5　地面下 8m 处加速度模拟值与实测值对比图

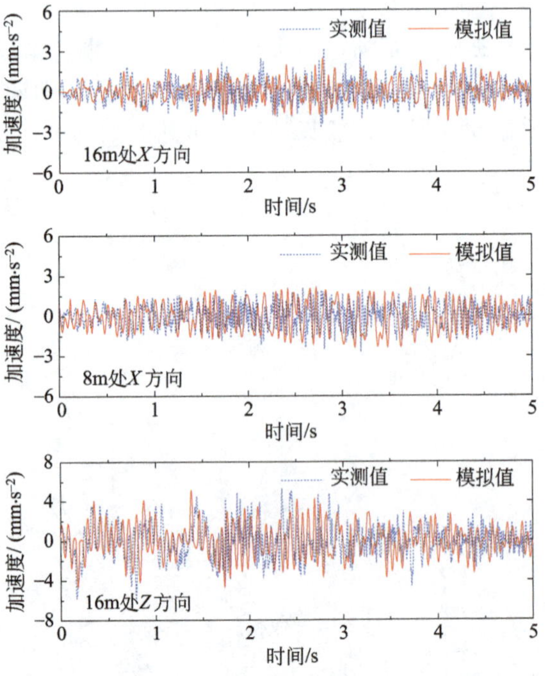

图 6　地面下 16m 处加速度模拟值与实测值对比

3.2　隧道结构振动速度分析

根据上海市轨道交通安全保护区暂行管理规定，在保护区范围内的工程活动振动产生的速度峰值应不超过 25 mm/s，因此需要对隧道结构在上部堆场动荷载作用下的振动速度进行评判。图 7 为提取的地下 25 m 处的振动速度时程曲线，从图中可以看出，此处的振动速度峰值远远小于规定值。

为了进一步的验证模型计算得到的振动速度时程的正确性，现将现场实测获得的地面下 24 m 处加速度时程先进行傅里叶变换，再对其进行频域内积分，最后通过傅里叶逆变换获得相应的速度值。表 3 为模型计算的速度值与通过对实测加速度积分得到的速度峰值对比表，从表中可以看出，两者差别不大，从而再一次证明模型计算结果是可靠地。此外，两者的速度峰值都非常小，都在规定的容许值范围之内。

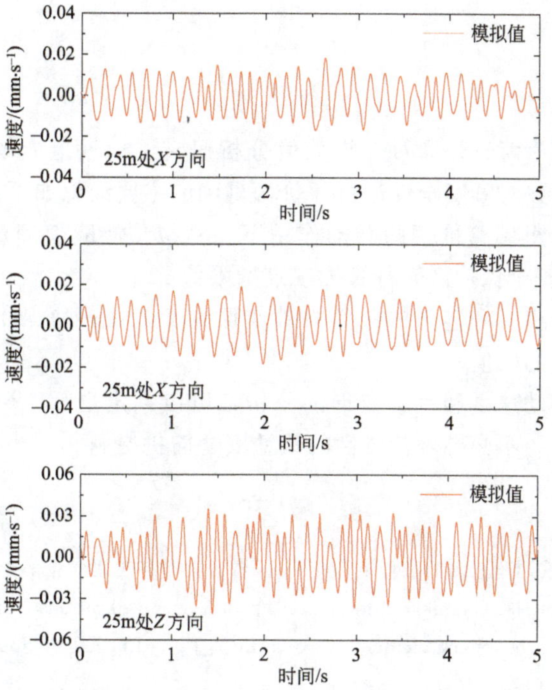

图 7　地面下 25m 处的速度时程曲线

表 3　模型计算和实测加速度积分获得的速度峰值对比

方向	实测积分速度峰值/(mm·s^{-1})(地下 24 m 处)	模型计算速度峰值/(mm·s^{-1})(地下 25 m 处)
X 方向	0.032	0.021
Y 方向	0.034	0.024
Z 方向	0.075	0.043

3.3　隧道结构变形分析

隧道结构收敛变形是评判结构安全性的一个重要指标，根据上海市轨道交通安全保护区暂行管理规定，在保护区范围内的工程活动所引起的地铁隧道变形不能超过 20 mm。本研究对模型中隧道结构的位移时程进行了提取，并比较分析了隧道管片收敛变形情况。图 8 为隧道结构断面初始形状和在动荷载下的变形形状的对比，并标出了隧道顶部、底部和腰部的水平和竖向变形情况，从中可以发现，动荷载作用下隧道结构水平方向的最大收敛值为 0.1 mm，竖向的最大收敛值为 0.07 mm，远远没有超出规定的容许范围。

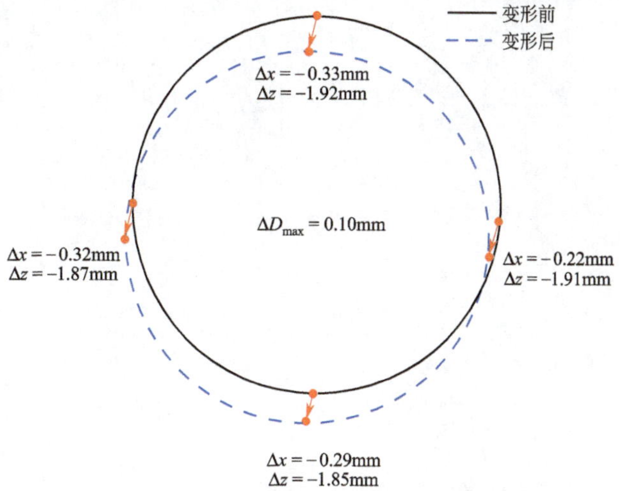

图 8　隧道结构最大收敛变形模拟计算结果

4 结　　论

本研究以上海某地铁工程为背景，通过三维数值分析研究了地铁上方场地动荷载和集装箱堆载共同作用下隧道结构的动力响应，并对其安全性进行评价，得到的主要结论如下：

（1）在上部场地动荷载和集装箱堆载的共同作用下，模拟预测隧道埋深处的最大速度峰值为0.043 mm/s，远小于上海轨道交通安全保护区暂行管理规定的限值。

（2）模拟计算的隧道结构横向和竖向的最大收敛变形为0.1 mm和0.07 mm，同样远小于上海轨道交通安全保护区暂行管理规定的限值。

（3）通过对隧道结构的振动速度和收敛变形的分析，可以判定上部集装箱堆场的正常运营对拟建地铁的施工和运营的影响非常小，不必要做针对性的地铁安全防护措施。

参 考 文 献

[1] 刘维宁，夏禾，郭文军．地铁列车振动的环境响应［J］．岩石力学与工程学报．1996，(s1)：586-593.

[2] Wang Y P，Sun B Y，Li Q，et al. A numerical model for ground-borne vibrations from underground railway traffic based on a periodic finite element - boundary element formulation［J］．Journal of Sound & Vibration. 2006，293（3）：645-666.

[3] 高广运，何俊锋，李佳．地铁运行引起的饱和地基动力响应［J］．浙江大学学报（工学版），2010，44（10）：1925-1930.

[4] 王正安，肖洪天，闫强刚．地面列车动荷载对下穿隧道影响的动力学响应分析［J］．山东科技大学学报（自然科学版）．2016，35（3）：67-72.

[5] 刘晶波，王振宇，杜修力，等．波动问题中的三维时域黏弹性人工边界［J］．工程力学．2005，22（6）：46-51.

[6] 上海市城市交通管理局．沪交法〔2002〕第555号．上海市轨道交通安全保护区暂行管理规定．上海：上海市城市交通管理局，2002.

[7] 陈培永，王彤．动态加速度信号的时频域积分方法［J］．江苏航空．2011，(S1)：73-76.

近邻基坑开挖降水对地铁隧道变形的影响分析

沈　玺

（上海轨道交通维护保障有限公司工务分公司，上海　200233）

摘　要：随着地铁周边基坑工程的不断增多，基坑施工对地铁运营安全的影响问题越来越凸显。因此，合理分析基坑降水、开挖等工程活动对隧道变形的影响程度很有必要。本文基于上海某临近地铁基坑工程，采用 Midas GTS NX 建立流固耦合有限元分析模型，模拟了工程降水、回灌和基坑开挖对隧道沉降和收敛的影响。分析结果表明，该流固耦合分析模型能很好的模拟基坑工程活动对地铁隧道变形的影响；地铁侧向基坑开挖会造成地铁隧道横向变形，并且当基坑开挖深度小于隧道埋置深度时，地铁隧道将出现上抬现象。

关键字：基坑工程；流固耦合；地铁隧道；运营安全

随着城市建设的不断发展，越来越多的工程活动发生在地铁隧道的保护区范围之内，这必将对地铁隧道结构安全产生不利的影响。上海位于长江三角洲地带，土层条件较差，承压水位较高，因此基坑降水开挖就成为影响地铁隧道结构变形较为常见的重大因素之一。

近年来众多学者对这一问题进行了一系列的研究。戚科骏等采用有限元模拟分析了不同施工方案下近地铁基坑开挖对隧道的影响，指出合理的施工方案能显著地减少基坑施工对隧道的影响。刘波等通过实测数据反分析得到沉降理论计算的修正系数，并对不同工况下大型工程桩施工引起的地铁沉降进行了预测。袁运涛等对某临近地铁深大基坑从设计和施工的角度进行了综合优化，并且以实测结果证实了各类措施的有效性，为类似工程提供了经验参考。王国欣等通过基于弹性半无限空间 Mindlin 位移解推导了无悬挂承压水降水引起的周边地铁沉降计算解析解，为基坑施工时承压水降水引起周边地铁的沉降提供了参考。从以上研究可以发现，对于基坑开挖降水耦合作用引起的地铁隧道变形分析研究较少，并且很少对地铁隧道收敛变形进行评价。

本研究基于 Midas GTS NX 有限元软件，针对上海某临近地铁基坑工程建立流固耦合分析模型，模拟分析了工程降水、回灌合基坑开挖对隧道沉降和收敛的影响。

1　工程概况

某开发项目位于上海轨道交通 A、B、C 三条线路交汇处，该项目分为南、北两个区域。其中，南区普遍开挖在 14.5 m，共分 8 个小坑进行开挖，围护结构采用 0.8 m 厚地连墙，地墙深度为 29 m；北区普遍开挖深度在 11.2 m，共分 7 个小坑进行开挖，围护结构采用 0.8 m 厚地连墙，地墙深度为 24 m。南北基坑距离地铁隧道最近距离皆在 10 m 左右，其施工极有可能对地铁隧道产生不利影响。

通过地铁监护测量发现，仅在项目南 1b 基坑和北 1 基坑开挖期间，三条地铁的最大竖向变形量约 1 cm，隧道的最大收敛变形约 2.5 cm，其中变化最为明显的地方位于图 1 中的断面I处，该处地铁 A 为矩形隧道，隧道顶埋深为 13.5 m，地铁 B 为圆形隧道，隧道顶埋深在 14 m。

2　工程地质条件

该场地属滨海平原地貌，场地内地势较平坦。根据收集的资料及本次勘察成果，本场地处于古河道分布

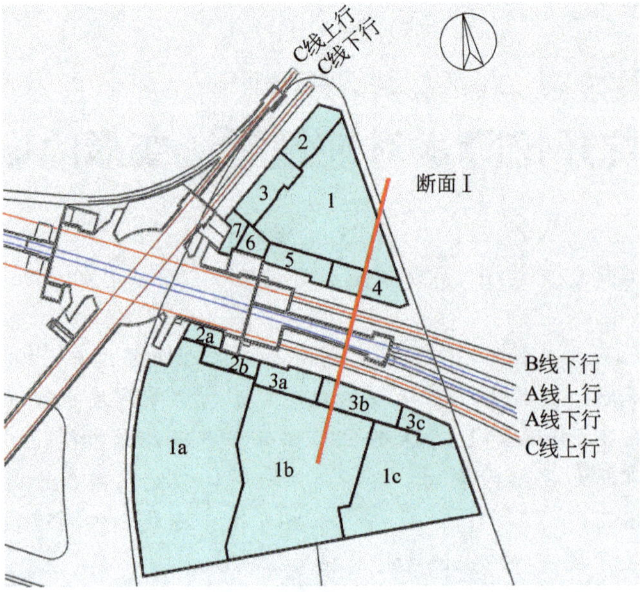

图 1　拟建项目与地铁相对位置平面示意图

区。微承压含水层主要为第⑤$_{2-1}$砂质粉土和⑤$_{2-2}$层粉砂，渗透性相对较好，微承压水位在地下 3～11 m 随季节波动。由于第⑧层相对隔水层局部缺失，因此承压水层第⑦和第⑨层连通较为普遍，承压水位在地下约 6 m左右。场地的典型地质剖面如图 2 所示。

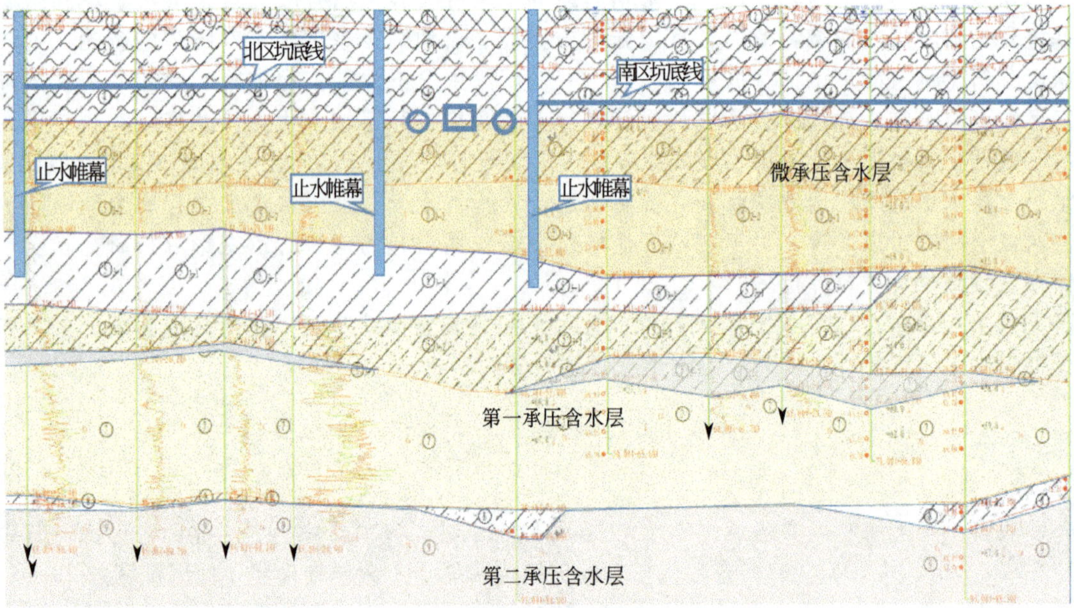

图 2　场地典型地质剖面

3　有限元模型

3.1　本构及参数

基坑开挖是一个卸载的过程，而土体加载和卸载的应力路径完全不同。HS 模型采用了与应力相关的模型参数，能够反映应力路径对参数的影响，并且其采用解耦双硬化屈服面，可以同时考虑土体的剪切硬化和压缩硬化，适用于各类土体模拟分析。本模拟土体采用 HS 硬化土模型，具体参数见表 1。

表 1　模型材料计算参数

层号	E_{50ref}/MPa	E_{urref}/MPa	c/kPa	φ/°	k_x/(cm·s^{-1})	k_z/(cm·s^{-1})	S_s/m^{-1}
①	4	24	15	15	2.4×10^{-7}	1.5×10^{-7}	5.0×10^{-6}
②	4	24	14	13	3.2×10^{-7}	1.2×10^{-7}	5.0×10^{-6}
③	3	18	12.5	15	4.6×10^{-7}	5.5×10^{-8}	5.0×10^{-6}
④	2	12	11	12	1.1×10^{-7}	6.6×10^{-8}	5.0×10^{-6}
$⑤_{21}$	10	40	8	26	1.8×10^{-3}	6.4×10^{-4}	1.0×10^{-4}
$⑤_{22}$	15	45	5	29	5.0×10^{-3}	2.0×10^{-5}	1.4×10^{-4}
$⑤_{31}$	8	32	16	22	7.0×10^{-5}	1.3×10^{-5}	1.0×10^{-4}
$⑤_{32}$	13	52	3	30	1.8×10^{-3}	6.4×10^{-4}	1.2×10^{-4}
$⑤_{33}$	11	66	20	25	8.0×10^{-5}	4.0×10^{5}	1.2×10^{-4}
⑦	51	153	3	35	8.0×10^{-3}	4.0×10^{-3}	1.7×10^{-4}
⑧	20	120	18	22	1.0×10^{-4}	1.0×10^{-5}	1.0×10^{-4}
⑨	66	198	1.5	37	2.0×10^{-2}	1.0×10^{-2}	2.0×10^{-4}

3.2　模型建立

本研究采用 Midas GTS NX 对隧道变形最显著的断面Ⅰ进行建模分析。考虑到研究对象为地铁隧道，南区 1b 基坑采取一半建模，模型水平方向尺寸为 240 m，竖直方向为 100 m。模型侧向边界限制水平向位移，底部边界限制水平和竖向两个方向位移。第⑤2 层微承压含水层和第⑦、⑨承压含水层的水头边界按照项目施工时监测的平均初始水位确定，为地面以下 6 m。模型具体情况如图 3 所示。

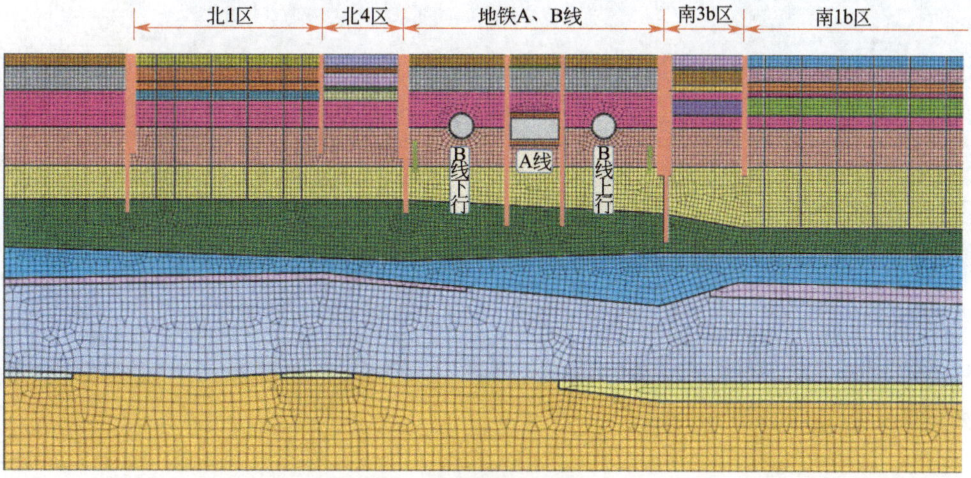

图 3　模型网格划分

4　隧道结构变形分析

自 2016 年 1 月至 2017 年 2 月，该场地的工程活动可分为三个阶段，即承压水位波动阶段、南 1b 基坑开挖阶段和北 1 基坑开挖阶段，具体的工况阶段信息如表 2 所示。其中第一阶段模拟场地南边界承压水位变化如图 4 所示，承压水位变化在模型中的实现如图 5 所示。

表 2　各阶段工况信息汇总

阶段	时间	工况
阶段一	2017.01.20～2017.05.25	受相邻其他基坑降水影响，场地承压水位降低
	2017.05.18～2017.06.20	为控制地铁隧道变形，近地铁侧进行坑外回灌
	2017.05.25～2017.08.15	相邻其他基坑施工影响逐渐消失，场地承压水位逐渐恢复

续上表

阶段	时间	工况
阶段二	2017.08.15～2017.10.31	南区 1b 基坑开挖降水
阶段三	2017.11.18～2017.01.18	北区 1 基坑开挖降水

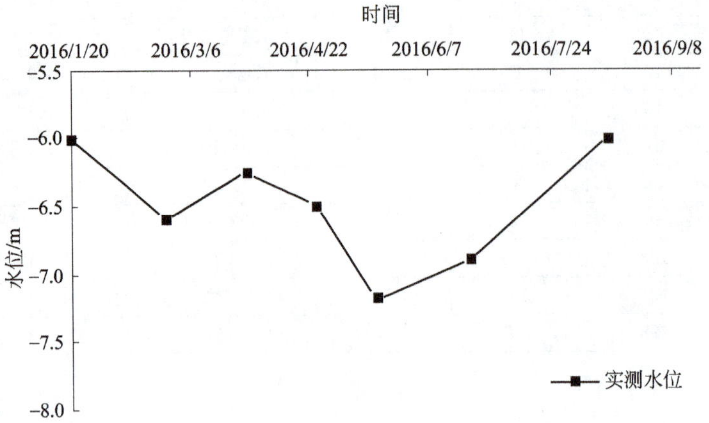

图 4　第一阶段模拟场地南边界承压水位变化情况

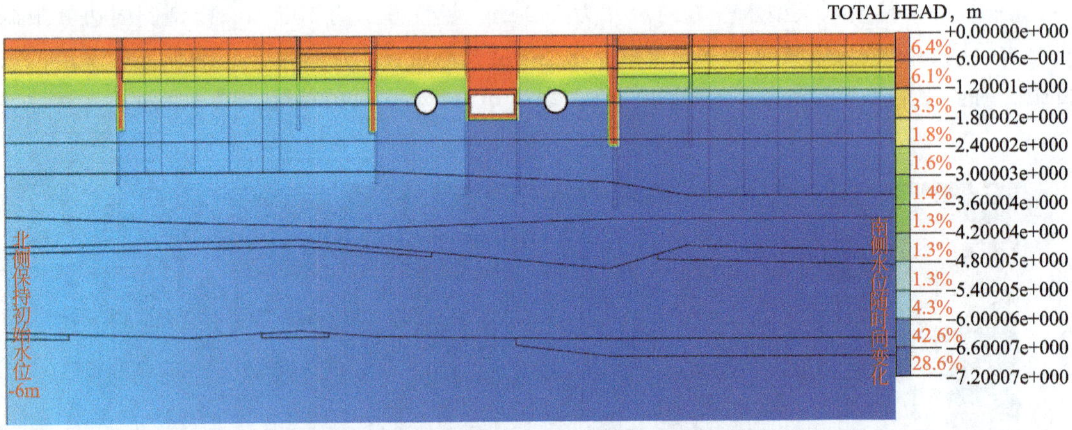

图 5　第一阶段模型南边界水位随时间变化

通过对模型按实际工况进行完全应力渗流耦合计算，获得南 1b 基坑和北 1 基坑开挖完成时场地的竖向变形云图如图 6 所示。

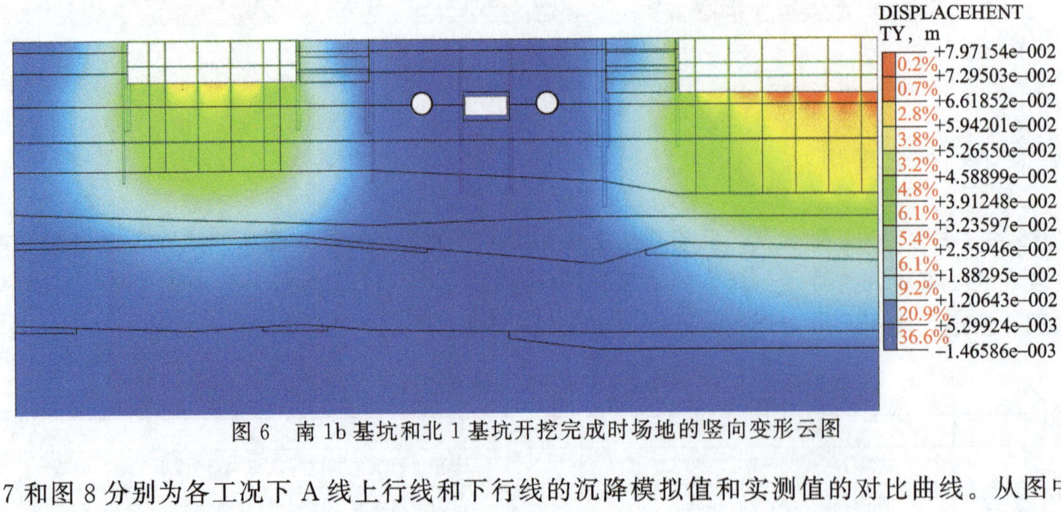

图 6　南 1b 基坑和北 1 基坑开挖完成时场地的竖向变形云图

图 7 和图 8 分别为各工况下 A 线上行线和下行线的沉降模拟值和实测值的对比曲线。从图中可以看出，采用流固耦合计算的隧道沉降实测值和模拟值拟合较好；阶段一中，场地水位变化对地铁隧道的沉

降影响非常明显，引起的最大沉降差约 3.5 mm，并且隧道沉降对地铁侧坑外回灌也非常敏感；在阶段二和阶段三基坑开挖期间，A 线矩形隧道主要呈上抬趋势，这与基坑开挖深度小于隧道埋置深度有关。

图 9 和图 10 分别为各工况下 B 线上行线和下行线的沉降模拟值和实测值的对比曲线。阶段一中，场地水位变化引起地铁隧道最大沉降差比 A 线矩形隧道稍大，达 4 mm 左右；在阶段二和阶段三南北两侧基坑开挖期间，B 线上下行隧道竖向变形也以上台为主，但相比 A 线要更大。总体来说，由于结构刚度之间的差异，B 线的沉降受周边工程活动的影响较 A 线更为剧烈。

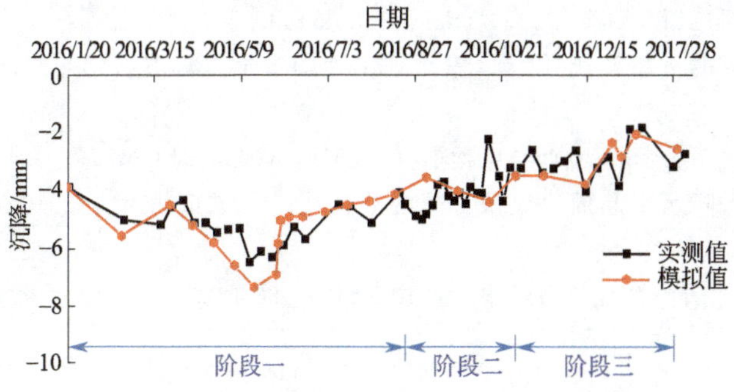

图 7　A 线上行线隧道沉降模拟值与实测值的对比

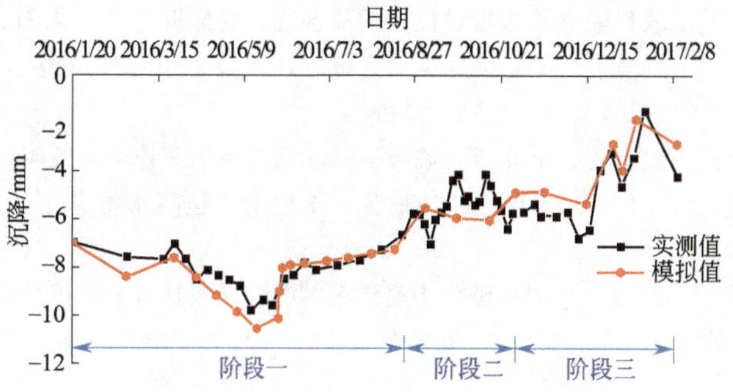

图 8　A 线下行线隧道沉降模拟值与实测值的对比

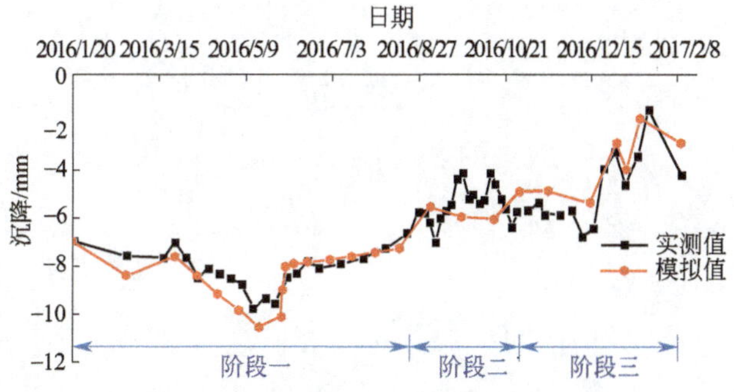

图 9　B 线上行线隧道沉降模拟值与实测值的对比

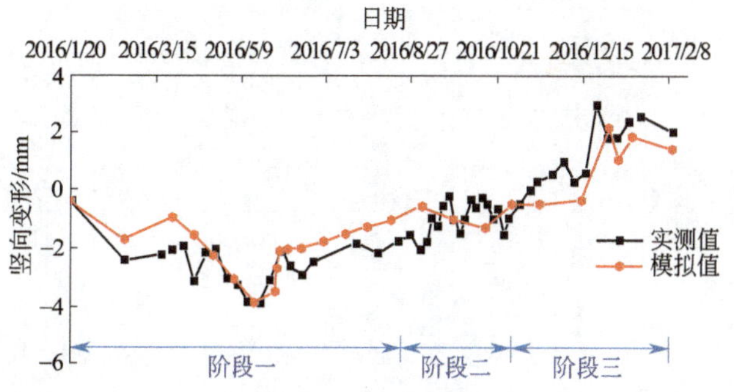

图 10　B 线下行线隧道沉降模拟值与实测值的对比

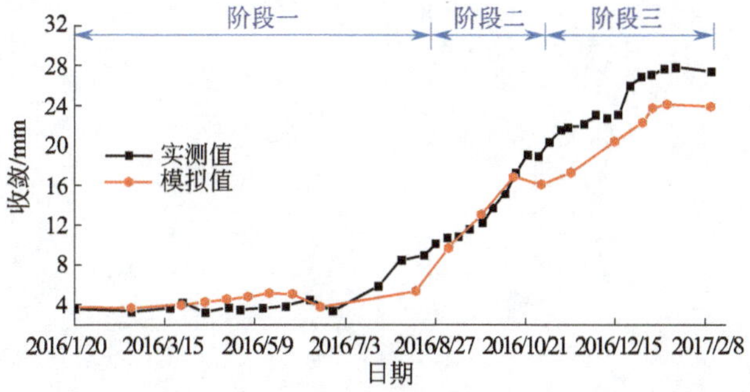

图 11　B 线上行线隧道收敛模拟值与实测值的对比

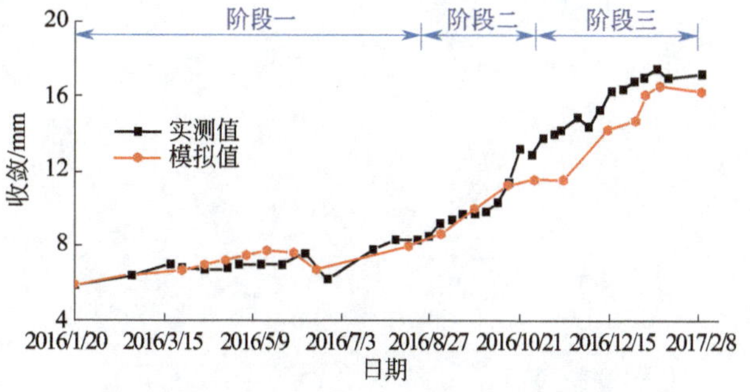

图 12　B 线下行线隧道收敛模拟值与实测值的对比

图 11 和图 12 为各工况下 B 线上行线和下行线的收敛模拟值和实测值的对比曲线。从图中可以看出，在侧边基坑开挖和降水影响下，隧道变形主要呈横鸭蛋；场地水位变化对隧道收敛变形影响并不明显，而基坑开挖对隧道收敛变化非常剧烈，B 线隧道在南 1b 和北 1 基坑施工期间收敛变化量超过 2 cm。

5 结　　论

本研究以上海某近地铁基坑工程为背景，采用 Midas GTS NX 有限元软件模拟分析了工程降水、回灌及基坑开挖多因素共同作用对地铁隧道的沉降和收敛的影响，得到的主要结论如下：

(1) 工程降水和近地铁侧回灌对地铁隧道的沉降影响较大，合理的回灌能够有效地控制地铁隧道的沉降变形，但是隧道收敛变形发生后通过回灌措施较难恢复。

(2) 地铁隧道的沉降和收敛变形与隧道和基坑的相对位置有关，本项目中，在基坑开挖深度小于地铁隧道的埋置深度时，隧道的竖向变形以上抬为主，横向收敛呈横鸭蛋状态。

参考文献

[1] 戚科骏．临近地铁隧道的深基坑开挖分析［J］．岩石力学与工程学报．2005，(S2)：5485-5489.

[2] 刘波，徐薇，杨春英．深基坑开挖降水引起地铁隧道沉降的分析预测［J］．安徽理工大学学报（自然科学版）．2010，(04)：17-21.

[3] 袁运涛，李苏春．临近地铁车站深基坑开挖综合控制研究［J］．地下空间与工程学报．2013，(04)：843-847.

[4] 王国欣，马荣全，边成赞．基坑无悬挂隔水帷幕下承压水降水引起周边地铁沉降的分析［J］．施工技术．2016，(S2)：52-55.

[5] 尹骥．小应变硬化土模型在上海地区深基坑工程中的应用［J］．岩土工程学报．2010 (S1)：166-172.

特殊条件下地铁车站深基坑抽水试验及工程应用

刘志方[1]，　宋　娱[2]，　刘　伟[1]
（1. 广州市城市规划勘测设计研究院，广东 广州　510060；
2. 广州地铁集团有限公司，广东 广州　510330）

摘　要：以广州地铁 9 号线清塘站工程为背景，介绍了该项目复杂的工程地质和水位地质条件，以及区间隧道双线贯通改变了地下水径流环境的特殊条件，通过有针对性的抽水试验，准确地查明了场地地下水的埋藏情况和各岩土层的水文地质参数，为车站基坑止水帷幕设计和施工提供了可靠的依据，最终结果表明实施效果良好，有重要的工程借鉴意义。

关键词：特殊条件；抽水试验；止水帷幕设计；岩溶注浆

广州市地处珠江三角洲，境内河流纵横，全市河川多年平均径流量为 80.47 亿 m^3；来自上游西、北、东江的过境客水流入市域河网水道共有 1 245 亿 m^3/年，年降水量在1 612～1 909 mm 之间，属南方丰水地区。地下水主要接受大气降水及地表水向下垂直渗透补给，地下水位浅，水量丰富，局部具承压性，给地下工程建设尤其是地铁建设带来诸多困扰，“水”的问题处理不当，容易诱发工程事故，因此岩土勘察准确查明地下水的埋藏条件和径流情况，并提供准确的水文地质参数，对于广州地铁的设计和施工尤为重要。

本文通过广州地铁 9 号线清塘站岩土工程勘察的抽水试验以及车站基坑止水设计的工程实践，介绍了清塘站岩土勘察针对车站特殊的工程特点及地质条件采取的有针对性的抽水试验，以及车站基坑设计基于抽水试验采取的止水设计和实施效果，为同类工程提供参考。

1　工程概况

广州地铁 9 号线主要位于花都区，起点站为飞鹅岭站，终点为高增站，线路全长约 20.0km，设 11 座车站，其中 2 座换乘站。清塘站为 9 号线工程新增的第十一座车站，东连高增站，西接清布站（图 1），车站设计起终点里程为 YDK15＋410.000～YDK15＋570.000，总长 160 m。

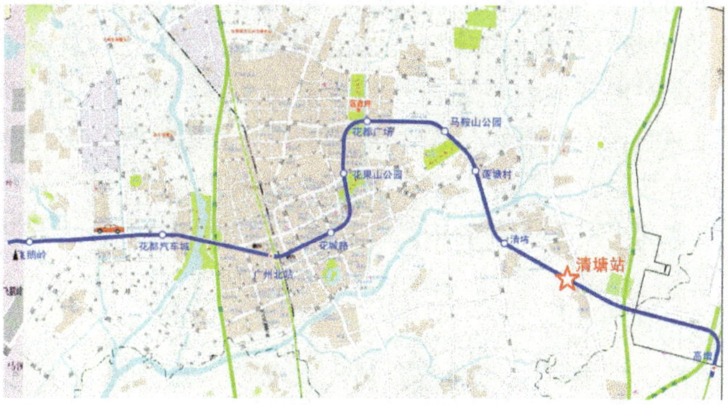

图 1　清塘站位置示意图

车站为地下两层 120m 岛式站台车站，标准段宽 29.25m，车站共设 4 个出入口，2 组风亭，为全明挖车站，车站基坑开挖深度约 14.10m。

1.1　工程地质条件

根据勘察资料显示，本场地属冲积平原地貌，主要地层依次为：第〈1〉层填土（Q_4^{ml}），厚度 0.40～4.30 m；第四系上更新统冲积-洪积层（Q_3^{al+pl}），包括第〈3-1〉粉细砂层、〈3-2〉中粗砂层、〈3-3〉砾砂层和〈3-4〉卵石层，厚度 0.50～15.00 m，砂层厚度较大，且广泛分布，第〈4N-1〉、〈4N-2〉和〈4N-3〉层软塑～硬塑状粉质黏土，含少量粉细砂粒，渗透性较弱，为弱透水～隔水层，层面埋深 1.50～32.00 m，厚度 0.40～14.00 m，呈似层状分布，局部与砂层互层状分布；第四系残积土层（Q^{el}），包括〈5C-1A〉、〈5C-1B〉、〈5C-2〉层软塑～硬塑状残积土层，厚度 0.70～7.00 m，场地内零星分布，局部呈似层状分布。

基坑底主要位于砂层和粉质黏土层中，下伏基岩为石炭系中上统壶天群（$C_{2+3}ht$）基岩，岩性主要为石灰岩，局部夹少量细砂岩。基岩埋深较深，层顶埋深 18.70～44.10 m，岩面起伏较大，属埋藏型岩溶发育区。场地内各岩土层特性见表 1。

表 1　基坑侧壁揭露地层特性表

层序号	岩土名称	状态	密度 $\rho/(g\cdot cm^{-3})$	压缩模量 $E_{s1\text{-}2}$/MPa	弹性模量 E_0/MPa	C/kPa	Φ/°
<1>	填土	松散	1.82	4.30	7	9.5	20.0
<3-1>	粉细砂	松散	1.85	/	15	0	30.0
<3-2>	中粗砂	稍密	1.90	/	18	0	33.0
<3-3>	砾砂	中密	1.98	/	20	0	35.0
<3-4>	卵石	中密	2.05	/	35	0	38
<4N-1>	粉质黏土	软塑	1.80	4.10	6	15.5	12.7
<4N-2>	粉质黏土	可塑	1.83	4.57	15	29.9	20.5
<4N-3>	粉质黏土	硬塑	1.90	7.12	25	39.7	24.5
<5C-1A>	粉质黏土	软塑	1.82	4.10	6	18.5	14.5
<5C-1B>	粉质黏土	可塑	1.92	4.74	15	22.0	20.0
<5C-2>	粉质黏土	硬塑	1.95	6.03	24	31.0	22.0

1.2　水文地质条件

清塘站地下水按含水介质特征分为第四系松散岩类孔隙水、基岩裂隙水和岩溶水。基岩风化裂隙水主要赋存于强风化细砂岩〈7-3〉和中等风化细砂岩〈8-3〉的风化裂隙之中，相对贫乏。

第四系松散岩类孔隙水主要赋存于冲洪积砂层中，含水层主要有〈3-1〉细砂层、〈3-2〉中粗砂层、〈3-3〉粗砾砂层和〈3-4〉卵石层，属中等—强透水层，地下水丰富。

岩溶水主要赋存于灰岩溶洞中，场地内灰岩溶蚀发育，共有 73 个钻孔揭露溶（土）洞，见洞率约 62.39%，溶洞内大部分充填流塑—软塑状黏性土和松散状粉细砂等，少数无充填物或有少量充填物，施钻过程中，部分钻孔钻至岩面时出现漏水现象，说明岩溶水水量较丰富，但与溶洞充填情况及充填物的性质密切相关。抽水期间测得钻孔中承压水位埋深为 3.05m，与场地静止水位接近，具有较强的承压性。

部分地段砂层与灰岩直接接触，砂层水与岩溶水有直接水力联系。场地内冲洪积相黏性土和残积黏性土、基岩全风化层以及裂隙和岩溶不发育的中微风化岩层渗透性弱、微或不透水，为相对隔水层。

1.3　工程特殊条件分析

综上所述，清塘站砂层水水量丰富，且由粉质黏土等弱透水层分隔为上下两层，局部连通，含水层之间存在越流现象，同时下部砂层水与岩溶水又具有一定的水力联系，工程地质和水文地质条件复杂，具有一定的特殊性。

清塘站为新增车站，勘察钻探施工时区间隧道已双线贯通，地下水的径流环境已得到改变，是本工程另一特殊条件。进行抽水试验时，需尽量远离隧道，一是避免抽水试验时地下水径流路径受既有隧道结构的影响，导致抽水试验结果失真；二是避免抽水试验太过靠近既有隧道，大量抽取地下水或多或少会引起隧道结构变形，造成不利影响。

2 抽水试验方法及计算分析

2.1 抽水试验孔布置

根据上述工程的特殊条件，结合设计提出的勘察技术要求，对场地内的主要含水层布置 3 个抽水钻孔，进行分层抽水试验，其中 2 个为砂层水抽水试验，1 个为基岩（岩溶）抽水试验。砂层抽水试验孔 MIZ3-QT-S26 位于车站西北侧，布置观测孔 2 个，分别为 MIZ3-QT-S26-1、MIZ3-QT-S26-2，该孔分布 5.2m 厚的中粗砂，为第一层砂的抽水试验；砂层抽水试验孔 MIZ3-QT-S105 位于车站东南侧，布置观测孔 2 个，分别为 MIZ3-QT-S105-1、MIZ3-QT-S105-2，该孔上部分布 4.5m 厚的砂层，为第一层砂，下部分布 5.5m 厚的中粗砂，为第二层砂，抽水试验目的层为第二层砂，采用套管将第一层砂封闭隔开；基岩抽水试验抽水孔 MIZ3-QT-S59 位于车站东北侧，不带观测孔，该孔有厚层灰岩和溶洞，溶洞充填软塑状黏性土，为场地内岩溶发育情况较为典型的钻孔。上述抽水孔均远离既有隧道超过1～2 倍洞径，布置详见图 2。

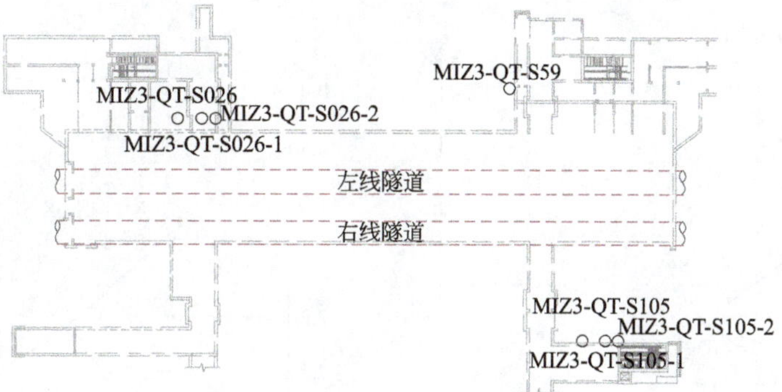

图 2 清塘站抽水试验孔布置图

2.2 抽水孔结构

抽水试验抽水孔结构见下图，其中 S105 号孔采用 ϕ300 套管下至<4N-2>黏土层将第一层砂封闭隔开，套管内下 ϕ219 过滤管至第二层砂进行抽水。

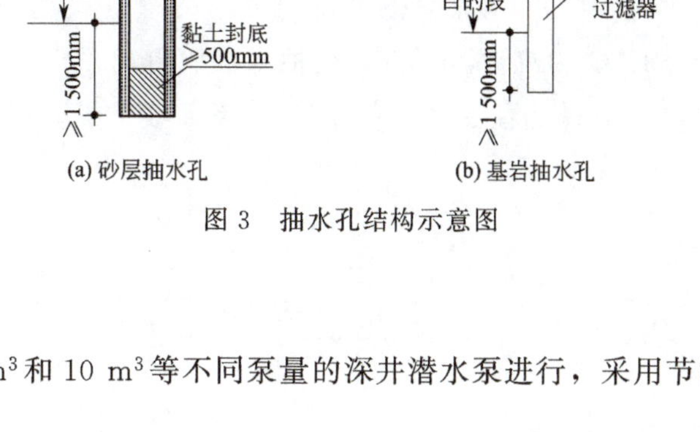

图 3 抽水孔结构示意图

2.3 试验结果

抽水试验采用 $3m^3$ 、$6m^3$ 和 10 m^3 等不同泵量的深井潜水泵进行，采用节流阀控制流量，流量采用水表计量，水位量测采用自动化电子水位采集仪。

根据试验所得数据，绘制典型的 Q-t、S-t 曲线和 Q-S 曲线如图 4～图 7 所示。

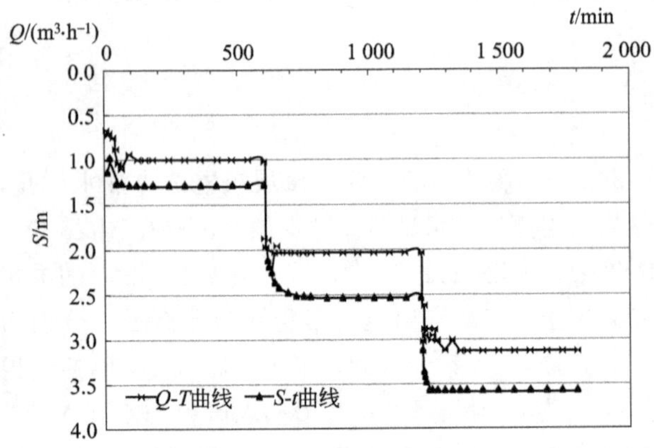

图 4　MIZ3-QT-S26 号井 Q-t、S-t 曲线图

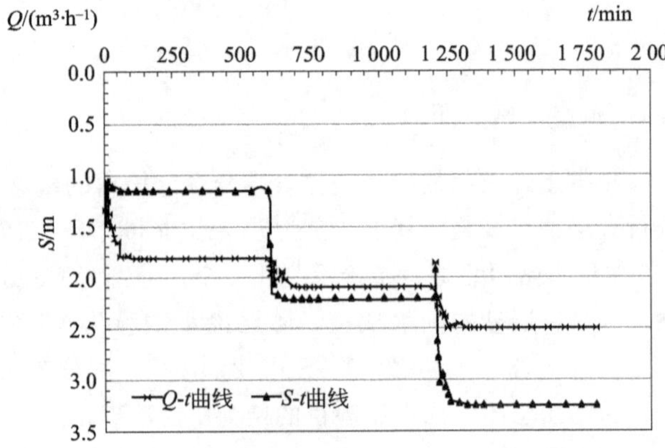

图 5　MIZ3-QT-S105 号井 Q-t、S-t 曲线图

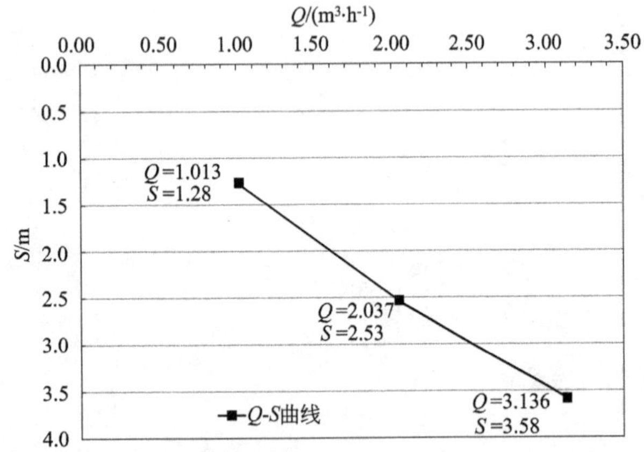

图 6　MIZ3-QT-S26 号井 Q-S 曲线图

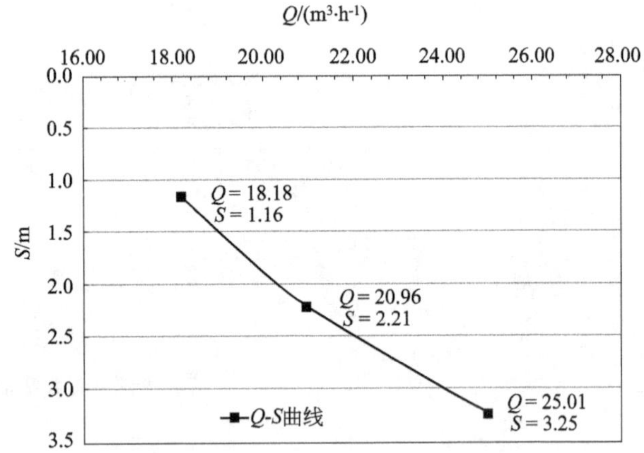

图 7　MIZ3-QT-S105 号井 Q-S 曲线图

2.4　完整井计算

根据含水层类型和结构，选用承压水完整井计算模型来计算渗透系数 K，用经验公式计算影响半径 R。

当采用稳定流抽水试验，利用观测孔中的水位下降数据计算渗透系数时，观测孔中的 S（或 Δh^2）值在 S（或 Δh^2）-lg$r$ 关系曲线上能连成直线，渗透系数、影响半径可采用《铁路工程水文地质勘察规程》（TB 10049—2015）承压水完整井公式计算：

带观测孔：
$$K=\frac{0.366Q}{M(S_1-S_2)}\lg\frac{r_1}{r_2} \tag{1}$$

式中，K 为渗透系数，m/d；Q 为流量，m^3/d，由抽水试验得出；S_1，S_2 为在 S-lgr 曲线上的直线段上任意两点的纵坐标值，m；r_1，r_2 为在 S（Δh^2）-lg$r$ 关系曲线上纵坐标为 S_1、S_2（Δh_1^2，Δh_2^1）的两点至抽水孔的距离，m。计算结果见表 2。

不带观测孔：
$$K=\frac{0.366Q}{MS}\lg\frac{R}{r} \tag{2}$$

$$\lg R=\frac{S_1\lg r_2-S_2\lg r_1}{S_1-S_2} \tag{3}$$

表 2　完整井计算试验成果表

抽水井编号	含水层	试验段/m	次序	降深/m	流量 $Q/(m^3 \cdot d^{-1})$	影响半径 R/m	渗透系数 $K/(m \cdot d^{-1})$
MIZ3-QT-S026	<3-2>中粗砂	12.3～17.5	1	1.28	24.31	52.18	16.62
			2	2.53	48.89	101.9	16.23
			3	3.58	75.26	147.7	17.02
MIZ3-QT-S105	<3-2>粗砂<3-3>砾砂	10.5～16.0	1	1.16	436.4	67.97	34.34
			2	2.21	503.0	131.4	35.33
			3	3.25	600.3	198.7	37.40
MIZ3-QT-S059	<9C-2>微风化灰岩	22.4～27.6	1	3.34	30.26	45.63	1.87
			2	2.21	21.16	30.06	1.85
			3	1.19	14.40	17.39	2.14

2.5　水位恢复法计算

抽水试验停泵后开始水位恢复观测，由于含水层中地下水位的变化不受抽水流量轻微波动的干扰，所求的水文地质参数不受流量等因素影响，因而水位恢复法能求得较为准确可靠的参数值。

根据本次试验观测孔在停抽后的水位观测资料，绘制典型的 S-t 曲线图和 K-t 曲线如图 8～图 9 所示。

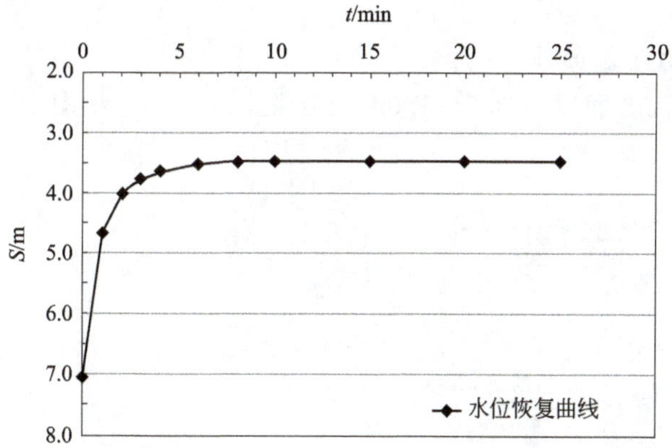

图 8　MIZ3-QT-S26 号井 S-t 曲线图

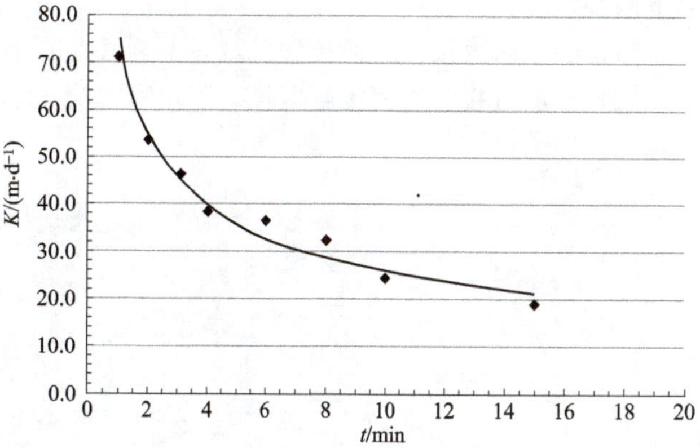

图 9　MIZ3-QT-S026 号井 K-t 曲线图

水位恢复法计算结果如表 3 所示。

表 3　水位恢复法计算试验成果表

抽水井编号	含水层	试验段	静止水位/m	渗透系数 $K/(m \cdot d^{-1})$
MIZ3-QT-S026	<3-2>中粗砂	12.3～17.5	3.47	19.14
MIZ3-QT-S105	<3-2>粗砂<3-3>砾砂	10.5～16.0	3.03	38.82
MIZ3-QT-S059	<9C-2>微风化灰岩	22.4～27.6	3.05	2.30

2.6　结果分析

对比上述两种计算方法所得渗透系数，结果较为接近，说明本次抽水试验效果较为良好，从成孔→下管→洗孔→填砾→抽水→水位恢复等实施过程均达到了规范要求，为基坑的止水帷幕设计和坑内降水施工提供了较为准确的水文地质资料。

3　车站基坑止水设计及实施效果

3.1　水文地质条件分析

根据勘察钻孔资料及抽水试验结果分析，场地内地下水水文地质条件具有以下特点：

（1）场地分布多层砂，砂层厚度大，水量丰富。大部分区域中间有粉质黏土弱透水层分隔，砂层水有上下 2 层，局部上下砂层连通，存在越流现象。

（2）岩溶水为管道流，涌水量受充填物的性质影响较大，具各向异性。勘察钻孔揭露大部分溶洞为全充填，充填物以流塑～软塑状粉质黏土为主，局部为砂土，粉质黏土的渗透性差，MIZ3-QT-S059 号抽水孔即为针对有充填的情况进行抽水试验，涌水量一般，渗透系数平均值约 2.0m/d，反映的主要为灰岩裂隙及充填物的渗透性。

（3）场地北侧及东侧砂层与灰岩面直接接触，砂层水与岩溶水存在直接的水力联系，溶洞无充填的区域预计岩溶水量较大，需重点关注。

3.2　止水帷幕设计

根据本场地地下水的特点，结合抽水试验涌水量的计算，车站基坑设计采用了落底式的地下连续墙兼做支护结构和止水帷幕，秉着合理、安全、经济的原则，对基坑底以下的地下连续墙嵌固段进行了优化设计，对理正计算要求的嵌固深度段进行配筋，下端采用素混凝土墙落底形成止水帷幕，嵌固要求分以下两种情况：

（1）砂层未直接与岩面接触区域，下端素混凝土墙嵌至岩面即可；

（2）砂层直接与岩面接触区域，下端素混凝土墙嵌入岩面以下 0.5～1.0m，确保止水效果，如图 10 所示。

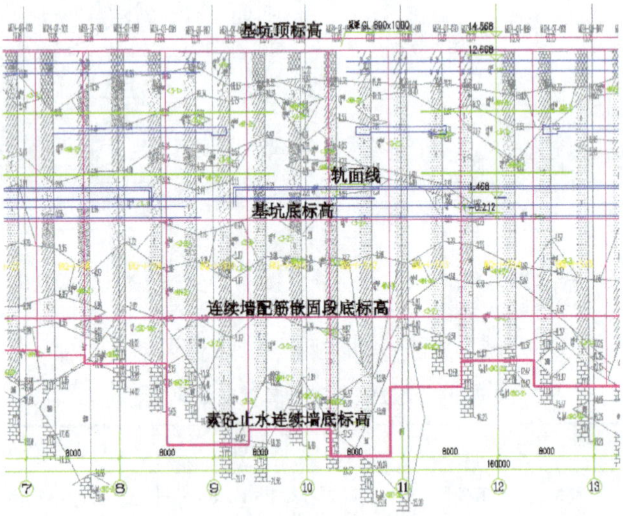

图 10　止水帷幕设计示意图

3.3　岩溶注浆止水设计

本场地岩溶发育强烈，但大部分揭露的溶洞均含充填物，受充填物的影响，抽水试验揭示岩溶水涌水量一般。故在进行岩溶注浆止水设计时，对处理的原则、范围和方式均提出了针对性的要求。

3.3.1　处理原则

基底处于灰岩层段：底板以下 2m 范围内的所有溶洞均处理。

基底处于砂土层段：（1）底板以下、岩面以上有一定厚度且较稳定的隔水层时，其下灰岩所发现的岩溶原则上不需要处理；隔水层的厚度根据基坑抗渗计算选取；（2）砂层与基岩直接接触时，对已发现的具有开放性的浅层溶洞进行处理；（3）局部溶洞无充填且顶板厚度小于 2 m 的区域，对溶洞处理的同时，对岩面以上砂层采用格栅式分隔加固。

3.3.2 注浆方式

针对未填充及半填充的溶洞，根据洞高的大小，分别采用素混凝土或水泥砂浆进行注浆填充。针对底板下 2m 范围内的全填充溶土洞，采用水泥浆进行注浆处理。注浆量大时采用双液浆进行封堵，注浆工艺分别采用花管或袖阀管注浆，如图 11 所示。

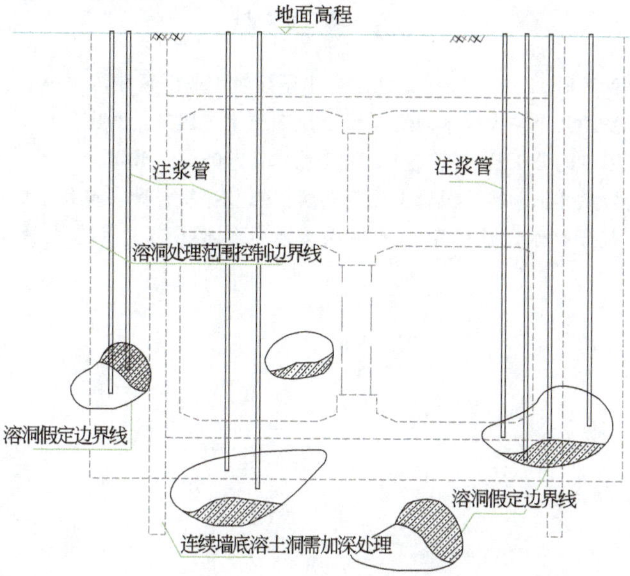

图 11　溶洞处理示意图

3.4 基坑开挖效果

车站主体结构基坑深度平均约 14m，共施工了 62 幅地下连续墙，岩溶注浆累计注入单液浆 23 399.5 m^3，双液浆 9 613.3 m^3。基坑开挖前，根据抽水试验结果对基坑涌水量进行预测，并布置了 30 个降水井，将坑内地下水降至坑底以下 1.0m 后再开挖基坑，整个开挖过程中未发生任何塌方、涌水涌砂等异常情况，坑内降水也未对周边环境造成不良影响，基坑开挖到底后坑内较为干爽，作业方便，取得了良好的效果，如图 12 所示。

图 12　基坑开挖到底后现场照片

4 结　语

本车站场地工程地质和水文地质条件复杂，且勘察时区间隧道已双线贯通，具有特殊性。本文介绍了针对上述特殊条件开展的抽水试验，以及基于抽水试验结果进行的车站基坑止水帷幕和基底岩溶注浆止水设计。总体来说，抽水试验的准确性对地下工程的止水设计和施工至关重要，有针对性的抽水试验，可为地下工程止水设计的优化提供较为可靠的依据，在有效节约造价的前提下确保工程的顺利实施。

参考文献

[1] 刘国彬，王卫东．基坑工程手册．2版．[M]．北京：中国建筑工业出版社，2009.

[2] 陈继光．广州地下空间开发的几个重大技术问题［J］．广东土木与建筑，2013，4.

[3] 邵孟新．深基坑安全施工因素的分析及对策［J］．施工技术，2007，36增刊．

[4] 广州市轨道交通9号线清塘站详细勘察阶段岩土工程勘察报告［R］．广州：广州市城市规划勘测设计研究院，2017.

[5] 周志芳，汤瑞凉，汪斌．基于抽水试验确定含水层水文地质参数［J］．河海大学学报（自然科学版），1999，27(3)．

北京同创天成工程勘测有限公司
Beijing Tongchuangtiancheng Engineering Exploration & Surveying Co., Ltd.

Company Profile
公司简介 >>>>

北京同创天成工程勘测有限公司成立于2010年，具有独立法人资格，注册资金500万元，拥有乙级测绘资质。主要业务范围包括控制测量、地形测量、变形形变与精密测量、市政工程测量、建筑工程测量、线路与桥隧测量等测绘工程。公司通过了ISO9001:2000质量管理体系认证、环境管理体系认证、职业健康安全管理体系认证、CMA计量认证。

北京同创天成工程勘测有限公司成立以来，主要业务集中在工程测量方面，在地铁测量和监测方面有着较强的行业优势。曾多次承揽北京市和其他省市地区的地铁基标测量和施工（第三方）监测项目主要项目包括北京地铁15号线加密基标和辅助设备安装、16号线工程轨道控制基标、9号线施工测量、南水北调施工监测、15号线基坑监测，天津地铁1号线基标，温州市域铁路S1线CPⅢ测量，南宁市地铁3号线基标测量，南昌轨道2号线02标监测和附属结构施工监测，长春市施工监测，无锡地铁4号线1标、4标施工监测。公司现有员工160人，拥有工程测量专业技术职称的人员50人，其中：高级职称人员5人，中级职称人员20人，初级职称人员25人，测工100人。公司下设五个部门，办公场所近600平方米，拥有多套测量设备，包括徕卡TM30，TS15、TCRA1201+，TCA2003等高精度全站仪30台套，徕卡DNA03电子水准仪5台套，天宝DINI03精密水准仪35台套、安博格GRP1000轨检小车3台、GPS接收机8台套及各种变形监测仪器设备。可以提供工程测量、地铁相关测量、地理信息数据采集等技术服务。

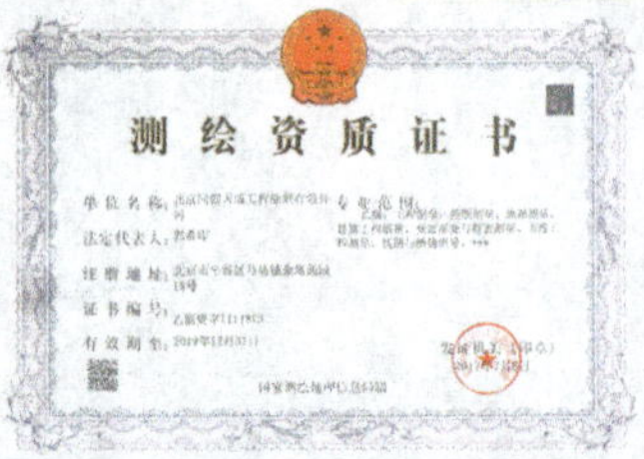

地址:北京市昌平区七星路燕城苑南区16号
联系人:郭希印 13910385874/13311057181
孙建强 13381275122
电话: 010-57128544
邮箱: tctckc@126.com
邮编: 102209

微信扫一扫